LEGISLAÇÃO PENAL ESPECIAL

HISTÓRICO DA OBRA

- 1.ª edição: jan./2015
- 2.ª edição: jan./2016
- 3.ª edição: jan./2017; 2.ª tir., set./2017
- 4.ª edição: jan./2018
- 5.ª edição: dez./2018
- 6.ª edição: fev./2020
- 7.ª edição: fev./2021; 2.ª tir., maio/2021
- 8.ª edição: jan./2022; 2.ª tir., mar./2022
- 9.ª edição: fev./2023
- 10.ª edição: jan./2024
- 11.ª edição: jan./2025

Victor Eduardo Rios Gonçalves

Procurador de Justiça Criminal e
Professor em curso preparatório para concursos

LEGISLAÇÃO PENAL ESPECIAL

11.ª edição
2025

Inclui **MATERIAL SUPLEMENTAR**
- Questões de concursos

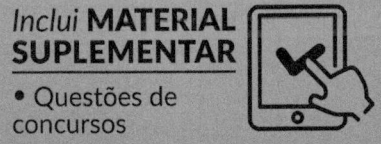

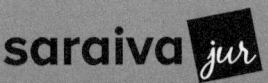

- O autor deste livro e a editora empenharam seus melhores esforços para assegurar que as informações e os procedimentos apresentados no texto estejam em acordo com os padrões aceitos à época da publicação, *e todos os dados foram atualizados até a data de fechamento do livro*. Entretanto, tendo em conta a evolução das ciências, as atualizações legislativas, as mudanças regulamentares governamentais e o constante fluxo de novas informações sobre os temas que constam do livro, recomendamos enfaticamente que os leitores consultem sempre outras fontes fidedignas, de modo a se certificarem de que as informações contidas no texto estão corretas e de que não houve alterações nas recomendações ou na legislação regulamentadora.

- Data do fechamento do livro: 18/12/2024

- O autor e a editora se empenharam para citar adequadamente e dar o devido crédito a todos os detentores de direitos autorais de qualquer material utilizado neste livro, dispondo-se a possíveis acertos posteriores caso, inadvertida e involuntariamente, a identificação de algum deles tenha sido omitida.

- Direitos exclusivos para a língua portuguesa
  Copyright ©2025 by
  Saraiva Jur, um selo da SRV Editora Ltda.
  Uma editora integrante do GEN | Grupo Editorial Nacional
  Travessa do Ouvidor, 11
  Rio de Janeiro – RJ – 20040-040

- **Atendimento ao cliente: https://www.editoradodireito.com.br/contato**

- Reservados todos os direitos. É proibida a duplicação ou reprodução deste volume, no todo ou em parte, em quaisquer formas ou por quaisquer meios (eletrônico, mecânico, gravação, fotocópia, distribuição pela Internet ou outros), sem permissão, por escrito, da **SRV Editora Ltda.**

- Capa: Lais Soriano
  Diagramação: Kato Editorial

- **DADOS INTERNACIONAIS DE CATALOGAÇÃO NA PUBLICAÇÃO (CIP)**
  VAGNER RODOLFO DA SILVA — CRB-8/9410

G635c Gonçalves, Carlos Roberto
       Legislação penal especial / Victor Eduardo Rios Gonçalves ; coordenado por Pedro
          Lenza. – 11. ed. – São Paulo : Saraiva Jur, 2025. – (Coleção Esquematizado®)
       576 p.

       ISBN 978-85-5362-794-3

       1. Direito. 2. Direito penal. 3. Legislação penal especial. I. Lenza, Pedro. II. Título.
       III. Série.

                                                      CDD 345
       2024-4585   CDU 343

       Índices para catálogo sistemático:
       1. Direito penal   345
       2. Direito penal   343

Respeite o direito autoral

Às minhas amadas filhas Isabella e Valentina.
Victor Gonçalves

METODOLOGIA ESQUEMATIZADO

Durante o ano de **1999**, portanto, **há 25 anos**, pensando, naquele primeiro momento, nos alunos que prestariam o exame da OAB, resolvemos criar uma **metodologia de estudo** que tivesse linguagem "fácil" e, ao mesmo tempo, oferecesse o conteúdo necessário à preparação para provas e concursos.

O trabalho, por sugestão de **Ada Pellegrini Grinover**, foi batizado como *Direito constitucional esquematizado*. Em nosso sentir, surgia ali uma **metodologia pioneira**, idealizada com base em nossa experiência no magistério e buscando, sempre, otimizar a preparação dos alunos.

A metodologia se materializou nos seguintes "pilares" iniciais:

- **Esquematizado:** verdadeiro método de ensino, rapidamente conquistou a preferência nacional por sua estrutura revolucionária e por utilizar uma linguagem clara, direta e objetiva.
- **Superatualizado:** doutrina, legislação e jurisprudência, em sintonia com os concursos públicos de todo o País.
- **Linguagem clara:** fácil e direta, proporciona a sensação de que o autor está "conversando" com o leitor.
- **Palavras-chave** (*keywords*): a utilização do negrito possibilita uma leitura "panorâmica" da página, facilitando a recordação e a fixação dos principais conceitos.
- **Formato:** leitura mais dinâmica e estimulante.
- **Recursos gráficos:** auxiliam o estudo e a memorização dos principais temas.
- **Provas e concursos:** ao final de cada capítulo, os assuntos são ilustrados com a apresentação de questões de provas de concursos ou elaboradas pelo próprio autor, facilitando a percepção das matérias mais cobradas, a fixação dos temas e a autoavaliação do aprendizado.

Depois de muitos anos de **aprimoramento**, o trabalho passou a atingir tanto os candidatos ao **Exame de Ordem** quanto todos aqueles que enfrentam os **concursos em geral**, sejam das **áreas jurídica** ou **não jurídica**, de **nível superior** ou mesmo os de **nível médio**, assim como **alunos de graduação** e demais **operadores do direito**, como poderosa ferramenta para o desempenho de suas atividades profissionais cotidianas.

Ada Pellegrini Grinover, sem dúvida, anteviu, naquele tempo, a evolução do *Esquematizado*. Segundo a Professora escreveu em **1999**, "a obra destina-se, declaradamente, aos candidatos às provas de concursos públicos e aos alunos de graduação, e, por isso mesmo, após cada capítulo, o autor insere questões para aplicação da parte teórica. Mas será útil também aos operadores do direito mais experientes, como fonte de consulta rápida e imediata, por oferecer grande número de informações buscadas em diversos autores, apontando as posições predominantes na doutrina, sem eximir-se de criticar algumas delas e de trazer sua própria contribuição. Da leitura amena surge um livro 'fácil', sem ser reducionista, mas que revela, ao contrário, um grande poder de síntese, difícil de encontrar mesmo em obras de autores mais maduros, sobretudo no campo do direito".

Atendendo ao apelo de "concurseiros" de todo o País, sempre com o apoio incondicional da Saraiva Jur, convidamos professores das principais matérias exigidas nos concursos públicos das *áreas jurídica* e *não jurídica* para compor a **Coleção Esquematizado®**.

Metodologia pioneira, vitoriosa, consagrada, testada e aprovada. **Professores** com larga experiência na área dos concursos públicos e com brilhante carreira profissional. Estrutura, apoio, profissionalismo e *know-how* da **Saraiva Jur**. Sem dúvida, ingredientes indispensáveis para o sucesso da nossa empreitada!

O resultado foi tão expressivo que a **Coleção Esquematizado®** se tornou **preferência nacional**, extrapolando positivamente os seus objetivos iniciais.

Para o tema da **legislação penal especial**, tivemos a honra de contar com o trabalho preciso de **Victor Eduardo Rios Gonçalves**, que soube, com maestria, aplicar a **metodologia "Esquematizado"** à vasta e reconhecida experiência profissional como professor, procurador de justiça e autor de consagradas obras.

Victor formou-se, em 1990, na prestigiosa Faculdade de Direito do Largo São Francisco, ingressando, logo no ano seguinte, no Ministério Público de São Paulo. Desde 1994 tem lecionado direito penal e processual penal no *Damásio Educacional*, o que, por esse motivo, o credencia para ser um dos maiores e mais respeitados professores da área.

O professor Victor foi assessor jurídico da Procuradoria-Geral de Justiça durante quatro anos e é autor, entre outros trabalhos, dos livros de direito penal, processo penal e direito de empresa da vitoriosa Coleção Sinopses Jurídicas da Saraiva Educação. Por tudo isso, esta obra consagra um precioso trabalho não só para os concurseiros do Brasil, como, sem dúvida, para os profissionais e atores do direito que lidam com a temática da legislação penal especial.

Estamos certos de que este livro será um valioso aliado para "encurtar" o caminho do ilustre e "guerreiro" concurseiro na busca do "sonho dourado", além de ser uma **ferramenta indispensável** para estudantes de Direito e profissionais em suas atividades diárias.

Esperamos que a **Coleção Esquematizado®** cumpra plenamente o seu propósito. Seguimos juntos nessa **parceria contínua** e estamos abertos às suas críticas e sugestões, essenciais para o nosso constante e necessário aprimoramento.

Sucesso a todos!

Pedro Lenza
Mestre e Doutor pela USP
Visiting Scholar pela Boston College Law School

✉ pedrolenza8@gmail.com
🐦 https://twitter.com/pedrolenza
📷 http://instagram.com/pedrolenza
▶ https://www.youtube.com/pedrolenza
f https://www.facebook.com/pedrolenza

 https://www.editoradodireito.com.br/colecao-esquematizado

NOTA DO AUTOR À 11.ª EDIÇÃO

Ao aceitar o honroso convite que me foi dirigido pelo Professor Pedro Lenza, para que aplicasse ao estudo das Leis Penais Especiais o consagrado método concebido pelo citado mestre, descortinou-se a possibilidade de oferecer aos estudantes e operadores do Direito uma diferenciada fonte de estudo e de consulta que primasse pela abrangência do conteúdo e pela clareza na forma de sua exposição.

Para que essa meta fosse alcançada, a obra teria de contemplar o extenso programa que usualmente é exigido nos concursos públicos de ingresso nas carreiras jurídicas, sem, no entanto, deslustrar-se com divagações ou com repetições desnecessárias. Além disso, deveria servir de repositório de informações atualizadas também a profissionais já experientes, que buscam, por exigência das atividades diárias, manancial dessa natureza.

Convicto da eficácia didática do método "Esquematizado" e contando com as valorosas sugestões de seu idealizador, entreguei-me ao estimulante trabalho de oferecer, em obra única, análise pormenorizada das principais leis especiais em vigor no Brasil na esfera criminal, com exame das variantes doutrinárias sobre cada um dos temas, complementadas pela menção aos julgados mais relevantes dos Tribunais Superiores.

A esse esforço somou-se a preocupação de garantir, com a utilização de recursos gráficos, a sistematização do estudo da disciplina e maior facilidade de memorização das matérias. A reunião de questões de concursos públicos teve por escopo exaltar a importância de vários dos temas que, com frequência, constituem objeto das provas e, também, estimular a aplicação criteriosa dos conhecimentos hauridos.

Nesta 11.ª edição, foram inseridos e comentados novos julgados do Superior Tribunal de Justiça e do Supremo Tribunal Federal, com especial atenção à decisão proferida pelo Plenário da Corte Suprema no julgamento do Recurso Extraordinário 635.659, na qual se firmou entendimento de que o porte de maconha para consumo pessoal não constitui ilícito penal.

Foram também inseridos e comentados novos dispositivos legais:

a) Lei n. 14.811/2024, que introduziu no rol dos crimes hediondos os seguintes delitos: induzimento, instigação ou auxílio a suicídio ou a automutilação realizados por meio da rede de computadores, de rede social ou transmitidos em tempo real; sequestro e cárcere privado cometidos contra menor de 18 anos; tráfico de pessoas cometido contra criança ou adolescente; crimes previstos no § 1.º do art. 240 e no art. 241-B da Lei n. 8.069, de 13 de julho de 1990 (Estatuto da Criança e do Adolescente);

b) Lei n. 14.843/2024, que modificou os requisitos para a progressão de regime de cumprimento de pena, mais especificamente quanto à necessidade do exame criminológico;

c) Lei n. 14.944/2024, que modificou o art. 41 da Lei Ambiental.

d) Lei n. 14.994/2024, que trouxe modificações em relação ao crime de feminicídio e à contravenção de vias de fato.

Resta, enfim, oferecer essa singela obra ao seleto público leitor, com a esperança de que possa auxiliá-lo em sua jornada, visando à aprovação nos exames e à complementação na atuação profissional.

Victor Eduardo Rios Gonçalves
✉ victorriosgoncalves@gmail.com

SUMÁRIO

Metodologia Esquematizado VII
Nota do Autor à 11.ª edição IX

1. **CRIMES HEDIONDOS E EQUIPARADOS — LEI N. 8.072/90** 1
   1.1. Fundamento constitucional 1
   1.2. A Lei dos Crimes Hediondos 1
   1.3. Crimes equiparados a hediondos 2
   1.4. O rol dos crimes hediondos 3
   1.5. Crimes hediondos em espécie 3
   1.6. Anistia, graça, indulto e fiança 23
   1.7. Regime inicial fechado 24
   1.8. Regras para progressão de regime 25
   1.9. Direito de apelar em liberdade 29
   1.10. Prisão temporária 30
   1.11. Estabelecimentos penais 32
   1.12. Dispositivo vetado 32
   1.13. Livramento condicional 32
   1.14. Alteração das penas dos crimes hediondos 35
   1.15. Delação eficaz 36
   1.16. Associação criminosa qualificada 37
   1.17. Traição benéfica 37
   1.18. Causas de aumento de pena 38
   1.19. Prazo em dobro para o tráfico de entorpecentes 38
   1.20. Prioridade de tramitação 38
   1.21. Principais regras da lei Lei dos Crimes Hediondos 39
   1.22. Questões .... *online*

2. **DROGAS — LEI N. 11.343/2006** 41
   2.1. Introdução 41
   2.2. Dos crimes e das penas 41
       2.2.1. Porte e cultivo para consumo próprio 41
           2.2.1.1. Principais aspectos do crime de porte de droga para consumo próprio 49
       2.2.2. Tráfico ilícito de drogas 50
           2.2.2.1. Tráfico privilegiado 63
       2.2.3. Figuras equiparadas ao tráfico 74
           2.2.3.1. Condutas relacionadas a matéria-prima, insumo ou produto químico destinado à preparação de drogas 74
           2.2.3.2. Condutas relacionadas a plantas que se constituam em matéria-prima para a preparação de drogas 75
           2.2.3.3. Utilização de local ou bem para tráfico ou consentimento de uso de local ou bem para que terceiro pratique tráfico 80

2.2.3.4. Venda ou entrega de drogas ou matéria-prima, insumo ou produto químico destinado à preparação de drogas a agente policial disfarçado 82
2.2.4. Induzimento, instigação ou auxílio ao uso de droga 83
2.2.5. Oferta eventual e gratuita para consumo conjunto.. 85
2.2.6. Maquinismos e objetos destinados ao tráfico 86
2.2.7. Associação para o tráfico.. 90
2.2.8. Financiamento ao tráfico 94
2.2.9. Informante colaborador 95
2.2.10. Prescrição culposa... 96
2.2.11. Condução de embarcação ou aeronave após o consumo de droga........................... 98
2.2.12. Causas de aumento de pena 99
2.2.13. Causa de diminuição de pena 107
2.2.14. Principais aspectos do crime de tráfico de drogas... 108
2.3. Do procedimento penal 109
2.3.1. Introdução... 109
2.3.2. Fase policial... 109
2.3.3. Da instrução criminal 110
2.3.4. Destruição da droga 116
2.4. Competência 116
2.5. Laudo de constatação e toxicológico 118
2.6. A inimputabilidade na Lei de Drogas 119
2.7. A semi-imputabilidade na Lei de Drogas 119
2.8. O tratamento dos dependentes 120
2.9. Exame de dependência 120
2.10. Da apreensão, arrecadação e destinação dos bens do acusado 121
2.10.1. Dos bens ou valores obtidos com o tráfico.. 121
2.10.2. Dos bens utilizados para o tráfico.. 122
2.11. Desapropriação de terras utilizadas para o cultivo de culturas ilegais.......................... 123
2.12. Questões .... *online*

3. **TERRORISMO — LEI N. 13.260/2016** **125**
3.1. Introdução... 125
3.2. Tipo objetivo... 126
3.3. Sujeito ativo 127
3.4. Sujeitos passivos... 127
3.5. Consumação 127
3.6. Tentativa e atos preparatórios de terrorismo 127
3.7. Pena.. 128
3.8. Organização terrorista 129
3.9. Financiamento ao terror 129
3.10. Vedações.. 129
3.11. Ação penal 130
3.12. Asilo político 130
3.13. Extradição 131
3.14. Questões .... *online*

4. TORTURA — LEI N. 9.455/97 133
4.1. Introdução.................. 133
4.2. Dos crimes em espécie.................. 134
    4.2.1. Tortura-prova, tortura para a prática de crime e tortura discriminatória.................. 134
    4.2.2. Tortura-castigo.................. 137
    4.2.3. Tortura do preso ou de pessoa sujeita a medida de segurança.................. 138
    4.2.4. Omissão perante a tortura.................. 139
4.3. Formas qualificadas.................. 140
4.4. Causas de aumento de pena.................. 141
4.5. Efeitos da sentença condenatória.................. 142
4.6. Vedações processuais e penais.................. 143
4.7. Regime inicial de cumprimento de pena.................. 144
4.8. Extraterritorialidade da lei.................. 145
4.9. Revogação do art. 233 do Estatuto da Criança e do Adolescente.................. 145
4.10. Principais aspectos dos crimes de tortura.................. 145
4.11. Questões.................. *online*

5. ARMAS DE FOGO (ESTATUTO DO DESARMAMENTO) — LEI N. 10.826/2003. 147
5.1. Introdução.................. 147
5.2. Dos crimes e das penas.................. 147
    5.2.1. Posse irregular de arma de fogo de uso permitido.................. 148
    5.2.2. Omissão de cautela.................. 156
    5.2.3. Omissão de comunicação de perda ou subtração de arma de fogo.................. 157
    5.2.4. Porte ilegal de arma de fogo de uso permitido.................. 158
    5.2.5. Disparo de arma de fogo.................. 170
    5.2.6. Posse ou porte ilegal de arma de fogo de uso restrito ou proibido.................. 174
    5.2.7. Figuras com penas equiparadas (art. 16, § 1.º).................. 178
        5.2.7.1. Supressão ou alteração de marca ou numeração.................. 178
        5.2.7.2. Modificação de características da arma.................. 179
        5.2.7.3. Posse, detenção, fabrico ou emprego de artefato explosivo ou incendiário. 179
        5.2.7.4. Posse ou porte de arma de fogo com numeração raspada ou adulterada.. 180
            5.2.7.4.1. Quadros sinóticos da posse irregular e do porte ilegal de armas de fogo.................. 182
        5.2.7.5. Venda, entrega ou fornecimento de arma, acessório, munição ou explosivo a menor de idade.................. 183
        5.2.7.6. Produção, recarga ou reciclagem indevida, ou adulteração de munição ou explosivo.................. 184
    5.2.8. Comércio ilegal de arma de fogo.................. 185
    5.2.9. Tráfico internacional de arma de fogo.................. 186
5.3. Causas de aumento de pena.................. 188
5.4. Vedação de liberdade provisória.................. 188
5.5. Competência da justiça estadual.................. 189
5.6. Destruição dos objetos apreendidos.................. 190
5.7. Registros balísticos (art. 34-A).................. 190
5.8. Referendo popular.................. 191
5.9. Revogação da lei n. 9.437/97.................. 191
5.10. Ação penal.................. 191
5.11. Questões.................. *online*

6. CONTRAVENÇÕES PENAIS — DECRETO-LEI N. 3.688/41 193
6.1. Parte geral das contravenções 193
6.1.1. Introdução 193
6.1.2. Aplicação das regras gerais do código penal 194
6.1.3. Territorialidade 194
6.1.4. Voluntariedade, dolo e culpa 194
6.1.5. Tentativa 195
6.1.6. Penas principais 196
6.1.7. Reincidência 197
6.1.8. Erro de direito 198
6.1.9. Limite das penas 198
6.1.10. Suspensão condicional da pena e livramento condicional 198
6.1.11. Penas acessórias 199
6.1.12. Medidas de segurança e internação em manicômio judiciário ou em casa de custódia e tratamento 199
6.1.13. Presunção de periculosidade 200
6.1.14. Internação em colônia agrícola ou em instituição de trabalho, de reeducação ou de ensino profissional 201
6.1.15. Ação penal 201
6.1.16. Infração de menor potencial ofensivo 201
6.2. Parte especial das contravenções 203
6.2.1. Das contravenções referentes à pessoa (Capítulo I) 203
6.2.1.1. Fabrico, comércio ou detenção de arma ou munição 203
6.2.1.2. Porte de arma 205
6.2.1.3. Anúncio de meio abortivo 209
6.2.1.4. Vias de fato 209
6.2.1.5. Internação irregular em estabelecimento psiquiátrico 212
6.2.1.6. Indevida custódia de doente mental 213
6.2.2. Das contravenções referentes ao patrimônio (Capítulo II) 214
6.2.2.1. Instrumento de emprego usual na prática de furto 214
6.2.2.2. Posse não justificada de instrumento de emprego usual na prática de furto 215
6.2.2.3. Violação de lugar ou objeto 217
6.2.2.4. Exploração da credulidade pública 218
6.2.3. Das contravenções referentes à incolumidade pública (Capítulo III) 219
6.2.3.1. Disparo de arma de fogo 219
6.2.3.2. Deflagração perigosa de fogo de artifício 219
6.2.3.3. Desabamento de construção 220
6.2.3.4. Perigo de desabamento 221
6.2.3.5. Omissão de cautela na guarda ou condução de animais 222
6.2.3.6. Falta de habilitação para dirigir veículo 225
6.2.3.7. Direção não licenciada de aeronave 227
6.2.3.8. Direção perigosa de veículo na via pública 228
6.2.3.9. Abuso na prática da aviação 230
6.2.3.10. Sinais de perigo 232
6.2.3.11. Arremesso ou colocação perigosa 233

	6.2.3.12.	Emissão de fumaça, vapor ou gás	234
6.2.4.	Das contravenções referentes à paz pública (Capítulo IV)		235
	6.2.4.1.	Associação secreta	235
	6.2.4.2.	Provocação de tumulto e conduta inconveniente	235
	6.2.4.3.	Falso alarma	237
	6.2.4.4.	Perturbação do trabalho ou do sossego alheios	238
6.2.5.	Das contravenções referentes à fé pública (Capítulo V)		240
	6.2.5.1.	Recusa de moeda de curso legal	240
	6.2.5.2.	Imitação de moeda para propaganda	241
	6.2.5.3.	Simulação da qualidade de funcionário público	242
	6.2.5.4.	Uso ilegítimo de uniforme ou distintivo	244
6.2.6.	Das contravenções relativas à organização do trabalho (Capítulo VI)		245
	6.2.6.1.	Exercício ilegal de profissão ou atividade	245
	6.2.6.2.	Exercício ilegal do comércio de coisas antigas e obras de arte	247
	6.2.6.3.	Matrícula ou escrituração de indústria e profissão	248
6.2.7.	Das contravenções relativas à polícia de costumes (Capítulo VII)		249
	6.2.7.1.	Jogo de azar	249
	6.2.7.2.	Jogo do bicho	252
	6.2.7.3.	Vadiagem	254
	6.2.7.4.	Mendicância	256
	6.2.7.5.	Importunação ofensiva ao pudor	256
	6.2.7.6.	Embriaguez	256
	6.2.7.7.	Bebidas alcoólicas	258
	6.2.7.8.	Crueldade contra animais	260
	6.2.7.9.	Perturbação da tranquilidade	260
6.2.8.	Das contravenções referentes à Administração Pública (Capítulo VIII)		261
	6.2.8.1.	Omissão de comunicação de crime — por funcionário público	261
	6.2.8.2.	Omissão de comunicação de crime — por médico ou profissional da área de saúde	262
	6.2.8.3.	Inumação ou exumação de cadáver	262
	6.2.8.4.	Recusa de dados sobre a própria identidade ou qualificação	263
	6.2.8.5.	Proibição de atividade remunerada a estrangeiro	265
	6.2.8.6.	Violação de privilégio postal da União	265
6.3. Questões			*online*

7. CRIMES DE TRÂNSITO — LEI N. 9.503/97 267

7.1. Disposições gerais (Seção I)		267
7.1.1.	Procedimento nos crimes de trânsito	267
7.1.2.	Suspensão e proibição da habilitação ou permissão para dirigir veículo	269
7.1.3.	Suspensão ou proibição cautelar	271
7.1.4.	Comunicação da suspensão ou proibição da permissão ou habilitação	271
7.1.5.	Reincidência específica e suspensão ou proibição da permissão ou habilitação	272
7.1.6.	Multa reparatória	272
7.1.7.	Agravantes genéricas	273
7.1.8.	Prisão em flagrante e fiança	276
7.1.9.	Penas restritivas de direitos específicas	276

7.2. Dos crimes em espécie (seção ii) 277
    7.2.1. Homicídio culposo na direção de veículo automotor 277
        7.2.1.1. Principais regras do homicídio culposo na direção de veículo automotor 285
    7.2.2. Lesão culposa na direção de veículo automotor 285
    7.2.3. Omissão de socorro.. 287
    7.2.4. Fuga do local do acidente.. 290
    7.2.5. Embriaguez ao volante... 291
    7.2.6. Violação da suspensão ou proibição imposta.. 296
    7.2.7. Omissão na entrega da permissão ou habilitação.................................. 299
    7.2.8. Participação em competição não autorizada.. 300
    7.2.9. Direção de veículo sem permissão ou habilitação................................. 304
    7.2.10. Entrega de veículo a pessoa não habilitada 307
    7.2.11. Excesso de velocidade em determinados locais................................... 309
    7.2.12. Fraude no procedimento apuratório 311
7.3. Questões .... online

8. CRIMES CONTRA O CONSUMIDOR — LEI N. 8.078/90 313
8.1. Introdução 313
8.2. Dos crimes em espécie 315
    8.2.1. Omissão de dizeres ou sinais ostensivos sobre a nocividade ou periculosidade de produtos ou serviços.. 315
    8.2.2. Omissão na comunicação da nocividade ou periculosidade de produtos.......... 317
    8.2.3. Execução de serviço de alto grau de periculosidade 318
    8.2.4. Propaganda enganosa... 319
    8.2.5. Publicidade enganosa... 322
    8.2.6. Publicidade capaz de provocar comportamento perigoso..................... 325
    8.2.7. Omissão na organização de dados que embasam publicidade 326
    8.2.8. Emprego de peças ou componentes de reposição usados sem o consentimento do consumidor 327
    8.2.9. Cobrança abusiva ou vexatória.. 328
    8.2.10. Criação de óbice ao consumidor acerca de suas informações cadastrais 331
    8.2.11. Omissão na correção de dados cadastrais do consumidor.................. 332
    8.2.12. Omissão na entrega do termo de garantia ao consumidor.................. 332
8.3. Agravantes genéricas 333
8.4. Pena de multa.. 334
8.5. Penas restritivas de direitos.. 334
8.6. Questões .... online

9. CRIMES CONTRA AS RELAÇÕES DE CONSUMO — LEI N. 8.137/90 337
9.1. Introdução.. 337
9.2. A incidência da lei n. 9.099/95 337
9.3. Dos crimes em espécie 338
    9.3.1. Favorecimento ou preferência injustificada de comprador ou freguês 338
    9.3.2. Venda ou exposição à venda de mercadoria em desacordo com as prescrições legais ou classificação oficial 339
    9.3.3. Mistura de gêneros ou mercadorias para obtenção de lucro indevido........ 339

9.3.4.	Fraude de preço mediante alteração não essencial ou de qualidade de bem ou serviço.	340
9.3.5.	Fraude de preço mediante divisão de bem ou serviço	341
9.3.6.	Fraude de preço mediante junção de bens ou serviços	341
9.3.7.	Fraude de preço mediante aviso de inclusão de insumo não empregado na produção de bem ou na prestação de serviço	342
9.3.8.	Aumento de preço em venda a prazo mediante exigência de comissão ou taxa de juros ilegal	342
9.3.9.	Sonegação de produtos para descumprimento de oferta pública ou para fim de especulação	343
9.3.10.	Indução de consumidor ou usuário em erro mediante afirmação falsa ou enganosa	344
9.3.11.	Dano em matéria-prima ou mercadoria para provocar alta de preço	344
9.3.12.	Venda, manutenção em depósito, exposição à venda ou entrega de produto impróprio para o consumo	345
9.4.	Causas de aumento de pena	346
9.5.	Questões	online

10. GENOCÍDIO — LEI N. 2.889/56 347

10.1.	Introdução	347
10.2.	Dos crimes em espécie	347
10.2.1.	Genocídio	347
10.2.2.	Associação para a prática de genocídio	353
10.2.3.	Incitação ao genocídio	354
10.3.	Questões	online

11. CRIMES DO ESTATUTO DA CRIANÇA E DO ADOLESCENTE — LEI N. 8.069/90 357

11.1.	Introdução	357
11.2.	Dos crimes em espécie	358
11.2.1.	Omissão do registro de atividades ou do fornecimento de declaração de nascimento	358
11.2.2.	Omissão na correta identificação do neonato e da parturiente ou dos exames necessários	359
11.2.3.	Privação ilegal da liberdade	360
11.2.4.	Omissão da comunicação de apreensão de criança ou adolescente	361
11.2.5.	Submissão de criança ou adolescente a vexame ou constrangimento	362
11.2.6.	Omissão da autoridade competente na imediata liberação da criança ou do adolescente	363
11.2.7.	Descumprimento injustificado de prazo fixado no estatuto em relação a adolescente apreendido	364
11.2.8.	Impedimento ou embaraço à ação de autoridade	365
11.2.9.	Subtração de criança ou adolescente com o fim de colocação em lar substituto	366
11.2.10.	Promessa ou entrega de filho ou pupilo	366
11.2.11.	Tráfico internacional ou envio ilegal de crianças ou adolescentes para o exterior	367
11.2.12.	Pornografia envolvendo criança ou adolescente	369
11.2.13.	Venda ou exposição à venda de pornografia envolvendo criança ou adolescente	371
11.2.14.	Oferta, troca, disponibilização, transmissão, distribuição, publicação ou divulgação de material pornográfico envolvendo menor	373

11.2.15. Aquisição, posse ou armazenamento de pornografia envolvendo criança ou adolescente 374
11.2.16. Simulação da participação de criança ou adolescente em cena de sexo ou pornografia 377
11.2.17. Aliciamento ou assédio de criança a fim de com ela praticar ato libidinoso 378
11.2.18. Venda ou fornecimento de arma 379
11.2.19. Venda ou fornecimento de bebida alcoólica ou de substância capaz de provocar dependência 380
11.2.20. Venda ou fornecimento de fogos de estampido ou de artifício 382
11.2.21. Submissão de criança ou adolescente à prostituição ou exploração sexual 382
11.2.22. Corrupção de menores 383
11.2.23. Omissão na comunicação de desaparecimento de criança ou adolescente 387
11.3. Questões .... *online*

12. CRIMES AMBIENTAIS — LEI N. 9.605/98 389
12.1. Introdução 389
12.2. Concurso de agentes 389
12.3. Responsabilidade penal da pessoa jurídica 390
    12.3.1. Extinção da pessoa jurídica 391
12.4. Da aplicação da pena 391
    12.4.1. Substituição da pena privativa de liberdade por restritiva de direitos 393
    12.4.2. Suspensão condicional da pena 394
    12.4.3. Pena de multa 394
    12.4.4. Da fixação da pena para as pessoas jurídicas 395
12.5. Ação penal 396
12.6. Competência 396
12.7. Transação penal 396
12.8. Suspensão condicional do processo 396
12.9. Da sentença condenatória 397
    12.9.1. Princípio da insignificância 398
12.10. Da apreensão do produto e do instrumento de infração administrativa ou de crime ... 399
12.11. Crimes contra o meio ambiente 399
    12.11.1. Dos crimes contra a fauna (Seção I) 399
        12.11.1.1. Morte, perseguição, caça, apreensão ou utilização de animais silvestres, nativos ou em rota migratória 400
        12.11.1.2. Exportação não autorizada de pele e couro de anfíbios ou répteis 403
        12.11.1.3. Introdução ilegal de espécime animal no país 404
        12.11.1.4. Maus-tratos e crueldade contra animais 405
        12.11.1.5. Mortandade de espécimes da flora aquática 409
        12.11.1.6. Pesca proibida 410
        12.11.1.7. Pesca mediante emprego de artefatos ou substâncias de alto poder destrutivo 413
        12.11.1.8. Excludentes de ilicitude 414
    12.11.2. Dos crimes contra a flora (Seção II) 414
        12.11.2.1. Destruição, dano ou uso abusivo de floresta de preservação permanente 414
        12.11.2.2. Dano ou utilização indevida de vegetação da mata atlântica 417

12.11.2.3. Corte não autorizado de árvores em floresta de preservação permanente ... 419
12.11.2.4. Dano em unidade de conservação ... 420
12.11.2.5. Provocação de incêndio em floresta ou demais formas de vegetação ... 422
12.11.2.6. Fabrico, venda, transporte ou soltura de balões ... 423
12.11.2.7. Extração de pedra, areia, cal ou qualquer espécie de mineral em floresta de domínio público ou de preservação permanente ... 424
12.11.2.8. Corte ou transformação de madeira de lei em carvão ... 425
12.11.2.9. Aquisição ou recebimento de madeira, lenha, carvão ou outro produto vegetal sem as formalidades legais ... 426
12.11.2.10. Impedimento ou dificultação da regeneração natural de florestas ou outras formas de vegetação ... 427
12.11.2.11. Destruição, dano ou maus-tratos em plantas de ornamentação ... 428
12.11.2.12. Destruição ou dano de florestas nativas ou plantadas ou de vegetação fixadora de dunas ou protetora de mangues ... 429
12.11.2.13. Desmatamento, exploração ou degradação não autorizada de floresta em terras de domínio público ou devolutas ... 430
12.11.2.14. Comércio ou uso não autorizado de motosserra ... 431
12.11.2.15. Ingresso em unidade de conservação mediante porte não autorizado de substâncias ou instrumentos próprios para a caça ou a exploração de produtos florestais ... 432
12.11.2.16. Causas de aumento de pena ... 433
12.11.3. Da poluição e outros crimes ambientais (Seção III) ... 434
12.11.3.1. Poluição ambiental ... 434
12.11.3.2. Pesquisa, lavra ou extração não autorizada de recursos minerais ... 439
12.11.3.3. Produção ou emprego irregular de produtos ou substâncias tóxicas, perigosas ou nocivas ... 440
12.11.3.4. Causas de aumento de pena ... 442
12.11.3.5. Construção, reforma, ampliação, instalação ou funcionamento não autorizado de estabelecimentos, obras ou serviços potencialmente poluidores ... 442
12.11.3.6. Disseminação de doença ou praga ... 444
12.11.4. Dos crimes contra o ordenamento urbano e o patrimônio cultural (Seção IV) ... 445
12.11.4.1. Dano em bem especialmente protegido ... 446
12.11.4.2. Modificação não autorizada de edificação ou local especialmente protegido ... 447
12.11.4.3. Construção não autorizada em solo não edificável ou em seu entorno ... 449
12.11.4.4. Pichação de edificação ou monumento urbano ... 450
12.11.5. Dos crimes contra a administração ambiental (seção v) ... 452
12.11.5.1. Afirmação falsa, omissão da verdade ou sonegação de dados ... 452
12.11.5.2. Concessão de licença, autorização ou permissão em desacordo com as normas ambientais ... 453
12.11.5.3. Omissão no cumprimento de obrigação de relevante interesse ambiental ... 454
12.11.5.4. Obstrução da fiscalização ... 455
12.11.5.5. Elaboração ou apresentação de estudo, laudo ou relatório falso ... 456
12.12. Questões ... *online*

13. CRIMES DO ESTATUTO DA PESSOA IDOSA — LEI N. 10.741/2003 459
13.1. Introdução 459
13.2. Dos crimes em espécie 462
    13.2.1. Discriminação contra idoso 462
    13.2.2. Omissão de socorro a idoso 463
    13.2.3. Abandono de idoso 465
    13.2.4. Maus-tratos contra idoso 466
    13.2.5. Impedimento de acesso da pessoa idosa a cargo público 467
    13.2.6. Recusa de emprego por motivo de idade 468
    13.2.7. Recusa de atendimento à pessoa idosa 469
    13.2.8. Desobediência a ordem judicial emanada em ação civil pública 470
    13.2.9. Desobediência à requisição do Ministério Público 471
    13.2.10. Desobediência a ordem judicial em ação em que idoso seja parte ou interveniente 472
    13.2.11. Apropriação indébita de bens de pessoa idosa 473
    13.2.12. Negativa de acolhimento de pessoa idosa 474
    13.2.13. Retenção de cartão magnético ou outro documento de idoso para garantia de dívida 474
    13.2.14. Exibição de informações ou imagens depreciativas ou injuriosas de idosos 476
    13.2.15. Abuso de pessoa idosa sem discernimento 477
    13.2.16. Coação de pessoa idosa 477
    13.2.17. Lavratura ilegal de ato notarial 478
13.3. Questões .... *online*

14. CRIMES FALIMENTARES — LEI N. 11.101/2005 481
14.1. Introdução 481
14.2. Classificação 481
14.3. Condição objetiva de punibilidade 482
14.4. Dos crimes em espécie 482
    14.4.1. Fraude a credores 482
    14.4.2. Violação de sigilo empresarial 485
    14.4.3. Divulgação de informações falsas 485
    14.4.4. Indução a erro 486
    14.4.5. Favorecimento de credores 487
    14.4.6. Desvio, ocultação ou apropriação de bens 488
    14.4.7. Aquisição, recebimento ou uso ilegal de bens 489
    14.4.8. Habilitação ilegal de crédito 490
    14.4.9. Exercício ilegal de atividade 491
    14.4.10. Violação de impedimento 491
    14.4.11. Omissão dos documentos contábeis obrigatórios 492
14.5. Disposições comuns 493
    14.5.1. Efeitos da condenação 493
    14.5.2. Prescrição 494
    14.5.3. Unidade do crime falimentar 496
14.6. Do procedimento penal 496
    14.6.1. Competência 496
    14.6.2. Ação penal 497
    14.6.3. Procedimento investigatório e rito processual 498

14.6.4.	Aplicação subsidiária do código de processo penal	500
14.7. Questões		online

15. ORGANIZAÇÃO CRIMINOSA — LEI N. 12.850/2013 501
- 15.1. Crime de organização criminosa 501
  - 15.1.1. Procedimento nos crimes praticados por integrante de organização criminosa 505
    - 15.1.1.1. Meios especiais de prova 506
      - 15.1.1.1.1. Colaboração premiada 506
        - 15.1.1.1.1.1. Procedimento 508
        - 15.1.1.1.1.2. Direitos e deveres do colaborador 511
      - 15.1.1.1.2. Captação ambiental 512
        - 15.1.1.1.2.1. Procedimento 513
      - 15.1.1.1.3. Ação controlada 514
      - 15.1.1.1.4. Acesso a registros, dados cadastrais, documentos e informações 515
      - 15.1.1.1.5. Infiltração de agentes policiais 516
        - 15.1.1.1.5.1. Procedimento 516
        - 15.1.1.1.5.2. Direitos do infiltrado 517
        - 15.1.1.1.5.3. Infiltração de agentes policiais virtuais 517
- 15.2. Colegiado em primeiro grau de jurisdição (Lei n. 12.694/2012) 518
- 15.3. Dos crimes ocorridos na investigação e na obtenção da prova 519
  - 15.3.1. Revelação da identidade de colaborador 519
  - 15.3.2. Imputação falsa 520
  - 15.3.3. Descumprimento de sigilo em investigação que envolva ação controlada ou infiltração de agentes 521
  - 15.3.4. Recusa ou omissão de dados cadastrais, registros, documentos ou informações ... 522
- 15.4. Questões .... online

16. CRIMES CONTRA A ORDEM TRIBUTÁRIA — LEI N. 8.137/90 525
- 16.1. Introdução 525
- 16.2. O alcance da responsabilização penal 525
- 16.3. Competência 527
- 16.4. Princípio da insignificância 527
- 16.5. Absorção 530
- 16.6. Inexigibilidade de conduta diversa 530
- 16.7. Delação premiada 530
- 16.8. Pagamento integral do tributo 531
- 16.9. Parcelamento do tributo 532
- 16.10. Pena de multa 532
- 16.11. Dos crimes contra a ordem tributária em espécie 533
  - 16.11.1. Dos crimes praticados por particulares (Seção I) 533
    - 16.11.1.1. Omissão de informação ou prestação de declaração falsa às autoridades fazendárias 533
    - 16.11.1.2. Fraude à fiscalização tributária mediante declaração falsa em documento ou livro exigido pela lei fiscal 535
    - 16.11.1.3. Falsidade material de documento relativo à operação tributável 536
    - 16.11.1.4. Elaboração, distribuição, fornecimento, emissão ou utilização de documento falso ou inexato 537

16.11.1.5. Recusa ou omissão no fornecimento de nota fiscal ou documento equivalente 538
16.11.1.6. Desobediência à exigência de apresentação de documentos fiscais 540
16.11.1.7. Causas de aumento de pena 541
16.11.1.8. Concurso de crimes 542
16.11.2. Crimes da mesma natureza (art. 2.º) 542
16.11.2.1. Declaração falsa de renda ou omissão de declaração 542
16.11.2.2. Omissão no recolhimento de tributo ou contribuição social descontados de terceiro 543
16.11.2.3. Exigência, pagamento ou recebimento de percentagem sobre incentivo fiscal 545
16.11.2.4. Omissão ou aplicação indevida de incentivo fiscal 546
16.11.2.5. Contabilidade paralela mediante uso ou divulgação indevida de programação de processamento de dados 547
16.11.2.6. Causas de aumento de pena 548
16.11.3. Dos crimes praticados por funcionários públicos (Seção II) 548
16.11.3.1. Extravio, sonegação ou inutilização de livro, processo ou outro documento fiscal 548
16.11.3.2. Concussão e corrupção passiva tributárias 550
16.11.3.3. Advocacia administrativa perante a administração fazendária 551
16.12. Questões .... *online*

Referências 553

CRIMES HEDIONDOS E EQUIPARADOS
LEI N. 8.072/90

1.1. FUNDAMENTO CONSTITUCIONAL

A necessidade de maior rigor na punição dos autores de crimes de natureza hedionda e equiparados encontra amparo no art. 5.º, XLIII, da Constituição Federal, o qual dispõe que "**a lei considerará crimes inafiançáveis e insuscetíveis de graça ou anistia a prática da tortura, o tráfico ilícito de entorpecentes e drogas afins, o terrorismo e os definidos como crimes hediondos, por eles respondendo os mandantes, os executores e os que, podendo evitá-los, se omitirem**".

A Carta Magna, portanto, estabeleceu **restrições** em relação a essas infrações penais mais gravosas, vedando benefícios àqueles que estejam sendo processados por tais crimes — proibição de **fiança** — e aos condenados por tais delitos — vedação à **graça** e à **anistia**. Concomitantemente, determinou a elaboração de **lei federal** para definir os crimes de natureza **hedionda**.

1.2. A LEI DOS CRIMES HEDIONDOS

Em 25 de julho de 1990, foi aprovada a **Lei n. 8.072**, conhecida como **Lei dos Crimes Hediondos**, que, além de definir os delitos dessa natureza, trouxe diversas outras providências de cunho **penal** e **processual penal**, bem como referentes à **execução da pena** dos próprios crimes hediondos, do tráfico de entorpecentes, do terrorismo e da tortura. Deve, contudo, ser mencionado que diversas leis posteriores efetuaram alterações importantes na Lei n. 8.072/90.

A Lei n. 8.930/94 acrescentou ao rol **original** de crimes hediondos o homicídio simples cometido em atividade típica de grupo de extermínio, o homicídio qualificado, bem como o crime de genocídio. Ao mesmo tempo, excluiu do rol o delito de envenenamento de água potável qualificado pela morte.

A Lei n. 9.695/98 incluiu na lista de crimes hediondos o delito de falsificação de medicamentos.

A Lei n. 11.464/2007 modificou o sistema de progressão da pena em relação a todos os delitos regulamentados pela Lei n. 8.072/90.

Por sua vez, a Lei n. 12.015/2009 unificou os crimes de estupro e atentado violento ao pudor, ambos de natureza hedionda, sob a denominação única de "estupro". Por consequência, excluiu o atentado violento ao pudor do rol dos crimes hediondos. Concomitantemente, inseriu a figura do estupro de vulnerável em tal rol.

A Lei n. 12.978/2014 passou a considerar hediondo o delito de favorecimento da prostituição ou de outra forma de exploração sexual de criança ou adolescente ou de vulnerável (art. 218-B, *caput* e §§ 1.º e 2.º, do CP). A Lei n. 13.142/2015 acrescentou ao rol os crimes de lesões corporais gravíssimas ou seguidas de morte contra policiais ou integrantes das Forças Armadas (ou contra seus familiares em razão dessa condição).

A Lei n. 13.964/2019 (pacote anticrime) acrescentou diversos crimes ao rol: furto qualificado pelo emprego de explosivo, roubo com emprego de arma de fogo ou restrição da liberdade, roubo qualificado pela lesão grave, extorsão qualificada pela restrição da liberdade, organização criminosa visando à prática de crimes hediondos ou equiparados, posse ou porte ilegal de arma de fogo de uso proibido, comércio ilegal e tráfico internacional de armas de fogo.

A Lei n. 14.688/2023 inseriu os crimes previstos no Código Penal Militar que apresentam identidade com os crimes hediondos descritos na legislação penal comum.

A Lei n. 14.811/2024 introduziu no rol dos crimes hediondos os seguintes delitos: induzimento, instigação ou auxílio a suicídio ou a automutilação realizados por meio da rede de computadores, de rede social ou transmitidos em tempo real; sequestro e cárcere privado cometidos contra menor de 18 anos; tráfico de pessoas cometido contra criança ou adolescente; os crimes previstos no § 1.º do art. 240 e no art. 241-B da Lei n. 8.069, de 13 de julho de 1990 (Estatuto da Criança e do Adolescente).

O **elenco** dos crimes hediondos será abordado oportunamente.

1.3. CRIMES EQUIPARADOS A HEDIONDOS

O **tráfico** ilícito de entorpecentes ou drogas afins, o **terrorismo** e a **tortura** não são crimes hediondos, porque não constam do rol do art. 1.º da Lei n. 8.072/90. Todavia, como possuem tratamento semelhante nos demais dispositivos da lei, são chamados de **figuras equiparadas (ou assemelhadas)**. Tal equiparação encontra fundamento no próprio art. 5.º, XLIII, da Constituição Federal, que expressamente faz menção a tais infrações penais.

O crime de **tráfico** ilícito de **entorpecentes** mencionado no texto constitucional encontra-se descrito nos arts. 33, *caput* e § 1.º, e 34 da Lei n. 11.343/2006 (Lei de Drogas). As Cortes Superiores firmaram entendimento no sentido de que o delito de associação para o tráfico (art. 35 da Lei Antidrogas) não possui natureza hedionda por não constar expressamente do rol da Lei n. 8.072/90. A Lei n. 13.964/2019 excluiu, de forma expressa, a equiparação do tráfico **privilegiado** (art. 33, § 4.º) aos crimes hediondos — embora esse entendimento já estivesse consolidado nas Cortes Superiores (ver abordagem específica adiante).

O art. 243 do Estatuto da Criança e do Adolescente (Lei n. 8.069/90), com a redação que lhe foi dada pela Lei n. 13.106/2015, prevê pena de detenção, de dois a quatro anos, e multa para quem "vender, fornecer, servir, ministrar ou entregar, ainda que gratuitamente, de qualquer forma, a criança ou a adolescente, bebida alcoólica ou, sem justa causa, outros produtos cujos componentes possam causar dependência física ou psíquica". Esse delito, porém, não é considerado pela doutrina como forma de tráfico de entorpecentes ou drogas afins, pois se refere a produtos de outra natureza (não listados como entorpecentes ou assemelhados). Ex.: cigarro, cola de sapateiro etc.

Já o delito de **terrorismo** está descrito na Lei n. 13.260/2016.

Por fim, o crime de **tortura** possui diversas formas, todas tipificadas na Lei n. 9.455/97.

1.4. O ROL DOS CRIMES HEDIONDOS

No sistema vigente, o caráter hediondo depende única e exclusivamente da existência de **previsão legal** reconhecendo essa natureza para determinada espécie delituosa. Com efeito, o art. 1.º da Lei n. 8.072/90 apresenta um rol **taxativo** desses crimes, **não** admitindo **ampliação** pelo **juiz**. Não se admite, tampouco, que o magistrado deixe de reconhecer a natureza hedionda em delito que expressamente conste do rol. Adotou-se, portanto, um critério que se baseia exclusivamente na existência de lei que confira caráter hediondo a certos ilícitos penais. Assim, por mais grave que seja determinado crime, o juiz não lhe poderá conferir o caráter hediondo, se tal ilícito não constar do rol da Lei n. 8.072/90.

A redação **inicial** da Lei dos Crimes Hediondos sofreu severas críticas porque não reconhecia tal caráter ao crime de homicídio qualificado, tendo sido necessária aprovação de lei modificativa para corrigir a falha (Lei n. 8.930/94).

A Lei n. 8.072/90 confere caráter hediondo a determinados delitos descritos no Código Penal e ao crime de genocídio, a alguns delitos descritos no Estatuto do Desarmamento e no Estatuto da Criança e do Adolescente, aos crimes militares (Código Penal Militar) que guardam similitude com os crimes hediondos previstos na legislação comum e ao crime de organização criminosa, quando visa ao cometimento de crimes hediondos ou equiparados. Tal lei, em regra, especifica o nome e o número do artigo do delito considerado hediondo. Ex.: considera-se hediondo, nos termos do art. 1.º, *caput*, V, da Lei n. 8.072/90, o **"crime de estupro (art. 213, *caput*, e §§ 1.º e 2.º)"**. Assim, quando o juiz condena alguém por estupro, o delito automaticamente é considerado hediondo, não sendo necessário que o magistrado declare tal circunstância, que, em verdade, decorre de texto expresso de lei.

> **Observação:** Nada obsta a que o legislador modifique o sistema atual de indicar **nominalmente** os crimes de natureza hedionda e que passe a adotar critérios genéricos, como, por exemplo, considerar hediondos os crimes que tenham pena máxima superior a 12 anos, ou, ainda, que estabeleça que caberá ao juiz, nos casos concretos, definir se um delito é ou não hediondo. Tal providência, entretanto, é muito improvável, na medida em que poderia trazer insegurança jurídica.

1.5. CRIMES HEDIONDOS EM ESPÉCIE

Os crimes hediondos estão elencados no art. 1.º da Lei n. 8.072/90. Conforme veremos, são crimes previstos, em sua maioria, no Código Penal. Saliente-se, outrossim, que a natureza hedionda independe de o crime ser **consumado** ou **tentado**, conforme consta expressamente no *caput* do referido dispositivo.

> **Art. 1.º,** *caput* — São considerados hediondos os seguintes crimes, todos tipificados no Decreto-lei n. 2.848/40 — Código Penal, consumados ou tentados:

> I — homicídio (art. 121), quando praticado em atividade típica de grupo de extermínio, ainda que cometido por um só agente, e homicídio qualificado (art. 121, § 2.º, I, II, III, IV, V, VII, VIII e IX);

Não havia menção ao delito de homicídio na redação original da Lei n. 8.072/90, tendo sido introduzido pela Lei n. 8.930/94. Essa lei foi aprovada em decorrência de veementes críticas de juristas e da imprensa ao caráter hediondo reconhecido em alguns crimes sexuais, que, incompreensivelmente, era negado ao homicídio, crime que atinge o bem jurídico mais valioso do ser humano.

O caráter hediondo é conferido em duas hipóteses:

a) *Homicídio simples praticado em atividade típica de grupo de extermínio, ainda que cometido por um só agente.*

O dispositivo, em verdade, não menciona expressamente que se trata de homicídio simples, mas essa conclusão é inexorável porque, na segunda parte do dispositivo, considera-se hedionda toda e qualquer forma de homicídio qualificado. Assim, a hipótese em análise é de configuração improvável, uma vez que, em regra, o homicídio praticado em **atividade típica de grupo de extermínio** apresenta alguma qualificadora (motivo torpe, recurso que dificultou a defesa da vítima etc.) e, em tais casos, a existência da qualificadora já torna o delito hediondo. O dispositivo, contudo, atende aos reclamos da sociedade no sentido de uma punição mais severa sempre que houver conduta dessa natureza.

Discute a doutrina o significado da expressão "grupo de extermínio", havendo, entretanto, consenso de que não se trata de sinônimo de concurso de agentes (coautoria e participação), pois, em geral, quando a lei quer se referir ao simples concurso de duas ou mais pessoas, fá-lo de forma explícita, o que não ocorre na hipótese em análise. Assim, para alguns basta o envolvimento de três pessoas, enquanto, para outros, é necessário o número mínimo de quatro. Saliente-se, entretanto, que, nos termos da lei, o caráter hediondo mostra-se presente **ainda que o crime seja praticado por uma só pessoa**, desde que em atividade **típica** de grupo de extermínio. Ex.: uma pessoa resolve sair sozinha de casa, durante as madrugadas, em uma motocicleta, para procurar moradores de rua dormindo em calçadas, a fim de neles atear fogo. Os homicídios foram por ele cometidos em atividade típica de grupo de extermínio, embora em atitude solo, tornando aplicável a Lei dos Crimes Hediondos.

Para que a atividade seja considerada típica de grupo de extermínio, basta que a prática do homicídio seja caracterizada pela **impessoalidade** na escolha da vítima (que a escolha do sujeito passivo seja pautada genericamente por suas características, sendo feita a esmo: o agente (ou os agentes) resolve, por exemplo, que vai matar homossexuais; travestis; prostitutas; ladrões; policiais; menores abandonados etc.). De acordo com Cézar Roberto Bitencourt[1], atividade típica de grupo de extermínio "é a chacina que elimina a vítima pelo simples fato de pertencer a determinado grupo ou determinada classe social ou racial, como, por exemplo, mendigos, prostitutas, homossexuais, presidiários etc. A impessoalidade da ação (...) é uma das características fundamentais, sendo

---

[1] BITENCOURT, Cezar Roberto. *Tratado de direito penal.* 11. ed. São Paulo: Saraiva, 2011. v. 2, p. 68.

irrelevante a unidade ou pluralidade de vítimas. Caracteriza-se a ação de extermínio mesmo que seja morta uma única pessoa, desde que se apresente a impessoalidade da ação, ou seja, pela razão exclusiva de pertencer ou ser membro de determinado grupo social, ético, econômico, étnico etc.".

A Lei n. 12.720, de 27 de setembro de 2012, acrescentou um § 6.º ao art. 121 do Código Penal, passando a prever um aumento de pena de 1/3 até 1/2 se o crime de homicídio for praticado por milícia privada, sob o pretexto de prestação de serviço de segurança, ou **por grupo de extermínio**. Por se tratar, agora, de causa de aumento de pena, o tema deve ser objeto de questionamento aos jurados na votação dos quesitos, durante o julgamento do homicídio pelo Tribunal do Júri.

Note-se que, para o delito ser considerado **hediondo**, basta que o crime seja cometido em atividade **típica** de grupo de extermínio, não havendo a necessidade de existir efetivamente um grupo montado a fim de cometer, de forma reiterada, homicídios a pretexto de "limpeza social". Caso exista efetivamente a **formação de um grupo**, além de o delito ser hediondo, será aplicada a **causa de aumento** do art. 121, § 6.º, do Código Penal. Ex.: os chamados "esquadrões da morte", montados por policiais para matar supostos criminosos que atuam em determinada região.

Por ausência de previsão legal, o homicídio simples cometido por integrante de **milícia privada** não constitui crime hediondo, embora a pena possa ser agravada de 1/3 até 1/2, se o crime for cometido sob o pretexto de prestação de serviço de segurança.

b) *Homicídio qualificado.*

O caráter hediondo abrange todas as formas de homicídio qualificado (art. 121, § 2.º, I, II, III, IV, V, VII, VIII e IX, do CP).

Em tais dispositivos, o legislador elegeu uma série de circunstâncias como configuradoras de maior gravidade no homicídio. Os critérios utilizados no texto legal para considerar o delito qualificado permitiram que a doutrina realizasse a seguinte classificação: a) qualificadoras quanto aos **motivos** do delito; b) quanto aos **meios** mais gravosos empregados; c) quanto ao **modo** de execução; d) decorrentes da **conexão** com outro crime; e) em razão da arma de fogo empregada; f) em razão da idade da vítima (menor de 14 anos).

De acordo com o Código Penal, considera-se qualificado o homicídio (pena de 12 a 30 anos de reclusão), se cometido:

II — *por motivo fútil.* Esta hipótese também diz respeito ao **motivo**.

III — *com emprego de veneno, fogo, explosivo, asfixia, tortura ou outro meio insidioso ou cruel, ou de que possa resultar perigo comum.* São qualificadoras relacionadas ao **meio** mais gravoso empregado para ceifar a vida alheia.

IV — *à traição, de emboscada, ou mediante dissimulação, ou outro recurso que dificulte ou torne impossível a defesa do ofendido.* Qualificadoras referentes ao **modo** de execução.

V — *para assegurar a execução, a ocultação, a impunidade ou a vantagem de outro crime.* Estas figuras qualificadas decorrem da conexão do homicídio com outro crime.

VII — *contra autoridade ou agente descrito nos arts. 142 e 144 da Constituição Federal, integrantes do sistema prisional e da Força Nacional de Segurança Pú-*

blica, no exercício da função ou em decorrência dela, ou contra seu cônjuge, companheiro ou parente consanguíneo até terceiro grau, em razão dessa condição. As qualificadoras dos incisos VI e VII também referem-se à **motivação** do agente.
VIII — *com emprego de arma de fogo de uso restrito ou proibido.*
IX — *contra menor de 14 (quatorze) anos.*

Além disso, por outra ótica, a doutrina classifica as qualificadoras dos incisos III, IV, VIII e IX (referentes a meio, modo de execução e idade da vítima) como de caráter **objetivo**, enquanto as dos incisos I, II, V e VII como de caráter **subjetivo**.

Ao aprovar a Lei n. 13.964/2019 o legislador pretendia tornar qualificado o homicídio quando cometido com emprego de arma de fogo de uso restrito ou proibido. Tal regra seria inserida no art. 121, § 2.º, VIII, do CP e, por essa razão, o legislador alterou também a Lei dos Crimes Hediondos para inserir esse inciso VIII. Ocorre que aquele dispositivo que acrescentava a qualificadora no Código Penal foi vetado pela presidência da República, sendo, contudo, mantida a nova redação no art. 1.º, *caput*, I, da Lei n. 8.072/90. Posteriormente, o Congresso Nacional **derrubou** o veto da Presidência e o homicídio cometido com arma de fogo de uso proibido ou restrito efetivamente passou a constar no rol das qualificadoras do homicídio.

A qualificadora mostra-se presente ainda que o autor do homicídio possua autorização para portar a arma de fogo de uso restrito.

Caso o homicida utilize arma de fogo considerada de uso permitido em razão do seu calibre, mas que esteja com numeração raspada ou suprimida, entendemos que se aplica a qualificadora em estudo, pois o art. 16, parágrafo único, IV, do Estatuto do Desarmamento (Lei n. 10.826/2003) equipara armas de fogo nessas condições às armas de uso restrito.

A Lei n. 14.344/2022 acrescentou nova qualificadora no inciso IX do art. 121, § 2.º, qual seja quando o homicídio for praticado contra pessoa menor de 14 anos.

Os jurados **não são questionados acerca do caráter hediondo** do delito, já que essa característica decorre **automaticamente** do reconhecimento de uma das qualificadoras.

▪ Homicídio privilegiado-qualificado

É sabido que um homicídio pode ser **concomitantemente** qualificado e privilegiado (cometido por motivo de relevante valor social ou moral, ou sob o domínio de violenta emoção logo em seguida a injusta provocação da vítima — art. 121, § 1.º, do CP). Tal possibilidade só existe, contudo, quando a qualificadora é de caráter **objetivo**, ou seja, quando se refere, por exemplo, ao **meio** ou **modo** de execução. Essa conclusão é inevitável, porque o **privilégio**, por ser sempre ligado à **motivação** do homicídio (caráter **subjetivo**), é incompatível com as qualificadoras subjetivas. Não se pode imaginar um homicídio privilegiado pelo motivo de relevante valor social e, ao mesmo tempo, qualificado pelo motivo fútil. Assim, como o privilégio (causa de diminuição de pena) é votado antes pelos jurados, nos termos do art. 483, IV e V, do CPP, o seu reconhecimento impede que o juiz ponha em votação as qualificadoras subjetivas, podendo fazê-lo, contudo, em relação às objetivas. O crime pode, por exemplo, ser qualificado pelo recurso que dificultou a defesa da vítima (tiro pelas costas, por exemplo) e privilegiado em razão da violenta emoção.

Nesse caso, fica a indagação: *o homicídio qualificado-privilegiado tem caráter hediondo?*

Como a lei não aborda expressamente o tema, surgiram duas orientações:

1.ª) O crime **não** é hediondo. O grande defensor dessa tese foi Damásio de Jesus[2], que utilizava como fundamento a regra contida no art. 67 do Código Penal. Tal dispositivo, ao traçar norma de aplicação da pena — para hipótese de reconhecimento concomitante de circunstâncias **agravantes** e **atenuantes** genéricas —, estabelece que devem preponderar as circunstâncias de caráter subjetivo. Por isso, como no homicídio qualificado-privilegiado as qualificadoras são sempre objetivas e o privilégio é necessariamente de cunho subjetivo, este deve prevalecer, e, portanto, o crime não será hediondo. Observe-se que, de acordo com tal corrente, o juiz efetivamente aplica a qualificadora e o privilégio, porém não lhe reconhece o caráter hediondo.

Essa é a opinião amplamente majoritária, que foi, inclusive, adotada pelo Superior Tribunal de Justiça:

> "Por incompatibilidade axiológica e por falta de previsão legal, o homicídio qualificado-privilegiado não integra o rol dos denominados crimes hediondos (Precedentes)" (HC 153.728/SP, Rel. Min. Felix Fischer, 5.ª Turma, julgado em 13.4.2010, *DJe* 31.5.2010); "A Lei n. 8.072/90, alterada pela Lei n. 8.930/94, em seu art. 1.º, considerou hediondo, entre outros, o homicídio qualificado, consumado ou tentado. Não faz nenhuma referência à hipótese do homicídio qualificado-privilegiado. A extensão, aqui, viola o princípio da reserva legal, previsto entre nós tanto na Carta Magna como em regra infraconstitucional (art. 5.º, inc. XXXIX, da *Lex Maxima*, e art. 1.º, do CP)" (STJ — HC 180.694/PR, Rel. Min. Félix Fischer, 5.ª Turma, julgado em 2.2.1999, *DJ* 22.3.1999, p. 229); "O homicídio qualificado-privilegiado não figura no rol dos crimes hediondos. Precedentes do STJ. 2. Afastada a incidência da Lei n. 8.072/90, o regime prisional deve ser fixado nos termos do disposto no art. 33, § 3.º, c.c. o art. 59, ambos do Código Penal" (STJ — HC 41.579/SP, Rel. Min. Laurita Vaz, 5.ª Turma, julgado em 19.4.2005, *DJ* 16.5.2005, p. 378); "Conforme jurisprudência desta Corte e do Pretório Excelso, ante a inexistência de previsão legal, o homicídio qualificado-privilegiado não integra o rol dos crimes hediondos (...)" (STJ — HC 17.064/RJ, Rel. Min. Jorge Scartezzini, 5.ª Turma, julgado em 9.10.2001, *DJ* 20.5.2002, p. 170); "1. A Lei n. 8.072.1990, em seu art. 1.º, inc. I, com a redação dada pela Lei n. 8.930.1994, considerou hediondo o homicídio simples (art. 121, *caput*), quando praticado em atividade típica de grupo de extermínio, ainda que cometido por um só agente, e o homicídio qualificado (art. 121, § 2.º, I, II, III, IV e V), não fazendo qualquer menção ao homicídio privilegiado (art. 121, § 1.º), mesmo que qualificado (STJ — HC 39.280/RS, Rel. Min. Arnaldo Esteves Lima, 5.ª Turma, julgado em 17.3.2005, *DJ* 9.5.2005, p. 440)"; "O homicídio qualificado-privilegiado não é crime hediondo (...) (Lei n. 8.072/90, artigos 1.º e 2.º, parágrafo 1.º). 2. Ordem concedida" (STJ — HC 43.043/MG, Rel. Min. Hamilton Carvalhido, 6.ª Turma, julgado em 18.8.2005, *DJ* 6.2.2006, p. 352).

---

[2] JESUS, Damásio de. *Código Penal anotado*. 15. ed. São Paulo: Saraiva, 2004. p. 403.

O Supremo Tribunal Federal fez interpretação mais simples sobre o tema. Decidiu que a Lei dos Crimes Hediondos mencionou o homicídio qualificado, mas não fez o mesmo com o homicídio qualificado-privilegiado, de modo que o último não é dotado de natureza hedionda.

Nesse sentido:

> "A Lei n. 8.072/90, alterada pela Lei n. 8.930/94, em seu art. 1.º, considerou hediondo, entre outros, o homicídio qualificado, consumado ou tentado. Não faz nenhuma referência à hipótese do homicídio qualificado-privilegiado. A extensão, aqui, viola o princípio da reserva legal, previsto entre nós tanto na Magna Carta como em regra infraconstitucional (art. 5.º, inc. XXXIX, da Lex Maxima, e art. 1.º, do CP). E, por óbvio que tal regra basilar se aplica, também, à fase da execução da pena, visto que sem execução seria algo meramente teórico, sem sentido" (STJ — HC 153.728/SP, Rel. Min. Felix Fischer, 5.ª Turma, julgado em 13.4.2010, *DJe* 31.5.2010).

2.ª) O homicídio qualificado-privilegiado é hediondo. Para os seguidores dessa corrente, é descabida a aplicação do art. 67 do CP, já que tal artigo trata apenas do reconhecimento conjunto de agravantes e atenuantes genéricas, que são circunstâncias que se equivalem por serem aplicadas na mesma fase da aplicação da pena. As qualificadoras, todavia, não são equivalentes ao privilégio, pois aquelas modificam a própria tipificação do crime (estabelecendo nova pena em abstrato), enquanto este é tão somente uma causa de diminuição de pena, a ser considerada na última fase da sua fixação. Como não se equivalem, inaplicável o art. 67 do Código Penal, devendo prevalecer o caráter hediondo, uma vez que a Lei n. 8.072/90 não faz qualquer ressalva ao mencionar o homicídio qualificado como delito dessa natureza.

> **Art. 1.º**, *caput* — São considerados hediondos os seguintes crimes, todos tipificados no Decreto-lei n. 2.848/40 — Código Penal, consumados ou tentados:
> (...)
> I-A — lesão corporal dolosa de natureza gravíssima (art. 129, § 2.º) e lesão corporal seguida de morte (art. 129, § 3.º), quando praticadas contra autoridade ou agente descrito nos arts. 142 e 144 da Constituição Federal, integrantes do sistema prisional e da Força Nacional de Segurança Pública, no exercício da função ou em decorrência dela, ou contra seu cônjuge, companheiro ou parente consanguíneo até terceiro grau, em razão dessa condição.

Essas infrações penais foram inseridas na Lei dos Crimes Hediondos pela Lei n. 13.142/2015. Referem-se às hipóteses em que o agente provoca lesão corporal gravíssima ou seguida de morte em uma das pessoas elencadas no texto legal. Os arts. 142 e 144 da Constituição Federal mencionados no dispositivo dizem respeito aos integrantes das Forças Armadas e aos policiais civis ou militares. Para que o delito tenha natureza hedionda, é necessário que o agente tenha provocado as lesões gravíssimas ou seguidas de morte quando a vítima estava no exercício da função ou que o delito tenha sido praticado em decorrência dela. Além disso, se essas mesmas infrações foram cometidas contra cônjuge, companheiro ou parente consanguíneo até terceiro grau de uma das autoridades ou agentes acima mencionados, em razão dessa condição, o delito será igualmente considerado hediondo. O parentesco até terceiro grau a que a lei se refere abrange, na linha reta, crime contra pai ou filho, avô ou neto, bisavô ou bisneto, e, na linha colateral, crime contra irmão, tio ou sobrinho.

A expressão parentesco consanguíneo foi utilizada para excluir da majorante o parentesco por afinidade. Abrange, evidentemente, o crime cometido contra filho adotivo porque a Constituição Federal veda este tipo de distinção (art. 227, § 6.º). Cuida-se de interpretação extensiva.

> **Art. 1.º**, *caput* — São considerados hediondos os seguintes crimes, todos tipificados no Decreto-lei n. 2.848/40 — Código Penal, consumados ou tentados:
> (...)
> I-B – feminicídio (art. 121-A)

O feminicídio já constava do rol dos crimes hediondos, sendo uma modalidade de homicídio qualificado. Era descrito no art. 121, § 2.º, VI, do CP. A Lei n. 14.994, de 9 de outubro de 2024, revogou tal dispositivo, mas, ao mesmo tempo, transformou o feminicídio em crime **autônomo**, estando atualmente descrito no art. 121-A, do CP, com pena de reclusão de 20 a 40 anos – bem superior à do homicídio qualificado.

O crime de feminicídio está assim definido na lei: "*Matar mulher por razões da condição do sexo feminino: Pena – reclusão, de 20 a 40 anos*".

Por sua vez, o § 1.º do art. 121-A complementa: "Considera-se que há razões da condição do sexo feminino quando o crime envolve: I – violência doméstica e familiar; II – menosprezo ou discriminação à condição de mulher".

Na hipótese do inciso II — crime praticado por menosprezo ou discriminação à condição de mulher —, a qualificadora é de ordem **subjetiva** (motivação do delito).

Na hipótese do inciso I (feminicídio que envolve violência doméstica ou familiar contra mulher), existe divergência doutrinária, contudo, o Superior Tribunal de Justiça firmou entendimento de que o feminicídio tem natureza **objetiva**:

"Nos termos do art. 121, § 2.º-A, I, do CP, é devida a incidência da qualificadora do feminicídio nos casos em que o delito é praticado contra mulher em situação de violência doméstica e familiar, possuindo, portanto, natureza de ordem objetiva, o que dispensa a análise do *animus* do agente. Assim, não há se falar em ocorrência de *bis in idem* no reconhecimento das qualificadoras do motivo torpe e do feminicídio, porquanto, a primeira tem natureza subjetiva e a segunda objetiva" (HC 433.898/RS — Rel. Min. Nefi Cordeiro — 6.ª T. — j. em 24.4.2018, *DJe* 11.5.2018); "As qualificadoras do motivo torpe e do feminicídio não possuem a mesma natureza, sendo certo que a primeira tem caráter subjetivo, ao passo que a segunda é objetiva, não havendo, assim, qualquer óbice à sua imputação simultânea. Doutrina. Precedentes" (HC 430.222/MG — Rel. Min. Jorge Mussi — 5.ª T. — j. em 15.3.2018, *DJe* 22.3.2018).

> **Art. 1.º**, *caput* — São considerados hediondos os seguintes crimes, todos tipificados no Decreto-lei n. 2.848/40 — Código Penal, consumados ou tentados:
> (...)
> II — roubo:
> a) circunstanciado pela restrição da liberdade da vítima (art. 157, § 2.º, inciso V);

> b) circunstanciado pelo emprego de arma de fogo (art. 157, § 2.º-A, inciso I) ou pelo emprego de arma de fogo de uso proibido ou restrito (art. 157, § 2.º-B);
> c) qualificado pelo resultado lesão corporal grave ou morte (art. 157, § 3.º).

Antes do advento da Lei n. 13.964/2019, apenas o roubo qualificado pelo resultado **morte** (latrocínio), consumado ou tentado, era considerado hediondo. Com a entrada em vigor de tal lei, todavia, inúmeras modalidades do crime de roubo passaram a ter tal natureza. Com efeito, atualmente o roubo é considerado hediondo se cometido mediante restrição da liberdade da vítima, com emprego de arma de fogo, ou quando houver resultado morte ou lesão grave.

O roubo cometido com qualquer espécie de arma de fogo passou a ser considerado hediondo, contudo, não terá tal natureza quando praticado com emprego de arma branca, ou mediante simulação de arma, emprego de arma de brinquedo ou outro simulacro. Igualmente não se reconhecerá a natureza hedionda ao roubo cometido com emprego de arma verdadeira inapta a efetuar disparos em razão de algum defeito ou que esteja desmuniciada. Com efeito, os tribunais superiores refutam a aplicação da majorante do emprego de arma de fogo nesses casos, não podendo o roubo, em tais condições, ser considerado hediondo.

A majorante da restrição de liberdade, de acordo com entendimento doutrinário e jurisprudencial, só se configura quando o agente mantém a vítima em seu poder durante espaço de tempo **não prolongado** (meia hora, uma hora etc). Tal interpretação se deve ao fato de o legislador ter empregado a expressão "restrição de liberdade" que difere de "privação de liberdade", expressão esta indicativa de permanência da vítima em poder do roubador por período prolongado, e que gera a configuração de crime de roubo em concurso material com delito de sequestro ou cárcere privado (art. 148 do CP) — ex.: manter a vítima do roubo no porta-malas de um carro durante 4 horas, enquanto o veículo roubado é levado para outro município. Nesta última hipótese poderá acontecer de o crime não ter natureza hedionda. É o que ocorrerá, por exemplo, se o roubo não for cometido com emprego de arma de fogo (crime sem natureza hedionda).

Existe latrocínio quando o agente emprega violência física para cometer um roubo e, dessa violência, resulta a morte da vítima. Esse resultado pode ter sido causado dolosa ou culposamente, sendo que, em ambos os casos, o delito será considerado hediondo.

O roubo qualificado pela lesão grave (ou gravíssima) pressupõe que o agente provoque o resultado na vítima sem a intenção de matá-la, pois quando presente tal intenção o crime é o de tentativa de latrocínio. Veja-se, contudo, que, atualmente, ambas as figuras têm natureza hedionda.

O latrocínio e o roubo qualificado pela lesão grave possuem natureza hedionda ainda que não sejam cometidos com emprego de arma de fogo.

> **Art. 1.º,** *caput* — São considerados hediondos os seguintes crimes, todos tipificados no Decreto-lei n. 2.848/40 — Código Penal, consumados ou tentados:
> (...)
> III — extorsão qualificada pela restrição de liberdade da vítima, ocorrência de lesão corporal ou morte (art. 158, § 3.º).

O crime de extorsão consiste em constranger alguém, mediante violência ou grave ameaça, e com o intuito de obter para si ou para outrem indevida vantagem econômica, a fazer, tolerar que se faça ou deixar de fazer alguma coisa (art. 158, *caput*, do CP).

A Lei n. 13.964/2019 trouxe muitas mudanças em relação ao caráter hediondo conferido a algumas modalidades do crime de extorsão. Antes da referida Lei, apenas a extorsão qualificada pela morte (art. 158, § 2.º) possuía natureza hedionda. A nova lei, contudo, passou a prever que possui natureza hedionda o crime conhecido como "sequestro relâmpago" (extorsão qualificada pela restrição da liberdade). Nessa modalidade do delito, em regra, dois ou mais criminosos, mediante violência ou grave ameaça, subtraem o cartão bancário da vítima e exigem que ela forneça o número da senha. Assim, enquanto um dos agentes fica em poder da vítima (restrição da liberdade), os comparsas utilizam o cartão e a senha para fazer compras ou saques em caixas eletrônicos.

A parte final do art. 158, § 3.º, do CP, prevê penas maiores para o "sequestro relâmpago" do qual decorra lesão grave ou morte. Essas modalidades igualmente passaram a ter natureza hedionda.

A nova redação dada a esse inciso IV pela Lei n. 13.964/2019 certamente provocará polêmica, pois o legislador, ao não mencionar a extorsão (sem restrição de liberdade) seguida de morte (art. 158, § 2.º, do CP), de modo surpreendente, excluiu essa gravíssima infração penal do rol dos delitos hediondos.

> **Art. 1.º**, *caput* — São considerados hediondos os seguintes crimes, todos tipificados no Decreto-lei n. 2.848/40 — Código Penal, consumados ou tentados:
> (...)
> IV — extorsão mediante sequestro e na forma qualificada (art. 159, *caput* e §§ 1.º, 2.º e 3.º);

A Lei n. 8.072/90 deu especial atenção a esse delito em decorrência do grande número de crimes dessa natureza ocorridos durante sua tramitação, estabelecendo o caráter hediondo tanto em sua forma **simples** (sequestrar pessoa com o fim de obter, para si ou para outrem, qualquer vantagem como condição ou preço do resgate) como nas **formas qualificadas** (se dura mais de 24 horas; se a vítima é menor de 18 anos ou maior de 60; se o crime é cometido por quadrilha; se a vítima sofre lesão grave ou morre).

> **Art. 1.º**, *caput* — São considerados hediondos os seguintes crimes, todos tipificados no Decreto-lei n. 2.848/40 — Código Penal, consumados ou tentados:
> (...)
> V — estupro (art. 213, *caput* e §§ 1.º e 2.º);

O estupro **simples** (*caput*), bem como suas formas qualificadas pela **lesão grave** ou **morte** (§§ 1.º e 2.º), são considerados crimes hediondos. Esse inciso V recebeu nova redação em decorrência da Lei n. 12.015/2009. Como o texto atual menciona expressamente a figura do art. 213, *caput*, do Código Penal, encerrou-se em definitivo a polêmica em torno de ser ou não hedionda a figura **simples** do estupro.

■ **Natureza hedionda do estupro simples antes do advento da Lei n. 12.015/2009**

A redação originária do art. 1.º, V, da Lei n. 8.072/90 — que foi, posteriormente, modificada pela Lei n. 12.015/2009, dizia ter natureza hedionda o crime de "**estupro (art. 213 e sua combinação com o art. 223, *caput* e parágrafo único)**". O art. 223, na redação anterior à Lei n. 12.015/2009, previa o estupro qualificado pela lesão grave e pela morte (atualmente, essas qualificadoras encontram-se nos §§ 1.º e 2.º do art. 213).

Surgiram, então, **duas** correntes:

a) a conjunção aditiva "e" presente no texto legal indica que só o estupro qualificado é hediondo ("art. 213 **e** sua combinação com o art. 223...");

b) o estupro simples é hediondo. Para os defensores dessa tese, a conjunção aditiva "e" tem finalidade contrária daquela vislumbrada pela outra corrente, ou seja, foi inserida no texto legal para explicitar que tanto o estupro simples quanto o qualificado são hediondos. Ademais, se o legislador quisesse ter restringido o caráter hediondo ao delito em suas formas mais gravosas, teria escrito "estupro qualificado", e não meramente "estupro", como constou.

O Supremo Tribunal Federal e o Superior Tribunal de Justiça solucionaram a controvérsia, entendendo que o estupro simples também possuía natureza hedionda:

"A jurisprudência deste Supremo Tribunal firmou entendimento no sentido de que, nos casos de estupro e atentado violento ao pudor, as lesões corporais graves ou morte traduzem resultados qualificadores do tipo penal, não constituindo elementos essenciais e necessários para o reconhecimento legal da natureza hedionda das infrações. 2. Em razão do bem jurídico tutelado, que é a liberdade sexual da mulher, esses crimes, mesmo em sua forma simples, dotam-se da condição hedionda..." (STF — HC 88.245, Rel. Min. Marco Aurélio, Rel. p/ Acórdão: Min. Cármen Lúcia, Tribunal Pleno, julgado em 16.11.2006, *DJ* 20.4.2007, p. 87).

"A Lei n. 8.072, de 25 de julho de 1990, ao relacionar quais os delitos considerados hediondos, foi expressa ao referir o estupro, apondo-lhe, entre parênteses, a capitulação legal: art. 213 e sua combinação com o art. 223, *caput* e parágrafo único. Pretendeu o legislador, atento à efetiva gravidade do crime, ao utilizar-se da conjunção coordenativa aditiva, significar que são considerados hediondos: (1) o estupro em sua forma simples que, na definição legal, corresponde a: constranger mulher à conjunção carnal, mediante violência ou grave ameaça[3]; (2) o estupro de que resulte lesão corporal de natureza grave e (3) o estupro do qual resulte a morte da vítima" (STF — HC 81.360, Rel. Min. Ellen Gracie, 1.ª Turma, julgado em 19.12.2001, *DJ* 19.12.2002, p. 71).

"Os crimes de estupro e atentado violento ao pudor, ainda que em sua forma simples, configuram modalidades de crime hediondo porque o bem jurídico tutelado é a liberdade sexual e não a integridade física ou a vida da vítima, sendo irrelevante, para tanto, que a prática dos ilícitos tenha resultado lesões corporais de natureza grave ou morte. 2. As lesões corporais e a morte são resultados que qualificam o crime, não constituindo, pois, elementos do tipo penal necessários ao reconhecimento do caráter hediondo do delito, que exsurge da gravidade mesma dos crimes praticados contra a liberdade sexual e merecem tutela diferenciada, mais rigorosa. Precedentes do STJ e STF. 3. Recurso especial representativo de controvérsia provido para declarar a natureza hedionda dos crimes de estupro e atentado violento ao pudor praticados antes da edição da Lei n. 12.015/09, independentemente que tenham resultado lesões corporais de natureza grave ou morte. Acórdão sujeito ao regime do art. 543-C do CPC e da Resolução STJ 08/2008" (STJ — REsp 1.110.520/SP, Rel. Min. Maria Thereza de Assis Moura, 3.ª Seção, julgado em 26.9.2012, *DJe* 4.12.2012).

---

[3] Redação anterior à Lei n. 12.015/2009.

> Art. 1.º, *caput* — São considerados hediondos os seguintes crimes, todos tipificados no Decreto-lei n. 2.848/40 — Código Penal, consumados ou tentados:
> (...)
> VI — estupro de vulnerável (art. 217-A, *caput* e §§ 1.º, 2.º, 3.º e 4.º);

Cuida-se de figura criminosa criada pela Lei n. 12.015/2009, consistente em ter conjunção carnal ou praticar outro ato libidinoso com menor de 14 anos, com deficiente ou enfermo mental que não tenha o necessário discernimento para a prática do ato, ou com pessoa que, por qualquer outra causa, não pode oferecer resistência (pessoa em coma, em avançado grau de embriaguez, a quem foi ministrado sonífero etc.). Evidente que, também nas hipóteses qualificadas pela lesão grave ou morte, o crime é considerado hediondo.

O crime configura-se pela prática do ato sexual com pessoa definida como vulnerável no texto legal, independentemente do emprego de violência ou grave ameaça e ainda que a vítima alegue ter concordado com a relação sexual, uma vez que esse consentimento é considerado inválido. A propósito:

> "A violência presumida foi eliminada pela Lei n. 12.015/2009. A simples conjunção carnal com menor de 14 anos consubstancia crime de estupro. Não há mais de se perquirir se houve ou não violência. A lei consolidou de vez a jurisprudência do Supremo Tribunal Federal" (STF — HC 101.456, Rel. Min. Eros Grau, 2.ª Turma, *DJe* 76, p. 378).

■ Natureza hedionda do estupro com violência presumida cometido antes do advento da Lei n. 12.015/2009

A figura criminosa **autônoma** denominada **estupro de vulnerável** constitui inovação trazida pela Lei n. 12.015/2009. Antes dela, o crime de estupro era sempre cometido mediante violência ou grave ameaça, contudo o art. 224 do Código Penal **presumia** a ocorrência da violência (que não precisava, portanto, ser provada), se a vítima não fosse maior de 14 anos, fosse alienada ou débil mental e o agente soubesse disso, ou, se não pudesse, por qualquer outra causa, oferecer resistência.

Como a redação originária do art. 1.º, *caput*, V, da Lei n. 8.072/90, conferia caráter hediondo ao crime de "**estupro (art. 213 e sua combinação com o art. 223, *caput* e parágrafo único)**", sem mencionar o art. 224, alguns doutrinadores e parte da jurisprudência sustentavam que o estupro com violência presumida não possuía caráter hediondo. Se esse entendimento tivesse sido vencedor, não se poderia reconhecer a natureza hedionda a fatos ocorridos antes da Lei n. 12.015/2009. Prevaleceu, todavia, nos tribunais superiores a interpretação de que também nas hipóteses de presunção de violência o estupro reveste-se de caráter hediondo. A circunstância de não existir menção ao art. 224 na redação originária da Lei n. 8.072/90 não significa que o legislador quis afastar a hediondez dessa modalidade delitiva, devendo-se, exclusivamente, ao fato de que nesse dispositivo não havia um tipo penal, mas apenas a previsão de que a violência (elementar do delito do art. 213) não necessitava ser provada se a vítima não fosse maior de 14 anos etc.

A propósito:

> "Esta Suprema Corte possui entendimento consolidado no sentido de considerar hediondo o estupro e o atentado violento ao pudor praticado com violência presumida. Precedentes"

(STF — HC 99.406, Rel. Min. Ellen Gracie, 2.ª Turma, julgado em 24.8.2010, *DJe* 168, p. 373-380).
"Estupro e atentado violento ao pudor praticado contra menores (arts. 213 e 214, ambos c/c art. 224, alínea "a", do Código Penal). 3. Alegação de que os crimes de estupro e atentado violento ao pudor, quando aplicada a regra do art. 224, alínea "a", do CP, não se caracterizam como hediondos. 4. Improcedência da alegação (...) Precedentes: HC 81.288, Rel. Min. Mauricio Corrêa, Red. Acórdão Min. Carlos Velloso; RHC 82.098/PR, Rel. Min. Ellen Gracie, *DJ* 29.11.2002" (STF — HC 82.712, Rel. Min. Gilmar Mendes, 2.ª Turma, julgado em 20.5.2003, *DJ* 27.6.2003, p. 54).
"Firme o entendimento nesta eg. Quinta Turma de que o crime de estupro cometido antes da vigência da Lei n. 12.015/2009, nas suas formas simples, qualificada ou mesmo com violência presumida, configura crime hediondo. Agravo regimental desprovido" (STJ — AgRg no REsp 1.263.181/RS, Rel. Min. Marilza Maynard (Desembargadora convocada do TJ/SE), 5.ª Turma, julgado em 23.4.2013, *DJe* 26.4.2013).

> **Art. 1.º,** *caput* — São considerados hediondos os seguintes crimes, todos tipificados no Decreto-lei n. 2.848/40 — Código Penal, consumados ou tentados:
> (...)
> VII — epidemia com resultado morte (art. 267, § 1.º);

Epidemia é o **surto** de uma **doença** que **atinge grande número de pessoas** em determinado local ou região mediante a propagação de germes patogênicos. A provocação **intencional** de epidemia é punida com reclusão, de dez a quinze anos, mas só terá caráter hediondo quando resultar em **morte**. Nessa hipótese, além de hediondo, o crime terá a pena aplicada em **dobro**.

O crime **culposo** de epidemia (art. 267, § 2.º) **não** é considerado **hediondo**, ainda que provoque a morte de alguém.

> **Art. 1.º,** *caput* — São considerados hediondos os seguintes crimes, todos tipificados no Decreto-lei n. 2.848/40 — Código Penal, consumados ou tentados:
> (...)
> VII-A — corrupção, adulteração, falsificação ou alteração de substância ou produto alimentício destinado a consumo, tornando-o nocivo à saúde ou reduzindo-lhe o valor nutritivo (art. 272, *caput* e § 1.º-A e § 1.º, com a redação dada pela Lei n. 9.677, de 2 de julho de 1998); (*vetado*)

Esse dispositivo foi vetado pela Presidência da República por contrariar o interesse público. A justificativa do veto tem o seguinte teor: "O tipo penal previsto no art. 272, ao descrever as diversas condutas passíveis de punição, contempla a adulteração de produtos alimentícios que possa causar danos à saúde ou reduzir o seu valor nutritivo. A última situação descrita — adulteração de produtos alimentícios com redução de valor nutritivo — poderá ensejar que se considere crime hediondo qualquer alteração, ainda que insignificante, de produto alimentício que acarrete a redução de seu valor nutritivo. A abertura textual do tipo penal sob análise pode permitir sua aplicação com amplo grau de subjetividade ou discrição. Tal fato já seria suficiente *per se* para não se recomendar a sua inclusão no rol dos crimes considerados hediondos. É fácil ver, outrossim, que uma análise acurada das consequências indica que, em muitos casos, tal qualificação acabará por afrontar a ideia de razoabilidade ou de proporcionalidade positivada, entre nós, no art. 5.º, inciso LIV da Constituição (princípio do devido processo legal). É certo, outrossim, que a qualificação de uma dada ação ou omissão como crime hediondo não pode ser banalizada, sob pena de se retirar o significado específico que o constituinte e o legislador pretenderam conferir a esse especialíssimo mecanismo institucional".

> **Art. 1.º**, *caput* — São considerados hediondos os seguintes crimes, todos tipificados no Decreto-lei n. 2.848/40 — Código Penal, consumados ou tentados:
> (...)
> VII-B — falsificação, corrupção, adulteração ou alteração de produto destinado a fins terapêuticos ou medicinais (art. 273, *caput* e § 1.º, § 1.º-A, § 1.º-B, com a redação dada pela Lei n. 9.677/98);

A Lei n. 9.677/98, além de alterar a redação, aumentou a pena desse crime para reclusão, de dez a quinze anos, e multa. Poucos dias depois, a Lei n. 9.695/98 acrescentou à Lei dos Crimes Hediondos o inciso VII-B, transformando em crime dessa natureza a **falsificação de medicamento**. Apesar de não haver menção expressa, é claro que também serão consideradas hediondas as formas **qualificadas** descritas no art. 285 do Código Penal (lesão grave ou morte), uma vez que são mais graves.

Observe-se que a Corte Especial do Superior Tribunal de Justiça, no julgamento no HC 239.363/PR, reconheceu a inconstitucionalidade do preceito secundário (pena em abstrato) do art. 273 do Código Penal, por ofensa aos princípios da proporcionalidade e razoabilidade porque o legislador teria sido açodado na modificação legislativa ao estabelecer penas tão altas. Como consequência, determinou que, por analogia *in bonam partem*, devem ser aplicadas a este crime as penas do delito de tráfico de drogas (art. 33, *caput*, da Lei n. 11.343/2006): reclusão, de cinco a quinze anos.

No julgamento do tema 1003, em sede de repercussão geral, o Plenário da Corte Suprema reconheceu a inconstitucionalidade da pena da figura descrita no **art. 273, § 1.º-B, inciso I**: "*É inconstitucional a aplicação do preceito secundário do artigo 273 do Código Penal, com a redação dada pela Lei n. 9.677/1998 — reclusão de 10 a 15 anos — à hipótese prevista no seu parágrafo 1.º-B, inciso I, que versa sobre importar, vender, expor à venda, ter em depósito para vender ou, de qualquer forma, distribuir ou entregar produto sem registro no órgão de vigilância sanitária. Para estas situações específicas, fica repristinado o preceito secundário do artigo 273, na redação originária — reclusão de um a três anos e multa*" (RE 979.962, Rel. Min. Roberto Barroso, Tribunal Pleno, julgado em 24.3.2021, publicado em 14.6.2021). O Supremo Tribunal Federal entendeu que a pena descrita atualmente fere o princípio da proporcionalidade, determinando a aplicação da pena originária — reclusão, de uma a três anos, e multa.

Por sua vez, **não** se considera **hediondo** o crime de falsificação **culposa** de medicamento (simples ou qualificado).

> **Art. 1.º**, *caput* — São considerados hediondos os seguintes crimes, todos tipificados no Decreto-lei n. 2.848/40 — Código Penal, consumados ou tentados:
> (...)
> VIII — favorecimento da prostituição ou de outra forma de exploração sexual de criança ou adolescente ou de vulnerável (art. 218-B, *caput* e §§ 1.º e 2.º).

O presente dispositivo foi introduzido na Lei n. 8.072/90 pela Lei n. 12.978/2014.

O *caput* do art. 218-B prevê pena de reclusão, de quatro a dez anos, para quem submeter, induzir ou atrair à prostituição ou outra forma de exploração sexual alguém menor de 18 anos ou que, por enfermidade ou deficiência mental, não tem o necessário discernimento para a prática do ato, e, ainda, para quem facilitá-la, impedir ou dificultar que a abandone.

O § 1.º, por sua vez, prevê a aplicação cumulativa de pena de multa se o delito for cometido com intenção de obter vantagem econômica.

Por fim, serão também consideradas hediondas as condutas daqueles que infringirem o § 2.º do art. 218-B, ou seja, daqueles que praticarem conjunção carnal ou outro ato libidinoso com alguém menor de 18 e maior de 14 anos em situação de prostituição ou exploração sexual (se a vítima tiver menos de 14 anos ou for deficiente mental, o crime será o de estupro de vulnerável), bem como do proprietário, gerente ou responsável pelo local em que se verifiquem referidas práticas (donos ou gerentes de estabelecimentos onde ocorra prostituição de menores, por exemplo).

> **Art. 1.º**, *caput* — São considerados hediondos os seguintes crimes, todos tipificados no Decreto-lei n. 2.848/40 — Código Penal, consumados ou tentados:
> (...)
> IX — furto qualificado pelo emprego de explosivo ou de artefato análogo que cause perigo comum (art. 155, § 4.º-A).

Essa forma qualificada do crime de furto foi inserida no Código Penal pela Lei n. 13.718/2018 devido ao grande número de explosões efetuadas em caixas eletrônicos com a finalidade de viabilizar a subtração das cédulas contidas em seu interior. A gravidade diferenciada da conduta é evidente devido aos grandes danos provocados no local e ao perigo a que ficam expostas as pessoas que estejam nas proximidades. Tal figura qualificada do crime de furto passou a ter natureza hedionda a partir da entrada em vigor da Lei n. 13.964/2019.

O legislador foi muito criticado por ter deixado de inserir no rol dos crimes hediondos o **roubo** majorado pelo emprego de explosivo (art. 157, § 2.º-A, II), pois este delito é mais grave que o furto com a mesma qualificadora.

> **Art. 1.º**, *caput* — São considerados hediondos os seguintes crimes, todos tipificados no Decreto-lei n. 2.848/40 — Código Penal, consumados ou tentados:
> (...)
> X – induzimento, instigação ou auxílio a suicídio ou a automutilação realizados por meio da rede de computadores, de rede social ou transmitidos em tempo real (art. 122, *caput* e § 4.º).

Essa figura penal foi introduzida no rol dos crimes hediondos pela Lei n. 14.811/2024. O delito somente será considerado de natureza hedionda quando cometido por meio de rede de computadores, de rede social ou transmitido em tempo real, hipóteses em que a infração penal possui pena mais grave, já que o § 4.º do art. 122 do Código Penal dispõe que, em tais casos, a pena será aplicada em dobro. Apesar de o texto legal mencionar a combinação do *caput* do art. 122 (crimes simples) com o § 4.º para dar ensejo à natureza hedionda, é evidente que o delito também será assim considerado nas figuras qualificadas em que o induzimento, instigação ou auxílio provoquem lesões graves, gravíssimas ou morte – desde que cometidos por meio de rede de computadores, rede social ou com transmissão em tempo real.

> **Art. 1.º**, *caput* — São considerados hediondos os seguintes crimes, todos tipificados no Decreto-lei n. 2.848/40 — Código Penal, consumados ou tentados:
> (...)
> XI — sequestro e cárcere privado cometido contra menor de 18 anos (art. 148, § 1.º, inciso IV)

Essa figura penal também foi introduzida no rol dos crimes hediondos pela Lei n. 14.811/2024. O delito somente será considerado de natureza hedionda quando a privação da liberdade recair sobre pessoa **menor de 18 anos**.

> **Art. 1.º**, *caput* — São considerados hediondos os seguintes crimes, todos tipificados no Decreto-lei n. 2.848/40 — Código Penal, consumados ou tentados:
> (...)
> XII — tráfico de pessoas cometido contra criança ou adolescente (art. 149-A, *caput*, incisos I a V, e § 1.º, inciso II).

Essa figura penal igualmente foi introduzida no rol dos crimes hediondos pela Lei n. 14.811/2024. O delito somente será considerado de natureza hedionda quando praticado contra **criança ou adolescente**.

> **Art. 1.º**, parágrafo único — Consideram-se também hediondos, tentados ou consumados:
> I — o crime de genocídio previsto nos arts. 1.º, 2.º e 3.º da Lei n. 2.889/56.

O art. 1.º da Lei n. 2.889/56 pune quem, com **a intenção de destruir, no todo ou em parte**, grupo nacional, étnico, racial ou religioso:

a) **mata** membros do grupo;
b) causa **lesão grave** à integridade física ou mental em membros do grupo;
c) submete intencionalmente o grupo a **condições de existência** capazes de ocasionar-lhe a destruição física total ou parcial;
d) adota medidas destinadas a impedir os **nascimentos** no seio do grupo;
e) efetua a **transferência forçada de crianças** do grupo para outro grupo.

O art. 2.º pune a associação de mais de três pessoas para a prática dos crimes mencionados no artigo anterior, e o art. 3.º incrimina quem incita, direta e publicamente, alguém a cometer qualquer dos crimes de que trata o art. 1.º.

O texto da Lei n. 8.072/90 contém um equívoco, pois confere caráter hediondo aos crimes de genocídio previstos nos arts. 1.º, 2.º e 3.º, da Lei n. 2.889/56, quando, em verdade, apenas a figura do art. 1.º consiste efetivamente em genocídio. Nos demais dispositivos, encontram-se os delitos de associação e incitação. Qual, então, seria a solução? Considerar hediondas todas as figuras, levando em conta que os números dos artigos foram mencionados na Lei n. 8.072/90, ou apenas o delito que consiste efetivamente em genocídio? Parece-nos que a última solução é a correta.

> **Art. 1.º, parágrafo único** — Consideram-se também hediondos, tentados ou consumados:
> (...)
> II — o crime de posse ou porte ilegal de arma de fogo de uso proibido, previsto no art. 16 da Lei n. 10.826, de 22 de dezembro de 2003.

A Lei n. 13.964/2019 trouxe importante modificação em relação a essa modalidade de crime hediondo. Com efeito, antes da entrada em vigor desta Lei não apenas o porte e a posse de arma de fogo de uso **proibido** eram considerados hediondos, como também as mesmas condutas que fossem relacionadas a arma de fogo de uso **restrito**. A nova Lei é benéfica e, portanto, afasta o caráter hediondo em relação àqueles que cometeram crime de porte ou posse ilegal de arma de fogo de uso **restrito** durante a vigência da lei anterior. As normas benéficas, como se sabe, retroagem em favor do autor da infração.

O crime de porte ou posse ilegal de arma de fogo de uso **proibido** está atualmente tipificado no art. 16, § 2.º, do Estatuto do Desarmamento, tendo pena de reclusão, de 4 a 12 anos. Armas de uso **proibido** são aquelas para as quais há **vedação total** ao uso. De acordo com o art. 14 do Decreto n. 11.615, de 21 de julho de 2023, são armas de fogo de uso proibido: a) as armas de fogo classificadas como de uso proibido em acordos ou tratados internacionais dos quais a República Federativa do Brasil seja signatária; b) as armas de fogo dissimuladas, com aparência de objetos inofensivo.

A redação do art. 16, § 2.º, do Estatuto (dada pela Lei n. 13.964/2019), não menciona acessórios e munição de uso proibido, contudo, trata-se, evidentemente, de equívoco do legislador passível de ser sanado por interpretação extensiva, pois a diferenciação não faria qualquer sentido. São **munições** de uso **proibido** aquelas que sejam assim definidas em acordo ou tratado internacional de que a República Federativa do Brasil seja signatária e as munições incendiárias ou químicas (art. 14, IV, do Decreto n. 11.615/2023).

> **Art. 1.º, parágrafo único** — Consideram-se também hediondos, tentados ou consumados:
> (...)
> III — o crime de comércio ilegal de armas de fogo, previsto no art. 17 da Lei n. 10.826, de 22 de dezembro de 2003.

Esse crime foi inserido no rol dos crimes hediondos pela Lei n. 13.964/2019. Consiste em "adquirir, alugar, receber, transportar, conduzir, ocultar, ter em depósito, desmontar, montar, remontar, adulterar, vender, expor à venda, ou de qualquer forma utilizar, em proveito próprio ou alheio, no exercício de atividade comercial ou industrial, arma de fogo, acessório ou munição, sem autorização ou em desacordo com determinação legal ou regulamentar". A pena é de reclusão, de 6 a 12 anos, e multa.

> **Art. 1.º, parágrafo único** — Consideram-se também hediondos, tentados ou consumados:
> (...)
> IV — o crime de tráfico internacional de arma de fogo, acessório ou munição, previsto no art. 18 da Lei n. 10.826, de 22 de dezembro de 2003.

Esse crime foi inserido no rol dos crimes hediondos pela Lei n. 13.964/2019. Consiste em "importar, exportar, favorecer a entrada ou saída do território nacional, a qualquer título, de arma de fogo, acessório ou munição, sem autorização da autoridade competente. A pena é de reclusão, de 8 a 16 anos, e multa.

> **Art. 1.º, parágrafo único** — Consideram-se também hediondos, tentados ou consumados:
> (...)
> V — o crime de organização criminosa, quando direcionado à prática de crime hediondo ou equiparado.

Esse crime foi inserido no rol dos crimes hediondos pela Lei n. 13.964/2019.

Nos termos do art. 1.º, § 1.º, da Lei n. 12.850/2013, considera-se organização criminosa a associação de **quatro** ou mais pessoas estruturalmente ordenada caracterizada pela divisão de tarefas, ainda que informalmente, com o objetivo de obter, direta ou indiretamente, vantagem de qualquer natureza, mediante a prática de infrações penais cujas penas máximas sejam superiores a quatro anos, ou que sejam de caráter transnacional. De acordo com o art. 2.º, *caput*, da mesma lei, comete o delito de **organização criminosa** quem promove, constitui, financia ou integra, pessoalmente ou por interposta pessoa, organização criminosa. A pena é de reclusão, de 3 a 8 anos, e multa.

O delito só tem natureza hedionda quando a finalidade do grupo é a prática de crimes hediondos ou equiparados. Há concurso material entre o delito de organização criminosa e os crimes hediondos ou equiparados efetivamente cometidos.

De acordo com o art. 2.º, § 9.º, da Lei n. 12.850/2013, com a redação dada pela Lei n. 13.964/2019, o condenado expressamente em sentença por integrar organização criminosa ou por crime praticado por meio de organização criminosa **não poderá progredir de regime de cumprimento de pena** ou obter livramento condicional ou outros benefícios prisionais **se houver elementos probatórios que indiquem a manutenção do vínculo associativo, ou seja, que ainda integra a organização. Essa regra vale para qualquer condenação por delito de organização criminosa.**

O crime de **associação criminosa**, qualificada pela finalidade de cometer crimes hediondos (art. 288 do CP, c/c o art. 8.º, *caput*, da Lei n. 8.072/90), não é considerado hediondo. Este delito qualificado consiste na associação de **três** ou mais pessoas com o fim específico de cometer crimes hediondos, mas não exige os mesmos requisitos do delito de organização criminosa que, quando presentes, afastam o crime do Código Penal.

> **Art. 1.º, parágrafo único** — Consideram-se também hediondos, tentados ou consumados:
> (...)
> VI — os crimes previstos no Decreto-Lei n. 1.001, de 21 de outubro de 1969 (Código Penal Militar), que apresentem identidade com os crimes previstos no art. 1.º desta Lei.

A Lei n. 8.072/90 não fazia menção aos crimes previstos no Código Penal Militar. Em razão disso, infrações penais cometidas por militares em serviço, ainda que possuíssem elementares idênticas às de algum crime comum considerado hediondo ou equiparado, não teriam tal natureza. Por isso, se um militar que não estivesse em serviço constrangesse outra pessoa, mediante violência ou grave ameaça, à prática de ato libidinoso, incorreria em crime comum de estupro (art. 213 do CP), delito que seria considerado hediondo em decorrência do que prevê o art. 1.º, V, da Lei n. 8.072/90. Se, entretanto, o policial estivesse em serviço, estaria incurso no crime de estupro descrito no art. 232 do Código Penal Militar, que, por não constar do rol da Lei n. 8.072/90, não seria considerado hediondo. Por isso, a Lei n. 14.688/2023 inseriu o presente dispositivo na Lei n. 8.072/90 para corrigir tal paradoxo. A partir da entrada em vigor dessa modificação, também passaram a ter natureza hedionda os crimes previstos no Código Penal Militar que guardam similitude com os crimes hediondos ou equiparados elencados na própria Lei n. 8.072/90. A Lei n. 14.688/2023 foi publicada em 20 de setembro de 2023 e entrou em vigor 60 dias após a publicação.

> **Art. 1.º**, parágrafo único — Consideram-se também hediondos, tentados ou consumados
> (...)
> VII – os crimes previstos no § 1.º do art. 240 e no art. 241-B da Lei n. 8.069, de 13 de julho de 1990 (Estatuto da Criança e do Adolescente).

Esses delitos do Estatuto da Criança e do Adolescente foram inseridos no rol dos crimes hediondos pela Lei n. 14.811/2024.

O art. 240, § 1.º, I, pune quem agencia, facilita, recruta, coage ou de qualquer modo intermedeia a participação de criança ou adolescente em cena de sexo explícito ou pornográfica, ou ainda quem com esses contracena. Por sua vez, o inciso II, pune quem exibe, transmite, auxilia ou facilita a exibição ou transmissão, em tempo real, pela *internet*, por aplicativos, por meio de dispositivo informático ou qualquer meio ou ambiente digital, de cena de sexo explícito ou pornográfica com a participação de criança ou adolescente. A pena, em ambos os casos, é de reclusão, de 4 a 8 anos, e multa.

O art. 241-B pune quem adquire, possui ou armazena, por qualquer meio, fotografia, vídeo ou outra forma de registro que contenha cena de sexo explícito ou pornográfica envolvendo criança ou adolescente. A pena prevista para este crime é de reclusão, de 1 a 4 anos, e multa.

■ Crimes equiparados aos hediondos

Em razão do art. 5.º, XLIII, da Constituição Federal e do art. 2.º, da Lei n. 8.072/90, os crimes de tráfico ilícito de drogas, terrorismo e tortura são considerados equiparados aos crimes hediondos — tendo em vista o tratamento similar mais gravoso em relação aos chamados crimes comuns. O tráfico de drogas é previsto na Lei n. 11.343/2006. O crime de tortura é descrito na Lei n. 9.455/97. O terrorismo, por sua vez, encontra-se tipificado na Lei n. 13.260/2026. Esses delitos serão analisados de forma individualizada nos capítulos seguintes da presente obra.

■ **Tráfico privilegiado**

No julgamento do HC 118.533, Rel. Min. Cármen Lúcia, em 23.6.2016, o Plenário do STF decidiu que o **tráfico privilegiado de drogas não possui natureza equiparada à dos crimes hediondos**. Considera-se privilegiado o tráfico quando o agente é primário, tem bons antecedentes, não se dedica às atividades criminosas e não integra organização criminosa. Em tal hipótese, descrita no art. 33, § 4.º, da Lei de Drogas, a pena do réu será reduzida de 1/6 a 2/3. A decisão da Corte Suprema sobrepôs-se ao que havia decidido o Superior Tribunal de Justiça, que entendera ter natureza equiparada a hedionda o tráfico privilegiado (Súmula n. 512 — cancelada em 23.11.2016). **Posteriormente, a Lei n. 13.964/2019 inseriu no art. 112, § 5.º, da LEP, regra expressa no sentido de que o tráfico privilegiado não possui natureza hedionda ou equiparada.** Em razão disso, quando o tráfico for considerado privilegiado, serão aplicadas as regras da legislação comum.

◼ Tráfico de drogas

A revogação do art. 2.º, § 2.º, da Lei dos Crimes Hediondos fez surgir tese no sentido de que o crime de tráfico de drogas comum teria deixado de ser equiparado aos crimes hediondos. Tal interpretação, contudo, é incorreta, pois a equiparação decorre da regra contida no art. 5.º, XLIII, da Carta Magna. Ademais, o art. 112, § 5.º, da LEP, afasta a equiparação a crime hediondo somente do crime de tráfico privilegiado. Esse também o entendimento do Superior Tribunal de Justiça: "2. A revogação do § 2.º do art. 2.º da Lei n. 8.072/90 pela Lei n. 13.964/2019 não tem o condão de retirar do tráfico de drogas sua caracterização como delito equiparado a hediondo, pois a classificação da narcotraficância como infração penal equiparada a hedionda decorre da previsão constitucional estabelecida no art. 5.º, XLIII, da Constituição Federal. 3. O Plenário do Supremo Tribunal Federal, no julgamento do HC 118.533/MS, concluiu que "o tráfico de entorpecentes privilegiado (art. 33, § 4.º, da Lei n. 11.313/2006) não se harmoniza com a hediondez do tráfico de entorpecentes definido no *caput* e § 1.º do art. 33 da Lei de Tóxicos" (HC 118.533/MS, Rel. Min. Cármen Lúcia, Tribunal Pleno, *DJe* 16.9.2016). 4. O fato de a Lei n. 13.964/2019 ter consignado, expressamente, no § 5.º do art. 112 da Lei de Execução Penal, que não se considera hediondo ou equiparado o tráfico de drogas previsto no § 4.º do art. 33 da Lei n. 11.343/2006 somente consagra o tratamento diferenciado que já vinha sendo atribuído pela jurisprudência ao denominado tráfico privilegiado. Isso, no entanto, não autoriza deduzir que a mesma descaracterização como delito equiparado a hediondo tenha sido estendida ao crime do art. 33, *caput* e § 1.º, da Lei de Drogas. 5. Esta Corte já teve a oportunidade, em diversas ocasiões, de referendar a natureza de delito equiparado a hediondo do crime previsto no art. 33, *caput*, da Lei n. 11.343/06, mesmo após a entrada em vigor da Lei n. 13.964/2019 (Pacote anticrime), ressaltando-se, inclusive que, no julgamento do Recurso Especial n. 1.918.338/MT (Rel. Min. Rogerio Schietti Cruz, Terceira Seção, julgado em 26.5.2021, *DJe* 31.5.2021) pela sistemática dos recursos repetitivos (Tema n. 1.084), no qual foi assentada a tese reconhecendo a possibilidade de aplicação retroativa do art. 112, V, da LEP a condenados por crimes hediondos ou equiparados que fossem reincidentes genéricos, o caso concreto tratou especificamente de condenado por tráfico de drogas. Precedentes desta Corte sobre a mesma controvérsia posta nos autos: HC 733.052/RS, Min. Ribeiro Dantas, *DJe* de 6.4.2022; HC 731.139/SP, Rel. Min. Joel Ilan Paciornik, *DJe* de 29.3.2022; HC 723.462/SC, Rel. Min. Antonio Saldanha Palheiro, *DJe* de 11.3.2022; HC 726.162/SC, Rel. Min. Ribeiro Dantas, *DJe* de 16.3.2022; HC 721.316/SC, Rel. Min. Joel Ilan Paciornik, *DJe* de 8.2.2022. 6. Agravo regimental desprovido" (AgRg no *Habeas Corpus* n.

729.332 — SP, 5.ª Turma, Relator Ministro Reynaldo Soares Da Fonseca, j. em 19.4.2022, DJe de 25.4.2022).

■ **Associação para o tráfico**

A Constituição Federal e a Lei n. 8.072/90 equiparam o tráfico ilícito de entorpecentes aos delitos hediondos, contudo não definem referida infração penal, tarefa que coube à Lei n. 11.343/2006 (conhecida como Lei Antidrogas ou Lei de Drogas). Referida lei, entretanto, não nomenclaturou as diversas condutas típicas nela previstas, cabendo à doutrina tal tarefa. Nesse contexto, não há dúvida de que a infração penal descrita no art. 33, *caput*, da Lei n. 11.343/2006, constitui crime de tráfico, já que pune a venda, o transporte, a importação etc. da **própria droga**. Também existe certo consenso doutrinário no sentido de que os crimes descritos nos arts. 33, § 1.º, e 34 da lei em tela constituem tráfico porque têm como objeto material matérias-primas destinadas à produção de drogas e maquinismos ou objetos destinados à preparação ou fabricação de entorpecentes.

Maior polêmica envolveu o crime de **associação para o tráfico**, assim definido no art. 35 da Lei n. 11.343/2006: "associarem-se duas ou mais pessoas para o fim de praticar, reiteradamente ou não, qualquer dos crimes previstos nos arts. 33, *caput*, e § 1.º, e 34 desta Lei". Não obstante parte da doutrina sustentasse que tal delito também era equiparado a hediondo, o Supremo Tribunal Federal e o Superior Tribunal de Justiça apreciaram o tema e decidiram que a Lei n. 8.072/90 não fez menção ao crime de associação, que, assim, **não** pode ter tratamento equiparado ao dos delitos de natureza hedionda.

A propósito:

"*Habeas corpus*. Associação para o tráfico de entorpecentes. (...). Não equiparação a crime hediondo. O art. 2.º, § 1.º, da Lei 8.072/90 é explícito ao fixar que somente o tráfico de entorpecentes (art. 12 da Lei 6.368/76) se assemelha aos crimes hediondos (...). O crime de associação para o tráfico não está previsto na lista do art. 2.º da Lei 8.072/90 e, portanto, a esse tipo não se aplica a proibição do § 1.º do artigo. *Habeas corpus* deferido em parte" (STF — HC 83.656, Rel. Min. Nelson Jobim, 2.ª Turma, julgado em 20.4.2004, *DJ* 28.5.2004, p. 63).
"O Superior Tribunal de Justiça entende que o delito de associação para o tráfico de drogas não possui natureza hedionda, por não estar expressamente previsto nos arts. 1.º e 2.º, da Lei n. 8.072/90. 3. Afastada a condição de hediondo do delito descrito no art. 35 da Lei n. 11.343/06, deve ser cumprido o lapso de 1/6 de pena para a progressão de regime — art. 112 da LEP —, não se aplicando o disposto no art. 2.º, § 2.º, da Lei n. 8.072/90" (STJ — HC 388.391/SP, Rel. Min. Joel Ilan Paciornik, 5.ª Turma, julgado em 20.6.2017, *DJe* 30.6.2017).
"A jurisprudência pacífica do Superior Tribunal de Justiça reconhece que o crime de associação para o tráfico de entorpecentes (art. 35 da Lei n. 11.343/2006) não figura no rol taxativo de delitos hediondos ou a eles equiparados, tendo em vista que não se encontra expressamente previsto no rol taxativo do art. 2.º da Lei n. 8.072/1990. 2. Não se tratando de crime hediondo, não se exige, para fins de concessão de benefício da progressão de regime, o cumprimento de 2/5 da pena, se o apenado for primário, e de 3/5, se reincidente para a progressão do regime prisional, sujeitando-se ele, apenas ao lapso de 1/6 para preenchimento do requisito objetivo" (STJ — HC 394.327/SP, Rel. Min. Antonio Saldanha Palheiro, 6.ª Turma, julgado em 13.6.2017, *DJe* 23.6.2017).

"O crime de associação para o tráfico de entorpecentes (art. 35 da Lei n. 11.343/2006) não figura no rol de crimes hediondos ou a delitos a eles equiparados" (STJ — HC 482.209/RS, Rel. Min. Reynaldo Soares da Fonseca, 5.ª Turma, julgado em 7.2.2019, *DJe* 15.2.2019).

Dessa forma, se alguém for condenado concomitantemente pelos crimes de tráfico (não privilegiado) e associação para o tráfico, o cálculo para o cumprimento da pena deverá ser feito levando em conta que um dos delitos é equiparado a hediondo e o outro não. Suponha-se que o réu tenha sido condenado a 5 anos pelo tráfico e 3 anos pela associação, totalizando 8 anos de reclusão. Para que tenha direito à progressão para regime mais brando, deverá cumprir 40% da pena do tráfico e 16% da pena do crime de associação (art. 112 da LEP).

■ **Envenenamento de água potável ou de substância alimentícia ou medicinal**

O crime de envenenamento de água potável ou de substância alimentícia ou medicinal, qualificado pela morte (art. 270, combinado com o art. 285 do CP), constava do rol original da Lei dos Crimes Hediondos, mas foi retirado pela Lei n. 8.930/94. Assim, atualmente não possui tal natureza.

1.6. ANISTIA, GRAÇA, INDULTO E FIANÇA

> **Art. 2.º**, *caput* — Os crimes hediondos, a prática da tortura, o tráfico ilícito de entorpecentes e drogas afins e o terrorismo são insuscetíveis de:
> I — anistia, graça e indulto;
> II — fiança.

A própria **Constituição Federal**, em seu art. 5.º, XLIII, determina que todos esses crimes são insuscetíveis de **anistia**, **graça** e **fiança**.

O art. 323, II, do **Código de Processo Penal** também veda expressamente a **fiança** para esses delitos.

A Lei n. 8.072/90, por sua vez, aumentou as vedações, incluindo a proibição ao **indulto**. O Supremo Tribunal Federal entendeu não haver inconstitucionalidade quanto a esse aspecto, porque a palavra "graça" foi mencionada no texto constitucional em sentido amplo (abrangendo a graça em sentido estrito e o indulto). Posteriormente, o art. 1.º, § 6.º, da Lei n. 9.455/97 (Lei de Tortura) voltou a vedar apenas a graça e a anistia ao crime de tortura. Entende-se, porém, que o indulto continua proibido, pois, conforme mencionado, o Supremo Tribunal Federal entende que a palavra "graça" contida na Carta Magna abrange o indulto:

> "O inciso I do art. 2.º da Lei n. 8.072/90 retira seu fundamento de validade diretamente do art. 5.º, XLII, da Constituição Federal. III — O art. 5.º, XLIII, da Constituição, que proíbe a graça, gênero do qual o indulto é espécie, nos crimes hediondos definidos em lei, não conflita com o art. 84, XII, da Lei Maior" (STF — HC 90.364, Rel. Min. Ricardo Lewandowski, Tribunal Pleno, julgado em 31.10.2007, public. 30.11.2007, p. 29).

O art. 44, *caput*, da Lei n. 11.343/2006 (Lei de Drogas) também proíbe **expressamente** o indulto, a graça e a anistia aos crimes de **tráfico** e seus **equiparados**. Caso se trate, todavia, de tráfico privilegiado (art. 33, § 4.º, da Lei de Drogas), tais benefícios não estão vedados, na medida em que o Plenário do Supremo Tribunal Federal considerou que tal modalidade do delito não é equiparada aos crimes hediondos (HC 118.533, Rel. Min. Cármen Lúcia, julgado em 23.6.2016), sendo que, posteriormente, a Lei n. 13.964/2019 inseriu regra expressa nesse sentido no art. 112, § 5.º, da LEP). Em suma, os três institutos (anistia, graça e indulto) são vedados aos crimes de tráfico (não privilegiado), terrorismo, tortura e de natureza hedionda.

Em relação à **liberdade provisória**, é preciso mencionar que a Lei n. 11.343/2006 (Lei de Drogas), em seu art. 44, *caput*, proíbe sua concessão ao crime de tráfico. Ocorre que, embora se trate de lei especial, a jurisprudência se inclina no sentido de ser possível sua concessão também a esse delito, na medida em que a Lei n. 11.464/2007, que alterou o art. 2.º da Lei n. 8.072/90, passou a **admiti-la** até mesmo para crimes hediondos, terrorismo e tortura.

Atualmente, as pessoas presas em flagrante pela prática de crime hediondo podem, teoricamente, obter a liberdade provisória, bem como ter o flagrante relaxado por excesso de prazo ou por outras causas (nulidade do auto de prisão, ausência de situação de flagrância etc.). Convém lembrar, entretanto, que a Lei n. 11.464/2007 apenas **retirou a proibição** da liberdade provisória, mas é evidente que, na prática, os juízes só irão deferir o benefício em situações excepcionais, na medida em que os delitos em estudo são de extrema gravidade.

> **Observação:** A Súmula 697 do Supremo Tribunal Federal perdeu a razão de existir após o advento da Lei n. 11.464/2007. O teor dessa súmula era o seguinte: "a proibição de liberdade provisória nos processos por crimes hediondos não veda o relaxamento da prisão processual por excesso de prazo".

1.7. REGIME INICIAL FECHADO

> **Art. 2.º, § 1.º** — A pena por crime previsto neste artigo será cumprida inicialmente em regime fechado.

Na legislação penal **comum**, somente é fixado regime inicial **fechado** quando o réu é condenado, por crime apenado com reclusão, a pena superior a **oito** anos, ou se for **reincidente**. Para os crimes hediondos, o tráfico de entorpecentes, o terrorismo e a tortura, o dispositivo em análise estabelece, todavia, que o regime inicial a ser fixado pelo juiz na sentença deve ser **sempre o fechado**, independentemente do **montante** da pena aplicada e de ser o réu **primário ou reincidente**. Acontece que o **Plenário** do Supremo Tribunal Federal, em 27 de junho de 2012, declarou, por oito votos contra três, a **inconstitucionalidade** desse art. 2.º, § 1.º, da Lei n. 8.072/90 por entender que a obrigatoriedade de regime inicial fechado para penas não superiores a 8 anos fere o princípio constitucional da **individualização da pena** (art. 5.º, XLVI, da Constituição Federal). Assim, mesmo para crimes hediondos, tráfico de drogas, terrorismo e tortura, o regime inicial só poderá ser o fechado (quando a pena fixada na sentença não for maior do que 8 anos), se o acusado for **reincidente** ou se as **circunstâncias do caso concreto** indicarem uma gravidade diferenciada daquele crime específico, o que deverá constar expressamente da fundamentação da sentença. Essa decisão ocorreu no julgamento do HC 111.840/ES, que teve como relator o Ministro Dias Toffoli:

> "*Habeas corpus*. Penal. Tráfico de entorpecentes. Crime praticado durante a vigência da Lei n. 11.464/07. Pena inferior a 8 anos de reclusão. Obrigatoriedade de imposição do regime inicial fechado. Declaração incidental de inconstitucionalidade do § 1.º do art. 2.º da Lei n. 8.072/90. Ofensa à garantia constitucional da individualização da pena (inciso XLVI do art. 5.º da CF/88). Fundamentação necessária (CP, art. 33, § 3.º, c/c o art. 59). Possibilidade de fixação, no caso em exame, do regime semiaberto para o início de cumprimento da pena privativa de liberdade. Ordem concedida. 1. Verifica-se que o delito foi praticado em 10.10.2009, já na vigência da Lei n. 11.464/07, a qual instituiu a obrigatoriedade da imposição do regime inicialmente fechado aos crimes hediondos e assemelhados. 2. Se a Constituição Federal menciona que a lei regulará a individualização da pena, é natural que ela exista. Do mesmo modo, os critérios para a fixação do regime prisional inicial devem-se harmonizar com as garantias constitucionais, sendo necessário exigir-se sempre a fundamentação do regime imposto, ainda que se trate de crime hediondo ou equiparado. 3. Na situação em análise, em que o paciente, condenado a cumprir pena de seis (6) anos de reclusão, ostenta circunstâncias subjetivas favoráveis, o regime prisional, à luz do art. 33, § 2.º, alínea *b*, deve ser o semiaberto. 4. Tais circunstâncias não elidem a possibilidade de o magistrado, em eventual apreciação das condições subjetivas desfavoráveis, vir a estabelecer regime prisional mais severo, desde que o faça em razão de elementos concretos e individualizados, aptos a demonstrar a necessidade de maior rigor da medida privativa de liberdade do indivíduo, nos termos do § 3.º do art. 33, c/c o art. 59, do Código Penal. 5. Ordem concedida tão somente para remover o óbice constante do § 1.º do art. 2.º da Lei n. 8.072/90, com a redação dada pela Lei n. 11.464/07, o qual determina que "[a] pena por crime previsto neste artigo será cumprida inicialmente em regime fechado". Declaração incidental de inconstitucionalidade, com efeito *ex nunc*, da obrigatoriedade de fixação do regime fechado para início do cumprimento de pena decorrente da condenação por crime hediondo ou equiparado".

Desse modo, se o réu primário for condenado a pena não superior a 8 anos, não bastará que o juiz diga que aquele crime é previsto em lei como hediondo ou equiparado para aplicar o regime inicial fechado. Deverá explicar por que aquele crime hediondo ou equiparado se reveste de especial gravidade. Exs.: porque a quantidade da droga é muito elevada no crime de tráfico; porque o acusado manteve diversas conjunções carnais com a vítima no crime de estupro etc.

Em novembro de 2017, confirmando tal entendimento, o Supremo Tribunal Federal aprovou a tese 972, em sede de repercussão geral: "É inconstitucional a fixação *ex lege*, com base no art. 2.º, § 1.º, da Lei n. 8.072/90, do regime inicial fechado, devendo o julgador, quando da condenação, ater-se aos parâmetros previstos no art. 33 do Código Penal".

1.8. REGRAS PARA PROGRESSÃO DE REGIME

A Lei n. 8.072/90 (Lei dos Crimes Hediondos), em sua redação originária, estabelecia que, para os crimes hediondos, a tortura, o terrorismo e o tráfico de drogas, a pena deveria ser cumprida em regime integral fechado, ou seja, sem ter direito o condenado a progressão para regimes mais brandos. Durante quase 16 anos, o Supremo Tribunal

Federal considerou constitucional essa vedação, tendo, inclusive, aprovado a Súmula 698 nesse sentido. Ocorre que, de modo surpreendente, ao julgar o HC 82.959/SP, em 23 de fevereiro de 2006, o mesmo Supremo Tribunal Federal, por maioria de votos, declarou a inconstitucionalidade da mencionada redação originária do art. 2.º, § 1.º, da Lei n. 8.072/90 (Lei dos Crimes Hediondos), por entender que a proibição de progressão de regime feria os princípios da individualização da pena e da dignidade humana. De acordo com o Supremo, o regime progressivo é um direito reconhecido na Constituição, embutido no princípio da individualização da pena. Com essa decisão, os condenados por crimes comuns ou por crimes hediondos poderiam obter a progressão com o mero cumprimento de 1/6 da pena, razão pela qual foi rapidamente apresentado projeto de lei que, aprovado, transformou-se na Lei n. 11.464, publicada em 29 de março de 2007. Esta lei alterou o art. 2.º, § 2.º, da Lei n. 8.072/90, estabelecendo que a *progressão dar-se-á com o cumprimento mínimo de 2/5 da pena, se o sentenciado for primário, e de 3/5 se reincidente* (art. 2.º, § 2.º, da Lei n. 8.072/90). Ocorre que esse dispositivo foi expressamente revogado pela Lei n. 13.964/2019, que, ao mesmo tempo, modificou a redação do art. 112 da Lei de Execuções Penais, e trouxe uma série de novas regras relativas à progressão de regime para crimes hediondos e equiparados.

Pelas regras atuais, a progressão pressupõe o cumprimento ao menos de:

1) 40% da pena, se for condenado pela prática de crime hediondo ou equiparado, se for primário (art. 112, V);

2) 50% da pena, se for condenado pela prática de crime hediondo ou equiparado, com resultado morte, se for primário (art. 112, VI, "a");

3) 55% da pena, se o apenado for condenado pela prática de feminicídio, se for primário;

4) 60% da pena, se for reincidente na prática de crime hediondo ou equiparado (art. 112, VII);

Após grande controvérsia, o Superior Tribunal de Justiça (*leading case* — REsp 1.910.240/MG — Tema 1.084 da sistemática de recursos repetitivos), estabeleceu o seguinte entendimento: "É reconhecida a retroatividade do patamar estabelecido no art. 112, V, da Lei n. 13.964/2019, àqueles apenados que, embora tenham cometido crime hediondo ou equiparado sem resultado morte, não sejam reincidentes em delito de natureza semelhante". Com isso, firmou entendimento de que o patamar de 60% somente pode ser aplicado se o sentenciado tiver sido condenado por dois crimes hediondos (reincidência específica na prática de delitos hediondos). Ex.: estupro e roubo majorado pelo emprego de arma de fogo. Caso se trate de reincidente genérico (condenação inicial por crime comum e posterior por crime hediondo), a Corte Superior entende que, ante a ausência de previsão no texto legal, deve ser aplicado o índice de 40%, previsto no inciso V. Posteriormente, o Plenário do Supremo Tribunal Federal firmou entendimento no mesmo sentido no julgamento do ARE 1.327.963, Rel. Min. Gilmar Mendes, j. em 17.9.2021 — Tema 1.169 em sede de repercussão geral;

5) 70% da pena, se for reincidente em crime hediondo ou equiparado com resultado morte (art. 112, VIII). É o caso, por exemplo, de quem é condenado por homicídio qualificado consumado, latrocínio consumado, estupro qualificado pela morte, tortura qualificada pela morte etc. após já ter sido condenado por qualquer outro crime hediondo

com morte. O Superior Tribunal de Justiça (*leading case* — REsp 1.910.240/MG — Tema 1.084 da sistemática de recursos repetitivos) firmou entendimento de que o patamar de 70% somente pode ser aplicado se o sentenciado tiver sido condenado por dois crimes hediondos com resultado morte (reincidência específica na prática de delitos hediondos com morte). Para a mencionada Corte Superior, se o réu foi condenado por crime hediondo com morte, mas havia sido condenado anteriormente por crime comum ou hediondo sem resultado morte, aplica-se o índice de 50% previsto no inciso VI, "a", em razão da lacuna legal.

Essas novas regras só valem para os crimes cometidos após a entrada em vigor da Lei n. 13.964/2019. Para os condenados por crimes hediondos ou equiparados praticados antes de 29 de março de 2007, a progressão poderá ser obtida com o cumprimento de apenas 1/6 da pena (em razão da declaração de inconstitucionalidade da redação originária da Lei dos Crimes Hediondos). Para os que foram ou forem condenados por crimes hediondos ou equiparados cometidos após 29 de março de 2007 e antes de 23 de janeiro de 2020 (entrada em vigor da Lei n. 13.964/2019), a progressão dar-se-á pelo cumprimento de 2/5 da pena se primário, e 3/5 se reincidente, exceto se as regras desta última lei forem mais benéficas.

Lembre-se de que o art. 2.º, § 2.º, da Lei n. 8.072/90 foi expressamente revogado pela Lei n. 13.964/2019. Tal dispositivo, em sua parte final, previa regras mais brandas para a progressão de regime — relativa a crimes hediondos ou equiparados — para mulheres gestantes, mães ou responsáveis por crianças ou pessoas com deficiência, se o crime não tivesse sido cometido com emprego de violência ou grave ameaça, se a sentenciada não integrasse organização criminosa, se fosse primária e tivesse bom comportamento carcerário e não tivesse cometido o crime contra filho ou dependente. Com a revogação do dispositivo, o tempo de cumprimento de pena para gestantes, mães ou responsáveis por crianças ou pessoas com deficiência conseguirem progressão de regime em relação a crimes hediondos ou equiparados é o mesmo exigido para as demais pessoas, exceto quanto a crimes cometidos antes da entrada em vigor da Lei n. 13.964/2019.

■ Exame criminológico

A atual redação do art. 112, § 1.º, da Lei de Execuções Penais diz que, para a **comprovação** do requisito **subjetivo** necessário para a progressão de regime, basta a existência de **boa conduta carcerária comprovada por atestado elaborado pelo diretor do presídio e pelo exame criminológico, respeitadas as regras que vedam a progressão.**

Trata-se aqui do mérito do condenado que, durante a execução da pena, demonstrou-se participativo, colaborou com as atividades, exerceu atividade laborativa, não se envolveu em confusões etc.

O exame criminológico é feito por equipe multidisciplinar de peritos (assistente social, psicólogo, psiquiatra, educador) que, obrigatoriamente, fazem entrevistas e exames no preso que pretende a progressão. Tal equipe verifica se ele demonstra ou não periculosidade, arrependimento, condições de retornar ao convívio social, problemas de relacionamento, dependências etc. Tais conclusões se mostram relevantíssimas precipuamente se considerarmos que, no regime semiaberto, o condenado poderá ter direito às saídas temporárias, sem acompanhamento direto, e que, no regime aberto, permanecerá em casa do albergado apenas durante certos períodos.

A redação originária da LEP previa que, para a progressão de regime, o juiz deveria apreciar se o sentenciado possuía mérito para a progressão a ser comprovado por parecer da Comissão Técnica de Classificação e pelo exame criminológico, se necessário. Tal dispositivo foi revogado pela Lei n. 10.792/2003, que deixou de mencionar o parecer da Comissão Técnica e o exame criminológico, passando a explicitar que o mérito do condenado deveria ser comprovado apenas por atestado de bom comportamento carcerário elaborado pelo diretor do presídio. Em razão disso, parte dos juristas passou a defender que o exame criminológico havia sido extirpado como requisito para a progressão de regime.

A finalidade da alteração foi a de tornar mais célere o procedimento de progressão, contudo severas críticas recebeu o legislador, na medida em que o diretor do presídio dificilmente tem condições de analisar a conduta de cada um dos presos de sua unidade, cuja lotação geralmente chega à casa das centenas ou milhares.

Em razão das críticas contundentes que essas novas regras sofreram por parte da doutrina e da jurisprudência, os tribunais passaram a entender que a realização do exame criminológico deixou de ser obrigatória mas não foi proibida. Assim, dependendo das circunstâncias do caso concreto o Ministério Público poderia requerer sua realização e o juiz poderia, em decisão fundamentada, deferi-la.

O Superior Tribunal de Justiça acabou aprovando a Súmula n. 439 afirmando que "admite-se o exame criminológico pelas peculiaridades do caso, desde que em decisão motivada".

> Também o Supremo Tribunal Federal manifestou-se em tal direção: "Entendeu-se que o aludido art. 112 da LEP, em sua nova redação, admite a realização facultativa do exame criminológico, desde que fundamentada e quando necessária à avaliação do condenado e de seu mérito para a promoção a regime mais brando. Ressaltou-se, ainda, que esse exame pode ser contestado, nos termos do § 1.º do próprio art. 112, o qual prevê a instauração de contraditório sumário. A partir de interpretação sistemática do ordenamento (CP, art. 33, § 2.º e LEP, art. 8.º), concluiu-se, que a citada alteração não objetivou a supressão do exame criminológico para fins de progressão do regime, mas, ao contrário, introduziu critérios norteadores à decisão do juiz para dar concreção ao princípio da individualização da pena. Vencido o Min. Marco Aurélio que deferia o *writ* por considerar não ter havido modificação substancial das exigências legais para a concessão de tal benefício" (STF, HC 86.631/PR, 1.ª Turma, Rel. Min. Ricardo Lewandowski, 5.9.2006). No mesmo sentido: "Prevalece nesta Corte o entendimento no sentido de que a alteração do artigo 112 da LEP pela Lei 10.792/2003 não proibiu a realização do exame criminológico, quando necessário para a avaliação do sentenciado, tampouco proibiu a sua utilização para a formação do convencimento do magistrado sobre o direito de promoção para regime mais brando" (STF, HC 112.464, Rel. Min. Ricardo Lewandowski, 2.ª Turma, julgado em 14.08.2012, processo eletrônico *DJe*-181 divulg. 13.9.2012, public. 14.9.2012).

Em suma, para a progressão de regime, o mérito do sentenciado deveria ser demonstrado sempre por atestado de boa conduta carcerária e, eventualmente, pelo exame criminológico, caso assim determinasse fundamentadamente o juiz, de acordo com as peculiaridades do caso concreto.

O Supremo aprovou, no mesmo sentido, a Súmula Vinculante 26, a qual ressalva que o juiz, a fim de verificar se o condenado por crime **hediondo** ou **equiparado** encontra-se apto para a progressão a regime mais brando, pode determinar a realização do exame criminológico. O texto da súmula é o seguinte: "para efeito de progressão de regime no cumprimento da pena por crime hediondo, ou equiparado, o juízo da execução observará a inconstitucionalidade do art. 2.º da Lei n. 8.072, de 25 de julho de 1990, sem prejuízo de avaliar se o condenado preenche, ou não, os requisitos objetivos e subjetivos do benefício, podendo determinar para tal fim, de modo fundamentado, a realização do exame criminológico". A parte inicial dessa súmula, que trata da inconstitucionalidade do art. 2.º da Lei n. 8.072/90, diz respeito somente aos crimes hediondos ou equiparados cometidos antes da Lei n. 11.464/2007.

Em suma, também para a Corte Suprema, para a progressão de regime, o mérito do sentenciado deveria ser demonstrado sempre por atestado de boa conduta carcerária e, eventualmente, pelo exame criminológico.

O tema, contudo, passou por grande reviravolta com a aprovação da Lei n. 14.843/2024, que modificou o art. 112, § 1.º, da LEP e passou a exigir expressamente, **para todo e qualquer caso de progressão de regime**, a demonstração de boa conduta carcerária comprovada por atestado emitido pelo diretor do estabelecimento prisional e **pelo resultado do exame criminológico**. Atualmente, portanto, para a progressão de regime, o mérito do sentenciado deve ser demonstrado sempre por atestado de boa conduta carcerária e pelo exame criminológico.

O exame criminológico é uma perícia a ser realizada no processo de execução. Cuida-se de instituto de natureza **processual** e não de direito material e, em princípio, teria aplicação imediata a todas as execuções criminais em andamento. De ver-se, todavia, que é muito provável que os tribunais superiores interpretem que a nova lei não pode retroagir para ser aplicada a crimes cometidos antes de sua entrada em vigor, por se tratar de tema de natureza híbrida e, em tese, prejudicial aos condenados. Existe, ademais, o argumento de que o Estado não tem condições de fazer, de imediato, exame criminológico em todos os casos de progressão, necessitando de tempo para adaptação à nova exigência. A prevalecer esta última interpretação, a obrigatoriedade do exame criminológico será apenas para os crimes cometidos após a vigência da nova lei, valendo para crimes anteriores as regras já explicitadas anteriormente, materializadas na Súmula n. 439 do Superior Tribunal de Justiça e na Sumula Vinculante 26 da Corte Suprema.

1.9. DIREITO DE APELAR EM LIBERDADE

> Art. 2.º, § 3.º — Em caso de sentença condenatória, o juiz decidirá fundamentadamente se o réu poderá apelar em liberdade.

Referido dispositivo permite que o juiz decida livremente se o condenado, que está solto, poderá ou não apelar em liberdade, desde que justifique sua decisão. Assim, mesmo que ele seja reincidente, por exemplo, poderá o juiz deixar de decretar sua prisão por ocasião da condenação recorrível, caso entenda que não existe necessidade imediata de encarceramento.

É evidente que, se o réu esteve preso **durante a instrução**, por estarem presentes os requisitos da prisão **preventiva**, o juiz, ao condená-lo, deverá verificar se continuam ou não presentes tais requisitos. Caso persistam os motivos, deverá manter o condenado no cárcere.

> **Observação:** A regra do art. 2.º, § 3.º, da Lei n. 8.072/90 se aplica apenas aos crimes hediondos, à tortura e ao terrorismo, pois, em relação ao tráfico de drogas, o art. 59 da Lei n. 11.343/2006 (Lei de Drogas) prevê que o réu poderá apelar em liberdade, se for primário e de bons antecedentes. Teoricamente, de acordo com tal dispositivo, se o juiz condenar um traficante reincidente que estava solto, deve determinar que se recolha à prisão para apelar. Ocorre que havia regra idêntica no art. 594 do Código de Processo Penal, determinando a prisão em tais casos, se a condenação fosse por qualquer espécie de crime inafiançável, dispositivo que acabou sendo revogado pela Lei n. 11.719/2008, que passou a prever a necessidade de prisão por ocasião da sentença recorrível, apenas se surgirem razões específicas para tanto no caso concreto (art. 387, parágrafo único, do CPP). Assim, embora a Lei de Drogas seja especial, na prática, passou-se a adotar o mesmo entendimento, no sentido de ser o réu preso apenas se o juiz entender que é necessária a decretação da prisão preventiva por ocasião da sentença (para garantia da ordem pública ou para assegurar a aplicação da lei penal).

Em suma, quer se trate de crime hediondo, tortura, terrorismo ou tráfico de drogas, na prática, não existe mais a necessidade de se determinar compulsoriamente a prisão em caso de condenação em 1.º grau, quando o réu respondeu solto à acusação. Por sua vez, se estava preso durante a instrução, só deverá ser solto se, excepcionalmente, cessaram os motivos que justificaram a manutenção no cárcere durante o transcorrer da ação.

1.10. PRISÃO TEMPORÁRIA

> **Art. 2.º, § 4.º** — A prisão temporária, sobre a qual dispõe a Lei n. 7.960/89, nos crimes previstos neste artigo, terá o prazo de trinta dias, prorrogável por igual período em caso de extrema e comprovada necessidade.

A prisão temporária, decretada **quando imprescindível para as investigações do inquérito policial**, terá prazo de **trinta** dias **prorrogável** por mais **trinta** — em caso de **extrema** e **comprovada necessidade** — quando se tratar de crime hediondo, tráfico de entorpecentes, terrorismo ou tortura. Para crimes **comuns**, o prazo da prisão temporária é de **cinco** dias, prorrogáveis por **mais** cinco.

Como a prisão temporária é decretada por **prazo certo**, previamente estipulado pelo juiz, ela não se computa nos demais prazos processuais quando há pedido de relaxamento de flagrante por excesso de prazo de prisão durante o transcorrer da ação penal.

De acordo com o art. 1.º, da Lei n. 7.960/89, caberá prisão temporária:

I — **Quando for imprescindível para as investigações durante o inquérito policial**, ou seja, quando houver indícios de que, sem a prisão, as diligências serão malsucedidas.

II — **Quando o indiciado não tiver residência fixa ou não fornecer elementos necessários ao esclarecimento de sua identidade.**

III — **Quando houver indícios de autoria ou de participação em um dos seguintes crimes: homicídio doloso, sequestro ou cárcere privado, roubo, extorsão ou extorsão mediante sequestro, estupro, epidemia ou envenenamento de água ou alimento, quadrilha, genocídio, tráfico de entorpecentes ou crime contra o sistema financeiro.**

O art. 2.º, § 4.º, da Lei n. 8.072/90 possibilita também a decretação da prisão temporária nos crimes de terrorismo, tortura e **em todos os crimes hediondos**. O crime de quadrilha, mencionado no inciso III, atualmente é denominado **associação criminosa**, devido às modificações da Lei n. 12.850/2013. Admite também a prisão temporária, porque esta Lei é mais gravosa.

A prisão temporária só pode ser decretada **durante o inquérito policial**, nunca durante o tramitar da ação.

No julgamento das **ADIs 3.360** e **4.109**, realizado em 14.02.2022, o **Pleno** do Supremo Tribunal Federal estabeleceu os requisitos que devem estar **cumulativamente** presentes para decretação de prisão temporária: 1) a prisão deve ser imprescindível para as investigações do inquérito policial (art. 1.º, I, da Lei n. 7.960/89) (*periculum libertatis*), constatada a partir de elementos concretos, e não meras conjecturas, vedada a sua utilização como prisão para averiguações, em violação ao direito à não autoincriminação, ou quando fundada no mero fato de o representado não possuir residência fixa (inciso II); 2) deve haver fundadas razões de autoria ou participação do indiciado nos crimes previstos no art. 1.º, III, da Lei n. 7.960/89 (*fumus comissi delicti*), vedada a analogia ou a interpretação extensiva do rol previsto no dispositivo; 3) deve ser justificada em fatos novos ou contemporâneos que fundamentem a medida (art. 312, § 2.º, do CPP); 4) a medida deve ser adequada à gravidade concreta do crime, às circunstâncias do fato e às condições pessoais do indiciado (art. 282, II, do CPP); 5) que não seja suficiente a imposição de medidas cautelares diversas, previstas nos arts. 319 e 320 do CPP (art. 282, § 6.º, do CPP) (ADI 4.109 — Tribunal Pleno, Rel. Min. Cármen Lúcia, Rel. p/ acórdão Min. Edson Fachin, julgado em 14.2.2022, *DJe*-075 22.4.2022).

No referido julgamento, concluiu-se que o inciso II do art. 1.º da Lei n. 7.960/89 mostra-se, quando interpretado isoladamente, **inconstitucional**, pois não se pode decretar a prisão temporária pelo simples fato de o representado não possuir endereço fixo, de modo que a circunstância de o indiciado não possuir residência fixa deve evidenciar de modo concreto que a prisão temporária é imprescindível para a investigação criminal (art. 1.º, I, da citada Lei). Além disso, como se vê, fixou-se o entendimento de que são aplicáveis também à prisão temporária as normas legais relativas à prisão preventiva no que diz respeito (i) à necessidade de adequação da medida à gravidade do crime, às circunstâncias do fato e às condições pessoais do indiciado ou acusado; (ii) à insuficiência de outra medida cautelar pessoal.

Quando foi aprovada a Lei n. 7.960/89, alguns juristas passaram a defender a tese de que a **prisão preventiva** não mais seria cabível na fase inquisitorial, já que a prisão temporária teria tomado seu lugar. A aprovação da Lei n. 12.403/2011 deu nova redação aos arts. 283 e 311 do CPP, reconhecendo a coexistência das modalidades de prisão preventiva e temporária em nossa legislação, e reiterando que a primeira também pode ser decretada durante a fase de investigação policial. A Lei n. 13.964/2019 modificou novamente a redação do art. 311 do CPP, mantendo a possibilidade de prisão preventiva durante o inquérito policial. Em suma, o juiz pode decretar qualquer das modalidades de prisão processual durante o inquérito, na medida em que elas têm requisitos diversos.

1.11. ESTABELECIMENTOS PENAIS

> **Art. 3.º** A União manterá estabelecimentos penais, de segurança máxima, destinados ao cumprimento de penas impostas a condenados de alta periculosidade, cuja permanência em presídios estaduais ponha em risco a ordem ou incolumidade pública.

Trata-se de medida de enorme importância em virtude da grande periculosidade daqueles que infringem os crimes dessa lei. Não são raros os casos de facilitação de fugas e resgates de presos extremamente perigosos — principalmente sequestradores e traficantes —, uma vez que possuem organização e dinheiro para tanto. Assim, a colocação desses criminosos em presídios de segurança máxima, de preferência em locais distantes daqueles em que o condenado costuma agir, tornou-se imperativa na atualidade. Lamenta-se, entretanto, que os governos tenham demorado para atentar para esse dispositivo, de imensa relevância no combate à violência.

1.12. DISPOSITIVO VETADO

> **Art. 4.º** O § 1.º do art. 60 do Código Penal passa a vigorar com a seguinte redação:
> § 1.º A multa pode ser aumentada se o juiz considerar que, em virtude da situação econômica do réu, é ineficaz, embora aplicada no máximo. (*vetado*)

O presente dispositivo foi vetado com a seguinte fundamentação: "No que concerne ao art. 4.º, sua redação parece incompreensível. Ela difere da do atual parágrafo 1.º do artigo 60 em apenas um ponto: a supressão da expressão "até o triplo". O que quer dizer que, enquanto o texto vigente prevê uma quantificação aplicável: "a multa pode ser aplicada **até o triplo**" — a proposta do projeto é retirar o parâmetro de quantificação: "a multa pode ser aumentada". Desse modo, fica **em aberto** a fixação da multa pelo juiz, situação **juridicamente inadmissível**. Apesar da intenção moralizadora do projeto, melhor será manter a redação atual".

1.13. LIVRAMENTO CONDICIONAL

> **Art. 5.º** Ao art. 83 do Código Penal é acrescido o seguinte inciso: (...)
> V — cumprido mais de dois terços da pena, nos casos de condenação por crime hediondo, prática da tortura, tráfico ilícito de entorpecentes e drogas afins, tráfico de pessoas e terrorismo, se o apenado não for reincidente específico em crimes dessa natureza.

Pela legislação comum, o livramento condicional pode ser obtido após o cumprimento de **um terço** da pena para os réus **primários** e **metade** para os **reincidentes**, desde que satisfeitas as outras **exigências legais** (pena fixada na sentença igual ou superior a dois anos, bom comportamento carcerário, reparação do dano etc.).

Para os crimes **hediondos, terrorismo** e **tortura**, o benefício só pode ser concedido, de acordo com o dispositivo em análise, após o cumprimento de **dois terços** da reprimenda imposta, desde que o condenado não seja **reincidente específico**.

A Lei n. 9.455/97, que tipifica os crimes de **tortura**, não fez referência ao livramento condicional, de forma que a regra em estudo continua sendo aplicável a tais infrações penais.

Em relação ao crime de **tráfico**, a Lei de Drogas (Lei n. 11.343/2006) contém regra semelhante em seu art. 44, parágrafo único, exigindo também o cumprimento de **dois terços** da pena.

Existem duas orientações a respeito do alcance da expressão **reincidência específica** neste art. 83, V. Uma corrente, denominada **restritiva**, entende que ela só está presente quando o agente, após condenado por um determinado delito hediondo ou equiparado, comete novamente a **mesma espécie** de crime. Ex.: condenado em definitivo por crime de estupro, o agente novamente comete essa espécie de infração penal. A outra corrente, chamada **ampliativa**, diz que há vedação ao livramento quando o agente, após ser condenado por **um dos crimes hediondos ou assemelhados, comete outro crime dessa natureza**. Ex.: após ser condenado por estupro, o agente comete um roubo com emprego de arma de fogo. Esta é a corrente mais aceita. Parece-nos que esta última interpretação é a correta. Com efeito, se a lei mencionasse apenas "reincidente específico" a solução seria diversa, mas ao mencionar "reincidente específico em crimes dessa natureza" deixou claro o legislador que pretendia vedar o livramento sempre que a pessoa fosse condenada por dois crimes hediondos ou assemelhados, ainda que não da mesma espécie.

Saliente-se, todavia, que, em relação ao crime de **tráfico** de drogas, existe dispositivo mais recente e previsto em lei **especial** (art. 44, parágrafo único, da Lei n. 11.343/2006), estabelecendo a possibilidade do livramento condicional após o cumprimento de 2/3 da pena, nos crimes descritos em seus arts. 33, *caput* e § 1.º, e 34 a 37, salvo se o condenado for reincidente específico. Como essa lei somente cuida de crimes relacionados a entorpecentes, a expressão "reincidência específica" refere-se somente aos crimes de tráfico elencados no dispositivo. Assim, apenas a pessoa condenada **duas vezes por tráfico** é que não poderá obter o livramento condicional.

Observe-se que, no julgamento do HC 118.533, Rel. Min. Cármen Lúcia, em 23.6.2016, o Plenário do Supremo Tribunal Federal decidiu que o **tráfico privilegiado de drogas não possui natureza equiparada à dos crimes hediondos** e que, por tal razão, não são exigíveis os requisitos mais severos para a obtenção do livramento, previstos no art. 44, parágrafo único, da Lei n. 11.343/2006. Considera-se privilegiado o tráfico quando o agente é primário, tem bons antecedentes, não se dedica às atividades criminosas e não integra organização criminosa. Em tal hipótese, descrita no art. 33, § 4.º, da Lei de Drogas, a pena do réu será reduzida de 1/6 a 2/3 e ele poderá obter o livramento de acordo com as regras comuns do Código Penal (art. 83 do Código Penal). Essa decisão da Corte Suprema sobrepôs-se ao que havia decidido o Superior Tribunal de Justiça, que entendera ter natureza hedionda o tráfico privilegiado (Súmula n. 512 — cancelada em 23.11.2016). **Posteriormente, a Lei n. 13.964/2019 inseriu no art. 112, §**

5.º, da LEP, regra expressa no sentido de que o tráfico privilegiado não possui natureza hedionda ou equiparada.

No tráfico de drogas comum (não privilegiado) será necessário o cumprimento do montante diferenciado de pena previsto no art. 44, parágrafo único, da Lei n. 11.343/2006 para a obtenção do livramento.

O Superior Tribunal de Justiça fixou entendimento no sentido de que não há reincidência específica se a pessoa for condenada inicialmente por tráfico privilegiado e depois por tráfico comum (art. 33, *caput*): "*In casu*, embora o paciente já ostentasse condenação anterior por tráfico privilegiado quando praticou o crime de tráfico de drogas (art. 33, *caput*, da Lei n. 11.343/2006), não se configurou a reincidência específica, uma vez que se trata de condutas de naturezas distintas" (STJ — HC 453.983/SP, Rel. Min. Felix Fischer, 5.ª Turma, julgado em 2.8.2018, *DJe* 9.8.2018); "Imperioso afastar a reincidência específica em relação ao tráfico privilegiado e o tráfico previsto no *caput* do art. 33 da Lei de Drogas, nos termos do novo entendimento jurisprudencial, para fins da concessão do livramento condicional" (STJ — HC 436.103/DF, Rel. Min. Nefi Cordeiro, 6.ª Turma, julgado em 19.6.2018, *DJe* 29.6.2018); "O sentenciado condenado, primeiramente, por tráfico privilegiado (art. 33, § 4.º, da Lei n. 11.343/2006) e, posteriormente, pelo crime previsto no *caput* do art. 33 da Lei n. 11.343/2006, não é reincidente específico, nos termos da legislação especial; portanto, não é alcançado pela vedação legal, prevista no art. 44, parágrafo único, da referida Lei" (HC 419.974/SP, Rel. Min. Maria Thereza de Assis Moura, 6.ª Turma, julgado em 22.5.2018, *DJe* 4.6.2018).

A Lei n. 13.344/2016 inseriu nesse art. 83, V, do Código Penal o crime de tráfico de pessoas, que, todavia, só possui natureza hedionda quando cometido contra criança ou adolescente. Em suma, para o crime de tráfico de pessoas, o prazo para a obtenção do livramento condicional é sempre o cumprimento de mais de 2/3 da pena, embora apenas o crime cometido contra menores de idade tenha natureza hedionda.

É muito importante ressaltar, por sua vez, as inovações trazidas pela Lei n. 13.964/2019, que modificou o art. 112 da LEP, trazendo regras mais rigorosas em relação a crimes hediondos mais graves. Com efeito, o art. 112, em seus incisos VI, "a", e VIII, **veda** por completo o livramento condicional para pessoas condenadas por crimes hediondos ou equiparados com **resultado morte**. Ex.: latrocínio consumado, homicídio qualificado consumado, estupro qualificado pela morte, tortura qualificada pela morte etc. Por sua vez, o art. 112, VI-A, inserido pela Lei n. 14.994/2024, proíbe o livramento condicional em casos de feminicídio.

■ **Exame criminológico**

A lei **não** exige a realização do exame criminológico para a obtenção do livramento condicional, porém também não a proíbe. Assim, a jurisprudência dos tribunais superiores é no sentido de que o juiz pode determinar a realização desse exame, **em decisão fundamentada**, sempre que entender que as circunstâncias do **caso concreto** justificam a medida. Esse exame é realizado por equipe multidisciplinar de peritos (assistentes sociais, psicólogos, psiquiatras, educadores) que, obrigatoriamente, fazem entrevistas e exames no preso e, evidentemente, podem trazer inúmeros subsídios para que o juiz tome a decisão acertada, concedendo ou negando o benefício.

A propósito, veja-se a Súmula 439 do Superior Tribunal de Justiça: "Admite-se o exame criminológico pelas peculiaridades do caso, desde que em decisão motivada". A Súmula Vinculante n. 26 do Supremo Tribunal Federal, embora trate da questão da progressão do regime para crimes hediondos e equiparados, e não do livramento condicional, deixa claro que tal exame ainda pode ser determinado, de modo que, se as circunstâncias do caso concreto justificarem, o juiz poderá determinar a realização do exame criminológico antes de decidir acerca do livramento condicional, desde que fundamente sua decisão.

1.14. ALTERAÇÃO DAS PENAS DOS CRIMES HEDIONDOS

> **Art. 6.º** Os arts. 157, § 3.º; 159, *caput* e seus §§ 1.º, 2.º e 3.º; 213; 214; 223, *caput* e seu parágrafo único; 267, *caput*, e 270, *caput*, todos do Código Penal, passam a vigorar com a seguinte redação:
> Art. 157, § 3.º, *in fine*: se resulta morte, a reclusão é de vinte a trinta anos, sem prejuízo da multa.
> Art. 159, *caput*: pena — reclusão, de oito a quinze anos.
> § 1.º: pena — reclusão, de doze a vinte anos.
> § 2.º: pena — reclusão, de dezesseis a vinte e quatro anos.
> § 3.º: pena — reclusão, de vinte e quatro a trinta anos.
> Art. 213: pena — reclusão, de seis a dez anos.
> Art. 214: pena — reclusão, de seis a dez anos.
> Art. 223, *caput*: pena — reclusão, de oito a doze anos.
> Art. 223, parágrafo único: pena — reclusão, de doze a vinte e cinco anos.
> Art. 267: pena — reclusão, de dez a quinze anos.
> Art. 270: pena — reclusão, de dez a quinze anos.

A Lei n. 8.072/90, além de todas as providências já estudadas, aumentou as penas previstas em **abstrato** para os crimes hediondos.

Passou o crime de **latrocínio** a ter pena de vinte a trinta anos, que, nos termos do art. 158, § 2.º, do Código Penal, automaticamente estendeu-se ao crime de **extorsão** qualificada pela morte.

O delito de **extorsão mediante sequestro** sofreu alteração na pena em todas as suas figuras (simples e qualificadas). Acontece que, ao aumentar o montante das penas privativas de liberdade, o legislador, talvez por equívoco, **excluiu** a pena de **multa** antes prevista, fazendo com que tal crime não mais possua essa espécie de reprimenda.

Em relação ao crime de **epidemia** (art. 267), ocorreu situação interessante. Com efeito, a figura simples não é considerada hedionda (art. 1.º, VII) e, por tal razão, não deveria ter sido abordada pela Lei dos Crimes Hediondos. Entretanto, o legislador aumentou a pena desse crime para reclusão, de dez a quinze anos. O caráter hediondo, contudo, só estará presente se a epidemia for **qualificada pelo resultado morte**, hipótese em que o § 1.º do art. 267 determina que a pena será aplicada em **dobro**.

O art. 270 do Código Penal tipifica os crimes de envenenamento de água potável, substância alimentícia ou medicinal. Exatamente como no caso anterior, esse ilícito penal só era considerado hediondo quando qualificado pelo resultado morte (art. 285 do CP). A Lei n. 8.072/90, entretanto, tornou maior a pena da figura simples, punindo-a com reclusão, de dez a quinze anos, pena esta que será duplicada quando resultar em morte. A Lei n. 8.930/94, por sua vez, **excluiu** esse crime do rol dos delitos hediondos, mas a alteração na pena continua em vigor.

1.15. DELAÇÃO EFICAZ

> **Art. 7.º** Ao art. 159 do Código Penal fica acrescido o seguinte parágrafo:
> § 4.º Se o crime é cometido em concurso, o concorrente que o denunciar à autoridade, facilitando a libertação do sequestrado, terá sua pena reduzida de um a dois terços.

Esse dispositivo, **introduzido no Código Penal** pela Lei dos Crimes Hediondos, descrevia, em sua redação originária, requisitos tão difíceis de serem atingidos que foi necessária uma alteração legislativa para adequá-lo à realidade. Essa adequação foi feita pela Lei n. 9.269/96.

Trata-se de causa obrigatória de **diminuição de pena**, que, para ser aplicada, exige que o crime de extorsão mediante sequestro tenha sido cometido por pelo menos **duas pessoas** e que qualquer delas (coautor ou partícipe) arrependa-se e **delate** as demais à **autoridade** (policiais, juízes, promotores), de tal forma que o sequestrado venha a ser **libertado**. Para a obtenção do benefício, o agente deve, por iniciativa própria ou quando questionado pela autoridade, prestar informações que **efetivamente** facilitem a localização e a libertação da vítima. Assim, se as informações prestadas em nada colaborarem para isso, a pena não sofrerá qualquer diminuição. Daí o nome "delação eficaz".

Os requisitos, portanto, são os seguintes:

a) **prática de extorsão mediante sequestro por duas ou mais pessoas**;
b) **delação feita por um dos concorrentes à autoridade**;
c) **eficácia da delação**.

Para decidir acerca do *quantum* da redução, o juiz deverá levar em conta a **maior** ou **menor** colaboração para a libertação da vítima. Quanto maior a **contribuição**, maior deverá ser a **redução**. Ex.: se o delator disser o local exato onde se encontra a vítima em cativeiro, e os policiais conseguirem de imediato ir até o local e a libertarem, o redutor será aplicado no patamar máximo.

Interessante notar que, se o crime for praticado por uma única pessoa e esta, por arrependimento ou por não ter conseguido receber o valor do resgate, soltar a vítima, não terá o benefício legal.

A Lei n. 9.807/99, que ficou conhecida por estabelecer normas de proteção a testemunhas e vítimas, em seu art. 13, previu a possibilidade de o juiz conceder **perdão judicial** ao delator nos crimes em geral. Esse dispositivo, entretanto, não revogou o art. 159, § 4.º, do Código Penal, uma vez que, não obstante preveja maior benefício ao delator, possui também requisitos maiores (primariedade, identificação dos comparsas, repercussão social do fato etc.). Assim, quando incabível a aplicação desse benefício, e normalmente o será, poderá ser reconhecido o instituto da delação eficaz criado pela Lei dos Crimes Hediondos.

1.16. ASSOCIAÇÃO CRIMINOSA QUALIFICADA

> Art. 8.º, *caput* — Será de três a seis anos de reclusão a pena prevista no art. 288 do Código Penal, quando se tratar de crimes hediondos, prática da tortura, tráfico ilícito de entorpecentes e drogas afins ou terrorismo.

O art. 288 do Código Penal, modificado pela Lei n. 12.850/2013, define o delito de **associação criminosa**, que consiste na união de **três ou mais pessoas com o fim de cometer reiteradamente crimes**. O art. 8.º da Lei n. 8.072/90 prevê o delito de associação criminosa qualificado pela especial finalidade de seus integrantes de cometerem os crimes previstos nessa lei. Assim, enquanto o crime comum possui pena de reclusão, de um a três anos, essa modalidade qualificada é punida com reclusão, de três a seis anos. Ex.: grupo de justiceiros visando a prática reiterada de crimes de homicídio qualificado. A pena da associação criminosa é autônoma em relação aos delitos efetivamente cometidos por seus integrantes. Assim, formado um grupo para a prática de homicídios qualificados, os seus integrantes responderão pelo crime de associação criminosa (com a pena do art. 8.º) e pelos homicídios efetivamente cometidos, em concurso material.

Entendemos que o parágrafo único do art. 288 do Código Penal, que determina aplicação da pena aumentada em até metade se a associação criminosa for **armada**, aplica-se também àquela formada para cometer crimes hediondos ou figuras equiparadas.

O art. 8.º, *caput*, da Lei n. 8.072/90 menciona também a associação formada para praticar **tráfico de entorpecentes**, porém a Lei n. 11.343/2006 (nova Lei de Drogas), que é posterior, contém crime específico para a hipótese, chamado "associação para o tráfico" (art. 35, *caput*), que pune com reclusão, de três a dez anos, a associação de **duas ou mais** pessoas para o fim de praticar, de forma reiterada ou não, o tráfico de drogas.

1.17. TRAIÇÃO BENÉFICA

> Art. 8.º, parágrafo único — O participante e o associado que denunciar à autoridade o bando ou quadrilha, possibilitando seu desmantelamento, terá a pena reduzida de um a dois terços.

Esse instituto foi chamado por Damásio de Jesus de "**traição benéfica**", pois resulta redução da pena como consequência da **delação de comparsas**. Veja-se que, nos termos da lei, só haverá a diminuição da pena se a delação implicar o **efetivo** desmantelamento da associação, ou seja, se as autoridades conseguirem impedir o prosseguimento das atividades do grupo.

A aplicação do instituto pressupõe os seguintes requisitos:

a) existência de uma associação criminosa;

b) delação da existência do grupo à autoridade por um de seus integrantes;

c) eficácia da delação, possibilitando o seu desmantelamento.

O *quantum* da redução, entre **um e dois terços**, deve guardar relação com a maior ou menor colaboração do agente. Quanto **maior** a colaboração, **maior** a redução. No caso de concurso **material** entre o crime de associação criminosa e outros delitos praticados por seus integrantes, a redução da pena atingirá apenas o **primeiro** (associação).

Apesar de o dispositivo mencionar expressamente o crime de "quadrilha ou bando" — denominação afastada pela Lei n. 12.850/2013 —, é viável sua aplicação ao crime de **associação criminosa**, uma vez que o dispositivo em questão é **norma benéfica** (que gera redução da pena).

1.18. CAUSAS DE AUMENTO DE PENA

> **Art. 9.º** As penas fixadas no art. 6.º para os crimes capitulados nos arts. 157, § 3.º, 158, § 2.º, 159, *caput* e seus §§ 1.º, 2.º e 3.º, 213, *caput*, e sua combinação com o art. 223, *caput* e parágrafo único, 214 e sua combinação com o art. 223, *caput* e parágrafo único, todos do Código Penal, são acrescidas de metade, respeitado o limite superior de trinta anos de reclusão, estando a vítima em qualquer das hipóteses referidas no art. 224 também do Código Penal.

Esse dispositivo prevê um aumento de metade da pena nos crimes hediondos de natureza patrimonial e sexual se a vítima não for maior de 14 anos, se for alienada ou débil mental e o agente souber disso ou se não puder, por qualquer causa, oferecer resistência. Ocorre que referido art. 9.º foi **tacitamente** revogado na medida em que a Lei n. **12.015/2009** expressamente **revogou** o art. 224 do Código Penal, que lhe dava **complemento**. Assim, nos crimes patrimoniais mencionados no dispositivo **não há mais causa de aumento de pena** e, nos crimes sexuais, a mesma Lei n. 12.015/2009 transformou as hipóteses em crime autônomo denominado **estupro de vulnerável**.

1.19. PRAZO EM DOBRO PARA O TRÁFICO DE ENTORPECENTES

> **Art. 10.** O art. 35 da Lei n. 6.368, de 21 de outubro de 1976, passar a vigorar acrescido de parágrafo único, com a seguinte redação:
> Art. 35. (...)
> Parágrafo único. Os prazos procedimentais deste capítulo serão contados em dobro quando se tratar dos crimes previstos nos arts. 12, 13 e 14.

Esse dispositivo contém regra determinando que, a partir de sua entrada em vigor, os prazos previstos na Lei n. 6.368/76 (antiga Lei Antitóxicos), para apuração do crime de tráfico de drogas e associação para o tráfico, passam a ser contados em dobro. Essa regra perdeu o sentido após a aprovação da Lei n. 11.343/2006 (Lei de Drogas), que estabeleceu novos prazos procedimentais para a apuração do tráfico de drogas.

1.20. PRIORIDADE DE TRAMITAÇÃO

De acordo com o art. 394-A do Código de Processo Penal, introduzido pela Lei n. 13.285/2016, os processos que apurem a prática de crime hediondo terão prioridade de tramitação em todas as instâncias.

1.21. PRINCIPAIS REGRAS DA LEI DOS CRIMES HEDIONDOS

ROL DOS CRIMES HEDIONDOS	a) homicídio quando praticado em atividade típica de grupo de extermínio, ainda que cometido por um só agente e homicídio qualificado; b) homicídio qualificado e feminicídio; c) lesão gravíssima ou seguida de morte contra policiais, integrantes das Forças Armadas, da Força Nacional de Segurança ou do sistema prisional (ou contra seus familiares); d) roubo circunstanciado pela restrição da liberdade e emprego de arma de fogo, e roubo qualificado pela lesão grave ou morte; e) extorsão circunstanciada pela restrição da liberdade, ocorrência de lesão corporal ou morte; f) extorsão mediante sequestro simples e em suas formas qualificadas; g) estupro simples e qualificado pela lesão grave ou morte; h) estupro de vulnerável em sua forma simples ou qualificada pela lesão grave ou morte; i) epidemia com resultado morte; j) falsificação, corrupção, adulteração ou alteração de produto destinado a fins terapêuticos ou medicinais; k) favorecimento da prostituição ou de outra forma de exploração sexual de criança ou adolescente ou de vulnerável; l) furto qualificado pelo emprego de explosivo ou de artefato análogo que cause perigo comum; m) induzimento, instigação ou auxílio a suicídio ou a automutilação realizados por meio da rede de computadores, de rede social ou transmitidos em tempo real; n) sequestro ou cárcere privada contra menores de idade; o) tráfico de pessoas contra menores de idade; p) genocídio; q) posse ou porte ilegal de arma de fogo de uso proibido; r) comércio ilegal de armas de fogo; s) tráfico internacional de arma de fogo; t) crime de organização criminosa quando direcionado à prática de crime hediondo ou equiparado; u) os crimes previstos no Código Penal Militar, que apresentem identidade com os crimes previstos hediondos ou equiparados; v) os crimes do art. 240, § 1.º, e 241-B do ECA. Observação: as modalidades tentadas desses delitos também configuram crime hediondo.
FIGURAS EQUIPARADAS	■ Tráfico ilícito de drogas (exceto o tráfico privilegiado), terrorismo e tortura.
VEDAÇÕES	■ Os crimes hediondos e os equiparados são insuscetíveis de anistia, graça, indulto e fiança.
REGIME INICIAL	■ Nos termos do art. 2.º, § 1.º, da Lei n. 8.072/90, regime inicial deveria ser necessariamente o fechado. O Plenário do STF, todavia, declarou a inconstitucionalidade desse dispositivo. Assim, devem ser seguidas as regras comuns do Código Penal para a fixação do regime inicial.
PROGRESSÃO DE REGIME	■ Cumprimento de a) 40% da pena, se for condenado pela prática de crime hediondo ou equiparado, se for primário (art. 112, V, da LEP); b) 50% da pena, se for condenado pela prática de crime hediondo ou equiparado, com resultado morte, se for primário (art. 112, VI, "a", da LEP); c) 55% da pena, se o apenado for condenado pela prática de feminicídio, se for primário (art. 112, VI-A, da LEP); d) 60% da pena, se for reincidente na prática de crime hediondo ou equiparado (art. 112, VII, da LEP); d) 70% da pena, se for reincidente em crime hediondo ou equiparado com resultado morte (art. 112, VIII, da LEP).

LIVRAMENTO CONDICIONAL	▪ O livramento condicional só pode ser obtido pelo cumprimento de dois terços da pena e desde que o réu não seja reincidente específico em crime dessa natureza. É vedado o livramento condicional a pessoas condenadas por crime hediondo ou equiparado do qual tenha resultado morte.
PRISÃO TEMPORÁRIA	▪ O prazo de prisão temporária é de trinta dias, prorrogáveis por mais trinta em caso de extrema e comprovada necessidade.

1.22. QUESTÕES

QUESTÕES DE CONCURSOS
http://uqr.to/1y3en

2
DROGAS
LEI N. 11.343/2006

2.1. INTRODUÇÃO

A Lei n. **11.343**, sancionada em 23 de agosto de 2006, é a atual **Lei de Drogas**.

Referido diploma legal institui o Sistema Nacional de Políticas Públicas sobre Drogas — Sisnad; prescreve medidas para prevenção do uso indevido, atenção e reinserção de usuários e dependentes de drogas, e estabelece normas para a repressão à produção não autorizada e ao tráfico ilícito, além de definir os respectivos ilícitos penais e regulamentar o procedimento para a sua apuração. As Leis ns. **6.368/76** e **10.409/2002**, que tratavam do tema, foram expressamente revogadas.

No âmbito criminal, as principais inovações foram o tratamento diferenciado em relação ao usuário, a tipificação de crime específico para a cessão de pequena quantia de droga para consumo conjunto, o agravamento da pena do tráfico, a criação da figura do tráfico privilegiado, a tipificação do crime de financiamento ao tráfico, bem como a regulamentação de novo rito processual, temas que serão estudados a seguir.

2.2. DOS CRIMES E DAS PENAS

2.2.1. Porte e cultivo para consumo próprio

> **Art. 28.** Quem adquirir, guardar, tiver em depósito, transportar ou trouxer consigo, para consumo pessoal, drogas sem autorização ou em desacordo com determinação legal ou regulamentar será submetido às seguintes penas:
> I — advertência sobre os efeitos das drogas;
> II — prestação de serviços à comunidade;
> III — medida educativa de comparecimento a programa ou curso educativo.
> § 1.º Às mesmas medidas submete-se quem, para seu consumo pessoal, semeia, cultiva ou colhe plantas destinadas à preparação de pequena quantidade de substância ou produto capaz de causar dependência física ou psíquica.

1. Objetividade jurídica

A saúde pública.

2. Natureza jurídica

A Lei, ao tratar do tema, classificou a conduta como **crime**. O próprio procedimento estabelecido, junto ao **Juizado Especial Criminal**, também leva a essa conclusão.

Além disso, ao tratar da **prescrição** dessa modalidade de infração penal, o art. 30 determina que se apliquem as regras do art. 107 do **Código Penal**, reforçando, portanto, a condição de crime.

Não é possível aceitar a tese de que o fato não é mais considerado infração penal, apenas porque a Lei **não** prevê pena **privativa de liberdade** em **abstrato**, com base no art. **1.º da Lei de Introdução ao Código Penal**, que estabelece que são considerados crimes os fatos ilícitos a que a lei comine pena de **reclusão** ou **detenção**. Com efeito, a finalidade desse dispositivo era apenas a de diferenciar **crimes** e **contravenções** por ocasião da entrada em vigor concomitante do Código Penal e da Lei das Contravenções Penais, em 1.º de janeiro de 1942.

A propósito do tema, decidiu o **Supremo Tribunal Federal** que o porte de drogas para consumo pessoal efetivamente constitui crime:

"I — Posse de droga para consumo pessoal: (art. 28 da L. 11.343/06 — nova lei de drogas): natureza jurídica de crime. 1. O art. 1.º da LICP — que se limita a estabelecer um critério que permite distinguir quando se está diante de um crime ou de uma contravenção — não obsta a que lei ordinária superveniente adote outros critérios gerais de distinção, ou estabeleça para determinado crime — como o fez o art. 28 da L. 11.343/06 — pena diversa da privação ou restrição da liberdade, a qual constitui somente uma das opções constitucionais passíveis de adoção pela lei incriminadora (CF/88, art. 5.º, XLVI e XLVII). 2. Não se pode, na interpretação da L. 11.343/06, partir de um pressuposto desapreço do legislador pelo "rigor técnico", que o teria levado inadvertidamente a incluir as infrações relativas ao usuário de drogas em um capítulo denominado "Dos Crimes e das Penas", só a ele referentes. (L. 11.343/06, Título III, Capítulo III, arts. 27/30). 3. Ao uso da expressão "reincidência", também não se pode emprestar um sentido "popular", especialmente porque, em linha de princípio, somente disposição expressa em contrário na L. 11.343/06 afastaria a regra geral do C. Penal (C. Penal, art. 12). 4. Soma-se a tudo a previsão, como regra geral, ao processo de infrações atribuídas ao usuário de drogas, do rito estabelecido para os crimes de menor potencial ofensivo, possibilitando até mesmo a proposta de aplicação imediata da pena de que trata o art. 76 da L. 9.099/95 (art. 48, §§ 1.º e 5.º), bem como a disciplina da prescrição segundo as regras do art. 107 e seguintes do C. Penal (L. 11.343, art. 30). 6. Ocorrência, pois, de "despenalização", entendida como exclusão, para o tipo, das penas privativas de liberdade. 7. Questão de ordem resolvida no sentido de que a L. 11.343/06 não implicou *abolitio criminis* (C. Penal, art. 107). II. Prescrição: consumação, à vista do art. 30 da L. 11.343/06, pelo decurso de mais de 2 anos dos fatos, sem qualquer causa interruptiva. III. Recurso extraordinário julgado prejudicado" (RE 430.105 QO, Rel. Min. Sepúlveda Pertence, 1.ª Turma, julgado em 13.2.2007, *DJe* 004 26.4.2007, public. 27.4.2007).

O Superior Tribunal de Justiça passou a entender que, embora o porte de droga para consumo pessoal constitua crime, a condenação por tal conduta não gera reincidência por parte de quem comete novo crime posteriormente. Alegam que o reconhecimento da reincidência ofenderia o princípio da proporcionalidade porque a condenação anterior por contravenção penal não gera reincidência, de modo que a condenação por crime para o qual não é prevista pena privativa de liberdade (art. 28) também não pode gerar:

"À luz do posicionamento firmado pelo Supremo Tribunal Federal na questão de ordem no RE n. 430.105/RJ, julgado em 13.2.2007, de que o porte de droga para consumo próprio, previsto no artigo 28 da Lei n. 11.343/2006, foi apenas despenalizado pela nova Lei de Drogas, mas não descriminalizado, esta Corte Superior vem decidindo que a condenação anterior pelo crime de porte de droga para uso próprio configura reincidência, o que impõe a aplicação da agravante genérica do artigo 61, inciso I, do Código Penal e o afastamento da aplicação da causa especial de diminuição de pena do parágrafo 4.º do artigo 33 da Lei n. 11.343/06. 2. Todavia, se a contravenção penal, punível com pena de prisão simples, não configura reincidência, resta inequivocamente desproporcional a consideração, para fins de reincidência, da posse de droga para consumo próprio, que conquanto seja crime, é punida apenas com "advertência sobre os efeitos das drogas", "prestação de serviços à comunidade" e "medida educativa de comparecimento a programa ou curso educativo", mormente se se considerar que em casos tais não há qualquer possibilidade de conversão em pena privativa de liberdade pelo descumprimento, como no caso das penas substitutivas. 3. Há de se considerar, ainda, que a própria constitucionalidade do artigo 28 da Lei de Drogas, que está cercado de acirrados debates acerca da legitimidade da tutela do direito penal em contraposição às garantias constitucionais da intimidade e da vida privada, está em discussão perante o Supremo Tribunal Federal, que admitiu Repercussão Geral no Recurso Extraordinário n. 635.659 para decidir sobre a tipicidade do porte de droga para consumo pessoal. 4. E, em face dos questionamentos acerca da proporcionalidade do direito penal para o controle do consumo de drogas em prejuízo de outras medidas de natureza extrapenal relacionadas às políticas de redução de danos, eventualmente até mais severas para a contenção do consumo do que aquelas previstas atualmente, o prévio apenamento por porte de droga para consumo próprio, nos termos do artigo 28 da Lei de Drogas, não deve constituir causa geradora de reincidência. 5. Recurso improvido" (REsp 1.672.654/SP, Rel. Min. Maria Thereza de Assis Moura, 6.ª Turma, julgado em 21.8.2018, *DJe* 30.8.2018); "O prévio apenamento do agente pela conduta de porte de drogas para consumo próprio (art. 28 da Lei de Drogas) não constitui causa geradora de reincidência. Precedentes. 2. Uma vez que a acusada registra, em sua folha de antecedentes penais, apenas uma condenação anterior relativa à prática da conduta descrita no art. 28 da Lei de Drogas, deve ser afastada a agravante da reincidência" (AgRg no REsp 1.832.209/SP, Rel. Min. Rogerio Schietti Cruz, 6.ª Turma, julgado em 30.6.2020, *DJe* 4.8.2020); "É desproporcional o reconhecimento da agravante da reincidência decorrente de condenação anterior pelo delito do art. 28 da Lei 11.343/2006, uma vez que a infringência da referida norma legal não acarreta a aplicação de pena privativa de liberdade e sua constitucionalidade está sendo debatida no STF. 4. Com maior razão, por ser o antecedente um instituto penal subsidiário ao da agravante da reincidência, é incabível, também, a utilização de condenação anterior pelo delito de posse de drogas a título de maus antecedentes, para aumentar a pena-base. Precedentes" (HC 550.775/SP, Rel. Min. Ribeiro Dantas, 5.ª Turma, julgado em 6.2.2020, *DJe* 12.2.2020).

3. Condutas típicas

São incriminadas cinco condutas:

a) *adquirir*: obter a propriedade, a título oneroso ou gratuito. O mais comum, entretanto, é a compra;

b) *trazer consigo*: é sinônimo de portar, conduzir pessoalmente a droga;

c) *guardar* e *ter em depósito*: é manter a droga em algum local;

d) *transportar*: conduzir de um local para outro em algum meio de transporte.

Trata-se de crime de **ação múltipla** em que a realização **de mais de uma conduta** em relação à **mesma droga** constitui crime único. Ex.: agente que compra e depois traz consigo o entorpecente.

O legislador **não** tipificou o uso **pretérito** da droga. Assim, caso um exame de sangue ou de urina constate que alguém usou droga, ou, ainda, se ele confessar ter feito uso de entorpecente em determinada oportunidade, não responderá pelo delito. A hipótese de o exame de urina constatar o uso anterior de droga é bastante comum no caso de exame *antidoping* de atletas, sendo sempre atípico o fato (sem prejuízo de eventuais punições no âmbito desportivo). Percebe-se, portanto, que a lei pune apenas o **perigo** social representado pela detenção atual da substância, que deixa de existir quando ela já foi consumida.

Se alguém for preso fumando uma pedra de *crack*, responderá pelo crime apenas se a droga for apreendida e a perícia constatar a existência do **princípio ativo** da droga. Se a pedra de *crack* já havia sido consumida por completo e não se constatar a existência do princípio ativo, o fato será atípico.

4. Elemento subjetivo do tipo

O art. 28 exige que a droga seja **exclusivamente** para **uso** do agente (consumo próprio). O art. 33, *caput*, também descreve as condutas adquirir, guardar, ter em depósito, transportar e trazer consigo, diferenciando-se do art. 28, porque naquele a intenção do agente é a **entrega da droga ao consumo de outrem** (tráfico), enquanto neste, é o consumo pelo próprio agente.

De acordo com o art. 28, § 2.º, para determinar se a droga destinava-se a consumo pessoal ou ao tráfico, o juiz atenderá à **natureza e à quantidade da substância apreendida, ao local e às condições em que se desenvolveu a ação, às circunstâncias sociais e pessoais, bem como à conduta e aos antecedentes do agente**. Se o juiz, ainda assim, ficar na dúvida a respeito da intenção, deve condenar o réu pelo crime menos grave, ou seja, pelo porte para consumo pessoal — princípio do *in dubio pro reo*.

De acordo com a jurisprudência, o sujeito que tem a droga para uso próprio, mas que acaba vendendo parte dela, responde apenas pelo crime de tráfico (o porte fica absorvido). Igualmente, o traficante que faz uso de pequena parte do entorpecente que tem em seu poder só responde pelo tráfico.

5. Objeto material

Como nos demais crimes da Lei, o objeto material é a substância entorpecente ou que determine dependência física ou psíquica, que a atual lei chama, singelamente, de **droga**. É necessário que exista capitulação (em lei ou normas infralegais) do **princípio ativo** componente da droga e que sua existência seja constatada por **exame químico-toxicológico**.

6. Elemento normativo do tipo

Encontra-se na expressão "**sem autorização ou em desacordo com determinação legal ou regulamentar**". Para mais detalhes, *v.* tópico respectivo no crime de tráfico (art. 33, *caput*).

7. Crime de perigo abstrato

O art. 28 da Lei de Drogas descreve crime de perigo **presumido**, abstrato, pois pune o **risco à saúde pública**, representado por quem detém o entorpecente. Por essa razão, não importa que a **quantia** de droga portada seja pequena. Sendo constatada a **existência do princípio ativo**, haverá crime. Nesse sentido:

> "Em razão da política criminal adotada pela Lei n. 11.343/2006, há de se reconhecer a tipicidade material do porte de substância entorpecente para consumo próprio, ainda que pequena a quantidade de drogas apreendidas, como na espécie. 2. Conforme jurisprudência pacífica desta Corte Superior de Justiça, não se aplica o princípio da insignificância ao delito descrito no art. 28 da Lei n. 11.343/2006, em razão de se tratar de crime de perigo abstrato, contra a saúde pública, sendo, pois, irrelevante, para esse fim, a pequena quantidade de substância apreendida. Precedentes 3. Agravo regimental não provido" (STJ — AgRg no RHC 147.158/SP, Rel. Min. Rogerio Schietti Cruz, 6.ª Turma, julgado em 25.5.2021, *DJe* 1.6.2021); "Não merece prosperar a tese sustentada pela defesa no sentido de que a pequena quantidade de entorpecente apreendida com o agravante ensejaria a atipicidade da conduta ao afastar a ofensa à coletividade, primeiro porque o delito previsto no art. 28 da Lei n. 11.343/2006 é crime de perigo abstrato e, além disso, o reduzido volume da droga é da própria natureza do crime de porte de entorpecentes para uso próprio. 2. Ainda no âmbito da ínfima quantidade de substâncias estupefacientes, a jurisprudência desta Corte de Justiça firmou entendimento no sentido de ser inviável o reconhecimento da atipicidade material da conduta também pela aplicação do princípio da insignificância no contexto dos crimes de entorpecentes" (STJ — AgRg no AREsp 1.093.488/RS, Rel. Min. Jorge Mussi, 5.ª Turma, julgado em 12.12.2017, *DJe* 18.12.2017).

Existem, ainda, aqueles que sustentam que a incriminação ao mero porte de entorpecente para uso próprio seria **inconstitucional**, por ser vedado ao Estado interferir na liberdade de as pessoas fazerem o que quiserem com a própria saúde. Para justificar tal interpretação, utilizam-se, inclusive, de direito comparado. Deve-se lembrar, porém, que o porte de entorpecente representa um perigo para toda a coletividade, e não apenas para aqueles que portam e fazem uso da droga. A pessoa dependente, além de danos à própria saúde, pode ficar violenta, causar vários tipos de acidentes e, até mesmo, em face da necessidade de sustentar seu vício, cometer crimes contra o patrimônio ou de outra natureza. Por essas razões, entendemos não haver qualquer inconstitucionalidade no dispositivo. Saliente-se, todavia, que no julgamento do Recurso Extraordinário 635.659, o Plenário do Supremo Tribunal Federal reconheceu a inconstitucionalidade da criminalização do porte para consumo pessoal de **maconha**, por ofensa aos princípios da intimidade e da vida privada (art. 5.º, X, da Constituição Federal). O porte de maconha para consumo pessoal passou a ser considerado mera infração administrativa – ver comentários detalhados abaixo.

8. Sujeito ativo

Pode ser qualquer pessoa. Trata-se de crime **comum**. Abrange o usuário eventual e o dependente.

A **coautoria** é possível e ocorre, por exemplo, quando duas ou mais pessoas compram determinada quantia de droga para uso conjunto. Veja-se, contudo, que não há coautoria quando existem duas pessoas no interior de um automóvel e os policiais encontram o entorpecente em poder de apenas uma delas, não se conseguindo provar que a outra tinha alguma relação com a droga.

É também muito comum que policiais encontrem uma porção de cocaína sob o banco de um carro em que estavam várias pessoas. Nesse caso, se não ficar provado quem era o responsável, nenhum deles poderá ser acusado pelo crime ou condenado.

9. Sujeito passivo

A coletividade.

10. Consumação

A **modalidade** adquirir é **instantânea** e consuma-se quando há o **acordo de vontades** entre o vendedor e o comprador. As modalidades **trazer consigo, guardar, ter em depósito** e **transportar** constituem crimes **permanentes** e consumam-se no momento em que o agente obtém a posse da droga, protraindo-se no tempo enquanto ele a mantiver.

11. Tentativa

Nas modalidades **permanentes**, ela é **inadmissível**.

Em relação ao verbo "adquirir", existem várias interpretações. Para uns, se a pessoa procura o traficante, compra a droga, mas é presa nesse momento, antes de recebê-la, responde por tentativa. Para outros, o fato é atípico, pois seria pressuposto do delito o recebimento da droga. Não podemos, contudo, concordar com esses entendimentos. Com efeito, parece-nos que a interpretação correta é a seguinte: nos termos da lei civil (art. 482 do Código Civil), a compra e venda aperfeiçoa-se com o simples acordo de vontades entre vendedor e comprador, já que se trata de contrato consensual. Assim, se o comprador, por exemplo, entra em contato pela internet com o fornecedor, efetua o pagamento da droga e fica de recebê-la pelo correio, mas a droga acaba sendo apreendida antes de chegar ao destino, o crime já está consumado, pois ele já tinha adquirido a substância (o efetivo recebimento, portanto, não é requisito para a tipificação ou para a consumação do ilícito penal). Porém, se alguém procura um conhecido traficante e lhe diz que quer comprar determinada quantia de entorpecente, mas não chegam a um acordo em relação ao preço, é inegável a ocorrência de tentativa (de aquisição).

Ademais, exigir que o agente efetivamente receba a droga para que a modalidade "adquirir" esteja consumada significa, em verdade, inviabilizar essa figura, pois, na prática, se o agente já recebeu o entorpecente, ele é acusado de "trazer consigo", "guardar" ou "ter em depósito" a substância, ou até mesmo por tráfico, caso a tenha repassado para terceiro.

12. Pena

A grande inovação da Lei n. 11.343/2006 foi deixar de prever pena **privativa de liberdade** para o crime de porte para consumo próprio, cujas penas passaram a ser de **advertência** sobre os efeitos da droga, **prestação de serviços** à comunidade e medida educativa de **comparecimento a programa** ou **curso educativo**. De acordo com o art.

27, essas penas podem ser aplicadas **isolada** ou **cumulativamente**, bem como **substituídas**, umas pelas outras, a qualquer tempo, ouvidos o Ministério Público e o defensor.

As penas de prestação de serviços e medida educativa de frequência a cursos serão aplicadas pelo prazo **máximo** de **cinco meses**, mas em caso de **reincidência** poderão ser aplicadas pelo prazo **máximo** de **dez meses** (art. 28, §§ 3.º e 4.º).

A prestação de serviços à comunidade será cumprida em programas comunitários, entidades educacionais ou assistenciais, hospitais, estabelecimentos congêneres, públicos ou privados sem fins lucrativos, que se ocupem, preferencialmente, da prevenção do consumo ou da recuperação de usuários e dependentes de drogas (art. 28, § 5.º).

Para a **garantia do cumprimento** dessas medidas educativas, a que **injustificadamente** se recuse o condenado a cumprir, poderá o juiz submetê-lo, sucessivamente, a: I — **admoestação verbal**; II — **multa**.

O juiz, atendendo à reprovabilidade da conduta, fixará o número de dias-multa, em quantidade nunca inferior a **quarenta** nem superior a **cem**, atribuindo depois a cada um, segundo a capacidade econômica do agente, o valor de um trinta avos até três vezes o valor do maior salário mínimo. Os valores decorrentes da imposição dessa multa serão creditados à conta do Fundo Nacional de Drogas (art. 29).

Segundo o art. 30 da Lei n. 11.343/2006, **prescrevem** em **dois anos** a imposição e a execução das penas previstas para esse crime, observado, no tocante à **interrupção** do prazo, o disposto nos arts. 107 e seguintes do Código Penal.

O art. 28, § 7.º, dispõe que o juiz determinará ao Poder Público que coloque à disposição do infrator, gratuitamente, estabelecimento de saúde, preferencialmente ambulatorial, para tratamento especializado em recuperação.

A 1.ª Turma do Supremo Tribunal Federal decidiu que não cabe *habeas corpus* para trancamento de ação penal que apura o crime de porte para consumo próprio, na medida em que não é apenado com pena privativa de liberdade (HC 127.834).

13. Figura equiparada

O art. 28, § 1.º, estabelece o mesmo tratamento penal a quem, para seu **consumo pessoal**, **semeia**, **cultiva** ou **colhe plantas** destinadas à preparação de **pequena** quantidade de substância ou produto capaz de causar dependência física ou psíquica. O dispositivo é aplicado, em geral, para pessoas que plantam algumas poucas mudas de papoula em sua própria residência para consumo pessoal. Note-se que, se a intenção do agente for a venda ou a entrega ao consumo de terceiro, a conduta será enquadrada no art. 33, § 1.º, II, que é equiparada ao tráfico.

O cultivo para uso pessoal, embora não previsto expressamente na Lei n. 6.368/76, já vinha obtendo da jurisprudência tratamento equiparado ao crime de porte para consumo próprio, por analogia *in bonam partem*.

14. Ação penal e procedimento

A ação é **pública incondicionada**.

O **procedimento** em relação a qualquer das condutas previstas no art. 28, **salvo se houver concurso com crime mais grave**, é aquele descrito nos arts. 60 e seguintes da Lei n. 9.099/95, sendo, assim, de competência do **Juizado Especial Criminal**. Dessa forma, a quem for flagrado na prática de infração penal dessa natureza não se imporá prisão em flagrante, devendo o autor do fato ser imediatamente encaminhado ao juizado competente, ou, na falta deste, assumir o compromisso de a ele comparecer, lavrando-se **termo circunstanciado** e providenciando a autoridade policial as requisições dos exames e perícias necessários. Concluída a lavratura do termo circunstanciado, o agente será submetido a exame de corpo de delito se o requerer, ou se a autoridade policial entender conveniente, e, em seguida, será liberado.

No Juizado Especial, será realizada a **audiência preliminar** para a propositura da **transação penal** — se o réu perfizer os requisitos do art. 76 da Lei n. 9.099/95.

Na transação penal, o Ministério Público poderá propor a aplicação imediata das penas previstas no art. 28, *caput*, da Lei (advertência, prestação de serviços ou frequência a curso educativo).

Se o infrator **aceitar** a proposta e for ela **homologada** pelo juiz, aguardar-se-á o cumprimento da medida pelo agente e, ao final, será declarada **extinta** a pena. O autor da infração penal, contudo, não perde sua primariedade.

Se **não** houver êxito na transação penal por ter o acusado **recusado** a proposta ou por **não ter comparecido** à audiência, ou, ainda, por estarem **ausentes** os **requisitos** legais, a **denúncia** será **oferecida** verbalmente na própria audiência, observando-se, em seguida, o rito **sumaríssimo** dos arts. 77 e seguintes da Lei n. 9.099/95.

15. Porte e cultivo de maconha para consumo pessoal

Não obstante a *cannabis sativa* (maconha) conste do rol de substâncias entorpecentes na Portaria n. 344 da Anvisa, o Plenário do Supremo Tribunal Federal, no julgamento do Recurso Extraordinário 635.659 (tema 506 em sede de repercussão geral), em 26 de junho de 2024, decidiu que é **atípico** o porte de tal droga, para **consumo pessoal**, na medida em que, em tal caso, a punição da conduta como crime fere o direito à privacidade e liberdade individual, consagrados no art. 5.º, X, da Constituição Federal.

Eis as teses aprovadas em referido julgamento:

> "1. Não comete infração penal quem adquirir, guardar, tiver em depósito, transportar ou trouxer consigo, para consumo pessoal, a substância *cannabis sativa*, sem prejuízo do reconhecimento da ilicitude extrapenal da conduta, com apreensão da droga e aplicação de sanções de advertência sobre os efeitos dela (art. 28, I) e medida educativa de comparecimento a programa ou curso educativo (art. 28, III).
> 2. As sanções estabelecidas nos incisos I e III do art. 28 da Lei 11.343/06 serão aplicadas pelo juiz em procedimento de natureza não penal, sem nenhuma repercussão criminal para a conduta.
> 3. Em se tratando da posse de *cannabis* para consumo pessoal, a autoridade policial apreenderá a substância e notificará o autor do fato para comparecer em Juízo, na forma do regulamento a ser aprovado pelo CNJ. Até que o CNJ delibere a respeito, a competência para julgar as condutas do art. 28 da Lei 11.343/06 será dos Juizados Especiais Criminais, segundo a sistemática atual, vedada a atribuição de quaisquer efeitos penais para a sentença.
> 4. Nos termos do § 2.º do artigo 28 da Lei 11.343/06, será presumido usuário quem, para consumo próprio, adquirir, guardar, tiver em depósito, transportar ou trouxer consigo, até 40 gramas de *cannabis sativa* ou seis plantas-fêmeas, até que o Congresso Nacional venha a legislar a respeito.

5. A presunção do item anterior é relativa, não estando a autoridade policial e seus agentes impedidos de realizar a prisão em flagrante por tráfico de drogas, mesmo para quantidades inferiores ao limite acima estabelecido, quando presentes elementos que indiquem intuito de mercancia, como a forma de acondicionamento da droga, as circunstâncias da apreensão, a variedade de substâncias apreendidas, a apreensão simultânea de instrumentos como balança, registros de operações comerciais e aparelho celular contendo contatos de usuários ou traficantes.
6. Nesses casos, caberá ao Delegado de Polícia consignar, no auto de prisão em flagrante, justificativa minudente para afastamento da presunção do porte para uso pessoal, sendo vedada a alusão a critérios subjetivos arbitrários.
7. Na hipótese de prisão por quantidades inferiores à fixada no item 4, deverá o juiz, na audiência de custódia, avaliar as razões invocadas para o afastamento da presunção de porte para uso próprio.
8. A apreensão de quantidades superiores aos limites ora fixados não impede o juiz de concluir que a conduta é atípica, apontando nos autos prova suficiente da condição de usuário".

Podemos extrair algumas conclusões importantes dessa decisão:

a) o porte de maconha para consumo pessoal continua proibido, mas não constitui crime.

b) se alguém for flagrado com maconha para uso pessoal, a droga será apreendida.

c) poderão ser aplicadas as medidas de advertência e comparecimento a curso ou programa educativo — previstos no art. 28 da Lei Antidrogas —, como sanções administrativas, sem reflexos penais. A conduta não poderá constar da ficha de antecedentes criminais.

d) o procedimento para a aplicação da sanção administrativa será em juízo até que venha a ser regulamentado pelo Conselho Nacional de Justiça (CNJ).

e) em se tratando de porte de maconha para consumo pessoal é vedada a aplicação de sanção de prestação de serviços à comunidade.

f) a decisão do Plenário da Corte Suprema retroage para beneficiar pessoas que tenham sido condenadas pelo porte de maconha para consumo pessoal como crime.

f) a posse ou o porte de maconha destinados à entrega ao consumo de terceiros configura o crime de tráfico de drogas do art. 33 da Lei Antidrogas.

g) presume-se que o porte é para consumo pessoal quando a quantidade é de até 40 gramas de maconha ou de até 6 plantas-fêmeas —, salvo se o Congresso Nacional vier a legislar especificamente sobre o tema de forma diversa. Tal presunção, contudo, é relativa, ou seja, ainda que a pessoa seja flagrada com quantidade inferior de maconha poderá responder por crime de tráfico de drogas se houver prova concreta da destinação ao consumo de terceiros, como, por exemplo, ter sido o sujeito flagrado vendendo a maconha, estar em posse de anotações com registro de venda de maconha, acondicionamento da droga em inúmeras porções individuais (típica de tráfico) etc.

2.2.1.1. Principais aspectos do crime de porte de droga para consumo próprio

OBJETIVIDADE JURÍDICA	▪ A saúde pública.

TIPO OBJETIVO	a) Condutas típicas: adquirir, guardar, ter em depósito, transportar ou trazer consigo. O uso pretérito constatado em exame de sangue ou urina não constitui crime. b) Objeto material: droga. Trata-se de norma penal em branco, que depende da menção ao princípio ativo em leis ou normas infralegais. De acordo com o Plenário do STF, o porte de maconha para consumo pessoal constitui apenas infração administrativa. c) Elemento normativo: que a conduta seja realizada sem autorização ou em desacordo com determinação legal ou regulamentar.
ELEMENTO SUBJETIVO	▪ Intenção de consumo pessoal da droga.
SUJEITO ATIVO	▪ Pode ser qualquer pessoa. Trata-se de crime comum.
SUJEITO PASSIVO	▪ A coletividade.
CONSUMAÇÃO	▪ No instante em que o agente realiza a conduta típica. Algumas são permanentes, como ter em depósito ou transportar.
TENTATIVA	▪ Possível na tentativa de aquisição.
FIGURA EQUIPARADA	▪ Semear, cultivar ou colher plantas destinadas à preparação de pequena quantidade de droga para consumo pessoal.
PENAS	▪ Advertência sobre os efeitos das drogas, prestação de serviços à comunidade ou comparecimento a programa ou curso educativo. O prazo máximo nas duas últimas hipóteses é de cinco meses ou, se o réu for reincidente, de dez meses. Para garantia do cumprimento das medidas, o juiz poderá admoestar verbalmente o acusado ou aplicar-lhe pena de multa. ▪ A prescrição se dá em dois anos.
AÇÃO PENAL	▪ É pública incondicionada, de competência do Juizado Especial Criminal.

2.2.2. Tráfico ilícito de drogas

> **Art. 33**, *caput* — Importar, exportar, remeter, preparar, produzir, fabricar, adquirir, vender, expor à venda, oferecer, ter em depósito, transportar, trazer consigo, guardar, prescrever, ministrar, entregar a consumo ou fornecer drogas, ainda que gratuitamente, sem autorização ou em desacordo com determinação legal ou regulamentar:
> Pena — reclusão de cinco a quinze anos e pagamento de quinhentos a mil e quinhentos dias-multa.

1. Introdução

O crime de **tráfico ilícito de drogas**, previsto na atual Lei de Drogas, é praticamente idêntico ao antigo crime de mesmo nome previsto no art. 12, *caput*, da Lei n. 6.368/76. As diferenças existentes serão analisadas nos próximos tópicos.

2. Objetividade jurídica

A **saúde pública**, colocada em risco pela disseminação de substâncias que provocam dependência e expõem a perigo a saúde física e mental dos usuários.

3. Sujeito ativo

Pode ser qualquer pessoa. Trata-se de crime **comum**. A **coautoria** e a **participação** são possíveis em todas as condutas descritas no tipo penal.

Se o agente comete o crime prevalecendo-se de **função pública** ou no desempenho de função de **educação, poder familiar, guarda** ou **vigilância**, a pena será aumentada de **um sexto** a **dois terços** (art. 40, II), devido à maior gravidade da conduta.

4. Sujeito passivo

A coletividade.

5. Condutas típicas

A lei contém, ao todo, **dezoito** condutas típicas:

Importar consiste em fazer **entrar** o entorpecente no País, por via aérea, marítima ou por terra. O crime pode ser praticado até pelo correio. O delito **consuma-se** no momento em que a droga **entra** no território nacional. Pelo princípio da **especialidade**, aplica-se a Lei de Drogas, e não o art. 334 do Código Penal (contrabando ou descaminho), delito que, dessa forma, só pune a importação de outros produtos proibidos.

Exportar é **enviar** o entorpecente para **outro país** por qualquer dos meios mencionados.

Remeter é deslocar a droga de um local para outro do território nacional.

Preparar consiste em **combinar substâncias** não entorpecentes, formando uma tóxica pronta para o uso.

Produzir é criar. É a preparação com **capacidade criativa**, ou seja, que não consista apenas em misturar outras substâncias.

Fabricação é a **produção** por meio **industrial**.

Adquirir é **comprar**, obter a propriedade, a título **oneroso** ou **gratuito**. Só configura o crime de tráfico se a pessoa adquire com intenção de, posteriormente, entregar a consumo de outrem. Quem compra droga para uso próprio incide na conduta prevista no art. 28 — porte de droga para consumo próprio, que possui pena muito mais branda.

Vender é **alienar** mediante **contraprestação** em dinheiro ou outro valor econômico.

Expor à venda consiste em **exibir** a mercadoria aos **interessados** na aquisição.

Oferecer significa abordar eventuais compradores e fazê-los saber que possui a droga para venda.

O significado das condutas "**guardar**" e "**ter em depósito**" é objeto de **controvérsia** na doutrina. Com efeito, Nélson Hungria[1] entende que "ter em depósito" é **reter** a droga que **lhe pertence**, enquanto "**guardar**" é reter a droga pertencente a **terceiro**. É esse também o entendimento de Fernando Capez[2]. Para Vicente Greco Filho[3], ambas as condutas implicam retenção da substância entorpecente, mas a figura "**ter em depósito**" sugere **provisoriedade** e possibilidade de **deslocamento rápido** da droga de um local para outro, enquanto "**guardar**" tem um sentido, pura e simplesmente, de ocultação.

Transportar significa **conduzir** de um local para outro em um **meio de transporte** e, assim, difere da conduta "**remeter**" porque, nesta, não há utilização de meio de transporte viário. Enviar droga por correio, portanto, constitui "remessa", exceto se for entre dois países, quando consistirá em "importação" ou "exportação". Por sua vez, o

---

[1] HUNGRIA, Nélson. *Comentários ao Código Penal.* 2. ed. Rio de Janeiro: Forense, 1959. v. IX, p. 138.
[2] CAPEZ, Fernando. *Curso de direito penal. Legislação penal especial.* 8. ed. São Paulo: Saraiva, 2013. v. 4, p. 704-705.
[3] GRECO FILHO, Vicente. *Tóxicos.* 11. ed. São Paulo: Saraiva, 1996. p. 84-85.

motorista de um caminhão que leva a droga de Campo Grande para São Paulo está "transportando" a mercadoria entorpecente.

Trazer consigo é **conduzir pessoalmente** a droga. É, provavelmente, a conduta mais comum, porque se configura quando o agente, por exemplo, traz o entorpecente em seu bolso ou bolsa.

Prescrever, evidentemente, é sinônimo de **receitar**. Por essa razão, a doutrina costuma mencionar que se trata de crime **próprio**, pois só médicos e dentistas podem receitar medicamentos. Lembre-se de que há substâncias entorpecentes que podem ser vendidas em farmácias, desde que haja prescrição médica. Porém, se o médico, **intencionalmente**, prescreve o entorpecente, apenas para facilitar o acesso à droga, responde por tráfico. O crime consuma-se no momento em que a receita é **entregue** ao destinatário. O Superior Tribunal de Justiça, todavia, entende que o crime também pode ser cometido por quem não é médico ao firmar entendimento de que "quando o agente no exercício irregular da medicina prescreve substância caracterizada como droga, resta configurado, em tese, o delito do art. 282 do Código Penal — CP, em concurso formal com o do art. 33, *caput*, da Lei n. 11. 343/2006" (*Jurisprudência em teses*, edição n. 126 — maio de 2019). Nesse sentido: HC 139667/RJ, Rel. Min. Felix Fischer, 5.ª Turma, julgado em 17.12.2009, *DJe* 1.2.2010; HC 9126/GO, Rel. Min. Hamilton Carvalhido, 6.ª Turma, julgado em 5.12.2000, *DJ* 13.8.2001, p. 265.

Se alguém, que não é médico ou dentista, falsifica uma receita e consegue comprar a droga, responde por tráfico na modalidade "adquirir" com intuito de venda posterior.

A prescrição **culposa** de entorpecente (em dose maior que a necessária ou em hipótese em que não é recomendável o seu emprego) caracteriza crime específico, previsto no **art. 38 da Lei de Drogas**.

Ministrar é **aplicar**, inocular, introduzir a substância entorpecente no organismo da vítima — quer via oral, quer injetável. Exemplo: um farmacêutico injeta drogas em determinada pessoa sem existir prescrição médica para tanto.

Fornecer é sinônimo de **proporcionar**. O fornecimento pressupõe intenção de entrega **continuada** do tóxico ao comprador e, por tal razão, difere das condutas "vender" ou simplesmente "entregar". O fornecimento e a entrega, **ainda que gratuitos**, tipificam o crime.

6. Crime de ação múltipla

Nota-se facilmente que o crime do art. 33, *caput*, da Lei n. 11.343/2006 é de **ação múltipla**, isto é, possui **várias** condutas típicas separadas pela conjunção alternativa "ou". Em razão disso, a **pluralidade** de condutas envolvendo o **mesmo objeto material** constitui **crime único**. Exemplo: adquirir, transportar, guardar e depois vender a mesma substância entorpecente. Nesse caso, há um só crime, porque as diversas condutas são fases sucessivas de um mesmo ilícito. Os crimes de ação múltipla são também chamados de crimes de **conteúdo variado** ou de **tipo misto alternativo**. A prática de qualquer das condutas descritas no art. 33, *caput*, é suficiente para a caracterização do crime de tráfico ilícito de drogas, sendo desnecessária a realização de atos de venda do entorpecente. Não haverá, por sua vez, delito único quando as condutas se referirem a **cargas diversas** de entorpecente sem qualquer ligação fática. Assim, se uma pessoa compra um quilo de maconha e depois o vende, e, na semana seguinte, compra mais dois quilos e vende, responde por dois delitos em continuação delitiva, já que as formas de execução foram as mesmas (a compra e a venda). Se o agente, contudo, importa cinquenta quilos de maconha e produz 10 quilos de *crack*, responderá pelos delitos na forma do concurso **material**, uma vez que as condutas são diversas (importar e produzir) e o objeto material também.

7. Elemento subjetivo

Todas as figuras relacionadas ao tráfico de entorpecentes são **dolosas**. Pressupõem, também, prova de que a intenção do agente é a entrega da droga a outrem, a título gratuito ou oneroso. Essa prova pode ser feita pela quantidade do entorpecente, pela forma de acondicionamento (em várias porções individuais prontas para a entrega ao consumo alheio), pela variedade da droga (o mero usuário não traz consigo diversos tipos de drogas), pelo comportamento do acusado (parado em via pública, aguardando compradores), por interceptações telefônicas, pela apreensão de listas de clientes, por confissão etc. É evidente que, quando o sujeito é flagrado durante a própria venda, a questão é muito mais facilmente solucionada no âmbito probatório.

Existe o crime, quer o traficante venda a droga para outro traficante, quer para o usuário.

8. Objeto material (norma penal em branco)

A atual Lei de Drogas alterou a denominação do objeto material do crime. Na redação antiga do art. 12 da Lei n. 6.368/76, era utilizada a expressão *"substância entorpecente ou que determine dependência física ou psíquica"*. Na atual redação, o objeto material recebeu a singela denominação de *"***droga***"*, e o art. 1.º, parágrafo único, da Lei n. 11.343/2006, por sua vez, estabeleceu que são assim consideradas as **substâncias ou os produtos capazes de causar dependência, especificados em lei ou relacionados em listas atualizadas periodicamente pelo Poder Executivo da União**, mais especificamente pelo Ministério da Saúde.

Percebe-se, portanto, que se trata de **norma penal em branco** que precisa ser complementada por outra, a fim de ser possível a completa tipificação do ilícito penal. O art. 1.º, parágrafo único, permite que o complemento ocorra por norma de **igual** nível (lei) ou de nível **inferior** (decretos, portarias etc.). Na prática, entretanto, o complemento tem sido feito quase sempre por meio de decretos e portarias, porque, desse modo, facilitam-se as **revisões**, para excluir e, principalmente, incluir novas substâncias entorpecentes, exatamente como preconiza o art. 1.º, parágrafo único, já que o surgimento de novas drogas é muito comum e a punição dos traficantes depende da **prévia** menção na norma complementar.

As portarias e decretos que completam o tipo penal não precisam fazer menção ao nome comercial ou popular (maconha, lança-perfume, *ecstasy*), bastando que contenham o nome do princípio ativo, que é o componente tóxico que causa a dependência (tetrahidrocanabinol, cloreto de etila, Metilenodioxidometanfetamina).

A relação de substâncias entorpecentes que se encontrava em aplicação no momento da aprovação da atual Lei de Drogas era a Portaria n. 344/98, da Anvisa (Agência Nacional de Vigilância Sanitária, que integra o Ministério da Saúde). A fim de **confirmar seu teor**, a nova Lei, em seu art. 66, estabeleceu que, "para fins do disposto no parágrafo único do art. 1.º desta Lei, até que seja atualizada a terminologia da lista mencionada no preceito, denominam-se drogas as substâncias entorpecentes, psicotrópicas, precursoras e outras sob controle especial, da Portaria SVS n. 344, de 12 de maio de 1998", ou seja, **referida portaria ganhou força de lei**. Na prática, as drogas mais comumente apreendidas são a maconha, a cocaína (em pó ou em pedra — conhecida como *crack*), o lança-perfume, o *ecstasy*, a heroína, o LSD, o ópio, dentre outras.

Para que uma substância seja considerada droga e inserida na norma complementar, basta que provoque dependência física **ou** psíquica.

Dependência **física** é um estado fisiológico alterado, com uma adaptação do organismo à presença continuada da droga, de tal forma que sua retirada desencadeia distúrbios fisiológicos, com sentido geralmente oposto ao dos efeitos farmacológicos da droga. É a chamada **síndrome de abstinência**, que se verifica quando ocorrem alterações orgânicas geradas pela supressão mais ou menos súbita do uso da droga e que se caracteriza pelo aparecimento de sinais e sintomas algumas horas após o término dos efeitos da última dose. Conforme já mencionado, tem sempre forma de sofrimento, com sensações, em geral, opostas àquelas conferidas pela droga. Dependência **psíquica**, por sua vez, é manifestada por alguns indivíduos pela "ânsia" ou desejo intenso de usar a droga, cujo uso periódico tem por objetivo obter prazer, aliviar a tensão ou evitar um desconforto emocional. A maconha costuma ser usada como exemplo de substância que, apesar de causar apenas dependência psíquica, é considerada entorpecente.

Tendo em vista que, para constituir crime, existe a necessidade de o material encontrado com o agente possuir o **princípio ativo**, exige a lei, para a comprovação da **materialidade** do delito, a realização de um exame **químico-toxicológico** com tal finalidade. Assim, se for apreendido pela polícia um pó branco que fora vendido como cocaína, mas o exame resultar negativo, o fato será considerado atípico. Em sendo positivo o exame estará demonstrada a materialidade da infração penal, sendo desnecessária a aferição do grau de pureza da substância apreendida. Por isso, se traficantes misturarem farinha à cocaína que têm em seu poder, responderão pela infração penal. Nesse sentido: STJ — RHC 57526/SP, Rel. Min. Gurgel de Faria, 5.ª Turma, julgado em 25.8.2015, *DJe* 11.9.2015; STJ — RHC 57579/SP, Rel. Min. Leopoldo de Arruda Raposo (Desembargador Convocado do TJ/PE), 5.ª Turma, julgado em 18.8.2015, *DJe* 1.9.2015.

As Cortes Superiores entendem inaplicável o princípio da insignificância ao crime de tráfico de drogas, ou seja, o delito se aperfeiçoa qualquer que seja a quantidade de entorpecente, ainda que ínfima, desde que confirmada a presença do princípio ativo:

> "Não há falar-se em incidência do princípio da insignificância na espécie, porquanto inaplicável, nos termos da jurisprudência, ao delito de tráfico ilícito de drogas, na medida em que se trata de crime de perigo abstrato, sendo irrelevante a quantidade de droga apreendida em poder do agente" (STJ — AgRg no HC 645.726/SP, Rel. Min. Olindo Menezes (Desembargador convocado do TRF 1.ª Região), 6.ª Turma, julgado em 8.6.2021, *DJe* 14.6.2021); "1. Prevalece no Superior Tribunal de Justiça o entendimento segundo o qual não se aplica o princípio da insignificância aos delitos de tráfico de drogas, por se tratar de crime de perigo abstrato ou presumido, sendo irrelevante para esse específico fim a quantidade de droga apreendida" (STJ — AgRg no RHC n. 166.682/RS, Rel. Min. Jorge Mussi, 5.ª Turma, julgado em 25.10.2022, *DJe* de 28.10.2022).

9. Elemento normativo do tipo

Está contido na expressão "**sem autorização ou em desacordo com determinação legal ou regulamentar**".

Em geral, as pessoas **não** possuem **autorização** para comprar, transportar, guardar, trazer consigo ou realizar qualquer outra conduta envolvendo substância entorpecente ou matéria-prima destinada à sua produção. Para essas pessoas, portanto, o crime estará sempre tipificado. Há, entretanto, vários indivíduos que, em razão de sua profissão ou por outro motivo relevante, possuem licença das autoridades competentes para manuseio, posse, compra e até importação de entorpecentes. Tais pessoas, evidentemente, **não** cometem crime se agirem **dentro dos limites dessa licença** (art. 31). Essas licenças ou autorizações podem decorrer de leis ou normas inferiores (na prática, são as próprias portarias e resoluções da Anvisa que regulamentam o tema). Dessa forma, a pessoa que possui a autorização deve exercê-la dentro dos limites impostos. Se não os respeita, comete o delito. Ex.: uma pessoa é autorizada a ter a posse de droga para fim terapêutico (farmacêutico, por exemplo), mas, indevida e abusivamente, passa a fornecê-la sem receita médica ou a ministrá-la em quantia superior àquela receitada.

Trata-se de **elemento normativo** porque pressupõe um **juízo de valor** por parte do juiz, em cada caso concreto, no sentido de verificar se há ou não autorização, se ela é ou não válida, e se o agente observou ou não os seus limites.

10. Consumação

No momento em que o agente realiza a conduta típica. Algumas constituem crimes **instantâneos**, como, por exemplo, vender, adquirir, oferecer etc. Há também aquelas que constituem delitos **permanentes**, como os verbos transportar, trazer consigo, guardar, ter em depósito etc. Nestas, a consumação se alonga no tempo, ou seja, durante todo o período em que o agente estiver com a droga o crime estará em plena consumação, de forma que a **prisão em flagrante** será possível em qualquer momento.

É possível, inclusive, a prisão em flagrante do responsável pela droga quando ela for encontrada em sua casa, mas ele estiver em outro local, já que as condutas "**guardar**" e "**ter em depósito**" constituem crime **permanente**.

Em relação ao verbo "adquirir", para fim de tráfico, deve-se salientar que a compra e venda aperfeiçoa-se com o simples acordo de vontades entre vendedor e comprador, já que se trata de contrato consensual. Assim, se um traficante, por exemplo, entra em contato pela internet com o fornecedor (outro traficante), efetua o pagamento da droga e fica de recebê-la pelo correio, mas a droga acaba sendo apreendida antes de chegar ao destino, o tráfico já está consumado também para o comprador, pois ele já tinha adquirido a substância (o efetivo recebimento, portanto, não é requisito para a tipificação ou para a consumação do ilícito penal).

▣ Prova ilícita (violação de domicílio)

O Plenário do Supremo Tribunal Federal, ao julgar o **RE 603.616/RO**, entendeu ser válida a apreensão de drogas mantidas em depósito no interior de residência invadida por policiais, sem autorização judicial, por se tratar de crime permanente e **porque as circunstâncias do caso concreto permitiam aos agentes públicos concluírem, antes** do ingresso no imóvel, que a situação de flagrante estava ocorrendo (Rel. Min. Gilmar Mendes, julgado em 5.11.2015, *Informativo STF* n. 806). Em suma, a Corte Suprema passou a entender que não serão admitidas as provas obtidas por meio de entrada forçada em domicílio, sem autorização judicial, quando não houver **fundadas razões** (art. 240, § 1.º, do CPP), constatadas antes da realização da diligência e passíveis de demonstração *a posteriori*, para a realização da busca.

O Superior Tribunal de Justiça, em casos em que aplicou essa orientação firmada pela Suprema Corte, estabeleceu que a mera existência de **notícia anônima** da prática de tráfico em determinado local não se constitui em justa causa para ingresso sem mandado em domicílio (HC 499.163/SP, Rel. Min. Rogerio Schietti Cruz, 6.ª Turma, julgado em 9.6.2020, *DJe* 17.6.2020), nem mesmo se associada à fuga de suspeito ao avistar a polícia (AgRg no HC 585.150/SC, Rel. Min. Reynaldo Soares da Fonseca, 5.ª Turma, julgado em 4.8.2020, *DJe* 13.8.2020), revelando-se legítima a diligência, contudo, se a notícia apócrifa for confirmada por outros elementos preliminares obtidos em monitoramento ou campana (AgRg no HC 547.971/SP, Rel. Min. Nefi Cordeiro, 6.ª Turma, julgado em 5.5.2020, *DJe* 15.5.2020).

De forma mais detalhada, veja-se: "Esta Corte Superior entende serem exigíveis fundamentos razoáveis da existência de crime permanente para justificar o ingresso desautorizado na residência do agente. 3. Não tendo sido realizadas investigações prévias, nem indicados elementos concretos que confirmassem a suspeita levantada por telefonema anônimo, é ilícita a prova obtida com a invasão de domicílio. 4. *Habeas corpus* concedido, para o trancamento da ação penal" (STJ — HC 424.997/BA, Rel. Min. Nefi Cordeiro, 6.ª Turma, julgado em 2.10.2018, *DJe* 16.10.2018); "Não se admite que a autoridade policial, apenas com base em delação anônima e sem a produção de elementos capazes de evidenciar fundadas suspeitas da prática delitiva, viole o direito constitucional à inviolabilidade do domicílio, conduzindo à ilicitude da prova colhida, bem como dela derivada, nos termos do art. 157 do Código de Processo Penal. 4. *Habeas corpus* concedido para anular as provas obtidas mediante busca e apreensão domiciliar, bem como dela decorrentes, determinando o seu desentranhamento dos autos, tão somente em relação ao ora paciente" (STJ — HC 489.541/SP, Rel. Min. Nefi Cordeiro, 6.ª Turma, julgado em 21.5.2019, *DJe* 4.6.2019); "A existência de denúncia anônima de tráfico de drogas no local associada ao avistamento de um indivíduo correndo para o interior de sua residência não constituem fundamento suficiente para autorizar a conclusão de que, na residência em questão, estava sendo cometido algum tipo de delito, permanente ou não. Necessária a prévia realização de diligências policiais para verificar a veracidade das informações recebidas (ex.: 'campana que ateste movimentação atípica na residência'). Precedentes: RHC 89.853/SP, Rel. Min. Ribeiro Dantas, 5.ª Turma, julgado em 18.2.2020, *DJe* 2.3.2020; RHC 83.501/SP, Rel. Min. Nefi Cordeiro, 6.ª Turma, julgado em 6.3.2018, *DJe* 5.4.2018; REsp 1.593.028/RJ, Rel. Min. Rogerio Schietti Cruz, 6.ª Turma, julgado em 10.3.2020, *DJe* 17.3.2020" (STJ — HC 625.504/SP, Rel. Min. Reynaldo Soares da Fonseca, 5.ª Turma, julgado em 9.3.2021, *DJe* 17.3.2021).

■ **Prova lícita (ingresso em domicílio)**

O Superior Tribunal de Justiça entende que a prova é lícita quando havia justa causa para o **ingresso na residência após a localização de drogas com o réu**: "No caso em exame, a justa causa para a adoção da medida de busca e apreensão sem mandado judicial evidencia-se no fato de que os policiais militares, impulsionados por denúncia anônima sobre a ocorrência de comércio de drogas, foram até o local onde se encontrava o réu que, de pronto, tentou empreender fuga, lançando uma sacola plástica sobre a laje da casa em que estava, na qual foram encontrados 26 microtubos de cocaína e 4 porções de maconha" (STJ — AgRg no HC 516.746/SP, Rel. Min. Ribeiro Dantas, 5.ª Turma, julgado em 15.8.2019, *DJe* 20.8.2019); "No caso concreto, a entrada na residência pela autoridade policial foi precedida de fundadas razões que levaram à suspeita da prática do crime, mormente pelo fato de que existiam denúncias apontando o Agravante como traficante local, sendo que os milicianos visualizaram o Acusado portando porções da droga. O Réu, ao perceber a presença dos agentes da lei, tentou dispensar os entorpecentes" (STJ — AgRg no AREsp 1.371.623/SC, Rel. Min. Laurita Vaz, 6.ª Turma, julgado em 11.4.2019, *DJe* 30.4.2019); "Embora não tenha sido consignado na decisão combatida se houve a devida documentação nos autos do consentimento do morador, verifica-se que a entrada dos policiais na residência de um dos Acusados foi precedida de fundadas razões que levaram à suspeita da prática do crime de tráfico de drogas, tendo em vista que, anteriormente ao ingresso no domicílio, os Agravantes foram surpreendidos, em via pública, na posse de 2,45g de crack, 9,2g de cocaína, um revólver calibre .38 e uma pistola 9mm. Não ocorrência de desatendimento à orientação fixada pela Sexta Turma do Superior Tribunal de Justiça no HC n. 598.051/SP, Rel. Min. Rogerio Schietti Cruz, julgado em 2.3.2021" (STJ — AgRg no HC 641.997/RS, Rel. Min. Laurita Vaz, 6.ª Turma, julgado em 23.3.2021, *DJe* 5.4.2021); "Nesse caso, os autos informam que, na data dos fatos, policiais militares compareceram ao endereço do paciente para apurar dois chamados realizados por sua vizinha, dando conta de possíveis delitos de lesão corporal e ameaça. Ao chegarem ao local, os agentes procederam à revista pessoal de W., localizando uma quantidade de pedras de crack. Em seguida, ingressaram na residência, lá encontrando os itens mencionados linhas acima. 4. Assim, a narrativa contida nos autos permite que se conclua pela legalidade do ingresso dos policiais e das provas obtidas a partir dessa providência não se vislumbrando violação ao art. 5.º, inciso XI, da Constituição Federal, tendo em vista a configuração, na hipótese, de fundadas razões, extraídas a partir de elementos concretos e objetivos" (STJ — HC 646.333/AL, Rel. Min. Reynaldo Soares da Fonseca, 5.ª Turma, julgado em 23.3.2021, *DJe* 29.3.2021).

Tampouco foi reconhecida a ilicitude da prova pelo Superior Tribunal de Justiça quando o ingresso em residência se deu após a realização de **diligências** que indicaram justa causa para o ingresso: "Tendo o ingresso em domicílio decorrido de investigações preliminares, dando conta da existência de traficância na residência da recorrente, não há falar em nulidade do flagrante" (STJ — AgRg no AREsp 1.512.826/PR, Rel. Min. Nefi Cordeiro, 6.ª Turma, julgado em 18.2.2020, *DJe* 27.2.2020); "Quanto ao ingresso forçado dos policiais na residência do paciente, destaca-se a realização de diligências prévias a indicar seu envolvimento com o tráfico de drogas. Os agentes avistaram pessoa consumindo entorpecente em frente a uma casa conhecida como ponto de venda de drogas e, a partir da abordagem desse indivíduo — com quem foi encontrada porção de substância semelhante a maconha —, ingressaram no domicílio do acusado, onde foram apreendidas porções de cocaína e crack, além de valores em pecúnia" (STJ — HC 434.688/SC, Rel. Min. Rogerio Schietti Cruz, 6.ª Turma, julgado em 20.3.2018, *DJe*

27.3.2018); "No caso em exame, observa-se a ocorrência de justa causa para a adoção da medida de busca e apreensão, pois, conforme asseverou o Tribunal de origem, 'Não há dúvida de que as circunstâncias tornavam presente a situação de flagrância de crime permanente', visto que, os 'policiais, ao que consta, receberam informação de que o paciente estaria traficando em sua residência; antes de ingressar, tomaram a cautela de verificar o que ocorria, registrando atitude suspeita do paciente e movimentação de pessoas compatível com a delação'" (STJ — HC 407.689/SP, Rel. Min. Ribeiro Dantas, 5.ª Turma, julgado em 19.9.2017, *DJe* 27.9.2017).

■ **Prova ilícita (visualização de mensagens em telefone celular do réu sem sua autorização e sem autorização judicial)**

O Superior Tribunal de Justiça tem declarado a nulidade da prova nesses casos por violação ao direito à **intimidade** constitucionalmente consagrado no art. 5.º, X, da Carta Magna: "O Superior Tribunal de Justiça vem enfatizando, em sucessivos julgados, que é ilícita a tomada de dados, bem como das conversas de Whatsapp, obtidas diretamente pela autoridade policial em aparelho celular apreendido no flagrante, sem prévia autorização judicial. Ordem concedida para declarar a nulidade das provas obtidas no aparelho celular da corré Joana, sem autorização judicial, assim como aquelas dela derivadas, e absolver o paciente da imputação delituosa (art. 386, II, do CPP), referente à Ação Penal n. 0010963-46.2018.8.13.0166, da Vara Única da comarca de Campos Gerais/MG. Os efeitos desta decisão deverão ser estendidos aos corréus que estiverem na mesma situação" (STJ — HC 674.185/MG, Rel. Min. Sebastião Reis Junior, 6.ª Turma, julgado em 17.8.2021, *DJe* 20.8.2021); "A jurisprudência desta Corte Superior é no sentido de que ilícita é a devassa de dados, bem como das conversas de whatsapp, obtidas diretamente pela polícia em celular apreendido por ocasião da prisão em flagrante, sem prévia autorização judicial (HC n. 617.232/SP, Rel. Min. Nefi Cordeiro, 6.ª Turma, julgado em 23.2.2021, *DJe* 26.2.2021). 2. No presente caso, os policiais militares relataram que o réu Rodrigo colocou a senha e franqueou acesso ao seu celular. Assim, não há como se concluir pela ilicitude das provas obtidas em desfavor do acusado, pois, embora não tenha havido autorização judicial para o acesso pelos policiais aos dados constantes do celular, o próprio proprietário, de forma voluntária, autorizou o acesso, situação que afastar a apontada violação dos dados armazenados no aparelho" (STJ — AgRg no AREsp 1.779.821/PR, Rel. Min. Reynaldo Soares da Fonseca, 5.ª Turma, julgado em 6.4.2021, *DJe* 13.4.2021).

■ **Prova lícita (ingresso em casa não habitada)**

É importante salientar que a garantia constitucional de inviolabilidade do domicílio não se estende a imóveis em que **não há sinais de habitação**, nem mesmo de forma transitória ou habitual, tal como casa que é utilizada apenas para o armazenamento de entorpecentes (HC 588.445/SC, Rel. Min. Reynaldo Soares da Fonseca, 5.ª Turma, julgado em 25.8.2020, *DJe* 31.8.2020).

■ **Revista íntima**

Apreciando a alegação de Defensores no sentido de haver violação ao princípio da **dignidade humana**, que tornaria ilícita a prova quando a droga fosse encontrada em revista íntima realizada antes da entrada de visitas em estabelecimentos prisionais, o Superior Tribunal de Justiça assim decidiu:

> "A jurisprudência desta Corte Superior de Justiça consolidou-se no sentido de que, havendo fundada suspeita de que o visitante do presídio esteja portando drogas, armas, telefones ou outros objetos proibidos, é possível a revista íntima que, por si só, não ofende a dignidade da pessoa humana, notadamente quando realizada dentro dos ditames legais, sem qualquer procedimento invasivo, exatamente como ocorreu na espécie" (STJ — HC 460.234/SC, Rel. Min. Reynaldo Soares da Fonseca, 5.ª Turma, julgado em 11.9.2018, *DJe* 20.9.2018).
> "Ante fundadas suspeitas de o visitante do presídio estar portando material ilícito, é possível a realização de revista íntima, com fins de segurança, o que, por si só, não ofende a dignidade da pessoa humana, notadamente se for feita dentro dos parâmetros legais e constitucionais, sem nenhum procedimento invasivo, tal como ocorreu nos autos. Precedentes" (STJ — REsp 1.681.778/RS, Rel. Min. Rogerio Schietti Cruz, 6.ª Turma, julgado em 6.8.2019, *DJe* 12.8.2019).
> "Revista íntima em estabelecimento prisional. Observância das normas fiscalizatórias e fundada suspeita de que a ré transportava drogas. Ausência de violação ao princípio da dignidade da pessoa humana. Prova lícita. Crime impossível. Não ocorrência. Ausência de manifesta ilegalidade. *Writ* não conhecido (...). Não viola o princípio dignidade da pessoa humana, a revista íntima realizada conforme as normas administrativas que disciplinam a atividade fiscalizatória, e quando há fundada suspeita de que a visitante esteja trazendo a seu corpo droga para o interior do estabelecimento prisional, pois, diante da inexistência de direito absoluto, a proteção da intimidade da ré não pode ser usada como escudo para práticas ilícitas. Precedentes. 3. A revista íntima no estabelecimento prisional, por se tratar de atividade humana, sujeita a falhas, não impede, de forma absoluta, a consumação do delito de tráfico de drogas, ou seja, a entrada do entorpecente no estabelecimento prisional, sendo, portanto, típica a conduta praticada pela recorrente. Precedentes. 4. *Habeas corpus* não conhecido" (HC 381.593/RS, Rel. Min. Ribeiro Dantas, 5.ª Turma, julgado em 16.5.2017, *DJe* 19.5.2017).

O Superior Tribunal de Justiça, inclusive, firmou a seguinte tese: "não viola o princípio da dignidade da pessoa humana a revista íntima realizada conforme as normas administrativas que disciplinam a atividade fiscalizatória, quando houver fundada suspeita de que o visitante esteja transportando drogas ou outros itens proibidos para o interior do estabelecimento prisional" (*Jurisprudência em teses*, edição n. 126 — maio de 2019).

Tal questão será apreciada pelo Plenário do Supremo Tribunal Federal, que reconheceu a repercussão geral no julgamento do ARE 959.620 (tema 998).

11. Tentativa

É **possível**. Na prática, contudo, dificilmente será vista a forma tentada, uma vez que o legislador tipificou como **infração autônoma** inúmeras figuras que normalmente constituiriam mero **ato preparatório** de condutas ilícitas posteriores, como, por exemplo, preparar substância entorpecente com o fim de vendê-la. Ora, se o agente é preso após preparar e antes de vender, responde pela forma consumada (preparo), e não por tentativa de venda.

Por sua vez, o médico que é preso antes de terminar a prescrição ilegal de entorpecente responde por tentativa. Igualmente, a pessoa que, via internet, entra em contato com fornecedores internacionais para adquirir grande lote de droga e depois vendê-la a varejo no Brasil, mas, por questão de preço, não consegue efetuar a compra, responde também por tentativa.

12. Flagrante preparado

A respeito do tema ver comentários ao art. 33, § 1.º, IV, da Lei de Drogas.

13. Pena

A pena prevista no art. 33, *caput*, da Lei n. 11.343/2006 é de reclusão de **cinco a quinze anos** e pagamento de **quinhentos a mil e quinhentos dias-multa**. Essas penas foram aumentadas em relação àquelas previstas na Lei n. 6.368/76.

Reza o art. 42 que o juiz, na fixação das penas, considerará, com preponderância sobre o previsto no art. 59 do Código Penal, a **natureza** e a **quantidade** da substância ou do produto, a **personalidade** e a **conduta social** do agente. De acordo com esse dispositivo, e com o art. 43, o juiz fixará o montante da pena privativa de liberdade e o número de dias-multa de acordo com os critérios ali mencionados, sendo evidente, portanto, que a pessoa presa ao vender uma pequena porção de maconha deve sofrer uma punição muito menor que aquela flagrada na posse de uma tonelada de cocaína.

No que se refere à pena de multa, o art. 43 dispõe que o juiz estabelecerá, para cada dia-multa, valor não inferior a um trinta avos nem superior a cinco vezes o maior salário mínimo. Para tanto, deverá levar em conta as **condições econômicas** dos acusados. Caso, porém, o juiz a considere ineficaz em virtude da situação econômica do acusado, poderá aumentá-la até o **décuplo** (art. 43, parágrafo único).

No caso de **concurso** de **crimes**, as penas de **multa** serão impostas sempre **cumulativamente**, ou seja, ainda que se trate de **crime continuado** ou **concurso formal**, as penas de multa serão **somadas**. É o que diz o art. 43, parágrafo único, da Lei de Drogas. O Superior Tribunal de Justiça, todavia, firmou entendimento de que tal regra é inaplicável quando se tratar de crime continuado com o argumento de que, por ficção, a lei determina que seja o fato interpretado como crime único (e não como **concurso** de crimes). Assim, quanto ao crime continuado, deve ser aplicado o sistema da exasperação, mesmo no que se refere à pena pecuniária.

Nos termos do art. 2.º, § 1.º, da Lei n. 8.072/90, o regime inicial para o crime de tráfico deveria ser necessariamente o **fechado**, independentemente do montante da pena aplicada e de ser o réu primário ou reincidente. Acontece que o **Plenário** do Supremo Tribunal Federal, em 27 de junho de 2012, declarou, por oito votos contra três, a inconstitucionalidade deste art. 2.º, § 1.º, da Lei n. 8.072/90, por entender que a obrigatoriedade de regime inicial fechado para penas não superiores a 8 anos fere os princípios constitucionais da **individualização da pena** (art. 5.º, XLVI, da Constituição Federal) e da dignidade da pessoa humana (art. 1.º, III, da Carta Magna). Assim, mesmo para crimes hediondos, tráfico de drogas, terrorismo e tortura, o regime inicial só poderá ser o fechado (quando a pena fixada na sentença não for maior do que 8 anos), se o acusado for reincidente ou se as circunstâncias do caso concreto indicarem uma gravidade diferenciada daquele crime específico, o que deverá constar expressamente da fundamentação da sentença. Essa decisão ocorreu no julgamento do **HC 111.840/ES**.

A propósito:

"O Plenário desta Corte, no julgamento do HC 111.840/ES, Rel. Min. Dias Toffoli, declarou a inconstitucionalidade do § 1.º do art. 2.º da Lei n. 8.072/1990 (redação dada pela Lei n. 11.464/2007), que determinava o cumprimento de pena dos crimes hediondos, de tortura, de tráfico ilícito de entorpecentes e de terrorismo no regime inicial fechado. V — *Habeas corpus* não conhecido. VI — Ordem concedida de ofício para: (...) fixar o regime de cumprimento da pena de forma fundamentada, afastando a regra do § 1.º do art. 2.º da Lei n. 8.072/1990, declarado inconstitucional pelo Plenário desta Corte (STF — HC 119.357, Rel. Min. Ricardo Lewandowski, 2.ª Turma, julgado em 11.3.2014, processo eletrônico *DJe* 059, 25.3.2014, p. 26.3.2014); **e** "O artigo 2.º, § 1.º, da Lei n. 8.072/90, na redação conferida pela Lei n. 11.464/07 — que determina que o condenado pela prática de crime hediondo inicie o cumprimento da pena privativa de liberdade, necessariamente, no regime fechado — foi declarado inconstitucional pelo Plenário do Supremo Tribunal Federal, em sessão realizada em 27.06.12, ao julgar o HC 111.840, Relator o Ministro Dias Toffoli. (...) Ordem concedida de ofício para fixar o regime aberto para o início do cumprimento da pena, nos termos do artigo 33, § 2.º, *b*, do Código Penal (...)" (STF — HC 118.676, Rel. Min. Luiz Fux, 1.ª Turma, julgado em 11.3.2014, processo eletrônico *DJe* 062, 27.3.2014, public. 28.3.2014).

Dessa forma, se o réu primário for condenado a pena não superior a 8 anos, não bastará que o juiz diga que aquele crime é o de tráfico de drogas para fixar o regime fechado, só podendo fazê-lo se justificar a providência em razão da gravidade diferenciada do delito cometido (envolvimento de menores no tráfico, quantidade muito elevada de droga etc. Em novembro de 2017, confirmando tal entendimento, o Supremo Tribunal Federal aprovou a tese 972, em sede de repercussão geral: "É inconstitucional a fixação *ex lege*, com base no art. 2.º, § 1.º, da Lei n. 8.072/90, do regime inicial fechado, devendo o julgador, quando da condenação, ater-se aos parâmetros previstos no art. 33 do Código Penal".

Na prática, portanto, a **diferença** do crime de tráfico e de suas figuras equiparadas em relação aos crimes comuns é o prazo para a **progressão** de regime e para a obtenção do **livramento condicional**.

▪ Progressão de regime

Antes do advento da Lei n. 13.964/2019 a progressão para regime mais brando pressupunha o cumprimento de **dois quintos** da pena, se o condenado fosse primário, e de **três quintos**, se **reincidente**. Tais regras eram encontradas no art. 2.º, § 2.º, da Lei n. 8.072/90, que, todavia, foi expressamente revogado pela nova lei, que, concomitantemente, alterou o art. 112 da LEP, passando a exigir o cumprimento de ao menos 40% da pena aos condenados por crime equiparado a hediondo (art. 112, V) ou 60%, se reincidente na prática de crime hediondo ou equiparado (art. 112, VII).

Em crimes **comuns**, a progressão pressupõe o cumprimento de apenas 16% da pena. Quanto ao tráfico privilegiado (art. 33, § 4.º), ver próximo item 2.2.2.1.

■ **Livramento condicional**

O art. 44, parágrafo único, da Lei n. 11.343/2006 estabelece que, para os crimes de tráfico, o livramento condicional só poderá ser obtido após o cumprimento de **dois terços** da pena, vedada sua concessão ao **reincidente específico**. A menção ao reincidente específico, dentro da própria Lei de Drogas, refere-se àquele que já foi condenado por tráfico e que volta a cometer crime dessa mesma natureza. Nos delitos comuns, o livramento pode ser obtido após o cumprimento de 1/3 da pena, se o sentenciado for primário, e de 1/2 se reincidente em crime doloso.

O Superior Tribunal de Justiça fixou entendimento no sentido de que não há reincidência específica se a pessoa for condenada inicialmente por tráfico privilegiado e depois por tráfico comum (art. 33, *caput*): "*In casu*, embora o paciente já ostentasse condenação anterior por tráfico privilegiado quando praticou o crime de tráfico de drogas (art. 33, *caput*, da Lei n. 11.343/2006), não se configurou a reincidência específica, uma vez que se trata de condutas de naturezas distintas" (STJ — HC 453.983/SP, Rel. Min. Felix Fischer, 5.ª Turma, julgado em 2.8.2018, *DJe* 9.8.2018); "Imperioso afastar a reincidência específica em relação ao tráfico privilegiado e o tráfico previsto no *caput* do art. 33 da Lei de Drogas, nos termos do novo entendimento jurisprudencial, para fins da concessão do livramento condicional" (STJ — HC 436.103/DF, Rel. Min. Nefi Cordeiro, 6.ª Turma, julgado em 19.6.2018, *DJe* 29.6.2018); "O sentenciado condenado, primeiramente, por tráfico privilegiado (art. 33, § 4.º, da Lei n. 11.343/2006) e, posteriormente, pelo crime previsto no *caput* do art. 33 da Lei n. 11.343/2006, não é reincidente específico, nos termos da legislação especial; portanto, não é alcançado pela vedação legal, prevista no art. 44, parágrafo único, da referida Lei" (HC 419.974/SP, Rel. Min. Maria Thereza de Assis Moura, 6.ª Turma, julgado em 22.5.2018, *DJe* 4.6.2018).

Quanto ao tráfico privilegiado (art. 33, § 4.º), ver próximo item 2.2.2.1.

■ **Vedações**

O art. 44, *caput*, da Lei n. 11.343/2006, estabelece que o crime de tráfico de drogas e seus equiparados são insuscetíveis de *sursis*, graça, anistia e indulto. Além disso, veda a concessão de fiança e liberdade provisória, de forma que, pelo texto legal, o traficante preso em flagrante deve permanecer nesse estado até a prolação da sentença, sendo, porém, possível o relaxamento da prisão se houver excesso de prazo na instrução, ou seja, se os prazos processuais forem extrapolados. Não se pode deixar de mencionar, todavia, que, após o advento da Lei n. 11.464/2007, que deixou de proibir a liberdade provisória para crimes hediondos, solidificou-se entendimento de que também para o tráfico a concessão é cabível, muito embora a lei especial diga o contrário em relação a tal delito.

■ **Constitucionalidade da pena de multa**

Não é raro que defensores aleguem que o montante da pena de multa previsto em abstrato para crimes como o tráfico de drogas, a associação para o tráfico e o financiamento ao tráfico é **inconstitucional** por ofensa ao princípio da **proporcionalidade**. Sustentam que, nesses crimes, o número de dias-multa é muito maior e, portanto, desproporcional em relação a crimes comuns como roubo, extorsão, extorsão mediante sequestro, dentre outros. É que, para os crimes comuns, o art. 49 do Código Penal estabelece que o juiz deve fixar a pena entre 10 e 360 dias-multa. No crime de tráfico, por sua vez, o art. 33 da Lei n. 11.343/2006 dispõe que o juiz deve estabelecer pena entre 500 e 1.500 dias-multa. Já no delito de associação para o tráfico, o montante a ser fixado é de 700 a 1.200 dias-multa. Por fim, no financiamento ao tráfico, o juiz deve estabelecer a pena entre 1.500 e 4.000 dias-multa.

Os Tribunais, todavia, não têm reconhecido a alegada inconstitucionalidade, com o argumento de que os traficantes e seus financiadores buscam a obtenção de lucro fácil, pouco se importando com a vida e a saúde de milhares de pessoas que são prejudicadas pela dependência, de modo que o legislador, ao prever pena de multa em patamares maiores, visa, tão somente, utilizar meio de maior eficácia na inibição do comércio de drogas. Salientam, ainda, que a pena pecuniária não pode ser convertida em privativa de liberdade, de modo que, se o agente for condenado e não tiver condições de arcar com os valores fixados na sentença, nada poderá ser feito contra ele.

Em 05 de novembro de 2021, o Plenário do Supremo Tribunal Federal, no julgamento do Recurso Extraordinário (RE) 1.347.158 (Tema 1.178), por maioria, reafirmou a jurisprudência de que o Poder Judiciário não pode substituir o Legislativo na quantificação da sanção penal prevista como resposta a condutas delitivas. A tese de repercussão geral fixada no julgamento foi a seguinte: "A multa mínima prevista no artigo 33 da Lei n. 11.343/2006 é opção legislativa legítima para a quantificação da pena, não cabendo ao Poder Judiciário alterá-la com fundamento nos princípios da proporcionalidade, da isonomia e da individualização da pena". Em suma, a Corte Suprema entendeu ser constitucional a multa prevista para o crime de tráfico de drogas no limite mínimo de 500 dias-multa.

14. Ação penal
É pública incondicionada.

2.2.2.1. Tráfico privilegiado

> **Art. 33**, § 4.º — Nos delitos definidos no *caput* e no § 1.º deste artigo, as penas poderão ser reduzidas de um sexto a dois terços, desde que o agente seja primário, de bons antecedentes, não se dedique às atividades criminosas nem integre organização criminosa.

O dispositivo em questão, que permite significativa redução das penas **privativa de liberdade** e de **multa** nos crimes de **tráfico** de drogas e **equiparados**, pressupõe a coexistência de quatro requisitos:

a) que o réu seja **primário**;
b) que tenha **bons antecedentes**;
c) que **não se dedique às atividades criminosas**;
d) que não **integre organização criminosa**.

Tal modalidade, conhecida como "tráfico privilegiado", foi criada pelo legislador para beneficiar pessoas primárias e de bons antecedentes, que sejam condenadas por referidos crimes, quando as provas indicarem que não se trata de traficante **contumaz** (que faz do tráfico um **meio de vida**) e que o réu não integra organização criminosa.

A benesse, portanto, deve ser concedida ao chamado traficante **eventual** (ocasional), que praticou ato de comércio de droga de forma **isolada**. Ex.: pessoa que, às vésperas do carnaval, compra algumas caixas de lança-perfume para revendê-las em tal ocasião festiva, em que é grande o consumo de referida droga.

Saliente-se que a dedicação **rotineira** ao tráfico pode ser comprovada por diversas formas, como, por exemplo, pela confissão do réu, pela existência de interceptação telefônica demonstrando venda a inúmeros usuários, pela apreensão, com o acusado, de listas com nomes de clientes etc. A elevada quantidade de drogas também pode ser fator indicativo de que o acusado se dedica ao tráfico.

De acordo com as Cortes Superiores, o fato de alguém ser flagrado atuando como "mula do tráfico" não induz necessariamente à conclusão de que integre organização criminosa e de que, portanto, não faz jus ao benefício: "(...) acolho o entendimento uníssono do Supremo Tribunal Federal sobre a matéria, no sentido de que a simples atuação nessa condição não induz, automaticamente, à conclusão de que o sentenciado integre organização criminosa, sendo imprescindível, para tanto, prova inequívoca do seu envolvimento, estável e permanente, com o grupo criminoso, para autorizar a redução da pena em sua totalidade. Precedentes do STF" (STJ — HC 387.077/SP, Rel. Min. Ribeiro Dantas, 5.ª Turma, julgado em 6.4.2017, *DJe* 17.4.2017); "A jurisprudência desta Corte é firme no sentido de a condição de mula, por si só, não revelar a participação em organização criminosa. Precedentes" (STF — HC 136.736, Rel. Min. Ricardo Lewandowski, 2.ª Turma, julgado em 28.3.2017, *DJe*-095 divulg. 5.5.2017, public. 8.5.2017); "A jurisprudência desta Suprema Corte é no sentido de que 'o exercício da função de mula, embora indispensável para o tráfico internacional, não traduz, por si só, adesão, em caráter estável e permanente, à estrutura de organização criminosa, até porque esse recrutamento pode ter por finalidade um único transporte de droga', porquanto 'descabe afastar a incidência da causa de diminuição de pena do art. 33, § 4.º, da Lei n. 11.343/06 com base em mera conjectura ou ilação de que os réus integrariam organização criminosa' (HC 124.107/SP, Rel. Min. Dias Toffoli, 1.ª Turma, *DJe* 24.11.2014)" (STF — HC 129.449, Rel. Min. Rosa Weber, 1.ª Turma, julgado em 14.3.2017, *DJe*-088 divulg. 27.4.2017, public. 28.4.2017).

Saliente-se, outrossim, que a 3.ª Seção do Superior Tribunal de Justiça, no julgamento do EREsp 1.431.091/SP[4], Rel. Min. Felix Fischer, julgado em 14.12.2016, *DJe*

---

[4] Este o teor do *Informativo* 596 do Superior Tribunal de Justiça: "A divergência existente no âmbito da Terceira Seção do STJ consiste na possibilidade (ou não) de utilização de inquéritos e processos penais em tramitação para avaliar a possível dedicação do réu a atividades criminosas, de modo a afastar a causa de diminuição prevista no artigo 33, § 4.º, da Lei de Drogas. Enquanto a Quinta Turma entende plenamente possível a utilização de inquéritos e ações penais em andamento para afastar a causa de diminuição, a Sexta Turma tem entendimento oposto. A Lei 11.343/06 inovou na ordem jurídica em diversos fatores, dentre eles, inseriu uma causa de diminuição de pena para o delito de tráfico de drogas e equiparados, prevista no § 4.º do artigo 33. Os requisitos cumulativos previstos para diminuição de pena são: i) primariedade; ii) bons antecedentes; iii) não se dedicar às atividades criminosas; iv) não integrar organização criminosa. A inserção no orde-

1.2.2017, firmou entendimento de que a existência de inquéritos policiais ou ações penais em curso por crime de tráfico de drogas podem ser levadas em conta pelo juiz para concluir que o acusado se dedica de forma contumaz ao tráfico ou que integra organização criminosa. Posteriormente, entretanto, no julgamento do tema n. 1.139, em sede de recursos repetitivos, a mesma 3.ª Seção aprovou a seguinte tese: "**É vedada a utilização de inquéritos e/ou ações penais em curso para impedir a aplicação do art. 33, § 4.º, da Lei n. 11.343/06**".

A propósito dos requisitos do tráfico privilegiado, assim se manifestou o Superior Tribunal de Justiça:

> "Todos os requisitos da minorante do art. 33, § 4.º, da Lei n. 11.343/06 demandam uma afirmação peremptória acerca de fatos, não se prestando a existência de inquéritos e ações penais em curso a subsidiar validamente a análise de nenhum deles. 6. Para análise do requisito da primariedade, é necessário examinar a existência de prévia condenação penal com trânsito em julgado anterior ao fato, conforme a dicção do art. 63 do Código Penal. Já a análise do requisito dos bons antecedentes, embora também exija condenação penal com trânsito em julgado, abrange a situação dos indivíduos tecnicamente primários. Quanto à dedicação a atividades criminosas ou o pertencimento a organização criminosa, a existência de inquéritos e ações penais em curso indica apenas que há investigação ou acusação pendente de análise definitiva e cujo resultado é incerto, não sendo possível presumir que essa suspeita ou acusação ainda em discussão irá se confirmar, motivo pelo qual não pode obstar a aplicação da minorante. 7. Não se pode ignorar que a utilização ilegítima de inquéritos e processos sem resultado definitivo resulta em provimento de difícil reversão. No caso de posterior arquivamento, absolvição, deferimento de institutos

---

namento dessa causa de diminuição teve por escopo diferenciar aquele que não é dedicado a ilícitos penais, daquele que efetivamente se dedica ao tráfico de drogas com maior potencialidade lesiva à sociedade. Assim, a regra não deve ser a aplicação da benesse de forma desmedida, mas sua aplicação somente deve ocorrer em casos singulares, quando preenchidos os requisitos, os quais merecem interpretação restritiva, de modo a prestigiar quem efetivamente mereça redução de pena. É consabido que inquéritos e ações penais em curso não podem ser valoradas como maus antecedentes, de modo a agravar a pena do réu quando das circunstâncias judiciais avaliadas em dosimetria de pena na primeira fase, para fins de aumentar a pena-base. Contudo, na espécie, não se trata de avaliação de inquéritos ou ações penais para agravar a situação do réu condenado por tráfico de drogas, mas como forma de afastar um benefício legal, desde que existentes elementos concretos para concluir que ele se dedique a atividades criminosas, sendo inquestionável que em determinadas situações, a existência de investigações e/ou ações penais em andamento possam ser elementos aptos para formação da convicção do magistrado. Ademais, como os princípios constitucionais devem ser interpretados de forma harmônica, não merece ser interpretado de forma absoluta o princípio da inocência, de modo a impedir que a existência de inquéritos ou ações penais impeçam a interpretação em cada caso para mensurar a dedicação do Réu em atividade criminosa. Assim não o fazendo, conceder o benefício do artigo 33, § 4.º, da Lei 11.343/06 para aquele que responde a inúmeras ações penais, ou seja, investigado, é equipará-lo com quem numa única ocasião na vida se envolveu com as drogas, situação que ofende o princípio também previsto na Constituição Federal de individualização da pena. Por fim, mister salientar que não se pretende tornar regra que a existência de inquérito ou ação penal obste o benefício em todas as situações, mas sua avaliação para concluir se o réu é dedicado a atividades criminosas também não pode ser vedada de forma irrestrita, de modo a permitir a avaliação pelo magistrado em cada caso concreto".

despenalizadores, anulação, no âmbito dos referidos feitos, a Defesa teria que percorrer as instâncias do Judiciário ajuizando meios de impugnação autônomos para buscar a incidência do redutor, uma correção com sensível impacto na pena final e cujo tempo necessário à sua efetivação causaria prejuízos sobretudo àqueles mais vulneráveis. 8. A interpretação ora conferida ao art. 33, § 4.º, da Lei n. 11.343/06 não confunde os conceitos de antecedentes, reincidência e dedicação a atividades criminosas. Ao contrário das duas primeiras, que exigem a existência de condenação penal definitiva, a última pode ser comprovada pelo Estado-acusador por qualquer elemento de prova idôneo, tais como escutas telefônicas, relatórios de monitoramento de atividades criminosas, documentos que comprovem contatos delitivos duradouros ou qualquer outra prova demonstrativa da dedicação habitual ao crime. O que não se pode é inferir a dedicação ao crime a partir de simples registros de inquéritos e ações penais cujo deslinde é incerto. 9. Não há falar em ofensa aos princípios da individualização da pena ou da igualdade material, pois o texto constitucional, ao ordenar que ninguém pode ser considerado culpado antes do trânsito em julgado da sentença penal condenatória, vedou que a existência de acusação pendente de análise definitiva fosse utilizada como critério de diferenciação para fins penalógicos" (REsp 1.977.027/PR, Rel. Min. Lauita Vaz, 3.ª Seção, julgado em 10.8.2022, *DJe* de 18.8.2022).

No que se refere à reincidência, é pacífico o entendimento de que **não** é necessário que seja **específica** (dupla condenação por tráfico de drogas). Assim, qualquer espécie de reincidência impede o benefício: "Outrossim, a reincidência, seja ela específica ou não, constitui óbice à aplicação da minorante prevista no § 4.º do art. 33 da Lei n.11.343/06, tendo em vista que um dos requisitos para a incidência do benefício é que o paciente seja primário. 5. Dessa forma, a reincidência pode ensejar o agravamento da pena, na segunda fase da dosimetria, bem como impedir a aplicação do redutor previsto no § 4.º do art. 33 da Lei 11.343/2006, na medida em que a primariedade é requisito para a incidência desse benefício. Ressalta-se que, por não ser a reincidência elemento constitutivo ou que qualifica o crime de tráfico de drogas, mas apenas um dos elementos que obstam determinado benefício penal, não há falar em *bis in idem*" (STJ — HC 393.862/DF, Rel. Min. Reynaldo Soares da Fonseca, 5.ª Turma, julgado em 26.9.2017, *DJe* 2.10.2017); e "A reincidência afasta a possibilidade de aplicação da causa de diminuição de pena do § 4.º do art. 33 da Lei n. 11.343/2006, não se exigindo que a reincidência seja específica em tráfico de drogas. Precedentes" (STJ — HC 244.611/SP, Rel. Min. Marilza Maynard (Desembargadora convocada do TJ/SE), 6.ª Turma, julgado em 5.12.2013, *DJe* 16.12.2013).

Com a aplicação do redutor desse art. 33, § 4.º, a pena do traficante pode ser fixada em patamar igual ou inferior a **4 anos**, o que permitiria, em tese, a substituição da pena privativa de liberdade por restritiva de direitos (art. 44, I, do CP). A fim de inviabilizar tal substituição, o legislador expressamente inseriu **proibição** nesse sentido no próprio art. 33, § 4.º, bem como no art. 44, *caput*, da Lei n. 11.343/2006. Acontece que o **Supremo Tribunal Federal**, no HC 97.256/RS, em 1.º de setembro de 2010, julgou **inconstitucional** a referida vedação à substituição por pena **restritiva de direitos** nos crimes de tráfico de drogas e equiparados, argumentando que tal proibição fere o princípio constitucional da **individualização** da pena — art. 5.º, XLVI, da Constituição Federal —, pois, de acordo com a regra do art. 44, I, do Código Penal, a substituição por pena restritiva de direitos é cabível **sempre** que a pena fixada não exceder 4 anos, nos crimes cometidos sem violência ou grave ameaça, desde que as circunstâncias do crime indiquem que a medida é

suficiente para a prevenção e repressão do delito cometido (art. 44, III, do CP). Assim, se, em razão da redução de pena do art. 33, § 4.º, a pena fixada na sentença para o traficante **não** exceder 4 anos, **será cabível** a substituição, nos termos do art. 44, I, do Código Penal. Se, todavia, a pena for superior a 4 anos, o réu deverá cumpri-la. Após a declaração de **inconstitucionalidade** por parte do Supremo Tribunal Federal, o **Senado Federal** aprovou a **Resolução n. 05/2012**, excluindo **expressamente** do art. 33, § 4.º, da Lei de Drogas, a vedação à conversão da pena privativa de liberdade em restritiva de direitos. De ver-se, contudo, que o juiz poderá **deixar** de efetuar a substituição se entender que a gravidade do caso concreto é **incompatível** com o benefício, como, por exemplo, quando a quantidade de droga apreendida for considerável.

Em suma, diante do que já foi exposto, em relação ao regime inicial de cumprimento de pena privativa de liberdade e à possibilidade de sua conversão em pena restritiva de direitos, as decisões do Supremo Tribunal Federal fizeram com que o crime de tráfico acompanhasse as regras comuns do Código Penal (arts. 33, 44 e 59). Assim, se o acusado for condenado a 5 anos de reclusão e for primário, o juiz poderá fixar o regime **semiaberto** ou o **fechado** (este último, apenas se as circunstâncias do caso concreto demonstrarem gravidade diferenciada do crime praticado). Se for aplicado o redutor do art. 33, § 4.º, da Lei de Drogas (réu primário, de bons antecedentes, que não se dedica reiteradamente ao tráfico e não integra organização criminosa) e, em razão disso, a pena fixada não superar 4 anos, o juiz poderá fixar regime aberto e substituir a pena privativa de liberdade por restritiva de direitos — salvo se as circunstâncias do delito indicarem que a medida não é suficiente.

O Superior Tribunal de Justiça, em julgamento de *habeas corpus* coletivo, firmou entendimento de que, nos casos em que o réu venha a ser condenado por tráfico privilegiado, à pena mínima (1 ano e 8 meses de reclusão), deve ser fixado o regime inicial **aberto**. Com efeito, sustenta mencionada Corte que a aplicação do privilégio pressupõe que o réu seja primário e portador de bons antecedentes. Além disso, se a pena foi fixada no mínimo e reduzida ao máximo (2/3) em razão do privilégio, significa que não há, no caso concreto, circunstâncias negativas que justifiquem regime inicial diverso do aberto. *Vide* HC 596.603/SP, Rel. Min. Rogerio Schietti Cruz, 6.ª Turma, julgado em 8.9.2020, *DJe* 22.9.2020.

Em 19 de outubro de 2023, o Plenário do Supremo Tribunal Federal aprovou a Súmula Vinculante n. 59 com o seguinte teor: "É impositiva a fixação do regime aberto e a substituição da pena privativa de liberdade por restritiva de direitos quando reconhecida a figura do tráfico privilegiado (art. 33, § 4.º, da Lei n. 11.343/06) e ausentes vetores negativos na primeira fase da dosimetria (art. 59 do CP), observados os requisitos do art. 33, § 2.º, alínea *c* e do art. 44, ambos do Código Penal". Assim, reconhecida a figura do tráfico privilegiado e sendo favoráveis as circunstâncias judiciais do art. 59 do CP e, ainda, sendo o réu primário, deverá o juiz fixar o regime inicial aberto e substituir a pena privativa de liberdade por restritivas de direitos (se a pena, evidentemente, não exceder 4 anos).

■ **Natureza equiparada a hedionda**

O crime de tráfico de drogas é equiparado a hediondo nos termos do art. 5.º, XLIII, da Constituição Federal, merecendo tratamento mais rigoroso. Em junho de 2014, o

Superior Tribunal de Justiça aprovou a Súmula n. 512, sustentando que: "A aplicação da causa de diminuição de pena prevista no art. 33, § 4.º, da Lei n. 11.343/2006 **não afasta a hediondez do crime de tráfico de drogas**". Tal súmula foi aprovada após as Turmas dessa Corte terem proferido inúmeras decisões nesse sentido[5].

Ocorre que no julgamento do HC 118.533, Rel. Min. Cármen Lúcia, em 23.6.2016, o **Plenário do Supremo Tribunal Federal decidiu que o tráfico privilegiado de drogas não possui natureza hedionda**. A decisão da Corte Suprema sobrepôs-se ao que havia decidido o Superior Tribunal de Justiça, que entendera ter natureza hedionda o tráfico privilegiado (Súmula n. 512 — cancelada em 23.11.2016). **Posteriormente, a Lei n. 13.964/2019 inseriu no art. 112, § 5.º, da LEP, regra expressa no sentido de que o tráfico privilegiado não possui natureza hedionda ou equiparada**. Por isso, a progressão de regime pode se dar com o cumprimento de 16% da pena imposta — ao passo que no tráfico comum (não privilegiado) a progressão pressupõe o cumprimento de ao menos 40% da pena, se o réu for primário ou 60%, se for reincidente em crime hediondo ou equiparado. Além disso, o livramento condicional na figura privilegiada pode ser obtido de acordo com as regras comuns do art. 83 do Código Penal (cumprimento de 1/3

---

[5] "I. O tráfico de drogas, segundo expressa disposição constitucional (art. 5.º, inciso XLIII), é considerado figura típica equiparada aos crimes hediondos definidos em lei, sujeitando-se, por consequência, ao tratamento dispensado a tais delitos, sendo que a Lei n. 8.072/90 não fez qualquer ressalva em sentido contrário. II. A incidência da causa de diminuição de pena prevista no art. 33, § 4.º, da Lei n. 11.343/06 não descaracteriza o caráter hediondo do crime. Precedentes. III. A redução da pena, em razão do reconhecimento da causa especial de diminuição, não implica desconsiderar as razões que levaram o legislador constituinte a prever um tratamento mais rigoroso ao tráfico de drogas. IV. Ordem denegada" (STJ — HC 165.332/MS, Rel. Min. Gilson Dipp, 5.ª Turma, julgado em 4.11.2010, *DJe* 22.11.2010);

"O Superior Tribunal de Justiça, no julgamento do Recurso Especial n. 1.329.088/RS, representativo da controvérsia, sedimentou o entendimento no sentido de que a aplicação da causa de diminuição de pena prevista no art. 33, § 4.º, da Lei n. 11.343/06 não afasta a hediondez do crime de tráfico de drogas. 4. Agravo regimental parcialmente provido, para manter a pena, o regime e a substituição aplicados pela Corte local, dando parcial provimento ao recurso especial do Ministério Público, apenas para firmar o caráter hediondo do crime de tráfico 'privilegiado'" (STJ — AgRg no REsp 1.316.238/RS, Rel. Min. Campos Marques (Desembargador convocado do TJ/PR), Rel. p/ Acórdão Min. Marco Aurélio Bellizze, 5.ª Turma, julgado em 17.12.2013, *DJe* 19.12.2013).

"Recurso especial representativo da controvérsia (art. 543-C do CPP). Penal. Tráfico de drogas. Aplicação do art. 33, § 4.º, da Lei n. 11.343/2006. Causa de diminuição. Caráter hediondo. Manutenção. Delito privilegiado. Inexistência. Execução da pena. Progressão. Requisito objetivo. Observância. Art. 2.º, § 2.º, da Lei n. 8.072/1990. Obrigatoriedade. 1. A aplicação da causa de diminuição de pena prevista no art. 33, § 4.º, da Lei n. 11.343/2006 não afasta a hediondez do crime de tráfico de drogas, uma vez que a sua incidência não decorre do reconhecimento de uma menor gravidade da conduta praticada e tampouco da existência de uma figura privilegiada do crime. 2. A criação da minorante tem suas raízes em questões de política criminal, surgindo como um favor legislativo ao pequeno traficante, ainda não envolvido em maior profundidade com o mundo criminoso, de forma a propiciar-lhe uma oportunidade mais rápida de ressocialização. 3. Recurso especial provido para reconhecer o caráter hediondo do delito de tráfico de drogas, mesmo tendo sido aplicada a causa de diminuição prevista no art. 33, § 4.º, da Lei n. 11.343/2006, e para determinar que, na aferição do requisito objetivo para a progressão de regime, seja observado o disposto no art. 2.º, § 2.º, da Lei n. 8.072/1990, com a redação atribuída pela Lei n. 11.464/2007, ficando restabelecida a decisão do Juízo da Execução" (STJ — REsp 1.329.088/RS, Rel. Min. Sebastião Reis Júnior, 3.ª Seção, julgado em 13.3.2013, *DJe* 26.4.2013).

da pena, se o réu for primário, e de 1/2, se reincidente em crime doloso). Por fim, para o tráfico privilegiado não estão vedadas a anistia, a graça e o indulto.

◻ **Critério de redução**

Como o dispositivo em estudo não especifica qual critério deve o juiz levar em conta na escolha do índice de redução — entre um sexto e dois terços —, grande número de juízes passou a ter como critério o da quantidade, natureza e diversidade da droga apreendida com o acusado, isto é, quanto maior a quantidade, a diversidade ou a potência da droga, menor a redução.

Acontece que o art. 42 da mesma Lei dispõe que, na fixação da **pena-base**, os principais fatores que o juiz deve ter em conta são exatamente aqueles atinentes à quantidade e à natureza da droga.

Assim, tornou-se comum a aplicação, na 1.ª fase da dosimetria, de pena acima do mínimo legal em razão da quantidade e da natureza da droga, atendendo-se ao disposto no art. 42, e, posteriormente, na 3.ª fase da fixação da pena — na análise da causa de diminuição —, a redução em índice pequeno (1/6, 1/3 etc.), justamente em razão da quantidade e da natureza da droga.

Ocorre que o **Plenário** do Supremo Tribunal Federal, ao julgar os HCs 112.776/MS e 109.193/MG, entendeu que tal providência constitui *bis in idem*, porque a quantidade e a natureza da droga estariam a ser consideradas duas vezes na dosimetria. A propósito: "1. A natureza e a quantidade de drogas apreendidas em poder de um réu condenado por tráfico de entorpecentes não podem ser utilizadas na primeira e na terceira fase da dosimetria da pena de forma cumulativa. Precedentes: HC 112.776/MS e HC 109.193/MG, Pleno, julgamento realizado em 19.12.2013. 2. O magistrado sentenciante, de acordo com seu poder de discricionariedade, deve definir em que momento da dosimetria da pena a circunstância referente à quantidade e à natureza da droga há de ser utilizada, vedada a forma cumulativa sob pena de ocorrência de *bis in idem*. 3. *In casu*, a) o paciente foi condenado à pena de 4 (quatro) anos, 2 (dois) meses e 16 (dezesseis) dias de reclusão, em regime inicial fechado, pela prática do crime previsto no art. 33, *caput*, c/c art. 40, I, ambos da Lei n. 11.343/2006, (tráfico internacional de drogas), posto flagrado no Aeroporto Internacional de São Paulo portando 3.650 g (três mil, seiscentos e cinquenta gramas) de cocaína, presos em sua cintura, em suas pernas e em seu tênis, quando tentava embarcar para Madri, Espanha. b) O Tribunal Regional Federal da 3.ª Região considerou a quantidade da droga apreendida em poder do paciente para fixar a pena-base acima do mínimo legal e utilizou desse mesmo fundamento para aplicar a causa de diminuição prevista no art. 33, § 4.º, da Lei n. 11.343/2006, na fração de 1/3 (um terço) (...). Ordem parcialmente concedida para determinar ao Juízo sentenciante ou, se for o caso, ao Juízo da execução penal, que proceda a nova dosimetria, analisando as circunstâncias da natureza e da quantidade da droga apenas em uma das fases do cálculo da pena" (STF — HC 119.976, Rel. Min. Luiz Fux, 1.ª Turma, julgado em 25.2.2014, processo eletrônico *DJe* 053, 17.3.2014, public. 18.3.2014); "Não agiu bem o magistrado de primeiro grau, uma vez que fixou a pena-base acima do mínimo legal, com preponderância na natureza e na quantidade da droga apreendida, e, em seguida, aplicou a fração de 1/6 (um sexto) na redução prevista no art. 33, § 4.º, da Lei n. 11.343/2006, utilizando-se dos mesmos fundamentos, em flagrante *bis in idem*. (...) Ordem concedida de ofício para: (I) determinar ao juízo das execuções que proceda a nova individualização da pena, respeitadas as diretrizes firmadas pelo Plenário desta Corte, ou seja, considerando a natureza e a quantidade do entorpecente apreendido em poder do paciente em apenas uma das fases da individualização da reprimenda..." (STF — HC 119.357, Rel. Min. Ricardo Lewandowski, 2.ª Turma, julgado em 11.3.2014, processo eletrônico *DJe* 059, 25.3.2014, public. 26.3.2014); "Acórdão recorrido em conformidade com a jurisprudência desta Corte, em sede de repercussão geral (tema 712), de que se revela correta a motivação da natureza e da quantidade da droga na primeira ou na terceira fase de aplicação da pena, vedada a aplicação conjunta sob pena de *bis in idem*" (ARE 880.499 AgR, Rel. Min. Gilmar Mendes, 2.ª Turma, julgado em 2.8.2016, processo eletrônico *DJe*-176, divulg. 18.8.2016, public. 19.8.2016); "Ademais, conforme entendimento firmado pelo Supremo Tribunal Federal, em sede de repercussão geral, no julgamento do ARE 666.334/MG (Rel. Ministro Gilmar Mendes, *DJ* 6.5.2014), está vedada a aferição concomitante da natureza e da quantidade da droga, na primeira e na terceira fase da dosimetria, sob pena de ofensa ao princípio do *ne bis in idem*" (STJ — AgRg no REsp 1726404/MS, Rel. Min. Ribeiro Dantas, 5.ª Turma, julgado em 2.8.2018, *DJe* 15.8.2018).

Saliente-se que o Plenário da Corte Suprema definiu que o magistrado **não** pode utilizar o critério **duas** vezes, mas deixa ao livre-arbítrio do magistrado escolher se o utilizará na 1.ª ou na 3.ª fase da dosimetria. Teoricamente, o correto seria levar em conta referidas circunstâncias — quantidade e natureza da droga — na fixação da pena-base, na medida em que o art. 42 é expresso, ou seja, menciona tais circunstâncias como fatores preponderantes para o estabelecimento da pena-base (1.ª fase). Ao contrário, o art. 33, § 4.º, da Lei de Drogas não faz qualquer menção a elas (quantidade e natureza do entorpecente).

▪ Quantidade e natureza da droga como circunstâncias indicativas de que o acusado se dedica ao tráfico

Não há *bis in idem* quando o juiz aumenta a pena-base com fundamento na quantidade e na natureza da droga (cumprindo a determinação do art. 42 da Lei de Drogas), e, em seguida, deixa de conceder o redutor do art. 33, § 4.º, por considerar provado que o réu se dedica ao tráfico de forma contumaz ou que integra organização criminosa, mesmo que a quantidade e a natureza do entorpecente sejam usadas como um dos fundamentos para a conclusão do juiz sentenciante.

Em tais casos, não há *bis in idem*, porque o aumento na 1.ª fase é decorrente da quantidade e da natureza, enquanto a não incidência do redutor decorre do fato de o acusado não ser traficante eventual.

A propósito:

> "Segundo a jurisprudência da Quinta Turma deste Tribunal, não configura *bis in idem* a aferição, concomitante, da quantidade de droga para exasperar a pena inicial e para afastar a incidência da redutora prevista no art. 33, § 4.º, da Lei n. 11.343/2006, quando, neste último caso, tal circunstância evidencia o envolvimento habitual do agente no comércio ilícito de entorpecentes" (STJ — AgRg no AREsp 1.302.647/RJ, Rel. Min. Ribeiro Dantas, 5.ª Turma, julgado em 2.8.2018, *DJe* 15.8.2018); "Não caracteriza *bis in idem* a utilização das circunstâncias da quantidade ou natureza da droga na primeira e terceira fases

da dosimetria da pena, nos casos em que a instância ordinária tenha fundamentado a negativa da causa especial de diminuição do art. 33, § 4.º, da Lei n. 11.343/2006 em outras circunstâncias concretas..." (STJ — HC 418.529/SP, Rel. Min. Nefi Cordeiro, 6.ª Turma, julgado em 17.4.2018, *DJe* 27.4.2018).

Inconstitucionalidade do dispositivo

Muitos juristas, dentre eles o festejado penalista Fernando Capez[6], advogam que a referida causa de diminuição de pena, conhecida como tráfico privilegiado, é **inconstitucional** por ferir o princípio da **proporcionalidade**, bem como o da **individualização da pena** (art. 5.º, XLVI) e, ainda, o art. 5.º, XLIII, da Carta Magna, que exige tratamento mais rigoroso ao tráfico de drogas.

Alegam, os defensores da tese da inconstitucionalidade do dispositivo, que o fato de o acusado ser primário e de bons antecedentes passou a ter efeito *sui generis* no crime de tráfico de drogas, permitindo que, com a redução de um sexto a dois terços da pena na terceira fase da dosimetria, a sanção aplicada seja **inferior** ao mínimo cominado em abstrato, o que não é possível nas demais infrações penais do Código Penal e de leis especiais. Em outras palavras, em todos os outros crimes de nossa legislação o fato de o acusado ser primário e de bons antecedentes pode fazer apenas com que a pena seja fixada no mínimo legal, enquanto no tráfico de drogas — delito em relação ao qual o constituinte exigiu tratamento mais rigoroso — a pena pode ficar abaixo do mínimo legal.

De ver-se, todavia, que a alegada inconstitucionalidade não foi reconhecida em nossos tribunais, com o argumento de que o redutor não é aplicado apenas porque o acusado é primário e de bons antecedentes, mas principalmente pelo fato de não ser ele traficante contumaz ou integrante de organização criminosa. De acordo com tal entendimento, é a soma desses quatro requisitos que gera o benefício, e não apenas a primariedade e os bons antecedentes. Alega-se que não há ofensa ao princípio da proporcionalidade, porque a finalidade do legislador é justamente a de diferenciar a pena do traficante eventual daquele que faz do comércio das drogas seu meio de vida.

Reincidência, maus antecedentes e *bis in idem*

Quando o juiz aprecia a prova e conclui que o acusado, **além de reincidente**, dedica-se ao tráfico de modo reiterado ou integra organização criminosa, não há qualquer problema na aplicação da pena, devendo ser aplicada a **agravante genérica** da **reincidência** (art. 61, I, do CP), na **segunda** fase da dosimetria, e, em seguida, **negada** a aplicação ao redutor do art. 33, § 4.º, por ser o réu traficante **contumaz** ou integrante de **organização criminosa**.

Surge, entretanto, séria controvérsia nos casos em que o acusado é reincidente, mas não existem provas de que ele se dedica às atividades criminosas ou de que é integrante de organização criminosa.

Para alguns, não há nenhum óbice em o juiz aplicar a agravante genérica da **reincidência** na segunda fase da fixação da pena e, em seguida, recusar a aplicação do

---

[6] CAPEZ, Fernando. *Curso de direito penal. Legislação penal especial*, v. 4, p. 724-726.

redutor em face da **mesma** circunstância. Este o entendimento sedimentado no Superior Tribunal de Justiça: "Os condenados pelo crime de tráfico de drogas terão a pena reduzida, de um sexto a dois terços, quando forem reconhecidamente primários, possuírem bons antecedentes e não se dedicarem a atividades criminosas ou integrarem organizações criminosas (art. 33, § 4.º, da Lei n. 11.343/2006). 4. Reconhecida a reincidência do agente, não se admite a aplicação da mencionada benesse, porquanto ausente o preenchimento dos requisitos legais. A utilização de tal vetor concomitantemente na segunda e terceira fase da dosimetria não enseja *bis in idem*" (STJ — HC 449.317/SP, Rel. Min. Ribeiro Dantas, 5.ª Turma, julgado em 7.8.2018, *DJe* 15.8.2018); "Não há que se falar em *bis in idem* pela exasperação da pena na segunda fase da dosimetria, em razão da reincidência (art. 61, inciso I, do Código Penal), bem como pelo afastamento da causa de diminuição de pena, prevista no art. 33, § 4.º, da Lei n. 11.343/2006. Como já enfatizado, trata-se de previsão legal que evidencia apenas a necessidade de individualização da pena, ante a maior gravidade da conduta. No caso, a paciente possui maus antecedentes e é reincidente, o que justifica a exasperação da pena na primeira e na segunda fases, bem como afasta a incidência da figura do tráfico privilegiado" (STJ — AgRg no HC 593.509/SP, Rel. Min. Reynaldo Soares da Fonseca, 5.ª Turma, julgado em 18.8.2020, *DJe* 24.8.2020); e "A tese trazida na impetração, de que haveria *bis in idem* em razão da exasperação da pena-base e da negativa de reconhecimento do tráfico privilegiado, pela utilização da reincidência em ambas etapas, não encontra respaldo na jurisprudência desta Corte. Precedentes" (STJ — AgRg no HC 573.574/SP, Rel. Min. Sebastião Reis Junior, 6.ª Turma, julgado em 8.9.2020, *DJe* 14.9.2020). No mesmo sentido, dentre outros, veja-se: HC 354.611/SP, Rel. Min. Maria Thereza de Assis Moura, 6.ª Turma, julgado em 9.8.2016, *DJe* 24.8.2016).

O Superior Tribunal de Justiça igualmente entende não haver *bis in idem* na exasperação da pena-base na primeira fase da dosimetria com fulcro nos maus antecedentes e na recusa na aplicação do privilégio na terceira fundada no mesmo motivo: "'Não configura *bis in idem* a utilização dos maus antecedentes para exasperar a pena-base e, ao mesmo tempo, para afastar a aplicação da causa de diminuição do tráfico privilegiado' (AgInt no AREsp 1.350.765/RS, Rel. Min. Ribeiro Dantas, 5.ª Turma, julgado em 20.9.2018, *DJe* 26.9.2018)" (STJ — AgRg no HC 635.594/SP, Rel. Min. Nefi Cordeiro, 6.ª Turma, julgado em 9.3.2021, *DJe* 12.3.2021); "'A jurisprudência deste Tribunal Superior entende que não resta configurado indevido *bis in idem* a utilização de tal vetor [maus antecedentes] para aumentar a pena-base e, concomitantemente, afastar a minorante em questão' (HC 520.497/SP, Rel. Min. Joel Ilan Paciornik, 5.ª Turma, julgado em 3.9.2019, *DJe* 12.9.2019). 7. Agravo regimental desprovido" (STJ — AgRg nos EDcl no HC 512.118/MS, Rel. Min. Ribeiro Dantas, 5.ª Turma, julgado em 13.4.2020, *DJe* 15.4.2020).

Outros defendem, todavia, que há *bis in idem* na utilização da reincidência (ou dos maus antecedentes) em duas fases da dosimetria. Para estes, o fato de o réu ser reincidente pode agravar a pena uma única vez. Alegam que não há vedação em a reincidência ser também utilizada, por exemplo, como fundamento para a fixação de regime mais gravoso ou para aumentar o prazo de prescrição da pretensão executória. O que não se admite, entretanto, por constituir inegável *bis in idem*, é que a reincidência seja considerada **duas vezes na dosimetria** (2.ª e 3.ª fases). Para os seguidores dessa orientação, caso o magistrado, ao apreciar a prova, convença-se de que a única razão para negar o redutor do art. 33, § 4.º, da Lei n. 11.343/2006, é o fato de o acusado ser reincidente, deverá considerar tal circunstância somente na 3.ª fase da dosimetria (negando o redutor), por se tratar de regra específica em relação ao delito de tráfico. A agravante do art. 61, I, do Código Penal, justamente por ser genérica, não poderá ser aplicada.

■ **Condenação por associação para o tráfico impede a incidência do redutor**

Considerando que a jurisprudência entende necessária, para a tipificação do delito de associação para o tráfico (art. 35 da Lei n. 11.343/2006), a demonstração da **estabilidade** e **permanência** do grupo, a condenação concomitante por esse crime com o de tráfico de drogas **impede** a concessão do redutor do art. 33, § 4.º, na medida em que a conclusão inevitável é a de que os integrantes da associação se dedicam ao comércio de drogas de forma contumaz.

Nesse sentido:

"Quanto à incidência do redutor de pena previsto no art. 33, § 4.º, da Lei n. 11.343/2006, a jurisprudência desta Corte se firmou no sentido de que a condenação por associação para o tráfico de drogas obsta a aplicação do redutor previsto no art. 33, § 4.º, da Lei de Drogas, uma vez que demanda a existência de *animus* associativo estável e permanente entre os agentes no cometimento do delito, evidenciando, assim, a dedicação do agente à atividade criminosa" (STJ — AgRg no HC 664.103/SP, Rel. Min. Reynaldo Soares da Fonseca, 5.ª Turma, julgado em 18.5.2021, *DJe* 24.5.2021); "Nos termos da jurisprudência da Corte, não restam caracterizados os requisitos do art. 33, § 4.º, Lei n. 11.343/2006, quando o recorrente foi concomitantemente condenado pelo delito de associação para o tráfico (art. 35 — idem), incidindo o óbice da Súmula 83/STJ" (STJ — AgRg no AREsp 1.787.852/PR, Rel. Min. Olindo Menezes (Desembargador convocado do TRF-1.ª Região), 6.ª Turma, julgado em 15.6.2021, *DJe* 18.6.2021); "... consoante entendimento perfilhado por esta Corte, não é possível a incidência da causa especial de diminuição de pena prevista no art. 33, § 4.º, da Lei n. 11.343/2006, ao réu também condenado pelo crime de associação pra o tráfico de drogas, tipificado no art. 35 da mesma lei. Precedentes" (STJ — AgRg no AREsp 1.243.873/PI, Rel. Min. Sebastião Reis Junior, 6.ª Turma, julgado em 26.6.2018, *DJe* 2.8.2018).

■ **Condenação anterior por crime de porte para consumo pessoal não impede o privilégio**

O Superior Tribunal de Justiça firmou entendimento no sentido de que a condenação anterior por crime de porte de droga para consumo pessoal (art. 28 da Lei de Drogas) não gera reincidência. Assim, se a pessoa que está sendo processada por crime de tráfico de drogas ostentar apenas condenação anterior pelo crime do art. 28 poderá obter o benefício. A propósito:

"Consoante o posicionamento firmado pela Suprema Corte, na questão de ordem no RE n. 430.105/RJ, a conduta de porte de substância entorpecente para consumo próprio, prevista no art. 28 da Lei n. 11.343/2006, foi apenas despenalizada pela nova Lei de Drogas, mas não descriminalizada, em outras palavras, não houve *abolitio criminis*. Desse modo, tratando-se de conduta que caracteriza ilícito penal, a condenação anterior pelo crime de porte de entorpecente para uso próprio pode configurar, em tese, reincidência. 4. Contudo, as condenações anteriores por contravenções penais não são aptas a gerar reincidência, tendo em vista o que dispõe o art. 63 do Código Penal, que apenas se refere a crimes anteriores. E, se as contravenções penais, puníveis com pena de prisão simples, não geram reincidência, mostra-se desproporcional o delito do art. 28 da Lei n. 11.343/2006 configurar reincidência, tendo em vista que nem é punível com pena privativa de liberdade. 5. Nesse sentido, a 6.ª Turma deste Superior Tribunal de Justiça, no julgamento do REsp 1.672.654/SP, da Relatoria da Ministra Maria Thereza, julgado em 21.8.2018, proferiu julgado considerando desproporcional o reconhecimento da reincidência por condenação pelo delito anterior do art. 28 da Lei n. 11.343/2006. 6. Para aplicação da causa de diminuição de pena do art. 33, § 4.º, da Lei n. 11.343/2006, o condenado deve preencher, cumulativamente, todos os requisitos legais, quais sejam, ser primário, de bons antecedentes, não se dedicar a atividades criminosas nem integrar organização criminosa, podendo a reprimenda ser reduzida de 1/6 (um sexto) a 2/3 (dois terços), a depender das circunstâncias do caso concreto. No caso, tendo em vista que a reincidência foi o único fundamento para não aplicar a benesse e tendo sido afastada a agravante, de rigor a aplicação da redutora" (HC 453.437/SP, Rel. Min. Reynaldo Soares da Fonseca 5.ª Turma, julgado em 4.10.2018, DJe 15.10.2018).

2.2.3. Figuras equiparadas ao tráfico

2.2.3.1. Condutas relacionadas a matéria-prima, insumo ou produto químico destinado à preparação de drogas

> **Art. 33, § 1.º** — Nas mesmas penas incorre quem:
> I — importa, exporta, remete, produz, fabrica, adquire, vende, expõe à venda, oferece, fornece, tem em depósito, transporta, traz consigo ou guarda, ainda que gratuitamente, sem autorização ou em desacordo com determinação legal ou regulamentar, matéria-prima, insumo ou produto químico destinado à preparação de drogas;

Segundo Vicente Greco Filho[7], "matéria-prima é a substância da qual podem ser **extraídos** ou **produzidos** entorpecentes ou drogas afins, que possam causar dependência física ou psíquica. Não há necessidade de que as matérias-primas tenham, em si mesmas, capacidade de produzir a dependência ou de que estejam catalogadas nas portarias do Serviço de Vigilância Sanitária, sendo suficiente que tenham as condições e qualidades químicas necessárias para, mediante transformação, resultarem em entorpecentes ou drogas análogas".

A matéria-prima, o insumo ou o produto químico **não** precisam ser tóxicos em si, bastando que sejam **idôneos** à produção de entorpecente. Assim é que a posse de éter ou acetona pode configurar o delito, desde que exista prova de que se destinavam à preparação de cocaína.

---

[7] GRECO FILHO, Vicente. *Tóxicos*, 11. ed., p. 96.

O dispositivo em questão **não necessita de complemento**, ou seja, configura-se pela simples comprovação **da destinação ilícita da matéria-prima**, independentemente de constar em qualquer lista do Ministério da Saúde ou similar. A propósito: "Matéria-prima destinada a preparação de substância entorpecente ou que determine dependência física ou psíquica (éter e acetona destiladas de cocaína). — Inocuidade da indagação de estarem, ou não, o éter e a acetona incluídos na lista de substâncias entorpecentes, pois a condenação se fez por terem os ora pacientes fornecido tais substâncias para a refinação da cocaína, e não por serem elas substâncias entorpecentes. — Não é o *habeas corpus* meio idôneo para a reapreciação aprofundada de matéria de fato. *Habeas corpus* indeferido" (STF — HC 69.308, Rel. Min. Moreira Alves, 1.ª Turma, julgado em 28.4.1992, *DJ* 22.5.1992, p. 7215, *Ement*. v. 1662-02, p. 306, *RTJ* v. 142-01, p. 259).

O art. 31 da Lei de Drogas estabelece que, para a posse, venda ou compra de matéria-prima para o fim específico de preparação de droga, é necessária **autorização** da autoridade competente, que só será concedida dentro dos **ditames legais**, de modo que, se forem respeitados os limites da autorização, o fato não constituirá crime. Daí por que o tipo penal incorporou a expressão "sem autorização ou em desacordo com determinação legal ou regulamentar".

O Superior Tribunal de Justiça firmou entendimento de que "é possível a aplicação do princípio da consunção entre os crimes previstos no § 1.º do art. 33 e/ou no art. 34 pelo tipificado no *caput* do art. 33 da Lei n. 11. 343/2006, desde que não caracterizada a existência de contextos autônomos e coexistentes, aptos a vulnerar o bem jurídico tutelado de forma distinta" (*Jurisprudência em teses*, edição n. 126 — maio de 2019). A propósito: "Segundo precedentes da Sexta Turma desta Corte, as condutas tipificadas nos arts. 33, § 1.º, e 34 da Lei n. 11.343/2006 têm natureza subsidiária em relação àquelas previstas no art. 33, *caput*, da mesma Lei (anteriormente previstas nos arts. 12 e 13 da Lei n. 6.368/1976). Sendo assim, quando praticadas todas num mesmo contexto fático, responde o agente apenas pelo crime tipificado no art. 33, *caput*, da Lei n. 11.343/2006" (STJ — REsp 1470276/SP, Rel. Min. Sebastião Reis Júnior, 6.ª Turma, julgado em 1.9.2016, *DJe* 13.9.2016).

2.2.3.2. Condutas relacionadas a plantas que se constituam em matéria-prima para a preparação de drogas

> **Art. 33**, § 1.º — Nas mesmas penas incorre quem:
> (...);
> II — semeia, cultiva ou faz a colheita, sem autorização ou em desacordo com determinação legal ou regulamentar, de plantas que se constituam em matéria-prima para a preparação de drogas;

O art. 2.º, *caput*, da Lei de Drogas estabelece que são **proibidos**, em todo o território nacional, o plantio, a cultura, a colheita e a exploração de vegetais e substratos dos quais possam ser extraídas ou produzidas drogas, ressalvada a hipótese de autorização legal ou regulamentar, que, nos termos do seu parágrafo único, só pode ser concedida pela União para fins medicinais ou científicos, em local e prazo predeterminados, e mediante fiscalização. Por essa razão, o plantio, o cultivo e a colheita só constituem crime quando realizados sem autorização ou em desacordo com determinação legal ou regulamentar.

Semear é lançar a semente ao solo a fim de que ela germine. Trata-se de **crime instantâneo**.

Cultivar é manter, cuidar da plantação. Trata-se de crime **permanente**.

Fazer a colheita significa recolher a planta ou os seus frutos. Trata-se de **crime instantâneo**.

Para a configuração do delito, não se exige que a planta contenha a substância entorpecente, pois, nos termos da Lei, basta que se constitua em **matéria-prima** para sua **preparação**. Com efeito, existem algumas plantas que, em si, possuem o **princípio ativo**. É o que ocorre, por exemplo, com as folhas da *cannabis sativa* L (maconha), que contêm o tetrahidrocanabinol. Em tal caso, a posse ou a guarda dessas folhas em elevada quantidade já configura o crime de tráfico na figura do *caput* do art. 33. Existem, contudo, algumas plantas que não possuem o princípio ativo e que necessitam passar por processos químicos ou outras formas de preparo para a obtenção do princípio ativo. Nesses casos, as plantas constituem matéria-prima e configura-se a figura equiparada em análise (art. 33, § 1.º, II).

É comum que o traficante semeie, cultive, faça a colheita, obtenha a droga bruta e, após o refino, venda-a a outros traficantes ou ao consumidor. Nesse caso, ele teria infringido condutas do art. 33, *caput*, e também do § 1.º, II. Entretanto, como são várias fases ligadas ao mesmo produto final, deverá ele responder por **um só crime** (princípio da consunção). Na hipótese, a realização de várias condutas deverá ser levada em conta pelo juiz na fixação da pena-base (art. 59 do CP). É evidente, contudo, que, se as condutas não possuírem nexo de sucessividade, haverá concurso **material**. Assim, responderá por dois crimes o traficante que planta maconha e concomitantemente importa cocaína.

■ **Posse de sementes**

A simples **posse** de **sementes** — sem que ocorra a efetiva plantação — não está abrangida no tipo penal em análise. Nesse caso, se o exame químico-toxicológico constatar a existência do **princípio ativo**, o agente deverá ser enquadrado em uma das figuras de tráfico previstas no *caput* (trazer consigo, guardar).

Mas e se o exame resultar negativo, tal como ocorre com a semente de maconha? Em tal hipótese, existem duas correntes.

a) **o agente deve ser punido na figura do art. 33, § 1.º, I, da Lei n. 11.343/2006** — trazer consigo ou guardar matéria-prima destinada à preparação da droga. A propósito: "A jurisprudência majoritária desta Corte é no sentido de que a importação clandestina de sementes de *cannabis sativa linneu* (maconha) configura o tipo penal descrito no art. 33, § 1.º, I, da Lei n. 11.343/2006. 3. Prevalece na Quinta Turma deste Superior Tribunal de Justiça a diretriz no sentido de que não se aplica o princípio da insignificância aos delitos de tráfico de drogas e de uso de substância entorpecente, por se tratar de crimes de perigo abstrato ou presumido, sendo irrelevante para esse específico fim a quantidade de sementes da droga apreendida. Precedentes" (STJ — AgRg no REsp 1733645/SP, Rel. Min. Reynaldo Sores da Fonseca, 5.ª Turma, julgado em 5.6.2018, *DJe* 15.6.2018); e "É penalmente típica a conduta de importar sementes de maconha, achando-se prevista no inciso I do § 1.º do artigo 33 da Lei n. 11.343/2006. 2. O conceito de "matéria-prima", para os fins do inciso I do § 1.º do artigo 33 da Lei n. 11.343/2006, não se limita ao produto ou substância que imediata e diretamente seja utilizado para a produção da droga. A produção da droga pode compreender — e geralmente compreende — várias etapas, assim como também podem ser múltiplas as transformações necessárias a sua conformação. Desse modo, mesmo as substâncias ou produtos utilizados nas primeiras etapas da produção da droga são, para os fins legais, matérias-primas ou, conforme o caso, insumos. 3. O Supremo Tribunal Federal já se pronunciou no sentido de que a expressão "matéria-prima", para os efeitos da lei de regência, compreende não só as substâncias destinadas exclusivamente à preparação da droga, como as que, eventualmente, se prestem a essa finalidade, como o éter e a acetona, destacando, ademais, ser irrelevante que tais substâncias não constem na lista de proscritas. 4. Se assim é em relação ao éter e à acetona, com muito mais razão as sementes de maconha — cuja serventia mais evidente é, sem dúvida, o plantio do vegetal — devem ser consideradas alcançadas pelo conceito legal de matéria-prima. 5. O fato de as sementes de maconha não conterem o princípio ativo THC (tetrahydrocannabinol) não afasta a tipicidade da conduta, pois o objeto material do crime previsto no inciso I do § 1.º do artigo 33 da Lei n. 11.343/2006 não é a droga em si, mas a matéria-prima, o insumo ou produto químico destinado a sua preparação, ou seja, também são incriminadas as etapas anteriores da produção. 6. Do fato de o inciso II do § 1.º do artigo 33 da Lei n. 11.343/2006 incriminar a conduta de "semear" não resulta que a importação de sementes constitua mero ato preparatório. O tipo em questão é classificado como misto alternativo, isto é, uma conduta pode ser mais ampla ou pode ser pressuposto de outra e, mesmo assim, ambas são igualmente incriminadas, não sendo dado concluir que se tenha, em tais hipóteses, mera tentativa ou ato preparatório. 7. Ainda que a importação de sementes de maconha, feita em desacordo com determinações legais e regulamentares, não se amoldasse à previsão do inciso I do § 1.º do artigo 22 da Lei n. 11.343/2006, a denúncia não poderia ser rejeitada, uma vez que, à luz do artigo 34 da Lei n. 10.711/2003 e do artigo 105 do Decreto n. 5.153/2004, seria caso de contrabando. 8. Recurso ministerial provido" (TRF-3.ª Região — RSE 9203/SP 0009203-62.2011.4.03.6181, Rel. Desembargador Federal Nelton dos Santos, 2.ª Turma, julgado em 11.6.2013); "A importação clandestina de sementes de *cannabis sativa linneu* (maconha) configura o tipo penal descrito no art. 33, § 1.º, I, da Lei n. 11.343/2006" (STJ — AgRg no REsp 1.647.314/SP, Rel. Min. Sebastião Reis Júnior, 6.ª Turma, julgado em 9.5.2017, *DJe* 15.5.2017); "(...) esta Corte Superior de Justiça já firmou entendimento no sentido de que 'A importação clandestina de sementes de *cannabis sativa linneu* (maconha) configura o tipo penal descrito no art. 33, § 1.º, I, da Lei n. 11.343/2006' (EDcl no AgRg no REsp 1.442.224/SP, Rel. Min. Sebastião Reis Júnior, 6.ª Turma, julgado em 13.9.2016, *DJe* 22.9.2016) e de que não é cabível a aplicação do princípio da insignificância na hipótese de importação clandestina de produtos lesivos à saúde pública, em especial a semente de maconha" (AgRg no AREsp 1.068.491/SP, Rel. Min. Jorge Mussi, 5.ª Turma, julgado em 9.5.2017, *DJe* 19.5.2017).

b) o fato é **atípico** pois, embora a semente constitua matéria-prima, ela não é tecnicamente usada na **preparação** da maconha e sim em sua **produção**, o que não consta do tipo penal do art. 33, § 1.º, I. Nesse sentido: "1. No que tange à tipicidade ou não da importação de sementes de maconha como crime de tráfico de drogas, é necessário distinguir "preparação de drogas" da "produção de drogas". 2. A semente de maconha presta-se à produção da maconha, mas não à preparação dela, pois a semente, em si, não apresenta o princípio ativo tetrahidrocanabinol (THC) em sua composição e não tem qualidades químicas que, mediante adição, mistura, preparação ou transformação química, possam resultar em drogas ilícitas. 3. O verbo preparar tem o sentido de "aprontar (algo) para que possa ser utilizado"; "cuidar para que (algo) aconteça como planejado"; "compor (algo) a partir de elementos ou ingredientes"; "criar um estado de coisas propício a (que algo ocorra)", entre outras acepções, conforme Minidicionário de Caldas Aulete. Já o verbo produzir significa "fazer nascer de si"; "fabricar"; "causar"; "provocar", etc. (ibidem). 4. Comparando esses verbos, verifica-se que: a) a semente de maconha não pode ser "composta" com outros elementos, substâncias ou ingredientes para, a partir dela, criar uma substância entorpecente; e b) as condutas de "aprontar" a semente de maconha, "cuidar" dela ou "criar um estado de coisas propício" a que ela germine importam a que a semente seja "semeada" ou "cultivada". Só assim, ela "produzirá" a maconha, ao dela "fazer nascer" a planta que dará origem à droga. 5. A semente de maconha não poderá ser considerada matéria-prima ou insumo destinado à preparação da maconha, a que se refere o inciso I, do § 1.º do art. 33, da Lei n. 11.343/2006. 6. Para que se configure o crime de tráfico de drogas previsto no art. 33 da Lei n. 11.343/2006, é preciso que a substância por si só tenha potencialidade para a produção de efeitos entorpecentes e/ ou psicotrópicos e possa causar dependência física ou psíquica, o que não ocorre com as sementes da planta Cannabis sativa Linneu. 7. A semente de maconha poderá ser considerada matéria-prima ou insumo destinado à produção da maconha. Não há, porém, qualquer referência à produção de drogas nesse inciso. Logo, não se pode equiparar a "preparação" à "produção" em face do princípio da legalidade estrita que norteia a interpretação do Direito Penal. Caso fosse a intenção do legislador, haveria referência expressa à "produção" e não apenas à "preparação" de drogas, no inciso em questão. 8. Já à luz do inciso II do § 1.º do art. 33 da Lei de Drogas, a importação (e a consequente posse) da semente de maconha é meramente ato preparatório, portanto, impunível, das condutas aí previstas. 9. A semente de maconha, quando semeada ou cultivada, dá origem à planta que se constitui em matéria-prima para a preparação da droga denominada "maconha" (...)" (TRF-3.ª Região — HC 0025590-03.2013.4.03.0000/SP, Rel. Desembargador Federal Toru Yamamoto, 1.ª Turma, j. 12.11.2013).

Já se entendeu, outrossim, que o fato é **atípico por não ser a semente matéria-prima**: "*Habeas Corpus*. Importação de sementes de maconha. Pequena quantidade. Material que não possui substâncias psicoativas, notadamente o princípio ativo da "cannabis sativa L." (tetrahidrocanabinol ou THC). Conduta destituída de tipicidade penal. Doutrina. Precedentes. Ausência de justa causa que impede a legítima instauração de *persecutio criminis*. Necessária extinção do procedimento penal. Pedido deferido. — A semente de "cannabis sativa L." não se mostra qualificável como droga, nem constitui matéria-prima ou insumo destinado a seu preparo, pois não possui, em sua composição, o princípio ativo da maconha (tetrahidrocanabinol ou THC), circunstância de que resulta a descaracterização da tipicidade penal da conduta do agente que a importa ou que a tem em seu poder" (STF — HC 143890, Rel. Min. Celso de Mello, julgado em 13.5.2019, publicado em Processo Eletrônico *DJe*-101 Divulg. 14.5.2019, Public. 15.5.2019).

Distinção

Nos termos do art. 28, § 1.º, da Lei, quem semeia, cultiva ou colhe plantas destinadas à preparação de **pequena quantidade** de substância entorpecente, **para consumo pessoal**, comete crime equiparado ao porte para consumo próprio, cuja pena é muito menos grave (advertência, prestação de serviços à comunidade ou medida educativa). Esse dispositivo se aplica, em geral, a pessoas que plantam alguns poucos pés de papoula em vasos, na própria casa, para consumo pessoal de opioides. O dispositivo em questão vem solucionar polêmica existente na Lei anterior, sendo de esclarecer que a jurisprudência já era forte no sentido de a conduta não configurar tráfico, e sim o crime de porte para uso próprio (art. 16 da Lei n. 6.368/76), por analogia *in bonam partem*.

O Plenário do Supremo Tribunal Federal, no julgamento do HC 635.659, definiu que é presumido usuário de maconha quem adquire, guarda, tem em depósito, traz consigo ou transporta até seis plantas-fêmeas de *cannabis sativa*. Em tal caso o fato não será considerado ilícito penal.

Se uma pessoa tem autorização da Anvisa ou judicial para plantio de plantas de maconha para fins medicinais, não haverá crime se não forem excedidos os limites da autorização.

Destruição das plantações

Reza o art. 32, com a redação dada pela Lei n. 12.961/2014, que as plantações **ilícitas** serão imediatamente **destruídas** pela autoridade policial, que recolherá quantidade suficiente para exame pericial, de tudo lavrando auto de levantamento das condições encontradas, com a delimitação do local, asseguradas as medidas necessárias para a preservação da prova.

A destruição será feita por **incineração** (art. 50-A, com a redação da Lei n. 12.961/2014). Por sua vez, o art. 32, § 3.º, da Lei n. 11.343/2006 esclarece que, nesses casos, observar-se-á, além das cautelas necessárias à proteção ao meio ambiente, o disposto no Decreto n. 2.661/98, dispensada a autorização prévia do órgão próprio do Sistema Nacional do Meio Ambiente — Sisnama. O decreto citado regulamenta o emprego de fogo em áreas agropastoris e florestais.

Desapropriação das terras onde haja cultivo de substâncias entorpecentes

Visando também coibir o tráfico, o art. 243 da Constituição Federal estabeleceu a **expropriação sem direito a qualquer indenização de terras onde forem localizadas culturas ilegais de substância entorpecente**. O procedimento para essa modalidade de desapropriação encontra-se na Lei n. 8.257/91.

2.2.3.3. Utilização de local ou bem para tráfico ou consentimento de uso de local ou bem para que terceiro pratique tráfico

> **Art. 33**, § 1.º — Nas mesmas penas incorre quem: (...)
> III — utiliza local ou bem de qualquer natureza de que tem a propriedade, posse, administração, guarda ou vigilância, ou consente que outrem dele se utilize, ainda que gratuitamente, sem autorização ou em desacordo com determinação legal ou regulamentar, para o tráfico ilícito de drogas.

Na Lei n. 6.368/76, existia dispositivo **semelhante**, porém muito **mais abrangente**, pois também punia quem utilizava ou consentia na utilização de local ou bem de sua propriedade ou posse para o **uso** de droga. Pela nova redação, o crime em análise só é tipificado se o local ou o bem forem utilizados para o **tráfico** de drogas.

O local a que a lei se refere pode ser **imóvel** (casa, apartamento, bar, pousada) ou **móvel** (veículo, barco). Não é necessário que o agente seja o dono do local utilizado, bastando que tenha a sua **posse** ou a sua simples **administração, guarda** ou **vigilância**. Assim, o gerente de um bar ou o vigia de um parque de diversões podem ser punidos caso permitam o tráfico de entorpecente nesses locais. Trata-se, evidentemente, de crime **doloso**, que pressupõe que o agente **saiba** tratar-se de entorpecente.

É bom lembrar que o art. 63 estabelece que o juiz, ao sentenciar, poderá decretar a perda de veículos, embarcações ou aeronaves utilizados no tráfico.

Deve-se observar que não é adequada a tipificação de crime autônomo para quem utiliza local para tráfico, pois quem está traficando já está incurso nas figuras do art. 33, *caput*. Na prática, portanto, o delito estará tipificado para quem **consentir** na utilização de local de que tem a propriedade, posse, administração, guarda ou vigilância, público ou particular, para que, nele, **terceiro** pratique o tráfico de entorpecentes. Na última hipótese — consentimento na utilização de local para tráfico —, a conduta já seria punível como **participação** no tráfico exercido pelo terceiro. Porém, como a lei transformou a conduta em **crime autônomo**, deverá ser feita a distinção: quem consente na utilização do local incidirá no § 1.º, III, e quem vende a droga responderá pela figura do *caput*.

O crime se **consuma** com o **efetivo** tráfico no local, ainda que por uma única vez. A **habitualidade**, portanto, **não** é requisito.

■ **Dispositivos aplicáveis às figuras equiparadas**

Para as figuras equiparadas do art. 33, § 1.º, I a III, a Lei n. 11.343/2006 expressamente estabelece que:

a) É vedada a concessão de **fiança, liberdade provisória, graça, anistia** e **indulto**, bem como a aplicação do *sursis* (art. 44, *caput*).
Após o advento da Lei n. 11.464/2007, que deixou de proibir a liberdade provisória para os crimes hediondos, firmou-se entendimento de que não mais se justifica a vedação ao tráfico e suas figuras equiparadas.
b) O **livramento condicional** só poderá ser obtido após o cumprimento de **dois terços** da pena e desde que o condenado não seja **reincidente específico** (art. 44, parágrafo único).

c) Nos termos do art. 2.º, § 1.º, da Lei n. 8.072/90, o regime **inicial** para o crime de tráfico deveria ser necessariamente o **fechado**, independentemente do montante da pena aplicada e de ser o réu primário ou reincidente. Essa regra era também aplicada às figuras equiparadas. Acontece que o Plenário do Supremo Tribunal Federal, em 27 de junho de 2012, declarou, por oito votos contra três, a inconstitucionalidade deste art. 2.º, § 1.º, da Lei n. 8.072/90, por entender que a obrigatoriedade de regime inicial fechado para penas não superiores a 8 anos fere o princípio constitucional da individualização da pena (art. 5.º, XLVI, da Constituição Federal). Assim, mesmo para crimes hediondos, tráfico de drogas, terrorismo e tortura, o regime inicial só poderá ser o fechado (quando a pena fixada na sentença não for maior do que 8 anos) se o acusado for reincidente ou se as circunstâncias do caso concreto indicarem uma gravidade diferenciada daquele crime específico, o que deverá constar expressamente da fundamentação da sentença. Essa decisão ocorreu no julgamento do HC 111.840/ES. Em novembro de 2017, confirmando tal entendimento, o Supremo Tribunal Federal aprovou a tese 972, em sede de repercussão geral: "É inconstitucional a fixação *ex lege*, com base no art. 2.º, § 1.º, da Lei n. 8.072/90, do regime inicial fechado, devendo o julgador, quando da condenação, ater-se aos parâmetros previstos no art. 33 do Código Penal".

d) As penas poderão ser **reduzidas de um sexto a dois terços, se o réu for primário e de bons antecedentes, e desde que não se dedique a atividades criminosas nem integre organização criminosa** (art. 33, § 4.º). Trata-se do chamado tráfico **privilegiado**. Com a redução da pena, poderá esta ficar em patamar igual ou inferior a 4 anos, e, em tal hipótese, será cabível a substituição por pena **restritiva de direitos** (art. 44, I, do Código Penal), na medida em que o Supremo Tribunal Federal, ao julgar o HC 97.256/RS, em setembro de 2010, declarou a inconstitucionalidade da proibição que existia nesse dispositivo e que foi posteriormente excluída do texto legal de forma expressa pela Resolução n. 5/2012 do Senado Federal. A conversão deixou de ser proibida, mas, evidentemente, não se tornou obrigatória, uma vez que o art. 44, III, do Código Penal diz que ela só será possível se as circunstâncias do crime indicarem que a substituição é **suficiente** para a prevenção e repressão do crime. Por isso, é comum, por exemplo, que os juízes neguem a substituição em razão da gravidade diferenciada do caso concreto. Ex.: quantidade elevada de matéria-prima destinada à preparação de droga.

No julgamento do HC 118.533, Rel. Min. Cármen Lúcia, em 23.6.2016, o Plenário do Supremo Tribunal Federal decidiu **que o tráfico privilegiado** de drogas não possui natureza hedionda. A decisão da Corte Suprema sobrepôs-se ao que havia decidido o Superior Tribunal de Justiça, que entendera ter natureza hedionda o tráfico privilegiado (Súmula n. 512 — cancelada em 23.11.2016). **Posteriormente, a Lei n. 13.964/2019 inseriu no art. 112, § 5.º, da LEP, regra expressa no sentido de que o tráfico privilegiado não possui natureza hedionda ou equiparada.** Por isso, a progressão de regime pode se dar com o cumprimento de 16% da pena imposta — ao passo que no tráfico comum (não privilegiado) a progressão pressupõe o cumprimento de ao menos 40% da pena se o réu for primário, ou 60% se reincidente na prática de crime hediondo ou equiparado. Além disso, o livramento condicional na figura privilegiada pode ser obtido de acordo com as regras comuns do art. 83 do Código Penal (cumprimento de 1/3 da pena, se o réu for primário, e de 1/2, se reincidente em crime doloso). Por fim, para o tráfico privilegiado não estão vedadas a anistia, a graça e o indulto.

2.2.3.4. Venda ou entrega de drogas ou matéria-prima, insumo ou produto químico destinado à preparação de drogas a agente policial disfarçado

> **Art. 33**, § 1.º — Nas mesmas penas incorre quem: (...)
> IV — vende ou entrega drogas ou matéria-prima, insumo ou produto químico destinado à preparação de drogas, sem autorização ou em desacordo com a determinação legal ou regulamentar, a agente policial disfarçado, quando presentes elementos probatórios razoáveis de conduta criminal preexistente.

É muito comum que policiais obtenham informação anônima de que, em certo local, é praticado tráfico. Assim, estando à paisana, os policiais dirigem-se ao local indicado, tocam a campainha e, alegando serem usuários, perguntam se há droga para vender. A pessoa responde afirmativamente, recebe o valor pedido das mãos dos policiais e, ao retornar com o entorpecente, acaba sendo presa em flagrante. *Seria, nesse caso, aplicável a Súmula 145 do Supremo Tribunal Federal, que diz ser nulo o flagrante, e, portanto, atípico o fato, quando a preparação do flagrante pela polícia torna impossível a consumação do delito?* Não há dúvida de que, em relação à **compra**, a consumação seria impossível, já que os policiais não queriam realmente efetuá-la. Acontece que o flagrante não será nulo porque o traficante, na hipótese, deverá ser autuado pela conduta anterior — **ter a guarda, trazer consigo, ter em depósito** —, que constitui crime **permanente** e, conforme já estudado, admite o flagrante em qualquer momento, sendo, assim, típica a conduta. A encenação feita pelos policiais constitui, portanto, meio de prova a respeito da **intenção** de traficância do agente.

A propósito:

> "Não há falar em flagrante preparado se o comportamento policial não induziu à prática do delito, já consumado em momento anterior. 2. Hipótese em que o crime de tráfico de drogas estava consumado desde o armazenamento do entorpecente, o qual não foi induzido pelos policiais, perdendo relevância a indução da venda pelos agentes. 3. *Writ* denegado" (STJ — HC 245.515/SC, Rel. Min. Maria Thereza de Assis Moura, 6.ª Turma, julgado em 16.8.2012, *DJe* 27.8.2012); "Não fica evidenciada hipótese de crime provocado, ou de flagrante forjado, se os agentes participam da obtenção, da guarda e do transporte de cocaína, que se destina ao exterior, consistindo a atividade da Polícia, apenas, em obter informações sobre o propósito deles e em acompanhar seus passos, até a apreensão da droga, em pleno transporte, ainda no Brasil, seguida de prisão em flagrante" (STF — HC 74.510, Rel. Min. Sydney Sanches, 1.ª Turma, julgado em 8.10.1996, *DJ* 22.11.1996, p. 45690, *Ement.* v. 1851-03, p. 618); "O verbete n. 145 da Súmula do Supremo Tribunal Federal dispõe que "não há crime, quando a preparação do flagrante pela polícia torna impossível a sua consumação". Contudo, não se pode confundir o flagrante preparado — no qual a polícia provoca o agente a praticar o delito e, ao mesmo tempo, impede a sua consumação, cuidando-se, assim, de crime impossível — com o flagrante esperado — no qual a polícia tem notícias de que uma infração penal será cometida e aguarda o momento de sua consumação para executar a prisão. 4. No caso dos autos, verificou-se que os

pacientes já estavam sendo monitorados, não tendo havido provocação prévia dos policiais para que se desse início à prática do crime de tráfico de drogas. Ademais, consta do acórdão impugnado que as abordagens dos veículos ocorreram de forma autônoma, tendo a ligação telefônica apenas demonstrado o vínculo entre os pacientes, encontrando-se ambos em flagrante delito. Nesse contexto, não há se falar em flagrante preparado" (STJ — AgRg no HC 438.565/SP, Rel. Min. Reynaldo Soares da Fonseca, 5.ª Turma, julgado em 19.6.2018, *DJe* 29.6.2018).

O tema acima encontrava-se consideravelmente pacificado. A Lei n. 13.964/2019, desnecessariamente, procurou regulamentar essa situação inserindo como crime autônomo, no art. 33, § 1.º, IV, da Lei n. 11.343/2006 — com as mesmas penas do tráfico — as condutas de **vender** ou **entregar** droga a **policial disfarçado**, desde que haja prova razoável da conduta criminal preexistente, ou seja, do ato de manter em depósito, guardar, trazer consigo a droga. *Data venia*, andou mal o Congresso Nacional que pretendeu modificar a natureza das coisas mediante aprovação de lei, pois um crime impossível — a venda — não se torna possível apenas em razão da vontade do legislador. Tecnicamente não está havendo venda porque o policial disfarçado não está comprando e sim simulando uma compra. Não faz nenhum sentido o promotor escrever na peça inicial: "...denuncio João da Silva por vender a policial disfarçado droga, por haver prova razoável que a situação era preexistente". Ora, há que se denunciar justamente pela conduta preexistente que é ilícita (crime permanente). O problema é que o novo § 1.º, IV, do art. 33, não contém os verbos trazer consigo, guardar ou ter em depósito. Conclusão: os órgãos do Ministério Público devem continuar a atuar como antes, denunciando na figura do *caput* da Lei de Drogas, nos verbos trazer consigo, guardar ou ter em depósito.

Saliente-se, por outro lado, que haverá flagrante provocado e, por consequência, o fato será considerado **atípico** quando policiais à paisana abordarem alguém — **que não possua qualquer montante de droga** (consigo ou guardada) — e oferecerem a ele um bom valor por certa quantidade de cocaína, fazendo com que o sujeito se interesse pela proposta e vá adquirir o entorpecente para depois revendê-lo a maior preço aos policiais. É que, nesse caso, o sujeito foi induzido a realizar a conduta por pessoas que, em nenhum momento, iriam efetivamente comprar a droga, tratando-se, desde o início, de uma encenação.

2.2.4. Induzimento, instigação ou auxílio ao uso de droga

> Art. 33, § 2.º — Induzir, instigar ou auxiliar alguém ao uso indevido de droga:
> Pena — detenção, de um a três anos, e multa de cem a trezentos dias-multa.

1. Condutas típicas

Induzir significa dar a ideia e **convencer** alguém a fazer o uso.

Na **instigação**, a pessoa já estava pensando em fazer uso da droga, e o agente **reforça** essa ideia, encorajando-a.

No **auxílio**, o agente colabora **materialmente** com o uso, fornecendo, por exemplo, cachimbo para fumar *crack*.

Com a alteração trazida pela Lei n. 11.343/2006, quem cede local para que outrem faça uso de droga comete o crime em análise na modalidade "auxílio".

É necessário que o induzimento, o auxílio ou a instigação sejam voltados a **pessoa(s) determinada(s)**. Saliente-se que as condutas se referem apenas ao incentivo ou contribuição ao **uso**, e, por isso, são mais brandamente apenadas. Por sua vez, quem, por exemplo, incentiva terceira pessoa a vender droga é **partícipe** no crime de **tráfico**.

Não existe na atual Lei de Drogas figura antes tipificada no art. 12, § 2.º, III, que punia quem **incentivasse genericamente (pessoas indeterminadas) o porte para consumo ou o tráfico de drogas**, de modo que, na ausência de crime específico, a conduta será punida como **incitação ao crime** (art. 286 do CP). Não caracteriza, porém, infração penal a simples **opinião** no sentido de ser legalizado o uso ou a venda de droga. Por essa razão, o **Supremo Tribunal Federal** considerou incabível que decisões judiciais proíbam as chamadas "marchas da maconha", em que manifestantes realizam passeata, pleiteando a liberação do uso e porte de referido entorpecente. De acordo com o julgamento da ADIn 4.274, ocorrido em 23 de novembro de 2011, o Supremo Tribunal Federal deu interpretação conforme à Constituição ao art. 33, § 2.º, da Lei de Drogas, para excluir do dispositivo "qualquer significado que enseje a proibição de manifestações e debates públicos acerca da descriminalização ou legalização do uso de drogas ou de qualquer substância que leve o ser humano ao entorpecimento episódico, ou então viciado, das suas faculdades psicofísicas". Veja-se a ementa do julgado:

"1. Cabível o pedido de "interpretação conforme à Constituição" de preceito legal portador de mais de um sentido, dando-se que ao menos um deles é contrário à Constituição Federal. 2. A utilização do § 3.º do art. 33 da Lei n. 11.343/2006 como fundamento para a proibição judicial de eventos públicos de defesa da legalização ou da descriminalização do uso de entorpecentes ofende o direito fundamental de reunião, expressamente outorgado pelo inciso XVI do art. 5.º da Carta Magna. Regular exercício das liberdades constitucionais de manifestação de pensamento e expressão, em sentido lato, além do direito de acesso à informação (incisos IV, IX e XIV do art. 5.º da Constituição Republicana, respectivamente). 3. Nenhuma lei, seja ela civil ou penal, pode blindar-se contra a discussão do seu próprio conteúdo. Nem mesmo a Constituição está a salvo da ampla, livre e aberta discussão dos seus defeitos e das suas virtudes, desde que sejam obedecidas as condicionantes ao direito constitucional de reunião, tal como a prévia comunicação às autoridades competentes. 4. Impossibilidade de restrição ao direito fundamental de reunião que não se contenha nas duas situações excepcionais que a própria Constituição prevê: o estado de defesa e o estado de sítio (art. 136, § 1.º, inciso I, alínea "a", e art. 139, inciso IV). 5. Ação direta julgada procedente para dar ao § 2.º do art. 33 da Lei n. 11.343/2006 "interpretação conforme à Constituição" e dele excluir qualquer significado que enseje a proibição de manifestações e debates públicos acerca da descriminalização ou legalização do uso de drogas ou de qualquer substância que leve o ser humano ao entorpecimento episódico, ou então viciado, das suas faculdades psicofísicas" (ADI 4.274, Rel. Min. Ayres Britto, Tribunal Pleno, *DJe* 084, publicada em 2.5.2012).

2. Sujeito ativo

Qualquer pessoa.

3. Sujeito passivo
A coletividade.

4. Consumação
É necessário que a pessoa a quem a conduta foi dirigida **efetivamente faça uso da droga**. Não se pode concordar com a opinião de que basta que tal pessoa obtenha a posse do entorpecente, uma vez que a **própria lei** exige, na descrição típica, o **uso**.

Há quem argumente que, no delito em tela, não há necessidade de apreensão da droga. Veja-se, entretanto, que, se não houver prova de que a substância da qual se fez uso continha o princípio ativo, não haverá certeza de que a substância era entorpecente ou de que provocava dependência.

5. Tentativa
É possível.

6. Pena e ação penal
Na Lei n. 6.368/76, as condutas — atualmente previstas no art. 33, § 2.º, da Lei n. 11.343/2006 — eram equiparadas ao tráfico, possuindo a mesma pena. Na Lei atual, a pena é consistentemente menos grave — um a três anos de detenção —, admitindo, inclusive, a **suspensão condicional do processo**, o *sursis* e a substituição por pena restritiva de direitos, bem como o acordo de não persecução penal. Trata-se, outrossim, de crime afiançável e suscetível de liberdade provisória. Além disso, o livramento condicional pode ser obtido mediante o preenchimento dos requisitos genéricos do art. 83 do Código Penal — cumprimento de um terço da pena, se o condenado for primário, ou de metade, se for reincidente em crime doloso.

A ação penal é **pública incondicionada**.

2.2.5. Oferta eventual e gratuita para consumo conjunto

> Art. 33, § 3.º — Oferecer droga, eventualmente e sem objetivo de lucro, a pessoa de seu relacionamento, para juntos a consumirem:
> Pena — detenção, de seis meses a um ano, e pagamento de setecentos a mil e quinhentos dias-multa, sem prejuízo das penas previstas no art. 28.

1. Conduta típica
O presente dispositivo tem por finalidade punir quem tem uma pequena porção de droga e a **oferece**, por exemplo, a um **amigo** ou à **namorada**, para consumo **conjunto**. Na vigência da antiga Lei Antitóxicos, embora a conduta encontrasse enquadramento no crime de tráfico do art. 12, a jurisprudência era praticamente unânime em desclassificar o crime para aquele previsto no art. 16 (porte para uso próprio), já que a conduta era considerada muito menos grave do que a do verdadeiro traficante. A Lei atual solucionou a questão ao prever crime específico para a hipótese, estabelecendo que, ao agente, será imposta pena de seis meses a um ano e multa, além daquelas previstas no art. 28 (advertência, prestação de serviços à comunidade e frequência a cursos educativos). Tais penas, portanto, devem ser aplicadas **cumulativamente**.

Saliente-se que, para a configuração dessa figura mais brandamente apenada, são exigidos os seguintes requisitos:

a) que a **oferta** da droga seja **eventual**;
b) que seja **gratuita**;
c) que o destinatário seja pessoa do **relacionamento** de quem a oferece;
d) que a droga seja para **consumo conjunto**.

2. Sujeito ativo

Pode ser qualquer pessoa. Trata-se de crime **comum**. É necessário, todavia, que seja alguém do relacionamento daquele a quem a droga é oferecida. Esta, por sua vez, não incorre no crime deste art. 33, § 3.º, da Lei, mas, se com ela for encontrada droga, poderá ser enquadrada no crime do art. 28.

3. Sujeitos passivos

A coletividade e a pessoa a quem a droga é oferecida.

4. Consumação

A redação do dispositivo deixa claro que se trata de crime **formal**, que se consuma no momento em que a droga é **oferecida**, ainda que não sobrevenha o resultado (o efetivo consumo conjunto do entorpecente).

5. Tentativa

Não é possível. Se o agente oferece a droga, o crime está consumado; se não o faz, o fato é atípico (ou tipifica o delito de porte para consumo próprio do art. 28).

6. Pena, vedações e ação penal

Como a pena máxima do crime é de um **ano**, enquadra-se no conceito de **infração de menor potencial ofensivo**, sendo, portanto, cabível a proposta de **transação** penal no Juizado Especial Criminal.

Além disso, a esse crime são inaplicáveis as vedações do art. 44, *caput*, da Lei, quanto a liberdade provisória, *sursis,* anistia, graça e indulto. Igualmente, causas de redução de pena do art. 33, § 4.º, da Lei são inaplicáveis ao delito em análise.

A ação penal é **pública incondicionada**.

2.2.6. Maquinismos e objetos destinados ao tráfico

> **Art. 34.** Fabricar, adquirir, utilizar, transportar, oferecer, vender, distribuir, entregar a qualquer título, possuir, guardar ou fornecer, ainda que gratuitamente, maquinário, aparelho, instrumento ou qualquer objeto destinado à fabricação, preparação, produção ou transformação de drogas, sem autorização ou em desacordo com determinação legal ou regulamentar:
> Pena — reclusão, de três a dez anos, e pagamento de mil e duzentos a dois mil dias-multa.

1. Condutas típicas

As condutas típicas são semelhantes às do art. 33, *caput*: **Fabricar, adquirir, utilizar, transportar, oferecer, vender, distribuir, entregar a qualquer título, possuir, guardar ou fornecer, ainda que gratuitamente.** Entretanto, são elas relacionadas a **máquinas** ou **objetos** em geral destinados à **fabricação, preparação, produção** ou **transformação** de drogas.

A importância desse dispositivo é revelada, por exemplo, em casos em que os agentes montam uma destilaria para o refino de cocaína. Em tal caso, se os policiais não conseguirem apreender com eles qualquer quantidade de droga, serão punidos por esse delito descrito no art. 34, pois, em relação ao art. 33, a conduta constituiria apenas ato preparatório, sendo, portanto, atípica. Se, ao contrário, dentro da refinaria fosse encontrada também droga, o agente responderia apenas pelo crime do art. 33 — que possui pena mais alta —, ficando absorvido o crime do art. 34. No exemplo, a maior gravidade do fato seria levada em conta na fixação da pena-base. A propósito:

"Nos termos da melhor doutrina, há nítida relação de subsidiariedade entre os tipos penais descritos no art. 12 e no art. 13 da Lei n. 6.368/1976 (atualmente, previstos nos arts. 33 e 34 da Lei n. 11.343/2006, respectivamente). Nada obsta, no entanto, que seja reconhecido o concurso material entre o crime previsto no art. 12 da Lei n. 6.368/1976 e o descrito no art. 13 da mencionada lei, na hipótese de o tráfico de drogas ser praticado em contexto diverso, pelo mesmo agente, sem nenhuma conexão com o crime de posse e guarda de maquinário destinado à fabricação de drogas (art. 13). 2. O contexto fático não deixa dúvidas de que a apreensão de maquinários, aparelhos e instrumentos, na chácara Guatapará — SP, destinados à preparação, à produção e à transformação de substâncias entorpecentes, ocorreu em um mesmo contexto, de modo que não se identifica a autonomia fática necessária para embasar a condenação simultânea do paciente pelo crime previsto no art. 12 da Lei n. 6.368/1976 e pelo delito descrito no art. 13 da referida lei. Vale dizer, o maquinário, os aparelhos e os instrumentos destinados à fabricação, à preparação, à produção e/ou à transformação de substância entorpecente destinavam-se, precipuamente, a um só crime-fim: o tráfico de drogas" (STJ — HC 104.489/SP, Rel. Min. Rogerio Schietti Cruz, 6.ª Turma, julgado em 5.4.2016, *DJe* 18.4.2016).

"Há nítida relação de subsidiariedade entre os tipos penais descritos nos arts. 33 e 34 da Lei n. 11.343/2006. De fato, o tráfico de maquinário visa proteger a "saúde pública, ameaçada com a possibilidade de a droga ser produzida", ou seja, tipifica-se conduta que pode ser considerada como mero ato preparatório. Portanto, a prática do art. 33, *caput*, da Lei de Drogas absorve o delito capitulado no art. 34 da mesma lei, desde que não fique caracterizada a existência de contextos autônomos e coexistentes, aptos a vulnerar o bem jurídico tutelado de forma distinta. No caso, referida análise prescinde do reexame de fatos, pois da leitura da peça acusatória, verifica-se que a droga e os instrumentos foram apreendidos no mesmo local e num mesmo contexto, servindo a balança de precisão e a serra/alicate de unha à associação que se destinava ao tráfico de drogas, não havendo a autonomia necessária a embasar a condenação em ambos os tipos penais simultaneamente, sob pena de *bis in idem*. 4. Salutar aferir, ademais, quais objetos se mostram aptos a preencher a tipicidade penal do tipo do art. 34 da Lei de Drogas, o qual visa coibir a produção de drogas. A meu ver, deve ficar demonstrada a real lesividade dos objetos tidos como instrumentos destinados à fabricação, preparação, produção ou transformação de drogas, sob pena de a posse de uma tampa de caneta — utilizada como medidor —, atrair a incidência do tipo penal em exame. Relevante, assim, analisar se os objetos apreendidos são aptos a vulnerar o tipo penal em tela. No caso dos autos, além de a conduta não se mostrar autônoma, verifico que a apreensão de uma balança de precisão e de um alicate de unha não pode ser considerada como posse de maquinário nos termos do que descreve o art. 34 da Lei de Drogas, pois referidos instrumentos integram a prática do delito de tráfico, não se prestando à configuração do crime de posse de maquinário" (STJ — REsp 1.196.334/PR, Rel. Min. Marco Aurélio Bellizze, 5.ª Turma, julgado em 19.9.2013, *DJe* 26.9.2013).

O Superior Tribunal de Justiça firmou entendimento de que "é possível a aplicação do princípio da consunção entre os crimes previstos no § 1.º do art. 33 e/ou no art. 34 pelo tipificado no *caput* do art. 33 da Lei n. 11.343/2006, desde que não caracterizada a existência de contextos autônomos e coexistentes, aptos a vulnerar o bem jurídico tutelado de forma distinta" (*Jurisprudência em teses*, edição n. 126 — maio de 2019). A propósito: "Segundo precedentes da Sexta Turma desta Corte, as condutas tipificadas nos arts. 33, § 1.º, e 34 da Lei n. 11.343/2006 têm natureza subsidiária em relação àquelas previstas no art. 33, *caput*, da mesma Lei (anteriormente previstas nos arts. 12 e 13 da Lei n. 6.368/1976). Sendo assim, quando praticadas todas num mesmo contexto fático, responde o agente apenas pelo crime tipificado no art. 33, *caput*, da Lei n. 11.343/2006" (STJ — REsp 1470276/SP, Rel. Min. Sebastião Reis Júnior, 6.ª Turma, julgado em 01.9.2016, *DJe* 13.9.2016).

Lembre-se, outrossim, de que inúmeros objetos utilizados na produção ou fabricação de drogas são normalmente usados em laboratórios comuns para condutas absolutamente lícitas, tais como pipetas, tubos de ensaio etc. Assim, para a configuração do delito, deve haver **prova da destinação ilícita** que os agentes dariam aos maquinismos, objetos etc. O Superior Tribunal de Justiça tem entendido que o uso e a posse de balança de precisão para pesar a cocaína ou a maconha, a fim de dividi-las em porções antes de colocá-las em embalagens individuais, não configuram o crime em análise, porque a preparação a que se refere o dispositivo em questão diz respeito à produção da droga em si, e não à sua separação em porções depois de já estar pronta (preparada). A propósito:

"A apreensão isolada de uma balança não implica, *per se*, necessária subsunção da conduta ao tipo descrito no art. 34 da Lei n. 11.343/2006. 2. Provado nos autos que a balança se destinava à medida individual de porções destinadas ao consumo, e não à fabricação, produção ou preparo da substância entorpecente, afasta-se aquela imputação — art. 34 —, por atipicidade. (...) 4. Ordem concedida para excluir a condenação decorrente do art. 34 da Lei n. 11.343/2006" (STJ — HC 153.322/BA, Rel. Min. Celso Limongi (Desembargador convocado do TJ/SP), 6.ª Turma, julgado em 16.12.2010, *DJe* 3.11.2011).

Ao sentenciar, o juiz decretará a perda dos bens (art. 63).

É necessário salientar, ainda, que o **objeto material** desse crime são aqueles utilizados no processo **criativo** da droga, não havendo punição para o porte de lâminas de barbear (para o usuário separar a cocaína em doses), na posse de maricas ou cachimbos (para o fumo de maconha ou *crack*) etc.

2. Sujeito ativo

Pode ser qualquer pessoa.

3. Sujeito passivo
A coletividade.

4. Consumação
No momento em que realizada a conduta típica, independentemente da efetiva fabricação, preparação, produção ou transformação da droga.

5. Tentativa
É possível.

6. Pena, vedações e ação penal
A pena é de 3 a 10 anos de reclusão e 1.200 a 2.000 dias-multa.

Nos termos do art. 44, o crime em análise é insuscetível de fiança e liberdade provisória, e, ao condenado, não poderá ser concedido o *sursis*. Além disso, não poderá ele obter anistia, graça ou indulto. Conforme já mencionado, o dispositivo previa também a vedação à substituição da pena privativa de liberdade por restritiva de direitos; entretanto, o Supremo Tribunal Federal declarou a inconstitucionalidade dessa parte do art. 44 ao julgar o HC 97.256/RS, em setembro de 2010. Assim, se a pena fixada na sentença não superar 4 anos, será cabível a substituição por pena restritiva, nos termos do art. 44, I, do Código Penal, desde que as circunstâncias do crime indiquem que a medida é **suficiente** para a prevenção e repressão do crime (art. 44, III, do CP).

O redutor do art. 33, § 4.º, da Lei n. 11.343/2006 — conhecido como tráfico privilegiado — só se aplica aos crimes descritos no *caput* e no § 1.º do art. 33. Assim, não beneficia pessoas condenadas pelo dispositivo em estudo.

Por sua vez, o art. 44, parágrafo único, restringe a possibilidade de obtenção do **livramento condicional** àqueles que já tiverem cumprido **dois terços da pena** (e desde que não sejam **reincidentes específicos**).

Nos termos do art. 2.º, § 1.º, da Lei n. 8.072/90, o regime **inicial** para o crime de tráfico deveria ser necessariamente o **fechado**, independentemente do montante da pena aplicada e de ser o réu primário ou reincidente. Essa regra era também aplicada ao crime em análise. Acontece que o Plenário do Supremo Tribunal Federal, em 27 de junho de 2012, declarou, por oito votos contra três, a inconstitucionalidade desse art. 2.º, § 1.º, da Lei n. 8.072/90, por entender que a obrigatoriedade de regime inicial fechado para penas não superiores a 8 anos fere o princípio constitucional da individualização da pena (art. 5.º, XLVI, da Constituição Federal). Assim, mesmo para crimes hediondos, tráfico de drogas, terrorismo e tortura, o regime inicial só poderá ser o fechado (quando a pena fixada na sentença não for maior do que 8 anos) se o acusado for reincidente ou se as circunstâncias do caso concreto indicarem uma gravidade diferenciada daquele crime específico, o que deverá constar expressamente da fundamentação da sentença. Essa decisão ocorreu no julgamento do HC 111.840/ES. Em novembro de 2017, confirmando tal entendimento, o Supremo Tribunal Federal aprovou a tese 972, em sede de repercussão geral: "É inconstitucional a fixação *ex lege*, com base no art. 2.º, § 1.º, da Lei n. 8.072/90, do regime inicial fechado, devendo o julgador, quando da condenação, ater-se aos parâmetros previstos no art. 33 do Código Penal".

Após o advento da Lei n. 11.464/2007, que deixou de proibir a liberdade provisória para os crimes hediondos, firmou-se entendimento de que não mais se justifica a vedação ao tráfico e suas figuras equiparadas.

2.2.7. Associação para o tráfico

> **Art. 35.** Associarem-se duas ou mais pessoas para o fim de praticar, reiteradamente ou não, qualquer dos crimes previstos nos arts. 33, *caput* e § 1.º, e 34 desta Lei:
> Pena — reclusão, de três a dez anos, e pagamento de setecentos a mil e duzentos dias-multa.
> Parágrafo único. Nas mesmas penas do *caput* deste artigo incorre quem se associa para a prática reiterada do crime definido no art. 36 desta Lei.

1. Condutas típicas

Tal como o delito de **associação criminosa** descrito no art. 288 do Código Penal, cuida-se de crime **plurissubjetivo** que pressupõe a **união de pessoas** visando à delinquência. É claro, entretanto, que, por se tratar de crime especial, o art. 35 da Lei possui características e requisitos próprios:

a) *envolvimento mínimo de duas pessoas*. Trata-se de crime de concurso **necessário** de condutas **paralelas**, porque os envolvidos ajudam-se na prática do delito. Diverge do crime comum de associação criminosa, que pressupõe o envolvimento de pelo menos três pessoas;

b) *intenção de cometer qualquer dos crimes previstos nos arts. 33, caput e § 1.º, e 34 da Lei* (tráfico). Diferencia-se do crime comum de associação criminosa porque, neste, os integrantes visam cometer outros crimes (furto, roubo, receptação, aborto, peculato etc.).
O art. 8.º da Lei dos Crimes Hediondos prevê que a pena do crime de associação criminosa do art. 288 será de reclusão, de três a seis anos, quando a finalidade for a prática de crimes hediondos, **tráfico de entorpecentes**, terrorismo ou tortura. Tal dispositivo, entretanto, restou prejudicado no que diz respeito ao tráfico, na medida em que o delito do art. 35 da Lei de Drogas é descrito em lei especial e posterior. Além disso, possui pena consideravelmente maior;

c) *que os agentes queiram cometer os crimes de forma reiterada ou não*. Assim, ao contrário do que ocorre no crime comum de associação criminosa, não é necessária a intenção de reiteração delituosa.

Nos expressos termos do art. 35, haverá o crime de associação para o tráfico, quer a união seja para a prática de um, quer para a de vários crimes. É preciso salientar, todavia, que o tipo penal pressupõe uma "**associação**" para o tráfico, de modo que, embora o art. 35 não exija a finalidade de reiteração criminosa, faz-se necessário um prévio ajuste entre as partes, um verdadeiro pacto associativo, de modo que a reunião meramente ocasional não caracteriza o delito. Na prática, para fazer valer tal distinção, leva-se em conta o grau de organização, a gravidade da conduta e, evidentemente, a intenção de reiteração criminosa. Com efeito, quando existe essa intenção, não há dúvida de que está configurado o crime de associação para o tráfico (art. 35). Porém, quando não existir prova nesse sentido, o julgador deverá verificar se existe certa organização dos envolvidos, bem como a forma como se comportaram no caso concreto. Assim, ainda que não tenham intenção de reiteração, se o juiz verificar, por exemplo, que eles se organizaram para, de uma só vez, importar e depois distribuir grande quantia da droga, responderão pelo crime autônomo (art. 35), evidentemente, em **concurso material** com o tráfico por eles realizado (art. 33, *caput*). Igual conclusão deve ocorrer quando os agentes realizam várias condutas em relação ao mesmo objeto material, como, por exemplo, quando plantam, cultivam, colhem, preparam e vendem um mesmo "lote" de droga. Conforme já estudado, por se tratar de crime de ação múltipla, haverá um só crime de tráfico (art. 33), mas não se poderá cogitar de mera união eventual, já que os agentes realizaram inúmeras condutas. Assim sendo, responderão também pelo crime de associação (art. 35). Por outro lado, se um pequeno traficante tem uma quantidade de droga em seu poder e vende-a a um consumidor, e, para efetivar a entrega, solicita ajuda a um conhecido, vindo ambos a realizar a entrega na residência do comprador, terá havido uma união momentânea, extremamente transitória, incapaz de se enquadrar no conceito de "associação", de modo que eles responderão apenas pelo crime de tráfico (art. 33).

A propósito:

"Revela-se indispensável, para a configuração do crime de associação para o tráfico, a evidência do vínculo estável e permanente do acusado com outros indivíduos" (STJ — AgRg no REsp 1.994.101/SP, Rel. Min. Olindo Menezes (Desembargador Convocado do TRF 1.ª Região), 6.ª Turma, julgado em 27.9.2022, *DJe* de 30.9.2022); "Para a caracterização do crime de associação para o tráfico, é imprescindível o dolo de se associar com estabilidade e permanência, uma vez que a reunião ocasional de duas ou mais pessoas não é suficiente para a configuração do tipo do art. 35 da Lei n. 11.343/2006. Precedentes." (STJ — HC 592.788/RJ, Rel. Min. Nefi Cordeiro, 6.ª Turma, julgado em 22.9.2020, *DJe* 29.9.2020); "Quanto ao crime de associação para o tráfico, vale destacar que, para a sua configuração, o fato deve ser revestido de caráter permanente e duradouro. *In casu*, consta dos autos que as provas colhidas, durante toda a investigação policial, notadamente, por meio das interceptações telefônicas, demonstram o *animus* associativo de estabilidade e permanência entre a agravante e os demais corréus para a prática do narcotráfico, ou seja, a apelante e os demais acusados tinham um esquema organizado para a comercialização das substâncias entorpecentes" (STJ — AgRg no AREsp 1699205/AC, Rel. Min. Reynaldo Soares da Fonseca, 5.ª Turma, julgado em 08/09.2020, *DJe* 15.9.2020).

2. Sujeito ativo
Trata-se de crime comum. Pode ser cometido por qualquer pessoa.

3. Sujeito passivo
A coletividade.

4. Consumação
A descrição típica deixa claro que se trata de crime **formal**, que se consuma com a mera união dos envolvidos, ou seja, no momento em que se associam. Assim, ainda que sejam detidos antes da prática do primeiro tráfico de drogas, já estarão incursos no tipo

penal. Por sua vez, haverá concurso **material** com o crime de tráfico quando, após a associação, vierem efetivamente a cometer qualquer dos crimes dos arts. 33, *caput* e § 1.º, e 34 da Lei.

A propósito da **autonomia** entre os crimes de tráfico e associação para o tráfico, vejam-se os seguintes julgados do **Superior Tribunal de Justiça**:

> "Art. 69 do CP. Delitos de associação e tráfico de drogas. Concurso material. Possibilidade. Crimes autônomos. Ilegalidade não evidenciada. 1. Os delitos de tráfico de entorpecentes e de associação para o tráfico, por serem autônomos, podem ser punidos na forma do concurso material (Precedentes STJ)" (HC 202.378/PB, Rel. Min. Jorge Mussi, 5.ª Turma, julgado em 24.4.2012, *DJe* 3.5.2012); "Os crimes de tráfico e de associação para o tráfico de drogas são crimes autônomos, porquanto a descrição típica de cada um deles se caracteriza por elementares específicas e distintas. Assim, não há falar em continuidade delitiva entre os crimes de tráfico e de associação para o tráfico de drogas, porquanto não são da mesma espécie" (STJ — HC 305.553/SP, Rel. Min. Maria Thereza de Assis Moura, 6.ª Turma, julgado em 4.11.2014, *DJe* 14.11.2014).

No mesmo sentido, podem ser também apontados julgados do Supremo Tribunal Federal: "Os crimes previstos nos artigos 12 e 14 da Lei n. 6.368/76 são autônomos, dando margem, assim, ao reconhecimento de concurso material" (HC 73.878, Rel. Min. Moreira Alves, 1.ª Turma, julgado em 18.6.1996, *DJ* 7.3.1997, p. 5400, *Ement.* v. 1860-02, p. 231); **e** "Crimes de tráfico e de associação para o tráfico de entorpecentes, em concurso material. 1. É da jurisprudência do Supremo Tribunal Federal que é possível ocorrer concurso material entre os crimes de tráfico e de associação para o tráfico de entorpecentes (arts. 12 e 14 da Lei n. 6.368/76). Precedente" (HC 74.738, Rel. Min. Maurício Corrêa, 2.ª Turma, julgado em 8.4.1997, *DJ* 18.5.2001, p. 432, *Ement.* v. 2031-05, p. 894).

O Superior Tribunal de Justiça firmou entendimento de que "para a configuração do crime de associação para o tráfico de drogas, previsto no art. 35 da Lei n. 11.343/2006, é irrelevante a apreensão de drogas na posse direta do agente" (*Jurisprudência em teses*, edição n. 126 — maio de 2019). A propósito:

> "A ausência de apreensão de drogas na posse direta do paciente não afasta a prática do delito ou sua flagrância, eis que demonstrada sua ligação com os corréus e adolescentes, além de sua relação com os demais alvos da busca e apreensão" (STJ — HC 441.712/SP, Rel. Min. Jorge Mussi, 5.ª Turma, julgado em 21.2.2019, *DJe* 12.3.2019); "Para a configuração do delito previsto no art. 35 da Lei n. 11.343/06 é desnecessária a comprovação da materialidade quanto ao delito de tráfico, sendo prescindível a apreensão da droga ou o laudo toxicológico. É indispensável, tão somente, a comprovação da associação estável e permanente, de duas ou mais pessoas, para a prática da narcotraficância" (STJ — HC 432.738/PR, Rel. Min. Maria Thereza de Assis Moura, 6.ª Turma, julgado em .3.2018, *DJe* 27.3.2018).

5. Tentativa

As características desse delito são **incompatíveis** com a figura tentada. Havendo o acordo de vontades entre os integrantes, o crime estará consumado; caso contrário, o fato será considerado atípico.

6. Pena e ação penal

A pena prevista é de reclusão de 3 a 10 anos e 700 a 1.200 dias-multa.

Nos termos do art. 44, o crime em análise é insuscetível de fiança e liberdade provisória, e, ao condenado, não poderá ser concedido o *sursis*. Além disso, não poderá obter anistia, graça ou indulto. Conforme já mencionado, o dispositivo previa também a vedação à substituição da pena privativa de liberdade por restritiva de direitos; entretanto, o STF declarou a inconstitucionalidade dessa parte do art. 44 ao julgar o HC 97.256/RS, em setembro de 2010. Assim, se a pena fixada na sentença não superar 4 anos, será cabível a substituição por pena restritiva, nos termos do art. 44, I, do Código Penal, desde que as circunstâncias do crime indiquem que a medida é **suficiente** para a prevenção e repressão do crime (art. 44, III, do CP).

O Supremo Tribunal Federal e o Superior Tribunal de Justiça entenderam que o crime de associação para o tráfico não é equiparado a hediondo por não ter sido mencionado na Lei n. 8.072/90 (*v.* comentários no tópico 1.5 do capítulo 1). Assim, os condenados por esse crime terão direito à **progressão** de regime de acordo com as regras **comuns** da Lei de Execução Penal (art. 112).

Por sua vez, o art. 44, parágrafo único, restringe a possibilidade de obtenção do **livramento condicional** àqueles que já tiverem cumprido **dois terços** da pena (e desde que não sejam **reincidentes específicos**). O Superior Tribunal de Justiça, inclusive, já decidiu que, embora não possua natureza hedionda, a regra do art. 44, parágrafo único, da Lei de Drogas se mantém intacta:

"(...) a despeito de não ser considerado hediondo, o crime de associação para o tráfico, no que se refere à concessão do livramento condicional, deve, em razão do princípio da especialidade, observar a regra estabelecida pelo art. 44, parágrafo único, da Lei n. 11.343/2006, ou seja, exigir que o cumprimento de 2/3 (dois terços) da pena, vedada a sua concessão ao reincidente específico" (STJ — AgRg no HC 499.706/SP, Rel. Min. Antonio Saldanha Palheiro, 6.ª Turma, julgado em 18.6.2019, *DJe* 27.6.2019); "Em razão do Princípio da Especialidade, para a concessão do livramento condicional ao delito de associação para o tráfico, exige-se o cumprimento de 2/3 (dois terços) da pena, requisito objetivo previsto no parágrafo único do art. 44 da Lei n. 11.343/06. Precedentes. *Habeas corpus* não conhecido" (STJ — HC 467.215/SP, Rel. Min. Felix Fischer, 5.ª Turma, julgado em 23.10.2018, *DJe* 31.10.2018). "Como o art. 44 da Lei de Drogas veda o indulto ao crime de associação ao tráfico, o Superior Tribunal de Justiça tem entendido que tal regra continua tendo aplicação ainda que o delito não seja equiparado a hediondo: "O crime de associação para o tráfico de entorpecentes (art. 35 da Lei n. 11.343/2006) não figura no rol de crimes hediondos ou a delitos a eles equiparados. 3. No entanto, a vedação expressa à concessão do indulto/comutação ao crime de associação para o tráfico de drogas (art. 35 da Lei n. 11.343/06), embora não conste no Decreto n. 9.246/2017, está delineada no art. 44, *caput*, da Lei n. 11.343/06, o que afasta o apontado constrangimento ilegal. Precedentes" ((HC 482.209/RS, Rel. Min. Reynaldo Soares da Fonseca, 5.ª Turma, julgado em 7.2.2019, *DJe* 15.2.2019); "A vedação expressa à concessão do indulto ao crime de associação para o tráfico de drogas, embora não conste no Decreto n. 9.370/2018, está delineada no art. 44, *caput*, da Lei n. 11.343/2006" (AgRg no HC 501.917/RS, Rel. Min. Laurita Vaz, 6.ª Turma, julgado em 15.8.2019, *DJe* 3.9.2019).

Após o advento da Lei n. 11.464/2007, que deixou de proibir a liberdade provisória para os crimes hediondos, firmou-se entendimento de que não mais se justifica a vedação ao presente delito.

A ação penal é **pública incondicionada**.

> **Observação:** Em relação ao crime de associação para o financiamento do tráfico previsto no art. 35, parágrafo único, *vide* o tópico seguinte.

2.2.8. Financiamento ao tráfico

> **Art. 36.** Financiar ou custear a prática de qualquer dos crimes previstos nos arts. 33, *caput* e § 1.º, e 34 desta Lei:
> Pena — reclusão, de oito a vinte anos, e pagamento de mil e quinhentos a quatro mil dias-multa.

1. Condutas típicas

A tipificação desse ilícito penal é apontada como uma das principais inovações da atual Lei de Drogas, pois, no regime anterior, quem financiasse o tráfico só poderia ser punido como **partícipe** desse crime. Na legislação atual, porém, a conduta constitui **crime autônomo**, punido muito mais severamente.

A conduta ilícita abrange qualquer espécie de ajuda financeira, com a entrega de valores ou bens aos traficantes. Note-se, porém, que a configuração do delito autônomo pressupõe que o agente atue como financiador **contumaz** (habitual), ou seja, que se dedique a tal atividade de forma reiterada. Essa conclusão é inevitável porque, àquele que financia o tráfico de forma **isolada** (ocasional), está reservada a **causa de aumento** do art. 40, VII, combinado com o art. 33, *caput*, da Lei (v. comentários ao referido dispositivo).

O próprio art. 35, parágrafo único, ao tipificar o crime de associação para o financiamento do tráfico, exige, expressamente, que essa união de pessoas vise ao tráfico **reiterado**. Se houver essa associação reiterada, de duas ou mais pessoas, para o financiamento ou custeio do tráfico, estará caracterizado o crime previsto no art. 35, parágrafo único, da Lei n. 11.343/2006, em concurso **material** com o do art. 36.

Entendendo não se tratar de crime habitual, temos a opinião de Fernando Capez[8].

2. Sujeito ativo
Pode ser qualquer pessoa.

3. Sujeito passivo
A coletividade.

4. Consumação
No momento em que o agente financia ou custeia de modo habitual o tráfico de drogas.

---

[8] CAPEZ, Fernando. *Curso de direito penal. Legislação penal especial*, v. 4, p. 735.

5. Tentativa

Inadmissível, pois, ou existe a reiteração de atos e o crime está consumado, ou não existe e o agente responde por participação no crime de tráfico, com a pena aumentada em razão do financiamento (art. 33, *caput*, c/c art. 40, VII).

6. Pena, vedações e ação penal

A pena prevista é de reclusão, de oito a vinte anos, e 1.500 a 4.000 mil dias-multa.

Aos condenados por esse tipo de infração penal, são vedadas a **liberdade provisória** e a **fiança**. Além disso, não poderão obter **graça, anistia** ou **indulto** (art. 44, *caput*).

O redutor do art. 33, § 4.º, da Lei n. 11.343/2006 — conhecido como tráfico privilegiado — só se aplica aos crimes descritos no *caput* e no § 1.º do art. 33. Assim, não beneficia pessoas condenadas pelo dispositivo em estudo.

O **livramento condicional** só poderá ser obtido após o cumprimento de **dois terços** da pena e desde que o condenado **não** seja **reincidente específico** (art. 44, parágrafo único).

Após o advento da Lei n. 11.464/2007, que deixou de proibir a liberdade provisória para os crimes hediondos, firmou-se entendimento de que não mais se justifica a vedação ao presente delito.

A ação penal é **pública incondicionada**.

2.2.9. Informante colaborador

> **Art. 37.** Colaborar, como informante, com grupo, organização ou associação destinados à prática de qualquer dos crimes previstos nos arts. 33, *caput* e § 1.º, e 34 desta Lei:
> Pena — reclusão, de dois a seis anos, e pagamento de trezentos a setecentos dias-multa.

1. Conduta típica

Para a configuração desse ilícito penal, criado pela Lei n. 11.343/2006, não basta a colaboração com o tráfico, exigindo o tipo penal que se trate de **informante** colaborador de **grupo, organização** ou **associação** voltados para o tráfico. O informante não integra efetivamente o grupo e não toma parte no tráfico, mas passa informações a seus integrantes, como, por exemplo, um policial que, ao saber que uma grande diligência será feita em certo local, visando à apreensão de droga, telefona para o chefe do grupo, passando a informação com antecedência para que possam fugir ou esconder a droga antes da chegada dos outros policiais ao local. Se o informante integrar o grupo, estando associado efetivamente aos demais integrantes, deve responder pelo crime de associação ao tráfico (art. 35) — que tem pena maior. A propósito:

> "A norma incriminadora do art. 37 da Lei n. 11.343/2006 tem como destinatário o agente que colabora como informante com grupo (concurso eventual de pessoas), organização criminosa (art. 2.º da Lei n. 12.694/2012) ou associação (art. 35 da Lei n. 11.343/2006), desde que não tenha ele qualquer envolvimento ou relação com as atividades daquele grupo, organização criminosa ou associação para as quais atua como informante. Se a prova indica que o agente mantém vínculo ou envolvimento com esses grupos, conhecendo e participando de sua rotina, bem como cumprindo sua tarefa na empreitada comum, a conduta não se subsume ao tipo do art. 37 da Lei de Tóxicos, mas sim pode configurar

outras figuras penais, como o tráfico ou a associação, nas modalidades autoria e participação, ainda que a função interna do agente seja a de sentinela, fogueteiro ou informante. 3. O tipo penal trazido no art. 37 da Lei de Drogas se reveste de verdadeiro caráter de subsidiariedade, só ficando preenchida a tipicidade quando não se comprovar a prática de crime mais grave. De fato, cuidando-se de agente que participa do próprio delito de tráfico ou de associação, a conduta de colaborar com informações para o tráfico já é inerente aos mencionados tipos. Considerar que o informante possa ser punido duplamente, pela associação e pela colaboração com a própria associação da qual faz parte, além de contrariar o princípio da subsidiariedade, revela indevido *bis in idem*" (STJ — HC 224.849/RJ, Rel. Min. Marco Aurélio Bellizze, 5.ª Turma, julgado em 11.6.2013, *DJe* 19.6.2013).

É evidente que o informante, em geral, recebe dinheiro por suas informações, e, se for funcionário público, responde também pelo crime de corrupção passiva (art. 317 do CP).

2. Sujeito ativo

Qualquer pessoa.

3. Sujeito passivo

A coletividade.

4. Consumação

No momento em que o agente presta informações ao grupo.

5. Tentativa

Não é admissível. Se o sujeito presta a informação, o crime está consumado; se não o faz, o fato é atípico.

6. Pena e ação penal

A pena prevista é de 2 a 6 anos de reclusão e 300 a 700 dias-multa.

O livramento condicional só poderá ser obtido após o cumprimento de dois terços da pena e desde que o condenado não seja reincidente específico (art. 44, parágrafo único).

A ação penal é pública incondicionada.

2.2.10. Prescrição culposa

> Art. 38. Prescrever ou ministrar, culposamente, drogas, sem que delas necessite o paciente, ou fazê-lo em doses excessivas ou em desacordo com determinação legal ou regulamentar:
> Pena — detenção, de seis meses a dois anos, e pagamento de cinquenta a duzentos dias-multa.

1. Condutas típicas

A lei descreve apenas **duas** condutas típicas:

a) **prescrever**: receitar; e

b) **ministrar**: inocular, introduzir a droga no organismo de alguém.

O delito em análise, conforme dispõe expressamente a lei, é **culposo**, uma vez que prescrever ou ministrar **dolosamente** constitui **tráfico** (art. 33, *caput*).

Os crimes culposos, geralmente, possuem o tipo **aberto**, isto é, a lei não descreve em que consiste a imprudência, negligência ou imperícia, devendo o juiz, no caso concreto, verificar se o réu agiu ou não com as cautelas necessárias. No entanto, o delito culposo do art. 38 da Lei de Drogas não possui o tipo aberto, visto que a lei menciona exatamente quais condutas culposas tipificam-no, ou seja:

a) *quando o paciente não necessita da droga*: só se configura quando ocorre um erro de avaliação, isto é, o agente supõe que o quadro do paciente indica a necessidade de aplicação de droga, quando, em verdade, isso não é efetivamente necessário. Ex.: o médico prescreve morfina a um paciente que tem câncer para fazer diminuir a dor e, depois, descobre-se que a dor referida pelo paciente não era causada pelo tumor;

b) *quando a dose é receitada ou ministrada de forma excessiva*: ocorre quando a dose é maior do que a necessária. Só haverá crime se houver uma diferença razoável entre a dose recomendável para o tratamento e a efetivamente prescrita ou aplicada. Se, em razão do excesso, a vítima morre ou sofre lesão corporal, o agente responderá também por crime de homicídio culposo ou lesão corporal culposa;

c) *quando a substância é ministrada em desacordo com determinação legal ou regulamentar*: configura-se quando ocorre outra espécie qualquer de engano, em desatenção ao que estabelece a lei ou o regulamento.

2. Sujeito ativo

Apesar de não constar expressamente do tipo penal, trata-se de crime **próprio** que somente pode ser cometido por médico, dentista, farmacêutico ou profissional de enfermagem. Os dois últimos podem praticar o crime exclusivamente na modalidade ministrar, já que apenas médicos e dentistas podem prescrever drogas — para tratamento de algum tipo de distúrbio da saúde ou para fins terapêuticos em geral (diminuição de dor, por exemplo).

O parágrafo único do art. 38 da Lei n. 11.343/2006 confirma que se trata de crime próprio ao dispor que "o juiz comunicará a condenação ao Conselho Federal da categoria profissional a que pertença o agente" para as providências pertinentes.

Saliente-se que o delito em questão, por ser infração de menor potencial ofensivo (pena máxima não superior a 2 anos), admite a transação penal, bem como a suspensão condicional do processo (pena mínima não superior a 1 ano) e o acordo de não persecução penal. Em tais casos, **não existe a obrigatoriedade** de comunicação ao Conselho Federal, já que o dispositivo determina a providência em caso de **condenação**. Nada obsta, porém, que o juiz, outra autoridade ou a própria vítima encaminhem cópia do procedimento ou alguma espécie de reclamação ao referido Conselho, solicitando apuração.

3. Sujeitos passivos

A coletividade e, secundariamente, a pessoa em quem a droga foi ministrada de forma excessiva ou desnecessária.

4. Consumação

Na modalidade "prescrever", consuma-se no momento em que a receita é entregue ao paciente. Em virtude da redação do dispositivo, não é necessário que o paciente consiga adquirir a droga.

Na modalidade "ministrar", o delito consuma-se no instante em que a substância é inoculada na vítima.

5. Tentativa

Vicente Greco Filho[9], ao comentar a antiga Lei Antitóxicos, defendeu ser possível a tentativa quando a receita fosse enviada por correio e não chegasse às mãos do paciente destinatário por ter sido interceptada pelas autoridades. Esse posicionamento era questionável, pois se sabe que não existe tentativa de crime culposo. Com efeito, na tentativa, o agente quer o resultado e não o atinge por circunstâncias alheias à sua vontade. No caso em tela, o médico não quer o resultado, ou seja, não quer prescrever **em excesso**, fazendo-o de forma culposa. Na hipótese, parece-nos que o fato é atípico.

6. Ação penal

Pública incondicionada, de competência do Juizado Especial Criminal por se tratar de infração de menor potencial ofensivo.

2.2.11. Condução de embarcação ou aeronave após o consumo de droga

> **Art. 39.** Conduzir embarcação ou aeronave após o consumo de drogas, expondo a dano potencial a incolumidade de outrem:
> Pena — detenção, de seis meses a três anos, além da apreensão do veículo, cassação da habilitação respectiva ou proibição de obtê-la, pelo mesmo prazo da pena privativa de liberdade aplicada, e pagamento de duzentos a quatrocentos dias-multa.
> Parágrafo único. As penas de prisão e multa, aplicadas cumulativamente com as demais, serão de quatro a seis anos e de quatrocentos a seiscentos dias-multa, se o veículo referido no *caput* deste artigo for de transporte coletivo de passageiros.

1. Condutas típicas

O presente tipo penal, que tutela **a segurança no espaço aéreo e aquático,** pune a condução **perigosa** de aeronave ou embarcação decorrente da **utilização de droga**.

Para a configuração do delito, é necessário que, em razão do consumo da droga, o agente conduza a aeronave ou embarcação de **forma anormal**, expondo a **perigo a incolumidade de outrem**. Não é necessário, entretanto, que se prove que pessoa **determinada** foi exposta a uma situação de risco, bastando a prova de que houve condução irregular da aeronave ou embarcação. Estas, aliás, podem ser de qualquer categoria ou tamanho (exemplos: avião a jato, monomotor, turboélice, lancha, *jet-ski*, veleiro, navio).

---

[9] GRECO FILHO, Vicente. *Tóxicos*. 6. ed. São Paulo: Saraiva, 1989. p. 114.

Tratando-se de condução de **veículo automotor em via pública** (automóvel, motocicleta, caminhão etc.), sob o efeito de droga, a conduta se enquadra no crime do art. **306 da Lei n. 9.503/97** (Código de Trânsito Brasileiro — CTB), cujas penas são as mesmas.

2. Sujeito ativo
Pode ser qualquer pessoa, habilitada ou não.

3. Sujeito passivo
A coletividade.

4. Consumação
No momento em que o agente inicia a condução anormal da aeronave ou embarcação.

5. Tentativa
Não é admissível. Se o agente queria, por exemplo, conduzir uma embarcação após o consumo de droga, mas seus amigos esconderam a chave, o fato é considerado **atípico**, porque não existe prova de que ocorreria condução anormal.

6. Pena e ação penal
Na modalidade simples, do *caput*, é cabível a **suspensão condicional do processo** (art. 89 da Lei n. 9.099/95), já que a pena mínima não é superior a 1 ano. O mesmo não ocorre com a modalidade qualificada do parágrafo único, em que a pena mínima é de 2 anos, quando a embarcação ou aeronave for de transporte **coletivo** de passageiros.

A ação penal é **pública incondicionada**.

2.2.12. Causas de aumento de pena

O art. 40 da Lei n. 11.343/2006 descreve diversas causas de aumento de pena que, todavia, **só se aplicam aos crimes previstos em seus arts. 33 a 37**, que são os delitos relacionados ao **tráfico de drogas**. Não incidem, portanto, nos crimes em que a intenção do agente é o **consumo próprio**, nem no crime culposo previsto no art. 38 e no de direção de embarcação ou aeronave sob efeito de droga descrito no art. 39.

O Superior Tribunal de Justiça firmou entendimento de que "não acarreta *bis in idem* a incidência simultânea das majorantes previstas no art. 40 aos crimes de tráfico de drogas e de associação para fins de tráfico, porquanto são delitos autônomos, cujas penas devem ser calculadas e fixadas separadamente" (*Jurisprudência em teses*, edição n. 60).

É possível que o juiz reconheça **mais de uma** dessas causas de aumento de pena. Ex.: policial que vende droga para preso (incs. II e III). Nos termos do art. 68, parágrafo único, do Código Penal, o juiz pode aplicar apenas uma vez o índice de aumento. É claro, porém, que, nesse caso, não deverá fazê-lo no mínimo legal, já que a lei possibilita um aumento de um sexto a dois terços.

Passaremos a analisar as causas de aumento em espécie:

> **Art. 40.** As penas previstas nos arts. 33 a 37 desta Lei são aumentadas de um sexto a dois terços, se:
> I — a natureza, a procedência da substância ou do produto apreendido e as circunstâncias do fato evidenciarem a transnacionalidade do delito;

O tráfico com o exterior está presente nas hipóteses de **importação** e **exportação**. Nesses casos, como veremos adiante, a competência será da **Justiça Federal**.

Para a incidência do dispositivo, não é necessário que o agente consiga sair ou entrar no País com a droga; basta que fique demonstrado que essa era sua **finalidade**. Em abril de 2018, o Superior Tribunal de Justiça aprovou a Súmula n. 607 nesse sentido: "A majorante do tráfico transnacional de drogas (art. 40, I, da Lei n. 11.343/2006) configura-se com a prova da destinação internacional das drogas, ainda que não consumada a transposição de fronteiras".

> **Art. 40.** As penas previstas nos arts. 33 a 37 desta Lei são aumentadas de um sexto a dois terços, se:
> (...)
> II — o agente praticar o crime prevalecendo-se de função pública ou no desempenho de missão de educação, poder familiar, guarda ou vigilância;

O dispositivo possui **duas** partes:

Na **primeira**, a lei pune mais gravemente quem comete o crime prevalecendo-se de sua **função pública**. A lei se refere, por exemplo, aos policiais — civis ou militares, delegados de polícia, escrivães, peritos criminais, juízes, promotores de justiça etc.

Suponha-se que um policial, após apreender um grande carregamento de droga, desvie uma parte para vendê-la. Estará ele incurso no art. 33, *caput*, com a pena aumentada pelo art. 40, II.

Na antiga Lei Antitóxicos (Lei n. 6.368/76), a pena só era aumentada se a função pública fosse relacionada com repressão à criminalidade, mas, como na Lei atual não existe tal exigência, o aumento incide qualquer que seja a espécie de função pública exercida.

Na **segunda** hipótese, pune-se de forma mais enérgica aquele que tem missão de **educação, poder familiar, guarda** ou **vigilância**. Na revogada Lei n. 6.368/76, o aumento se referia exclusivamente à guarda ou vigilância da droga, como, por exemplo, o responsável pelo almoxarifado de um hospital que desviava morfina destinada a doentes. Na lei atual, o dispositivo se refere ao agente que comete tráfico quando está no exercício de missão de educação, poder familiar, guarda ou vigilância de **alguém**. Exs.: professor que vende droga a aluno, pais em relação aos filhos etc. Para Fernando Capez[10], haverá também o aumento quando o agente tiver a guarda ou a vigilância da própria droga, como no caso acima mencionado do responsável pelo almoxarifado de um hospital.

> **Art. 40.** As penas previstas nos arts. 33 a 37 desta Lei são aumentadas de um sexto a dois terços, se:

---

[10] CAPEZ, Fernando. *Curso de direito penal. Legislação penal especial*, v. 4, p. 745.

> (...)
> III — a infração tiver sido cometida nas dependências ou imediações de estabelecimentos prisionais, de ensino ou hospitalares, de sedes de entidades estudantis, sociais, culturais, recreativas, esportivas, ou beneficentes, de locais de trabalho coletivo, de recintos onde se realizem espetáculos ou diversões de qualquer natureza, de serviços de tratamento de dependentes de drogas ou de reinserção social, de unidades militares ou policiais ou em transportes públicos;

O agravamento da pena decorre do local em que o fato é cometido, ou seja, nas **imediações** ou no **interior** de um dos locais expressamente elencados. A expressão "nas imediações", que é sinônima de "nas proximidades", deve ser interpretada caso a caso, de acordo com as circunstâncias do fato criminoso e a gravidade do delito. Não é possível, assim, fixar previamente um limite métrico.

Apesar de se tratar de dispositivo que agrava a pena, o Superior Tribunal de Justiça entende que a enumeração legal não é taxativa, sendo cabível a majorante quando o fato ocorrer em local onde haja aglomeração de pessoas ainda que não mencionado expressamente no texto legal: AgRg no AREsp 868826/MG, Rel. Min. Ribeiro Dantas, 5.ª Turma, julgado em 13.12.2018, *DJe* 19.12.2018; REsp 1255249/MG, Rel. Min. Gilson Dipp, 5.ª Turma, julgado em 17.4.2012, *DJe* 23.4.2012. No caso de venda nas proximidades de estabelecimentos de **ensino, não** é necessário que o traficante queira **vender** a droga a algum dos **estudantes**. A conduta é considerada mais grave pela mera **possibilidade** de contato entre eles. A propósito: "A simples constatação de que o delito de tráfico está sendo praticado nas imediações de estabelecimento de ensino, 'por si só justifica a imposição da majorante prevista no art. 40, inciso III, da Lei n. 11.343/2006, sendo prescindível a prova de que o acusado tinha como 'público-alvo' os frequentadores desses locais' (HC 480.887/SP, Rel. Ministro Felix Fischer, Quinta Turma, julgado em 7.2.2019, *DJe* 19.2.2019). 4. Agravo regimental não provido'" (STJ — AgRg no AREsp 1533507/SP, Rel. Min. Reynaldo Soares da Fonseca, 5.ª Turma, julgado em 5.9.2019, *DJe* 16.9.2019); "É pacífico neste Tribunal o entendimento de que a majorante prevista no artigo 40, inciso III, da Lei n. 11.343/06 é de índole objetiva, prescindindo, portanto, da análise da intenção do agente criminoso em comercializar entorpecentes diretamente com os alunos do estabelecimento educacional" (STJ — HC 380.024/RS, Rel. Min. Maria Thereza de Assis Moura, 6.ª Turma, julgado em 27.4.2017, *DJe* 8.5.2017); "O objetivo da lei, ao prever a causa de aumento de pena do inc. III do art. 40, é proteger espaços que promovam a aglomeração de pessoas, circunstância que facilita a ação criminosa. De acordo com os autos, o local onde era praticado o tráfico de drogas ficava próximo a duas igrejas (Igreja Congregação no Brasil e Igreja Comunidade Amor em Cristo). IV — A simples prática do tráfico de drogas na proximidade de tais estabelecimentos é suficiente para a aplicação da majorante, tendo em vista a exposição de pessoas ao risco inerente à atividade criminosa" (STJ — AgRg no AREsp 1028605/SP, Rel. Min. Reynaldo Soares da Fonseca, 5.ª Turma, julgado em 2.8.2018, *DJe* 10.8.2018); "A jurisprudência deste Sodalício firmou-se no sentido de que a causa de aumento prevista no inciso III do artigo 40 da Lei n. 11.343/2006 possui natureza objetiva, não sendo necessária a efetiva comprovação do tráfico nas entidades nela mencionadas, ou mesmo que o comércio proscrito destina-se a atingir os seus frequentadores, bastando que o crime tenha sido cometido em locais próximos a tais estabelecimentos, o que afasta a coação ilegal suscitada na impetração" (STJ — HC 443.828/SP, Rel. Min. Jorge Mussi, 5.ª Turma, julgado em 12.6.2018, *DJe* 20.6.2018).

Saliente-se, contudo, que o Superior Tribunal de Justiça afasta referida causa de aumento quando o crime ocorre durante a madrugada ou fim de semana, com o argumento de que, em tais casos, nem em tese há situação de maior gravidade. Nesse sentido: "Na espécie, diante da prática do delito em dia e horário (domingo de madrugada) em que o estabelecimento de ensino não estava em funcionamento, de modo a facilitar a prática criminosa e a disseminação de drogas em área de maior aglomeração de pessoas, não há falar em incidência da majorante, pois ausente a *ratio legis* da norma em tela" (STJ — REsp 1.719.792/MG, Rel. Min. Maria Thereza de Assis Moura, 6.ª Turma, julgado em 13.3.2018, *DJe* 26.3.2018). No mesmo sentido: HC 454317/DF, Rel. Min. Laurita Vaz, 6.ª Turma, julgado em 9.10.2018, *DJe* 26.10.2018; HC 451260/ES, Rel. Min. Rogerio Schietti Cruz, 6.ª Turma, julgado em 7.8.2018, *DJe* 21.8.2018.

No que se refere a **estabelecimentos penais**, existe divergência jurisprudencial a respeito de sua aplicabilidade aos próprios presos ou somente a pessoas que ingressem com drogas no presídio (visitantes, agentes penitenciários etc.). Parece-nos, contudo, que não há nenhuma razão convincente para deixar de aplicar o dispositivo aos próprios presos, já que o texto legal não faz distinção, desde que a droga seja destinada ao tráfico. Com efeito, se a pessoa reclusa tem a droga para consumo próprio, não se aplica a causa de aumento em questão, que só alcança os crimes descritos nos arts. 33 a 37, nos exatos termos do art. 40, *caput*.

A parte final do dispositivo refere-se ao tráfico de drogas cometido em **transporte público**. De acordo com a jurisprudência, é preciso que a própria **comercialização** ocorra em transporte público ou suas proximidades (estações de trem ou metrô, rodoviárias, terminais de ônibus etc.), não bastando a utilização de trens ou ônibus para o **transporte** da droga. A propósito:

"A aplicação da majorante do inciso III exige a comercialização da droga no próprio transporte público, sendo insuficiente a mera utilização do transporte para o carregamento do entorpecente. Precedentes: HC 119.782, 1.ª Turma, Relatora a Ministra Rosa Weber, *DJe* de 3.2.2014 e HC 109.538, 1.ª Turma, Redatora para o acórdão a Ministra Rosa Weber, *DJe* 26.10.2012. 3. *In casu*, a Corte Estadual, em sede de apelação, afirmou que "no caso em apreço, verifica-se que a recorrida não se utilizou do transporte coletivo para disseminar entorpecentes, mas tão somente para levar a droga escondida em suas partes íntimas até o destino final. Ou seja, não tinha a intenção de difundir, usar e/ou comercializar a referida droga, aproveitando-se do fato de estar no interior do veículo público (...)" (STF — HC 118.676, Rel. Min. Luiz Fux, 1.ª Turma, julgado em 11.3.2014, processo eletrônico *DJe* 062, 27.3.2014, public. 28.3.2014). No mesmo sentido: "Esta Corte Superior de Justiça consolidou o entendimento no sentido de que, para a incidência da majorante prevista do inciso III do art. 40 do Diploma Antidrogas, é imprescindível a demonstração da efetiva prática da comercialização do entorpecente no interior do veículo, não sendo suficiente para a exasperação da reprimenda com fulcro no referido dispositivo legal a mera utilização do transporte público como meio de locomoção. Na espécie, ante a ausência de comprovação do comércio ilícito no interior do veículo de transporte público coletivo, não há falar em majoração da pena" (STJ — HC 410.323/SP, Rel. Min. Maria Thereza de Assis Moura, 6.ª Turma, julgado em 13.3.2018, *DJe* 26.3.2018); "Esta Corte e o Supremo

Tribunal Federal firmaram o entendimento de que o simples fato de o agente utilizar-se de transporte público para conduzir a droga não atrai a incidência da causa especial de aumento de pena prevista no inciso III do art. 40 da Lei n. 11.343/2006, que deve ser aplicada apenas quando constatada a efetiva intenção de comercialização da substância em seu interior" (STJ — AgRg no REsp 1379010/MS, Rel. Min. Rogerio Schietti Cruz, 6.ª Turma, julgado em 15.8.2019, DJe 29.8.2019); "Extrai-se do texto legal que a incidência da majorante prevista no art. 40, inciso III, da Lei n. 11.343/06 pressupõe que o crime efetivamente seja praticado no interior do transporte público, em razão do maior risco ao meio social que representa a disseminação das drogas ilícitas em ambientes com grande circulação e concentração de pessoas. Partindo dessa diretriz, ambas as Turmas do Supremo Tribunal Federal firmaram o entendimento de que a mera utilização do transporte público pelo suposto criminoso, sem indícios de prática da mercancia ilícita no interior do veículo, não justifica a aplicação da causa de aumento de pena prevista no art. 40, inciso III, da Lei n. 11.343/06. No âmbito do Superior Tribunal de Justiça, todavia, prevalecia o entendimento contrário, o que perdurou até o julgamento do REsp 1.345.827/AC, Rel. Min. Marco Aurélio Bellizze, em 18.3.2014, ocasião em que esta Corte Superior passou a alinhar-se à jurisprudência da Corte Suprema, afastando a incidência da causa de aumento de pena quando não evidenciado o uso do transporte público para mercancia ilícita de drogas" (STJ — HC 329.560/RJ, Rel. Min. Joel Ilan Paciornik, 5.ª Turma, julgado em 2.8.2016, DJe 10.8.2016).

> **Art. 40.** As penas previstas nos arts. 33 a 37 desta Lei são aumentadas de um sexto a dois terços, se:
> (...)
> IV — o crime tiver sido praticado com violência, grave ameaça, emprego de arma de fogo, ou qualquer processo de intimidação difusa ou coletiva;

O dispositivo é extremamente abrangente. Agrava a pena de quem, por exemplo, ameaça outrem a fim de fazê-lo utilizar droga, bem como de quem emprega violência para ministrar droga em terceiro.

Os grupos de traficantes em que parte dos integrantes faz a segurança de seus pontos de venda com armas de fogo e com intimidações aos moradores da região, terão também a pena agravada, sem prejuízo da punição pelo crime autônomo de associação para o tráfico.

No que diz respeito às **armas de fogo**, a aplicação da majorante pressupõe que os traficantes efetivamente **empreguem** a arma em suas atividades ilícitas. Em tais casos, é grande a divergência em torno da **autonomia** do crime de **porte** ilegal de arma de fogo (arts. 14 e 16 do Estatuto do Desarmamento) em relação ao tráfico com a pena majorada. Para alguns, haveria *bis in idem* na dupla punição, de modo que, com base no princípio da especialidade, deveria ser aplicada apenas a majorante da Lei de Drogas. Para outros, não existe *bis in idem* porque os bens jurídicos atingidos são diversos (a saúde pública e a incolumidade pública), de forma que o agente deve responder pelo tráfico com a pena aumentada e pelo porte ilegal de arma de fogo.

Por sua vez, é pacífico que, se a arma de fogo **não** for utilizada em processo de intimidação **difusa** ou **coletiva** relacionada ao **tráfico**, mostra-se inviável a majorante, não havendo dúvida, em tal caso, de que o réu deve ser punido pelo tráfico em sua forma simples, em concurso material com o crime de porte ou posse de arma de fogo. É o que ocorre, por exemplo, quando a arma é encontrada guardada dentro de um barraco. A propósito:

> "(...) Segundo o entendimento do Superior Tribunal de Justiça, a absorção do crime de porte ou posse ilegal de arma pelo delito de tráfico de drogas, em detrimento do concurso material, deve ocorrer quando o uso da arma está ligado diretamente ao comércio ilícito de entorpecentes, ou seja, para assegurar o sucesso da mercancia ilícita. Nesse caso, trata-se de crime meio para se atingir o crime fim que é o tráfico de drogas, exige-se o nexo finalístico entre as condutas de portar ou possuir arma de fogo e aquelas relativas ao tráfico (HC 181.400/RJ, Quinta Turma, Ministro Marco Aurélio Bellizze, DJe 29.6.2012) — (HC 395.762/RJ, Ministro Felix Fischer, Quinta Turma, DJe 21.11.2017)" (STJ — AgRg no REsp 1808590/MG, Rel. Min. Sebastião Reis Júnior, 6.ª Turma, julgado em 20.8.2019, DJe 4.9.2019).
>
> "O art. 40, IV, da Lei n. 11.343/2006 prevê, como causa especial de aumento de pena nos delitos descritos nos arts. 33 a 37 da mesma Lei, a utilização de arma de fogo. Nesse caso, agrava-se a pena nos delitos de narcotráfico quando o agente emprega efetivamente a arma de fogo para viabilizar sua atividade. De outro lado, o art. 16 da Lei n. 10.826/2003, descreve a conduta do agente que, entre outros verbos, porta ou possui arma de fogo de uso restrito ou com numeração suprimida" (STJ — HC 377.179/RJ, Rel. Min. Joel Ilan Paciornik, 5.ª Turma, julgado em 21.2.2017, DJe 6.3.2017).
>
> "A Lei n. 11.343/2006 prevê como causa especial de aumento para os crimes previstos nos artigos 33 a 37 o efetivo emprego de arma de fogo, em que o agente porta ilegalmente a arma apenas para viabilizar o cometimento do delito de narcotráfico, e não o fato de possuir ou de portar concomitantemente arma de fogo de uso restrito. 5. Não há como aplicar-se a causa especial de aumento de pena prevista no inciso VI do artigo 40 da Lei n. 11.343/2006 em substituição à condenação pelo crime do artigo 16 da Lei n. 10.826/2003, quando verificado que o delito de tráfico de drogas não foi praticado com o emprego de arma de fogo (caso em que incidiria a majorante em questão), visto que a arma apreendida não estava sendo utilizada como processo de intimidação difusa ou coletiva para viabilizar a prática do narcotráfico. 6. Para afastar o acórdão impugnado e, por conseguinte, concluir que a arma de fogo estava sendo utilizada como meio de intimidação difusa para assegurar o sucesso da mercancia ilícita de drogas, seria necessário o revolvimento de matéria fático-probatória, providência essa que, conforme cediço, é inadmissível na via estreita do *habeas corpus*. 7. *Habeas corpus* não conhecido" (STJ — HC 261.601/RJ, Rel. Min. Rogério Schietti Cruz, 6.ª Turma, julgado em 10.12.201, DJe 19.12.2013).

> **Art. 40.** As penas previstas nos arts. 33 a 37 desta Lei são aumentadas de um sexto a dois terços, se:
> (...)
> V — caracterizado o tráfico entre Estados da Federação ou entre estes e o Distrito Federal;

Trata-se de inovação da Lei n. 11.343/2006, que passou a prever o agravamento da pena quando a conduta do traficante consistir em levar a droga de **um Estado para outro**, ou para o **Distrito Federal**, ou **vice-versa**.

Para sua caracterização, basta que se demonstre a **finalidade** de transportar a droga de um Estado a outro (ou para o Distrito Federal), **não** sendo necessária a efetiva **transposição** da divisa. Assim, se uma pessoa está levando droga em um ônibus que partiu de Campo Grande para o Rio de Janeiro, deverá ser aplicada a majorante, mesmo que a prisão tenha ocorrido ainda no Estado do Mato Grosso do Sul. A propósito: "A jurisprudência do Superior Tribunal de Justiça firmou entendimento no sentido de que a configuração da interestadualidade do crime de tráfico de entorpecentes prescinde da efetiva transposição de divisa interestadual pelo agente, sendo suficiente que haja a comprovação de que a substância tinha como destino outro Estado da Federação" (STJ — HC 385.272/SP, Rel. Min. Reynaldo Soares da Fonseca, 5.ª Turma, julgado em 2.5.2017, *DJe* 5.5.2017); "É irrelevante, para a aplicação da causa de aumento de pena do art. 40, V, da Lei n. 11.343/06, de interestadualidade do delito, a efetiva transposição da divisa interestadual pelo agente, sendo suficiente para sua configuração a comprovação de que a substância tinha como destino localidade em outro estado da Federação, o que ocorreu na espécie. Precedentes" (STJ — AgRg no HC 342.072/MS, Rel. Min. Nefi Cordeiro, 6.ª Turma, julgado em 16.2.2017, *DJe* 2.3.2017); e "O entendimento prevalente na Terceira Seção deste Tribunal Superior é no sentido de que basta que esteja comprovado que o entorpecente tinha como destino outra unidade federativa, sendo irrelevante que haja ou não a efetiva transposição da divisa interestadual para a incidência da causa especial de aumento do art. 40, V, da Lei n. 11.343/06. 2. Constatado que a paciente foi flagrada em Mato Grosso do Sul e confessou que levaria a droga para Cuiabá/MT, não há ilegalidade no reconhecimento e aplicação da referida majorante" (STJ — HC 335.405/MS, Rel. Min. Jorge Mussi, 5.ª Turma, julgado em 2.8.2016, *DJe* 9.8.2016).

O Superior Tribunal de Justiça aprovou a Súmula 587 nesse sentido: "Para a incidência da majorante prevista no art. 40, V, da Lei n. 11.343/2006, é desnecessária a efetiva transposição de fronteiras entre estados da Federação, sendo suficiente a demonstração inequívoca da intenção de realizar o tráfico interestadual".

Quando o agente traz a droga consigo a fim de praticar tráfico internacional ou interestadual, o delito considera-se **consumado** ainda que o sujeito não consiga transpor a divisa ou a fronteira em posse da droga. Em tais casos, o agente responde pelo tráfico consumado na modalidade "trazer consigo", "guardar" ou "transportar" (que constituem crimes permanentes). O fato de não ter conseguido concretizar a exportação da droga não implica estar o delito meramente tentado. Aliás, conforme explicado no parágrafo anterior, o agente responderá pelo crime consumado, **com o aumento** de pena em razão da intenção de levar a substância para outro Estado ou país.

O Superior Tribunal de Justiça firmou entendimento no sentido de que podem ser cumuladas as majorantes relativas à transnacionalidade e interestadualidade (incs. I e V do art. 40), quando evidenciado que a droga proveniente do exterior se destina a mais de um estado da federação. Nesse sentido: AgRg no REsp 1744207/TO, Rel. Min. Felix Fischer, 5.ª Turma, julgado em 26.6.2018, *DJe* 1.8.2018; HC 214942/MT, Rel. Min. Rogerio Schietti Cruz, 6.ª Turma, julgado em 16.6.2016, *DJe* 28.6.2016.

> **Art. 40.** As penas previstas nos arts. 33 a 37 desta Lei são aumentadas de um sexto a dois terços, se:
> (...)

> VI — sua prática envolver ou visar a atingir criança ou adolescente ou a quem tenha, por qualquer motivo, diminuída ou suprimida a capacidade de entendimento e determinação;

Quem, no crime de tráfico, "visa" a criança ou adolescente, ou pessoa que tenha sua capacidade diminuída ou suprimida, é aquele que busca neles um **consumidor**. A causa de aumento é bastante pertinente, pois é óbvia a maior **suscetibilidade** dos jovens em se envolver com as drogas, quer pela curiosidade, quer pela inexperiência ou pela necessidade de afirmação perante seu grupo. Já a incapacidade de resistência a que se refere a lei pode ser de qualquer espécie, **parcial** ou **total**. Abrange, portanto, as hipóteses de venda ou entrega de droga a pessoa embriagada, deficiente mental, dependente de drogas etc.

O Estatuto da Pessoa Idosa havia acrescentado na Lei n. 6.368/76 causa de aumento se a venda visasse a pessoa **idosa**, mas, como a regra **não** foi **repetida** na atual Lei de Drogas, restou prejudicada.

Na vigência da Lei n. 6.368/76, não existia a causa de aumento para os casos em que a prática do tráfico envolvesse menor, de modo que o traficante que se unisse a menores para, juntos, venderem drogas responderia por tráfico do art. 12 e pelo delito do art. 14 ou pelo art. 18, III, 1.ª figura — dependendo da espécie de associação (prolongada ou eventual), — e também pelo crime de corrupção de menores do art. 1.º da Lei n. 2.252/54 (atual crime do art. 244-B do Estatuto da Criança e do Adolescente — Lei n. 8.069/90). Seria punido pelo art. 14 ou 18, III, 1.ª figura, pela **associação** e, pela corrupção de menores, por ter-se **unido** a um menor para o cometimento do delito. Como a atual Lei prevê aumento de pena para o traficante que envolva menor no delito, a sua punição, atualmente, é feita da seguinte forma: pela venda da droga em **conjunto** com um **menor** ou **deficiente mental**, responde pelo crime de tráfico (art. 33, *caput*), com a pena **aumentada** de um sexto a dois terços, em face do art. 40, VI; se tiver havido efetiva associação com o menor, responde também pelo crime do art. 35, *caput*. Tendo em vista o princípio da especialidade, não se configura o crime de corrupção de menores do art. 244-B do Estatuto da Criança e do Adolescente por se tratar de majorante específica dos crimes dos arts. 33 a 37 da Lei de Drogas. Nesse sentido, veja-se: "Configura *bis in idem* a condenação conjunta do tráfico de drogas majorado pela participação de menor com o crime de corrupção de menores previsto no art. 244-B da Lei n. 8.069/90" (STJ — AgRg nos EDcl no REsp 1716826/PR, Rel. Min. Joel Ilan Paciornik, 5.ª Turma, julgado em 10.4.2018, *DJe* 23.4.2018); "A controvérsia cinge-se em saber se constitui ou não *bis in idem* a condenação simultânea pelo crime de corrupção de menores e pelo crime de tráfico de drogas com a aplicação da majorante prevista no art. 40, VI, da Lei de Drogas. 2. Não é cabível a condenação por tráfico com aumento de pena e a condenação por corrupção de menores, uma vez que o agente estaria sendo punido duplamente por conta de uma mesma circunstância, qual seja, a corrupção de menores (*bis in idem*). 3. Caso o delito praticado pelo agente e pelo menor de 18 anos não esteja previsto nos arts. 33 a 37 da Lei de Drogas, o réu poderá ser condenado pelo crime de corrupção de menores, porém, se a conduta estiver tipificada em um desses artigos (33 a 37), pelo princípio da especialidade, não será possível a condenação por aquele delito, mas apenas a majoração da sua pena com base no art. 40, VI, da Lei n. 11.343/2006. 4. *In casu*, verifica-se que o réu se associou com um adolescente para a prática do crime de tráfico de drogas. Sendo assim, uma vez que o delito em questão está tipificado entre os delitos dos arts. 33 a 37, da Lei de Drogas, correta a aplicação da causa de aumento prevista no inciso VI do art. 40 da mesma Lei. 5. Recurso especial improvido" (STJ — REsp 1.622.781/MT, Rel. Min. Sebastião Reis Júnior, 6.ª Turma, julgado em 22.11.2016, *DJe* 12.12.2016).

A Terceira Seção do Superior Tribunal de Justiça, no julgamento do tema 1.052, em sede de recursos repetitivos, aprovou a seguinte tese: "Para ensejar a aplicação de causa de aumento de pena prevista no **art. 40, VI**, da Lei n. 11.343/2006 ou a condenação pela prática do crime previsto no art. 244-B da Lei n. 8.069/1990, a qualificação do **menor**, constante do boletim de ocorrência, deve trazer dados indicativos de consulta a documento hábil — como o número do documento de identidade, do CPF ou de outro registro formal, tal como a certidão de nascimento".

> **Art. 40.** As penas previstas nos arts. 33 a 37 desta Lei são aumentadas de um sexto a dois terços, se:
> (...)
> VII — o agente financiar ou custear a prática do crime.

Considerando que o art. 36 da Lei prevê **crime específico** para o agente que financia ou custeia o tráfico, e que para tal delito é prevista pena de oito a vinte anos de reclusão, torna-se necessária uma diferenciação entre o crime autônomo e a presente **causa de aumento**. O crime do art. 36 exige que o agente atue como financiador **contumaz**, que invista valores de forma **reiterada** no tráfico (*v.* comentários ao art. 36). Na causa de aumento, o que se verifica é a ocorrência de crime único de tráfico em que alguém atua, de forma isolada, como financiador e, por isso, responde pelo crime do art. 33, *caput*, com a pena aumentada em razão do art. 40, VII, da Lei n. 11.343/2006.

Não nos parece adequada a distinção sugerida por Ricardo Antonio Andreucci[11]. De acordo com o respeitado doutrinador, a causa de aumento em estudo aplica-se para aqueles que, além de participar do tráfico, financiam o delito, enquanto o crime autônomo do art. 36 só se aplica para aqueles que financiam o delito sem se envolver no tráfico em si. A incongruência dessa interpretação reside no fato de que a última hipótese teria pena muito maior, embora de gravidade menor.

2.2.13. Causa de diminuição de pena

> **Art. 41.** O indiciado ou acusado que colaborar voluntariamente com a investigação policial e o processo criminal na identificação dos demais coautores ou partícipes do crime e na recuperação total ou parcial do produto do crime, no caso de condenação, terá pena reduzida de um terço a dois terços.

Para a incidência da causa de diminuição, além de ser **voluntária** a colaboração, exige-se que as informações passadas pelo agente **efetivamente** impliquem a **identificação** de **todos** os demais envolvidos no crime, bem como a **recuperação** de algum

---

[11] ANDREUCCI, Ricardo Antonio. *Legislação penal especial*. 3. ed. São Paulo: Saraiva, 2007. p. 70.

produto do delito (bens comprados pelos traficantes com o lucro obtido com a venda ou recebidos como forma de pagamento).

Quanto **maior** a **colaboração**, **maior** será a **redução** da pena pelo juiz.

2.2.14. Principais aspectos do crime de tráfico de drogas

OBJETIVIDADE JURÍDICA	▪ A saúde pública.
TIPO OBJETIVO	a) Condutas típicas: importar, exportar, remeter, preparar, produzir, fabricar, adquirir, vender, expor à venda, oferecer, ter em depósito, transportar, trazer consigo, guardar, prescrever, ministrar, entregar a consumo ou fornecer, ainda que gratuitamente. Trata-se de tipo misto alternativo em que a realização de mais de uma conduta em relação à mesma droga constitui crime único. b) Objeto material: droga. De acordo com o art. 1.º, parágrafo único, da Lei de Drogas, consideram-se como drogas as substâncias ou produtos capazes de causar dependência, assim especificadas em lei ou relacionadas periodicamente em listas publicadas pelo Poder Executivo. Trata-se, pois, de norma penal em branco. c) Elemento normativo: que a conduta seja realizada sem autorização ou em desacordo com determinação legal ou regulamentar.
SUJEITO ATIVO	▪ Pode ser qualquer pessoa. Trata-se de crime comum.
SUJEITO PASSIVO	▪ A coletividade.
ELEMENTO SUBJETIVO	▪ O dolo de entregar a droga a terceiro, ainda que gratuitamente. Para verificar se a droga se destinava ao tráfico ou a consumo pessoal, o juiz deve analisar a natureza e a quantidade da substância apreendida, o local e as condições em que se desenvolveu a ação, bem como as circunstâncias pessoais do agente (conduta social, antecedentes etc.).
CONSUMAÇÃO	▪ No momento em que for realizada a conduta típica. Algumas delas enquadram-se no conceito de crime permanente (transportar, ter em depósito etc.).
TENTATIVA	▪ Teoricamente possível, mas de difícil ocorrência na prática.
PENA	▪ Reclusão, de cinco a quinze anos, e multa. Na fixação da pena, o juiz deve levar em conta a natureza e a quantidade da droga, bem como a personalidade e a conduta social do agente. ▪ Nos termos do art. 2.º, § 1.º, da Lei n. 8.072/90, regime inicial deveria ser necessariamente o fechado. O Plenário do STF, todavia, declarou a inconstitucionalidade desse dispositivo. Assim, devem ser seguidas as regras comuns do Código Penal para a fixação do regime inicial. ▪ A progressão de regime somente pode ser obtida com o cumprimento de ao menos 40% da pena ou ao menos 60% se for reincidente na prática de crime hediondo ou equiparado. ▪ A pena não pode ser substituída por restritiva de direitos (exceto se igual ou inferior a 4 anos) ou pelo *sursis*. ▪ O livramento condicional só pode ser obtido após o cumprimento de dois terços da pena, vedada sua concessão ao reincidente específico. ▪ O condenado não pode obter anistia, graça ou indulto.
FIGURAS EQUIPARADAS	▪ A Lei de Drogas, em seu art. 33, § 1.º, reserva as mesmas penas previstas no *caput* para quem: realiza qualquer das condutas típicas em relação a matéria-prima, insumo ou produto químico destinado à preparação de droga (inc. I); semeia, cultiva ou faz a colheita de plantas que constituam matéria-prima para a preparação de droga (inc. II); utiliza local ou bem de sua propriedade, posse, administração, guarda ou vigilância para o tráfico de droga, ou consente para que terceiro o faça (inc. III).
CAUSAS DE DIMINUIÇÃO DE PENA	▪ O art. 41 estabelece uma redução de um terço a dois terços da pena ao indiciado ou acusado que colaborar voluntariamente com a investigação policial e com o processo criminal a fim de que sejam identificados os demais coautores ou partícipes do crime, bem como recuperado, total ou parcialmente, o produto do crime.

TRÁFICO PRIVILEGIADO	◘ O art. 33, § 4.º, prevê uma redução da pena de um sexto a dois terços, se o réu for primário e de bons antecedentes, e desde que não se dedique às atividades criminosas nem integre organização criminosa. Cuida-se, em verdade, de causa de diminuição de pena, mas a doutrina e a jurisprudência acabaram por consagrar a expressão "tráfico privilegiado" para se referir à hipótese em análise. Essa modalidade não é equiparada a crime hediondo, por previsão expressa do art. 112, § 5.º, da Lei de Execuções Penais.
OUTROS DELITOS RELACIONADOS AO TRÁFICO	◘ Nos arts. 34, 35, 36 e 37 da Lei de Drogas estão elencadas outras condutas criminosas ligadas ao tráfico: a) fabricar, adquirir, utilizar, transportar, oferecer, vender, distribuir, entregar a qualquer título, possuir, guardar ou fornecer, ainda que gratuitamente, maquinário, aparelho, instrumento ou qualquer objeto destinado à fabricação, preparação, produção ou transformação de drogas, sem autorização ou em desacordo com determinação legal ou regulamentar (art. 34); b) associarem-se duas ou mais pessoas para o fim de praticar, reiteradamente ou não, qualquer dos crimes previstos nos arts. 33, *caput* e § 1.º, e 34 desta Lei (art. 35); c) financiar ou custear a prática de qualquer desses crimes (art. 36); d) colaborar, como informante, com grupo, organização ou associação destinados à prática dos referidos crimes (art. 37).
CAUSAS DE AUMENTO DE PENA	◘ De acordo com o art. 40, as penas dos crimes relacionados ao tráfico (arts. 33 a 37) serão aumentadas de um sexto a dois terços: I) se evidenciada a transnacionalidade do delito; II) se o agente cometer o crime prevalecendo-se de função pública ou no desempenho de missão de educação, poder familiar, guarda ou vigilância; III) se o crime for cometido em locais como estabelecimentos prisionais, de ensino, hospitalares, de recreação, esportivos etc.; IV) se o delito for cometido com violência, grave ameaça, emprego de arma ou qualquer outro método intimidativo difuso ou coletivo; V) no caso de tráfico interestadual ou entre Estado e Distrito Federal; VI) se o tráfico envolver ou visar criança ou adolescente, ou quem tenha, por qualquer motivo, diminuída ou suprimida sua capacidade de entendimento e de determinação; VII) se o agente financiar ou custear o tráfico, desde que ausentes os requisitos do crime autônomo do art. 36.
AÇÃO PENAL	◘ É pública incondicionada em todas as figuras.

2.3. DO PROCEDIMENTO PENAL

2.3.1. Introdução

A Lei n. 11.343/2006 prevê procedimento **especial** para apurar os crimes descritos **em seus arts. 33 a 39**, procedimento este que será analisado em seguida. O art. 48, entretanto, ressalva que, nas omissões, aplica-se **subsidiariamente o Código de Processo Penal**.

> **Observação:** Para os crimes previstos no art. 33, § 3.º (oferta de droga para pessoa de seu relacionamento para consumo conjunto), e no art. 38 (prescrição ou administração culposa de droga), deverá ser adotado integralmente o rito da Lei n. 9.099/95, já que esses delitos se enquadram no conceito de **infração de menor potencial ofensivo**, pois suas penas máximas não excedem dois anos. O crime de porte para consumo próprio (art. 28), conforme já estudado, segue também as regras da Lei n. 9.099/95.

2.3.2. Fase policial

O art. 50 estabelece que, ocorrendo **prisão em flagrante**, a autoridade policial fará, **imediatamente, comunicação** ao juiz competente, remetendo-lhe **cópia** do auto lavrado, do qual será dada vista ao órgão do Ministério Público, em **vinte e quatro horas**.

O Ministério Público e o juiz devem analisar se o auto está formalmente em ordem e se o caso era mesmo de flagrante delito, pois, do contrário, a prisão deverá ser relaxada. A necessidade de comunicação da prisão decorre da regra do art. 5.º, LXII, da Constituição Federal.

Para a lavratura do auto de prisão e estabelecimento da **materialidade**, dispõe o art. 50, § 1.º, que é suficiente o **laudo de constatação** da **natureza** e da **quantidade** da droga, firmado por perito **oficial** ou, na falta deste, por **pessoa idônea**.

Estando o indiciado **preso**, o inquérito deverá ser concluído em **trinta dias**. Se estiver **solto**, o prazo será de **noventa** dias (art. 51). Esses prazos, porém, podem ser **duplicados** pelo juiz, ouvido o Ministério Público, mediante pedido **justificado** da autoridade policial (arts. 51, parágrafo único, e 52, II).

Findos os prazos, a autoridade policial deve encaminhar o inquérito ao juízo. Para tanto, elaborará "**relatório**", narrando sumariamente os fatos e **justificando** as razões que a levaram à **classificação** do delito, indicando a **quantidade** e a **natureza** da substância ou do produto apreendido, o **local** e as **condições** em que se desenvolveu a ação criminosa, as **circunstâncias** da prisão, a **conduta**, a **qualificação** e os **antecedentes** do agente (art. 52, I), ou **requererá** a devolução dos autos para a realização de diligências necessárias.

Estabelece o art. 52, parágrafo único, que a remessa do inquérito a juízo far-se-á sem prejuízo de diligências complementares:

I — necessárias ou úteis à plena **elucidação** do fato, cujo resultado deverá ser encaminhado ao juízo competente até **três** dias antes da **audiência** de instrução e julgamento;

II — necessárias ou úteis à **indicação** dos bens, direitos e valores de que seja titular o agente, ou que figurem em seu nome, cujo resultado deverá ser encaminhado ao juízo competente até **três** dias antes da **audiência** de instrução e julgamento.

Já o art. 53 dispõe que, em qualquer fase da persecução criminal relativa aos crimes previstos na Lei, são permitidos, além dos previstos em lei, **mediante autorização judicial** e **ouvido o Ministério Público**, os seguintes **procedimentos investigatórios**:

I — **infiltração** por agentes de polícia, em tarefas de investigação, constituída pelos órgãos especializados pertinentes;

II — **não atuação policial** sobre os portadores de drogas, seus precursores químicos ou outros produtos utilizados em sua produção, que se encontrem no território brasileiro, com a finalidade de identificar e responsabilizar maior número de integrantes de operações de tráfico e distribuição, sem prejuízo da ação penal cabível (entrega vigiada). Nesta hipótese, a autorização será concedida desde que sejam conhecidos o itinerário provável e a identificação dos agentes do delito ou de colaboradores (art. 53, parágrafo único).

2.3.3. Da instrução criminal

De acordo com o art. 54, sendo recebidos em juízo os autos de inquérito policial, de investigação feita por Comissão Parlamentar de Inquérito, ou peças de informação, dar-se-á **vista ao Ministério Público** para, no prazo de **dez dias**, adotar uma das seguintes medidas:

I — **requerer o arquivamento**;
II — **requisitar as diligências que entender necessárias**;
III — **oferecer denúncia**.

Se o Ministério Público promover o arquivamento, e o juiz **concordar** com a manifestação, os autos irão diretamente para o **arquivo**. O art. 7.º da Lei n. 1.521/51 prevê que o juiz deve **recorrer de ofício** sempre que determinar o arquivamento de inquérito que apure **crime contra a saúde pública**. É pacífico, entretanto, que tal dispositivo **não** se aplica aos crimes da Lei de Drogas, que, apesar de afetarem a saúde pública, possuem **rito específico** que não determina tal providência. O recurso de ofício, portanto, só vale para **outros** crimes contra a saúde pública (arts. 267 a 285 do Código Penal).

Se o juiz **discordar** do pedido de arquivamento, deverá aplicar a regra do **art. 28 do Código de Processo Penal** e remeter os autos ao **órgão superior do Ministério Público**, que dará a **palavra final**, insistindo no arquivamento ou determinando o oferecimento de denúncia.

Por sua vez, se o Órgão do Ministério Público se convencer da existência de indícios de **autoria** e de **materialidade**, deverá oferecer **denúncia**. Nesse caso, se o crime imputado tiver pena **mínima** não superior a **um ano**, deverá ser analisada a possibilidade de proposta de **suspensão condicional do processo** (ex.: crime de condução de embarcação após o consumo de droga — art. 39). Feita a proposta pelo Ministério Público, sendo ela aceita pelo réu, e homologada pelo juiz, será decretada a suspensão, nos termos da Lei n. 9.099/95. Na maioria dos crimes da Lei de Drogas, todavia, a pena mínima é bem superior a um ano, de forma que o benefício em análise é incabível.

Deverá também ser analisada a possibilidade de aplicação do acordo de não persecução penal, nos termos do art. 28-A, do CPP.

Na denúncia, poderão ser arroladas até **cinco** testemunhas, independentemente de o crime ser punido com reclusão ou detenção, devendo também o Ministério Público requerer as diligências necessárias (art. 54, III).

Em juízo, o procedimento deverá observar as seguintes fases:

a) defesa prévia;
b) recebimento da denúncia;
c) citação;
d) audiência para oitiva de testemunhas, interrogatório e debates orais;
e) sentença.

Com efeito, nos termos do art. 55, *caput*, oferecida a denúncia, o juiz ordenará a **notificação** do acusado para oferecer **defesa prévia**, por **escrito**, no prazo de **dez dias**. Nessa defesa, o denunciado poderá arguir **preliminares** (prescrição, por exemplo) e **exceções**, além de invocar todos os argumentos que entenda pertinentes no sentido de convencer o juiz a não receber a denúncia. Para tanto, poderá oferecer documentos e justificações. É nessa defesa que o denunciado deve elencar as provas que pretende produzir, antes e depois de eventual recebimento da denúncia, e arrolar até **cinco** testemunhas.

As exceções a que a lei se refere são aquelas previstas nos arts. 95 a 113 do Código de Processo Penal (suspeição ou impedimento, incompetência do juízo, litispendência, ilegitimidade de parte e de coisa julgada) e, nos termos do art. 55, § 2.º, da Lei n. 11.343/2006, serão processadas em apartado.

Caso o denunciado **não** apresente a defesa prévia, o juiz **nomeará** defensor para oferecê-la, fixando, para tanto, mais **dez** dias de prazo e abrindo, no ato de nomeação, **vista** dos autos ao defensor (art. 55, § 3.º).

Apresentada a defesa, o juiz, no prazo de **cinco** dias, terá de tomar uma das seguintes decisões: a) receber a denúncia; b) rejeitá-la; c) determinar a realização de diligências que entenda imprescindíveis. Nesta última hipótese, o juiz fixará prazo máximo de **dez** dias para a realização das diligências, exames ou perícias determinadas e, em seguida, terá mais **cinco** dias para decidir se recebe ou rejeita a denúncia.

Caso a **denúncia** seja **rejeitada**, caberá **recurso em sentido estrito** (art. 581, I, do CPP).

Recebida a denúncia, o juiz **designará** dia e hora para a **audiência de instrução e julgamento**, ordenará a **citação** pessoal do acusado, a intimação do **Ministério Público** e do **assistente** (se for o caso), e requisitará os laudos periciais faltantes (art. 56, *caput*). Embora a Lei não mencione expressamente, é evidente que também deverá ser intimado o **defensor** do acusado, bem como determinada sua requisição, caso esteja preso.

Os arts. 394, § 4.º, e 396 do Código de Processo Penal estabelecem que, mesmo para os crimes que possuam rito especial, o réu terá direito a uma **resposta escrita após o recebimento** da denúncia. Todavia, como já existe, no rito para apurar o crime de tráfico, uma fase de defesa **preliminar**, anterior ao recebimento da denúncia, não faz sentido que, imediatamente em seguida, após o recebimento da denúncia, abra-se nova oportunidade para a resposta escrita, já que a finalidade dos atos é a mesma (arrolar testemunhas, arguir preliminares e exceções etc.). Não se pode aceitar que a defesa tenha, por exemplo, duas oportunidades para arrolar suas testemunhas.

Tratando-se dos crimes previstos nos arts. 33, *caput* e § 1.º, e 34 a 37, o juiz, ao receber a denúncia, poderá decretar o afastamento **cautelar** do denunciado de suas atividades, **se for funcionário público**, comunicando a decisão ao órgão onde atua o réu (art. 56, § 1.º). Esse dispositivo se aplica, por exemplo, se o acusado for policial.

Se o réu for citado **pessoalmente** e **não comparecer** na audiência, será decretada sua **revelia**, de modo que ele **não** será mais **intimado** para os demais atos processuais (art. 367 do CPP). Caso compareça, será devidamente **interrogado**.

Se o réu **não** for encontrado para **citação pessoal**, o juiz determinará a citação por **edital**; nesse caso, se o réu não comparecer ao interrogatório designado nem nomear defensor, o juiz decretará **a suspensão do processo e do prazo prescricional**, nos termos do art. 366 do Código de Processo Penal, que se aplica subsidiariamente à Lei de Drogas (art. 48). Essa hipótese só ocorrerá, na prática, se o réu estiver solto, e, por tal razão, o juiz analisará se a decretação da **prisão preventiva** se mostra necessária.

A audiência de instrução e julgamento deverá ser realizada dentro do prazo de **trinta dias**, a contar do despacho em que foi recebida a denúncia, salvo se tiver sido determinada a realização de perícia para verificar eventual **dependência** de drogas do acusado, hipótese em que deverá ser realizada no prazo de **noventa dias**.

Na audiência, o juiz ouvirá inicialmente as **testemunhas, primeiro** as de **acusação** e **depois** as de **defesa**.

O depoimento de policiais (militares ou civis) tem o mesmo valor que em qualquer outro processo penal (furto, roubo, porte de arma etc.), devendo ser aferido pela **harmonia** com os demais depoimentos, pela **firmeza** com que foi prestado etc. Nada obsta a condenação fundada apenas em depoimento de policiais, uma vez que é extremamente comum que as testemunhas civis não queiram ser mencionadas na ocorrência policial por temerem depor contra traficantes. É óbvio, todavia, que o juiz não poderá aceitar depoimentos completamente contraditórios de policiais como fundamento para eventual condenação.

A propósito:

"Inexiste óbice no fato de estar a condenação embasada no depoimento dos policiais responsáveis pelo flagrante do corréu, mormente quando colhidos sob o crivo do contraditório e em harmonia com os demais elementos de prova. Precedente" (STJ — HC 418.529/SP, Rel. Min. Nefi Cordeiro, 6.ª Turma, julgado em 17.4.2018, *DJe* 27.4.2018); "A jurisprudência deste Superior Tribunal de Justiça firmou-se no sentido da validade da condenação fundamentada no conteúdo dos depoimentos testemunhais prestados por policiais envolvidos na investigação. Precedentes" (STJ — AgRg no HC 436.928/ES, Rel. Min. Jorge Mussi, 5.ª Turma, julgado em 22.3.2018, *DJe* 2.4.2018).

De acordo com o art. 49, sempre que as circunstâncias recomendarem, o juiz empregará os instrumentos protetivos para testemunhas previstos na Lei n. 9.807/99.

Ouvidas as testemunhas, o juiz interrogará o acusado. De acordo com o art. 57 da Lei de Drogas o interrogatório deveria ser feito antes da oitiva das testemunhas, mas o Plenário do Supremo Tribunal Federal, no julgamento do HC 127.900, em março de 2016, decidiu que o interrogatório deve ser feito após a oitiva das testemunhas (mais informações quanto a este tema no próximo item).

O interrogatório deve ser feito na forma estabelecida no Código de Processo Penal. Deverá o magistrado, ainda, indagar ao réu acerca de eventual dependência de drogas, caso o incidente não tenha sido anteriormente instaurado. Essa providência deve ser tomada qualquer que seja o crime, já que a lei não faz distinção. Se o réu declarar-se dependente e existirem indícios nesse sentido, o juiz deverá determinar a realização de exame para verificar a dependência do acusado. Aliás, mesmo que o acusado não se declare dependente, o juiz deverá determinar o exame se, diante das provas colhidas ou de outras evidências, perceber que ele pode ser dependente.

O art. 57, parágrafo único, estabelece a possibilidade de as partes fazerem perguntas ao réu no final do interrogatório, sempre, porém, por intermédio do juiz. Essa medida já havia sido adotada no art. 188 do Código de Processo Penal, com a redação dada pela Lei n. 10.792/2003.

Após o interrogatório, as partes terão, cada qual, tempo **de vinte minutos**, prorrogáveis por **mais dez** (a critério do juiz), para a **sustentação oral** (alegações finais).

Por fim, o juiz proferirá **sentença** ou, se não se julgar habilitado a fazê-lo de imediato, ordenará que os autos lhe sejam **conclusos** para, no prazo de **dez dias**, proferi-la (art. 58, *caput*).

Em tese, essa audiência deveria ser **una**, pois, em um só ato processual, deveriam ser realizadas a **instrução**, os **debates** e, se possível, o **julgamento**. É, porém, muito comum que seja **desdobrada**, quer pela **ausência** de uma testemunha (ouvem-se as presentes e marca-se nova data para as faltantes), quer por não haver chegado o **exame químico-toxicológico** ou o **laudo do exame de dependência**.

O rito desta lei especial não prevê a substituição dos debates orais pela entrega de **memoriais** (breves alegações finais por escrito, apresentadas no prazo de cinco dias). Contudo, tal providência é extremamente comum no dia a dia forense, uma vez que os tribunais não têm reconhecido qualquer nulidade nessa atitude.

Estando devidamente provado que o réu tinha a droga em seu poder, é necessário que o juiz decida e fundamente por qual crime irá condená-lo. Nesse sentido, para o magistrado verificar se a droga se destinava ao **tráfico** ou ao **consumo** pessoal do agente, deverá levar em conta vários fatores apontados no art. 28, § 2.º: **natureza** e **quantidade** da droga apreendida, **local** e **condições** em que se desenvolveu a ação criminosa, **circunstâncias pessoais** e **sociais** do agente, bem como sua **conduta** e **antecedentes**.

Lembre-se de que, observados todos esses critérios e quaisquer outros considerados relevantes pelo juiz, caso persista **dúvida**, deverá ele optar pela condenação pelo crime **menos** grave (*in dubio pro reo*).

Em abril de 2019, o Superior Tribunal de Justiça aprovou a Súmula 630, segundo a qual "a incidência da **atenuante** da confissão espontânea no crime de tráfico ilícito de entorpecentes exige o reconhecimento da traficância pelo acusado, não bastando a mera admissão da posse ou propriedade para uso próprio".

Na sentença, além das fases indispensáveis — relatório, fundamentação e dispositivo —, o juiz também deverá:

a) analisar a decretação da perda do cargo ou função pública (art. 92, I, do CP), se o crime tiver sido cometido com abuso da função pública e a pena for superior a um ano;
b) decidir sobre o perdimento do produto, bem, direito ou valor apreendido ou objeto de medidas assecuratórias; e sobre o levantamento dos valores depositados em conta remunerada e a liberação dos bens utilizados nos termos do art. 63, I e II, com a redação dada pela Lei n. 13.840/2019;
c) fixar o regime inicial de cumprimento da pena e analisar a possibilidade de substituir a pena privativa de liberdade por sanção de outra natureza (restritiva de direitos, multa);
d) verificar a possibilidade de o réu apelar em liberdade, ou a necessidade de decretar-lhe a prisão.

▪ Momento do interrogatório na apuração dos crimes da Lei de Drogas

Nos expressos termos do art. 57 da Lei de Drogas, o interrogatório deveria ser realizado no **início** da audiência, antes da oitiva das testemunhas. Acontece que a Lei n. 11.709/2008 alterou o art. 400 do Código de Processo Penal, passando a prever que, no rito **ordinário**, o interrogatório deve ser feito no **final**, após a oitiva das testemunhas. Surgiu, então, controvérsia acerca da manutenção do rito especial da Lei de Drogas ou da aplicação do rito do Código de Processo Penal.

a) **O rito da lei especial — com interrogatório no início — deve prevalecer**: De acordo com esse entendimento, o art. 394, § 4.º, do Código de Processo estabelece que as disposições de seus arts. 395 a 398 aplicam-se a **todos os procedimentos de**

primeiro grau, ainda que não regulados pelo Código de Processo. De ver-se, todavia, que esses arts. 395 a 398 regulamentam as hipóteses de rejeição da denúncia e as fases da resposta escrita e da absolvição sumária. O dispositivo que modificou o momento do interrogatório para o final do procedimento está descrito no atual art. 400 do mesmo Código, e não existe regra determinando sua extensão aos ritos previstos em lei especial. Ao contrário, o art. 394, § 2°, do Código de Processo Penal diz que o procedimento ordinário não será aplicado aos crimes para os quais exista rito em lei especial. Assim, para os crimes de tráfico, o interrogatório continua sendo feito no início do procedimento.

A propósito:

"Para o julgamento dos crimes previstos na Lei n. 11.343/2006 há rito próprio, no qual o interrogatório inaugura a audiência de instrução e julgamento (art. 57). Desse modo, a previsão de que a oitiva do réu ocorra após a inquirição das testemunhas, conforme disciplina o art. 400 do Código de Processo Penal, não se aplica ao caso, em razão da regra da especialidade (art. 394, § 2.°, segunda parte, do Código de Processo Penal). (...) (STJ — HC 165.034/MG, Rel. Min. Laurita Vaz, 5.ª Turma, *DJe* 9.10.2012); **e** "(...) Ao contrário do que ocorre no procedimento comum (ordinário, sumário e sumaríssimo), no especial rito da Lei n. 11.343/2006, o interrogatório é realizado no limiar da audiência de instrução e julgamento. (...)" (STJ — HC 212.273/MG, Rel. Min. Maria Thereza de Assis Moura, 6.ª Turma, julgado em 11.3.2014), **e ainda**, "(...) Se a paciente foi processada pela prática do delito de tráfico ilícito de drogas, sob a égide da Lei n. 11.343/2006, o procedimento a ser adotado é o especial, estabelecido nos arts. 54 a 59 do referido diploma legal. II — O art. 57 da Lei de Drogas dispõe que o interrogatório ocorrerá em momento anterior à oitiva das testemunhas, diferentemente do que prevê o art. 400 do Código de Processo Penal. (...)" (STF — RHC 116.713, Rel. Min. Ricardo Lewandowski, 2.ª Turma, julgado em 11.6.2013).

b) **O interrogatório no final da audiência previsto no rito ordinário constitui direito de todos os acusados em ações penais**: De acordo com tal interpretação, o interrogatório ao final deve ser adotado e aplicado em todos os procedimentos, porque confere maiores possibilidades de defesa. O Pleno do Supremo Tribunal Federal, ao julgar o HC 127.900 assim se pronunciou:

"A Lei n. 11.719/08 adequou o sistema acusatório democrático, integrando-o de forma mais harmoniosa aos preceitos constitucionais da Carta de República de 1988, assegurando-se maior efetividade a seus princípios, notadamente, os do contraditório e da ampla defesa (art. 5.°, inciso LV) (...) Ordem denegada, com a fixação da seguinte orientação: **a norma inscrita no art. 400 do Código de Processo Penal comum aplica-se**, a partir da publicação da ata do presente julgamento, aos processos penais militares, aos processos penais eleitorais e **a todos os procedimentos penais regidos por legislação especial** incidindo somente naquelas ações penais cuja instrução não se tenha encerrado" (STF — HC 127.900, Rel. Min. Dias Toffoli, Tribunal Pleno, julgado em 3.3.2016, processo eletrônico *DJe*-161, divulg. 2.8.2016, public. 3.8.2016).

Em razão de tal decisão do Plenário da Corte Suprema, pode-se afirmar que o interrogatório nos crimes da Lei de Drogas **deve ser feito após a oitiva das testemunhas**.

A decisão do Plenário do Supremo Tribunal deixa claro que só haverá nulidade na realização do interrogatório no início da instrução se o ato processual tiver sido realizado após 3.8.2016 (data da publicação do acórdão).

2.3.4. Destruição da droga

De acordo com o art. 50, § 3.º, da Lei de Drogas, com a redação dada pela Lei n. 12.961/2014, recebida cópia do **auto de prisão** em flagrante, o juiz, no prazo de **dez** dias, certificará a regularidade formal do laudo de constatação e determinará a **destruição das drogas** apreendidas, guardando-se **amostra** necessária à realização do laudo definitivo. Referida destruição será executada pelo **delegado de polícia** competente, no prazo de **quinze** dias, na presença do **Ministério Público** e da **autoridade sanitária** (art. 50, § 4.º). O local será vistoriado antes e depois de efetivada a destruição das drogas referida no § 3º, sendo lavrado **auto circunstanciado** pelo delegado de polícia, certificando-se neste a destruição total delas (art. 50, § 5.º).

Já o art. 72 dispõe que, **encerrado** o processo penal ou arquivado o inquérito policial, o juiz, de ofício, mediante representação do delegado de polícia ou a requerimento do Ministério Público, determinará a destruição das **amostras** guardadas para contraprova, certificando isso nos autos.

Por fim, prevê o art. 50-A que a destruição de drogas apreendidas **sem a ocorrência de prisão em flagrante** será feita por incineração, no prazo máximo de **trinta** dias, contados da data da apreensão, guardando-se **amostra** necessária à realização do laudo definitivo, aplicando-se, no que couber, o procedimento dos §§ 3.º a 5.º do art. 50.

2.4. COMPETÊNCIA

Nos termos do art. 109, V, da Constituição Federal, são julgados pela **Justiça Federal** os crimes previstos em **tratado** ou **convenção internacional**, quando, iniciada a execução no País, o resultado tenha ou devesse ter ocorrido no estrangeiro, ou reciprocamente.

Assim, por ser objeto de tratado internacional, o dispositivo abrange os crimes de **tráfico**, de forma que se pode concluir que o tráfico **internacional** de droga é de competência da Justiça **Federal**, enquanto o tráfico **doméstico** é apurado na esfera **estadual**. Nesse sentido, o art. 70, *caput*, da Lei n. 11.343/2006, que confirma que o processo e o julgamento dos crimes previstos nos arts. 33 a 37, se caracterizado ilícito transnacional, são de competência da Justiça Federal.

O art. 70, parágrafo único, por sua vez, trouxe importante inovação ao dispor que os crimes transnacionais constatados em Municípios que **não** sejam sede de vara **federal** serão processados e julgados na vara federal da circunscrição respectiva. Assim, se em uma pequena cidade próxima a Ribeirão Preto for efetuada uma apreensão de carregamento de droga proveniente da Colômbia, os traficantes serão julgados em Ribeirão Preto, porque nesta cidade existe vara da Justiça Federal, enquanto naquela, não.

De acordo com a Súmula 528 do Superior Tribunal de Justiça "compete ao juiz federal do local da apreensão da droga remetida do exterior pela via postal processar e julgar o crime de tráfico internacional". Assim, se a droga for apreendida na sede dos Correios ou na Alfândega, na cidade de Santos, o delito de tráfico internacional será apurado em tal comarca, ainda que o destinatário final resida, por exemplo, na cidade de Ribeirão Preto. Nesse sentido, veja-se também:

> "No caso de remessa de drogas do exterior ao Brasil pela via postal, tem-se que o crime se consuma com a simples importação da droga, razão pela qual a competência deve ser fixada no local em que apreendida, ainda que outro seja o endereço do destinatário final da correspondência, nos termos do artigo 70 do Código de Processo Penal. Precedentes" (STJ — HC 306.117/SP, Rel. Min. Jorge Mussi, 5.ª Turma, julgado em 16.4.2015, *DJe* 29.4.2015); "A jurisprudência desta Corte, orienta-se no sentido de que o tráfico, praticado por meio de encomenda do exterior para o Brasil, tem como local do crime aquele da apreensão, não importando o local a que se direcionava a encomenda, ou até mesmo se antes havia sido consumada outra das ações típicas do delito. 2. Tendo a apreensão ocorrido na Alfândega da Receita Federal do Brasil em São Paulo/SP, local onde também se encontram as provas e testemunhas, local inclusive processualmente mais econômico, é este o competente para a persecução criminal" (STJ — CC 134.421/RJ, Rel. Min. Rogerio Schietti Cruz, Rel. p/ Acórdão Min. Nefi Cordeiro, 3.ª Seção, julgado em 24.9.2014, *DJe* 4.12.2014).

O crime de **porte para consumo próprio** (art. 28) e os demais delitos da Lei com pena máxima não superior a dois anos serão julgados pelo **Juizado Especial Criminal** (art. 48, § 1.º), salvo se houver concurso com crime de tráfico ou outro crime comum mais grave. Nesses casos, ambos os delitos serão julgados na Vara Comum, nos termos do art. 48, § 1.º, da Lei de Drogas e art. 60, parágrafo único, da Lei n. 9.099/95, com a redação dada pela Lei n. 11.313/2006.

Normalmente, o crime de porte para consumo próprio será julgado no Juizado Especial Criminal Estadual; se, porém, o crime tiver sido cometido a bordo de navio ou aeronave, o julgamento caberá ao Juizado Especial Criminal Federal, nos termos do art. 109, IX, da CF. Da mesma forma, o crime de tráfico de drogas será de competência da Justiça Federal se cometido por meio de navio ou aeronave — ainda que não se trate de tráfico internacional. Aliás, se o crime for cometido a bordo de aeronave, a competência será da Justiça Federal, ainda que a abordagem ocorra antes de aquela levantar voo, uma vez que o texto constitucional não faz distinção. A propósito:

> "É da Justiça Federal, a competência para processar e julgar crime praticado a bordo de aeronave (art. 109, IX, da Constituição da República), pouco importando se esta encontra--se em ar ou em terra e, ainda, quem seja o sujeito passivo do delito. Precedentes. 2. Onde a Constituição não distingue, não compete ao intérprete distinguir" (STF — RHC 85.998/SP, Rel. Min. Cármen Lúcia, 1.ª Turma, *DJ* 27.4.2007, p. 70).

Como o dispositivo constitucional usa a palavra "navio", a competência da Justiça Federal não alcança crimes cometidos a bordo de pequenas embarcações, como lanchas, botes etc., salvo se se tratar de tráfico internacional.

No caso de conexão entre crime de competência do júri e delito da Lei de Drogas, prevalecerá a competência do júri, ainda que o crime doloso contra a vida tenha pena menor. Os jurados julgarão os dois crimes.

Na conexão entre tráfico e crime eleitoral, prevalece a competência da Justiça Eleitoral, já que se trata de jurisdição especial.

Se houver conexão entre tráfico e crime militar, haverá separação de processos, porque, apesar de a Justiça Militar ser especial, o art. 79, I, do Código de Processo Penal estabelece que ela não julga crime comum conexo.

Na conexão entre tráfico internacional e doméstico (praticado apenas no território nacional), prevalece a competência da Justiça Federal para ambos os delitos. É o que diz a Súmula 122 do Superior Tribunal de Justiça: "compete à Justiça Federal o processo e julgamento unificado dos crimes conexos de competência federal e estadual, não se aplicando a regra do art. 78, II, *a*, do Código de Processo Penal".

No caso de conexão entre tráfico doméstico e outro crime comum, prevalece a competência do local em que for praticado o crime mais grave, isto é, daquele que tiver a maior pena máxima, nos termos do art. 78, II, "a", do Código de Processo Penal. Ex.: uma pessoa rouba grande quantidade de drogas de uma farmácia em São Paulo e vende-as em Santos. A pena máxima do tráfico é de quinze anos, e a do roubo é dez. Assim, o julgamento ficará a cargo da Justiça Estadual de Santos. Em relação ao rito, deve ser adotado aquele que proporcione maiores possibilidades de defesa ao acusado.

2.5. LAUDO DE CONSTATAÇÃO E TOXICOLÓGICO

Apreendida a substância entorpecente, **dois** exames periciais deverão ser realizados:

a) **Laudo de constatação** (art. 50, § 1.º). É um laudo **provisório**, feito de forma **superficial** e, portanto, **sem caráter científico**, logo após a apreensão da droga, por um perito oficial ou por pessoa idônea, de preferência com habilitação, a respeito da **natureza** e da quantidade da droga apreendida. Como só existe crime se for constatada a existência do **princípio ativo**, e considerando que um exame científico demanda tempo considerável para ser realizado, a lei prevê esse exame provisório, que, restando positivo, permite a **lavratura do auto de prisão** em flagrante pela autoridade policial, bem como o oferecimento de **denúncia** pelo Ministério Público e seu **recebimento** pelo juiz.

Existindo o laudo de constatação, o Ministério Público não pode devolver o inquérito à delegacia de polícia para a juntada do exame definitivo, uma vez que o art. 16 do Código de Processo Penal só admite a devolução quando a diligência for **imprescindível** para o oferecimento da denúncia, e o art. 50, § 1.º, da Lei de Drogas dispensa a juntada do exame definitivo para que a ação penal seja intentada.

O laudo de constatação é **condição de procedibilidade**, pois, sem sua presença, a denúncia não pode ser recebida. Dessa forma, oferecida a denúncia desacompanhada do laudo, o juiz deve determinar sua juntada antes de decidir se a recebe ou rejeita.

b) **Laudo definitivo**. É o que resulta do **exame químico-toxicológico**, feito de forma científica e minuciosa. É esse laudo que comprova a **materialidade** do delito — a existência do princípio ativo.

O art. 50, § 2.º, estabelece que o perito que elaborou o laudo de constatação **não** está proibido de participar do exame químico-toxicológico.

O laudo deve ser juntado aos autos **antes** da **audiência** de instrução e julgamento, justamente para que as partes possam conhecer seu teor com antecedência. É, porém, comum que as testemunhas sejam ouvidas antes da chegada do laudo definitivo, de forma que a audiência, que deveria ser una, acaba sendo desmembrada para aguardar o laudo, designando-se nova data para os debates e julgamento. Essa providência, apesar de contrária ao texto legal, tem contado com a benevolência dos tribunais, que, pela inexistência de prejuízo para as partes, não decretam a nulidade do feito.

No laudo definitivo, devem constar a **existência** do princípio ativo, a **quantidade** da droga e a **metodologia** empregada para a realização do exame.

A falta da assinatura do perito criminal no laudo toxicológico é mera irregularidade que não gera a sua nulidade. Nesse sentido: AgRg no REsp 1753268/MG, Rel. Min. Sebatião Reis Júnior, 6.ª Turma, julgado em 26.2.2019, *DJe* 14.3.2019; AgRg no REsp 1731444/MG, Rel. Min. Ribeiro Dantas, 5.ª Turma, julgado em 12.6.2018, *DJe* 20.6.2018.

2.6. A INIMPUTABILIDADE NA LEI DE DROGAS

O art. 45, *caput*, da Lei n. 11.343/2006 prevê três hipóteses de inimputabilidade:

1) Quando o réu, em razão de **dependência**, era, ao tempo da ação ou da omissão criminosa, **inteiramente** incapaz de **entender** o **caráter ilícito** do fato ou de **determinar-se** de acordo com tal entendimento.

2) Se o réu, por estar **sob o efeito** de droga, proveniente de **caso fortuito**, era, ao tempo da ação ou omissão criminosa, **inteiramente** incapaz de entender o **caráter ilícito** do fato ou de **determinar-se** de acordo com tal entendimento. Existe caso fortuito, por exemplo, quando a pessoa ingere acidentalmente uma substância entorpecente.

3) Quando o réu, por estar sob o efeito de droga, **proveniente de força maior**, era, ao tempo da ação ou omissão criminosa, **inteiramente** incapaz de entender o **caráter ilícito** do fato ou de **determinar-se** de acordo com tal entendimento. Ocorre força maior, por exemplo, quando a pessoa é **forçada** mediante violência ou grave ameaça a ingerir a substância entorpecente.

A inimputabilidade, portanto, pressupõe que o agente **não tenha capacidade de entendimento ou autodeterminação no momento da prática do ilícito penal**.

Nas três hipóteses, comprovada **pericialmente** a inimputabilidade, o réu ficará **isento de pena, qualquer que tenha sido o crime por ele cometido** — da própria Lei de Drogas ou não. Exs.: prática de furto ou roubo para sustentar o vício; venda de droga para conseguir dinheiro para comprar suas próprias substâncias etc.

Nos termos do art. 45, *caput*, da Lei n. 11.343/2006, o juiz deverá **absolver** o réu e, se for ele **dependente**, submetê-lo a **tratamento médico**. Em tal caso, temos a chamada **absolvição imprópria**.

2.7. A SEMI-IMPUTABILIDADE NA LEI DE DROGAS

O art. 46 da Lei n. 11.343/2006 trata dos semi-imputáveis, assim considerando quem:

1) Em razão de dependência, estava, ao tempo da ação ou omissão criminosa, **parcialmente** privado de sua capacidade de **entendimento** ou **autodeterminação**.

2) Por estar sob o efeito de droga, proveniente de **caso fortuito**, estava, ao tempo da ação criminosa, **parcialmente** privado de sua capacidade de **entendimento** ou **autodeterminação**.

3) Por estar sob o efeito de droga, proveniente de **força maior**, estava, ao tempo da ação criminosa, **parcialmente** privado de sua capacidade de **entendimento** ou **autodeterminação**.

Nos termos da lei, os semi-imputáveis não são isentos de pena e, portanto, devem ser **condenados**. Haverá, entretanto, uma redução de **um a dois terços** do montante da reprimenda. Se o sentenciado for dependente, deverá também ser submetido a tratamento no local em que tiver de cumprir a pena imposta (art. 47).

2.8. O TRATAMENTO DOS DEPENDENTES

A Lei n. 11.343/2006 estabelece as seguintes regras:

a) o **inimputável** em razão de **dependência** deve ser **absolvido**, e o juiz, na sentença, deve encaminhá-lo para **tratamento médico de recuperação** (art. 45, parágrafo único);

b) a pessoa **condenada** pela prática de qualquer infração penal que seja dependente e esteja cumprindo pena privativa de liberdade ou medida de segurança, deve ter assegurado o tratamento no próprio sistema penitenciário (art. 26);

c) o condenado dependente que esteja cumprindo pena fora do sistema prisional deverá ser submetido a tratamento por profissional da saúde com competência específica na forma da lei (art. 47);

d) ao usuário de droga, o juiz determinará ao Poder Público que coloque à sua disposição, gratuitamente, estabelecimento de saúde, preferencialmente ambulatorial, para tratamento especializado (art. 28, § 7.º).

2.9. EXAME DE DEPENDÊNCIA

A realização do exame de dependência toxicológica deve ser **determinada pelo juiz** se o réu **declarar-se** dependente ou quando houver **indícios** nesse sentido. A instauração desse incidente **não suspende** o andamento da ação penal, mas, se houver dois ou mais réus, e o exame de dependência for determinado apenas em relação a um, o juiz desmembrará o processo.

O art. 56, § 2.º, da Lei diz que o juiz, ao receber a denúncia, deve marcar a audiência de instrução e julgamento em um prazo de **trinta** dias, ou de **noventa dias**, caso tenha **determinado** a realização do exame de **dependência**. Essa hipótese, porém, só ocorrerá quando a realização do exame tiver sido **anteriormente** determinada pelo juiz. Na prática, entretanto, o que normalmente ocorre é que o réu se declara dependente **na própria audiência**, ao ser interrogado, já que, no rito da Lei atual, o interrogatório é realizado **na mesma data** da audiência de instrução e julgamento. Nesse caso, o juiz deve fazer a audiência e determinar a realização do exame, marcando uma nova audiência em continuação, dentro do prazo de noventa dias, para que, à luz do laudo, sejam feitos os debates e prolatada a sentença.

Determinado o exame pelo juiz, as partes poderão **apresentar quesitos**. Dependendo das conclusões dos peritos, poderá ser o réu considerado imputável, inimputável ou semi-imputável.

2.10. DA APREENSÃO, ARRECADAÇÃO E DESTINAÇÃO DOS BENS DO ACUSADO

O Capítulo IV do Título IV da Lei n. 11.343/2006 dispõe a respeito dos bens do acusado relacionados aos crimes nela previstos (arts. 60 a 64).

2.10.1. Dos bens ou valores obtidos com o tráfico

O art. 60 da Lei de Drogas, com a redação dada pela Lei n. 13.840/2019, dispõe que o juiz, a requerimento do Ministério Público ou do assistente de acusação, ou mediante representação da autoridade de polícia judiciária, poderá decretar, no curso do inquérito ou da ação penal, a apreensão e outras medidas assecuratórias nos casos em que haja suspeita de que os bens, direitos ou valores sejam **produto** do crime ou constituam **proveito** dos crimes previstos nesta Lei, procedendo-se na forma dos arts. 125 e seguintes do Código de Processo Penal.

A ordem de apreensão ou sequestro de bens, direitos ou valores poderá, todavia, ser suspensa pelo juiz, ouvido o Ministério Público, quando a sua execução imediata puder comprometer as investigações.

Quando as medidas assecuratórias recaírem sobre moeda estrangeira, títulos, valores mobiliários ou cheques emitidos como ordem de pagamento, será determinada, imediatamente, a conversão em moeda nacional (art. 60-A). Os cheques, portanto, devem ser compensados e a moeda estrangeira deve ser vendida.

Ao proferir a sentença, o juiz decidirá sobre o perdimento do produto, bem, direito ou valor apreendido ou objeto de medidas assecuratórias (art. 63, I). Lembre-se que, de acordo com o art. 91, II, "b", do Código Penal, constitui efeito da condenação a perda em favor da União, ressalvado o direito do lesado ou de terceiro de boa-fé, do produto do crime ou de qualquer bem ou valor que constitua proveito auferido pelo agente com a prática do fato criminoso.

O Superior Tribunal de Justiça firmou entendimento no sentido de que "a expropriação de bens em favor da União, decorrente da prática de crime de tráfico ilícito de entorpecentes, constitui efeito automático da sentença penal condenatória" (*Jurisprudência em teses*, edição n. 126 — maio de 2019). A propósito:

"Tráfico de drogas. Perdimento de bens e valores. Efeito automático da condenação. Desnecessidade de requerimento. Valores apreendidos. Não comprovação da sua origem. Caracterização como produto do crime. Perdimento. Possibilidade. Recurso improvido. 1. A alínea 'b' do inciso II do artigo 91 do Código Penal determina a perda, em favor da União, do produto do crime ou qualquer bem ou valor dele decorrente, cujo efeito é automático com a condenação do acusado" (STJ — AgRg no REsp 1371987/MG, Rel. Min. Jorge Mussi, 5.ª Turma, julgado em 1.3.2016, *DJe* 9.3.2016).

"A perda dos instrumentos e produtos do crime de tráfico ilícito de entorpecentes, em favor da União, é efeito automático da condenação (art. 91, inciso II, do Código Penal). 3. No entanto, ao prolatar a sentença, ainda que automática a perda dos bens, o juiz sentenciante deve manifestar-se a respeito, para que, efetivamente, possa ocorrer a transferência de propriedade, a teor do art. 48, *caput*, da Lei n. 10.409/2002, em vigor à época da prolação do édito condenatório, revogado pela atual Lei de Tóxicos (Lei n. 11.343/2006) que, em seu art. 63, trouxe a mesma redação. 4. Recurso desprovido" (STJ — REsp 1.133.957/MG, Rel. Min. Laurita Vaz, 5.ª Turma, julgado em 18.12.2012, *DJe* 1.2.2013).

2.10.2. Dos bens utilizados para o tráfico

A **apreensão** de veículos, embarcações, aeronaves e quaisquer outros meios de transporte e dos maquinários, utensílios, instrumentos e objetos de qualquer natureza **utilizados para a prática dos crimes definidos na Lei de Drogas** deverá ser imediatamente comunicada pela autoridade de polícia judiciária responsável pela investigação ao juízo competente (art. 61).

O juiz, no prazo de 30 dias, determinará a alienação dos bens apreendidos, excetuadas as armas, que serão recolhidas na forma da legislação específica (art. 61, § 1.º).

A alienação será realizada em autos apartados, dos quais constará a exposição sucinta do nexo de instrumentalidade (vínculo) entre o delito e os bens apreendidos, a descrição e especificação dos objetos, as informações sobre quem os tiver sob custódia e o local em que se encontrem. O juiz determinará a avaliação dos bens apreendidos, que será realizada por oficial de justiça, no prazo de 5 dias a contar da autuação, ou, caso sejam necessários conhecimentos especializados, por avaliador nomeado pelo juiz, em prazo não superior a 10 dias. Feita a avaliação, o juiz intimará o órgão gestor do Funad, o Ministério Público e o interessado para se manifestarem no prazo de 5 dias e, dirimidas eventuais divergências, homologará o valor atribuído aos bens.

Por seu turno, o art. 62-A estabelece que o depósito, em dinheiro, de valores referentes ao produto da alienação ou relacionados a numerários apreendidos ou que tenham sido convertidos, serão efetuados na Caixa Econômica Federal, por meio de documento de arrecadação destinado a essa finalidade. Em caso de futura absolvição, o valor do depósito será devolvido ao acusado pela Caixa Econômica Federal no prazo de até 3 dias úteis, acrescido de juros, na forma estabelecida pelo § 4.º do art. 39 da Lei n. 9.250, de 26 de dezembro de 1995. Na hipótese contrária, ou seja, de decretação do perdimento em favor da União, o valor do depósito será transformado em pagamento definitivo, **respeitados os direitos de eventuais lesados e de terceiros de boa-fé**.

De acordo com o art. 62, se houver interesse público na utilização de quaisquer dos bens de que trata o art. 61, os órgãos de polícia judiciária, militar e rodoviária poderão deles fazer uso, sob sua responsabilidade e com o objetivo de sua conservação, mediante autorização judicial, ouvido o Ministério Público e garantida a prévia avaliação dos respectivos bens. O órgão responsável pela utilização do bem deverá enviar ao juiz periodicamente, ou a qualquer momento quando por este solicitado, informações sobre seu estado de conservação. Quando a autorização judicial recair sobre veículos, embarcações ou aeronaves, o juiz ordenará à autoridade ou ao órgão de registro e controle a expedição de certificado provisório de registro e licenciamento em favor do órgão ao qual tenha deferido o uso ou custódia, ficando este livre do pagamento de multas, encargos e tributos anteriores à decisão de utilização do bem até o trânsito em julgado da decisão que decretar o seu perdimento em favor da União. Na hipótese de levantamento, se houver indicação de que os bens utilizados na forma deste artigo sofreram depreciação superior àquela esperada em razão do transcurso do tempo e do uso, poderá o interessado requerer nova avaliação judicial. Constatada a depreciação, o ente federado ou a entidade que utilizou o bem indenizará o detentor ou proprietário dos bens.

A **perda** efetiva do **bem** será declarada pelo juiz apenas na **sentença** (art. 63, I). A perda é declarada em favor da União, sendo revertida ao Fundo Nacional Antidrogas

— Funad. Em geral, essa sentença será **condenatória**, mas é também possível que o juiz declare a perda do bem apesar de ter **absolvido** o réu. Suponha-se que traficantes escondam grande quantia de droga no tanque de combustível de um caminhão e, em seguida, contratem um motorista, dizendo a ele que se trata do transporte de madeira. Durante o trajeto, policiais param o caminhão e localizam o entorpecente, sendo o motorista acusado pelo tráfico. Ao final, contudo, o juiz absolve o motorista, por entender que ele fora enganado pelos traficantes — que, entretanto, não foram identificados. Apesar da absolvição, deve ser decretada a perda do caminhão (que não pertencia ao motorista).

No julgamento do RE 638.491, em 17 de maio de 2017, o Pleno da Corte Suprema, ao julgar o tema n. 647, aprovou a seguinte tese: "É possível o confisco de todo e qualquer bem de valor econômico apreendido em decorrência do tráfico de drogas, sem a necessidade de se perquirir a habitualidade, reiteração do uso do bem para tal finalidade, a sua modificação para dificultar a descoberta do local do acondicionamento da droga ou qualquer outro requisito além daqueles previstos expressamente no art. 243, parágrafo único, da Constituição Federal".

É evidente, por sua vez, que estão assegurados os **direitos de terceiros de boa-fé**. Ex.: uma pessoa compra um caminhão com alienação fiduciária e utiliza-o para traficar. Nesse caso, a decretação da perda do bem iria prejudicar a instituição financeira. Nesse sentido:

> "Inviável a determinação de perdimento de veículo, como efeito da sentença condenatória, visto que não apreendido e de propriedade de terceiro. 2. Não se pode conceber uma sucumbência reflexa a atingir outrem alheio a contenda. 3. Ademais, o magistrado *a quo* não logrou fundamentar, a partir de elementos concretos, que o automóvel foi proveito auferido pelo agente com a prática do fato criminoso. 4. Recurso ordinário em mandado de segurança provido a fim de tornar sem efeito a determinação de perdimento do veículo" (STJ — RMS 31.248/SP, Rel. Min. Maria Thereza de Assis Moura, 6.ª Turma, julgado em 06.12.2012, *DJe* 13.12.2012).

A decretação da perda de veículo limita-se aos bens que estejam direta e intencionalmente ligados à prática do crime de **tráfico** e que não possam dissociar-se da sua forma de execução. Desse modo, não se decreta a perda de um carro, apenas porque o dono tinha uma pequena quantia de droga em seu interior para uso próprio. Por outro lado, se alguém usa seu carro para traficar, ou seu avião ou lancha para o mesmo fim, a perda será decretada.

2.11. DESAPROPRIAÇÃO DE TERRAS UTILIZADAS PARA O CULTIVO DE CULTURAS ILEGAIS

O art. 243 da Constituição Federal prevê a desapropriação, sem indenização, de terras onde forem localizadas culturas ilegais de substância entorpecente e o confisco de bens apreendidos em decorrência do tráfico. A desapropriação das terras foi regulamentada pela Lei n. 8.257/91, que dispõe acerca do procedimento, da decretação da perda de terras em favor da União, de sua destinação para o assentamento de colonos etc.

O Plenário do Supremo Tribunal Federal, no julgamento do RE 635.336, em 14 de dezembro de 2016, ao apreciar o tema n. 399 (em sede de repercussão geral), aprovou a seguinte tese: "A expropriação prevista no art. 243 da Constituição Federal pode ser afastada, desde que o proprietário comprove que não incorreu em culpa, ainda que *in vigilando* ou *in elegendo*".

2.12. QUESTÕES

QUESTÕES DE CONCURSOS
http://uqr.to/1y3eo

3

TERRORISMO
LEI N. 13.260/2016

3.1. INTRODUÇÃO

Quando a **Constituição Federal** (art. 5.º, XLIII) e a **Lei dos Crimes Hediondos** (art. 1.º, parágrafo único, da Lei n. 8.072/90) fizeram menção ao crime de terrorismo, conferindo-lhe tratamento mais **rigoroso** do que aos crimes comuns, surgiu questionamento acerca da existência de delito dessa natureza na legislação em vigor à época.

Encontrou-se apenas no art. 20 da Lei n. 7.170/83 (**Lei de Segurança Nacional**[1]) um tipo penal que fazia menção ao terrorismo:

> **Art. 20**, *caput* — Devastar, saquear, extorquir, roubar, sequestrar, manter em cárcere privado, incendiar, depredar, provocar explosão, praticar atentado pessoal ou **atos de terrorismo**, por inconformismo político ou para obtenção de fundos destinados à manutenção de organizações políticas clandestinas ou subversivas.
> Pena — reclusão, de três a dez anos.

Ocorre que alguns autores, como Alberto Silva Franco[2], sustentavam que esse dispositivo, por se referir genericamente a **atos de terrorismo**, sem definir seu significado, feria o princípio constitucional da **legalidade**, por não delimitar o âmbito de sua incidência.

Não concordávamos com tal posicionamento. Defendíamos que, como o art. 20 continha um **tipo misto alternativo** em que as várias condutas típicas se equivaliam pela mesma finalidade — **inconformismo político ou obtenção de fundos destinados à manutenção de organizações políticas clandestinas ou subversivas** —, não haveria afronta ao princípio da legalidade. Da mesma forma, Heleno Cláudio Fragoso[3] afirmava que "não existe uma ação delituosa específica denominada terrorismo. Essa expressão se aplica a várias figuras de ilícito penal, que se caracterizam por causar dano considerável a pessoas e coisas, na perspectiva do perigo comum; pela criação real ou potencial de terror ou intimidação, e pela finalidade político-social. (...) O intérprete de nossa lei é levado à perplexidade, com o emprego, na conduta típica (...) da expressão 'praticar

---

[1] A Lei de Segurança Nacional foi expressamente revogada pela Lei n. 14.197/2021.
[2] FRANCO, Alberto Silva. *Crimes hediondos*. São Paulo: RT, 1991. p. 46.
[3] FRAGOSO, Heleno Cláudio. *Terrorismo e criminalidade política*. Rio de Janeiro: Forense, 1981. p. 98-99.

terrorismo' (...). Sendo, como é, o princípio da reserva legal, entre nós, garantia constitucional, é óbvio que definir crime através das expressões 'praticar terrorismo' viola a Carta Magna. A lei, porém, emprega outras expressões. Temos devastar, incendiar, depredar ou praticar atentado pessoal e sabotagem. Qualquer dessas ações pode constituir crime de terrorismo". No mesmo sentido, o entendimento de Fernando Capez[4].

Tal controvérsia, contudo, perdeu o sentido com a aprovação da **Lei n. 13.260/2016**, que regulamentou o disposto no inciso XLIII do art. 5.º da Constituição Federal, disciplinando detalhadamente os crimes de terrorismo, tratando de disposições investigatórias e processuais e formulando o conceito de organização terrorista.

3.2. TIPO OBJETIVO

Ao contrário do que ocorria com a Lei n. 7.170/83, criticada por conter conceito vago de atos terroristas, a Lei atual descreve de forma detalhada as condutas típicas, bem como esclarece o elemento subjetivo específico dos agentes para que haja o enquadramento nessa infração penal. O texto legal, concomitantemente, enumera hipóteses em que resta afastado o enquadramento como ato de terrorismo.

As condutas típicas estão elencadas no § 1.º do art. 2.º da Lei n. 13.260/2016, assim redigido:

> **Art. 2.º, § 1.º** São atos de terrorismo:
> I — usar ou ameaçar usar, transportar, guardar, portar ou trazer consigo explosivos, gases tóxicos, venenos, conteúdos biológicos, químicos, nucleares ou outros meios capazes de causar danos ou promover destruição em massa; (...)
> IV — sabotar o funcionamento ou apoderar-se, com violência, grave ameaça a pessoa ou servindo-se de mecanismos cibernéticos, do controle total ou parcial, ainda que de modo temporário, de meio de comunicação ou de transporte, de portos, aeroportos, estações ferroviárias ou rodoviárias, hospitais, casas de saúde, escolas, estádios esportivos, instalações públicas ou locais onde funcionem serviços públicos essenciais, instalações de geração ou transmissão de energia, instalações militares, instalações de exploração, refino e processamento de petróleo e gás e instituições bancárias e sua rede de atendimento;
> V — atentar contra a vida ou a integridade física de pessoa.

Os incisos II e III desse artigo foram vetados.

Note-se que, no inciso I, é necessário que as condutas sejam capazes de provocar danos ou promover destruição em massa. Fora dessas condições o enquadramento será na legislação comum.

A configuração do crime de terrorismo pressupõe intenção específica por parte dos agentes, elencada no *caput* do art. 2.º: "**O terrorismo consiste na prática por um ou mais indivíduos dos atos previstos neste artigo, por razões de xenofobia, discriminação ou preconceito de raça, cor, etnia e religião, quando cometidos com a finalidade de provocar terror social ou generalizado, expondo a perigo pessoa, patrimônio, a paz pública ou a incolumidade pública**".

---

[4] CAPEZ, Fernando. *Curso de direito penal. Legislação penal especial*, v. 4, p. 421-422.

O dispositivo, em verdade, exige dupla motivação:

a) agir por razões de xenofobia, discriminação ou preconceito de raça, cor, etnia e religião; e
b) finalidade de provocar terror social ou generalizado, expondo a perigo pessoa, patrimônio, a paz pública ou a incolumidade pública.

Interessante notar que parte das elementares do crime de terrorismo encontra-se no *caput* do art. 2.º (elemento subjetivo) e parte em seu § 1.º (condutas típicas e objeto material).

O § 2.º do art. 2.º, por sua vez, exclui a tipificação da conduta como crime de terrorismo quando se tratar de "**conduta individual ou coletiva de pessoas em manifestações políticas, movimentos sociais, sindicais, religiosos, de classe ou de categoria profissional, direcionados por propósitos sociais ou reivindicatórios, visando a contestar, criticar, protestar ou apoiar, com o objetivo de defender direitos, garantias e liberdades constitucionais, sem prejuízo da tipificação penal contida em lei**".

Entendemos que o não enquadramento como crime de terrorismo em razão desse dispositivo somente será possível quando restar plenamente comprovado no caso concreto que o intuito dos envolvidos na manifestação ou no movimento era exclusivamente o de contestar, criticar, apoiar ou defender direitos, garantias, liberdades etc. De outro lado, se ficar provado que apenas usaram o movimento como "fachada" para, em verdade, de algum modo provocar terror social ou generalizado — tal como mencionado no *caput* —, estará tipificado o delito.

3.3. SUJEITO ATIVO

Pode ser qualquer pessoa. Trata-se de crime comum.

3.4. SUJEITOS PASSIVOS

O Estado e a coletividade.

3.5. CONSUMAÇÃO

No momento em que realizada a conduta típica, ainda que o agente não consiga provocar terror social ou generalizado, expondo a perigo pessoa, patrimônio, a paz pública ou a incolumidade pública. Trata-se de crime formal.

3.6. TENTATIVA E ATOS PREPARATÓRIOS DE TERRORISMO

A tentativa é possível em algumas hipóteses, desde que o agente inicie a execução do ato terrorista, mas não consiga concluir a conduta típica. Em tal hipótese deve ser aplicada a regra do art. 14, parágrafo único, do CP, que prevê redução da pena de um terço até dois terços. De ver-se, por sua vez, que, no art. 5.º da Lei Antiterror, o legislador estabeleceu que quem realiza **atos preparatórios de terrorismo com o propósito inequívoco de consumar tal delito** incorre na pena do delito consumado, diminuída de um quarto até a metade. Tal redução de pena é menor do que aquela prevista no Código Penal para o crime tentado, embora, nesta última hipótese (tentativa), o agente já tenha percorrido parte maior do *iter criminis*. Parece-nos, pois, que, como esse dispositivo (art. 5.º) permite a punição de atos preparatórios, a redução deve ser aquela prevista no Código Penal (diminuição de um a dois terços) — em atenção ao princípio da proporcionalidade.

O ato preparatório a que o dispositivo se refere não pode ser a formação de uma organização terrorista porque, se for, estará tipificado crime autônomo, previsto no art. 3.º da Lei.

Saliente-se, outrossim, que o art. 10 da Lei n. 13.260/2016 dispõe que mesmo antes de iniciada a execução do crime de terrorismo, na hipótese do art. 5.º desta Lei (atos preparatórios), aplicam-se as disposições do art. 15 do Código Penal, ou seja, será possível aplicar as regras referentes à desistência voluntária e ao arrependimento eficaz.

Se o integrante de uma organização terrorista envolve-se em atos preparatórios de um atentado terrorista específico, mas se arrepende antes do início da execução e desiste de tomar parte no delito, não incorrerá no crime do art. 5.º (tomar parte em ato preparatório de ato terrorista), em razão da regra do art. 10. Responderá, contudo, pelo delito do art. 3.º, por ter integrado a organização terrorista.

Quem integra organização terrorista e vem efetivamente a cometer ato terrorista responde pelos dois crimes **em concurso material**.

O § 1.º do art. 5.º, por fim, dispõe que incorrerá nas mesmas penas (a do crime consumado reduzida de um quarto até a metade) o agente que, com o propósito de praticar atos de terrorismo:

I — *recrutar, organizar, transportar ou municiar indivíduos que viajem para país distinto daquele de sua residência ou nacionalidade*; ou
II — *fornecer ou receber treinamento em país distinto daquele de sua residência ou nacionalidade.*

Em tais hipóteses, quando a conduta não envolver treinamento ou viagem para país distinto daquele de sua residência ou nacionalidade, a pena será a correspondente à do delito consumado, diminuída de metade a dois terços (art. 5.º, § 2.º).

3.7. PENA

A pena prevista para o crime de terrorismo é de reclusão, de doze a trinta anos, **além das sanções correspondentes à ameaça ou à violência**.

A punição pelo delito de terrorismo, portanto, não impede a condenação concomitante por conduta típica que atinja bens individuais. Dessa forma, a provocação de mortes que se enquadrem nessa lei — pela motivação — será também punida na forma da legislação comum, por atingir a vida das vítimas. Não fosse dessa maneira, o terrorista seria beneficiado com pena menor. O Supremo Tribunal Federal já possuía interpretação semelhante no sentido de ser possível a punição concomitante pelos crimes de genocídio e homicídio (RE 351.487/RR). Quanto ao terrorismo, a regra agora encontra-se expressa no texto legal. Em suma, se os terroristas colocam uma bomba em um ônibus e provocam a morte de 20 passageiros, responderão por um delito de terrorismo e por 20 homicídios dolosos.

O art. 7.º da Lei prevê que, "*salvo quando for elementar da prática de qualquer crime previsto nesta Lei, se de algum deles resultar lesão corporal grave, aumenta-se a pena de um terço, se resultar morte, aumenta-se a pena da metade*". Parece-nos que tais majorantes são exclusivamente **preterdolosas**, ou seja, só se aplicam quando o resultado agravador (lesão grave ou morte) for culposo, pois, como já mencionado, os crimes dolosos que decorrem da prática de ato terrorista são punidos autonomamente em concurso material — tal como prevê o preceito secundário do art. 2.º. Suponha-se que um grupo — com fins terroristas — coloque uma bomba em um prédio abandonado, supondo não haver pessoas no imóvel, mas acaba provocando a morte de um morador de rua que havia adentrado o prédio. Será aplicada a majorante ora em análise — exceto se as circunstâncias indicarem a presença do dolo eventual.

3.8. ORGANIZAÇÃO TERRORISTA

O art. 3.º da Lei n. 13.260/2016 prevê pena de reclusão de cinco a oito anos para quem *"promover, constituir, integrar ou prestar auxílio, pessoalmente ou por interposta pessoa, a organização terrorista"*. O art. 1.º, § 2.º, II, da Lei n. 12.850/2013, introduzido pela Lei ora em estudo, define organização terrorista como aquela voltada para a prática dos atos de terrorismo legalmente definidos, ou seja, para os crimes de terrorismo descritos na própria Lei n. 13.260/2016. Apesar de o dispositivo não mencionar o número mínimo de integrantes que o grupo deve ter para ser enquadrado como organização terrorista, o fato de ter sido inserido na Lei n. 12.850/2013 leva à conclusão de que devem ser ao menos quatro os integrantes efetivos da organização.

O tipo penal prevê que aquele que "presta auxílio" à organização, "pessoalmente ou por interposta pessoa", também responde pelo crime.

Para que seja considerada uma organização terrorista é necessário que os envolvidos tenham se associado com a intenção de cometer atos terroristas de forma reiterada. Trata-se de crime formal, que se consuma no momento da associação. Caso seus integrantes venham efetivamente a cometer algum dos crimes de terrorismo descritos no art. 2.º da Lei, responderão pelas duas infrações penais em concurso material.

3.9. FINANCIAMENTO AO TERROR

De acordo com o art. 6.º da Lei Antiterror, incorre na pena de reclusão, de 15 a 30 trinta anos, quem *"receber, prover, oferecer, obter, guardar, manter em depósito, solicitar, investir, de qualquer modo, direta ou indiretamente, recursos, ativos, bens, direitos, valores ou serviços de qualquer natureza, para o planejamento, a preparação ou a execução dos crimes previstos nesta Lei"*.

Ademais, o parágrafo único desse dispositivo prevê as mesmas penas para *"quem oferecer ou receber, obtiver, guardar, mantiver em depósito, solicitar, investir ou de qualquer modo contribuir para a obtenção de ativo, bem ou recurso financeiro, com a finalidade de financiar, total ou parcialmente, pessoa, grupo de pessoas, associação, entidade, organização criminosa que tenha como atividade principal ou secundária, mesmo em caráter eventual, a prática dos crimes previstos nesta Lei"*.

3.10. VEDAÇÕES

O art. 5.º, XLIII, da Constituição Federal dispõe que "a lei considerará crimes **inafiançáveis** e insuscetíveis de **graça** ou **anistia** *a prática da tortura, o tráfico ilícito de* *entorpecentes e drogas afins,* o **terrorismo** e os definidos como crimes hediondos, por eles respondendo os mandantes, os executores e os que, podendo evitá-los, se omitirem".

Por sua vez, o art. 2.º, *caput*, da Lei n. 8.072/90 proibiu também o **indulto** em relação ao terrorismo, e o seu § 1.º estabeleceu a necessidade do regime **inicial fechado** aos condenados por tal crime — dispositivo que, todavia, foi declarado inconstitucional pelo Supremo Tribunal Federal no julgamento do HC 111.840/MS (*v.* comentários ao art. 2.º, § 1.º, da Lei n. 8.072/90). O art. 17 da Lei n. 13.260/2016 reafirma a incidência da Lei n. 8.072/90 aos crimes de terrorismo.

3.11. AÇÃO PENAL

De acordo com o art. 11 da Lei, considera-se que os crimes nela previstos são praticados contra o interesse da União, cabendo à **Polícia Federal a investigação criminal**, em sede de inquérito policial, e à **Justiça Federal o seu processamento e julgamento**, nos termos do inciso IV do art. 109 da Constituição Federal. A ação penal é **pública incondicionada**, devendo ser promovida pelo **Ministério Público Federal**.

O art. 16 da Lei prevê que disposições da Lei n 12.850/2013 aplicam-se à investigação, processo e julgamento dos crimes nela previstos. O art. 19 da Lei n. 13.260/2016, inclusive, determinou a inclusão das organizações terroristas no rol dos delitos submetidos às regras da Lei n. 12.850/2013, regra esta que passou a constar do art. 2.º, § 2.º, II, desta última Lei.

Foi também inserida regra no art. 1.º, III, "p", da Lei n. 7.960/86, permitindo a **prisão temporária** para os envolvidos em crime de terrorismo quando tal providência for imprescindível para as investigações durante o inquérito policial. Saliente-se que essa forma de prisão cautelar só é permitida nos delitos expressamente elencados na mencionada Lei, razão pela qual o legislador resolveu inserir expressamente o delito de terrorismo no rol. De ver-se, entretanto, que o art. 2.º, § 4.º, da Lei n. 8.072/90 (Lei dos Crimes Hediondos) já continha regra tornando possível a decretação da prisão temporária para o crime de terrorismo. Em tal hipótese, inclusive, a prisão temporária pode ser decretada por até 30 dias, prorrogáveis por igual período em caso de extrema e comprovada necessidade.

A prisão preventiva, por sua vez, será possível sempre que presentes os requisitos legais, nos termos do art. 312 do Código de Processo Penal.

Os arts. 12 a 14 da Lei n. 13.260/2016 contêm uma série de regras especiais no que tange à decretação de medidas assecuratórias de bens, direitos ou valores do investigado ou acusado, ou existentes em nome de interpostas pessoas, que sejam instrumento, produto ou proveito dos crimes previstos na Lei. Regulamentam, também, a nomeação de pessoa, física ou jurídica, para a administração de tais bens ou valores.

3.12. ASILO POLÍTICO

De acordo com o art. 3.º, III, da Lei n. 9.474/97, são excluídos da condição de refugiados políticos aqueles que tenham cometido atos terroristas.

3.13. EXTRADIÇÃO

O art. 5.º, LI, da Carta Magna **veda** a extradição de **brasileiro**, salvo o naturalizado, em caso de crime comum, praticado antes da naturalização, ou de comprovado envolvimento em tráfico ilícito de entorpecentes, na forma da lei.

Já em relação ao estrangeiro, o art. 5.º, LII, da Constituição Federal só proíbe a extradição quando a acusação for relacionada a crime político ou de opinião.

Em relação à possibilidade de o **terrorismo** ser considerado crime **político**, assim se manifestou o Supremo Tribunal Federal, órgão jurisdicional responsável pelo julgamento dos pedidos de extradição, nos termos do art. 102, I, "g", da Constituição:

"os atos delituosos de natureza terrorista, considerados os parâmetros consagrados pela vigente Constituição da República, não se subsumem à noção de criminalidade política, pois a Lei Fundamental proclamou o repúdio ao terrorismo como um dos princípios essenciais que devem reger o Estado brasileiro em suas relações internacionais (CF, art. 4.º, VIII), além de haver qualificado o terrorismo, para efeito de repressão interna, como crime equiparável aos delitos hediondos, o que o expõe, sob tal perspectiva, a tratamento jurídico impregnado de máximo rigor, tornando-o inafiançável e insuscetível da clemência soberana do Estado e reduzindo-o, ainda, à dimensão ordinária dos crimes meramente comuns (CF, art. 5.º, XLIII). — A Constituição da República, presentes tais vetores interpretativos (CF, art. 4.º, VIII, e art. 5.º, XLIII), não autoriza que se outorgue, às práticas delituosas de caráter terrorista, o mesmo tratamento benigno dispensado ao autor de crimes políticos ou de opinião, impedindo, desse modo, que se venha a estabelecer, em torno do terrorista, um inadmissível círculo de proteção que o faça imune ao poder extradicional do Estado brasileiro, notadamente se se tiver em consideração a relevantíssima circunstância de que a Assembleia Nacional Constituinte formulou um claro e inequívoco juízo de desvalor em relação a quaisquer atos delituosos revestidos de índole terrorista, a estes não reconhecendo a dignidade de que muitas vezes se acha impregnada a prática da criminalidade política. (...) O estatuto da criminalidade política não se revela aplicável nem se mostra extensível, em sua projeção jurídico-constitucional, aos atos delituosos que traduzam práticas terroristas, sejam aquelas cometidas por particulares, sejam aquelas perpetradas com o apoio oficial do próprio aparato governamental, à semelhança do que se registrou, no Cone Sul, com a adoção, pelos regimes militares sul-americanos, do modelo desprezível do terrorismo de Estado. — O terrorismo — que traduz expressão de uma macrodelinquência capaz de afetar a segurança, a integridade e a paz dos cidadãos e das sociedades organizadas — constitui fenômeno criminoso da mais alta gravidade, a que a comunidade internacional não pode permanecer indiferente, eis que o ato terrorista atenta contra as próprias bases em que se apoia o Estado democrático de direito, além de representar ameaça inaceitável às instituições políticas e às liberdades públicas, o que autoriza excluí-lo da benignidade de tratamento que a Constituição do Brasil (art. 5.º, LII) reservou aos atos configuradores de criminalidade política. — A cláusula de proteção constante do art. 5.º, LII da Constituição da República — que veda a extradição de estrangeiros por crime político ou de opinião — não se estende, por tal razão, ao autor de atos delituosos de natureza terrorista, considerado o frontal repúdio que a ordem constitucional brasileira dispensa ao terrorismo e ao terrorista. — A extradição — enquanto meio legítimo de cooperação internacional na repressão às práticas de criminalidade comum — representa instrumento de significativa importância no combate eficaz ao terrorismo, que constitui 'uma grave ameaça para os valores democráticos e para a paz e a segurança internacionais (...)' (Convenção Interamericana Contra o Terrorismo, Art. 11), justificando-se, por isso mesmo, para efeitos extradicionais, a sua descaracterização como delito de natureza política" (Ext 855, Rel. Min. Celso de Mello, Tribunal Pleno, julgado em 26.8.2004, *DJ* 1.7.2005, p. 5, *Ement.* v. 2198-1, p. 29, *RB* v. 17, n. 501, 2005, p. 21-22).

3.14. QUESTÕES

QUESTÕES DE CONCURSOS
http://uqr.to/1y3ep

4

TORTURA
LEI N. 9.455/97

4.1. INTRODUÇÃO

A **Declaração Universal dos Direitos do Homem**, proclamada pela Assembleia Geral das Nações Unidas, em 10 de dezembro de 1948, consagrou, em seu artigo V, o princípio básico de que *ninguém será submetido a tortura, nem a tratamento ou castigo cruel, desumano ou degradante*.

A Constituição Federal de 1988 estabeleceu em seu art. 5.º, III, que *ninguém será submetido a tortura nem a tratamento desumano e degradante*.

A Convenção contra a Tortura e Outros Tratamentos ou Penas Cruéis, Desumanos ou Degradantes, adotada pela Assembleia Geral das Nações Unidas, em 10 de dezembro de 1984, **assinada pelo Brasil** em 1985 e ratificada em 1989, determinou, em seu art. 2.º, que "cada Estado-Parte tomará medidas eficazes de caráter legislativo, administrativo, judicial ou de outra natureza, a fim de impedir a prática de atos de tortura em qualquer território sob sua jurisdição". Além disso, em seu art. 4.º, enfatizou que "cada Estado-Parte assegurará que todos os atos de tortura sejam considerados crime segundo a sua legislação penal". No mesmo sentido, a Convenção Americana sobre Direitos Humanos, conhecida como Pacto de São José da Costa Rica, de 1969.

A Constituição Federal, em seu art. 5.º, XLIII, determinou que *a lei considerará crimes inafiançáveis e insuscetíveis de graça ou anistia a prática da **tortura**, o tráfico ilícito de entorpecentes e drogas afins, o terrorismo e os definidos como crimes hediondos, por eles respondendo os mandantes, os executores e os que, podendo evitá-los, se omitirem*.

Esse dispositivo constitucional foi inicialmente regulamentado pela Lei n. 8.072/90, conhecida como Lei dos Crimes Hediondos, que, conforme já estudado, estabeleceu um rol dos delitos dessa natureza e tomou uma série de outras providências, de cunho penal e processual penal, relativas a esses crimes, bem como à prática da tortura, do tráfico ilícito de entorpecentes e ao terrorismo.

Não havia, entretanto, uma tipificação específica para os crimes de tortura.

Assim, para suprir essa lacuna, foi, inicialmente, criado o delito de tortura contra menores, descrito no **art. 233 do Estatuto da Criança e do Adolescente**, com a seguinte redação:

> Art. 233. Submeter criança ou adolescente, sob sua autoridade, guarda ou vigilância a tortura:

> Pena — reclusão, de um a cinco anos.
> § 1.º Se resultar lesão corporal grave:
> Pena — reclusão, de dois a oito anos.
> § 2.º Se resultar lesão corporal gravíssima:
> Pena — reclusão, de quatro a doze anos.
> § 3.º Se resultar morte:
> Pena — reclusão, de quinze a trinta anos.

Esse dispositivo, apesar de considerado constitucional pelo Supremo Tribunal Federal, foi duramente criticado pela doutrina por possuir o tipo **aberto**, já que não esclarecia exatamente em que consistia a prática da tortura e qual devia ser a **intenção** (elemento subjetivo) do torturador. Além desses defeitos, continuou a existir lacuna na legislação, uma vez que o Estatuto da Criança e do Adolescente não abrangia a tortura contra **adultos**.

Para sanar todas essas falhas, foi aprovada e promulgada, em 7 de abril de 1997, a **Lei n. 9.455**, que regulamentou todo o tema da tortura e expressamente revogou o art. 233 do Estatuto da Criança e do Adolescente.

4.2. DOS CRIMES EM ESPÉCIE

O art. 1.º da Lei n. 9.455/97 descreve vários ilícitos penais relacionados à prática da tortura, cada qual com características próprias.

4.2.1. Tortura-prova, tortura para a prática de crime e tortura discriminatória

> **Art. 1.º**, *caput* — Constitui crime de tortura:
> I — constranger alguém com emprego de violência ou grave ameaça, causando-lhe sofrimento físico ou mental:
> *a)* com o fim de obter informação, declaração ou confissão da vítima ou de terceira pessoa;
> *b)* para provocar ação ou omissão de natureza criminosa;
> *c)* em razão de discriminação racial ou religiosa;
> Pena — reclusão, de dois a oito anos.

1. Introdução

Esse dispositivo (inc. I) contém **três** figuras **caracterizadoras** do crime de tortura. São, portanto, três espécies delituosas sob o mesmo *nomem juris*, sendo, em razão disso, necessária a adoção de outras designações para diferenciá-las (tortura-**prova**, tortura **para a prática de crime** e tortura **discriminatória**). De ver-se, porém, que quanto à objetividade jurídica, meios de execução, sujeitos ativo e passivo, consumação, tentativa e ação penal, as regras são as mesmas para todas elas, que, dessa forma, se diferenciam apenas no que se refere à **motivação** do agente **torturador**.

2. Objetividade jurídica

A incolumidade **física** e **mental** das pessoas.

3. Meios de execução

A Lei estabelece como formas de execução desses crimes de tortura a **violência** e a **grave ameaça**.

Violência consiste no emprego de qualquer **desforço físico** sobre a vítima, como socos, pontapés, choques elétricos, pauladas, chicotadas, submersão temporária em água, privação de liberdade etc.

Grave ameaça consiste na promessa de **mal grave, injusto** e **iminente**, como ameaça de morte, de estupro, de lesões etc.

4. Elemento subjetivo

O art. 1.º, I, da Lei n. 9.455/97 descreve três hipóteses caracterizadoras do crime de tortura. A diferença entre esses ilícitos reside na **motivação** do agente.

a) A **tortura-prova** (alínea "a") está presente quando a intenção do sujeito, ao torturar a vítima, é obter alguma **informação, declaração** ou **confissão desta** ou de **terceira** pessoa (ex.: empregar violência contra o filho para obter declaração dos pais).

Pouco importa a **natureza** da informação visada pelo agente: comercial, criminosa, pessoal etc. O crime de tortura, entretanto, ficará absorvido se constituir meio direto e imediato para a prática de delitos como roubo ou extorsão, como ocorre, por exemplo, quando o agente emprega violência ou grave ameaça para obrigar a vítima a fornecer a senha de seu cartão bancário ou o segredo de um cofre (princípio da **consunção**).

b) A **tortura para a prática de crime** (alínea "b") ocorre quando o torturador usa a violência ou grave ameaça para obrigar a vítima a realizar uma **ação** ou **omissão criminosa**. Nesses casos, o agente responderá pelo crime de tortura em **concurso material** com o delito cometido pela vítima (**se este efetivamente ocorrer**). Assim, se o agente tortura alguém para obrigá-lo a cometer um furto, será responsabilizado pela tortura e pelo furto. A vítima, obviamente, **não** responderá pelo crime, uma vez que foi coagida a praticá-lo. **Antes** da Lei n. 9.455/97, o agente responderia por furto e por **constrangimento ilegal** (art. 146 do CP), delito que, por ser **subsidiário**, fica atualmente absorvido pelo delito da lei especial.

A presente modalidade do crime de tortura **não** abrange o emprego de violência ou grave ameaça para a provocação de ação **contravencional**, que, assim, continua a caracterizar o **constrangimento ilegal** em concurso **material** com a contravenção realizada pela vítima.

Nas hipóteses das alíneas "a" *e* "b", o crime de tortura consuma-se **independentemente de o agente alcançar o objetivo** almejado (informação, declaração, confissão ou prática de crime pela vítima).

c) Na tortura **discriminatória** (alínea "c"), a lei pune o emprego da violência ou grave ameaça motivadas por **discriminação racial ou religiosa**. Ex.: levado por seu sentimento discriminatório, um grupo de pessoas captura indígenas, leva-os até local ermo e lhes aplica chicotadas.

Dependendo da forma de agir do torturador, poderá também incorrer no crime de **racismo** do art. 20 da Lei n. 7.716/89.

> **Observação:** A Lei n. 9.455/97 não descreveu, no crime de tortura, as hipóteses de a motivação do agente ser **vingança, maldade** ou simples **sadismo** (prazer de ver a vítima sofrer). Por isso, em razão da ausência de previsão legal, as condutas não poderão ser enquadradas nessa lei, restando, apenas, eventual responsabilização por crime de lesões corporais, constrangimento ilegal, abuso de autoridade etc.

5. Sujeito ativo

O crime de tortura **não é próprio**, vale dizer, pode ser cometido por **qualquer pessoa**, e não apenas por policiais civis ou militares. Essa opção do legislador não retrata fielmente a Convenção Internacional assinada pelo Brasil, na qual o país se compromete a combater a tortura cometida "por agentes públicos". A lei, portanto, é **mais abrangente** que a Convenção e, além disso, prevê, em seu art. 1.º, § 4.º, I, que o crime terá sua pena aumentada de um **sexto a um terço**, se o delito for cometido por **agente público**.

Nesse sentido:

"A figura típica do crime de tortura prevista no art. 1.º, I, 'a', da Lei n. 9.455/1997 não é crime próprio, pois não exige que o agente possua a qualidade de funcionário público. Esta leitura se harmoniza com o art. 1.º, II, da Convenção Contra a Tortura e Outros Tratamentos ou Penas Cruéis, Desumanos ou Degradantes. Precedentes: REsp 1.738.264/DF, Rel. Min. Sebastião Reis Junior, 6.ª Turma, julgado em 23.8.2018, *DJe* 14.9.2018; AgRg no REsp 1.291.631/MG, Rel. Min. Leopoldo de Arruda Raposo (Desembargador convocado do TJ/PE), 5.ª Turma, julgado em 1.10.2015, *DJe* 13.10.2015" (STJ — AgRg no REsp 1.754.458/SP, Rel. Min. Ribeiro Dantas, 5.ª Turma, julgado em 23.2.2021, *DJe* 26.2.2021).

6. Sujeitos passivos

A pessoa contra quem é empregada a violência ou grave ameaça e, eventualmente, outras pessoas prejudicadas pela conduta (ex.: tortura contra uma pessoa para obter confissão de outra).

7. Consumação

Nos tipos penais em análise, o legislador descreve o resultado, qual seja, a provocação de sofrimento físico ou mental. É justamente nesse momento que o crime se consuma. Nas modalidades das alíneas "a" e "b", o agente visa obter ainda outro resultado: confissão, declaração ou informação da vítima, ou ação ou omissão criminosa. A redação desses dispositivos, contudo, deixa claro que o delito se consuma independentemente da obtenção desses resultados. No caso da alínea "a", a obtenção da confissão, informação ou declaração constitui mero **exaurimento** do crime de tortura. Já na alínea "b", se a vítima torturada comete o delito que o agente determinou que ela praticasse, ele responderá também por esse delito (conforme já explicado).

8. Tentativa

É possível, quando o agente emprega a violência ou grave ameaça, sem conseguir provocar sofrimento à vítima.

9. Ação penal

Todos os crimes previstos nessa lei apuram-se mediante ação **pública incondicionada**.

A competência para o julgamento do crime de tortura é da Justiça **Comum** (Federal ou Estadual, dependendo do caso), ou da Justiça Militar se o delito for cometido por **policial militar em serviço**. A Lei n. 13.491/2017 alterou a redação do art. 9.º, II, do Código Penal Militar, e passou a permitir que a Justiça Militar julgue também crimes previstos fora do Código Penal Militar, tal como ocorre com aqueles descritos na Lei n. 9.455/97.

10. Absorção

A configuração do crime de tortura absorve delitos menos graves decorrentes do emprego da violência ou grave ameaça, como, p. ex., os crimes de maus-tratos, lesões corporais leves, constrangimento ilegal, ameaça etc.

4.2.2. Tortura-castigo

> Art. 1.º, *caput* (...)
> II — submeter alguém, sob sua guarda, poder ou autoridade, com emprego de violência ou grave ameaça, a intenso sofrimento físico ou mental, como forma de aplicar castigo pessoal ou medida de caráter preventivo.
> Pena — reclusão, de dois a oito anos.

1. Objetividade jurídica

A incolumidade física e mental de pessoas sujeitas a guarda, poder ou autoridade de outrem.

2. Meios de execução

Trata-se de crime de **ação livre** que pode ser praticado por qualquer meio (**omissivo** ou **comissivo**): privação de alimentos ou de cuidados indispensáveis, castigos imoderados ou excessivos, privação da liberdade etc.

3. Elemento subjetivo

Intenção de expor a vítima a **grave** sofrimento, como forma de aplicação de **castigo** ou **medida de caráter preventivo**. Exige-se, pois, o chamado *animus corrigendi*.

Essa forma de tortura muito se assemelha ao crime de **maus-tratos** (art. 136 do CP). A diferença está no **elemento normativo** da tortura, existente apenas nesse inciso II, que pressupõe que a vítima seja submetida a **intenso** sofrimento físico ou mental. A caracterização desse dispositivo, assim, é reservada a **situações extremadas**. São exemplos: amarrar a vítima e chicoteá-la, trancar criança em ambiente gelado; aplicar ferro em brasa na vítima, queimá-la com cigarro etc.

4. Sujeito ativo

Trata-se de crime **próprio**, pois somente pode ser cometido por quem possui **autoridade**, **guarda** ou **poder** sobre a vítima. Essas palavras utilizadas pela lei abrangem a vinculação no campo **público** ou **privado**, bem como qualquer poder de **fato** do agente em relação à vítima. Assim, pode ser cometido contra filho, tutelado, curatelado, preso, interno em escola ou hospital etc.

A propósito: "A conduta da paciente enquadra-se no tipo penal previsto no art. 1.º, II, § 4.º, II, da Lei n. 9.455/1997. A paciente possuía os atributos específicos para ser condenada pela prática da conduta descrita no art. 1.º, II, da Lei n. 9.455/1997. Indubitável que o ato foi praticado por quem detinha as crianças sob guarda, na condição de **babá**" (STJ — HC 169.379/SP, Rel. Min. Sebastião Reis Júnior, 6.ª Turma, julgado em 22.8.2011, *DJe* 31.8.2011).

5. Sujeito passivo

É quem está sujeito ao **poder, guarda** ou **autoridade** do agente e que, em decorrência disso, sofra alguma violência ou grave ameaça provocadora de intenso sofrimento físico ou mental.

As **esposas** não estão sob a guarda, poder ou autoridade de seus **maridos** e, por isso, não podem ser sujeito passivo do crime em análise. Eventual agressão contra elas caracterizará crime de lesões corporais ou constrangimento ilegal com a pena agravada pela violência doméstica.

O Superior Tribunal de Justiça já decidiu que não constitui *bis in idem* a condenação por crime de tortura-castigo com a aplicação concomitante da agravante genérica do art. 61, II, "e", do Código Penal (crime contra descendente).

6. Consumação

No momento em que a vítima é submetida a **intenso** sofrimento físico ou mental.

7. Tentativa

Somente é possível na modalidade **comissiva**, já que não existe tentativa de crime omissivo.

8. Ação penal

Pública incondicionada.

9. Absorção

A configuração do crime de tortura absorve delitos menos graves decorrentes do emprego da violência ou grave ameaça, como, p. ex., os crimes de maus-tratos, lesões corporais leves, constrangimento ilegal, ameaça etc.

4.2.3. Tortura do preso ou de pessoa sujeita a medida de segurança

> Art. 1.º, § 1.º — Na mesma pena incorre quem submete pessoa presa ou sujeita a medida de segurança a sofrimento físico ou mental, por intermédio da prática de ato não previsto em lei ou não resultante de medida legal.

1. Objetividade jurídica

Garantir aos presos e às pessoas submetidas a **medida de segurança** o respeito à sua integridade física e corporal, previsto no art. 5.º, XLIX, da Constituição Federal.

2. Elementos do tipo

Premissa do delito é que a vítima esteja **legalmente** presa ou sujeita a medida de segurança. Assim, comete o crime quem adota medidas não previstas na Lei de

Execuções Penais ou em outras leis similares, como cela escura, solitária, aplicação de choques, sessões de "pau-de-arara" etc. Igualmente comete o crime quem coloca preso em regime disciplinar diferenciado sem prévia determinação judicial.

A figura em análise difere da modalidade de **abuso de autoridade**, prevista no art. 13, II, da Lei n. 13.869/2019. No crime de tortura, a finalidade do agente é provocar **sofrimento** físico ou mental na vítima. No abuso de autoridade, o agente público constrange o preso ou o detento, mediante violência, grave ameaça ou redução de sua capacidade de resistência, a submeter-se a situação vexatória ou a constrangimento não autorizado em lei. A finalidade, portanto, é submeter o preso a vexame ou constrangimento.

3. Sujeito ativo

Pode ser qualquer pessoa, embora normalmente o sejam o carcereiro, o agente penitenciário, o diretor do estabelecimento prisional etc. O tipo penal, ao contrário de outros desta Lei, não exige que a vítima esteja sob a guarda ou autoridade do agente, embora muito dificilmente possa ocorrer o delito sem o envolvimento direto ou a conivência de um desses agentes públicos.

4. Sujeitos passivos

Somente as pessoas **presas** ou sujeitas a **medida de segurança**. Pessoa **presa** é aquela que perdeu sua liberdade em razão de prisão em flagrante ou decorrente de ordem judicial (prisão preventiva, temporária, em virtude de condenação, prisão civil). Pessoa sujeita a **medida de segurança** é a que se encontra internada em hospital de custódia ou tratamento psiquiátrico, ou, na falta destes, em outro estabelecimento adequado, ou, ainda, a que está sendo submetida a tratamento ambulatorial.

Os **adolescentes** sujeitos a medida **socioeducativa** pela prática de ato infracional não estão abrangidos pelo texto legal. A tortura contra eles perpetrada pode se enquadrar em outro dos dispositivos da lei em estudo, dependendo da motivação do agente.

5. Consumação

No momento em que é causado o sofrimento na vítima.

6. Tentativa

É possível quando praticado o ato não previsto em lei ou não decorrente de medida legal, porém, por circunstâncias alheias à vontade do agente, não advém o sofrimento físico ou mental que ele tencionava causar.

7. Ação penal

Pública incondicionada.

4.2.4. Omissão perante a tortura

> Art. 1.º, § 2.º — Aquele que se omite em face dessas condutas, quando tinha o dever de evitá-las ou apurá-las, incorre na pena de detenção de um a quatro anos.

Esse dispositivo contém um equívoco, uma vez que tipifica como crime menos grave a conduta de quem tem o dever de **evitar** a tortura e deixa de fazê-lo. Ora, nos termos do art. 13, § 2.º, do Código Penal, responde pelo **resultado**, na condição de **partícipe**, aquele que deve e pode agir para evitá-lo e não o faz. Por consequência, quando uma pessoa tortura a vítima para obter dela uma confissão, e outra, que podia e devia evitar tal resultado, omite-se, ambas respondem pelo crime de tortura do art. 1.º, I, "a", da Lei n. 9.455/97 (que é delito mais grave), e não por esse crime descrito no § 2.º. Essa solução atende ao preceito constitucional que estabelece que também responde pela tortura aquele que, podendo evitar o resultado, deixa de fazê-lo (art. 5.º, XLIII, da CF).

Dessa forma, o § 2.º do art. 1.º da Lei n. 9.455/97 somente será aplicável àquele que tem o dever jurídico de **apurar** a conduta delituosa e não o faz. Como tal dever jurídico incumbe às autoridades policiais e seus agentes, torna-se evidente a impossibilidade de aplicação do aumento do § 4.º, I, do art. 1.º da lei (crime cometido por agente público), já que isso constituiria *bis in idem*.

Atente-se a que esse delito, apesar de previsto na Lei n. 9.455/97, **não** constitui crime de tortura.

Saliente-se, por fim, que, pelo fato de a pena mínima não exceder um ano, é, em tese, cabível o benefício da **suspensão condicional do processo**, desde que presentes os demais requisitos do art. 89 da Lei n. 9.099/95.

4.3. FORMAS QUALIFICADAS

> **Art. 1.º, § 3.º** — Se resulta lesão corporal de natureza grave ou gravíssima, a pena é de reclusão de quatro a dez anos; se resulta morte, a reclusão é de oito a dezesseis anos.

Essas figuras qualificadas são exclusivamente **preterdolosas**, ou seja, configuram-se somente quando existe **dolo** de torturar e **culpa** em relação ao resultado agravador (lesão grave ou morte).

Quanto à qualificadora da morte, é muito importante estabelecer a correta distinção em relação ao crime de **homicídio qualificado pela tortura**, previsto no art. 121, § 2.º, III, do Código Penal, cuja pena é de reclusão, de **doze a trinta** anos, ou seja, superior à da tortura qualificada pela morte.

No crime de homicídio, o agente **quer** a morte da vítima ou **assume o risco de produzi-la**; vale dizer, existe **dolo** em relação ao resultado morte, e o **meio** escolhido para concretizar seu intento é a tortura. Esta, portanto, é a **causa direta e eficiente da morte** visada pelo agente. Já no crime de **tortura** da lei especial, o sofrimento que o agente impõe à vítima tem por finalidade uma das circunstâncias mencionadas na lei (obter informação, declaração ou confissão de alguém; provocar ação ou omissão criminosa; praticar discriminação racial ou religiosa; impor castigo ou medida preventiva). Acontece que, por excessos na execução do crime, o agente acaba causando **culposamente** a morte da vítima. É justamente por isso que se pode afirmar que a figura do crime de tortura qualificada pela morte (art. 1.º, § 3.º, da Lei n. 9.455/97) é exclusivamente **preterdolosa**.

Existem, portanto, **duas** situações absolutamente distintas:

a) tortura empregada como **meio** para provocar a morte, que o agente quer ou assume o risco de produzir, constitui homicídio qualificado pela tortura, cuja pena é de reclusão, de doze a trinta anos. Nesse caso, o crime é julgado pelo Tribunal do Júri;

b) tortura empregada sem dolo de produzir a morte, que é provocada de forma culposa, caracteriza crime de tortura qualificada pela morte, cuja pena é reclusão, de oito a dezesseis anos. É o que ocorre, por exemplo, quando o agente se utiliza de um pedaço de ferro contaminado com ferrugem para cometer a tortura, e a vítima, algum tempo depois, apresenta quadro de tétano que a leva à morte. O julgamento cabe ao juízo comum (singular). Veja-se, por esse exemplo, que nem sempre o torturador assume o risco de provocar o evento morte.

É preciso, ainda, lembrar que é possível a existência **autônoma** do crime de tortura **simples** em concurso **material** com o **homicídio**. Suponha-se que os torturadores empreguem a violência ou grave ameaça para obter uma informação da vítima e, após conseguirem a informação visada, provoquem sua morte com disparos de arma de fogo. Nesse caso, a tortura **não foi a causa da morte** e, assim, não pode qualificar o homicídio, pois, conforme já mencionado, essa hipótese somente é possível quando a tortura é causa direta do óbito. Temos, na hipótese, um crime de tortura simples em concurso material com o delito de homicídio (qualificado por visar o agente, com a morte da vítima, assegurar a ocultação ou impunidade de crime anterior).

As lesões **graves** e **gravíssimas** que qualificam o crime de tortura são aquelas descritas no art. 129, §§ 1.º e 2.º, do Código Penal: incapacidade para as ocupações habituais por mais de trinta dias, perigo de vida, debilidade permanente de membro, sentido ou função, aceleração do parto, incapacidade permanente para o trabalho, enfermidade incurável, perda ou inutilização de membro, sentido ou função, deformidade permanente ou aborto. As lesões **leves** sofridas em razão da tortura ficam **absorvidas** por esta, mas devem ser levadas em conta pelo juiz na fixação da pena-base (art. 59 do Código Penal).

4.4. CAUSAS DE AUMENTO DE PENA

> Art. 1.º, § 4.º — Aumenta-se a pena de um sexto até um terço:
> I — se o crime é cometido por agente público.

Ao referir-se a agente público, a lei **não** se utilizou de **qualquer outra expressão** com a finalidade de **aumentar** ou **restringir** o **alcance** do dispositivo. Parece-nos, portanto, que o aumento será aplicável a qualquer funcionário público, na forma como define o art. 327 do Código Penal, que abrange qualquer pessoa que **exerça cargo, emprego ou função pública, ainda que transitoriamente ou sem remuneração**. Não nos parece razoável, entretanto, considerar que o dispositivo alcança também o conceito de funcionário público **por equiparação**, contido no art. 327, § 1.º, do Código Penal, que assim considera quem exerce função em entidade paraestatal (INSS, Caixa Econômica Federal, Banco do Brasil) e em empresa prestadora de serviço, contratada ou conveniada, para a execução de atividade típica da administração pública.

A **lei** tampouco exige que o agente **esteja no exercício de suas funções**, ao contrário do que costumeiramente faz. É evidente, entretanto, que o aumento somente será aplicável quando a tortura aplicada tiver algum **nexo de causalidade com a função desempenhada pelo agente**.

Saliente-se, ainda, que essa causa de aumento de pena não pode ser aplicada a certos crimes da lei em que a condição de funcionário público já é requisito do próprio tipo penal, como ocorre na figura do art. 1.º, § 2.º.

> **Art. 1.º, § 4.º** — Aumenta-se a pena de um sexto até um terço:
> (...)
> II — se o crime é cometido contra criança, gestante, portador de deficiência, adolescente ou maior de sessenta anos.

Criança é a pessoa **menor** de **12 anos**, enquanto **adolescente** é quem possui **12 anos ou mais, e menos de 18**.

No tocante às **gestantes**, exige-se que o agente tenha **ciência** da gravidez, pois, caso contrário, haveria **responsabilidade objetiva**.

Por fim, a **deficiência** da vítima que permite a exasperação da pena pode ser a **física** ou a **mental**.

O aumento em relação às vítimas com mais de **sessenta** anos foi acrescentado nesse inciso pela Lei n. 10.741/2003 (Estatuto da Pessoa Idosa).

Por se tratar de causa de aumento de pena do crime de tortura, mostra-se inviável a incidência de agravantes genéricas que se referem às mesmas hipóteses no Código Penal, sob pena de se incorrer em *bis in idem*.

> **Art. 1.º, § 4.º** — Aumenta-se a pena de um sexto até um terço: (...)
> III — se o crime é cometido mediante sequestro.

Sequestro é a **privação** da **liberdade** da vítima mediante **violência** ou **grave ameaça**. Veja-se, entretanto, que a privação da liberdade por **curto espaço de tempo** é decorrência quase sempre necessária à prática da tortura, uma vez que esta pressupõe, na maioria das vezes, uma ação lenta e repetitiva no sentido de causar o sofrimento físico ou mental à vítima, de forma a permitir que o agente alcance a finalidade para a qual está empregando a violência ou grave ameaça. Nesses casos, **não** se aplica a causa de aumento de pena. Percebe-se, pois, que o dispositivo só será aplicado quando houver privação da liberdade por **tempo prolongado**, absolutamente desnecessário, ou quando houver deslocamento da vítima para local distante.

Mesmo que o juiz reconheça **mais** de uma causa de aumento de pena, **poderá** aplicar apenas **um** acréscimo, nos termos do art. 68, parágrafo único, do Código Penal. Nesse caso, por óbvio, poderá aplicar o aumento **acima** do mínimo legal de um sexto.

As causas de aumento de pena aplicam-se às formas qualificadas?

Apesar de respeitáveis opiniões em sentido contrário, não vemos motivos para que não se possam aplicar as causas de aumento às formas qualificadas do § 3.º, já que nenhuma incompatibilidade existe entre os institutos.

4.5. EFEITOS DA SENTENÇA CONDENATÓRIA

> **Art. 1.º, § 5.º** — A condenação acarretará a perda do cargo, função ou emprego público e a interdição para seu exercício pelo dobro do prazo da pena aplicada.

Além da pena privativa de liberdade, o juiz deverá declarar, como **efeito** da sentença condenatória, a **perda** do cargo, emprego ou função **pública** e a **interdição** para o exercício de nova função pelo **dobro** do prazo da pena. A razão de tal efeito condenatório é o fato de ter ficado demonstrado, de forma inequívoca, que o agente público violou seus deveres funcionais de uma tal forma que o Estado e a sociedade não podem mais confiar em seus serviços. Por se tratar de consequência prevista expressamente no texto legal, **não é necessária motivação específica quanto a esse aspecto**. É preciso, contudo, que **conste da sentença** a perda do cargo, incumbindo ao Ministério Público interpor embargos de declaração em caso de omissão por parte do juiz.

Nada obsta à decretação da perda do cargo de policial militar, caso este venha a ser condenado por crime de tortura. A propósito:

"O Tribunal de Justiça local tem competência para decretar, como consequência da condenação, a perda da patente e do posto de oficial da Polícia Militar, tal como previsto no art. 1.º, § 5.º, da Lei de Tortura (Lei n. 9.455/97). Não se trata de hipótese de crime militar. (HC 92.181/MG, Relator Ministro Joaquim Barbosa, *DJ* 1.º.8.2008). 4. A condenação por delito previsto na Lei de Tortura acarreta, como efeito extrapenal automático da sentença condenatória, a perda do cargo, função ou emprego público e a interdição para seu exercício pelo dobro do prazo da pena aplicada. Precedentes do STJ e do STF. 5. No caso, a perda da função pública foi decretada na sentença como efeito da condenação e mantida pelo Tribunal de origem, quando do julgamento da apelação. 6. De mais a mais, embora não se fizesse necessário (por ser efeito automático da condenação), o Magistrado apontou as razões pelas quais deveria ser aplicada também a pena de perda do cargo. 7. Ordem denegada" (STJ — HC 47.846/MG, Rel. Min. Og Fernandes, 6.ª Turma, julgado em 11.12.2009, *DJe* 22.2.2010); "O crime de tortura, tipificado na Lei n. 9.455/97, não se qualifica como delito de natureza castrense, achando-se incluído, por isso mesmo, na esfera de competência penal da Justiça comum (federal ou local, conforme o caso), ainda que praticado por membro das Forças Armadas ou por integrante da Polícia Militar. Doutrina. Precedentes. — A perda do cargo, função ou emprego público — que configura efeito extrapenal secundário — constitui consequência necessária que resulta, automaticamente, de pleno direito, da condenação penal imposta ao agente público pela prática do crime de tortura, ainda que se cuide de integrante da Polícia Militar, não se lhe aplicando, a despeito de tratar-se de Oficial da Corporação, a cláusula inscrita no art. 125, § 4.º, da Constituição da República" (STF — AI 769637 AgR-ED-ED, Rel. Min. Celso de Mello, 2.ª Turma, julgado em 25.6.2013, acórdão eletrônico *DJe*-205, divulg. 15.10.2013, public. 16.10.2013).

4.6. VEDAÇÕES PROCESSUAIS E PENAIS

> Art. 1.º, § 6.º — O crime de tortura é inafiançável e insuscetível de graça ou anistia.

O dispositivo repete apenas as vedações constantes no texto constitucional (art. 5.º, XLIII), diferentemente da **Lei dos Crimes Hediondos** — que também proíbe a concessão do **indulto** para o crime de tortura. Por se tratar de norma **especial**, possibilitaria a concessão do indulto aos condenados por esse crime. O Supremo Tribunal Federal, todavia, entende que a palavra "graça" contida na **Carta Magna abrange o indulto**: "O inciso I do art. 2.º da Lei n. 8.072/90 retira seu fundamento de validade diretamente do art. 5.º, XLII, da Constituição Federal. III — O art. 5.º, XLIII, da Constituição, que proíbe a graça, gênero do qual o indulto é espécie, nos crimes hediondos definidos em lei, não conflita com o art. 84, XII, da Lei Maior" (STF — HC 90.364, Rel. Min. Ricardo Lewandowski, Tribunal Pleno, julgado em 31.10.2007, public. 30.11.2007, p. 29). Assim, o texto constitucional, ao vedar a graça aos crimes hediondos, tráfico de drogas, terrorismo e tortura, teria também proibido o indulto a este último.

4.7. REGIME INICIAL DE CUMPRIMENTO DE PENA

> **Art. 1.º, § 7.º** — O condenado por crime previsto nesta Lei, salvo a hipótese do § 2.º, iniciará o cumprimento da pena em regime fechado.

O art. 2.º, § 1.º, da Lei n. 8.072/90, que teve sua redação **alterada** pela Lei n. **11.464/2007**, prevê que para os crimes hediondos, o tráfico de entorpecentes, o terrorismo e a tortura, o regime **inicial** a ser fixado pelo juiz na sentença deve ser sempre o **fechado**, independentemente do montante da pena aplicada e de ser o réu primário ou reincidente. Para crimes considerados comuns, o regime inicial fechado só é obrigatório se a pena fixada superar 8 anos ou se o réu for reincidente. Acontece que o **Plenário** do Supremo Tribunal Federal, em 27 de junho de 2012, declarou, por oito votos contra três, a **inconstitucionalidade** do referido art. 2.º, § 1.º, por entender que a **obrigatoriedade** de regime inicial fechado para penas não superiores a 8 anos fere o princípio constitucional da **individualização da pena** (art. 5.º, XLVI, da CF). Assim, mesmo para crimes hediondos, tráfico de drogas, terrorismo e **tortura**, o regime inicial só poderá ser o fechado (quando a pena fixada na sentença não for maior do que 8 anos) se o acusado for **reincidente ou se as circunstâncias do caso concreto indicarem uma gravidade diferenciada daquele crime específico**, o que deverá constar expressamente da **fundamentação** da sentença. Essa decisão ocorreu no julgamento do **HC 111.840/ES** e, apesar de somente mencionar a inconstitucionalidade do art. 2.º, § 1.º, da Lei n. 8.072/90, estende seus efeitos ao art. 1.º, § 7.º, da Lei n. 9.455/97, uma vez que a redação do dispositivo da Lei dos Crimes Hediondos (Lei n. 8.072/90), que menciona também o crime de tortura, é **posterior** — decorre da Lei n. 11.464/2007. Além disso, a razão da decisão do Supremo Tribunal Federal é a mesma, qualquer que seja o dispositivo em questão. Em novembro de 2017, confirmando tal entendimento, o Supremo Tribunal Federal aprovou a tese 972, em sede de repercussão geral: "É inconstitucional a fixação *ex lege*, com base no art. 2.º, § 1.º, da Lei n. 8.072/90, do regime inicial fechado, devendo o julgador, quando da condenação, ater-se aos parâmetros previstos no art. 33 do Código Penal".

Antes do advento da Lei n. 13.964/2019 a progressão para regime mais brando pressupunha o cumprimento de **dois quintos** da pena, se o condenado fosse primário, e de **três quintos**, se **reincidente**. Tais regras eram encontradas no art. 2.º, § 2.º, da Lei n. 8.072/90, que, todavia, foi expressamente revogado pela nova lei, que, concomitantemente, alterou o art. 112 da LEP, passando a exigir o cumprimento de ao menos 40% da pena aos condenados por crime equiparado a hediondo (art. 112, V) ou 60%, se reincidente na prática de crime hediondo ou equiparado (art. 112, VII).

A Lei n. 9.455/97 silencia quanto ao **livramento condicional**, de tal sorte que deve ser aplicado o art. 83, V, do Código Penal, que exige o cumprimento de **dois terços** da pena (caso o agente não seja **reincidente específico**) para a concessão desse benefício.

Aos condenados por crime de tortura, ainda que a pena fixada na sentença não seja superior a 4 anos, será **incabível** a substituição da pena privativa de liberdade por restritiva de direitos, uma vez que esses crimes envolvem o emprego de **violência** contra pessoa ou **grave ameaça**, e o art. 44, I, do Código Penal proíbe o benefício em tais casos. Apenas em relação ao crime de **omissão** perante a tortura (art. 1.º, § 2.º, da Lei n. 9.455/97), que tecnicamente não constitui efetivo crime de tortura e que não é cometido mediante emprego de violência contra pessoa ou grave ameaça, é cabível a substituição por pena restritiva de direitos.

4.8. EXTRATERRITORIALIDADE DA LEI

> **Art. 2.º** O disposto nesta Lei aplica-se ainda quando o crime não tenha sido cometido em território nacional, sendo a vítima brasileira ou encontrando-se o agente em local sob jurisdição brasileira.

Para que o dispositivo seja aplicado, é necessário, portanto, que ocorra uma das duas hipóteses descritas: **que a vítima seja brasileira ou que o autor da tortura esteja em local em que a legislação pátria seja aplicável.**

4.9. REVOGAÇÃO DO ART. 233 DO ESTATUTO DA CRIANÇA E DO ADOLESCENTE

> **Art. 4.º** Revoga-se o art. 233 da Lei n. 8.069/90 — Estatuto da Criança e do Adolescente.

Conforme já mencionado, os ilícitos penais envolvendo a prática da tortura passaram a ser regulados integralmente pela Lei n. 9.455/97, tendo sido revogado expressamente o dispositivo do Estatuto da Criança e do Adolescente que tratava do tema. Atualmente, o fato de a tortura ser cometida contra menor faz com que a pena seja aumentada de **um sexto a um terço** (art. 1.º, § 4.º, II, da Lei n. 9.455/97).

4.10. PRINCIPAIS ASPECTOS DOS CRIMES DE TORTURA

TORTURA-PROVA	■ Consiste em constranger alguém com emprego de violência ou grave ameaça, causando-lhe sofrimento físico ou mental com o fim de obter informação, declaração ou confissão da vítima ou terceira pessoa.
TORTURA PARA A PRÁTICA DE CRIME	■ Consiste em constranger alguém com emprego de violência ou grave ameaça, causando-lhe sofrimento físico ou mental para provocar ação ou omissão de natureza criminosa. ■ O agente responde pela tortura e pelo crime praticado pela vítima, em concurso material. ■ Se o objetivo for obrigar a vítima a cometer contravenção, o agente responderá por crime de constrangimento ilegal, e não por tortura.
TORTURA DISCRIMINATÓRIA	■ Consiste em constranger alguém com emprego de violência ou grave ameaça, causando-lhe sofrimento físico ou mental em razão de discriminação racial ou religiosa.
TORTURA-CASTIGO	■ Ocorre quando o agente submete alguém sob sua guarda, poder ou autoridade, com emprego de violência ou grave ameaça, a intenso sofrimento físico ou mental, como forma de aplicar castigo pessoal ou medida de caráter preventivo. ■ Distingue-se do crime de maus-tratos porque, neste, a vítima não é submetida a intenso sofrimento.

TORTURA DE PRESO OU PESSOA SUJEITA A MEDIDA DE SEGURANÇA	◼ Comete esse crime quem submete pessoa presa ou sujeita a medida de segurança a sofrimento físico ou mental por intermédio da prática de ato não previsto em lei ou não resultante de medida legal.
OMISSÃO PERANTE A TORTURA	◼ Nessa figura, pune-se aquele que se omite em face das condutas anteriores, quando tinha o dever de evitá-las ou apurá-las. ◼ Esse tipo penal contém um equívoco, já que a pessoa que tinha o dever de evitar a tortura e se omitiu é partícipe de tal crime e responde também pela tortura, nos termos do art. 5.º, XLIII, da Constituição Federal, e art. 13, § 2.º, do CP. Assim, o § 2.º do art. 1.º pune apenas quem tinha o dever de apurar a tortura e não o fez. A pena para tal conduta é menor do que as anteriores, e tal crime não se enquadra no conceito de tortura.
FIGURAS QUALIFICADAS DOS CRIMES DE TORTURA	◼ Se resulta lesão grave ou morte. ◼ Essas qualificadoras são exclusivamente preterdolosas, isto é, só se aplicam se houver dolo na tortura e culpa no resultado agravador.
CAUSAS DE AUMENTO DE PENA	A pena é aumentada de um sexto a um terço: a) se o crime é cometido por agente público. Nesse caso, a condenação acarretará também a perda do cargo, função ou emprego e a interdição para seu exercício pelo dobro do prazo da pena aplicada; b) se o crime é cometido contra criança, adolescente, gestante, portador de deficiência ou pessoa com mais de 60 anos; c) se o crime é cometido mediante sequestro.
CONSUMAÇÃO	No momento em que a vítima é submetida a grave sofrimento físico ou mental, ainda que o agente, eventualmente, não consiga o que visava ao cometer a tortura (uma confissão da vítima, por exemplo).
TENTATIVA	Possível nas modalidades comissivas.
SUJEITO ATIVO	Pode ser qualquer pessoa. Trata-se de crime comum, exceto na tortura-castigo e na omissão perante a tortura.
SUJEITO PASSIVO	◼ Qualquer pessoa. Se for criança, adolescente, gestante, portador de deficiência ou maior de 60 anos, a pena será aumentada de um sexto a um terço.
VEDAÇÕES	◼ O crime de tortura é insuscetível de anistia, graça, indulto e fiança.
REGIME INICIAL	◼ Nos termos do art. 2.º, § 1.º, da Lei n. 8.072/90, regime inicial deveria ser necessariamente o fechado. O Plenário do STF, todavia, declarou a inconstitucionalidade desse dispositivo. Assim, devem ser seguidas as regras comuns do Código Penal para a fixação do regime inicial. ◼ A progressão de regime somente pode ser obtida com o cumprimento de ao menos 40% da pena, ou 60% se o réu for reincidente em crime hediondo ou equiparado.
AÇÃO PENAL	◼ Pública incondicionada.

4.11. QUESTÕES

QUESTÕES DE CONCURSOS
http://uqr.to/1y3eq

5

ARMAS DE FOGO
(ESTATUTO DO DESARMAMENTO)
LEI N. 10.826/2003

5.1. INTRODUÇÃO

O **porte ilegal de arma de fogo** foi, por muito tempo, considerado somente **contravenção penal**, prevista no art. 19 da Lei das Contravenções Penais; porém, diante da enorme escalada de violência que assolava nosso país, o legislador resolveu transformar a conduta em crime, o que acabou se concretizando com a promulgação da **Lei n. 9.437/97**. Essa lei, todavia, além de possuir vários defeitos redacionais, não colaborou muito na diminuição da criminalidade, fazendo com que o legislador se esforçasse na aprovação de outra lei, ainda mais rigorosa, qual seja, a Lei n. 10.826/2003, conhecida como **Estatuto do Desarmamento**, que, além de penas maiores para o crime de porte de arma, trouxe várias outras providências salutares, como a restrição à venda, registro e autorização para o porte de arma de fogo, a tipificação dos crimes de posse e porte de **munição**, tráfico **internacional** de armas de fogo, dentre outras.

O Capítulo I do Estatuto regulamenta o **Sistema Nacional de Armas** (Sinarm), órgão instituído no Ministério da Justiça, no âmbito da Polícia Federal, com circunscrição em todo o território nacional, a quem incumbe, basicamente, cadastrar: as características das armas de fogo e suas eventuais alterações; a propriedade das armas de fogo e suas respectivas transferências, bem como eventuais perdas, extravios, furtos, roubos, e, ainda, aquelas que forem apreendidas, mesmo que vinculadas a procedimento policial ou judicial; as autorizações para porte de arma de fogo e as renovações expedidas pela Polícia Federal; os armeiros em atividade no País, bem como os produtores, atacadistas, varejistas, exportadores e importadores autorizados de armas de fogo etc. As atribuições do Sinarm encontram-se elencadas no art. 2.º do Estatuto.

Os Capítulos II e III tratam, respectivamente, das questões atinentes ao registro e ao porte de arma de fogo, e suas regras serão enfocadas em conjunto com os tipos penais descritos no Capítulo IV.

Já o Capítulo V cuida das denominadas "disposições gerais", e seus principais dispositivos serão estudados também em conjunto com os tipos penais.

5.2. DOS CRIMES E DAS PENAS

Os tipos penais e suas respectivas penas estão descritos no Capítulo IV do Estatuto do Desarmamento.

5.2.1. Posse irregular de arma de fogo de uso permitido

> **Art. 12.** Possuir ou manter sob sua guarda arma de fogo, acessório ou munição, de uso permitido, em desacordo com determinação legal ou regulamentar, no interior de sua residência ou dependência desta, ou, ainda no seu local de trabalho, desde que seja o titular ou o responsável legal do estabelecimento ou empresa:
> Pena — detenção, de um a três anos, e multa.

1. Objetividade jurídica

A **incolumidade pública** e o **controle** da propriedade das armas de fogo.

2. Elementos do tipo

Pelo atual regime da Lei n. 10.826/2003, a pessoa interessada na aquisição de arma de fogo deve ter **mais de 25 anos** (art. 28) e atender aos requisitos do art. 4.º da mencionada lei e do art. 15 do Decreto n. 11.615/2023, como apresentar documentação de identificação pessoal; comprovar a efetiva necessidade da posse ou do porte de arma de fogo; comprovar idoneidade e inexistência de inquérito policial ou processo criminal, por meio de certidões de antecedentes criminais das Justiças Federal, Estadual ou Distrital, Militar e Eleitoral; apresentar documento comprobatório de ocupação lícita e de residência certa; comprovar capacidade técnica para o manuseio de arma de fogo; comprovar aptidão psicológica para o manuseio de arma de fogo, atestada em laudo conclusivo fornecido por psicólogo do quadro da Polícia Federal ou por esta credenciado; e apresentar declaração de que a sua residência possui cofre ou lugar seguro, com tranca, para armazenamento das armas de fogo desmuniciadas de que seja proprietário, e de que adotará as medidas necessárias para impedir que menor de dezoito anos de idade ou pessoa civilmente incapaz se apodere de arma de fogo sob sua posse ou de sua propriedade. A aquisição de munição, por sua vez, somente poderá ser feita no calibre correspondente à arma adquirida (art. 4.º, § 2.º).

Efetuada a aquisição, o interessado deverá observar a regra do art. 3.º do Estatuto, que estabelece a obrigatoriedade do **registro** da arma de fogo no órgão competente. Tratando-se de arma de uso **permitido**, o Certificado de Registro de Arma de Fogo será expedido pela **Polícia Federal**, após anuência do **Sinarm**, com validade **em todo o território nacional**, e autoriza o seu proprietário a mantê-la **exclusivamente no interior de sua residência ou dependência desta, ou, ainda, no seu local de trabalho, desde que seja ele o titular ou o responsável legal do estabelecimento ou empresa**. Para trazer a arma consigo em outros locais ou em **via pública**, o sujeito deve obter a **autorização** para o **porte**, nos termos dos arts. 6.º e seguintes da lei (v. comentários ao art. 14), cujos **requisitos são maiores**.

O art. 23, parágrafo único, do Decreto n. 11.615/2023 contém as seguintes definições:

I — interior da residência ou dependências desta — toda a extensão da área particular registrada do imóvel, edificada ou não, em que resida o titular do registro, inclusive quando se tratar de imóvel rural;

II — interior do local de trabalho — toda a extensão da área particular registrada do imóvel, edificada ou não, em que esteja instalada a pessoa jurídica, registrada como sua sede ou filial;

III — titular do estabelecimento ou da empresa — aquele indicado em seu instrumento de constituição; e

IV — responsável legal pelo estabelecimento ou pela empresa — aquele designado em contrato individual de trabalho, com poderes de gerência. O art. 5.º, § 5.º, do Estatuto (incluído pela Lei n. 13.870/2019), dispõe que aos residentes em área **rural** considera-se residência ou domicílio toda a extensão do respectivo imóvel rural.

Assim, o crime do art. 12 consiste exatamente em **possuir** ou **manter a guarda** de arma de fogo, acessório ou munição, **de uso permitido**, no interior de residência ou dependência desta, ou no local de trabalho, na condição de titular ou responsável legal do estabelecimento ou empresa, **sem o devido registro**.

O legislador estabeleceu pena menor para esse caso (detenção, de um a três anos, e multa) em relação ao crime de **porte** por entendê-lo de menor gravidade, já que a arma está no interior de residência ou estabelecimento comercial. Por sua vez, quem **portar** ou **detiver** arma de fogo, por exemplo, em via pública ou no interior de residência ou estabelecimento alheios, responderá pelo crime de **porte** ilegal de arma, caso não possua autorização para fazê-lo. Nesse caso, se a arma for de **uso permitido**, estará configurado o crime do **art. 14**, e, se for de uso **restrito** ou **proibido**, o crime do **art. 16, caput, e § 2.º** da Lei n. 10.826/2003.

O crime do art. 12 — **posse irregular de arma de fogo de uso permitido** — pressupõe que o fato ocorra no interior da **própria** residência do agente ou em dependência desta. Assim, a detenção de arma de fogo, acessório ou munição, de uso permitido, em residência **alheia**, conforme já mencionado, caracterizará crime mais grave — o do art. 14. A mesma regra valerá se a detenção da arma ocorrer em empresa ou estabelecimento comercial, mas o agente **não** for o seu titular ou responsável legal.

O motorista de caminhão ou de táxi que traz consigo arma de fogo comete o crime de porte ilegal do art. 14. O caminhão **não** pode ser considerado extensão de sua residência ou local de trabalho. Nesse sentido:

"Caracteriza-se o delito de posse irregular de arma de fogo quando ela estiver guardada no interior da residência (ou dependência desta) ou no trabalho do acusado, evidenciado o porte ilegal se a apreensão ocorrer em local diverso. O caminhão, ainda que seja instrumento de trabalho do motorista, não pode ser considerado extensão de sua residência, nem local de seu trabalho, mas apenas instrumento de trabalho. 3. No caso concreto, o recorrente foi surpreendido com a arma na cabine do caminhão, no interior de uma bolsa de viagem. Assim sendo, fica evidente que ele portava, efetivamente, a arma de fogo, que estava ao seu alcance, possibilitando a utilização imediata. 4. Ante a impossibilidade de desclassificação do crime de porte de arma para o delito de posse, está superada a irresignação no tocante à incidência da *abolitio criminis* temporária. 5. Recurso ordinário a que se nega provimento" (STJ — RHC 31.492/SP, Rel. Min. Campos Marques (Desembargador Convocado do TJ/PR), 5.ª Turma, julgado em 13.8.2013, *DJe* 19.8.2013); "A conduta prevista no art. 12 da Lei n. 10.826/2003 exige que o agente possua arma de fogo no interior de sua residência ou dependência desta, ou, ainda, no seu local de trabalho. A jurisprudência desta Corte Superior possui o entendimento de que o caminhão não pode ser considerado extensão de sua residência, ainda que seja instrumento de trabalho" (STJ — AgRg no REsp 1.408.940/SC, Rel. Min. Rogerio Schietti Cruz, 6.ª Turma, julgado em 4.8.2015, *DJe* 18.8.2015); "A jurisprudência do Superior Tribunal de Justiça firmou o entendimento de que veículos automotores não podem ser considerados como local de trabalho para fins da Lei n. 10.826/2003. Precedentes desta Corte Superior" (STJ — AgRg no AREsp 980.455/PR, Rel. Min. Sebastião Reis Júnior, 6.ª Turma, julgado em 17.11.2016, *DJe* 1.12.2016).

Os **objetos materiais** do crime são as **armas de fogo, munições** ou **acessórios**.

Armas de fogo são os instrumentos que, mediante a utilização da energia proveniente da pólvora, lançam a distância e com grande velocidade os projéteis. Possuem várias espécies, como, por exemplo, revólveres, pistolas, garruchas, espingardas, metralhadoras, granadas etc. Veja-se, contudo, que esse crime do art. 12 do Estatuto do Desarmamento só abrange as armas de fogo de uso **permitido**, já que a posse de arma de fogo não registrada de uso **restrito** ou **proibido**, na própria residência ou estabelecimento comercial, constitui **crime mais grave** previsto no art. 16, *caput,* e § 2.º, da mesma Lei.

Armas de fogo de uso **permitido** são aquelas cuja utilização **pode ser autorizada a pessoas físicas**, bem como a pessoas **jurídicas**, de acordo com as normas **do Comando do Exército e nas condições estabelecidas na Lei n. 10.826/2003**.

O rol das armas de uso permitido, proibido ou restrito é disciplinado em ato do Chefe do Poder Executivo Federal, mediante proposta do Comando do Exército (art. 23 do Estatuto). Trata-se, pois, de **norma penal em branco**. Atualmente, o **conceito** de arma de uso permitido encontra-se no art. 11 do Decreto n. 11.615, de 21 de julho de 2023: são de uso permitido as armas de fogo e munições cujo uso seja autorizado a pessoas físicas e a pessoas jurídicas, especificadas em ato conjunto do Comando do Exército e da Polícia Federal, incluídas: I — armas de fogo de porte, de repetição ou semiautomáticas, cuja munição comum tenha, na saída do cano de prova, energia de até trezentas libras-pé ou quatrocentos e sete joules, e suas munições; II — armas de fogo portáteis, longas, de alma raiada, de repetição, cuja munição comum não atinja, na saída do cano de prova, energia cinética superior a mil e duzentas libras-pé ou mil seiscentos e vinte joules; e III — armas de fogo portáteis, longas, de alma lisa, de repetição, de calibre doze ou inferior.

Munição é tudo quanto dê capacidade de **funcionamento** à arma, para carga ou disparo (projéteis, cartuchos, chumbo etc.). Para a configuração do delito, basta a apreensão da munição, sendo **desnecessária** a concomitante apreensão da arma de fogo. Aliás, se fosse necessária a apreensão da arma, não teria sido necessário o legislador punir o porte de munição. Nesse sentido:

"A orientação deste Superior Tribunal é firme em assinalar que a posse ilegal de munição desacompanhada da respectiva arma de fogo configura o crime do art. 12, *caput*, da Lei n. 10.826/2003, delito de perigo abstrato que presume a ocorrência de dano à segurança pública e prescinde de resultado naturalístico à incolumidade física de outrem para ficar caracterizado" (STJ — AgRg no HC 391.282/MS, Rel. Min. Rogerio Schietti Cruz, 6.ª Turma, julgado em 16.5.2017, *DJe* 24.5.2017)"; "Não há se falar em atipicidade em virtude da apreensão da munição desacompanhada de arma de fogo, porquanto a conduta narrada preenche não apenas a tipicidade formal mas também a material, uma vez que "o tipo penal visa à proteção da incolumidade pública, não sendo suficiente a mera proteção à incolumidade pessoal" (AgRg no REsp n.1.434.940/GO, 6.ª Turma, Rel. Min. Rogerio Schietti Cruz, *DJe* de 4.2.2016). Nesse contexto, verifico que permanece hígida a jurisprudência do Superior Tribunal de Justiça, bem como do Supremo Tribunal Federal, no sentido de que a posse de munição, mesmo desacompanhada de arma apta a deflagrá-la, continua a preencher a tipicidade penal, não podendo ser considerada atípica a conduta" (STJ — HC 466.777/SC, Rel. Min. Reynaldo Soares da Fonseca, 5.ª Turma, julgado em 13.8.2019, *DJe* 30.8.2019).

Temos firme entendimento no sentido de que não se pode reconhecer a atipicidade da conduta em face do princípio da insignificância com o argumento de que o acusado tem a posse de **pequena** quantidade de munição, pois é evidente que um único projétil é capaz de provocar lesões ou a morte, não podendo ser tachada a conduta de irrelevante penal. Nesse sentido:

"Nos termos da jurisprudência desta Corte, o princípio da insignificância não é aplicável aos crimes de posse e de porte de arma de fogo ou munição, por se tratarem de crimes de perigo abstrato, sendo irrelevante inquirir a quantidade de munição apreendida" (STJ — HC 373.891/SC, Rel. Min. Ribeiro Dantas, 5.ª Turma, julgado em 28.3.2017, *DJe* 5.4.2017); "Nos termos da jurisprudência desta Corte, o princípio da insignificância não é aplicável aos crimes de posse e de porte de arma de fogo, por se tratarem de crimes de perigo abstrato, sendo irrelevante inquirir a quantidade de munição apreendida" (STJ — HC 338.153/RS, Rel. Min. Ribeiro Dantas, 5.ª Turma, julgado em 3.5.2016, *DJe* 10/05.2016).

As Cortes Superiores, entretanto, passaram a aplicar o princípio da insignificância em casos em que apreendida pequena quantidade de munição:

"A Sexta Turma do Superior Tribunal de Justiça, alinhando-se ao Supremo Tribunal Federal, tem entendido pela possibilidade da aplicação do princípio da insignificância aos crimes previstos na Lei n. 10.826/2003, a despeito de serem delitos de mera conduta, afastando, assim, a tipicidade material da conduta, quando evidenciada flagrante desproporcionalidade da resposta penal (AgRg no HC n. 535.856/SP, Ministro Nefi Cordeiro, Sexta Turma, *DJe* 14.2.2020). 4. A apreensão de 3 munições do tipo ogival calibre .12 não é capaz de lesionar ou mesmo ameaçar o bem jurídico tutelado, mormente porque ausente qualquer tipo de armamento capaz de deflagrar os projéteis encontrados em seu poder. 4. Agravo regimental improvido" (STJ — AgRg no HC 536.663/ES, Rel. Min. Sebastião Reis Júnior, 6.ª Turma, julgado em 10.8.2021, *DJe* 16.8.2021); "A jurisprudência deste Superior Tribunal de Justiça aponta que os crimes previstos nos artigos 12, 14 e 16 da Lei n. 10.826/2003 são de perigo abstrato, sendo desnecessário perquirir sobre a lesividade concreta da conduta, porquanto o objeto jurídico tutelado não é a incolumidade física, e sim a segurança pública e a paz social, colocadas em risco com a posse das munições, ainda que desacompanhadas de arma de fogo, revelando-se despicienda a comprovação do potencial ofensivo dos artefatos por meio de laudo pericial. 3. Por outro lado, na esteira da jurisprudência do Supremo Tribunal Federal, esta Corte passou a admitir a incidência do princípio da insignificância quando se tratar de posse de pequena quantidade de munição, desacompanhada de armamento capaz de deflagrá-la, quando ficar evidenciado o reduzido grau de reprovabilidade da conduta" (STJ — AgRg no HC 625.041/MG, Rel. Min. Ribeiro Dantas, 5.ª Turma, julgado em 3.8.2021, DJe 9.8.2021); "A Sexta Turma desta Casa, alinhando-se ao Supremo Tribunal Federal, passou a admitir a aplicação do princípio da insignificância aos crimes previstos na Lei n. 10.826/2003, esclarecendo que a ínfima quantidade de munição apreendida, aliada a ausência de artefato bélico apto ao disparo, evidencia a inexistência de riscos à incolumidade pública. Precedentes. 2. Na espécie, considerando a quantidade não relevante de munições, bem como o fato de não estarem acompanhadas de arma de fogo, afastou-se a tipicidade material do comportamento, tendo em vista a ausência de lesão ao bem jurídico tutelado pela norma" (STJ — AgRg no REsp 1819558/GO, Rel. Min. Antonio Saldanha Palheiro, 6.ª Turma, julgado em 5.9.2019, DJe 12.9.2019); "O Supremo Tribunal Federal reconheceu a possibilidade de incidência do princípio da insignificância a casos de apreensão de quantidade reduzida de munição de uso permitido, desacompanhada de arma de fogo, tendo concluído pela total inexistência de perigo à incolumidade pública (RHC 143.449/MS, Rel. Min. Ricardo Lewandowski, 2.ª Turma, DJe 9.10.2017), vindo a ser acompanhado por ambas as Turmas que compõem a 3.ª Seção desta Corte" (STJ — RHC 108.128/RS, Rel. Min. Ribeiro Dantas, 5.ª Turma, julgado em 10.9.2019, DJe 16.9.2019).

O Superior Tribunal de Justiça, por sua vez, tem entendimento consolidado no sentido de ser inaplicável o princípio da insignificância na posse de munição, quando o delito é cometido no contexto de outro crime:

"O acórdão estadual está em conformidade com a jurisprudência desta Corte Superior de Justiça, pois, embora a quantidade de munição apreendida seja reduzida, a apreensão dos artefatos na posse de agentes que praticavam os delitos de tráfico de drogas e associação para o tráfico demonstra a periculosidade social da conduta e impede a aplicação do princípio da insignificância" (STJ — AgRg no REsp 1.952.163/SC, Rel. Min. Laurita Vaz, 6.ª Turma, julgado em 18.10.2022, DJe de 24.10.2022.); "Quanto ao crime de posse de munição, a jurisprudência desta Corte Superior "se consolidou no sentido de não admitir a aplicação do princípio da insignificância quando as munições, apesar de em pequena quantidade, tiverem sido apreendidas em um contexto de outro crime, circunstância que efetivamente demonstra a lesividade da conduta" (AgRg no REsp 1.984.458/SC, Rel. Min. Reynaldo Soares da Fonseca, 5.ª Turma, julgado em 19.4.2022, DJe de 25.4.2022.), como ocorreu na espécie, em que houve a condenação do paciente também pela prática dos crimes dos arts. 33 e 35 da Lei n. 11.343/2006" (STJ — AgRg no HC 734.366/SP, Rel. Min. Olindo Menezes (Desembargador Convocado do TRF 1.ª Região), 6.ª Turma, julgado em 18.10.2022, DJe de 21.10.2022).

De acordo com o Superior Tribunal de Justiça, o crime de posse de munição não se configura quando o agente tem em seu poder um projétil que é utilizado como colar, chaveiro ou algo similar:

"A atipicidade material da conduta não pode ser reconhecida, porquanto a munição apreendida com o paciente estava intacta e poderia ser utilizada em arma de fogo, diferentemente daquelas hipóteses em que a natureza do projétil é descaracterizada mediante utilização em obra de arte ou para confecção de chaveiro, colar etc." (STJ — AgRg no HC 391.282/MS, Rel. Min. Rogerio Schietti Cruz, 6.ª Turma, julgado em 16.5.2017, DJe 24.5.2017).

Acessório é o artefato que, acoplado a uma arma, possibilita a melhoria do desempenho do atirador, a modificação de um efeito secundário do tiro ou a modificação do aspecto visual da arma.

Posse de arma e violência doméstica

De acordo com o art. 12, VI-A, da Lei Maria da Penha, feito o registro da ocorrência, deverá a autoridade policial verificar se o agressor possui registro de porte ou posse de arma de fogo e, na hipótese de existência, juntar aos autos essa informação, bem como notificar a ocorrência à instituição responsável pela concessão do registro ou da emissão do porte, nos termos da Lei n. 10.826, de 22 de dezembro de 2003 (Estatuto do Desarmamento). Tal providência é relevante porque a pessoa que possua em casa arma de fogo registrada pode ter o seu registro **suspenso** pelo juiz, em razão da prática de **violência** doméstica ou familiar contra **mulher**, e, nesse caso, o juiz deve **comunicar** sua decisão à **autoridade competente**. O art. 22, I, da Lei n. 11.340/2006 (Lei Maria da Penha) diz que essa medida pode ser decretada **cautelarmente**, antes da condenação pelo crime de violência doméstica, e visa **proteger** a mulher do perigo representado pelo agressor, que continuaria a ter uma arma de fogo em casa. O art. 18, IV, da Lei Maria da Penha diz que o juiz pode determinar a apreensão imediata de arma de fogo sob a posse do agressor. De acordo com o art. 28, § 5.º, do Decreto n. 11.615/2023, a autoridade competente deverá proceder à apreensão da arma de fogo de imediato.

Se o agente mantiver a arma em casa após a decisão judicial, incorrerá no crime do art. 12 do Estatuto.

3. Sujeito ativo

Qualquer pessoa.

4. Sujeito passivo

A coletividade.

5. Consumação

No momento em que a arma dá entrada na **residência** ou **estabelecimento comercial**. Trata-se de crime **permanente**, em que a prisão em flagrante é possível enquanto não cessada a conduta.

O delito em análise é de **perigo abstrato** e de **mera conduta**, porque dispensa prova de que **pessoa determinada** tenha sido exposta a efetiva situação de risco (a lei presume a ocorrência do perigo), bem como a superveniência de qualquer resultado. Não é necessário que a arma de fogo esteja municiada:

> "A posse irregular de arma de fogo de uso permitido, ainda que desmuniciada, configura o delito do art. 12 da Lei n. 10.826/2003, de perigo abstrato, que presume a ocorrência de risco à segurança pública e prescinde de resultado naturalístico à integridade de outrem para ficar caracterizado. Precedentes" (STJ — AgRg no HC 650.615/PE, Rel. Min. Rogerio Schietti Cruz, 6.ª Turma, julgado em 1.6.2021, *DJe* 10.6.2021).

6. Tentativa

É possível.

7. Suspensão condicional do processo

Sendo de **um ano** a pena **mínima** prevista para o crime, é cabível o benefício, desde que presentes os demais requisitos do art. 89 da Lei n. 9.099/95.

8. Vigência do dispositivo

O art. 30 do Estatuto do Desarmamento (com a redação dada, sucessivamente, pelas Leis ns. 10.884/2004, 11.118/2005, 11.191/2005, 11.706/2008 e 11.922/2009) concedeu prazo aos possuidores e proprietários de armas de fogo de uso **permitido** ainda **não registradas** para que solicitassem o registro até 31 de dezembro de 2009, mediante apresentação de nota fiscal ou outro comprovante de sua origem lícita, pelos meios de prova em direito admitidos.

Por isso, doutrina e jurisprudência têm entendido que as pessoas que tenham sido flagradas antes de 31 de dezembro de 2009 com arma de fogo de uso **permitido** no interior da própria residência ou estabelecimento comercial, sem o respectivo registro, não podem ser punidas, porque a boa-fé é presumida, de modo que se deve pressupor que iriam solicitar o registro da arma dentro do prazo.

O argumento é que o crime do art. 12 é **norma penal em branco**, que pune a posse da arma em residência ou local de trabalho **em desacordo com determinação legal ou regulamentar**, dependendo, portanto, de complemento. Em princípio, esse complemento se encontra na própria Lei, fora do capítulo "dos crimes e das penas", em seu art. 5.º, que declara que o **registro autoriza o proprietário a manter a arma em sua casa ou em seu estabelecimento comercial**. Daí por que a ausência do registro tipifica a conduta, pois o agente está em desacordo com a determinação legal. Ocorre que a própria Lei, no art. 30, trouxe outro complemento para a norma penal em branco, de caráter **temporário**, permitindo a regularização das armas não registradas, no prazo já mencionado. Por isso, quem tiver sido flagrado com arma de fogo de uso permitido em casa entre a entrada em vigor do Estatuto e o dia 31 de dezembro de 2009 não agiu em desacordo com determinação legal, de modo que não pode ser punido. Esse prazo, porém, só se refere às armas de uso **permitido**, nos expressos termos do art. 30. Em relação às armas de uso restrito, o prazo concedido foi menor (*v.* comentários ao art. 16).

A propósito:

"1. A Sexta Turma, a partir do julgamento do HC n. 188.278/RJ, passou a entender que a *abolitio criminis*, para a posse de armas e munições de uso permitido, restrito, proibido e com numeração raspada, tem como data final o dia 23 de outubro de 2005. 2. Dessa data até 31 de dezembro de 2009, somente as armas/munições de uso permitido (com numeração hígida) e, pois registráveis, é que estiveram abarcadas pela *abolitio criminis*" (STJ — AgRg no AREsp 311.866/MS, Rel. Min. Maria Thereza de Assis Moura, 6.ª Turma, julgado em 6.6.2013, *DJe* 14.6.2013); e "1. É atípica a conduta relacionada ao crime de posse de arma de fogo de uso permitido, em razão da chamada *abolitio criminis* temporária, se praticada no período compreendido entre 23 de dezembro de 2003 a 31 de dezembro de 2009 (art. 20 da Lei n. 11.922/2009)" (STJ — AgRg no HC 167.461/RJ, Rel. Min. Campos Marques (Desembargador convocado do TJ/PR), 5.ª Turma, julgado em 7.5.2013, *DJe* 10.5.2013).

O dispositivo em estudo, por ser relacionado à regularização **do registro**, só tornou temporariamente **atípica** a conduta (de acordo com a jurisprudência) em relação ao crime de **posse** de arma de fogo, e nunca em relação ao crime de **porte**. A propósito:

> "I. A jurisprudência do Superior Tribunal de Justiça firmou entendimento no sentido de que o transporte do artefato de uso restrito em veículo caracteriza o crime de porte ilegal de arma de fogo, e, portanto, não abrangido pela *abolitio criminis* temporária, decorrente da Lei n. 10.826/2003 e suas prorrogações. Precedentes. II. Consoante a jurisprudência do STJ, "a *abolitio criminis* temporária, prevista nos arts. 5.º, § 3.º, e 30 da Lei n. 10.826/2003 e nos diplomas legais que prorrogaram os prazos previstos nesses dispositivos, abrangeu apenas a posse ilegal de arma de fogo, mas não o seu porte. Precedentes desta Corte e do Supremo Tribunal Federal. Segundo entendimento desta Corte, o transporte em veículo caracteriza o porte, e não a posse de arma de fogo" (STJ, HC 148.338/MS, Rel. Min. Sebastião Reis Júnior, 6.ª Turma, *DJe* 22.8.2011)" (STJ — (AgRg no AREsp 288.695/SC, Rel. Min. Assusete Magalhães, 6.ª Turma, julgado em 21.5.2013, *DJe* 4.6.2013).

9. Entrega da arma

De acordo com o art. 32 do Estatuto, com a redação dada pela Lei n. 11.706/2008, o possuidor ou proprietário de arma de fogo pode **entregá-la espontaneamente**, e a **qualquer tempo**, à Polícia Federal, hipótese em que se **presume sua boa-fé e extingue-se sua punibilidade** em relação ao crime de **posse** irregular de referida arma. Se o agente for flagrado com a arma em casa, responderá pelo delito. A extinção da punibilidade pressupõe sua **efetiva entrega**. A propósito:

> "*Abolitio criminis* temporária. Não ocorrência. Conduta praticada após 31.12.2009. Excludente de punibilidade. Ausência de devolução espontânea. Não configuração. No caso concreto, tendo sido encontrada na residência do recorrente, em 22.6.2011 (fls. 2/3), arma de fogo de uso permitido, não tinha mais como ser beneficiado com a *abolitio criminis*. De outra parte, também não se beneficia com a extinção da punibilidade, pois não realizou o ato de entrega espontânea, consoante o ditame legal. 5. Agravo regimental a que se nega provimento" (STJ — AgRg no AREsp 311.866/MS, Rel. Min. Maria Thereza de Assis Moura, 6.ª Turma, julgado em 6.6.2013, *DJe* 14.6.2013).

Repita-se:

a) o dispositivo em análise (art. 32 do Estatuto) não está sujeito a prazo, ou seja, a entrega pode ocorrer a qualquer tempo;

b) desde que ocorra a entrega, fica extinta a punibilidade do réu.

10. Registro federal

O art. 5.º, § 3.º, do Estatuto (modificado pelas Leis ns. 11.706/2008 e 11.922/2009) estabelece que o proprietário de arma de fogo com certificado de registro de propriedade expedido por órgão estadual ou do Distrito Federal, até a data da publicação desta Lei, que não optar pela entrega espontânea prevista no art. 32 desta Lei, deverá renová-lo, mediante o pertinente registro federal, até o dia 31 de dezembro de 2009. Até essa data, portanto, todos deveriam ter providenciado o registro federal de suas armas de fogo. Se não o fizerem e forem flagrados com a arma no interior da própria residência, estarão em desacordo com determinação legal e incorrerão no crime do art. 12.

Além disso, o art. 18, § 3.º, do Decreto n. 5.123/2004 estabelecia que o registro deveria ser renovado a **cada três anos**. Posteriormente, os arts. 3.º, § 10, e 4.º, § 2.º, do Decreto n. 9.845/2019 passaram a exigir que a renovação do registro ocorresse a cada dez anos. Por fim, o art. 24, II, do Decreto n. 11.615/2023 passou a exigir a renovação no prazo de 5 anos.

No Superior Tribunal de Justiça, firmou-se o entendimento de que, se a arma é registrada em nome de determinada pessoa, a falta de renovação constitui mera infração administrativa, caso encontrada em sua residência. Veja-se:

"Se o agente já procedeu ao registro da arma, a expiração do prazo é mera irregularidade administrativa que autoriza a apreensão do artefato e aplicação de multa. A conduta, no entanto, não caracteriza ilícito penal" (STJ — APn 686/AP, Rel. Min. João Otávio de Noronha, Corte Especial, julgado em 21.10.2015, *DJe* 29.10.2015); "Ao julgar o mérito da APn n. 686/AP, a Corte Especial deste Sodalício firmou a compreensão de que, se o agente já procedeu ao registro da arma, a expiração do prazo constitui mera irregularidade administrativa, não caracterizando, portanto, ilícito penal. 2. No caso dos autos, a acusada teria guardado em sua casa arma de fogo com registro vencido, conduta que se revela penalmente atípica, configurando, apenas, ilícito administrativo que enseja a apreensão do armamento e a aplicação de multa. Precedentes da Quinta e da Sexta Turma. 3. Recurso provido para determinar o trancamento da ação penal instaurada contra a recorrente" (STJ — RHC 66.698/CE, Rel. Min. Jorge Mussi, 5.ª Turma, julgado em 19.4.2016, *DJe* 4.5.2016); e "No julgamento da APn n. 686/AP, em 21.10.2015, Rel. Min. João Otávio de Noronha, a Corte Especial concluiu ser atípica a conduta de posse e guarda tanto da arma quanto das munições de uso permitido com registro expirado. 2. Tratando os autos de denúncia por apreensão de armas e munições de uso permitido com registro vencido, deve ser trancada a ação penal por atipicidade da conduta no âmbito penal. 3. Recurso em *habeas corpus* provido" (STJ — RHC 53.795/MG, Rel. Min. Sebastião dos Reis Júnior, 6.ª Turma, julgado em 3.3.2016, *DJe* 14.3.2016).

5.2.2. Omissão de cautela

> Art. 13, *caput* — Deixar de observar as cautelas necessárias para impedir que menor de dezoito anos ou pessoa portadora de deficiência mental se apodere de arma de fogo que esteja sob sua posse ou que seja de sua propriedade:
> Pena — detenção, de um a dois anos, e multa.

1. Objetividade jurídica

A **incolumidade pública** em face do perigo decorrente do apoderamento da arma de fogo por pessoa **despreparada**, e ainda a própria **integridade física** do menor de idade ou deficiente mental, que também fica exposta a risco em tal situação.

2. Elementos do tipo

A conduta incriminada é nitidamente **culposa**, na modalidade de **negligência**, já que se pune a **omissão** do agente, que não observa as **cautelas** devidas para **evitar** o apoderamento de arma de fogo pelo menor ou deficiente, como, por exemplo, deixando-a no banco de um carro e não trancando a sua porta, ou deixando-a em uma gaveta da sala de casa, sem trancá-la etc.

3. Sujeito ativo

Qualquer pessoa que tenha a posse ou propriedade de arma de fogo. Se o agente não possui o registro da arma de fogo, incorre também no delito do art. 12.

A omissão de cautela em relação a **munição** ou **acessório não** está prevista no tipo penal.

4. Sujeitos passivos

A coletividade, bem como o menor ou deficiente mental que se apodere da arma de fogo.

5. Consumação

Pela redação do dispositivo, é possível notar que, ao contrário dos demais crimes da lei, esse delito **não é de mera conduta**, e sim **material**. Com efeito, o crime não se consuma com a omissão do possuidor ou proprietário da arma, exigindo, para tanto, que algum menor ou deficiente mental efetivamente se apodere da arma. Assim, se alguém deixa uma arma em local de fácil apossamento por uma das pessoas mencionadas na lei, mas isso não ocorre, não se aperfeiçoa o ilícito penal.

O delito em análise é de **perigo abstrato**, porque se configura pelo simples apoderamento pelo menor ou deficiente mental, independentemente de ter ele apontado a arma para alguém ou para ele próprio. Em suma, não é necessário que se prove que pessoa determinada tenha sido exposta a risco.

6. Tentativa

Não se admite, já que se trata de crime culposo. Se o menor ou deficiente se apossar da arma, o crime estará consumado; se não o fizer, o fato será atípico, conforme já mencionado.

5.2.3. Omissão de comunicação de perda ou subtração de arma de fogo

> **Art. 13, parágrafo único** — Nas mesmas penas incorrem o proprietário ou diretor responsável de empresa de segurança e transporte de valores que deixarem de registrar ocorrência policial e de comunicar à Polícia Federal perda, furto, roubo ou outras formas de extravio de arma de fogo, acessório ou munição que estejam sob sua guarda, nas primeiras vinte e quatro horas depois de ocorrido o fato.

1. Objetividade jurídica

A **veracidade** dos **cadastros** de armas de fogo junto ao **Sinarm** e do respectivo registro perante os órgãos competentes.

2. Elementos do tipo

Nos termos do art. 7.º, *caput*, do Estatuto do Desarmamento, as armas de fogo **utilizadas** pelas empresas de segurança e transporte de valores deverão **pertencer** a elas, ficando também sob sua **guarda** e **responsabilidade**. O dispositivo estabelece, outrossim, que o registro e a autorização para o porte, expedida pela Polícia Federal, deverão ser elaborados em seu nome. A empresa deverá, ainda, apresentar ao Sinarm, **semestralmente**, a relação dos **empregados habilitados** — nos termos da lei — que poderão **portar** as armas. Tal porte, evidentemente, só poderá ocorrer em **serviço**.

Dessa forma, como a **responsabilidade** pela arma de fogo recai precipuamente sobre a **empresa**, o Estatuto estabelece também a **obrigatoriedade** de seu proprietário ou diretor comunicar a **subtração, perda** ou qualquer outra forma de **extravio** a ela referentes. Assim, se não for efetuado o registro da ocorrência e não houver comunicação à Polícia Federal, em um prazo de **vinte e quatro horas a contar do fato**, o crime se aperfeiçoará.

3. Sujeito ativo

Trata-se de crime **próprio**, que só pode ser cometido pelo **proprietário** ou pelo **diretor** responsável por **empresa de segurança** ou de **transporte de valores**.

4. Sujeito passivo

A **coletividade**, já que a veracidade dos cadastros é de interesse coletivo, e não apenas dos órgãos responsáveis.

5. Consumação

Com o decurso do prazo de **vinte e quatro horas** mencionado no tipo penal. É evidente que esse prazo não corre enquanto **não** tiver sido **descoberta** a subtração, perda ou extravio. Como a lei estabelece um período de tempo para o delito se aperfeiçoar, ele pode ser classificado como **crime a prazo**.

6. Tentativa

Tratando-se de crime **omissivo próprio**, não admite a figura da tentativa.

5.2.4. Porte ilegal de arma de fogo de uso permitido

> **Art. 14.** Portar, deter, adquirir, fornecer, receber, ter em depósito, transportar, ceder, ainda que gratuitamente, emprestar, remeter, empregar, manter sob sua guarda ou ocultar arma de fogo, acessório ou munição, de uso permitido, sem autorização e em desacordo com determinação legal ou regulamentar:
> Pena — reclusão, de dois a quatro anos, e multa.
> Parágrafo único. O crime previsto neste artigo é inafiançável, salvo quando a arma de fogo estiver registrada em nome do agente.

1. Objetividade jurídica

A **incolumidade pública**, no sentido de evitar que pessoas armadas coloquem em risco a vida, a incolumidade física ou o patrimônio dos cidadãos.

2. Elementos do tipo

Embora a denominação legal do delito seja "porte ilegal de arma de fogo de uso permitido", é fácil notar que o texto legal possui abrangência **muito maior**, já que existem inúmeras outras condutas típicas. Com efeito, as *ações* **nucleares** são portar, deter, adquirir, fornecer, receber, ter em depósito, transportar, ceder, ainda que gratuitamente, emprestar, remeter, empregar, manter sob sua guarda ou ocultar. Trata-se, porém, de **crime de ação múltipla** — também chamado de crime de conteúdo variado ou de tipo misto alternativo — em que a realização de mais de uma conduta típica, em relação ao **mesmo objeto material**, constitui crime único, na medida em que as diversas ações descritas na lei estão separadas pela conjunção alternativa "ou". Assim, se o agente adquire e, em seguida, porta a mesma arma de fogo, comete apenas um crime.

Tratando-se de arma de uso **permitido**, estão previstas duas hipóteses na legislação: a **posse** em **residência** ou no **local de trabalho** caracteriza o crime do **art. 12**, se a arma **não** for **registrada**, enquanto o **porte**, em outros locais, caracteriza o crime do **art. 14**, se o agente não tiver a devida **autorização** expedida pela Polícia Federal, ainda que a arma seja registrada. No caso de arma de uso **proibido** ou **restrito**, tanto a **posse** em residência quanto o **porte** caracterizam crime **mais grave**, previsto no **art. 16**, *caput*, e § 2.º, da Lei n. 10.826/2003. Se a arma estiver com a numeração, marca ou qualquer outro sinal identificador **raspado**, **suprimido** ou **alterado**, a posse ou o porte caracterizará, indistintamente, o crime do **art. 16, § 1.º, IV**, do Estatuto, quer se trate de arma de uso permitido ou restrito. Caso se trate de arma de uso proibido com numeração raspada, a pena é a do art. 16, § 2.º, do Estatuto, modificado pelo Lei n. 13.964/2019.

Os doutrinadores costumam dizer que aquele que **oculta** revólver utilizado por outra pessoa na prática de um delito **comete favorecimento pessoal**, previsto no art. 348 do Código Penal. Ocorre que tal conduta, **atualmente**, enquadra-se no art. 14 da Lei n. 10.826/2003, que pune, com pena mais grave, a ocultação de arma de fogo própria ou de terceiro.

Os **objetos materiais** do crime são as armas de fogo, munições ou acessórios de uso **permitido**.

Atualmente, o conceito de armas de uso permitido encontra-se no art. 11 do Decreto n. 11.615, de 21 de julho de 2023: são de uso permitido as armas de fogo e munições cujo uso seja autorizado a pessoas físicas e a pessoas jurídicas, especificadas em ato conjunto do Comando do Exército e da Polícia Federal, incluídas: I — armas de fogo de porte, de repetição ou semiautomáticas, cuja munição comum tenha, na saída do cano de prova, energia de até trezentas libras-pé ou quatrocentos e sete joules, e suas munições; II — armas de fogo portáteis, longas, de alma raiada, de repetição, cuja munição comum não atinja, na saída do cano de prova, energia cinética superior a mil e duzentas libras-pé ou mil seiscentos e vinte joules; e III — armas de fogo portáteis, longas, de alma lisa, de repetição, de calibre doze ou inferior.

Munição é tudo quanto dê capacidade de funcionamento à arma, para carga ou disparo (projéteis, cartuchos, chumbo etc.).

Acessório é o artefato que, acoplado a uma arma, possibilita a melhoria do desempenho do atirador, a modificação de um efeito secundário do tiro ou a modificação do aspecto visual da arma.

O **elemento normativo do tipo** encontra-se na expressão "**sem autorização e em desacordo com determinação legal ou regulamentar**". Com efeito, só comete o crime quem porta arma de fogo e não possui **autorização** para tanto, ou o faz em **desacordo** com as normas que disciplinam o tema.

O "porte" para **trazer consigo** arma de fogo de uso permitido é expressamente **vedado**, como regra, em todo o território nacional, nos termos do art. 6.º da Lei n. 10.826/2003. A própria lei, todavia, traz algumas exceções, estabelecendo que ele será admitido em algumas hipóteses, **quer em decorrência da função do sujeito** (art. 6.º), **quer pela obtenção de autorização junto à Polícia Federal**, após a concordância do Sinarm. De acordo com o art. 48 do Decreto n. 11.615/2023, "O porte de arma de fogo é pessoal, intransferível e revogável a qualquer tempo e será válido apenas em relação à arma nele especificada, mediante a apresentação do documento de identificação do portador".

O art. 6.º do Estatuto estabelece que, além das hipóteses previstas em lei própria (como no caso dos membros do Ministério Público ou da Magistratura), **podem portar** arma de fogo os integrantes das Forças Armadas, os policiais civis ou militares[1], os integrantes da Força Nacional de Segurança Pública, os guardas municipais[2], os agentes operacionais da Agência Brasileira de Inteligência e os agentes do Departamento de Segurança do Gabinete de Segurança Institucional da Presidência da República, os policiais da Câmara dos Deputados ou do Senado Federal, os agentes e guardas prisionais, os integrantes de escolta de presos, os guardas portuários, os trabalhadores de empresas de segurança privada e de transporte de valores que estejam devidamente habilitados, os integrantes das entidades de desporto legalmente constituídas cujas atividades esportivas demandem o uso de armas de fogo, os integrantes da Carreira de Auditor da Receita Federal do Brasil e de Auditoria-Fiscal do Trabalho, os Auditores-Fiscal e Analistas Tributários e, por fim, os servidores dos tribunais do Poder Judiciário descritos no art. 92 da Constituição Federal e dos Ministérios Públicos da União e dos Estados que efetivamente estejam no exercício de funções de segurança, na forma do regulamento emitido pelo Conselho Nacional de Justiça — CNJ — e pelo Conselho Nacional do Ministério Público — CNMP.

Aqueles que têm em lei especial autorização para o porte de armas de fogo, como os membros do Ministério Público e os juízes de direito, não se eximem da obrigação do registro da arma. Nesse sentido:

> "O Estatuto do Desarmamento estabelece que o registro do material bélico é obrigatório, nos órgãos competentes (art. 3.º da Lei n. 10.826/2003) proibindo o porte de arma

---

[1] De acordo com o art. 5.º, § 5.º, da Lei n. 13.500/2017, o direito ao porte de arma estende-se aos militares da reserva remunerada dos Estados e do Distrito Federal, que exerçam cargo ou função em Gabinete Militar, em Casa Militar ou em órgão equivalente dos governos dos Estados e do Distrito Federal.

[2] No dia 1.º de março de 2021, o Plenário do Supremo Tribunal Federal, no julgamento da ADC 38 e das ADIns 5.538 e 5.948, cujo relator foi o Min. Alexandre de Moraes, declarou a inconstitucionalidade do inciso III do art. 6.º da Lei n. 10.826/2003, a fim de invalidar as expressões "das capitais dos Estados" e "com mais de 500.000 (quinhentos mil) habitantes", e declarar a inconstitucionalidade do inciso IV do art. 6.º da Lei n. 10.826/2003, por desrespeito aos princípios constitucionais da igualdade e da eficiência. Com tal decisão, passou a ser permitido o porte de arma de fogo para todos os Guardas Municipais, independentemente do número de habitantes do município em que atuem.

em todo o território nacional, salvo para os casos previstos em legislação própria (art. 6.º da Lei n. 10.826/2003). 2. A Lei n. 10.826/2003 condiciona a aquisição de arma de fogo e a expedição do respectivo registro ao cumprimento de requisitos dispostos no art. 4.º da referida lei. Segundo o art. 4.º, III, do Estatuto do Desarmamento, para o registro de arma de fogo é necessário, entre outros requisitos, que o interessado comprove capacidade técnica para o manuseio de arma de fogo, atestada na forma disposta no regulamento da Lei n. 10.826/2003. 3. A Lei n. 8.625/1993 (Lei Orgânica Nacional do Ministério Público) garante o porte de arma, independentemente de qualquer ato formal de licença ou autorização (art. 42), com similar prerrogativa aos magistrados (art. 33 da Lei Orgânica da Magistratura Nacional). 4. A capacidade técnica é um dos requisitos para o registro de arma de fogo, e não para o porte de arma. O presente requisito técnico visa atestar que o interessando possui conhecimentos básicos, teóricos e práticos, para o manuseio e uso de arma de fogo que se pretende adquirir. Não resta dúvida de que aquele que visa adquirir arma de fogo deve ao menos conhecer o funcionamento do instrumento bélico, bem como as normas de segurança sobre o uso e manuseio de arma de fogo. 5. O Superior Tribunal de Justiça, na Ação Penal 657/PB, teve a oportunidade de consignar que a Lei n. 10.826/2003 'não dispensa o respectivo registro de arma de fogo, não fazendo exceções quanto aos agentes que possuem autorização legal para o porte ou posse de arma'. 6. A *mens legis* do Estatuto do Desarmamento sempre foi o de restringir o porte e posse de armas de fogo, estabelecendo regras rígidas para este fim. Há também um procedimento rigoroso de registro e recadastramento de material bélico" (STJ — REsp 1.327.796/BA, Rel. Min. Herman Benjamin, 2.ª Turma, julgado em 28.4.2015, *DJe* 4.8.2015).

Em alguns casos, como dos integrantes das Forças Armadas e dos policiais civis e militares, a autorização é **pura** decorrência legal, em consequência da função exercida (art. 53, § 1.º, do Decreto n. 11.615/2023), enquanto para outros exige-se o preenchimento de certos requisitos, como na hipótese dos guardas municipais, agentes e policiais penais, agentes da ABIN, Auditores da Receita ou Fiscais do Trabalho (§§ 2.º e 3.º do art. 6.º do Estatuto).

Por sua vez, o art. 10 do Estatuto estabelece que as pessoas interessadas poderão obter autorização para portar arma de fogo junto à **Polícia Federal**, mediante **anuência do Sinarm, desde que demonstrem efetiva necessidade, por exercício de atividade profissional de risco ou da existência de ameaça à sua integridade física, que apresente documento de propriedade da arma e seu respectivo registro junto ao órgão competente, que comprove sua idoneidade mediante juntada de certidões de antecedentes criminais, que apresente documento comprobatório de ocupação lícita e residência certa, e que demonstre capacidade técnica e aptidão psicológica para o manuseio de arma de fogo**. Se não for feita prova de qualquer desses requisitos, a autorização será negada.

A autorização para o porte pode ser concedida com eficácia temporária e territorial (art. 10, § 1.º). Além disso, perderá **automaticamente** sua eficácia, caso o portador seja com ela detido ou abordado em estado de **embriaguez** ou sob o efeito de substâncias **químicas** ou **alucinógenas** (art. 10, § 2.º). O art. 51, § 1.º, do Decreto n. 11.615/2023 inclui nas hipóteses de cassação aquela em que o sujeito porta a arma de fogo sob o efeito de medicamento que provoque alteração do desempenho intelectual ou motor.

O art. 22, I, da Lei n. 11.340/2006 estabelece que o juiz pode **restringir** o direito ao porte de arma de fogo, com comunicação ao órgão competente, quando verificar a prática de **violência doméstica** ou **familiar** contra **mulher** e constatar que a manutenção integral de tal direito expõe a perigo a vítima agredida. O juiz deve especificar os limites da restrição, e o desrespeito a esses limites implicará a tipificação do crime do art. 14 do Estatuto.

Nos casos de ação penal ou de inquérito policial que envolva violência doméstica e familiar contra a mulher, quando houver determinação judicial, a arma será apreendida imediatamente pela autoridade competente, nos termos do art. 18, *caput*, IV, da Lei n. 11.340/2006.

Nos termos do art. 51 do Decreto n. 11.615/2023, a autorização não dá direito de portar **ostensivamente** a arma de fogo, ou de adentrar, ou com ela permanecer, em locais públicos, tais como igrejas, escolas, estádios desportivos, clubes, agências bancárias ou outros locais onde haja aglomeração de pessoas, em virtude de eventos de qualquer natureza. A **inobservância** dessa regra importará na **cassação** da autorização e na apreensão da arma de fogo (art. 51, § 1.º).

O art. 28 do Decreto n. 11.615/2023 prevê que será instaurado procedimento de cassação do registro e, por consequência, da autorização para porte quando houver indícios de perda superveniente de quaisquer dos requisitos previstos nos incisos III a VIII do *caput* do art. 15 do Decreto, dentre os quais se sobreleva a prova da idoneidade e inexistência de inquérito policial ou processo criminal. De acordo com o art. 28, § 2.º, do Decreto, são elementos que demonstram a perda do requisito de idoneidade, entre outros, a existência de mandado de prisão cautelar ou definitiva, o indiciamento em inquérito policial pela prática de crime e o recebimento de denúncia ou de queixa pelo juiz.

A aquisição, o registro e o porte de armas de fogo e munições por atiradores, colecionadores e caçadores são regulamentadas pelo Decreto n. 11.615/2023. O porte na categoria de "**caçador de subsistência**" poderá ser concedido pela Polícia Federal aos residentes em áreas **rurais** que comprovem depender do emprego de arma de fogo para prover a subsistência alimentar familiar, desde que se trate de arma portátil, de uso permitido, de tiro simples, com um ou dois canos, de alma lisa e de calibre igual ou inferior a 16 (art. 6.º, § 5.º, da Lei n. 10.826/2003).

> **Observação:** Nos termos do art. 29 do Estatuto, as autorizações para porte já existentes quando da entrada em vigor da nova Lei perderiam a sua validade no prazo de noventa dias. Esse prazo foi alterado pelo art. 1.º da Lei n. 10.884/2004, de modo que o prazo de noventa dias passou a ser contado a partir de 23 de junho de 2004, tendo-se encerrado, portanto, em 20 de setembro do mesmo ano. O parágrafo único do mencionado art. 29, entretanto, permite que os detentores de referidas autorizações vencidas pleiteiem sua renovação perante a Polícia Federal, desde que satisfeitas as exigências dos arts. 4.º, 6.º e 10 da Lei.

3. Crime de perigo

O crime em análise é de perigo **abstrato**, em que a lei presume, de forma **absoluta**, a existência do risco causado à coletividade por parte de quem, sem autorização, porta arma de fogo, acessório ou munição. É, portanto, totalmente desnecessária prova de que o agente tenha causado perigo a pessoa **determinada**. Por isso, pode-se também dizer que se trata de crime de **mera conduta**, que se aperfeiçoa com a ação típica, independentemente de qualquer resultado.

Tratando-se de crime de perigo, a jurisprudência fixou entendimento de que o porte concomitante de **mais de uma arma de fogo** caracteriza situação única de risco à coletividade, e, assim, o agente só responde por **um delito, não se aplicando a regra do concurso formal**. O juiz, todavia, pode levar em conta a quantidade de armas na fixação da **pena-base**, em face da maior gravidade do fato (art. 59 do CP). Se uma das armas for de uso proibido e a outra, de uso permitido, configura-se o crime mais grave, previsto no art. 16, § 2.º, da Lei.

Quando se diz que o crime é de perigo **presumido** ou **abstrato**, conclui-se apenas que é desnecessária **prova de situação de risco a pessoa determinada**. Exige-se, porém, que a arma possa causar dano, pois, do contrário, não se diria que o crime é de **perigo**. Por isso, a própria Lei (art. 25) menciona a necessidade de elaboração de **perícia** nas armas de fogo, acessórios ou munições que tenham sido apreendidos, bem como a sua juntada aos autos, com o intuito de demonstrar a **potencialidade lesiva** da arma. Assim, pode-se afirmar que não há crime quando a perícia constata tratar-se de arma obsoleta ou quebrada (inoperante). Nesse sentido:

"O objeto jurídico tutelado pelo delito previsto no art. 14 da Lei n. 10.826.3 não é a incolumidade física, porque o tipo tem uma matiz supraindividual, voltado à proteção da segurança pública e da paz social. Precedente. 3. É irrelevante para a tipificação do art. 14 da Lei n. 10.826.3 o fato de estar a arma de fogo municiada, bastando a comprovação de que esteja em condições de funcionamento. Precedente. 4. Ordem denegada" (STF — HC 107.447, Rel. Min. Cármen Lúcia, 1.ª Turma, julgado em 10.5.2011, *DJe*-107 divulg. 3.6.2011, public. 6.6.2011, RT v. 100, n. 910, 2011, p. 406-412); "(...) demonstrada por laudo pericial a total ineficácia da arma de fogo (inapta a disparar), como no caso dos autos, a jurisprudência desta Corte Superior tem orientado no sentido da atipicidade da conduta perpetrada, diante da ausência de afetação do bem jurídico incolumidade pública, tratando-se de crime impossível pela ineficácia absoluta do meio (REsp 1.451.397/MG, Ministra Maria Thereza de Assis Moura, 6.ª Turma, *DJe* 1.º.10.2015)" (STJ — AgRg no AgInt no AREsp 923.594/ES, Rel. Min. Sebastião Reis Junior, 6.ª Turma, julgado em 18.5.2017, *DJe* 8.6.2017); "Conquanto seja desnecessária a realização de perícia, se a arma foi submetida a exame, o qual concluiu pela sua ineficácia para efetuar disparos, mister se faz reconhecer a atipicidade da conduta, dada a impossibilidade de causar dano ao bem jurídico protegido pela norma penal. Precedentes" (STJ — HC 411.450/RJ, Rel. Min. Ribeiro Dantas, 5.ª Turma, julgado em 13.3.2018, *DJe* 20.3.2018); e "Flagrado o recorrido portando um objeto eleito como arma de fogo, temos um fato provado — o porte do instrumento — e o nascimento de duas presunções, quais sejam, de que o objeto é de fato arma de fogo, bem como tem potencial lesivo. 4. Sendo a tese nuclear da defesa o fato de o objeto não se adequar ao conceito de arma, por estar quebrado e, consequentemente, inapto para realização de disparo, circunstância devidamente comprovada pela perícia técnica realizada, temos, indubitavelmente, o rompimento da ligação lógica entre o fato provado e as mencionadas presunções. 5. No caso, o acórdão revela o porte de instrumento com um dos canos quebrado (sem engatilhar), condição que demandaria, para o seu efetivo uso, reparos de considerável complexidade, que exigiriam *expertise* do acusado e ferramentas específicas, não se podendo incluir o objeto, no seu estado atual, sequer no conceito técnico de arma de fogo" (STJ — REsp 1.387.227/MG, Rel. Min. Marco Aurélio Bellizze, 5.ª Turma, julgado em 17.9.2013, *DJe* 25.9.2013).

As Cortes Superiores firmaram, ainda, entendimento no sentido de que há uma presunção (relativa) de que as armas de fogo possuem aptidão para efetuar disparos. Assim, se o laudo pericial atesta ser a arma inoperante, cessa a presunção e o fato é considerado atípico, conforme visto acima. De outro lado, se não for juntado o laudo pericial ou se este for considerado nulo (e não houver qualquer outra prova da inoperância da arma), poderá haver a condenação pelo delito. Nesse sentido:

"Este Superior Tribunal firmou seu entendimento no sentido de que o porte de arma desmuniciada se insere no tipo descrito no art. 14 da Lei n. 10.826/2003, por ser delito de perigo abstrato, cujo bem jurídico é a segurança pública e a paz social, sendo irrelevante a demonstração de efetivo caráter ofensivo por meio de laudo pericial" (STJ — AgRg nos EAREsp 260.556/SC, Rel. Min, Sebastião Reis Júnior, 3.ª Seção, julgado em 26/03.2014, *DJe* 3.4.2014).

■ Arma desmuniciada

Em relação à configuração do delito em face de arma desmuniciada, a Lei n. 9.437/97, ao prever a conduta típica "transportar" arma de fogo — inexistente no art. 19 da Lei das Contravenções Penais —, trouxe à tona forte entendimento no sentido da caracterização do ilícito penal. Não se pode, porém, esquecer a existência de consistente entendimento em sentido contrário, argumentando ser atípica a conduta, com o fundamento de que a punição do agente estaria em desacordo com o princípio da lesividade. Critica-se essa interpretação, com o argumento de que seus defensores não teriam avaliado a possibilidade de a arma desmuniciada ser utilizada para lesar o patrimônio alheio, como se o crime colocasse em risco apenas a vida, e não outros bens jurídicos.

A questão, contudo, foi **solucionada** pelo Estatuto do Desarmamento, que equiparou o porte de munição ao de arma de fogo. Assim, se há crime no porte de munição desacompanhada da respectiva arma de fogo, não há como negar a tipificação da conduta ilícita no porte da arma sem aquela. O Supremo Tribunal Federal entendeu que o fato não constituía crime no julgamento do RHC 81.057/SP, que, todavia, referia-se a fato **anterior** à aprovação do Estatuto do Desarmamento. Embora referido julgamento tenha sido muito noticiado à época, a verdade é que, posteriormente, o Supremo Tribunal reverteu tal entendimento e passou a interpretar que existe crime, ainda que a arma de fogo não esteja municiada, reconhecendo que o crime é de perigo abstrato. O tribunal mostrou-se sensível ao argumento da Procuradoria-Geral da República no sentido de que, se a circunstância de a arma estar desmuniciada tornasse o fato atípico, não haveria crime por parte de quem transportasse enorme carregamento de armas, desde que desacompanhadas dos respectivos projéteis, o que é absurdo.

Entendendo haver crime de porte ilegal de arma de fogo em caso de arma desmuniciada, existem atualmente centenas de julgados do Supremo Tribunal Federal e do Superior Tribunal de Justiça, dos quais podemos destacar alguns:

"O Supremo Tribunal Federal firmou o entendimento de que é de perigo abstrato o crime de porte ilegal de arma de fogo, sendo, portanto, irrelevante para sua configuração encontrar-se a arma desmontada ou desmuniciada" (STF — HC 95861, Rel. Min. Cezar Peluso, Rel. p/ Acórdão: Min. Dias Toffoli, 2.ª Turma, julgado em 2.6.2015, Acórdão eletrônico *DJe*-128 divulg 30.6.2015 public 1.7.2015).

"Tratando-se o crime de porte ilegal de arma de fogo de delito de perigo abstrato, que não exige demonstração de ofensividade real para sua consumação, é irrelevante para sua configuração encontrar-se a arma municiada ou não. Precedentes. *Writ* denegado" (STF — HC 103.539, Rel. Min. Rosa Weber, 1.ª Turma, julgado em 17.4.2012, Acórdão eletrônico *DJe* 096, public. 17.5.2012).

"Arma desmuniciada. Tipicidade. Crime de mera conduta ou perigo abstrato. Tutela da segurança pública e da paz social. Ordem denegada. 3. A conduta de portar arma de fogo desmuniciada sem autorização e em desacordo com determinação legal ou regulamentar configura o delito de porte ilegal previsto no art. 14 da Lei n. 10.826.2003, crime de mera conduta e de perigo abstrato. 4. Deveras, o delito de porte ilegal de arma de fogo tutela a segurança pública e a paz social, e não a incolumidade física, sendo irrelevante o fato de o armamento estar municiado ou não. Tanto é assim que a lei tipifica até mesmo o porte da munição, isoladamente. Precedentes: HC 104.206/RS, rel. Min. Cármen Lúcia, 1.ª Turma, *DJ* 26.8.2010; HC 96.072/RJ, rel. Min. Ricardo Lewandowski, 1.ª Turma, *DJe* de 8.4.2010; RHC 91.553/DF, rel. Min. Carlos Britto, 1.ª Turma, *DJe* 20.8.2009. 5. Parecer do Ministério Público Federal pela denegação da ordem. 6. Ordem denegada, cassada a liminar para que o processo retome o seu trâmite regular" (STF — HC 88.757, Rel. Min. Luiz Fux, 1.ª Turma, julgado em 6.9.2011, *DJe* 180, p. 200).

"A Terceira Seção desta Corte Superior, à oportunidade do julgamento do EARESP 260556/SC, firmou o entendimento no sentido de que o mero porte de arma de fogo de uso permitido, sem autorização ou em desconformidade com determinação legal ou regulamentar, ainda que desmuniciada, viola o previsto no art. 14 da Lei n. 10.826/2003, por se tratar de delito de perigo abstrato, cujo bem jurídico protegido é a segurança coletiva e a incolumidade pública, independentemente da existência de qualquer resultado naturalístico" (STJ — AgRg no REsp 1.574.444/RJ, Rel. Min. Reynaldo Soares da Fonseca, 5.ª Turma, julgado em 28.6.2016, *DJe* 1.8.2016).

"O entendimento deste Superior Tribunal de Justiça, firmado no julgamento do AgRg no EAREsp 260.556/SC, em 26.3.2014, tendo como relator o eminente Ministro Sebastião Reis Júnior, é no sentido de que o crime previsto no art. 14 da Lei n. 10.826/2003 é de perigo abstrato, sendo irrelevante o fato de a arma estar desmuniciada, ou até mesmo, desmontada ou estragada, porquanto o objeto jurídico tutelado não é a incolumidade física, e sim a segurança pública e a paz social, colocados em risco com o porte de arma de fogo sem autorização ou em desacordo com determinação legal, revelando-se despicienda até mesmo a comprovação do potencial ofensivo do artefato através de laudo pericial" (ATJ — AgRg no AgRg no AREsp 1437702/RJ, Rel. Min. Ribeiro Dantas, 5.ª Turma, julgado em 20.8.2019, *DJe* 23.8.2019).

"A conclusão do Colegiado *a quo* se coaduna com a jurisprudência deste Superior Tribunal de Justiça, pacificada nos autos do AgRg nos EAREsp 260.556/SC, no sentido de que o crime previsto no art. 14 da Lei n. 10.826/2003 é de perigo abstrato, sendo irrelevante o fato de a arma estar desmuniciada ou, até mesmo, desmontada, porquanto o objeto jurídico tutelado não é a incolumidade física, e sim a segurança pública e a paz social, colocados em risco com o porte de arma de fogo sem autorização ou em desacordo com determinação legal, revelando-se despicienda a comprovação do potencial ofensivo do artefato através de laudo pericial. Precedentes" (STJ — HC 396.863/SP, Rel. Min. Ribeiro Dantas, Quinta Turma, julgado em 13.6.2017, *DJe* 22.6.2017).

"Esta Corte Superior de Justiça firmou a compreensão de que a previsão do delito descrito no art. 14 da Lei n. 10.826.3 busca tutelar a segurança pública, colocada em risco com a posse ou porte de arma, acessório ou munição de uso permitido à revelia do controle estatal, não impondo à sua configuração, pois, resultado naturalístico ou efetivo perigo de lesão. 2. Na hipótese dos autos, a inexistência de comprovação do potencial lesivo do artefato, em razão de a arma apreendida estar desmuniciada, não descaracteriza a natureza criminosa da conduta" (STJ — AgRg nos EDcl no REsp 1.595.187/RN, Rel. Min. Jorge Mussi, 5.ª Turma, julgado em 16.5.2017, *DJe* 24.5.2017).

"Este Superior Tribunal firmou seu entendimento no sentido de que o porte de arma desmuniciada se insere no tipo descrito no art. 14 da Lei n. 10.826/2003, por ser delito de perigo abstrato, cujo bem jurídico é a segurança pública e a paz social, sendo irrelevante a demonstração de efetivo caráter ofensivo por meio de laudo pericial" (STJ — AgRg nos EAREsp 260.556/SC, Rel. Min. Sebastião Reis Júnior, Terceira Seção, julgado em 26.3.2014, *DJe* 3.4.2014).

◼ Constitucionalidade da tipificação de crimes de perigo abstrato

Conforme acima mencionado, existe quem entenda que é inconstitucional a tipificação de crimes de perigo abstrato. O Supremo Tribunal Federal, todavia, seguindo a orientação da melhor doutrina, consagrou que não há inconstitucionalidade nessa modalidade de infração penal. Assim, continuam a existir, em nosso ordenamento jurídico, dezenas de infrações penais caracterizadas pelo perigo presumido (abstrato).

A propósito:

"*Habeas corpus*. Porte ilegal de arma de fogo desmuniciada. (a)tipicidade da conduta. Controle de constitucionalidade das leis penais. Mandatos constitucionais de criminalização e modelo exigente de controle de constitucionalidade das leis em matéria penal. Crimes de perigo abstrato em face do princípio da proporcionalidade. Legitimidade da criminalização do porte de arma desmuniciada. Ordem denegada. 1. Controle de constitucionalidade das leis penais. 1.1. Mandatos constitucionais de criminalização: A Constituição de 1988 contém significativo elenco de normas que, em princípio, não outorgam direitos, mas que, antes, determinam a criminalização de condutas (CF, art. 5.º, XLI, XLII, XLIII, XLIV; art. 7.º, X; art. 227, § 4.º). Em todas essas é possível identificar um mandato de criminalização expresso, tendo em vista os bens e valores envolvidos. Os direitos fundamentais não podem ser considerados apenas proibições de intervenção (*Eingriffsverbote*), expressando também um postulado de proteção (*Schutzgebote*). Pode-se dizer que os direitos fundamentais expressam não apenas uma proibição do excesso (*Übermassverbote*), como também podem ser traduzidos como proibições de proteção insuficiente ou imperativos de tutela (*Untermassverbote*). Os mandatos constitucionais de criminalização, portanto, impõem ao legislador, para seu devido cumprimento, o dever de observância do princípio da proporcionalidade como proibição de excesso e como proibição de proteção insuficiente. 1.2. Modelo exigente de controle de constitucionalidade das leis em matéria penal, baseado em níveis de intensidade: Podem ser distinguidos 3 (três) níveis ou graus de intensidade do controle de constitucionalidade de leis penais, consoante as diretrizes elaboradas pela doutrina e jurisprudência constitucional alemã: a) controle de evidência (*Evidenzkontrolle*); b) controle de sustentabilidade ou justificabilidade (*Vertretbarkeitskontrolle*); c) controle material de intensidade (*intensivierten inhaltlichen*

Kontrolle). O Tribunal deve sempre levar em conta que a Constituição confere ao legislador amplas margens de ação para eleger os bens jurídicos penais e avaliar as medidas adequadas e necessárias para a efetiva proteção desses bens. Porém, uma vez que se ateste que as medidas legislativas adotadas transbordam os limites impostos pela Constituição — o que poderá ser verificado com base no princípio da proporcionalidade como proibição de excesso (*Übermassverbot*) e como proibição de proteção deficiente (*Ubermassverbot*) —, deverá o Tribunal exercer um rígido controle sobre a atividade legislativa, declarando a inconstitucionalidade de leis penais transgressoras de princípios constitucionais. 2. Crimes de perigo abstrato. Porte de arma. Princípio da proporcionalidade. A Lei n. 10.826/2003 (Estatuto do Desarmamento) tipifica o porte de arma como crime de perigo abstrato. De acordo com a lei, constituem crimes as meras condutas de possuir, deter, portar, adquirir, fornecer, receber, ter em depósito, transportar, ceder, emprestar, remeter, empregar, manter sob sua guarda ou ocultar arma de fogo. Nessa espécie de delito, o legislador penal não toma como pressuposto da criminalização a lesão ou o perigo de lesão concreta a determinado bem jurídico. Baseado em dados empíricos, o legislador seleciona grupos ou classes de ações que geralmente levam consigo o indesejado perigo ao bem jurídico. A criação de crimes de perigo abstrato não representa, por si só, comportamento inconstitucional por parte do legislador penal. A tipificação de condutas que geram perigo em abstrato, muitas vezes, acaba sendo a melhor alternativa ou a medida mais eficaz para a proteção de bens jurídico-penais supraindividuais ou de caráter coletivo, como, por exemplo, o meio ambiente, a saúde etc. Portanto, pode o legislador, dentro de suas amplas margens de avaliação e de decisão, definir quais as medidas mais adequadas e necessárias para a efetiva proteção de determinado bem jurídico, o que lhe permite escolher espécies de tipificação próprias de um direito penal preventivo. Apenas a atividade legislativa que, nessa hipótese, transborde os limites da proporcionalidade, poderá ser tachada de inconstitucional. 3. Legitimidade da criminalização do porte de arma. Há, no contexto empírico legitimador da veiculação da norma, aparente lesividade da conduta, porquanto se tutela a segurança pública (art. 6.º e 144, CF) e indiretamente a vida, a liberdade, a integridade física e psíquica do indivíduo etc. Há inequívoco interesse público e social na proscrição da conduta. É que a arma de fogo, diferentemente de outros objetos e artefatos (faca, vidro etc.), tem, inerente à sua natureza, a característica da lesividade. A danosidade é intrínseca ao objeto. A questão, portanto, de possíveis injustiças pontuais, de absoluta ausência de significado lesivo deve ser aferida concretamente e não em linha diretiva de ilegitimidade normativa. 4. Ordem denegada" (STF — HC 102.087, Rel. Min. Celso de Mello, Rel. p/ Acórdão: Min. Gilmar Mendes, 2.ª Turma, julgado em 28.2/2012, *DJe* 159, p. 68).

■ **Armas de brinquedo e réplicas**

As armas de **brinquedo**, **simulacros** ou **réplicas** não constituem armas de fogo, de modo que o seu porte **não** está abrangido na figura penal. Na Lei n. 10.826/2003, não foi repetido o crime descrito no art. 10, § 1.º, II, da Lei n. 9.437/97, que punia com detenção de um a dois anos, e multa, quem utilizasse arma de brinquedo ou simulacro de arma capaz de atemorizar outrem, para o fim de cometer crimes. Houve, portanto, *abolitio criminis* em relação a tais condutas.

O Estatuto do Desarmamento limita-se a proibir (sem prever sanção penal) a fabricação, a venda, a comercialização e a importação de brinquedos, réplicas e simulacros de armas de fogo, que possam com estas se confundir, exceto para instrução, adestramento ou coleção, desde que autorizados pelo Comando do Exército (art. 26).

As armas de brinquedo que estejam sendo comercializadas ou fabricadas devem ser apreendidas pela fiscalização, na medida em que são proibidas.

4. Sujeito ativo

Qualquer pessoa. Trata-se de **crime comum**.

Se o delito for cometido por qualquer das pessoas elencadas nos arts. 6.º, 7.º e 8.º da Lei, a pena será aumentada em **metade** (art. 20 — *v.* comentários).

5. Sujeito passivo

A **coletividade**.

6. Consumação

Tratando-se de crime de mera conduta, a consumação ocorre no momento da **ação**, independentemente de qualquer resultado.

7. Tentativa

Em tese, é **possível**, como, por exemplo, tentar adquirir arma de fogo.

8. Absorção e concurso

Atualmente, a interpretação adotada pela maioria dos doutrinadores e julgadores é no sentido de só considerar absorvido o crime de porte ilegal de arma de fogo quando a conduta tiver sido realizada única e exclusivamente como meio para outro crime.

Assim, se o agente se desentende com outrem em um bar e vai para casa buscar uma arma de fogo, retornando em seguida ao local para matar o desafeto, responde apenas pelo homicídio. Igualmente, só responde pelo roubo — agravado pelo emprego de arma de fogo de uso permitido (art. 157, § 2.º-A, I, do CP) — quem sai armado com o intuito específico de utilizá-la em um roubo, ainda que seja preso depois do crime em poder da arma. Há, todavia, concurso material, se o agente, por exemplo, já está portando um revólver e, ao ser abordado por policial, saca a arma e o mata, exatamente para evitar a prisão em flagrante em razão do porte. É que, nesse caso, o agente não estava portando a arma com o intuito de matar aquele policial. Por isso, responde pelo crime de porte ilegal em concurso material com homicídio qualificado, porque matou para garantir a impunidade de outro crime — o porte ilegal. Igualmente, existe concurso **material** se alguém utiliza um revólver para roubar um carro e, dias depois, é encontrado dirigindo o veículo, estando com a arma em seu poder. Nesse caso, o porte da arma no dia da prisão não constitui meio para o roubo, já que a subtração tinha acontecido dias antes.

Entendemos que a aquisição de arma de origem criminosa (produto de furto ou roubo) constitui crime autônomo de **receptação**, sem prejuízo da punição pelo crime de porte ilegal de arma. Não se pode falar em absorção de um delito pelo outro, na medida em que os bens jurídicos e as vítimas são diferentes. Lembre-se de que, na receptação, o sujeito passivo é o dono da arma subtraída, e o bem jurídico protegido, o patrimônio, ao passo que, no porte ilegal de arma, a objetividade jurídica é a incolumidade pública (evitar o risco a que fica sujeita a coletividade — sujeito passivo). A propósito:

"1. A jurisprudência desta Corte Superior de Justiça é no sentido da inaplicabilidade da consunção, pois 'a receptação e o porte ilegal de arma de fogo configuram crimes de natureza autônoma, com objetividade jurídica e momento consumativo diversos' (HC 284.503/RS, Rel. Min. Nefi Cordeiro, 6.ª Turma, *DJe* 27.4.2016) (AgRg no REsp 1.623.534/RS, Rel. Min. Nefi Cordeiro, 6.ª Turma, julgado em 10.4.2018, *DJe* 23.4.2018)" (STJ — AgRg no REsp 1.927.948/AC, Rel. Min. Reynaldo Soares da Fonseca, 5.ª Turma, julgado em 13.4.2021, *DJe* de 19.4.2021); "A jurisprudência deste Superior Tribunal de Justiça é firme no sentido de que o delito de receptação e os do Estatuto do Desarmamento seriam, de regra, crimes autônomos, com naturezas jurídicas e bens tutelados distintos, devendo o agente responder pela sua prática em concurso material" (STJ — AgRg no HC 368.990/PR, Rel. Min. Reynaldo Soares da Fonseca, 5.ª Turma, julgado em 7.8.2018, *DJe* 15.8.2018); "É inaplicável o princípio da consunção entre os delitos de receptação e porte ilegal de arma de fogo, por ser diversa a natureza jurídica dos tipos penais" (STJ — AgRg no REsp 1.494.204/RS, Rel. Min. Jorge Mussi, 5.ª Turma, julgado em 7.3.2017, *DJe* 27.3.2017); "A prática dos delitos de porte ilegal de arma e receptação deflagra típica hipótese caracterizadora de concurso material de crimes. Esses, por se revestirem de autonomia jurídica e por tutelarem bens jurídicos diversos, impedem a aplicação do princípio da consunção — *major absorbet minorem*. Precedentes" (STF — HC 119581, Rel. Min. Dias Toffoli, 1.ª Turma, julgado em 1.4.2014, Processo Eletrônico *DJe*-085 divulg. 6.5.2014, public. 7.5.2014).

9. Crime inafiançável

O parágrafo único do art. 14 expressamente declara ser **inafiançável** o crime de porte ilegal de arma de fogo, salvo se a arma estiver **registrada** em nome do agente.

O Supremo Tribunal Federal, todavia, por julgamento em **Plenário**, declarou a inconstitucionalidade do dispositivo ao apreciar **ação direta de inconstitucionalidade** (ADIn 3.112), no dia 2 de maio de 2007. Assim, no crime de porte ilegal de arma, é possível o arbitramento de fiança, ainda que a arma não esteja registrada em nome do agente. É claro, porém, que a fiança só será concedida se ausentes as vedações do art. 324 do Código de Processo Penal, ou seja, desde que o réu não tenha quebrado a fiança anteriormente concedida, que não tenha descumprido as obrigações de comparecimento a todos os atos do processo e que estejam ausentes os requisitos da prisão preventiva.

O argumento para a declaração da inconstitucionalidade pelo Supremo foi o de que o delito em tela não pode ser equiparado aos crimes hediondos para os quais a Carta Magna veda a fiança, porque é crime de perigo, que não acarreta lesão efetiva à vida ou à propriedade. A propósito:

"IV — A proibição de estabelecimento de fiança para os delitos de "porte ilegal de arma de fogo de uso permitido" e de "disparo de arma de fogo", mostra-se desarrazoada, porquanto são crimes de mera conduta, que não se equiparam aos crimes que acarretam lesão ou ameaça de lesão à vida ou à propriedade" (STF — ADI 3.112, Rel. Min. Ricardo Lewandowski, Tribunal Pleno, julgado em 2.5.2007, *DJe* 131, p. 538).

10. Suspensão condicional do processo

Tendo em vista que a pena mínima para o delito é de **dois** anos, é **incabível** o benefício da suspensão condicional do processo, nos termos do art. 89 da Lei n. 9.099/95.

Possível, contudo, o acordo de não persecução penal previsto no art. 28-A do CPP, se presentes os demais requisitos legais.

5.2.5. Disparo de arma de fogo

> **Art. 15.** Disparar arma de fogo ou acionar munição em lugar habitado ou em suas adjacências, em via pública ou em direção a ela, desde que essa conduta não tenha como finalidade a prática de outro crime:
> Pena — reclusão, de dois a quatro anos, e multa.
> Parágrafo único. O crime previsto neste artigo é inafiançável.

1. Objetividade jurídica
A segurança pública.

2. Elementos do tipo
Disparar significa atirar, apertar o gatilho da arma de fogo (revólver, pistola, espingarda, garrucha, fuzil, metralhadora etc.), deflagrando projétil.

A realização de **vários** disparos, em um **mesmo momento**, configura **um** só delito, não se aplicando a regra do concurso **formal** ou da **continuidade** delitiva dos arts. 70 e 71 do Código Penal, já que a situação de risco à coletividade é única. O juiz, entretanto, pode levar em conta o número de disparos na fixação da **pena-base**, em face da maior **gravidade** da conduta (art. 59 do CP).

O **projétil** tem de ser verdadeiro. A deflagração de balas de festim não configura a infração, porque não causa perigo.

Se o disparo é efetuado por que o agente está **prestes a ser agredido**, afasta-se a ilicitude da ação em face da **legítima defesa**.

A segunda conduta típica prevista consiste em **acionar munição**, que significa de alguma **outra forma detonar**, **deflagrar** a munição (cartucho, projétil etc.). Não se confunde munição com artefato **explosivo**, como bombas e dinamites, cuja detonação constitui crime **mais grave** previsto no art. 16, § 1.º, III, do Estatuto do Desarmamento, ou com a deflagração perigosa e não autorizada de **fogos de artifício**, que constitui **contravenção penal**, descrita no art. 28, parágrafo único, da Lei das Contravenções Penais.

De acordo com o tipo penal, o fato só constitui crime se ocorrer:

a) **em lugar habitado ou suas adjacências**; e
b) **em via pública ou em direção a ela**.

Esses requisitos somam-se para a configuração do delito. Assim, se uma cidade ou vila tiver sido totalmente evacuada, por exemplo, para a futura instalação de uma hidrelétrica e, depois disso, alguém efetuar disparos no meio de uma das ruas, o fato será atípico, porque, apesar de ter ocorrido em via pública, o local não é habitado.

Lugar habitado é aquele onde reside um núcleo de pessoas ou famílias. Pode ser uma cidade, uma vila, um povoado etc. **Adjacência** de local habitado é o local próximo àquele. Não se exige que seja dependência de moradia ou local contíguo, bastando que seja perto de local habitado. Por consequência, disparar em local descampado ou em uma floresta distante de local habitado não configura a infração.

Tratando-se de local habitado ou suas adjacências, é ainda necessário que o fato ocorra em **via pública ou em direção a ela**.

Via pública é o local **aberto** a qualquer pessoa, cujo acesso é sempre permitido. É todo local aberto ao público, quer por destinação, quer por autorização de particulares. Exs.: ruas, avenidas, praças, estradas.

Nos termos do texto legal, também existe o crime quando o disparo não é efetuado na via pública, mas a arma é **apontada para ela**, como, por exemplo, do quintal de uma residência em direção à rua.

Colocar alvo no quintal de uma casa e disparar em sua direção, sem possibilidade de atingir a via pública, não configura a infração.

O disparo efetuado para o alto (para a comemoração de gol do time, em festas juninas ou por outra razão qualquer) caracteriza o crime, desde que seja feito em via pública ou em sua direção.

O delito em análise também é de **perigo abstrato**, em que não é necessária prova de que pessoa determinada tenha sido exposta a risco. O perigo é **presumido**, porque o disparo em via pública ou em direção a ela, por si só, **coloca em risco a coletividade**. Assim, quem efetua disparo na rua, de madrugada, sem ninguém por perto, mas em local habitado, comete o crime.

3. Sujeito ativo

Qualquer pessoa. Trata-se de crime **comum**.

Se o delito for cometido por qualquer das pessoas elencadas nos arts. 6.º, 7.º e 8.º da Lei, a pena será aumentada em metade (art. 20 — v. comentários).

4. Sujeitos passivos

Em primeiro plano, a **coletividade**. Em segundo, as pessoas que, **eventualmente**, tenham sofrido perigo de dano decorrente do disparo da arma.

5. Consumação

No momento em que ocorre o disparo ou quando a munição é acionada por qualquer outro modo.

6. Tentativa

É possível. Ex.: agente aperta o gatilho do revólver, mas o disparo não ocorre porque outra pessoa, repentinamente, segura o tambor da arma, impedindo que gire (o que inviabiliza o disparo).

7. Absorção

A própria lei somente confere **autonomia** ao crime de disparo de arma de fogo quando essa **conduta não tem como objetivo a prática de outro crime**. Assim, quando o autor do disparo visa, por exemplo, matar alguém, responde por homicídio — consumado ou tentado, dependendo do resultado. Se a intenção do agente é matar a vítima, mas o disparo não a atinge, temos a chamada tentativa **branca** de homicídio. Se o disparo e a morte ocorrem no contexto fático de um roubo, o agente responde por crime de latrocínio.

Haverá também absorção se os disparos forem efetuados dolosamente e provocarem lesões **graves** ou **gravíssimas** na vítima, já que as penas previstas no Código Penal para tais casos são maiores. Para a lesão grave, a pena máxima prevista é de 5 anos (art. 129, § 1.º, do CP), e para a gravíssima é de 8 anos.

Já quando se trata de provocação de lesão corporal de natureza **leve** mediante disparo de arma de fogo, a questão se mostra mais complexa, na medida em que a pena da lesão leve é **menor** (detenção, de 3 meses a 1 ano). Como o art. 15 **não** diz que absorção só existe quando o **crime-fim** for mais **grave**, existe a possibilidade de se interpretar que o crime de disparo ficaria absorvido. Tal interpretação, contudo, não é aceitável. Fernando Capez[3], analisando com maestria o tema, assim se pronunciou: "o delito definido no art. 129, *caput*, do Código Penal é de menor gravidade do que o disparo. Por essa razão, a infração definida na nova Lei não pode ser simplesmente considerada fase de sua execução. Seria estranho que o 'todo' (lesões leves) fosse menos grave do que uma de suas partes integrantes (o disparo). Sendo assim, não podemos conceber os disparos como simples fase normal de execução das lesões. No princípio da subsidiariedade, a norma definidora do fato mais amplo e de maior gravidade (norma primária) absorve a norma que descreve o fato menos grave (norma subsidiária), e não o contrário. Existe, portanto, uma impossibilidade jurídica de considerar absorvidos os disparos. Em resumo, o delito previsto no art. 15, *caput*, da Lei n. 10.826/2003 não é absorvido pelo crime de lesões corporais de natureza leve, em face de sua maior gravidade. Entendemos que o agente responde por **ambos** os crimes em concurso".

■ **Disparo e crime de periclitação para a vida ou para a saúde de outrem (art. 132 do CP)**

O art. 132 do Código Penal descreve a seguinte infração penal: "expor a vida ou a saúde de outrem a perigo direto e iminente". Até algum tempo atrás, uma das hipóteses mais comuns de configuração desse crime era justamente o disparo de arma de fogo próximo a alguém para colocá-lo em situação de perigo. Se o agente, entretanto, efetuasse o disparo para cima, e não próximo à vítima, estaria configurada apenas a contravenção penal de disparo de arma de fogo em via pública (art. 28 do LCP). O crime do art. 132 é de perigo concreto, porque o agente quer expor pessoa **determinada** a situação de risco, enquanto a contravenção era de perigo abstrato, porque punia o risco causado genericamente à coletividade pelo disparo feito em local habitado ou em suas adjacências, na via pública ou em direção a ela. A contravenção foi revogada pelo crime do art. 15 do Estatuto do Desarmamento, e este possui pena consideravelmente maior do que a prevista no art. 132 (detenção, de 3 meses a 1 ano, **se o fato não constitui crime mais grave**). Por essa razão, pode gerar dúvida a hipótese em que o sujeito efetua disparo próximo a alguém para expô-lo a risco. Estaria configurado o crime do Estatuto, que tem pena maior, ou o do art. 132, em razão da intenção do agente de expor a perigo pessoa certa e determinada? A resposta não é complicada, na medida em que **ambos os dispositivos são expressamente**

---

[3] CAPEZ, Fernando. *Curso de direito penal. Legislação penal especial*, v. 4, p. 421-422.

subsidiários, conforme se nota pela simples leitura dos tipos penais. Assim, deve prevalecer aquele que tem maior pena, ou seja, o do art. 15 do Estatuto.

O crime de periclitação da vida, assim, continua tendo aplicação em outras hipóteses (lançar objetos próximos a alguém, passar com o carro do lado de uma pessoa para assustá-la etc.).

■ **Posse e disparo**

É bastante comum que o autor do disparo não possua registro para manter a arma em casa e efetue disparos em direção à via pública (comemoração de um gol, por exemplo). Embora exista corrente em sentido contrário[4], entendemos que os delitos são autônomos, porque o sujeito já possuía a arma sem registro anteriormente, e o disparo ocorreu depois.

É evidente, por sua vez, que, se o agente tem o registro da arma que disparou, só incorre no crime do art. 15.

■ **Porte e disparo**

Em relação à hipótese em que o agente efetua o disparo em via pública, sem ter autorização para portar a arma naquele local, existem duas correntes. A primeira no sentido de que o porte é sempre **crime-meio** para o disparo e, por isso, fica sempre **absorvido** em face do princípio da **consunção**. A segunda é no sentido de haver absorção apenas quando ficar provado que o agente só portou a arma com a finalidade específica de efetuar o disparo. É a corrente que adotamos. Por ela, se o agente já estava portando a arma e, em determinado instante, resolveu efetuar o disparo, responderá pelos dois crimes, se não possuía autorização para o porte, ou só pelo disparo, se possuía tal autorização. Por sua vez, se uma pessoa tem uma arma registrada em casa, mas não tem autorização para porte e, para efetuar uma comemoração, leva-a para a rua, apenas com a finalidade de efetuar disparos, e, de imediato, retorna para casa, responde pelo crime de disparo — o porte fica absorvido. Este o entendimento adotado pelo Superior Tribunal de Justiça:

> "Aplica-se o princípio da consunção aos crimes de porte ilegal e de disparo de arma de fogo ocorridos no mesmo contexto fático, quando presente nexo de dependência entre as condutas, considerando-se o porte crime-meio para a execução do disparo de arma de fogo" (STJ — AgRg no AREsp 1.211.409/MS, Rel. Min. Nefi Cordeiro, 6.ª Turma, julgado em 8.5.2018, *DJe* 21.5.2018); "Estabelecido pelo Tribunal de origem que os crimes de porte ilegal e de disparo de arma de fogo ocorreram no mesmo contexto fático e diante do nexo de dependência entre as condutas, sendo o primeiro meio para a execução do segundo delito, escorreita a aplicação do princípio da consunção no caso concreto" (AgRg no AREsp 635.891/SC, Rel. Min. Jorge Mussi, 5.ª Turma, julgado em 17.5.2016, *DJe* 25.5.2016); **e** "No caso dos autos, incabível a absorção do crime de posse ilegal de arma pelo de disparo de arma de fogo, mediante aplicação do princípio da consunção, notadamente diante dos contextos fáticos distintos a evidenciar ocorrência de designíos

---

[4] CAPEZ, Fernando. *Curso de direito penal. Legislação penal especial*, v. 4, p. 415.

autônomos, pois o posse ilegal da arma precedeu, em muito, à prática do disparo" (STJ — AgRg nos EDcl no REsp 1.942.292/SP, Rel. Min. Joel Ilan Paciornik, 5ª Turma, julgado em 24.5.2022, *DJe* de 26.5.2022.).

Aqueles que adotam a tese de que o crime de porte sempre fica absorvido pelo disparo têm que enfrentar uma séria questão: como aplicar a pena no caso em que o disparo é feito com arma com numeração raspada ou de uso restrito? O problema é que, nesses casos, o crime de disparo possui pena menor (2 a 4 anos) do que o porte (3 a 6 anos). Assim, se um delito tem que absorver o outro, o justo seria o porte absorver o disparo, e não o contrário.

8. Crime inafiançável

O parágrafo único do art. 15 expressamente declara ser inafiançável o delito de disparo de arma de fogo. Não há, porém, vedação à concessão de liberdade provisória.

Em relação à vedação da fiança, é preciso mencionar, todavia, que o Supremo Tribunal Federal declarou a inconstitucionalidade do art. 15, parágrafo único, do Estatuto, no julgamento da ADIn 3.112, ocorrido no dia 2 de maio de 2007. Por isso, no crime de disparo de arma de fogo em via pública, é possível o arbitramento de fiança. É claro, porém, que ela só será concedida se ausentes as vedações do art. 324 do Código de Processo Penal, ou seja, desde que o réu não tenha quebrado a fiança anteriormente concedida, que não tenha descumprido as obrigações de comparecimento a todos os atos do processo e que estejam ausentes os requisitos da prisão preventiva.

O argumento para a declaração da inconstitucionalidade pelo Supremo foi o de que o delito em tela não pode ser equiparado aos crimes hediondos para os quais a Carta Magna veda a fiança, porque é delito de **perigo**, que não acarreta lesão efetiva à vida ou à propriedade. A propósito:

> "IV — A proibição de estabelecimento de fiança para os delitos de "porte ilegal de arma de fogo de uso permitido" e de "disparo de arma de fogo", mostra-se desarrazoada, porquanto são crimes de mera conduta, que não se equiparam aos crimes que acarretam lesão ou ameaça de lesão à vida ou à propriedade" (STF — ADI 3.112, Rel. Min. Ricardo Lewandowski, Tribunal Pleno, julgado em 2.5.2007, *DJe* 131, p. 538).

9. Suspensão condicional do processo

Tendo em vista que a pena **mínima** para o delito é de **dois** anos, é incabível o benefício da **suspensão condicional do processo**, nos termos do art. 89 da Lei n. 9.099/95. Possível, contudo, o acordo de não persecução penal previsto no art. 28-A do CPP, se presentes os demais requisitos legais.

5.2.6. Posse ou porte ilegal de arma de fogo de uso restrito ou proibido

> **Art. 16**, *caput* — Possuir, deter, portar, adquirir, fornecer, receber, ter em depósito, transportar, ceder, ainda que gratuitamente, emprestar, remeter, empregar, manter sob sua guarda ou ocultar arma de fogo, acessório ou munição de uso restrito, sem autorização e em desacordo com determinação legal ou regulamentar:

> Pena — reclusão, de três a seis anos, e multa. (...)
> § 2.º — Se as condutas descritas no *caput* e no § 1.º deste artigo envolverem arma de fogo de uso proibido, a pena é de reclusão, de 4 a 12 anos.

1. Objetividade jurídica

A incolumidade pública, no sentido de se evitar que sejam expostos a risco a vida, a integridade física e o patrimônio dos cidadãos.

2. Elementos do tipo

As condutas típicas são possuir, deter, portar, adquirir, fornecer, receber, ter em depósito, transportar, ceder, ainda que gratuitamente, emprestar, remeter, empregar, manter sob sua guarda ou ocultar.

Antes do advento da Lei n. 13.964/2019, o porte ou a posse de armas de fogo de uso restrito ou proibido tipificavam o mesmo delito, qual seja, aquele do art. 16, *caput*, cuja pena é de reclusão de 3 a 6 anos, e multa. A referida Lei, entretanto, trouxe importante inovação ao isolar na figura do *caput* as condutas relacionadas a armas de fogo, acessórios ou munição de uso **restrito**. Caso se trate de arma de fogo de uso **proibido**, o enquadramento deve se dar no art. 16, § 2.º, cuja pena é maior: 4 a 12 anos de reclusão (sem previsão de multa).

Armas de fogo de uso **restrito (objeto material)**, nos termos do art. 12 do Decreto n. 11.615, de 21 de julho de 2023, são aquelas especificadas em ato conjunto do Comando do Exército e da Polícia Federal, incluídas: I — armas de fogo automáticas, independentemente do tipo ou calibre; II — armas de pressão por gás comprimido ou por ação de mola, com calibre superior a seis milímetros, que disparem projéteis de qualquer natureza, exceto as que lancem esferas de plástico com tinta, como os lançadores de paintball; III — armas de fogo de porte, cuja munição comum tenha, na saída do cano de prova, energia superior a trezentas libras-pé ou quatrocentos e sete joules, e suas munições; IV — armas de fogo portáteis, longas, de alma raiada, cuja munição comum tenha, na saída do cano de prova, energia superior a mil e duzentas libras-pé ou mil seiscentos e vinte joules, e suas munições; V — armas de fogo portáteis, longas, de alma lisa: a) de calibre superior a doze; e b) semiautomáticas de qualquer calibre; e VI — armas de fogo não portáteis. Antes da entrada em vigor do decreto acima mencionado a definição de armas de fogo de uso restrito encontrava-se no art. 3.º, parágrafo único, do Decreto n. 10.030/2019.

Acessórios de uso **restrito** são aqueles que são agregados a uma arma para aumentar sua eficácia, como, por exemplo, certas miras especiais, visores noturnos, ou para dissimular seu uso, como silenciadores, por exemplo.

Armas de uso **proibido** são aquelas para as quais há **vedação total** ao uso. De acordo com o art. 14 do Decreto n. 11.615, de 21 de julho de 2023, são armas de fogo de uso proibido: a) as armas de fogo classificadas como de uso proibido em acordos ou tratados internacionais dos quais a República Federativa do Brasil seja signatária; b) as armas de fogo dissimuladas, com aparência de objetos inofensivos.

São munições de uso **restrito** aquelas especificadas para emprego nas respectivas armas de fogo constantes do Decreto.

São munições de uso **proibido** aquelas que sejam assim definidas em acordo ou tratado internacional de que a República Federativa do Brasil seja signatária e as munições incendiárias ou químicas (art. 14, IV, do Decreto n. 11.615/2023).

A redação do art. 16, § 2.º, do Estatuto (dada pela Lei n. 13.964/2019), não menciona acessórios e munição de uso proibido, contudo, trata-se, evidentemente, de equívoco do legislador passível de ser sanado por interpretação extensiva, pois a diferenciação não faria qualquer sentido.

O **elemento normativo do tipo** está contido na expressão "**sem autorização e em desacordo com determinação legal ou regulamentar**". No que diz respeito ao **registro**, por exemplo, temos várias regras. O art. 27 da Lei n. 10.826/2003 diz que a **aquisição** de arma de uso restrito poderá ser autorizada, excepcionalmente, pelo Comando do Exército, e seu art. 3.º, parágrafo único, estabelece que o registro também será feito em tal **Comando**. As armas de uso permitido, conforme já estudado, são registradas na Polícia Federal.

O delito em análise é uma espécie de figura **qualificada** dos crimes de posse e porte de arma, previsto, porém, em um **tipo penal autônomo**. A pena maior se justifica em virtude da **maior potencialidade** lesiva das armas de fogo de uso proibido ou restrito, que, por tal razão, **elevam** o risco à coletividade.

Cuida-se, também, de crime de **perigo abstrato** e de **mera conduta**, em que é desnecessária prova de que pessoa determinada tenha sido exposta a risco e cuja configuração independe de qualquer resultado.

3. Natureza hedionda

A Lei n. 13.497, de 26 de outubro de 2017, introduziu no rol dos crimes hediondos o crime de porte e de posse ilegal de arma de fogo de uso **restrito** ou **proibido**. Posteriormente, contudo, a Lei n. 13.964/2019 modificou o art. 1.º, parágrafo único, II, da Lei n. 8.072/90 (Lei dos Crimes Hediondos) e passou a prever que somente as condutas relacionadas a armas de fogo de uso **proibido** é que configuram crime hediondo. Por se tratar de norma benéfica em relação às armas de uso restrito tal lei retroage para afastar a natureza hedionda daqueles que foram flagrados em poder de arma de fogo de uso restrito.

4. Sujeito ativo

Pode ser qualquer pessoa. Trata-se de crime **comum**.

Se o delito for cometido por qualquer das pessoas elencadas nos arts. 6.º, 7.º e 8.º da Lei, a pena será aumentada em **metade** (art. 20 — *v.* comentários).

5. Sujeito passivo

A coletividade.

6. Consumação

Tratando-se de crime de **mera conduta**, a consumação ocorre no momento da ação, independentemente de qualquer resultado.

7. Tentativa

Em tese, é possível, como, por exemplo, tentar adquirir arma de fogo.

8. Absorção e concurso

Só haverá **absorção** se o porte da arma de uso restrito for meio para outro crime. Assim, se, após uma discussão, o agente vai até sua casa e pega a arma com o intuito específico de matar o desafeto, a jurisprudência entende que o crime de porte fica absorvido. Veja-se, porém, que, se o agente não tinha o registro da arma de uso restrito, responderá pela posse anterior da arma (art. 16), em concurso **material** com o homicídio. Apenas o porte ficará absorvido em tal caso.

9. Vedação de liberdade provisória

O art. 21 da Lei n. 10.826/2003 **proíbe** a concessão de liberdade provisória ao crime em análise. O **Supremo Tribunal Federal**, todavia, declarou a **inconstitucionalidade** desse dispositivo, em 2 de maio de 2007, no julgamento da ADIn 3.112, de modo que o juiz pode conceder a liberdade provisória aos autores desse tipo de infração penal, desde que presentes os requisitos exigidos para o benefício pelo Código de Processo Penal.

10. Vigência do dispositivo

O art. 30 do Estatuto do Desarmamento (com a redação dada, sucessivamente, pelas Leis ns. 10.884/2004, 11.118/2005 e 11.191/2005) concedeu prazo aos possuidores e proprietários de armas de fogo de uso **permitido** ou **restrito** ainda não registradas para que solicitassem o registro até **23 de outubro de 2005**, mediante apresentação de nota fiscal ou outro comprovante de sua origem lícita, pelos meios de prova em direito admitidos. Posteriormente, as Leis ns. 11.706/2008 e 11.922/2009 prorrogaram esse prazo até **31 de dezembro de 2009 somente** para as armas de fogo de uso **permitido**.

Por isso, em razão da possibilidade de regularização do registro, doutrina e jurisprudência têm entendido que:

a) As pessoas que tenham sido flagradas desde a entrada em vigor do Estatuto até 23 de outubro de 2005 com a posse de arma de fogo de uso **restrito** no interior da própria residência ou estabelecimento comercial, sem o respectivo registro, não podem ser punidas porque a boa-fé é presumida, de modo que se deve pressupor que iriam solicitar o registro da arma dentro do prazo.

A partir de 24 de outubro de 2005, as pessoas flagradas com a **posse** de arma de fogo de uso **restrito** ou **proibido** no interior de sua residência ou de seu estabelecimento comercial devem ser punidas como incursas no art. 16, *caput*, do Estatuto. Nesse sentido, existe a Súmula 513 do Superior Tribunal de Justiça.

O **porte** em via pública não foi abrangido por esses prazos (que se referem apenas à regularização do registro — que dá direito a ter a arma no interior da própria residência ou estabelecimento comercial), de modo que, desde a entrada em vigor do Estatuto, a punição por porte ilegal já é possível.

b) As pessoas que tenham sido flagradas, desde a entrada em vigor do Estatuto até 31 de dezembro de 2009, com a posse de arma de uso **permitido** não podem ser punidas. Se o fato tiver ocorrido a partir de 01 de janeiro de 2010, o agente estará incurso no art. 12 do Estatuto.

A propósito:

"1. A *abolitio criminis*, para a posse de armas e munições de uso permitido, restrito, proibido ou com numeração raspada, tem como data final o dia 23 de outubro de 2005. Desta data até 31 de dezembro de 2009, somente as armas/munições de uso permitido (com numeração hígida) e, pois, registráveis, é que foram abarcadas pela *abolitio criminis*. 2. No presente caso, a conduta atribuída à agravante — posse ilegal de arma proibida ocorrida em 16.1.2009 — não foi alcançada pela *abolitio criminis* temporária, não havendo que se falar em atipicidade da conduta" (STJ — AgRg no REsp 1.362.425/MG, Rel. Min. Og Fernandes, 6.ª Turma, julgado em 11.6.2013, *DJe* 21.6.2013).

11. Entrega da arma

De acordo com o art. 32 do Estatuto, com a redação dada pela Lei n. 11.706/2008, o possuidor ou proprietário de arma de fogo pode **entregá-la espontaneamente**, e a **qualquer tempo**, à **Polícia Federal**, hipótese em que se presume sua boa-fé e **extingue-se sua punibilidade** em relação ao crime de **posse** irregular de referida arma. Se o agente, todavia, for flagrado com a arma em casa, responderá pelo delito. A extinção da punibilidade **pressupõe sua efetiva entrega**.

5.2.7. Figuras com penas equiparadas (art. 16, § 1.º[5])

No art. 16, § 1.º, o legislador descreve vários tipos penais **autônomos**, sendo que cada um deles possui **condutas típicas** e **objetos materiais próprios**, tendo sido aproveitadas tão somente as **penas** do art. 16, *caput*, e seu § 2.º. Não há nenhuma exigência de que essas condutas típicas sejam relacionadas a arma de uso restrito. Para que se chegue a essa conclusão, basta notar, por exemplo, que o art. 16, *caput*, já pune, com reclusão, de três a seis anos, e multa, quem fornece arma de uso restrito para qualquer outra pessoa. Assim, a figura do art. 16, § 1.º, V, que pune, com as mesmas penas, quem fornece arma para criança ou adolescente, tem a evidente finalidade de abranger quem fornece arma de uso permitido para menores de idade. Aliás, se as figuras desse § 1.º só se referissem a arma de fogo de uso proibido ou restrito, ficaria sem sentido o inciso II, que pune quem modifica arma de fogo para torná-la equivalente às de uso proibido ou restrito — referindo-se, obviamente, às de uso permitido que venham a ser alteradas. De ver-se, porém, que, quando se tratar de arma de fogo de uso proibido em uma das figuras do § 1.º, a pena será maior, ou seja, aquela prevista no § 2.º, conforme consta expressamente deste dispositivo.

5.2.7.1. Supressão ou alteração de marca ou numeração

> **Art. 16, § 1.º.** Nas mesmas penas incorre quem:
> I — suprimir ou alterar marca, numeração ou qualquer sinal de identificação de arma de fogo ou artefato;

Esse dispositivo pune o **responsável** pela **supressão** (eliminação completa) ou **alteração** (mudança) da **marca** ou **numeração**. Assim, quando existir prova de que o réu foi o autor da supressão, responderá por tal delito; mas, se não tiver sido ele o autor da

---

[5] A Lei n. 13.964/2019 transformou as antigas figuras do art. 16, parágrafo único, em art. 16, § 1.º.

adulteração, a **posse** ou o **porte** da arma com numeração suprimida ou alterada tipificará a conduta do art. 16, § 1.º, IV, do mesmo Estatuto.

O bem jurídico tutelado é a **veracidade** do cadastro das armas no Sinarm.

O crime pode ser cometido por qualquer pessoa.

5.2.7.2. Modificação de características da arma

> **Art. 16, § 1.º**. Nas mesmas penas incorre quem:
> (...)
> II — modificar as características de arma de fogo, de forma a torná-la equivalente a arma de fogo de uso proibido ou restrito ou para fins de dificultar ou de qualquer modo induzir a erro autoridade policial, perito ou juiz;

É comum a conduta de serrar o cano de uma espingarda, tornando maior o seu potencial lesivo. O dispositivo em análise pune o **autor da modificação**. Qualquer outra pessoa que porte a arma já modificada, estará incursa no art. 16, *caput*, da Lei n. 10.826/2003 — porte de arma de fogo de uso restrito.

Tendo em vista a redação dada ao art. 16, § 2.º, do Estatuto pela Lei n. 13.964/2019, caso a modificação faça a arma tornar-se equivalente a uma de uso proibido, a pena será aquela do § 2.º (4 a 12 anos).

Na segunda figura, o agente altera as características da arma para, por exemplo, evitar que o exame de confronto balístico tenha resultado positivo. Pela redação legal, o delito se caracteriza ainda que o agente não consiga enganar a autoridade, perito ou juiz. Trata-se de crime **formal**.

O crime de fraude processual do art. 347 do Código Penal deixou de ser aplicável em tal hipótese para existir agora figura específica.

5.2.7.3. Posse, detenção, fabrico ou emprego de artefato explosivo ou incendiário

> **Art. 16, § 1.º**. Nas mesmas penas incorre quem:
> (...)
> III — possuir, deter, fabricar ou empregar artefato explosivo ou incendiário, sem autorização ou em desacordo com determinação legal ou regulamentar;

Esse tipo penal, por ser mais recente e com pena maior, torna inaplicável o art. 253 do Código Penal, no que se refere a **artefatos explosivos**. O art. 253 pune com detenção, de seis meses a dois anos, e multa, quem fabrica, fornece, adquire, possui ou transporta, sem licença da autoridade, substância ou engenho explosivo, gás tóxico ou asfixiante, ou material destinado à sua fabricação. Embora o novo tipo penal não mencione alguns verbos contidos no art. 253, como, por exemplo, "transportar" ou "adquirir", a verdade é que tais condutas estão abrangidas pelo verbo "possuir" existente na Lei n. 10.826/2003.

O art. 253 continua em vigor em relação a **gases tóxicos** ou **asfixiantes**, bem como em relação a **substâncias explosivas** (tolueno, p. ex.), já que o Estatuto só se refere a **artefato explosivo** pronto (dinamite, p. ex.).

A Lei n. 10.826/2003 incrimina também a posse ou transporte de artefato **incendiário**, como, por exemplo, de coquetel *molotov*. Como a Lei não menciona substância, mas apenas artefato incendiário, a posse de álcool, evidentemente, não caracteriza o delito.

Deve-se notar, outrossim, que, em caso de efetiva explosão ou incêndio decorrentes dos artefatos, duas situações podem ocorrer. Se a explosão ou incêndio expuser a perigo concreto número **elevado** e **indeterminado** de pessoas ou coisas, estarão configurados os crimes de incêndio ou explosão dos arts. 250 e 251 do Código Penal. Se não houver tal consequência, estará configurado o crime do art. 16, § 1.º, III, do Estatuto do Desarmamento, na figura "empregar artefato explosivo ou incendiário". Embora as penas, atualmente, sejam iguais, os crimes dos arts. 250 e 251 continuam em vigor pelo princípio da especialidade e por possuírem causas de aumento de pena inexistentes no Estatuto.

A deflagração perigosa de fogo de artifício continua a configurar a contravenção penal descrita no art. 28, parágrafo único, da Lei das Contravenções Penais.

5.2.7.4. *Posse ou porte de arma de fogo com numeração raspada ou adulterada*

> Art. 16, § 1.º. Nas mesmas penas incorre quem:
> (...)
> IV — portar, possuir, adquirir, transportar ou fornecer arma de fogo com numeração, marca ou qualquer outro sinal de identificação raspado, suprimido ou adulterado;

Esse dispositivo veio atender a um anseio dos aplicadores do Direito, na medida em que a Lei n. 9.437/97 só punia o responsável pela supressão da numeração, delito cuja autoria quase sempre era ignorada, pois, em geral, os policiais apreendiam a arma em poder de alguém já com a numeração raspada, sendo, na maioria das vezes, impossível desvendar a autoria de tal adulteração. Com a lei atual, todavia, a posse, ainda que em residência, ou o porte, de arma de fogo com numeração raspada, por si só, torna a pena maior, pela aplicação do dispositivo em análise. Por sua vez, se for também identificado o próprio autor da adulteração, será ele punido na figura do art. 16, § 1.º, I, da Lei n. 10.826/2003 — já estudado.

O delito em tela descreve as **condutas típicas** — portar, possuir, adquirir, transportar e fornecer — e o objeto **material** — arma de fogo com numeração, marca ou qualquer outro sinal de identificação **raspado, suprimido** ou **adulterado**. Trata-se, portanto, de delito autônomo, que não guarda relação com a figura do *caput*, de modo que se caracteriza quer seja a arma de fogo de uso permitido, quer de uso proibido ou restrito. O próprio dispositivo não fez qualquer distinção. A propósito:

> "Porte ilegal de arma de fogo com a numeração suprimida. Artigo 16, parágrafo único, da Lei n. 10.826/2003. Reclassificação para o delito de porte ilegal de arma de fogo de uso permitido. Artigo 14 da indigitada lei. Impossibilidade. Objetos jurídicos distintos. Precedentes da Corte. 1. Não há falar em reclassificação do delito de porte ilegal de arma de fogo de uso restrito com numeração suprimida (art. 16, parágrafo único, inciso IV da Lei n. 10.826/03) para o crime de porte ilegal de arma de fogo de uso permitido, previsto no art. 14 da indigitada lei, ao argumento de que teria havido impropriedade legislativa. 2. Conforme entendimento consolidado na Corte, 'o delito de que trata o inciso IV do parágrafo único do art. 16 do Estatuto do Desarmamento é Política Criminal de valorização do

poder-dever do Estado de controlar as armas de fogo que circulam em nosso país' (HC 99.582/RS, 1.ª Turma, Relator o Ministro Ayres Britto, *DJe* 6.11.2009). 3. *Habeas corpus* denegado" (STF — HC 104.116, Rel. Min. Dias Toffoli, 1.ª Turma, julgado em 30.8.2011, *DJe* 186, p. 411-415); "Deveras, para configuração do delito de porte ilegal de arma de fogo com a numeração suprimida, não importa ser a arma de fogo de uso restrito ou permitido, basta que a arma esteja com o sinal de identificação suprimido ou alterado, pois o que se busca proteger é a segurança pública, por meio do controle realizado pelo Poder Público das armas existentes no País. Precedentes: RHC 89.889/DF, Rel. Min. Cármen Lúcia, Pleno, *DJe* 5.12.2008; HC 99.582/RS, Rel. Min. Ayres Britto, 1.ª Turma, *DJe* 6.11.2009; HC 104.116/RS, Rel. Min. Dias Toffoli, 1.ª Turma, *DJe* 28.9.2011" (STF — HC 110.792, Rel. Min. Luiz Fux, 1.ª Turma, julgado em 17.9.2013, processo eletrônico *DJe*-197, divulg. 4.10.2013, public. 7.10.2013); **e** "Art. 16, inciso IV, da Lei n. 10.826/03. Desclassificação para o art. 12, *caput*, da Lei n. 10.826/03. Impossibilidade. Tipo penal autônomo. Arma de uso permitido ou restrito. Irrelevância. I — Em razão da independência entre as formas típicas descritas no *caput* e no parágrafo único do art. 16 da Lei n. 10.826/03, para a caracterização dos incisos deste parágrafo único, é irrelevante se a arma de fogo, acessório e munição são de uso permitido ou de uso restrito (Precedente do STF). II — 'Inicialmente, enfatizou-se que, nas condutas descritas no referido inciso, não se exigiria como elementar do tipo a arma ser de uso permitido ou restrito, e que, no caso, a arma seria de uso permitido, tendo sido comprovada a supressão do seu número de série por abrasão' (Informativo n. 494 do Pretório Excelso). Ordem denegada" (STJ — HC 92.367/RJ, Rel. Min. Felix Fischer, 5.ª Turma, julgado em 24.6.2008, *DJe* 1.9.2008).

Caso se a arma de fogo seja de uso proibido, todavia, será aplicada a pena do art. 16, § 2.º.

Firmou-se entendimento no sentido de que haverá concurso formal de crimes quando o agente portar uma arma com numeração raspada e outra com a respectiva numeração, com o argumento de que os bens jurídicos tutelados não são exatamente os mesmos. Veja-se:

"Condenação pelos crimes dos arts. 12 e 16 da Lei n. 10.826/03. Reconhecimento de crime único em sede de apelação. Restabelecimento do concurso formal. Precedentes. Embora as condutas de possuir arma com numeração raspada e munições e acessórios de uso permitido tenham sido praticadas em um mesmo contexto fático, houve lesão a bens jurídicos diversos, pois o art. 16 do Estatuto do Desarmamento, além da paz e segurança públicas, também protege a seriedade dos cadastros do Sistema Nacional de Armas, sendo inviável o reconhecimento de crime único" (STJ — AgRg no REsp 1732505/MG, Rel. Min. Reynaldo Soares da Fonseca, 5.ª Turma, julgado em 15.5.2018, *DJe* 25.5.2018); "Agravo regimental no recurso especial. Concurso entre os delitos previstos nos artigos 14 e 16, parágrafo único, IV, da Lei n. 10.826/03. Consunção. Impossibilidade. Aplicação do concurso formal. I — O princípio da consunção ou absorção é verificado nas hipóteses em que a primeira infração constitui simples fase de realização da segunda, estabelecida em dispositivo diverso, em uma necessária e indistinta relação de delito-meio e delito-fim. A consunção resolve um conflito aparente de normas decorrente de uma relação de dependência entre as condutas praticadas. II — *In casu*, muito embora haja a consumação de crimes de posse ilegal de munições de uso permitido e o de porte de arma de fogo de uso restrito por equiparação em um único contexto fático e temporal, referidas condutas subsumem a tipos penais distintos e autônomos e tutelam bens jurídicos distintos, é dizer, a administração da Justiça e a confiabilidade de cadastros do Sistema Nacional de Armas, não havendo relação de crime-meio e crime-fim. Agravo regimental desprovido" (STJ — AgRg no REsp 1.813.427/MS, relator Ministro Leopoldo de Arruda Raposo (Desembargador Convocado do Tj/pe), 5.ª Turma, julgado em 18.2.2020, *DJe* de 2.3.2020.). No mesmo sentido: STJ — AgRg no REsp 1619960/MG, Rel. Min. Reynaldo Soares da Fonseca, 5.ª Turma, julgado em 27.6.2017, *DJe* 1.º.8.2017).

Entrega da arma

De acordo com o art. 32 do Estatuto, com a redação dada pela Lei n. 11.706/2008, o possuidor ou proprietário de arma de fogo pode **entregá-la espontaneamente**, e a **qualquer tempo**, à Polícia Federal, hipótese em que se presume sua boa-fé e **extingue-se sua punibilidade** em relação ao crime de posse irregular de referida arma. Se o agente, todavia, for flagrado com a arma em casa, responderá pelo delito. A extinção da punibilidade pressupõe sua efetiva entrega.

Saliente-se que o Superior Tribunal de Justiça aprovou a Súmula 513 salientando que "a *abolitio criminis* temporária prevista na Lei n. 10.826/2003 aplica-se ao crime de posse de arma de fogo de uso permitido com numeração, marca ou qualquer outro sinal de identificação raspado, suprimido ou adulterado, praticado somente até 23.10.2005".

5.2.7.4.1. Quadros sinóticos da posse irregular e do porte ilegal de armas de fogo

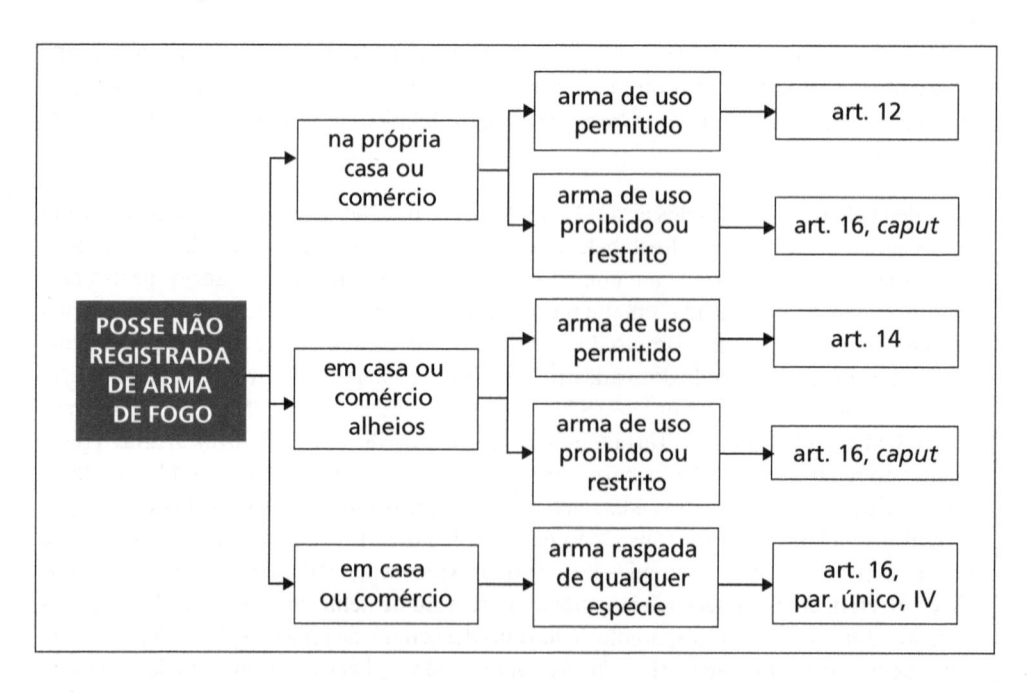

POSSE NÃO REGISTRADA DE ARMA DE FOGO			
	na própria casa ou comércio	arma de uso permitido	art. 12
		arma de uso proibido ou restrito	art. 16, *caput*
	em casa ou comércio alheios	arma de uso permitido	art. 14
		arma de uso proibido ou restrito	art. 16, *caput*
	em casa ou comércio	arma raspada de qualquer espécie	art. 16, par. único, IV

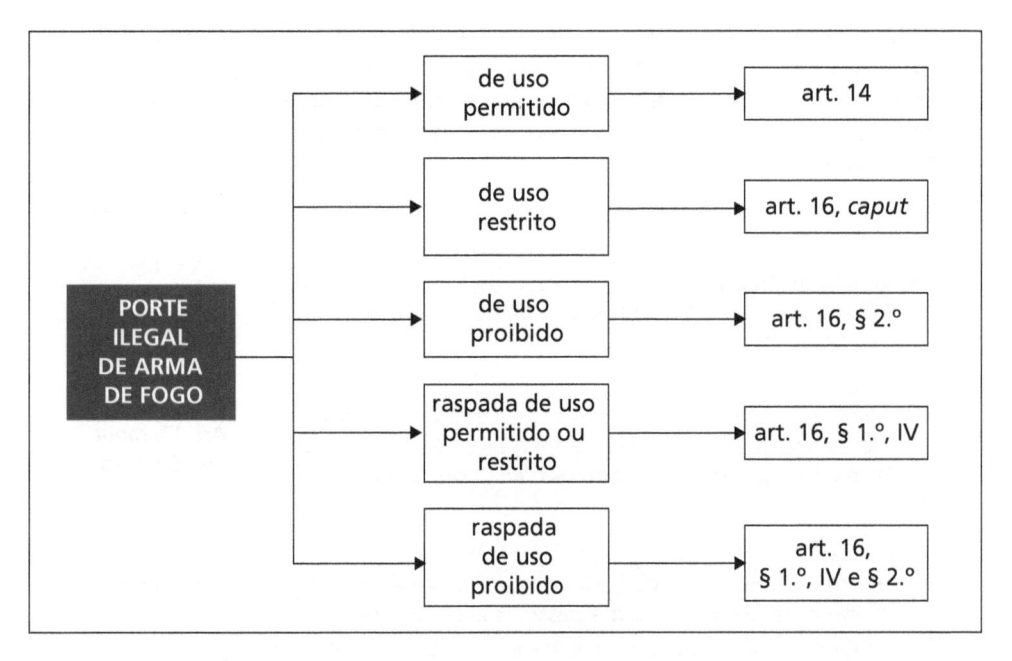

5 ■ Armas de Fogo (Estatuto do Desarmamento) — Lei n. 10.826/2003

```
                              ┌─ de uso permitido ─────────→ art. 14
                              │
                              ├─ de uso restrito ──────────→ art. 16, caput
                              │
PORTE ILEGAL DE ARMA DE FOGO ─┼─ de uso proibido ──────────→ art. 16, § 2.º
                              │
                              ├─ raspada de uso permitido
                              │   ou restrito ──────────────→ art. 16, § 1.º, IV
                              │
                              └─ raspada de uso proibido ──→ art. 16, § 1.º, IV e § 2.º
```

5.2.7.5. Venda, entrega ou fornecimento de arma, acessório, munição ou explosivo a menor de idade

> **Art. 16**, § 1.º — Nas mesmas penas incorre quem: (...)
> V — vender, entregar ou fornecer, ainda que gratuitamente, arma de fogo, acessório, munição ou explosivo a criança ou adolescente;

Pela comparação desse tipo penal com outros da Lei n. 10.826/2003, pode-se concluir que:

a) Quem vende, entrega ou fornece qualquer espécie de arma de fogo, acessório ou munição, **intencionalmente** (dolosamente) a **menor de idade**, comete o crime do art. 16, § 1.º, V. O dispositivo se aplica qualquer que seja a arma de fogo.
O art. 242 da Lei n. 8.069/90 (Estatuto da Criança e do Adolescente) pune com reclusão de três a seis anos a venda ou fornecimento de arma, munição ou explosivo a criança ou adolescente. Embora esse crime tenha tido sua pena alterada pela Lei n. 10.764, de 12 de novembro de 2003, acabou sendo **derrogado** pelo dispositivo em análise do Estatuto do Desarmamento, que entrou em vigor em 22 de dezembro de 2003, e que pune as mesmas condutas. O art. 242 só continua aplicável a armas de outra natureza (que não sejam armas de fogo).
b) Quem deixa de observar as **cautelas** necessárias para impedir que **menor de idade** ou **deficiente mental** se apodere de arma de fogo, que esteja sob sua posse ou que seja de sua propriedade, responde pelo crime do art. 13. Trata-se de conduta **culposa**. Se quem se apodera da arma é pessoa **maior de idade**, o fato é atípico, porque a modalidade culposa não mencionou tal hipótese.
c) O sujeito que fornece, empresta ou cede **dolosamente** arma de fogo de uso **permitido** a **pessoa maior** de idade pratica o crime do **art. 14**.

d) Quem fornece, empresta ou cede dolosamente arma de fogo de uso **proibido** ou **restrito** a pessoa **maior de idade** incide no crime do art. **16**, *caput*, ou § 2.º.

e) Aquele que fornece **explosivo** a pessoa **menor** de 18 anos comete o crime do art. 16, § 1.º, V, mas, se o destinatário for pessoa **maior** de idade, o crime será o do **art. 253 do CP**.

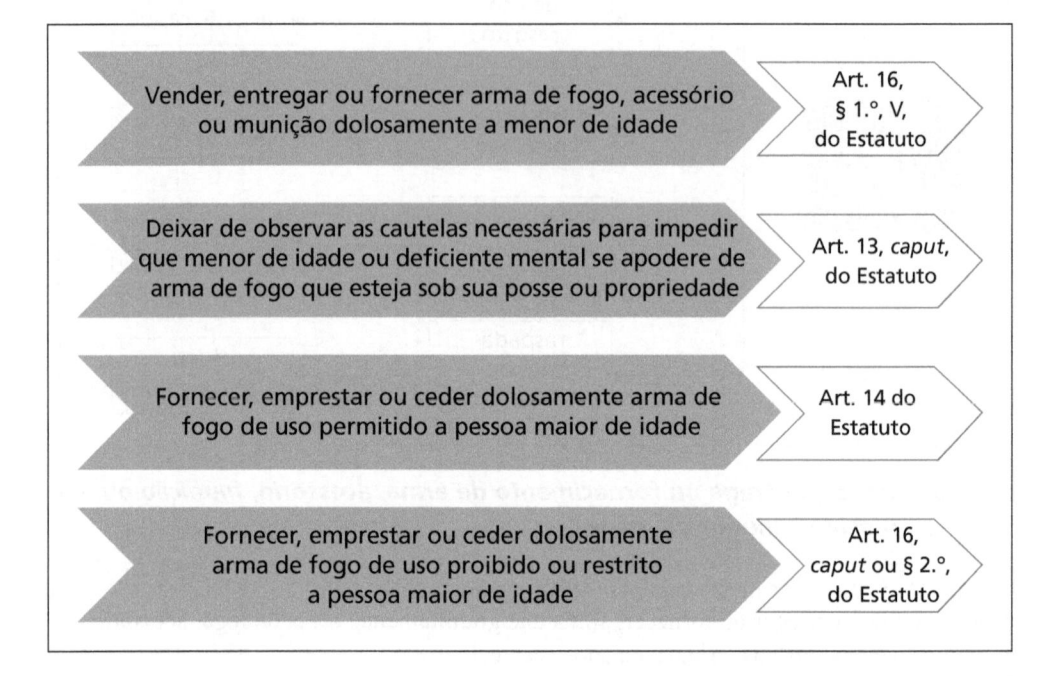

Conduta	Dispositivo
Vender, entregar ou fornecer arma de fogo, acessório ou munição dolosamente a menor de idade	Art. 16, § 1.º, V, do Estatuto
Deixar de observar as cautelas necessárias para impedir que menor de idade ou deficiente mental se apodere de arma de fogo que esteja sob sua posse ou propriedade	Art. 13, *caput*, do Estatuto
Fornecer, emprestar ou ceder dolosamente arma de fogo de uso permitido a pessoa maior de idade	Art. 14 do Estatuto
Fornecer, emprestar ou ceder dolosamente arma de fogo de uso proibido ou restrito a pessoa maior de idade	Art. 16, *caput* ou § 2.º, do Estatuto

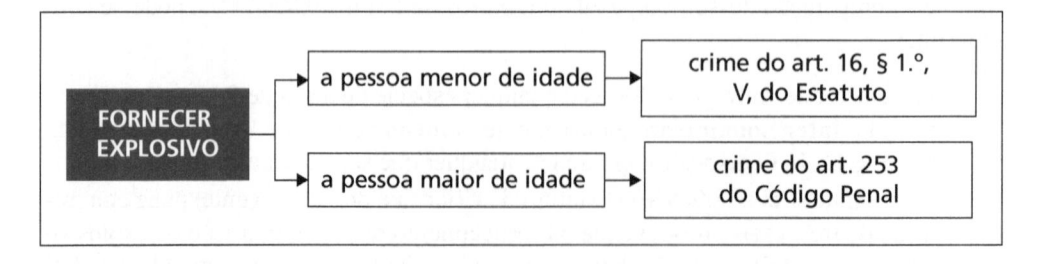

FORNECER EXPLOSIVO		
→	a pessoa menor de idade →	crime do art. 16, § 1.º, V, do Estatuto
→	a pessoa maior de idade →	crime do art. 253 do Código Penal

5.2.7.6. Produção, recarga ou reciclagem indevida, ou adulteração de munição ou explosivo

> **Art. 16**, § 1.º — Nas mesmas penas incorre quem:
> (...)
> VI — produzir, recarregar ou reciclar, sem autorização legal, ou adulterar, de qualquer forma, munição ou explosivo.

A finalidade desse dispositivo é a de abranger algumas condutas não elencadas nos arts. 14 e 16 do Estatuto do Desarmamento, em relação a munições e explosivos.

5.2.8. Comércio ilegal de arma de fogo

> **Art. 17.** Adquirir, alugar, receber, transportar, conduzir, ocultar, ter em depósito, desmontar, montar, remontar, adulterar, vender, expor à venda, ou de qualquer forma utilizar, em proveito próprio ou alheio, no exercício de atividade comercial ou industrial, arma de fogo, acessório ou munição, sem autorização ou em desacordo com determinação legal ou regulamentar:
> Pena — reclusão de seis a doze anos, e multa.
> § 1.º — Equipara-se à atividade comercial ou industrial, para efeito deste artigo, qualquer forma de prestação de serviços, fabricação ou comércio irregular ou clandestino, inclusive o exercido em residência.
> § 2.º — Incorre na mesma pena quem vende ou entrega arma de fogo, acessório ou munição, sem autorização ou em desacordo com determinação legal ou regulamentar, a agente policial disfarçado, quando presentes elementos probatórios razoáveis de que a conduta criminal preexiste.

1. Objetividade jurídica

A incolumidade pública, no sentido de evitar que armas ilegais, acessórios ou munições **entrem em circulação**. A pena do delito foi aumentada com a aprovação da Lei n. 13.964/2019, que também inseriu o delito no rol dos crimes hediondos.

2. Elementos do tipo

As **ações nucleares** são aquelas típicas de **comerciantes** e **industriais**, como adquirir, alugar, receber, transportar, conduzir, ocultar, ter em depósito, desmontar, montar, remontar, adulterar, vender, expor à venda, ou de qualquer forma utilizar arma de fogo, acessório ou munição. O dispositivo não faz distinção entre arma de uso **permitido** e **restrito**, mas o art. **19 da Lei** determina que a pena será aumentada em **metade** no último caso (*v.* comentários).

O **elemento normativo do tipo** está contido na expressão "sem autorização ou em desacordo com determinação legal ou regulamentar". Assim, comete o crime o agente que **não tem autorização** para vender arma, ou aquele que **descumpre** determinação **legal**, como, por exemplo, não mantendo a arma registrada em nome da empresa antes da venda (art. 4.º, § 4.º, da Lei n. 10.826/2003), ou vendendo munição de calibre diverso (art. 4.º, § 2.º); ou **regulamentar**, como no caso do descumprimento dos preceitos do art. 17 do Decreto n. 11.615/2023. Igualmente haverá crime na venda de munição sem a apresentação do registro da arma, ou em quantidade superior à permitida etc.

O delito em análise é também crime de **perigo abstrato** e de **mera conduta**, porque dispensa prova de que pessoa **determinada** tenha sido exposta a efetiva situação de risco, bem como a superveniência de qualquer resultado.

Como se trata de tipo misto **alternativo**, a realização de mais de uma conduta em relação às mesmas armas constitui crime único. Ex.: o comerciante que compra, transporta e depois vende ilegalmente um determinado lote de armas. O juiz pode, todavia, considerar tal circunstância na fixação da pena-base.

Se o agente compra arma de fogo roubada e depois comercializa referida arma, incorre nos crimes de **receptação qualificada** (art. 180, § 1.º, do CP) e **comércio ilegal de arma de fogo**, em concurso material.

3. Sujeito ativo

Trata-se de crime **próprio**, já que o tipo penal exige que o delito seja cometido por **comerciante** ou **industrial**. Ocorre que o dispositivo é de grande abrangência, na medida em que o seu parágrafo único equiparou à atividade comercial ou industrial **qualquer forma de prestação de serviços**, **fabricação** ou **comércio irregular** ou **clandestino**, inclusive o exercido em **residência**.

Se o delito for cometido por qualquer das pessoas elencadas nos arts. 6.º, 7.º e 8.º da Lei, a pena será aumentada em **metade** (art. 20 — v. comentários).

4. Sujeito passivo

A coletividade.

5. Consumação

Tratando-se de crime de **mera conduta**, a consumação ocorre no momento da **ação**, independentemente de qualquer **resultado**.

6. Tentativa

Em tese, é **possível**, como, por exemplo, tentar adquirir arma de fogo.

7. Vedação de liberdade provisória

O art. 21 da Lei n. 10.826/2003 **proíbe a concessão de liberdade provisória** ao crime em análise. O **Supremo Tribunal Federal**, todavia, declarou a inconstitucionalidade desse dispositivo, em 2 de maio de 2007, no julgamento da ADIn 3.112, de modo que o juiz pode conceder a liberdade provisória aos autores desse tipo de infração penal, desde que presentes os requisitos exigidos para o benefício pelo Código de Processo Penal.

8. Figura equiparada

De acordo com o § 2.º do art. 17, "incorre na mesma pena quem vende ou entrega arma de fogo, acessório ou munição, sem autorização ou em desacordo com determinação legal ou regulamentar, a agente policial disfarçado, quando presentes elementos probatórios razoáveis de que a conduta criminal preexiste". A finalidade é evitar a alegação de crime impossível.

5.2.9. Tráfico internacional de arma de fogo

> **Art. 18.** Importar, exportar, favorecer a entrada ou saída do território nacional, a qualquer título, de arma de fogo, acessório ou munição, sem autorização da autoridade competente:
> Pena — reclusão de oito a dezesseis anos, e multa.
> Parágrafo único — Incorre na mesma pena quem vende ou entrega arma de fogo, acessório ou munição, sem autorização ou em desacordo com determinação legal ou regulamentar, a agente policial disfarçado, quando presentes elementos probatórios razoáveis de que a conduta criminal preexiste.

1. Objetividade jurídica

A incolumidade pública, no sentido de evitar o comércio internacional de armas de fogo, acessórios ou munições. A pena deste crime foi aumentada pela Lei n. 13.964/2019, que também inseriu o delito no rol dos crimes hediondos.

2. Elementos do tipo

Importar é fazer **entrar** a arma, acessório ou munição no território nacional, e **exportar** é fazer **sair**. A lei também pune quem **favorece** tal entrada ou saída, de modo que o agente é considerado **autor**, e não partícipe do crime.

O dispositivo **não** faz distinção entre importação e exportação de arma de uso permitido ou restrito, mas o art. 19 da Lei determina que a pena será aumentada em **metade** no último caso (*v.* comentários).

O delito em análise é também crime de **perigo abstrato** e **de mera conduta**, porque dispensa prova de que pessoa **determinada** tenha sido exposta a efetiva situação de risco, bem como a superveniência de qualquer resultado.

3. Sujeito ativo

Pode ser qualquer pessoa. Trata-se de crime comum.

Se o delito for cometido por qualquer das pessoas elencadas nos arts. 6.º, 7.º e 8.º da Lei, a pena será aumentada em **metade** (art. 20 — *v.* comentários). Não se tratando de uma dessas pessoas, mas sendo o agente **funcionário público**, responderá também por crime de **corrupção passiva**, caso tenha recebido alguma vantagem para **facilitar** a **entrada** ou **saída** da arma no território nacional.

4. Sujeito passivo

A coletividade.

5. Consumação

Quando o objeto material entra ou sai do território nacional. No caso de importação, se o agente entra com a arma no Brasil e é preso na alfândega, o crime já está consumado.

6. Tentativa

É possível.

7. Vedação de liberdade provisória

O art. 21 da Lei n. 10.826/2003 **proíbe a concessão de liberdade provisória** ao crime em análise. O **Supremo Tribunal Federal**, todavia, declarou a inconstitucionalidade desse dispositivo, em 2 de maio de 2007, no julgamento da ADIn 3.112, de modo que o juiz pode conceder a liberdade provisória aos autores desse tipo de infração penal, desde que presentes os requisitos exigidos para o benefício pelo Código de Processo Penal.

8. Figura equiparada

De acordo com o parágrafo único do art. 18, "incorre na mesma pena quem vende ou entrega arma de fogo, acessório ou munição, sem autorização ou em desacordo com determinação legal ou regulamentar, a agente policial disfarçado, quando presentes elementos probatórios razoáveis de que a conduta criminal preexiste". A finalidade é evitar a alegação de crime impossível.

5.3. CAUSAS DE AUMENTO DE PENA

A Lei n. 10.826/2003, em **dois** artigos, determinou o acréscimo de **metade** da pena para alguns de seus ilícitos penais:

> **Art. 19.** Nos crimes previstos nos arts. 17 e 18, a pena é aumentada da metade se a arma de fogo, acessório ou munição forem de uso restrito ou proibido.

O acréscimo só é aplicável aos crimes de **comércio ilegal** (art. 17) e **tráfico internacional de armas de fogo** (art. 18). O aumento decorre da maior **lesividade** das armas de uso **proibido** ou **restrito**, assim definidas no Decreto n. 11.615/2023.

> **Art. 20.** Nos crimes previstos nos arts. 14, 15, 16, 17 e 18, a pena é aumentada da metade se:
> I — forem praticados por integrante dos órgãos e empresas referidas nos arts. 6.º, 7.º e 8.º desta Lei; ou
> II — o agente for reincidente específico em crimes dessa natureza.

Essa regra vale para os crimes de **porte** ilegal de arma de fogo de uso **permitido** (art. 14), **disparo** de arma de fogo (art. 15), **porte** ilegal de arma de uso **proibido** ou **restrito** (art. 16), **comércio** ilegal (art. 17) e **tráfico internacional** de armas de fogo (art. 18).

Refere-se a crimes cometidos por integrantes das Forças Armadas, policiais civis ou militares, integrantes das guardas municipais, agentes operacionais da Agência Brasileira de Inteligência e agentes do Departamento de Segurança do Gabinete de Segurança Institucional da Presidência da República, policiais da Câmara dos Deputados ou do Senado Federal, agentes e guardas prisionais (policiais penais), os integrantes de escolta de presos, guardas portuários, trabalhadores de empresas de segurança privada e de transporte de valores que estejam devidamente habilitados, integrantes das entidades de desporto legalmente constituídas cujas atividades esportivas demandem o uso de armas de fogo, integrantes da Carreira de Auditor da Receita Federal do Brasil e de Auditoria-Fiscal do Trabalho, Auditores-Fiscais e Analistas Tributários, e, por fim, servidores dos tribunais do Poder Judiciário descritos no art. 92 da Constituição Federal e dos Ministérios Públicos da União e dos Estados.

Segundo Damásio de Jesus, o aumento só se justifica quando o delito for praticado no exercício da função ou em razão dela, ainda que fora da atividade funcional, ou da realização da atividade profissional (Informativo *Phoenix*, março de 2004, n. 6).

A hipótese do inciso II foi inserida pela Lei n. 13.964/2019, e refere-se ao agente que comete pela segunda vez um dos crimes elencados no dispositivo (arts. 14, 15, 16, 17 e 18).

5.4. VEDAÇÃO DE LIBERDADE PROVISÓRIA

> **Art. 21.** Os crimes previstos nos arts. 16, 17 e 18 são insuscetíveis de liberdade provisória.

A lei se refere a todos os crimes do **art. 16**, bem como ao **comércio** ilegal (art. 17) e ao **tráfico internacional** de armas de fogo (art. 18). O **Supremo Tribunal Federal**, todavia, no julgamento da ADIn 3.112, ocorrido em 2 de maio de 2007, declarou a **inconstitucionalidade** desse dispositivo, de modo que, atualmente, a pessoa presa em flagrante por um desses crimes pode obter a liberdade provisória, desde que ausentes as vedações do art. 324 do CPP, ou seja, que o réu não tenha quebrado a fiança anteriormente concedida, que não tenha descumprido as obrigações de comparecimento a todos os atos do processo e que estejam ausentes os requisitos da prisão preventiva.

A propósito:

"V — Insusceptibilidade de liberdade provisória quanto aos delitos elencados nos arts. 16, 17 e 18. Inconstitucionalidade reconhecida, visto que o texto magno não autoriza a prisão *ex lege*, em face dos princípios da presunção de inocência e da obrigatoriedade de fundamentação dos mandados de prisão pela autoridade judiciária competente; (...) IX — Ação julgada procedente, em parte, para declarar a inconstitucionalidade dos parágrafos únicos dos artigos 14 e 15 e do artigo 21 da Lei n. 10.826, de 22 de dezembro de 2003" (STF — ADI 3.112, Rel. Min. Ricardo Lewandowski, Tribunal Pleno, julgado em 02.5.2007, *DJe* 131, p. 538).

5.5. COMPETÊNCIA DA JUSTIÇA ESTADUAL

O fato de a **Polícia Federal** ser o órgão responsável pelos registros das armas de fogo e pela expedição de autorizações para o porte, e de o **Sinarm** (órgão do Ministério da Justiça) ser o responsável pelo cadastramento das armas de fogo, **não** faz com que a competência para os crimes previstos no Estatuto do Desarmamento seja da Justiça Federal. Os tribunais superiores firmaram entendimento de que tais crimes **não** atingem bens, serviços ou interesses da União, suas autarquias ou empresas públicas pelo fato de os órgãos responsáveis serem federais, e, assim, inaplicável se mostra o art. 109, IV, da Constituição Federal, que transfere a competência para a Justiça Federal.

A propósito:

"Porte/posse ilegal de arma de fogo de uso permitido adulterada (Leis ns. 9.437/97 e 10.826/03). Competência (federal/estadual). Busca e apreensão (prova ilícita). Justa causa (ausência). Extinção da ação penal (caso). 1. A Lei n. 10.826/03 não remeteu à Justiça Federal toda a competência para as questões penais daí oriundas. A conduta descrita nos autos não violou diretamente nenhum bem, serviço ou interesse a que se refere o art. 109, IV, da Constituição, caso, portanto, de competência estadual" (STJ — HC 41.504/CE, Rel. Min. Nilson Naves, 6.ª Turma, julgado em 18.12.2007, *DJe* 22.9.2008).
"1. Não havendo prejuízo à União, Autarquias Federais ou Empresas Públicas Federais, o processamento e julgamento de crime de porte ilegal de arma de fogo com sinal de identificação raspado compete à Justiça Estadual" (STJ — CC 61.867/SP, Rel. Min. Maria Thereza de Assis Moura, 3.ª Seção, julgado em 14.3.2007, *DJ* 26.3.2007, p. 200).
"I. O simples fato de se tratar de porte de arma de fogo com numeração raspada não evidencia, por si só, a competência da Justiça Federal. II. Hipótese em que não restou caracterizada agressão direta aos interesses, bens ou serviços da União, que ensejasse o deslocamento da competência para a Justiça Federal, nos termos do art. 109 da Constituição Federal. III. O objeto jurídico protegido pela Lei n. 10.826/03 é a incolumidade de toda a sociedade, vítima

em potencial do uso irregular das armas de fogo, não havendo qualquer violação direta aos interesses da União, a despeito de ser o SINARM um ente federal. IV. Competência da Justiça Estadual para a apreciação e julgamento da ação penal. V. Ordem denegada" (STJ — HC 57.348/RJ, Rel. Min. Gilson Dipp, 5.ª Turma, julgado em 12.6.2006, *DJ* 1.8.2006, p. 502).
"Porte ilegal de arma de fogo de uso permitido. Sistema Nacional de Armas. Lei n. 10.826, de 2003. Competência (federal/estadual). 1. O Sistema instituído pela Lei n. 10.826 haveria mesmo de ser de cunho nacional ("circunscrição em todo o território nacional"). 2. Certamente que esse ato legislativo não remeteu à Justiça Federal toda a competência para as questões penais daí oriundas. 3. Quando não há ofensa direta aos bens, serviços e interesses a que se refere o art. 109, IV, da Constituição, não há como atribuir competência à Justiça Federal. 4. Caso de competência estadual. 5. Conflito conhecido e declarado competente o suscitado" (STJ — CC 45.483/RJ, Rel. Min. Nilson Naves, 3.ª Seção, julgado em 27.10.2004, *DJ* 9.2.2005, p. 183).
"Processo penal. Porte de arma. Apreensão em aeroporto. Área sob fiscalização da Polícia Federal. Interesse da União. Ausência. A apreensão de arma detectada, no interior de mala, por equipamento de raios X de aeroporto, quando do procedimento de embarque do passageiro que a possuía, guardava e transportava, não ofende a interesse da União. A circunstância de ser o crime cometido em local sujeito à fiscalização da Polícia Federal não é capaz de induzir a competência da Justiça Federal. Precedentes. Conflito conhecido para declarar competente o Juízo Estadual suscitado" (STJ — CC 37.877/SP, Rel. Min. Paulo Medina, 3.ª Seção, julgado em 14.4.2004, *DJ* 10.5.2004, p. 164).

5.6. DESTRUIÇÃO DOS OBJETOS APREENDIDOS

O art. 25 do Estatuto dispõe que as armas de fogo, acessórios e munições que não mais interessarem à persecução penal, ou que não constituam prova em inquérito policial ou ação penal, deverão ser encaminhados pelo juiz competente ao **Comando do Exército**, no prazo máximo de **quarenta e oito horas**, para destruição ou posterior doação aos órgãos de segurança pública ou às Forças Armadas.

De acordo com tal dispositivo, mesmo as armas apreendidas que tenham sido utilizadas como instrumento para a prática de outros crimes (roubo, extorsão, homicídio, estupro etc.) devem ser encaminhadas pelo juízo ao Comando do Exército, não se aplicando, assim, a regra do art. 91, II, "a", do Código Penal, segundo a qual o juiz, ao proferir sentença, deve decretar a perda em favor da União dos instrumentos de crime cuja detenção ou porte constitua ilícito penal.

5.7. REGISTROS BALÍSTICOS (ART. 34-A)

Os registros de elementos de munição deflagrados por armas de fogo relacionados a crimes serão armazenados no Banco Nacional de Perfis Balísticos, a fim de subsidiar apurações criminais federais, estaduais e distritais. Referido Banco será gerido pela unidade oficial de perícia criminal.

O Banco Nacional de Perfis Balísticos tem como objetivo cadastrar armas de fogo e armazenar características de classe e individualizadoras de projéteis e de estojos de munição deflagrados por arma de fogo (art. 34-A, § 1.º). É vedada a comercialização parcial ou total dos dados armazenados, que têm caráter sigiloso. Quem permitir ou promover sua utilização para fins diversos dos previstos em lei ou em decisão judicial responderá civil, penal e administrativamente.

5.8. REFERENDO POPULAR

No Capítulo VI da Lei n. 10.826/2003, que trata das chamadas "disposições finais", estabeleceu o legislador uma regra que só **entraria em vigor se fosse aprovada por referendo popular**. Esse dispositivo (art. 35, *caput* e § 1.º) **proibia** a **comercialização** de arma de fogo e munição em **todo o território nacional,** exceto para as entidades previstas no art. 6.º. O referendo foi realizado no dia 23 de outubro de 2005, e o dispositivo foi rejeitado por 63,94% dos eleitores, de modo que não se encontra proibida a venda de armas e munições no território nacional, embora a aquisição pressuponha certas condições, conforme já estudado no tópico referente ao crime de posse de arma de fogo (art. 12), no subtítulo "**elementos do tipo**".

Em suma, o Estatuto do Desarmamento dificultou a aquisição e a autorização para o porte de arma de fogo e munição, mas a efetiva proibição foi **rechaçada** pelo referendo popular.

5.9. REVOGAÇÃO DA LEI N. 9.437/97

O art. 36 da Lei n. 10.826/2003 revogou expressamente a Lei n. 9.437/97.

Essa revogação tem especial relevância no que se refere à **qualificadora** elencada no art. 10, § 3.º, IV, da Lei n. 9.437/97, que estabelecia pena maior a quem cometesse um dos crimes da lei e possuísse condenação anterior por crime contra pessoa, patrimônio ou tráfico de entorpecentes, já que tal dispositivo não foi repetido no Estatuto do Desarmamento, de modo que, atualmente, a circunstância de possuir condenação anterior só pode ser reconhecida na forma da agravante genérica da **reincidência** (art. 61, I, do CP), como, aliás, sempre ocorreu com os demais delitos. Houve, portanto, *novatio legis in mellius* (art. 2.º, parágrafo único, do CP), inviabilizando a aplicação da referida qualificadora até mesmo para fatos ocorridos antes da entrada em vigor do Estatuto, bem como beneficiando as pessoas já condenadas. Com efeito, estabelece o Código Penal que a lei posterior que, de qualquer modo, favoreça o agente aplica-se aos fatos anteriores (art. 2.º, parágrafo único), tendo, portanto, caráter retroativo.

5.10. AÇÃO PENAL

Todos os crimes previstos no Estatuto do Desarmamento apuram-se mediante ação pública incondicionada.

5.11. QUESTÕES

QUESTÕES DE CONCURSOS
http://uqr.to/1y3er

6

CONTRAVENÇÕES PENAIS
DECRETO-LEI N. 3.688/41

6.1. PARTE GERAL DAS CONTRAVENÇÕES

6.1.1. Introdução

As contravenções estão tipificadas, em regra, no **Decreto-lei n. 3.688/41**, mais conhecido como **Lei das Contravenções Penais**. Existem, entretanto, outras contravenções em leis especiais, como as do Decreto-lei n. 6.259/44.

■ **Distinção entre crime e contravenção**

As infrações penais, no Brasil, dividem-se em **crimes** e **contravenções**. A estrutura jurídica de ambas, todavia, é a mesma, ou seja, as infrações, incluindo os crimes e as contravenções, caracterizam-se por serem fatos **típicos e antijurídicos**. Em razão disso é que Nélson Hungria definiu a contravenção como "crime anão", já que nada mais é do que um "delito" com menores consequências e com sanções de menor gravidade. Por isso é que se diz que a tipificação de um fato como crime ou contravenção depende exclusivamente da vontade do legislador. Um fato considerado **mais grave** deve ser tipificado pelo legislador como **crime** e um **menos** grave, como **contravenção**.

Aprovada uma lei tipificando uma conduta como crime e outra como contravenção, não será difícil diferenciá-las. A distinção mais importante é dada pelo art. 1.º da Lei de Introdução ao Código Penal e refere-se à pena: "Art. 1.º Considera-se crime a infração penal a que a lei comina pena de reclusão ou de detenção, quer isoladamente, quer alternativa ou cumulativamente com a pena de multa; contravenção, a infração penal a que a lei comina, isoladamente, pena de prisão simples ou de multa, ou ambas, alternativa ou cumulativamente".

Temos, portanto, as seguintes possibilidades em relação à pena para os **crimes**: a) reclusão; b) reclusão e multa; c) reclusão ou multa; d) detenção; e) detenção e multa; f) detenção ou multa.

A pena de **multa** nunca é cominada **isoladamente** ao **crime**[1].

Com relação às **contravenções**, temos as seguintes hipóteses: a) prisão simples; b) prisão simples e multa; c) prisão simples ou multa; d) multa.

---

[1] A Lei n. 14.811/2024 inseriu no art. 146-A do CP o crime de intimidação sistemática (*bullying*), que por equívoco do legislador é punido apenas com pena de multa.

Existem, ainda, outras diferenças importantes:

a) os crimes podem ser de ação **pública** (condicionada ou incondicionada) ou **privada**; as contravenções **sempre** se apuram mediante ação **penal pública incondicionada**;
b) nos crimes, a **tentativa** é **punível**; nas contravenções, **não**;
c) em certos casos, os **crimes** cometidos no **exterior** podem ser punidos no **Brasil**, desde que presentes os requisitos legais. Já as contravenções cometidas no exterior nunca podem ser punidas no Brasil.

6.1.2. Aplicação das regras gerais do Código Penal

> **Art. 1.º** Aplicam-se às contravenções as regras gerais do Código Penal, sempre que a presente Lei não disponha de modo diverso.

Esse artigo consagra o princípio da **especialidade**. De acordo com ele, quando a Lei das Contravenções Penais regular um assunto de determinada forma, será ela aplicada. Se a Lei das Contravenções Penais, porém, **nada dispuser** sobre o tema, aplicar-se-ão as regras gerais do Código Penal, ou seja, aquelas descritas na **Parte Geral** do mencionado Código, como, por exemplo, as referentes às excludentes de ilicitude, concurso de agentes e de crimes, regras concernentes à aplicação da pena privativa de liberdade e sua substituição por restritivas de direitos ou multa, causas extintivas da punibilidade etc.

6.1.3. Territorialidade

> **Art. 2.º** A lei brasileira só é aplicável à contravenção praticada no território nacional.

Esse dispositivo consagrou o princípio da **territorialidade exclusiva** em relação às contravenções. De acordo com ele, a Lei das Contravenções Penais só tem aplicação para os fatos contravencionais **praticados dentro do território nacional**.

Veja-se que, com relação aos **crimes**, é possível a aplicação da lei brasileira a fatos cometidos no **exterior**, desde que presentes certos requisitos previstos no art. 7.º do Código Penal. É a chamada **extraterritorialidade** da lei penal brasileira, que vigora apenas em relação aos **crimes**.

6.1.4. Voluntariedade, dolo e culpa

> **Art. 3.º** Para a existência da contravenção, basta a ação ou omissão voluntária. Deve-se, todavia, ter em conta o dolo ou a culpa, se a lei faz depender, de um ou de outra, qualquer efeito jurídico.

Com relação aos **crimes**, a conduta é sempre **dolosa** ou **culposa**. De acordo com o art. 3.º da Lei das Contravenções Penais, porém, para a existência da contravenção basta a **ação** ou a **omissão voluntária**, independentemente de dolo ou culpa. Por esse dispositivo, não se analisa a intenção do agente. Investiga-se, simplesmente, se ele realizou ou não a conduta. É a chamada **voluntariedade**, que significa a simples vontade de realizar a conduta do tipo penal, despida de qualquer intenção ou direção. O art. 3.º, entretanto, faz uma ressalva, possibilitando que a Parte Especial da Lei das Contravenções Penais traga exceções a tal regra, exigindo em uma ou outra contravenção a existência do dolo ou da culpa. Nesses casos, a contravenção só estará configurada com a ocorrência desses elementos. Exs.: a) os arts. 26, 29 (2.ª parte), 30 e 31 (2.ª parte) da Lei das Contravenções Penais exigem culpa; b) o art. 21 exige dolo.

Temos, assim, as contravenções **típicas** ou **próprias** (regra) e as contravenções **atípicas** ou **impróprias**, que incluem dolo ou culpa em sua descrição. Vejamos o art. 26 como exemplo. Tal dispositivo considera ato contravencional "abrir, alguém, no exercício de profissão de serralheiro ou ofício análogo, **a pedido ou por incumbência de pessoa de cuja legitimidade não se tenha certificado previamente**, fechadura ou qualquer outro aparelho destinado à defesa de lugar ou objeto". A conduta culposa consiste exatamente em não se certificar da legitimidade da pessoa que solicitou a abertura da fechadura (se era o dono da casa ou do veículo, por exemplo).

Alguns autores, por sua vez, entendem que esse dispositivo — que estabelece como regra a suficiência da voluntariedade para a configuração das contravenções penais — não tem mais aplicação. Damásio de Jesus[2], por exemplo, cuidando da matéria, assim se manifestou: "hoje, (...), adotada a teoria finalista da ação e vedada a responsabilidade objetiva pela reforma penal de 1984, o disposto na última parte do art. 3.º, em que se diz prescindir a contravenção de dolo ou culpa, salvo casos excepcionais, está superado: a contravenção, assim como o crime, exige dolo ou culpa, conforme a descrição típica. O dolo se apresenta como elemento subjetivo implícito no tipo; a culpa, como elemento normativo. Ausentes, o fato é atípico. Veja-se, entretanto, que a admissão da modalidade culposa, nas contravenções, é diferente do sistema do Código Penal. Neste, a culpa deve ser expressa (art. 18, parágrafo único). Nas hipóteses em que a infração é culposa, a Lei das Contravenções Penais não emprega as expressões usuais do Código Penal, como 'se o crime é culposo', 'no caso de culpa' etc. A existência da modalidade culposa, nas contravenções, decorre da própria descrição legal do fato. Ex.: 'dar causa a desabamento de construção por erro no projeto' (art. 31, *caput*). A culpa decorre da própria natureza do fato definido na norma. É necessário, portanto, que a lei contravencional contenha referência à modalidade culposa, empregando termos indicativos da ausência de cuidado na realização da conduta. Ausentes, significa que a contravenção só admite dolo, sendo atípico o fato culposo. Assim, as vias de fato são estritamente dolosas, uma vez que o art. 21 da Lei das Contravenções Penais não contém redação recepcionando o comportamento culposo".

6.1.5. Tentativa

> **Art. 4.º** Não é punível a tentativa de contravenção.

---

[2] JESUS, Damásio de. *Lei das contravenções penais anotada*. 8. ed. São Paulo: Saraiva, 2001.

A maioria das contravenções é infração de **mera conduta e unissubsistente**, o que, por si só, inviabiliza o instituto da **tentativa**. Há, porém, algumas contravenções nas quais seria possível a sua existência, como nas vias de fato do art. 21 da Lei das Contravenções Penais. Tal modalidade contravencional consiste em agressão perpetrada sem intenção de lesionar. Assim, se alguém quer dar um tapa no rosto de outro e é impedido, pratica, sem sombra de dúvidas, tentativa de vias de fato. O legislador, entretanto, preferiu afastar expressamente essa possibilidade, declarando **não** ser **punível** a tentativa de contravenção.

Na verdade, o legislador adotou esse critério por política criminal, em virtude da pequena potencialidade lesiva de uma eventual tentativa de contravenção. Hipótese comum de tentativa impunível ocorre na contravenção do jogo do bicho, quando o apostador é flagrado antes de entregar o dinheiro, ao tentar efetuar uma aposta. Teríamos, nesse caso, tentativa de jogo do bicho, mas a lei considera o fato impunível.

6.1.6. Penas principais

> **Art. 5.º** As penas principais são:
> I — prisão simples;
> II — multa.

A pena de **prisão simples** prevista para as contravenções deve ser cumprida, **sem rigor penitenciário**, em **cadeia pública**, no regime semiaberto ou aberto (a espécie de regime dependerá da pena aplicada e de eventual reincidência). O preso ficará sempre **separado** dos condenados a penas de reclusão ou detenção (art. 6.º, § 1.º).

O trabalho será **facultativo**, se a pena aplicada não exceder a **quinze dias** (art. 6.º, § 2.º).

É **incabível** prisão **preventiva** nas contravenções. Isso porque o art. 312 do Código de Processo Penal diz que essa espécie de prisão só é possível nos crimes.

Aplica-se às contravenções o art. 11 do Código Penal, que diz que as **frações** de dia devem ser desprezadas na pena. Por isso, se o juiz aumentar de metade uma pena de quarenta e cinco dias de prisão simples, aplicará pena final de sessenta e sete dias. A fração restante (doze horas) não será computada.

Quanto à pena de multa, deve-se lembrar que, originariamente, o seu valor era tratado em contos de réis ou cruzeiros. Atualmente, contudo, aplica-se o critério do "**dia-multa**" previsto no Código Penal. A quantidade de dias-multa varia de **dez a trezentos e sessenta**, e o valor do dia-multa pode variar de um trigésimo a cinco vezes o maior salário mínimo vigente no País.

Na fixação do **número** de dias-multa, deve-se levar em conta as **circunstâncias judiciais** do art. 59 do Código Penal. Na fixação do valor de cada dia-multa, deve ser considerada, principalmente, a situação **econômica** do condenado (art. 60, *caput*, do CP).

As **frações** de dia-multa também devem ser desprezadas, bem como as frações da unidade monetária.

A regra do art. 9.º da Lei das Contravenções Penais, que possibilitava a **conversão** da pena de multa em prisão simples em caso de inadimplemento do condenado, acompanhando as regras do Código Penal, foi **revogada** pela Lei n. 9.268/96, que alterou a redação do art. 51 do Código Penal, estabelecendo que a pena de multa não paga deve ser executada no juízo das execuções criminais.

6.1.7. Reincidência

> **Art. 7.º** Verifica-se a reincidência quando o agente pratica uma contravenção depois de passar em julgado a sentença que o tenha condenado, no Brasil ou no estrangeiro, por qualquer crime, ou, no Brasil, por motivo de contravenção.

De acordo com a legislação penal vigente, pela conjugação **do art. 7.º da Lei das Contravenções Penais** com o art. **63 do Código Penal**, temos as seguintes hipóteses em relação à reincidência:

a) quem pratica nova **contravenção** após ter sido condenado em definitivo por outra **contravenção** no **Brasil** é **reincidente** (art. 7.º da LCP);

b) quem comete nova **contravenção** após ter sido condenado em definitivo por outra **contravenção** no **exterior não é reincidente**, já que a hipótese não foi mencionada pelo art. 7.º da Lei das Contravenções Penais;

c) quem pratica **crime** após ter sido condenado em definitivo por **contravenção não** é **reincidente**, pois a hipótese não foi prevista no art. 63 do Código Penal e tampouco no art. 7.º da Lei das Contravenções Penais;

d) quem comete **crime** depois de ter sido condenado em definitivo por outro **crime**, no **Brasil** ou no **exterior**, é reincidente (art. 63 do CP);

e) quem comete **contravenção** depois de ter sido condenado em definitivo por **crime**, no **Brasil** ou no **exterior**, é **reincidente** (art. 7.º da LCP).

CONDENAÇÃO ANTERIOR REFERENTE A	NOVA INFRAÇÃO	CONCLUSÃO
Contravenção no Brasil	Contravenção	Reincidente (art. 7.º da LCP)
Contravenção no exterior	Contravenção	Não reincidente (art. 7.º é omisso)
Contravenção	Crime	Não reincidente (art. 63 é omisso)
Crime no Brasil ou no exterior	Crime	Reincidente (art. 63 do CP)
Crime no Brasil ou no exterior	Contravenção	Reincidente (art. 7.º)

6.1.8. Erro de direito

> **Art. 8.º** No caso de ignorância ou de errada compreensão da lei, quando escusáveis, a pena pode deixar de ser aplicada.

O art. 21 do Código Penal, em sua parte inicial, prevê que o **desconhecimento da lei é inescusável**. O art. 8.º da Lei das Contravenções Penais, todavia, traz um caso de **perdão judicial** para a hipótese de haver desconhecimento **escusável** da lei (considera-se escusável o erro em que **qualquer pessoa** comum incidiria, nas mesmas circunstâncias). O perdão judicial tem natureza jurídica de **causa extintiva da punibilidade**, nos termos do art. 107, IX, do Código Penal. Desse modo, após reconhecer a existência da contravenção e a culpabilidade do agente, o juiz pode deixar de aplicar a pena respectiva, conforme a previsão do art. 8.º.

Damásio de Jesus, com o aplauso de outros doutrinadores, entende, no entanto, que o art. 8.º da Lei das Contravenções Penais encontra-se revogado desde 1984. O raciocínio é o seguinte: o art. 8.º da Lei das Contravenções Penais foi elaborado na mesma época do antigo art. 16 do Código Penal. Esse artigo dizia ser irrelevante o erro de direito quanto aos crimes, ainda que fosse escusável. Com a reforma penal de 1984, ele foi substituído pelo art. 21, que trata do chamado erro de **proibição**. Nesse dispositivo, o legislador diz que o erro sobre a **ilicitude** do **fato**, se **inevitável** (isto é, **escusável**), exclui a **culpabilidade**, devendo o réu ser absolvido. Ora, se no crime, que é infração mais grave, o desconhecimento escusável da lei exclui a culpabilidade, seria injusto que nas contravenções, infrações de menor gravidade, tal circunstância funcionasse como mero perdão judicial. Por isso, para tal corrente o art. 8.º foi revogado pelo art. 21 do Código Penal e, assim, desde que escusável o erro, haverá exclusão da culpabilidade, com a consequente absolvição. É certo, entretanto, que existe corrente em sentido contrário, com o argumento de que os dispositivos da Lei das Contravenções, quando diversos daqueles previstos na Parte Geral do Código Penal, devem prevalecer por se tratar de regra especial, nos termos do art. 1.º da LCP.

6.1.9. Limite das penas

> **Art. 10.** A duração da pena de prisão simples não pode, em caso algum, ser superior a cinco anos, nem a importância das multas ultrapassar cinquenta contos de réis.

O limite da pena de prisão simples vale mesmo em caso de **concurso** de contravenções, ou seja, ainda que, em razão do concurso, o acusado seja condenado a 8 anos de prisão simples pela prática de diversas contravenções, só será obrigado a cumprir 5 anos, pois este é o limite **máximo** estabelecido no texto legal.

A menção à pena de multa encontra-se revogada, conforme já estudado.

6.1.10. Suspensão condicional da pena e livramento condicional

> **Art. 11.** Desde que reunidas as condições legais, o juiz pode suspender, por tempo não inferior a um ano nem superior a três, a execução da pena de prisão simples, bem como conceder livramento condicional.

Os requisitos para o *sursis* são os mesmos do Código Penal, ou seja, aqueles previstos no art. 77:

a) que a pena imposta na sentença não seja superior a dois anos;
b) que não seja cabível a substituição por pena restritiva de direitos;
c) que as circunstâncias judiciais do art. 59 do Código Penal sejam favoráveis ao condenado;
d) que o réu não seja reincidente.

O **período de prova** para as contravenções, contudo, é menor, ou seja, é de **um** a **três** anos, enquanto nos **crimes** é de **dois** a **quatro**.

As regras de revogação e prorrogação do *sursis*, previstas no art. 81 do Código Penal, aplicam-se às contravenções.

É também cabível nas contravenções o **livramento condicional**, que é uma **antecipação provisória da liberdade** do réu condenado a uma pena **igual** ou **superior** a dois **anos**, mediante o cumprimento de **parte** da reprimenda e o preenchimento dos demais requisitos do art. 83 do Código Penal.

6.1.11. Penas acessórias

> **Art. 12.** As penas acessórias são a publicação da sentença e as seguintes interdições de direitos:
> I — a incapacidade temporária para profissão ou atividade, cujo exercício dependa de habilitação especial, licença ou autorização do poder público;
> II — a suspensão dos direitos políticos.
> Parágrafo único. Incorrem:
> *a)* na interdição sob n. I, por um mês a dois anos, o condenado por motivo de contravenção cometida com abuso de profissão ou atividade ou com infração de dever a ela inerente;
> *b)* na interdição sob n. II, o condenado a pena privativa de liberdade, enquanto dure a execução da pena ou a aplicação da medida de segurança detentiva.

Esse dispositivo foi tacitamente revogado pela Lei n. 7.209/84 (nova Parte Geral do Código Penal), que não mais prevê penas acessórias em nosso ordenamento jurídico.

6.1.12. Medidas de segurança e internação em manicômio judiciário ou em casa de custódia e tratamento

A regulamentação desses temas encontra-se nos arts. 13 e 16 da Lei das Contravenções Penais, abaixo transcritos:

> **Art. 13.** Aplicam-se, por motivo de contravenção, as medidas de segurança estabelecidas no Código Penal, à exceção do exílio local.

As medidas de segurança previstas no Código Penal são a **internação** em hospital de custódia e tratamento psiquiátrico e o **tratamento ambulatorial**, e destinam-se aos

inimputáveis (cuja periculosidade é presumida) e aos **semi-imputáveis** (quando demonstrada a necessidade do tratamento).

Como as contravenções têm menor potencial ofensivo, é normalmente indicado o tratamento ambulatorial (art. 97 do CP).

A referência ao exílio local foi **revogada**, uma vez que essa modalidade de medida de segurança foi extinta pela reforma penal de 1984.

As medidas de segurança previstas no art. 96 do CP são assim classificadas quanto às formas de tratamento: a) medida de segurança **detentiva** (internação); b) medida de segurança **restritiva** (tratamento ambulatorial), consistente no comparecimento regular a **consultas** com psiquiatras e equipe multidisciplinar.

O parágrafo único do art. 16 diz que o juiz pode, em vez de decretar a internação, submeter o indivíduo a liberdade vigiada. A regra desse parágrafo, contudo, também se encontra revogada, pois não existe mais liberdade vigiada na legislação penal.

O art. 16, *caput*, da Lei das Contravenções Penais, combinado com os arts. 97, § 1.º, e 98 do Código Penal, prevê que o juiz deve fixar prazo mínimo de duração da internação em manicômio judiciário ou em casa de custódia e tratamento entre **seis meses** e **três anos**. Na escolha do período, o juiz deve levar em conta a maior ou menor gravidade da infração praticada. Muitos doutrinadores entendem que o limite mínimo de seis meses previsto no art. 16 da LCP teria sido revogado pelo art. 97, § 1.º, do Código Penal, que prevê prazo mínimo de **um ano** para os crimes. De ver-se, contudo, que a menor gravidade das contravenções justifica a interpretação de que é possível o estabelecimento do limite menor, mesmo porque se trata de regra especial (art. 1.º, da LCP).

De acordo com o art. 386, parágrafo único, VI, do Código de Processo Penal, o juiz, ao reconhecer a inimputabilidade do acusado, deve **absolvê-lo** e aplicar a medida de segurança, fixando o seu prazo mínimo. Essa sentença é denominada **absolutória imprópria**. Por sua vez, se o juiz reconhecer a semi-imputabilidade do acusado, e a perícia indicar a necessidade de tratamento, deverá **condená-lo** e substituir a pena privativa de liberdade pela medida de segurança por prazo estabelecido dentro dos limites legais (art. 98 do CP).

As medidas de segurança são sempre aplicadas por prazo **indeterminado**, perdurando enquanto não averiguada, mediante **perícia** médica, a **cessação da periculosidade**. Essa perícia é feita ao término do prazo mínimo fixado na sentença e, se não constatada a cessação da periculosidade, deve ser repetida **anualmente**, ou a qualquer tempo, se assim determinar o juiz das execuções (art. 97, § 2.º, do CP).

6.1.13. Presunção de periculosidade

> Art. 14. Presumem-se perigosos, além dos indivíduos a que se referem os ns. I e II do art. 78 do Código Penal:
> I — o condenado por motivo de contravenção cometido, em estado de embriaguez pelo álcool ou substância de efeitos análogos, quando habitual a embriaguez;
> II — o condenado por vadiagem ou mendicância.

Esse dispositivo foi tacitamente revogado pela Lei n. 7.209/84 (nova Parte Geral do Código Penal), que não mais prevê referido instituto.

6.1.14. Internação em colônia agrícola ou em instituição de trabalho, de reeducação ou de ensino profissional

> **Art. 15.** São internados em colônia agrícola ou em instituto de trabalho, de reeducação ou de ensino profissional, pelo prazo mínimo de um ano:
> I — o condenado por vadiagem (art. 59);
> II — o condenado por mendicância (art. 60 e seu parágrafo).

Cuida-se também de dispositivo revogado pela Lei n. 7.209/84.

6.1.15. Ação penal

> **Art. 17.** A ação penal é pública, devendo a autoridade proceder de ofício.

O art. 26 do Código de Processo Penal previa que, nas contravenções, a ação penal iniciava-se pelo auto de prisão em flagrante ou por portaria baixada pelo juiz. Esse dispositivo, entretanto, não foi recepcionado pela Constituição de 1988, que, em seu art. 129, I, atribuiu ao Ministério Público a **titularidade exclusiva** da ação pública. Assim, a ação penal deve se iniciar por **denúncia** do **Ministério Público**, já que, nas contravenções, a ação é **pública**, de acordo com o art. 17 da Lei das Contravenções Penais.

6.1.16. Infração de menor potencial ofensivo

Regulamentando o art. 98, I, da Constituição Federal, o art. 61 da Lei n. 9.099/95, posteriormente modificado pela Lei n. 10.259/2001, dispõe que são infrações de menor potencial ofensivo os crimes cuja pena máxima não seja superior a 2 anos e **todas as contravenções penais**.

As contravenções penais, portanto, são apuradas perante o **Juizado Especial Criminal** (Jecrim), salvo se **conexas** com crime que não seja de menor potencial ofensivo, quando serão conjuntamente apurados no juízo comum (art. 61, parágrafo único, da Lei n. 9.099/95).

Assim, o autor de uma contravenção, flagrado na prática da infração, será conduzido ao Distrito Policial, onde será lavrado um **termo circunstanciado** a respeito do fato — e não o auto de prisão. Em seguida, ele será encaminhado imediatamente ao Juizado ou assinará compromisso de a ele comparecer quando intimado para tanto (art. 69, parágrafo único, da Lei n. 9.099/95). Caso, excepcionalmente, não assuma esse compromisso, será lavrado o auto de prisão.

No Juizado, será realizada a **audiência preliminar** e, se estiverem presentes os requisitos do art. 76, § 2.º, da Lei n. 9.099/95, o Ministério Público proporá a **transação penal** ao autor da infração. Se este a aceitar, e a transação for homologada pelo juízo, o cumprimento da obrigação avençada **extinguirá a punibilidade**. A transação penal não poderá ser considerada como maus antecedentes na prática de nova infração penal, mas impedirá nova transação pelo prazo de 5 anos (art. 76, § 2.º, II, da Lei n. 9.099/95).

Se o autor da infração não fizer jus à transação, se não comparecer ao Juizado na data para a qual tenha sido intimado ou se recusar a proposta de transação apresentada, o Ministério Público oferecerá **denúncia oral**, que será reduzida a **termo**, da qual o acusado já sairá **citado** se estiver presente. Sairá também ciente da data da audiência de instrução.

Se o acusado não estiver presente na audiência preliminar, será citado pessoalmente, sendo que do mandado deve constar que deverá comparecer à audiência de instrução acompanhado de **advogado**, pois, em sua falta, será nomeado **defensor público** (art. 68, da Lei n. 9.099/95). Se o acusado **não** for encontrado para citação pessoal, os autos deverão ser remetidos ao **Juízo Comum** para prosseguimento de acordo com o rito **sumário** (art. 66, parágrafo único, da Lei n. 9.099/95 e art. 538 do CPP). **Não** existe citação por **edital** no Jecrim.

A audiência de instrução segue o chamado rito **sumaríssimo** descrito nos arts. 77 a 81 da Lei n. 9.099/95.

Tendo havido citação **pessoal** no Juizado, no início da **audiência de instrução e julgamento** será verificada a possibilidade de proposta de transação penal, **caso não tenha esta sido tentada anteriormente pelo não comparecimento do autor da infração na audiência preliminar**. Caso realizada a transação, homologada pelo juízo, a denúncia não será recebida.

Se não houver sucesso na tentativa de transação penal (ou se esta já tinha sido tentada frustradamente na audiência preliminar), o juiz declarará aberta a audiência e dará a palavra ao defensor para que **responda à acusação**. Trata-se, em verdade, de **sustentação oral** do defensor, visando convencer o juiz a rejeitar a denúncia. Somente após essa sustentação oral é que o juiz a receberá ou rejeitará. Sendo **rejeitada**, poderá ser interposta **apelação** no prazo de **10 dias** (art. 82, § 1.º, da Lei n. 9.099/95).

Recebida a denúncia, o juiz ouvirá as **testemunhas de acusação** (arroladas na denúncia) e depois as de **defesa** (que o próprio réu deve trazer à audiência ou apresentar rol em cartório pelo menos **5 dias** antes de sua realização, para que sejam elas notificadas), e, finalmente, **interrogará** o réu ou querelado.

Como a Lei n. 9.099/95, em sua parte criminal, não mencionou o número máximo de testemunhas que as partes podem arrolar, surgiu divergência na doutrina e na jurisprudência a respeito do tema: para alguns, o número máximo é sempre o de **três** testemunhas, aplicando-se analogicamente o art. 34 da Lei n. 9.099/95, que trata do Juizado Especial Cível, e, para outros, o número máximo é o de **cinco**, por analogia ao art. 532 do CPP, que trata do rito sumário. Pensamos que a interpretação correta é a **primeira**, porque prevista na própria Lei n. 9.099/95, não fazendo sentido a analogia com o rito sumário, já que se trata de procedimento diverso.

Em seguida, serão realizados os **debates orais**. A acusação e depois a defesa terão **20 minutos**, prorrogáveis por mais **10**, para apresentar seus argumentos. Na sequência, o juiz prolatará a **sentença** na própria audiência, já saindo intimadas as partes. Ao sentenciar, o juiz deverá mencionar os elementos de sua convicção, mas será dispensado do **relatório** (art. 81, § 3.º, da Lei n. 9.099/95).

De todo o ocorrido em audiência será lavrado termo, assinado pelo juiz e pelas partes, contendo breve resumo dos fatos relevantes acontecidos.

Contra a sentença caberá apelação, no prazo de **10 dias** (art. 82 da Lei n. 9.099/95). O julgamento do recurso poderá ser feito nas **Turmas Recursais**.

■ **Competência exclusiva da Justiça Estadual**

O art. 109, VI, 2.ª parte da Constituição Federal prevê expressamente que a **Justiça Federal não julga contravenções penais**, ainda que atinjam bens, serviços ou interesses da União, suas autarquias ou empresas públicas. Tal vedação existe, até mesmo, se a contravenção cometida for **conexa** com crime de competência da Justiça Federal. Em tal caso, deverá haver **separação de processos**: o crime será apurado na Justiça Federal e a contravenção na Estadual. A esse respeito existe a Súmula 38 do Superior Tribunal de Justiça: "compete à Justiça Estadual Comum, na vigência da Constituição de 1988, o processo por contravenção penal, ainda que praticada em detrimento de bens, serviços ou interesse da União ou de suas entidades".

PRINCIPAIS REGRAS DA PARTE GERAL DA LEI DAS CONTRAVENÇÕES
▫ As regras da Parte Geral do Código Penal aplicam-se às contravenções (art. 1.º).
▫ Apenas as contravenções cometidas no Brasil são punidas pela lei brasileira (art. 2.º).
▫ Para que seja punida a contravenção, basta que a ação ou a omissão sejam voluntárias, exceto quando o próprio tipo penal exigir dolo ou culpa (art. 3.º).
▫ Não se pune a tentativa de contravenção (art. 4.º).
▫ As penas principais previstas para as contravenções são a prisão simples e a multa (art. 5.º).
▫ A prática de contravenção só gera reincidência se o réu já tiver sido condenado em definitivo por algum crime ou, no Brasil, por outra contravenção (art. 7.º).
▫ A pena pode deixar de ser aplicada em caso de ignorância ou de errada compreensão da lei, desde que o erro seja escusável (art. 8.º).
▫ A pena da prisão simples não pode exceder a cinco anos (art. 10).
▫ O juiz pode conceder o *sursis*, por prazo de um a três anos, bem como conceder livramento condicional, se presentes os requisitos da Parte Geral do Código Penal (art. 11).
▫ A ação é pública incondicionada (art. 17).

6.2. PARTE ESPECIAL DAS CONTRAVENÇÕES

Seguindo o sistema do Código Penal, na Parte Especial da Lei das Contravenções Penais, os tipos penais estão divididos em diversos capítulos, de acordo com o bem jurídico tutelado.

São, ao todo, **oito** capítulos.

PARTE ESPECIAL DA LEI DAS CONTRAVENÇÕES PENAIS
Capítulo I — Das Contravenções Referentes à Pessoa;
Capítulo II — Das Contravenções Referentes ao Patrimônio;
Capítulo III — Das Contravenções Referentes à Incolumidade Pública;
Capítulo IV — Das Contravenções Referentes à Paz Pública;
Capítulo V — Das Contravenções Referentes à Fé Pública;
Capítulo VI — Das Contravenções Relativas à Organização do Trabalho;
Capítulo VII — Das Contravenções relativas à Polícia de Costumes;
Capítulo VIII — Das Contravenções Referentes à Administração Pública.

6.2.1. Das contravenções referentes à pessoa (Capítulo I)

6.2.1.1. *Fabrico, comércio ou detenção de arma ou munição*

> **Art. 18.** Fabricar, importar, exportar, ter em depósito ou vender, sem permissão da autoridade, arma ou munição:

> Pena — prisão simples, de três meses a um ano, ou multa, ou ambas cumulativamente, se o fato não constitui crime contra a ordem política ou social.

1. Introdução

Essa contravenção perdeu muito de sua importância, pois, em relação às armas de **fogo** e às **munições**, o fabrico, o comércio, a importação ou exportação e a detenção passaram a constituir **crime**, previsto na Lei n. 10.826/2003 (*Estatuto do Desarmamento* — v. comentários). O art. 18 da Lei das Contravenções Penais só continua a aplicar-se para as armas **brancas**: faca, punhal, soco inglês, espada etc.

2. Objetividade jurídica

Preservar a incolumidade física e a saúde dos cidadãos, prevenindo crimes de homicídio, lesões corporais etc. Cuida-se de infração de perigo **abstrato**.

3. Sujeito ativo

Trata-se de contravenção **comum**, que pode ser cometida por qualquer pessoa.

4. Sujeito passivo

A coletividade.

5. Condutas típicas

As **condutas** descritas no dispositivo são:

a) *fabricar*: manufaturar, produzir;
b) *importar*: introduzir no território nacional;
c) *exportar*: retirar do território brasileiro;
d) *ter em depósito*: manter a arma guardada sob sua responsabilidade;
e) *vender*: comercializar, alienar.

6. Objeto material

Conforme mencionado, somente as armas **brancas** podem ser **objeto material** da presente contravenção penal. É evidente, entretanto, que somente as armas brancas **próprias** — que servem especificamente como instrumento de ataque — **é que podem ser objeto dessa infração. Não fosse assim, haveria contravenção por parte de todas as pessoas que tivessem em casa facas de cozinha ("ter em depósito arma branca").**

São exemplos de armas brancas próprias os punhais, os sabres, as espadas, as adagas, o soco inglês etc.

7. Elemento normativo do tipo

Só se configura a contravenção se a conduta típica for realizada **sem permissão da autoridade**.

8. Elemento subjetivo

O dolo.

9. Consumação

No momento da **realização** da conduta típica.

Na modalidade exportar, deve ser considerado o momento da remessa efetuada a partir do território nacional. Se considerássemos que a consumação se dá quando a arma sai efetivamente do País, a punição seria inviável, porque o art. 2.º da Lei das Contravenções Penais só pune as infrações dessa natureza cometidas em território **nacional**.

10. Tentativa

Não é possível, nos termos do art. 4.º. Se o agente é preso na alfândega, tentando sair do País com o objeto material, o fato é atípico.

6.2.1.2. Porte de arma

> **Art. 19.** Trazer consigo arma fora de casa ou de dependência desta, sem licença da autoridade:
> Pena — prisão simples, de quinze dias a seis meses, ou multa, ou ambas cumulativamente.

1. Introdução

O art. 19 da Lei das Contravenções Penais deixou de ter aplicação em relação às armas de **fogo**, desde o advento da Lei n. 9.437/97, que transformou tal conduta em crime. Atualmente, a **posse** e o **porte** de **arma de fogo**, **munições** e **acessórios** estão previstos na Lei. n. 10.826/2003 (**Estatuto do Desarmamento**). O art. 19, portanto, continua a incidir apenas para as **armas brancas**, como facões, punhais, sabres, espadas etc.

2. Objetividade jurídica

A incolumidade física e a saúde dos cidadãos.

Trata-se de contravenção de **perigo**, que pune a mera possibilidade de dano que a pessoa armada pode causar. Assim, dispensa-se indagação quanto à intenção do agente ao portar a arma. A propósito: "a contravenção de porte de arma é de mera conduta, não havendo como indagar da intenção do agente. O elemento subjetivo da mesma reside tão só na voluntariedade da ação ou omissão..." (Tacrim/SP, *RT* 485/332).

3. Sujeito ativo

Trata-se de contravenção **comum**, que pode ser cometida por qualquer pessoa.

4. Sujeito passivo

A coletividade.

5. Elementos do tipo

a) **Trazer consigo**. Equivale a portar a arma, tê-la junto a si, com possibilidade de usá-la a qualquer momento para ataque ou defesa. Não se exige, entretanto, que o agente a mantenha junto a seu corpo, bastando que a tenha ao seu alcance, de modo a poder usá-la a qualquer instante. Configura-se, pois, o porte com a detenção da arma, de forma que possa ser facilmente usada. Exs.: trazendo-a na cintura, no bolso ou na bolsa, sob o banco do carro ou no porta-luvas etc.

b) **Fora de casa ou da dependência desta**. Só existe a contravenção se o agente está fora de casa ou de suas dependências (pátios, jardins, garagem etc.).

A jurisprudência entende que o porte de arma no território da própria fazenda do agente pode configurar o ilícito, pois nem toda a propriedade deve ser considerada como "casa" para fins penais, devendo esse termo ser entendido como habitação, moradia.

O art. 150, § 4.º, do Código Penal aplica-se à Lei das Contravenções Penais e prevê que estão **compreendidos** na expressão "**casa**":

> *I — qualquer compartimento habitado* — casas, apartamentos, barracos de favela etc. A cela do preso, todavia, não pode ser considerada sua casa;
> *II — aposento ocupado de habitação coletiva* — o porte de arma branca em quarto de pensão, hotel ou cortiço **não** configura a contravenção;
> *III — compartimento não aberto ao público, onde alguém exercer sua atividade ou profissão* — consultório, escritório etc.

Repartições públicas não integram o conceito de casa.

O art. 150, § 5.º, do Código Penal, por sua vez, **exclui** da expressão "casa":

> *I — hospedaria, estalagem ou qualquer outra habitação coletiva, enquanto aberta* — diz respeito às partes comuns do estabelecimento;
> *II — taverna, casa de jogo e outras do mesmo gênero* — portar arma branca no interior de um bar caracteriza a contravenção.

> **Observação:** Automóvel não é prolongamento da casa. O mesmo se diga acerca de caminhões (mesmo que o caminhoneiro o utilize para dormir), trens, aviões, navios etc. Nessas hipóteses, estará configurada a contravenção.

c) **Sem licença da autoridade**. Trata-se do elemento **normativo** do tipo dessa contravenção. A opção de conceder ou não o porte a uma determinada pessoa está dentro do poder discricionário da autoridade responsável. Ocorre que, como não existe licença para o porte de armas brancas e considerando que o art. 19 da Lei das Contravenções Penais somente estaria em vigor em relação a estas, tal parte do dispositivo encontra-se sem aplicação prática. Existe, porém, entendimento amplamente minoritário de que o art. 19 estaria totalmente revogado, exatamente porque não existe licença para portar arma branca. De ver-se, todavia, que, em 4 de outubro de 2024, o Plenário do Supremo Tribunal Federal, no julgamento do tema 857 (repercussão geral), firmou entendimento no sentido de que o porte de faca configura a contravenção penal em análise. A Corte Suprema aprovou a seguinte tese: "O artigo 19 da Lei de Contravenções penais permanece válido e é aplicável ao porte de arma branca, cuja potencialidade lesiva deve ser aferida com base nas circunstâncias do caso concreto, tendo em conta, inclusive, o elemento subjetivo do agente".

6. Objeto material

Conforme anteriormente salientado, a presente contravenção encontra-se em vigor apenas em relação às armas brancas. Como a conduta típica descrita nesse art. 19 é a de "portar a arma fora de casa ou de dependência desta", o perigo mostra-se presente, quer se trate de arma branca própria ou imprópria. A jurisprudência, porém, tem se mostrado condescendente perante o porte de pequenos canivetes ou facas de pequeno tamanho.

Os seguintes julgados são importantes para a compreensão do tema:

"Caracteriza a contravenção do art. 19 da LCP a conduta do agente que leva em seu veículo facão com lâmina de 39 centímetros de comprimento, arma de extrema periculosidade e insuscetível de ensejar obtenção de porte" (Tacrim/SP, Rel. Lioz Ambra, Rolo-flash 1.095/456).
"Quando alheada à sua função de barbear, a navalha é arma proibida, porque o seu destino possa ser o da ofensa à pessoa" (TJDF 138/245)".
"Configura-se a contravenção de porte de arma se, ao ser preso em flagrante por tentativa de furto, o acusado trazia consigo um soco-inglês, cuja destinação, sabidamente, é a de praticar ofensas físicas" (Tacrim/SP, *RT* 609/351).
"Porte de arma — Agente surpreendido com armas impróprias, tais como facas, estiletes, navalhas, bengalas e *spray* de gás — Caracterização — Possibilidade — Apesar de a faca ser considerada arma imprópria, por sua potencialidade ofensiva e também por se prestar a ataque e defesa de quem a porta, com possibilidade de dano físico, pode ser elemento caracterizador da conduta do art. 19 da Lei das Contravenções Penais, o mesmo ocorrendo com navalhas, estiletes, bengalas e *spray* de gás" (Tacrim/SP, Rel. Silveira Lima, 23/311).
"Pratica a contravenção do art. 19 da LCP o agente que se apresenta em lugar público, portando à cintura uma faca pontiaguda, com 20 cm de lâmina, com eventual propósito de ataque ou defesa, não sendo seu instrumento de trabalho, sendo certo que, com tal conduta, coloca em risco a incolumidade pública, que é o bem jurídico tutelado" (Tacrim/SP, *RJTacrim* 36/210).
"Contravenção penal — Porte de faca em via pública — Absolvição — Inadmissibilidade — Alegada utilização da faca como instrumento de trabalho. Acusado surpreendido, sentado no meio-fio, embriagado, à meia-noite, fora de seu trabalho. Porte da faca com intenção nitidamente ofensiva. Condenação mantida" (Tacrim/SP, Rel. Teodomiro Mendez, j. 8.6.1999, Rolo-flash 1248/445).
"Contravenção penal — Porte de arma — Faca e chicote tipo "muchacho" — Instrumentos utilizáveis em ataque e defesa, quando as circunstâncias de tempo, lugar e modo evidenciam o desvio de sua finalidade específica. Assim, configuram-se a faca e o chicote, como armas, por suas naturezas vulnerantes lesivas à integridade corporal ou à vida" (Tacrim/SP, Rel. Walter Theodosio, *RJD* 3/102).

É evidente que não se configura a contravenção quando um lenhador porta um machado que é seu **instrumento** de **trabalho** ou quando um cortador de cana porta um facão: "salvo quando se trate de zona rural onde o próprio serviço do rurícola exige o instrumento e é costume seu porte, responde pela contravenção do art. 19 do Estatuto Especial aquele que, sem autorização policial, traz consigo faca 'peixeira'" (Tacrim/SP, Rel. Camargo Sampaio, *Jutacrim* 30/157). No mesmo sentido o entendimento da Corte Suprema no julgamento do tema 857 (acima mencionado).

7. Consumação

No momento em que o agente começa a portar a arma fora de casa ou de dependência desta.

8. Tentativa

Não é possível, nos termos do art. 4.º.

9. Concurso de crimes

a) Com relação aos crimes de homicídio e de lesões corporais, aplica-se o princípio da **consunção**, segundo o qual o delito menos grave (meio) considera-se **absorvido** pelo crime-fim. O porte, dessa forma, é absorvido pelo homicídio e pela lesão corporal. Se o agente, no entanto, portava um facão e matou a vítima a pauladas, há concurso **material**, porque o facão não foi utilizado como meio para a prática do homicídio.

b) Se alguém carrega **duas armas** ao mesmo tempo, responde por uma só contravenção, **não** havendo aplicação da regra do concurso **formal**. Isso porque há uma única situação de **perigo**. A circunstância deve ser levada em conta pelo juiz na fixação da pena-base (art. 59 do CP).

10. Confisco da arma

Segundo o art. 91, II, "a", do Código Penal, constitui efeito da condenação a **perda** em favor da **União** dos instrumentos do crime se o seu **porte** constitui fato **ilícito**. Diverge a jurisprudência acerca da incidência de tal norma às contravenções:

a) não pode haver confisco, porque o artigo menciona instrumento de **crime**, e não instrumento de contravenção. Impossível, pois, a interpretação **ampliativa**;

b) há o confisco, porque a palavra crime foi usada em sentido **genérico**, *lato sensu*, abrangendo também as contravenções. Além disso, o art. 1.º da Lei das Contravenções Penais prevê que as normas do Código Penal aplicam-se às contravenções, desde que não haja disposição em contrário nessa Lei. Ora, como ela é omissa em relação ao confisco, é cabível a aplicação subsidiária do Código Penal, que possibilita ao juiz decretar a perda da arma. Ademais, interpretação diversa acabaria gerando situações absurdas, como a não aplicação às contravenções das regras da legítima defesa (art. 23) ou do concurso de pessoas (art. 29), uma vez que, em ambos os casos, a lei só se refere a crime. É a tese **majoritária**.

11. Causa de aumento de pena

Nos termos do art. 19, § 1.º, da Lei das Contravenções Penais, *a pena é aumentada de um terço até a metade, se o agente já foi condenado, em sentença irrecorrível, por violência contra pessoa*. Ex.: se já foi condenado por homicídio, roubo com emprego de violência, lesões corporais etc.

12. Figuras equiparadas

Segundo o art. 19, § 2.º, *incorre na pena de prisão simples, de quinze dias a três meses, ou multa, quem, possuindo arma ou munição:*

a) *deixa de fazer comunicação ou entrega à autoridade, quando a lei o determina;*

b) *permite que alienado, menor de dezoito anos ou pessoa inexperiente no manejo da arma a tenha consigo;*

c) *omite as cautelas necessárias para impedir que dela se apodere facilmente alienado, menor de dezoito anos ou pessoa inexperiente em manejá-la.*

Essas figuras equiparadas, igualmente, só podem ter como objeto material as armas **brancas**, pois, em relação às armas de fogo, tais condutas tipificam, atualmente, crimes da Lei n. 10.826/2003 (Estatuto do Desarmamento).

6.2.1.3. Anúncio de meio abortivo

> **Art. 20.** Anunciar processo, substância ou objeto destinado a provocar aborto.
> Pena — multa.

1. Objetividade jurídica
O direito à vida.

2. Conduta típica
A conduta punida é anunciar, que significa **divulgar**, tornar **público**, por meio de cartazes, panfletos, faixas, anúncios em jornal ou revistas, alto-falantes etc.

Meio abortivo é aquele capaz de interromper a gravidez pela provocação da **morte** do produto da concepção.

É preciso que o agente queira que o anúncio chegue a número indeterminado de pessoas. Narrar um método abortivo a pessoa determinada não constitui infração penal, podendo, contudo, configurar participação em crime de aborto se a destinatária da informação pretende fazer uso de referido meio para interromper uma gestação e o agente sabe disso.

A venda de produto abortivo também pode configurar participação em crime de aborto. Ex.: farmacêutico que, ciente da finalidade ilícita para a qual será utilizado o medicamento com poder abortivo, vende-o ao interessado ou interessada.

É evidente que a publicação científica acerca de determinado meio abortivo ou sua menção em aulas de direito ou de medicina não configuram a contravenção penal.

3. Sujeito ativo
Trata-se de infração penal **comum**, que pode ser cometida por qualquer pessoa.

4. Sujeito passivo
A coletividade.

5. Consumação
Quando feito o anúncio.

6. Tentativa
Inadmissível, nos termos do art. 4.º.

6.2.1.4. Vias de fato

> **Art. 21.** Praticar vias de fato contra alguém:
> Pena — prisão simples, de quinze dias a três meses, ou multa, se o fato não constitui crime.

> § 1.º – Aumenta-se a pena de um terço até a metade, se a vítima é maior de 60 anos.
> § 2.º – Se a contravenção é praticada contra a mulher por razões da condição do sexo feminino, nos termos do § 1.º do art. 121-A do Decreto-lei n. 2.828, de 7 de dezembro de 1940, aplica-se a pena em triplo.

1. Objetividade jurídica
A incolumidade pessoal.

2. Sujeito ativo
Qualquer pessoa. Trata-se de infração penal **comum**.

3. Sujeito passivo
Qualquer pessoa.

4. Elemento objetivo do tipo
A conduta típica consiste em **praticar vias de fato**.

A palavra "vias" vem do latim "vis", que significa violência. A contravenção verifica-se, portanto, quando o agente **emprega violência de fato** contra a vítima, ou seja, quando a **agride** ou contra ela emprega **desforço físico sem a intenção** de provocar **dano à sua integridade corporal**. Podemos dizer que é a agressão praticada sem intenção de lesionar, pois a existência dessa intenção tipifica, logicamente, o crime de lesão corporal, consumado ou tentado. Exs.: desferir tapa, beliscar com alguma força, puxar violentamente o cabelo ou a barba, empurrar a vítima contra um muro etc. Mostra-se desnecessária a realização de exame de corpo de delito, porque a vítima não sofre lesões corporais.

O que distingue a contravenção de **vias de fato** e o crime **de tentativa de lesão corporal** é a intenção do agente. No crime de lesão corporal tentada, o agente quer lesionar, mas não consegue, enquanto na contravenção não existe tal intenção por parte do agressor. Se o agente desfere um violento soco, tencionando quebrar o nariz da vítima, mas esta se esquiva e o golpe a atinge muito levemente, causando simples **eritema** (vermelhidão), o agente responde por tentativa de lesão corporal. Se, entretanto, desfere um tapa no rosto, responde pela contravenção.

Quanto ao **edema** (inchaço), há divergência acerca da configuração de crime de lesões corporais ou da contravenção. Para alguns, depende do tamanho do edema.

A equimose e o hematoma configuram lesão corporal. Equimose é a mancha escura, resultante de rompimento de pequenos vasos sob a pele ou mucosa. Hematoma é o tumor passageiro formado por sangue extravasado. É a equimose com inchaço.

Se o agente empurra a vítima sem intenção de lesioná-la e, sem querer, acaba derrubando-a e esta sofre lesão, o crime é o de lesão **culposa** (ou homicídio culposo se a vítima, por exemplo, bater a cabeça e falecer).

5. Consumação
No momento da agressão.

6. Tentativa
Não é punível, nos termos do art. 4.º.

7. Subsidiariedade

As vias de fato constituem contravenção **subsidiária**, pois só se configuram se a violência não for meio de execução de algum crime. O próprio art. 21 prevê, para as vias de fato, penas de quinze dias a três meses de prisão simples, ou multa, **se o fato não constitui crime**. Trata-se de hipótese de subsidiariedade **expressa** ou **explícita**, pois consta do próprio texto legal. Assim, eventuais vias de fato empregadas para a prática de roubo, extorsão, estupro, injúria real, constrangimento ilegal, dano qualificado, resistência, exercício arbitrário das próprias razões ficam absorvidas pelo crime.

8. Causas de aumento de pena

A pena será aumentada de um terço até a metade se a vítima é **maior de 60 anos** (art. 21, parágrafo único, da LCP, com redação dada pela Lei n. 10.741/2003 — Estatuto da Pessoa Idosa).

Por sua vez, a pena será triplicada se a contravenção for praticada contra mulher em situação de violência doméstica ou familiar ou por preconceito contra a condição de mulher. Essa majorante aplica-se aos fatos cometidos após a entrada em vigor da Lei n. 14.994/2024, que introduziu o § 2.º do art. 21 da LCP.

De acordo com a Súmula n. 589 do Superior Tribunal de Justiça: "É inaplicável o princípio da insignificância nos crimes ou contravenções penais praticados contra a mulher no âmbito das relações domésticas".

Já a Súmula n. 588 do mesmo Superior Tribunal de Justiça diz que "A prática de crime ou contravenção penal contra a mulher com violência ou grave ameaça no ambiente doméstico impossibilita a substituição da pena privativa de liberdade por restritiva de direitos".

Essas duas súmulas aplicam-se também a fatos anteriores à criação do referido § 2.º do art. 21 da Lei das Contravenções Penais.

9. Ação penal

Apesar de o art. 17 da Lei das Contravenções Penais estabelecer que todas as contravenções se apuram mediante ação pública **incondicionada**, a jurisprudência vem entendendo que, nas vias de fato, a ação depende de **representação**, por analogia *in bonam partem*. Com efeito, após a Lei n. 9.099/95 ter passado a exigir representação no crime de **lesão leve**, por analogia deve a regra ser estendida à contravenção em análise, já que se trata de agressão de menor gravidade, pois nem sequer causa lesão.

A Súmula 542 do Superior Tribunal de Justiça, diz que "a ação penal relativa ao crime de lesão corporal resultante de violência doméstica contra a mulher é pública incondicionada". Assim, a contravenção de vias de fato perpetrada com violência doméstica ou familiar contra a mulher igualmente se apura mediante ação pública incondicionada.

10. Jurisprudência

"Vias de fato — Agente que desfere um tapa no rosto da vítima — Configuração. Configura a contravenção penal do art. 21 da LCP a conduta do agente que desfere um tapa no rosto da vítima" (Tacrim/SP, Rel. Osni de Souza, 9.12.1999, Rolo-flash 1.285/326).

"Responde por vias de fato o agente que, encontrando-se em estado de embriaguez, desfere empurrão em quem se nega a servir-lhe novas doses de bebida alcoólica" (*Juricrim-Franceschini*, n. 2.557).
"Vias de fato — Tapas e pontapés, que não redundaram em ofensa à integridade física ou à saúde — Não revelação de intenção deliberada de ferir — Infração caracterizada — Caracteriza-se a contravenção de vias de fato pela violência que não redunde em ofensa à integridade corporal ou à saúde, nem revele ânimo de ferir..." (TJMG, *RT* 229/580).

6.2.1.5. Internação irregular em estabelecimento psiquiátrico

> **Art. 22.** Receber em estabelecimento psiquiátrico, e nele internar, sem as formalidades legais, pessoa apresentada como doente mental:
> Pena — multa.
> § 1.º Aplica-se a mesma pena a quem deixa de comunicar à autoridade competente, no prazo legal, internação que tenha admitido, por motivo de urgência, sem as formalidades legais.
> § 2.º Incorre na pena de prisão simples, de quinze dias a três meses, ou multa, aquele que, sem observar as prescrições legais, deixa retirar-se ou despede de estabelecimento psiquiátrico pessoa nele internada.

1. Objetividade jurídica

O respeito às regras de interesse público que regulamentam as internações e desinternações em hospitais psiquiátricos, a fim de serem evitadas práticas abusivas.

2. Condutas típicas

O dispositivo em análise prevê a punição em **três** situações, pois dispõe que incorrerá na contravenção quem:

> a) *Receber e internar em estabelecimento psiquiátrico, sem as formalidades legais, pessoa apresentada como doente mental*. A vítima pode ser efetivamente **doente mental** ou pessoa **sã**, já que o tipo penal menciona "pessoa **apresentada** como doente mental". O dispositivo pune o **responsável** pelo estabelecimento que recebe e interna o paciente, **sem observar as formalidades legais**. Trata-se, pois, **de norma penal em branco**, diante da necessidade de **outra lei** definir as formalidades que devem ser observadas para a internação. Atualmente, o tema é regulamentado pela Lei n. 10.216/2001, cujo art. 6.º dispõe que a internação psiquiátrica somente será realizada mediante **laudo médico** circunstanciado que caracterize os seus motivos. Caso se trate de internação **voluntária** ou **involuntária** (solicitada por terceiros), a internação deverá estar **autorizada** por médico registrado no Conselho Federal de Medicina do Estado onde se **localize** o estabelecimento (art. 8.º da Lei). Já a internação **compulsória** só pode ser decretada por ordem judicial e nas hipóteses previstas em lei (art. 9.º).
> Se uma pessoa sã, mediante **violência** de familiares ou terceiros, for internada contra a sua vontade, estará presente o crime de **sequestro** ou **cárcere privado qualificado** por ter sido o crime cometido mediante **internação** em hospital psiquiátrico. A pena nesse caso é de reclusão, de 2 a 5 anos (art. 148, § 1.º, II, do CP). Em tal hipótese, se houver colaboração do responsável pelo hospital, ele também responderá por esse crime.

b) *Deixar de comunicar à autoridade competente, no prazo legal, internação que tenha admitido, por motivo de urgência, sem as formalidades legais.* Cuida-se também de **norma penal em branco**, quer pela necessidade de outra **norma** para definir um **prazo** para a comunicação, quer para estabelecer a possibilidade de internação em hospital de tal natureza, sem as formalidades legais, em caso de **urgência**. Em suma, pode o diretor de um hospital psiquiátrico, em situações emergenciais, receber e internar doente mental sem as formalidades exigidas em lei, contudo deverá, no prazo estabelecido, comunicar o fato à autoridade competente, sob pena de incorrer na figura contravencional em análise.

c) *Deixar retirar-se ou despedir de estabelecimento psiquiátrico pessoa nele internada, sem observar as prescrições legais.* Cuida-se, ainda, de **norma penal em branco**, na medida em que outras leis devem definir as hipóteses de liberação da pessoa internada em hospital psiquiátrico, cuja inobservância acarretará para o responsável a punição por essa forma de contravenção.

3. Sujeito ativo

Trata-se de contravenção **própria**, pois somente pode ser cometida por quem tem o poder para determinar a internação ou desinternação em estabelecimento psiquiátrico onde exerça suas atividades.

4. Sujeito passivo

Qualquer pessoa.

5. Consumação

No momento em que ocorre a conduta típica (internação ou desinternação) sem as formalidades legais.

Na hipótese do § 1.º, a contravenção se consuma com o decurso do prazo para a comunicação à autoridade competente.

6. Tentativa

Impossível, nos termos do art. 4.º.

6.2.1.6. Indevida custódia de doente mental

> **Art. 23.** Receber e ter sob custódia doente mental, fora do caso previsto no artigo anterior, sem autorização de quem de direito:
> Pena — prisão simples, de quinze dias a três meses, ou multa.

1. Objetividade jurídica

Proteger o doente mental contra custódias indevidas.

2. Conduta típica

A descrição típica deixa claro que **não** se trata de internação em hospital psiquiátrico, porque pune quem recebe e mantém a custódia de doente mental, **fora dos casos** previstos no art. 22. Será, assim, punido quem recebe e mantém o doente mental em sua própria casa ou em clínicas particulares, sem a autorização de quem de direito (pais, curadores etc.).

3. Sujeito ativo

Trata-se de infração **comum**, que pode ser cometida por qualquer pessoa.

4. Sujeito passivo

Pessoas portadoras de doença mental.

5. Consumação

Quando ocorre a custódia indevida.

6. Tentativa

Impossível, nos termos do art. 4.º.

6.2.2. Das contravenções referentes ao patrimônio (Capítulo II)

6.2.2.1. Instrumento de emprego usual na prática de furto

> **Art. 24.** Fabricar, ceder ou vender gazua ou instrumento empregado usualmente na prática de crime de furto:
> Pena — prisão simples, de seis meses a dois anos, e multa.

1. Objetividade jurídica

O **patrimônio**. A norma visa dificultar o ataque ao patrimônio alheio.

2. Condutas típicas

a) *Fabricar*: Dar origem, manufaturar, criar, confeccionar. Compreende, ainda, a transformação de um objeto já existente, fazendo com que se torne apto a ser utilizado em furtos.
b) *Ceder*: Emprestar, dar, fornecer, trocar.
c) *Vender*: Alienar por qualquer forma, transferindo a propriedade.

Trata-se de contravenção de **ação múltipla**. A realização de mais de uma conduta, com relação ao mesmo objeto, constitui, portanto, contravenção única. Ex.: o sujeito fabrica uma gazua e depois a vende.

Quem simplesmente adquire o objeto não pratica a contravenção em estudo (já que não está prevista a modalidade "adquirir") nem receptação, que exige que o objeto seja produto de **crime**.

3. Objeto material

a) *Gazua*. Chave falsa ou "mixa" (todo instrumento capaz de abrir uma fechadura ou cadeado sem que seja a chave verdadeira). Normalmente, é um pequeno pedaço de ferro que os próprios ladrões modelam para servir como chave falsa.

b) *Outro instrumento empregado normalmente para a prática de furtos*. Abrange os ganchos, pés de cabra, alavancas, limas, pinças etc. Com relação a estes, que podem ter outra destinação, a contravenção fica afastada se o agente provar a sua boa-fé.

4. Sujeito ativo
Qualquer pessoa.

5. Sujeito passivo
A **coletividade**, pois não ocorre efetiva lesão ao patrimônio de alguém. Trata-se de contravenção de **perigo**.

6. Consumação
No instante em que é realizada a conduta típica, independentemente de qualquer outro resultado.

7. Tentativa
Não é punível, nos termos do art. 4.º.

8. Absorção
Se, após fabricar o objeto, o agente utiliza-o na prática de um **furto**, só responde por este, qualificado pelo emprego de **chave falsa** (art. 155, § 4.º, III, do CP). A contravenção é mero **meio** para a execução do furto e fica por ele **absorvida** (princípio da **consunção**).

6.2.2.2. Posse não justificada de instrumento de emprego usual na prática de furto

> **Art. 25.** Ter alguém em seu poder, depois de condenado por crime de furto ou roubo, ou enquanto sujeito à liberdade vigiada ou quando conhecido como vadio ou mendigo, gazuas, chaves falsas ou alteradas ou instrumentos empregados usualmente na prática de crime de furto, desde que não prove destinação legítima:
> Pena — prisão simples, de dois meses a um ano, e multa.

1. Objetividade jurídica
O patrimônio.

2. Conduta típica
Consiste em **ter em seu poder** algum dos objetos citados no tipo. Ter a posse abrange a detenção física e a disponibilidade imediata do instrumento, como, por exemplo, mantê-lo no porta-luvas do carro. Se o agente, estando na posse do objeto, utiliza-o na prática de **furto**, só responde por este crime, ficando **absorvida** a **contravenção**.

Para a tipificação do ilícito penal em análise, é ainda necessária a **ilegitimidade da posse**. Sem esta, não existe a contravenção. Trata-se de exigência da própria lei. Assim, se o agente justifica a posse do objeto, não responde pela infração.

Em razão da descrição típica, verifica-se que essa contravenção possui uma caraterística que a diferencia dos demais ilícitos penais. Normalmente, o ônus da **prova** das elementares de uma infração cabe ao órgão acusador. Aqui, a lei prevê a responsabilidade penal do agente "desde que não prove destinação legítima", cabendo, pois, o ônus de demonstrar a destinação àquele que é encontrado na posse do objeto.

3. Objeto material

São os mesmos da contravenção do art. 24.

4. Sujeito ativo

Trata-se de contravenção **própria**, pois só pode ser praticada por pessoa que já foi anteriormente **condenada** por crime de furto ou roubo. Havendo previsão expressa na Lei, não pode haver interpretação extensiva para abranger pessoas condenadas por outros crimes contra o patrimônio, como estelionato, receptação etc. A condenação já deve ter transitado em julgado na data do fato. Além disso, se o agente já foi reabilitado (art. 94 do CP), não se configura a contravenção.

Podia também ser sujeito ativo aquele que estivesse **sob liberdade vigiada**. A liberdade vigiada, porém, espécie de medida de segurança, **não** existe mais em nossa legislação desde a reforma da Parte Geral do Código Penal, em 1984. Em razão disso, a norma está derrogada.

Por fim, o **vadio** (quem não trabalha, sendo apto para tanto) e o mendigo (aquele que vive de esmolas) também podem ser autores dessa contravenção, desde que conhecidos como tais, conforme exige a descrição típica.

5. Sujeito passivo

A coletividade.

6. Consumação

No momento em que o agente iniciar a posse sobre o objeto.

7. Tentativa

Inadmissível, nos termos do art. 4.º.

8. Jurisprudência

"Não caracteriza o tipo contravencional descrito no art. 25 do Dec-Lei 3.688/41 a posse de gazuas consideradas aptas pela polícia a acionar e/ou destravar mecanismos de fechaduras, as quais se encontravam ocultas sob o tapete do veículo dirigido pelo acusado, se este nunca foi condenado por furto ou roubo e se não é notoriamente conhecido como vadio ou mendigo" (TJSP, Rel. Dante Busana, *RT* 778/572).

"Caracteriza a contravenção do art. 25 da LCP a conduta do agente que, já condenado definitivamente por furto, é surpreendido, em seu automóvel, na posse de mixas empregadas na prática de tal crime, e não prova a sua destinação legítima" (Tacrim/SP, Rel. Penteado Navarro, j. 27.7.1997, Rolo-flash 1117/109).

9. Não recepção do dispositivo pela Constituição Federal

O Plenário do Supremo Tribunal Federal, em 03 de outubro de 2013, ao julgar o Recurso Extraordinário 583.523, por unanimidade, "declarou não recepcionado pela Constituição Federal de 1988 o artigo 25 da Lei de Contravenções Penais, que considera como contravenção o porte injustificado de objetos como gazuas, pés de cabra e chaves michas por pessoas com condenações por furto ou roubo ou classificadas como vadios ou mendigos. Segundo o ministro Gilmar Mendes, relator do processo, o dispositivo da LCP é anacrônico e não foi recepcionado pela CF por ser discriminatório e contrariar o princípio fundamental da isonomia. A matéria teve repercussão geral reconhecida. O ministro Gilmar Mendes lembrou que a Lei de Contravenções Penais foi instituída por meio de decreto-lei, em 1941, durante o período ditatorial conhecido como Estado Novo. "Não há como deixar de reconhecer o anacronismo do tipo penal que estamos a analisar. Não se pode admitir a punição do sujeito apenas pelo fato do que ele é, mas pelo que faz", afirmou. "Acolher o aspecto subjetivo como determinante para caracterização da contravenção penal equivale a criminalizar, em verdade, a condição pessoal e econômica do agente, e não fatos objetivos que causem relevante lesão a bens jurídicos importantes ao meio social". O RE 583523 teve repercussão geral reconhecida pelo Supremo por tratar da admissibilidade constitucional da punição criminal de alguém pelo fato de já ter sido anteriormente condenado e, ainda, por discutir os limites constitucionais da noção de crime de perigo abstrato, o que demonstrou a necessidade de análise da constitucionalidade da norma da LCP. Na ocasião em que foi reconhecida a repercussão geral, o STF considerou que o tema tem profundo reflexo no "ius libertatis", bem jurídico fundamental, e, por este motivo, ultrapassa os limites subjetivos da causa"[3].

6.2.2.3. Violação de lugar ou objeto

> **Art. 26.** Abrir, alguém, no exercício de profissão de serralheiro ou ofício análogo, a pedido ou por incumbência de pessoa de cuja legitimidade não se tenha certificado previamente, fechadura ou qualquer outro aparelho destinado à defesa de lugar ou objeto:
> Pena — prisão simples de 15 dias a 3 meses, ou multa.

1. Objetividade jurídica

O patrimônio alheio.

2. Conduta típica

A conduta típica é **abrir fechadura** ou qualquer outro aparelho destinado à **defesa** de **lugar** (casa, apartamento, estabelecimento comercial) ou **objeto** (automóvel,

---

[3] *Notícias STF*, 3.10.2013. Disponível em: <http://www.stf.jus.br/portal/cms/verNoticiaDetalhe.asp?idConteudo=250053>.

caminhão, motocicleta, cofre etc.). A contravenção pode consistir em abrir a fechadura de uma porta, um cadeado, um lacre, tapume etc.

O tipo penal ainda exige que o agente tenha sido **negligente** (**contravenção culposa**), isto é, que não se tenha certificado da **legitimidade** da pessoa que **solicitou** a abertura em relação ao imóvel ou objeto. É evidente que, se alguém perdeu a chave de um carro ou trancou-a em seu interior e necessita de um chaveiro para abrir a porta, é o próprio dono quem pode dar tal autorização ou, eventualmente, alguém que tenha legitimidade por outra razão qualquer (um amigo a quem o carro estava emprestado, o locatário do carro etc.). O mesmo se diga em relação a imóveis (comerciais ou residenciais), cuja abertura da porta seja solicitada. Na prática, contudo, dificilmente há condições de o serralheiro solicitar o documento de propriedade da casa ou do automóvel (que pode até mesmo não ter sido ainda transferido ao atual proprietário), devendo ele, para não correr o risco de incorrer na contravenção penal, indagar da pessoa que solicitou seus serviços qual sua relação com o bem em questão, bem como avaliar a situação no caso concreto.

A contravenção existe, ainda que nenhuma **infração penal** seja posteriormente cometida no local. Caso venha a ser praticada (violação de domicílio por terceiro, furto do veículo etc.), a negligência do agente será considerada mero ato contravencional, e não participação no crime cometido pelo terceiro, na medida em que ele desconhecia a finalidade ilícita deste. Se o serralheiro **sabia** de tal finalidade criminosa e, ainda assim, abriu ou arrombou a fechadura para viabilizar a subtração, responderá por crime de furto qualificado pelo emprego de chave falsa ou rompimento de obstáculo e, ainda, pelo concurso de agentes.

3. Sujeito ativo

Cuida-se de contravenção **própria**, pois somente pode ser cometida por quem está no **exercício** da profissão de serralheiro ou no desempenho de ofício **análogo** (chaveiro, mecânico etc.) e é chamado para realizar serviço de abertura de fechadura ou similar.

4. Sujeito passivo

O **titular** do lugar ou objeto colocado em risco ou lesado.

5. Consumação

No instante em que o agente abre a fechadura ou qualquer outro aparelho destinado à defesa do lugar, independentemente de qualquer resultado lesivo.

6. Tentativa

Nos termos do art. 4.º da Lei das Contravenções, caso o agente não consiga abrir a fechadura, o fato será considerado atípico.

6.2.2.4. Exploração da credulidade pública

> **Art. 27.** Explorar a credulidade pública mediante sortilégios, predição do futuro, explicação de sonho, ou práticas congêneres:
> Pena — prisão simples, de um a seis meses, e multa.

Essa conhecida contravenção foi expressamente **revogada** pela Lei n. 9.521/97.

6.2.3. Das contravenções referentes à incolumidade pública (Capítulo III)

6.2.3.1. Disparo de arma de fogo

> **Art. 28**, *caput* — Disparar arma de fogo em lugar habitado ou em suas adjacências, em via pública ou em direção a ela:
> Pena — prisão simples, de um a seis meses, ou multa.

Essa conduta, atualmente, constitui **crime** previsto no art. 15 da Lei n. 10.826/2003 (**Estatuto do Desarmamento**).

6.2.3.2. Deflagração perigosa de fogo de artifício

> **Art. 28, parágrafo único** — Incorre na pena de prisão simples, de quinze dias a dois meses, ou multa, quem, em lugar habitado ou em suas adjacências, em via pública ou em direção a ela, sem licença da autoridade, causa deflagração perigosa, queima fogo de artifício ou solta balão aceso.

1. Objetividade jurídica

A incolumidade **pública**, que pode ser colocada em risco por incêndios provocados por fogos de artifício ou pela simples detonação destes feita por pessoas não autorizadas e de modo perigoso.

2. Condutas típicas

Deflagração significa a **detonação** de fogos de artifício, como rojões, bombas de São João, busca-pés etc. De acordo com o texto legal, a contravenção só se aperfeiçoa se o fato causar **perigo**.

Para que se caracterize a infração, o fato deve ser realizado "sem licença da autoridade" (elemento **normativo** do tipo). Se houver autorização, o fato será **atípico**.

Para que ocorra a contravenção, é preciso que a conduta aconteça:

a) *Em lugar habitado ou em suas adjacências*. **Local habitado** é aquele onde reside um núcleo de pessoas ou famílias. Pode ser uma cidade, uma vila, povoado ou região onde morem poucas pessoas.

As **adjacências** são os locais próximos àquele habitado. Por consequência, deflagrar fogos de artifício em local descampado ou em uma floresta, distantes de quaisquer habitações, não configura a infração.

b) *Em via pública ou em direção a ela*. **Via pública** é o local aberto a qualquer pessoa, cujo acesso é sempre permitido. É todo local aberto ao público, quer por destinação, quer por autorização de particulares. Exs.: ruas, avenidas, praças, estradas. Nos termos do texto legal, também existe a contravenção quando a deflagração não é efetuada na via pública, mas o artefato é apontado para ela, como, por exemplo, do quintal de uma residência ou da varanda de um apartamento em direção à rua.

Balão é o invólucro de papel ou tecido que, com a injeção de ar quente, eleva-se pelo ar. Atualmente, todavia, a soltura de balão aceso configura **crime** descrito no art. 42 da **Lei Ambiental** (Lei n. 9.605/98).

3. Sujeito ativo

Qualquer pessoa. Basta que **não** tenha licença da autoridade competente para deflagrar os fogos.

4. Sujeito passivo

A coletividade.

5. Consumação

No momento da deflagração **perigosa**. Se a deflagração atinge alguém, provocando-lhe lesões corporais, configura-se o crime do art. 129 do Código Penal.

6. Tentativa

Inadmissível, nos termos do art. 4.º.

6.2.3.3. Desabamento de construção

> **Art. 29.** Provocar o desabamento de construção, ou, por erro no projeto ou na execução, dar-lhe causa:
> Pena — multa, se o fato não constitui crime contra a incolumidade pública.

1. Objetividade jurídica

A incolumidade pública.

2. Condutas típicas

O legislador incrimina **duas** condutas nesse dispositivo.

a) *Provocar desabamento de construção*. Nessa modalidade, o agente provoca o desabamento de forma intencional, **dolosa**.

Desabamento é a derrubada de **construção** finalizada ou de obra em andamento. A lei não distingue entre obra de alvenaria e de madeira.

O simples **desmoronamento** — deslocamento do solo — não está contido nessa figura contravencional.

São necessárias, ainda, algumas distinções. O desabamento que coloca em risco a vida, a integridade corporal ou o patrimônio de número elevado de pessoas (perigo **comum**), constitui crime descrito no art. 256 do Código Penal, cuja pena é de 1 a 4 anos de reclusão, e multa. Ao tratar da pena da figura contravencional, o próprio legislador mencionou a absorção desta quando o fato configurar **crime contra a incolumidade pública** (subsidiariedade **expressa**).

Se o agente provocar intencionalmente o desabamento em construção **alheia** (sem causar perigo comum), incorrerá em crime de **dano** ou dano **qualificado** (caso se trate de bem público). Assim, a contravenção em estudo só tem lugar quando o sujeito provoca desabamento em construção própria ou com autorização do dono. É evidente, entretanto, que, se houver autorização das autoridades competentes para a demolição, o fato será atípico. Comete a contravenção, por exemplo, quem realiza a demolição total ou parcial de uma casa, sem licença da autoridade.

b) *Dar causa ao desabamento de construção por erro no projeto ou na execução.* O erro pode ser na planta, no estudo do solo, nos cálculos para a utilização de ferragens etc. Podem cometer o crime o engenheiro, o arquiteto, o projetista, o empreiteiro, o pedreiro etc. Cuida-se de contravenção **culposa**, porque decorrente de **erro** no projeto ou na execução. Nesse sentido: "Desabamento de construção — Telhado de cinema que rui em virtude de defeito na sua execução — Nexo de causalidade material entre tal fato e a ação do acusado. Existindo um nexo de causalidade material entre o desabamento de construção e o erro no projeto ou na execução da obra, caracterizada está a infração a que alude o art. 29 da LCP" (ASP, Rel. Tomas Carvalhal, *RT* 229/420).

A conduta contravencional, igualmente, ficará **absorvida** se o fato gerar perigo **comum**, posto que, nessa hipótese, configura-se o crime de desabamento **culposo**, descrito no art. 256, parágrafo único, do CP, cuja pena é de detenção, de 6 meses a 1 ano. A propósito: "O crime descrito no art. 256, parágrafo único, do CP só se configura quando exposta a perigo comum a generalidade de pessoas. Se tal não ocorre, cabe considerar a hipótese prevista no art. 29 da LCP" (Tacrim/SP, Rel. Nelson Schiesari, *Jutacrim* 74/113).

3. Sujeito ativo

Na primeira modalidade, pode ser **qualquer** pessoa. Na segunda, somente o **responsável** pelo projeto ou execução da obra (contravenção **própria**).

4. Sujeito passivo

A coletividade.

5. Consumação

No momento em que **ocorre** o desabamento, independentemente de qualquer outro resultado.

6. Tentativa

Não é possível, nos termos do art. 4.º.

6.2.3.4. Perigo de desabamento

> **Art. 30.** Omitir alguém providência reclamada pelo estado ruinoso de construção que lhe pertence ou cuja conservação lhe incumbe:
> Pena — multa.

1. Objetividade jurídica

Prevenir o risco decorrente do perigo que pode representar para a incolumidade pública o desabamento de uma construção.

2. Conduta típica

Premissa dessa contravenção é o estado **ruinoso** da construção, a indicar a necessidade de alguma providência para a **conservação, a fim de evitar o desabamento**. Esse estado ruinoso pode se evidenciar por diversas maneiras: existência de cupins em vigas de sustentação de madeira, rachaduras de proporções consideráveis, infiltrações de água etc. Embora não mencionado expressamente no tipo penal, o nome da contravenção indica que somente o estado ruinoso que provoque **perigo** de desabamento da construção é que configura o ilícito penal. Assim, a infração penal se configura pela **omissão** do **dono** ou **responsável** pela conservação (contravenção omissiva **própria**) em tomar as providências que o caso reclama. Se a hipótese é de infestação de cupins nas estruturas de madeira de uma casa, a ponto de gerar perigo de desabamento, a infração penal configura-se, por exemplo, pela não contratação de empresas de descupinização. A propósito: "O termo construção, empregado no art. 30 da LCP, deve ser tomado na acepção genérica, para compreender também os edifícios e casas. Não distingue a lei o estado ruinoso, se total ou parcial, cogitando apenas da necessidade de remoção das causas de perigo (...)" (Tacrim/SP, Rel. Hoeppner Dutra, *RT* 272/475).

É necessário que o agente tenha **conhecimento** da circunstância que gera o risco de desabamento: "Contravenção penal — Perigo de desabamento — Elemento psíquico indeclinável para configurar-se a infração — A contravenção relativa a perigo de desabamento, ou de omissão de cautelas tendentes a remover o perigo de desabamento (art. 30 da Lei das Contravenções Penais) somente se estrutura com o elemento psíquico, consistente na voluntariedade da omissão" (*RT* 370/173).

A palavra construção foi utilizada de forma genérica, abrangendo obras **acabadas** e em **andamento**, de alvenaria ou de madeira.

3. Sujeito ativo

Trata-se de infração penal **própria**, que só pode ser cometida pelo dono da construção ou por pessoa a quem incumbe a conservação (o síndico de um condomínio, o presidente de um clube etc.).

4. Sujeito passivo

A coletividade.

5. Consumação

No momento em que o agente, ciente da necessidade da obra ou providência de conservação, **omite-se** por tempo juridicamente relevante.

6. Tentativa

Não é possível, quer em razão da regra do art. 4.º, quer por se tratar de infração penal **omissiva própria**.

6.2.3.5. Omissão de cautela na guarda ou condução de animais

> **Art. 31**, *caput* — Deixar em liberdade, confiar à guarda de pessoa inexperiente, ou não guardar com a devida cautela animal perigoso:
> Pena — prisão simples, de dez dias a dois meses, ou multa.
> Parágrafo único. Incorre na mesma pena quem:
> *a)* na via pública abandona animal de tiro, carga ou corrida, ou o confia a pessoa inexperiente.
> *b)* excita ou irrita animal, expondo a perigo a segurança alheia.
> *c)* conduz animal, na via pública, pondo em perigo a segurança alheia.

1. Objetividade jurídica
A incolumidade pública.

2. Elementos do tipo

A contravenção penal, na figura do *caput*, pressupõe que as condutas típicas sejam relacionadas a **animal perigoso**, ou seja, o animal bravio, não domesticado, selvagem, feroz.

Inclui-se, também, aquele animal que, por sua **irracionalidade** ou por seu **estado de saúde**, possa oferecer risco à integridade física ou saúde de alguém, que não o seu próprio dono. Ex.: um cão manso pode tornar-se perigoso se estiver acometido de hidrofobia.

As condutas típicas enumeradas no texto legal são:

a) *Deixar em liberdade o animal*. Deixar solto, a seu próprio destino, sem grades ou impeditivos à sua locomoção.

b) *Confiar a guarda do animal a pessoa inexperiente*. Pessoa que não tem conhecimentos adequados para o trato com determinados animais que exigem certa habilidade em seu acompanhamento.

c) *Não guardar o animal com as cautelas devidas*. Deixar o animal preso, mas de forma insatisfatória. A situação concreta ditará as medidas e cautelas necessárias a cada espécie de animal, de acordo com suas características próprias.

Cuida-se de contravenção de perigo **abstrato**, não sendo necessário que alguém seja efetivamente exposto à situação de perigo, pois a Lei o presume com a realização das condutas do tipo. Assim, existe a contravenção mesmo que o animal perigoso não tenha investido contra alguém. A propósito: "Omissão de cautela na guarda ou condução de animais — Ataque ou lesão a determinada pessoa — Desnecessidade — Existência de risco e voluntariedade. Para a caracterização da contravenção de omissão de cautela na guarda ou condução de animais, prevista no art. 31 da LCP, é desnecessário que os animais ataquem ou lesionem determinada pessoa, bastando o risco, independentemente do resultado, e também a voluntariedade" (Tacrim/SP, Rel. Walter Swensson, j. 16.4.1997, Rolo-flash 1104/421).

É claro que se o animal investe contra alguém (perigo concreto), mas não lhe causa ferimento, configura-se também apenas a contravenção.

É de ressaltar que, se o agente deixa animal bravio solto e este ataca alguma pessoa, causando-lhe lesões, responde por infração mais grave, ou seja, pelo crime de lesões corporais culposas ou de homicídio culposo, em face da **negligência** na guarda do animal. "A contravenção de que trata o art. 31 do Dec-Lei n. 3.688/41 se caracteriza pela potencialidade do perigo à integridade física decorrente da falta de cautela ou omissão, na guarda de animal bravio. Em ocorrendo, como efetivamente aconteceu, ofensa à integridade física de outrem, mordido pelo animal cuja guarda se negligenciou, configurado está o crime de lesão corporal culposa" (Tacrim/SP, Rel. Saraiva Fernandes, *RT* 717/410).

3. Figuras equiparadas

> **Art. 31, parágrafo único.** Incorre na mesma pena quem:
> *a)* na via pública abandona animal de tiro, carga ou corrida, ou o confia a pessoa inexperiente.

Abandonar significa deixar solto, de modo que possa mover-se livremente, sem qualquer fiscalização.

Os animais nessa situação podem estragar a propriedade alheia ou pública (jardins, plantações, canteiros, veículos etc.) ou provocar perigo, caso, por exemplo, assustem-se com outros animais ou até com as pessoas ao seu redor.

Animal de **tiro** é aquele que transporta veículos (carroças, charretes). Animais de **carga** são os burros, as mulas, jegues, bois. Animais de **corrida** são os cavalos.

A expressão "animais de tiro, carga ou corrida" foi utilizada no texto legal para se referir aos animais de **grande** porte. A finalidade é apenas a de designar a espécie de animal; contudo, para a existência da contravenção não é necessário que o animal de carga esteja carregado, basta que o agente abandone o animal de grande porte em via pública.

É também fato comum que o responsável deixe cavalos ou bois soltos, **próximos a estradas de rodagem**, conduta que configura a infração penal, já que o animal não tem capacidade de discernimento e acaba atravessando ou ficando parado no asfalto, ocasionando sérios riscos de acidente.

Na segunda modalidade, o agente confia, entrega o animal a pessoa **inexperiente**, ou seja, que não tem o necessário domínio, controle sobre o animal.

Essas modalidades da alínea "a" também são de perigo **abstrato, presumido**.

> **Art. 31, parágrafo único.** Incorre na mesma pena quem:
> *b)* excita ou irrita animal, expondo a perigo a segurança alheia.

Excitar significa estimular o animal a correr, a pular etc.

Por sua vez, consegue-se a **irritação** do animal assustando-o, atirando coisas sobre ele, cutucando-o etc.

Pela redação desse dispositivo, o fato só será punido se expuser pessoa **determinada** a risco (perigo **concreto**), já que a Lei exige perigo à segurança **alheia**.

O responsável não pode ter agido com **intenção** de lançar o animal contra outrem, pois, nesse caso, haveria crime de lesão corporal ou homicídio (no mínimo na forma tentada).

> **Art. 31, parágrafo único.** Incorre na mesma pena quem:
> *c)* conduz animal, na via pública, pondo em perigo a segurança alheia.

Significa conduzir com imperícia ou omitindo as cautelas necessárias para a espécie de animal ou pelas circunstâncias do percurso. Exs.: pessoa que resolve mostrar suas habilidades de montaria com manobras perigosas na via pública; corridas de cavalo em via pública; condução de boiada sem as cautelas devidas em região habitada, seguida de "estouro" da manada.

Devido à redação do dispositivo, essa figura contravencional é de perigo **concreto**. Pressupõe prova de que o comportamento do agente na condução do animal expôs determinada(s) pessoa(s) a situação de risco.

PERIGO ABSTRATO →	deixar em liberdade, confiar à guarda de pessoa inexperiente, ou não guardar com a devida cautela animal perigoso
→	na via pública abandonar animal de tiro, carga ou corrida, ou o confiar a pessoa inexperiente
PERIGO CONCRETO →	excitar ou irritar animal, expondo a perigo a segurança alheia
→	conduzir animal, na via pública, pondo em perigo a segurança alheia

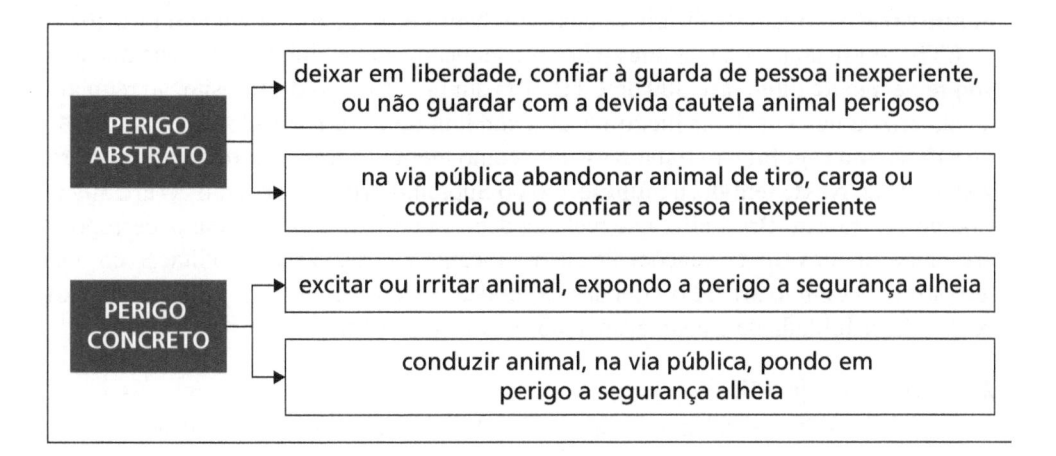

4. Sujeito ativo

Qualquer pessoa, **proprietária** ou **possuidora** do animal.

5. Sujeitos passivos

A coletividade e, eventualmente, as vítimas do perigo provocado pelo animal.

6. Consumação

Nas modalidades de perigo **abstrato** (*caput* e parágrafo único, "a"), a contravenção se consuma no momento da conduta típica, independentemente de qualquer outro resultado. Exs.: quando o agente deixa o animal perigoso em liberdade; quando abandona o animal de carga em via pública ou no instante em que o entrega a pessoa inexperiente etc.

Nas hipóteses em que o texto legal exige perigo **concreto** (parágrafo único, "b" e "c"), o ilícito se consuma no instante em que é produzida situação de risco a pessoa determinada.

7. Tentativa

Inviável, nos termos do art. 4.º.

6.2.3.6. Falta de habilitação para dirigir veículo

> **Art. 32.** Dirigir, sem a devida habilitação, veículo na via pública, ou embarcação a motor em águas públicas:
> Pena — multa.

1. Introdução

O Código de Trânsito Brasileiro (Lei n. 9.503/97) derrogou essa contravenção no que se refere à condução de **veículo automotor**, que, assim, só continua a ter aplicação em caso de **condução em águas públicas de embarcação motorizada sem a devida habilitação**. Com efeito, o Código de Trânsito pune apenas como **infração**

administrativa o fato de dirigir veículo sem habilitação de forma **normal** (art. 162, I, do CTB), tipificando como **crime** apenas a condução não habilitada de veículo que **provoque perigo de dano** (art. 309 do CTB). Em suma, o Código de Trânsito, ao regular o tema, deixou de considerar ilícito penal a conduta de dirigir veículo sem habilitação, **mas de forma regular**. Ao tratar o assunto como mera infração **administrativa**, derrogou o art. 32. Nesse sentido, a **Súmula 720** do Supremo Tribunal Federal: "O art. 309 do Código de Trânsito Brasileiro, que reclama decorra do fato perigo de dano, derrogou o art. 32 da Lei das Contravenções Penais no tocante à direção sem habilitação em vias terrestres". Assim, o art. 32 da Lei das Contravenções somente pune, atualmente, a **direção** não habilitada de embarcação a motor em águas públicas.

2. Objetividade jurídica

A incolumidade pública, no que se refere à segurança em águas públicas.

3. Elementos do tipo

Trata-se de contravenção de perigo **abstrato**, que se caracteriza pela simples conduta de dirigir embarcação motorizada em águas públicas, **independentemente de expor alguém a perigo**. Assim, configura-se a infração penal mesmo que o agente conduza a embarcação com extremo cuidado ou que se trate de pessoa com grande experiência na pilotagem de embarcações, contudo não habilitada.

Existem várias espécies de habilitação, dependendo do tipo de embarcação e do local onde o sujeito pretende pilotar. Assim, se o agente está conduzindo embarcação de **categoria** diversa daquela para a qual é habilitado, configura-se o ilícito penal.

Não tem o condão de excluir a contravenção o fato de o agente estar **providenciando** a habilitação, se ainda não é efetivamente habilitado. Tampouco tem relevância a **posterior** obtenção da habilitação.

Se o agente está com sua habilitação **suspensa** ou se ela foi **cassada**, ele é considerado pessoa **não habilitada**, e, nesses casos, a condução da embarcação configura a infração penal em estudo.

Se o agente é legalmente habilitado, **não** configura contravenção, e sim mera infração administrativa, não **portar** a documentação respectiva no momento da abordagem pela fiscalização.

Quem apresenta habilitação **falsa** ao ser abordado pela fiscalização, ao conduzir embarcação motorizada em águas públicas, responde pela contravenção e pelo crime de **uso de documento falso** (art. 304 do CP).

A contravenção pressupõe que se trate de embarcação provida de **motor** (lanchas, *jet-skis*, barcos motorizados etc.) e que o fato ocorra em águas **públicas**, como rios, mares, represas etc.

A condução de barco a motor em açude existente no interior de propriedade **particular** não caracteriza a contravenção, em razão de não se tratar de águas públicas, conforme exige o tipo penal.

Para a existência da contravenção, é preciso que o agente conduza a embarcação. Assim, se o agente for flagrado, por exemplo, dormindo em embarcação ancorada, não incorre na figura contravencional.

O **estado de necessidade** exclui a ilicitude da conduta. Ex.: morador de região ribeirinha que, para socorrer pessoa adoentada ou acidentada, dirige embarcação em razão de ausência de pessoa habilitada naquele momento.

4. Sujeito ativo

Qualquer pessoa. Trata-se de contravenção **comum**. O pai que fornece a embarcação a filho menor não habilitado incorre na contravenção, na condição de **partícipe**. O mesmo se diga em relação ao dono ou responsável por embarcação que a empresta a terceiro, ciente de que este não é habilitado.

5. Sujeito passivo

A coletividade.

6. Consumação

No instante em que o agente começa a conduzir a embarcação em águas públicas. É irrelevante que o percurso tenha sido curto ou longo.

7. Tentativa

Não é possível.

8. Absorção

Discute-se se a contravenção do art. 32 fica absorvida se o agente, na condução da embarcação, comete crime **culposo**. A primeira corrente diz que sim, porque é meio para o crime culposo. A segunda diz que não, porque as objetividades jurídicas são diferentes (uma de perigo abstrato e outra de dano), e os momentos consumativos também são diversos. Já a terceira corrente defende que só ocorre absorção se o crime culposo tiver sido cometido por **imperícia**, porque o art. 32 da Lei das Contravenções Penais pune o condutor da embarcação justamente por presumir que ele é imperito.

6.2.3.7. Direção não licenciada de aeronave

> **Art. 33.** Dirigir aeronave sem estar devidamente licenciado:
> Pena — prisão simples, de quinze dias a três meses, e multa.

1. Objetividade jurídica

A incolumidade pública.

2. Elementos do tipo

A conduta típica é **dirigir**, isto é, colocar a aeronave em **movimento**. Antes mesmo de levantar voo, quando o piloto está **manobrando** a aeronave, ele já a está dirigindo.

Aeronave, de acordo com o art. 106 do Código Brasileiro de Aeronáutica (Lei n. 7.565/86), é "todo aparelho manobrável em voo, que possa sustentar-se e circular no espaço aéreo, mediante reações aerodinâmicas, apto a transportar pessoas ou coisas". São aeronaves os aviões, os planadores, os helicópteros, os dirigíveis etc.

A contravenção abrange as aeronaves **públicas** ou **privadas**, de **pequeno** ou de **grande** porte, **militares** ou **civis**.

Para obter a **licença** para voar, é necessário que o piloto tenha **habilitação** (brevê). O fato de ser habilitado não exclui a contravenção, se o agente não possui a devida licença para voar.

Segundo Bento de Faria[4], "a carta de habilitação é o brevet, isto é, o documento que reconhece e atesta a capacidade para a função. Licença é o que comprova a autorização concedida ao seu titular a fim de permitir-lhe exercer as funções para as quais adquiriu e conserva a capacidade. E como esta não basta, o seu exercício — de direção — deve ser sempre autorizado e tal se verifica pela licença". Saliente-se que é premissa para obter a licença que o piloto seja habilitado, ou seja, a licença só é concedida às pessoas já habilitadas.

Para que não incorra na contravenção, é preciso que o piloto tenha licença para aquela determinada espécie de aeronave.

Manuel Carlos da Costa Leite[5] entende que não é apenas a falta de licença do **piloto** que configura o ilícito, "a falta de licença de voo para a aeronave, por não preencher ela as condições de segurança acauteladoras da incolumidade pública também se enquadra na contravenção do art. 33".

3. Sujeito ativo
Pode ser qualquer pessoa.

4. Sujeito passivo
A coletividade.

5. Consumação
No instante em que o agente coloca a aeronave em **movimento**. Cuida-se de infração de perigo **abstrato**, cuja configuração independe de qualquer resultado.

6. Tentativa
Não é admissível, nos termos do art. 4.º.

6.2.3.8. Direção perigosa de veículo na via pública

> **Art. 34.** Dirigir veículos na via pública, ou embarcações em águas públicas, pondo em perigo a segurança alheia:
> Pena — prisão simples, de quinze dias a três meses, ou multa.

1. Objetividade jurídica
A incolumidade pública, no aspecto da segurança no trânsito.

---

[4] FARIA, Bento de. *Das contravenções penais*. Rio de Janeiro: Record, 1958. p. 117.
[5] LEITE, Manuel Carlos da Costa. *Lei das contravenções penais*. São Paulo: RT, 1976. p. 159.

2. Elementos do tipo

a) *Dirigir.* Significa ter sob seu direto **controle** os comandos de velocidade e direção do veículo ou embarcação.

b) *Veículo.* Nessa contravenção, a lei **não** exige que o veículo seja **motorizado**, de modo que abrange todo e qualquer meio de transporte de pessoas ou de carga, qualquer que seja sua propulsão ou tração. Exs.: automóvel, caminhão, bonde, trator, motocicleta, veículo de propulsão animal, como carroça ou charrete, ou, ainda, de propulsão humana, como bicicleta, triciclo etc.

c) *Via pública.* É o local aberto a qualquer pessoa, cujo acesso seja sempre permitido. Abrange ruas, avenidas, estradas (mesmo que de terra), praças etc.

As ruas dos **condomínios** particulares, em face do que dispõe a Lei n. 6.766/79, pertencem ao **Poder Público** e, portanto, são considerados vias públicas.

Por sua vez, não constitui via pública o interior de fazenda particular, garagem de residência particular, estacionamento particular etc. A propósito: "Contravenção penal — Direção perigosa de veículo na via pública — Inocorrência — Manobras perigosas levadas a efeito pelo acusado no pátio da Faculdade em que é aluno — Absolvição mantida — Inteligência do art. 34 da LCP — A direção perigosa de veículo, punível a título de contravenção, há de se verificar, necessariamente, em via pública, (...)" (Tacrim/SP, Rel. Lauro Alves, *RT* 478/331).

d) *Pondo em perigo a segurança alheia.* Caracterizam a infração: dirigir em excesso de velocidade, na contramão, ultrapassar veículo em local inadequado, ultrapassar semáforo desfavorável, efetuar cavalo de pau, dirigir em zigue-zague, realizar manobras perigosas com um *jet-ski* etc.

Apesar de divergências, prevalece o entendimento de que a contravenção em tela é de perigo **abstrato** ou **presumido**, ou seja, basta que se prove que a manobra realizada é perigosa, sendo desnecessário demonstrar que pessoa **certa** e **determinada** tenha sido exposta a **perigo**.

O fato de dirigir **embriagado** era suficiente para configurar a contravenção, pois a embriaguez altera o comportamento humano, prejudicando, de forma sensível, a atenção, a automação e a capacidade de agir prontamente diante do imprevisto. Veja-se, entretanto, que o Código de Trânsito (Lei n. 9.503/97) transformou em **crime** a conduta de dirigir embriagado (art. 306 do CTB), bem como a de participar de "racha" (art. 308), ou dirigir em velocidade excessiva nas proximidades de escolas, hospitais, desde que ocorra perigo de dano (art. 310). O fato de essas condutas terem sido transformadas em crime **não significa que a contravenção de direção perigosa tenha sido revogada**, na medida em que as demais hipóteses de condução perigosa de veículos em via pública — não abrangidas pelo Código de Trânsito — continuam a encontrar enquadramento no art. 34 da Lei das Contravenções.

A propósito: "O Código de Trânsito Brasileiro não revogou o art. 34 da LCP, uma vez que não esgotou em seus artigos toda e qualquer modalidade de direção perigosa, mas somente especificou práticas que entendeu mais gravosas a ponto de erigi-las à categoria de crimes, permanecendo a contravenção em nosso ordenamento, como norma penal de caráter geral, a fim de subsumirem-se nelas as demais condutas de direção perigosa" (Tacrim/SP, Rel. Roberto Mortari, j. 5.12.2000, Rolo-flash 1.374/487).

3. Sujeito ativo

Qualquer pessoa, habilitada ou não.

4. Sujeitos passivos

Em primeiro plano, a **coletividade**. Também o serão aqueles que sejam expostos à situação de perigo. Não se exige, todavia, a existência de vítima determinada para a tipificação da contravenção, bastando que a conduta possa colocar pessoas em risco. Conforme já mencionado, prevalece o entendimento de que basta o perigo **abstrato**. Veja-se: "Direção perigosa de veículo na via pública — Art. 34 da LCP — Perigo abstrato — Configuração — Suficiência — Para a configuração da contravenção do art. 34 da LCP é exigido apenas o perigo abstrato" (Tacrim/SP, Rel. Damião Cogan, j. 2.12.1999, Rolo-flash 1.284/20138); "Direção perigosa de veículo na via pública — Demonstração da existência de perigo imediato e direto a pessoa determinada — Desnecessidade — Perigo difuso. Suficiência. A integração da figura contravencional do art. 34 da LCP dispensa demonstração da existência de perigo imediato e direto a pessoa determinada, sendo suficiente a prova do perigo difuso a que a direção perigosa sujeita a todos os que se utilizam da via pública, pois é a incolumidade pública o bem jurídico tutelado" (Tacrim/SP, Rel. Correa de Moraes, j. 10.12.1998, Rolo-flash 1.209/193).

5. Consumação

No momento em que o agente realiza a manobra perigosa.

6. Tentativa

Não é punível, nos termos do art. 4.º.

7. Absorção

Se, dirigindo de forma perigosa, o agente causa acidente de trânsito, o crime de **homicídio** ou **lesões culposas absorve** a contravenção.

8. Distinção

A contravenção do art. 34 se diferencia do crime do art. 132 do Código Penal, porque este exige que o agente vise a pessoa determinada. Ex.: passar muito perto de uma pessoa, em alta velocidade, para assustá-la, configura o crime.

6.2.3.9. Abuso na prática da aviação

> **Art. 35.** Entregar-se, na prática da aviação, a acrobacias ou a voos baixos, fora da zona em que a lei o permite, ou fazer descer a aeronave fora dos lugares destinados a esse fim:
> Pena — prisão simples, de quinze dias a três meses, ou multa.

1. Objetividade jurídica

A incolumidade pública, colocada em perigo pelas manobras perigosas da aeronave ou pelo pouso em local não apropriado.

2. Elementos do tipo

Na **primeira** parte do dispositivo, pune-se o **piloto** que, de forma intencional, realiza **acrobacias** ou **voos baixos** fora da região em que a lei o permite.

De acordo com o art. 17 do Código Brasileiro de Aeronáutica (Lei n. 7.565/86), é **proibido** efetuar, com qualquer aeronave, voos de **acrobacia** ou evolução que possam constituir perigo para os ocupantes do aparelho, para o tráfego aéreo, para instalações ou pessoas na superfície. Excetuam-se, contudo, os voos de prova, produção e demonstração quando realizados pelo fabricante ou por unidades especiais, com a observância das normas fixadas pela autoridade aeronáutica, hipóteses em que o fato não configurará infração penal.

De acordo com as "Regras do Ar e Serviços de Tráfego Aéreo do Ministério da Aeronáutica/2006", *item 5.1.4.*, exceto em operação de pouso e decolagem, o voo visual não será efetuado: a) sobre cidades, povoados, lugares habitados ou sobre grupos de pessoas ao ar livre, em altura inferior a **300 metros** (1000 pés) acima do mais alto obstáculo existente num raio de 600 metros em torno da aeronave; e b) em lugares não citados na alínea anterior, em altura inferior a 150 metros (500 pés) acima do solo ou da água. Constitui, portanto, contravenção penal o voo abaixo dessas altitudes. A propósito: "Infringe o disposto no art. 35 da LCP, o piloto que faz evoluções com seu aparelho sobre a cidade a menos de 300 metros de altitude" (Tacrim/SP, Rel. Sylvio Cardoso Rolim, *RT* 354/323).

Para a pulverização de plantações, são permitidos voos baixos, desde que com autorização e de acordo com as determinações da autoridade competente (SRPV ou CINDACTA) da área em que se pretende realizar o voo.

Na **segunda** parte do dispositivo, pune-se quem realiza pouso fora de local destinado a tal fim, ou seja, em estradas ou pistas clandestinas. É evidente que, se o pouso for feito em uma autoestrada em razão de **emergência** de voo, o fato não configurará ilícito penal, em face da excludente do **estado de necessidade**.

3. Sujeito ativo

Infração penal comum, pode ser praticada por qualquer pessoa, habilitada ou não.

4. Sujeito passivo

A coletividade.

5. Consumação

No momento em que o agente realiza a acrobacia ou o voo baixo ou pousa a aeronave em local não apropriado.

6. Tentativa

Não é possível.

7. Distinção

A realização de acrobacia em aeronave destinada ao **transporte público** configura crime **descrito** no art. 261 do Código Penal, cuja pena é dois a cinco anos de reclusão.

6.2.3.10. Sinais de perigo

> **Art. 36.** Deixar de colocar na via pública sinal ou obstáculo, determinado em lei ou pela autoridade e destinado a evitar perigo a transeunte:
> Pena — prisão simples, de dez dias a dois meses, ou multa.
> Parágrafo único. Incorre na mesma pena quem:
> *a)* apaga sinal luminoso, destrói ou remove sinal de outra natureza ou obstáculo destinado a evitar perigo a transeuntes.
> *b)* remove qualquer outro sinal de serviço público.

1. Objetividade jurídica
A incolumidade pública.

2. Elementos do tipo
Na figura do *caput*, pune-se a conduta **omissiva** de não colocar na via pública **sinal** ou **obstáculo** destinado a evitar **perigo** a transeunte. Ex.: deixar de colocar a sinalização obrigatória (triângulo) em caso de veículo parado por defeito mecânico na pista de rolamento, causando, assim, perigo de colisão em relação aos outros veículos que passem pelo local.

Para que a contravenção se mostre presente, é necessário que haja **lei** (norma penal em **branco**) ou **ordem** de autoridade administrativa determinando o uso do sinal ou obstáculo. A palavra "lei" deve ser considerada em sentido **genérico**, abrangendo os regulamentos e resoluções do Contran, que possui competência para editá-los nos termos do art. 90, § 2.º, da Lei n. 9.503/97 (Código de Trânsito Brasileiro).

Na **primeira** figura do **parágrafo único** (alínea "a"), pune-se quem **apaga sinal luminoso** (placa luminosa), **destrói** ou **remove** sinal de outra **natureza** ou **obstáculo destinado** a **evitar perigo** a **transeunte**. Premissa dessa forma contravencional é a prévia existência do sinal (luminoso ou de outra natureza), destinado a **evitar perigo no trânsito**, que venha, de alguma forma, a ser intencionalmente destruído ou removido. Exs.: remover placa que alerta sobre a existência de curva perigosa ou sobre a possibilidade de animais na pista; retirar placa existente em cruzamento, indicativa de via preferencial; apagar faixa de pedestres; retirar cones colocados na pista a fim de indicar que certa faixa de rolamento está interditada etc.

Na **segunda** figura do **parágrafo único** (alínea "b"), pune-se a remoção de **qualquer outro sinal de serviço público** (de trânsito ou não). Pode-se mencionar como exemplo a remoção de placa indicativa da localização de certo hospital, uma vez que tal placa contém informação de interesse público. Como essa placa não é destinada a evitar perigo a transeuntes, tipifica-se a figura da alínea "b", e não a da alínea "a".

3. Sujeito ativo
Pode ser qualquer pessoa. Na hipótese do *caput*, só pode ser sujeito ativo quem esteja obrigado, diante da situação concreta, a colocar sinal ou obstáculo para evitar perigo a transeuntes.

4. Sujeito passivo
A coletividade.

5. Consumação

No momento em que realizada a conduta típica (**omissiva** no *caput* e **comissiva** no parágrafo único).

Cuida-se de contravenção de perigo **abstrato**, que independe de demonstração de que pessoa **certa** e **determinada** tenha sido exposta a **risco**.

6. Tentativa

Inadmissível, nos termos do art. 4.º.

6.2.3.11. Arremesso ou colocação perigosa

> **Art. 37.** Arremessar ou derramar em via pública, ou em lugar de uso comum, ou de uso alheio, coisa que possa ofender, sujar ou molestar alguém:
> Pena — multa.
> Parágrafo único. Na mesma pena incorre aquele que, sem as devidas cautelas, coloca ou deixa suspensa coisa que, caindo em via pública ou em lugar de uso comum ou de uso alheio, possa ofender, sujar ou molestar alguém.

1. Objetividade jurídica

A incolumidade pública.

2. Elementos do tipo

As **condutas típicas** descritas no *caput* são **arremessar** (lançar objeto sólido) ou **derramar** (lançar líquido).

A contravenção pressupõe que o lançamento ocorra em direção à **via pública** (ruas, avenidas, praças ou outros logradouros públicos), **lugar de uso comum** (que serve a várias pessoas, aberto ou fechado, como áreas comuns de condomínios) ou de **uso alheio** (residências ou prédios vizinhos, estabelecimentos comerciais pertencentes a terceiro). São exemplos dessa contravenção o arremesso, por parte de passageiro de veículo em movimento, de latas de cerveja ou refrigerante em estradas; lançamento de garrafas, de pedras ou de urina do alto de edifícios etc.

Para que exista a contravenção, é necessário que o objeto lançado **possa ofender** (lesionar), **sujar** ou **molestar** (importunar, incomodar) alguém.

Ao lançar uma garrafa ou pedra do alto de um edifício, pressupõe-se, para a configuração da contravenção, que o agente **não** queira atingir **pessoas**, pois se houver tal intenção, o agente responderá por crime de tentativa de lesão corporal ou de homicídio (ou pelos crimes consumados, se atingir seu intento). A infração penal em estudo, portanto, configura-se pelo **dolo de perigo** e, ainda assim, é **subsidiária**, pois, se o objeto lançado atingir pessoa, provocando-lhe lesões ou a morte (sem que tenha havido dolo direto em relação a tais resultados), o agente responderá por crimes de lesões corporais ou homicídio a título de **culpa ou de dolo eventual** (dependendo das circunstâncias do caso concreto). Nessas hipóteses, houve dolo no lançamento (dolo de perigo) e culpa ou dolo eventual em relação ao resultado (morte, lesão corporal).

Já na figura do **parágrafo único**, a conduta é **culposa** (ausência das **devidas cautelas** ao **colocar** ou **deixar suspensa** coisa que, caso venha a cair, possa ofender, sujar ou molestar alguém). O sujeito é punido pela falta de cuidado, na medida em que coloca objeto em local do qual possa cair na via pública ou em local de uso comum ou alheio, gerando risco a outrem. Exs.: colocar vaso na janela de um apartamento ou um andaime suspenso do lado de fora de um prédio sem providenciar o isolamento da parte de baixo.

O sujeito é punido porque sua conduta culposa gera perigo de queda por não ter sido o objeto colocado com as devidas cautelas. Não é necessário que esta (a queda) se concretize, bastando a colocação perigosa. Na prática, entretanto, as autoridades somente têm a atenção chamada para o fato quando o objeto efetivamente cai.

Também é premissa dessa forma contravencional que a queda **não** provoque morte ou lesão em outrem, pois, nesses casos, o agente será punido por crime de lesão corporal culposa ou homicídio culposo. Cuida-se de infração penal **subsidiária**.

3. Sujeito ativo

Qualquer pessoa.

4. Sujeito passivo

A coletividade.

5. Consumação

No momento em que realizado o **lançamento** (na figura do *caput*) ou a **colocação perigosa** (na figura do parágrafo único), independentemente de qualquer outro resultado.

6. Tentativa

Inadmissível, nos termos do art. 4.º.

6.2.3.12. Emissão de fumaça, vapor ou gás

> **Art. 38.** Provocar, abusivamente, emissão de fumaça, vapor ou gás, que possa ofender ou molestar alguém:
> Pena — multa.

1. Objetividade jurídica

Evitar os efeitos incômodos e perigosos da emissão abusiva de fumaça, gás ou vapor sobre a coletividade (representada pelas pessoas que se encontram próximas ao local da emissão — em regra, vizinhos).

2. Elementos do tipo

Configura a contravenção penal a emissão **abusiva** (acima dos limites toleráveis) de **vapor**, **gás** ou **fumaça**, desde que possam ofender ou molestar as pessoas atingidas.

A contravenção tipifica-se, por exemplo, quando um estabelecimento fabril ou comercial (padarias, restaurantes) emite fumaça acima do permitido, de modo a incomodar os vizinhos com o cheiro ou a provocar irritação nos olhos, ou, ainda, quando alguém promove a queima de pneus, de objetos de plástico ou de lixo, causando emissão de vapores ou gases que incomodam as pessoas próximas etc.

É necessário ressaltar que o surgimento de grandes indústrias e a crescente preocupação coletiva com a preservação do meio ambiente fizeram com que fosse aprovada a **Lei de Proteção Ambiental** (Lei n. 9.605/98), em cujo art. 54, § 2.º, V, está previsto **crime**, apenado com reclusão de 1 a 5 anos, para punir quem causar poluição pelo lançamento de resíduos gasosos que **resultem ou possam resultar em danos à saúde humana, ou que provoquem a mortandade de animais ou a destruição significativa da flora**.

Distingue-se, ainda, a contravenção em análise do crime do art. 252 do Código Penal, porque neste é necessária a provocação de **perigo comum** (a número elevado de pessoas), enquanto a contravenção é reservada para situações de menores proporções. Além disso, no crime é necessário que se trate de emissão de gás **tóxico** ou **asfixiante**.

3. Sujeito ativo

Pode ser qualquer pessoa.

4. Sujeitos passivos

A coletividade e as pessoas que possam ser ofendidas ou molestadas pela emissão.

5. Consumação

No momento em que se **inicia** a emissão abusiva.

6. Tentativa

Não é admissível.

6.2.4. Das contravenções referentes à paz pública (Capítulo IV)

6.2.4.1. Associação secreta

> **Art. 39.** Participar de associação de mais de cinco pessoas, que se reúnam periodicamente, sob compromisso de ocultar à autoridade a existência, objetivo, organização ou administração da associação:
> Pena — prisão simples, de um a seis meses.
> § 1.º Na mesma pena incorre o proprietário ou ocupante de prédio que cede, no todo ou em parte, para reunião de associação que saiba ser de caráter secreto.
> § 2.º O juiz pode, tendo em vista as circunstâncias, deixar de aplicar a pena, quando lícito o objeto da associação.

A presente contravenção penal foi expressamente revogada pela Lei n. 14.197/2021.

6.2.4.2. Provocação de tumulto e conduta inconveniente

> **Art. 40.** Provocar tumulto ou portar-se de modo inconveniente ou desrespeitoso, em solenidade ou ato oficial, em assembleia ou espetáculo público, se o fato não constitui infração penal mais grave:
> Pena — prisão simples, de quinze dias a seis meses, ou multa.

1. Objetividade jurídica
A tranquilidade pública.

2. Elementos do tipo
A lei prevê **duas** condutas distintas:

a) *Provocar tumulto.* Causar desordem, alvoroço, confusão, agitação. A caracterização não depende de análise da **finalidade** do agente.
Admite qualquer **modo** de **execução**, como soltar animais (ratos, baratas) no interior de um cinema, fazer protesto mediante gritaria durante solenidade formal etc.
Saliente-se, entretanto, que a conduta de anunciar, por exemplo, um incêndio inexistente no transcorrer de um espetáculo público, provocando tumulto, constitui contravenção do art. 41 da Lei das Contravenções Penais, denominada "falso alarma".
b) *Portar-se de modo inconveniente ou desrespeitoso.* Assumir comportamento impróprio, impertinente, contrário às regras de bom comportamento. Ex.: dar risadas em alto tom ou gritar em momento inadequado durante peça teatral, atirar objetos no palco durante encenação ou *show*, intervir de forma desrespeitosa em um discurso público etc.

Esclarece a Lei que o fato só será **típico** se ocorrer em alguma das oportunidades expressamente elencadas:

a) *Solenidade ou ato oficial.* Festas cívicas, inaugurações de obras, posse de prefeitos, reuniões da Câmara dos Vereadores, discursos de governantes etc.
b) *Assembleia.* Reunião de determinada categoria para discussão de assuntos de seu interesse.
c) *Espetáculo público.* Exibições em cinemas, teatros, *shows* em estádios, em via pública ou ginásios de esporte, apresentações circenses etc.

Se o fato ocorrer em reuniões particulares, é considerado atípico: "Quando se trata de reunião festiva oferecida por sociedade particular a seus sócios, a provocação de tumulto ou o comportamento inconveniente ou desrespeitoso não configura a contravenção do art. 40 da lei específica, por faltar-lhe um requisito elementar: o acesso público ao espetáculo" (Tacrim/SP, Rel. Marcondes Rangel, *RT* 369/208).

3. Sujeito ativo
Qualquer pessoa.

4. Sujeito passivo
A coletividade.

5. Consumação
No instante em que a conduta do agente gera o tumulto ou quando sua conduta passa a incomodar os presentes.

6. Tentativa
Inadmissível, nos termos do art. 4.º.

7. Subsidiariedade expressa

O legislador, ao cuidar da pena da contravenção, ressaltou que ela só é aplicável se não constituir infração mais grave, como no caso já citado do falso alarma, ou, ainda, se do tumulto resultarem lesões, hipótese em que estará caracterizado o crime de lesões corporais culposas. Além disso, desde a aprovação da Lei n. 12.299/2010 (conhecida como Estatuto do Torcedor), comete **crime** apenado com reclusão, de 1 a 2 anos, e multa, quem provoca tumulto em **estádios** ou **ginásios**, ou em seus **arredores**, por ocasião de **evento esportivo**, bem como quem **invade** local restrito aos **competidores**. Referidos crimes estão previstos no art. 41-B da mencionada Lei.

6.2.4.3. Falso alarma

> Art. 41. Provocar alarma, anunciando desastre ou perigo inexistente, ou praticar qualquer ato capaz de produzir pânico ou tumulto:
> Pena — prisão simples, de quinze dias a seis meses, ou multa.

1. Objetividade jurídica

A tranquilidade pública.

2. Elementos do tipo

Provocar alarma é causar medo, susto, terror. Para tanto, é necessário que o agente **anuncie** desastre ou perigo **inexistentes**.

Note-se que, se o sujeito provoca a ação de **autoridade**, comunicando a ocorrência de **crime** que sabe não se ter verificado, sua conduta é enquadrada no art. 340 do Código Penal, delito denominado "**comunicação falsa de crime**". Se o agente comunica falsamente a ocorrência de um crime a **particulares**, provocando alarma, configura-se a contravenção. Assim, se alguém telefona para o dono de uma loja e lhe comunica que há ladrões no interior de seu estabelecimento, estará configurada a contravenção se a informação for falsa. Se o agente, entretanto, comunica a policiais este furto que sabe não estar em andamento, incorre no crime acima mencionado.

A contravenção também se configura quando o agente provoca a ação de autoridades públicas ou de particulares mediante a comunicação de desastres ou outras formas de perigo **não tipificadas como crime**. Exs.: telefonar para os bombeiros e anunciar um incêndio inexistente, ou para órgãos da Defesa Civil e comunicar falsamente um deslizamento de terra ou inundação.

Para a configuração da contravenção penal, é necessário que o agente **saiba** que é inverídica a informação que anuncia.

Na **segunda** parte do dispositivo, não se pune o anúncio e sim uma **conduta** que pode gerar **pânico** ou **tumulto**, como, por exemplo, acionar sorrateiramente o alarme de incêndio de um estabelecimento comercial, provocando a evacuação do prédio. Em tal hipótese, não é necessário que o agente queira especificamente causar pânico ou tumulto; basta que realize voluntariamente a conduta que possa provocar um desses resultados.

3. Sujeito ativo

Pode ser qualquer pessoa. Trata-se de infração penal **comum**.

A provocação de falso alarma pela imprensa configurava crime especial do art. 16, I, da Lei n. 5.250/67 (Lei de Imprensa). Ocorre que o Supremo Tribunal Federal, ao julgar a **ADPF n. 130**, decidiu que tal lei não foi recepcionada pela Constituição de 1988. Assim, também o falso alarma feito pela imprensa está abrangido pelo art. 41 da Lei das Contravenções Penais.

4. Sujeito passivo

A coletividade.

5. Consumação

Na **primeira** modalidade, quando o agente **provoca** o alarma. Na **segunda**, quando realiza o **ato** capaz de gerar pânico ou tumulto (ainda que estes não ocorram).

6. Tentativa

Não é possível, nos termos do art. 4.º.

6.2.4.4. *Perturbação do trabalho ou do sossego alheios*

> **Art. 42.** Perturbar alguém, o trabalho ou o sossego alheios:
> I — com gritaria ou algazarra;
> II — exercendo profissão incômoda ou ruidosa, em desacordo com as prescrições legais;
> III — abusando de instrumentos sonoros ou sinais acústicos;
> IV — provocando ou não procurando impedir barulho produzido por animal de que tem guarda:
> Pena — prisão simples, de quinze dias a três meses, ou multa.

1. Objetividade jurídica

A paz pública.

2. Elementos do tipo

Para a existência da contravenção, é preciso que o agente perturbe o trabalho ou o sossego alheios mediante **uma das formas de execução descritas no próprio tipo penal**. Podemos, então, concluir que se trata de infração penal de **ação vinculada**, em que o tipo penal especifica suas formas de execução, que, assim, somente se configura quando uma delas ocorrer. **Não** é necessário que o agente realize uma dessas condutas com a **específica** intenção de incomodar os vizinhos ou a coletividade; basta que tenha ciência do incômodo que poderá causar e que, ainda assim, a realize.

De acordo com o texto legal, a perturbação configuradora da contravenção deve se dar mediante:

a) *Gritaria ou algazarra*. **Gritaria** consiste em barulho produzido pela **voz humana**. **Algazarra** significa barulho produzido **por outra forma qualquer** (exceto as previstas nos demais incisos). Exs.: quebrar garrafas, chutar latas de lixo etc. A propósito: "entende-se por algazarra a produção de ruídos mesmo que não provindos exclusivamente da voz humana. Assim, infringe o art. 42, inciso I, da LCP quem, perturbando o sossego alheio, de modo estrepitoso, sai à rua de madrugada batendo latas ou promovendo barulhenta queima de fogos de estampido" (Tacrim/SP, Rel. João Guzzo, *Jutacrim* 19/194).

b) *Exercício de profissão incômoda ou ruidosa*. Para que exista a contravenção, o **texto legal** exige que o fato ocorra em desacordo com as **prescrições legais**. Trata-se, assim, de **norma penal em branco**, que pressupõe complementação. Deve-se, portanto, analisar as posturas e regulamentos municipais, a região onde é produzido o barulho (se comercial, residencial ou industrial), o horário, qual o limite de decibéis admitido para a área, se o estabelecimento tem licença da Prefeitura, se eventual licença admite funcionamento noturno etc. A propósito: "Incorre nas sanções do art. 42, II, da LCP, o agente que, responsável por uma lanchonete, promove apresentações de música ao vivo e ao ar livre, causando barulho durante o repouso noturno, **além dos horários estabelecidos no alvará expedido pela Prefeitura**, que autoriza atividades artísticas no estabelecimento" (Tacrim/SP, Rel. Gonzaga Franceschini, *RJD* 15/140).

A prova do barulho ou do incômodo pode ser feita **pericialmente** ou por **testemunhas**.

Se o estabelecimento estiver atuando dentro das normas ditadas e estiver incomodando pessoas, **não** haverá contravenção. Os incomodados terão de procurar as autoridades para tentar alterar a regulamentação, a fim de fazer cessar o problema.

Se não existem normas regulamentadoras, o fato é considerado **atípico**: "O disposto no art. 42, inc. II, da LCP, é norma penal em branco, cuja eficácia depende de outra norma que lhe dê vida. Não se encontrando disciplinado pelo poder competente o funcionamento de indústrias e fábricas, impossível a punição pela lembrada contravenção" (Tacrim/SP, Rel. Valentim Silva, *Jutacrim* 29/95); "A infração do art. 42 da LCP reside na violação das normas extrapenais regulamentadoras do exercício da profissão ruidosa ou incômoda. Se tais normas inexistem, resulta claro que a figura contravencional não pode, de modo algum, integrar-se analogamente aliás ao que ocorre nas hipóteses clássicas de *vacatio legis*, pois este é o fenômeno com que, em última análise, se depara nos casos de lei penal em branco, ainda não regulamentada" (*Juricrim-Franceschini*, n. 2.376).

c) *Abuso de instrumentos sonoros ou de sinais acústicos*. Na primeira parte, pune-se o excesso de aparelhagem de som ou do volume natural de instrumentos musicais. Sinais acústicos, por sua vez, abrangem apitos, sinos, buzinas etc.

Em razão do presente dispositivo, é possível a punição de pessoa que, em área habitada, deixa em alto volume o sistema de som de seu carro enquanto conversa com amigos, ou de morador que deixa seu aparelho de som ligado em alto volume por período prolongado, ou do dono de estabelecimento comercial ou casa noturna que imprimem alto volume de som, incomodando os moradores dos arredores etc.

d) *Provocar ou não procurar impedir barulho provocado por animal de que tenha a guarda*. São duas as condutas típicas. A primeira é **ativa**, consistente em **provocar** o animal para que ele faça barulho. A segunda é **omissiva** e se traduz pela ausência de providências no sentido de impedir que o animal o faça. Ex.: cachorros que latem em alto tom durante toda a noite, incomodando diversos moradores.

3. Sujeito ativo
Qualquer pessoa.

4. Sujeito passivo
A coletividade.

Não basta que uma pessoa ou um número reduzido de pessoas sintam-se atingidas. Exige-se que um número **considerável** de pessoas sejam incomodadas. Isso porque a Lei se utiliza da palavra "alheios", no plural. A propósito: "a contravenção do art. 42 somente se aperfeiçoa quando o ruído produzido perturba diversas pessoas, de modo que, se o barulho resultante de instrumentos sonoros incomoda só um indivíduo, não chegando a afetar a tranquilidade e sossego de grande número de famílias vizinhas, caracteriza-se o art. 65 da mesma lei" (Tacrim/SP, Rel. Junqueira Sangirardi, *RJD* 25/395); **e** "para a caracterização da contravenção do art. 42 da LCP, é necessário que uma pluralidade de pessoas sofram a perturbação, sendo insuficiente o transtorno de um só indivíduo, máxime se inexiste prova do abuso" (Tacrim/SP, Rel. Canellas de Godoy).

É necessário que se utilize o critério do homem **médio**. Caso se trate de pessoas extremamente suscetíveis que se sentem incomodadas com qualquer barulho mínimo, não se configura a contravenção. Nesse sentido: "a simples suscetibilidade de um indivíduo, a sua maior intolerância ou a irritabilidade de um neurastênico não é que gradua a responsabilidade. A perturbação deve, assim, ser incômoda aos que habitam um quarteirão, residem em uma vila, se recolhem a um hospital, frequentam uma biblioteca" (Tacrim/SP, Rel. Canguçu de Almeida, *Jutacrim* 75/379).

Devem ser também considerados os **costumes**, a **cultura** de um povo etc. Exs.: festas cívicas, carnaval, copa do mundo de futebol, serenatas etc. Nessas ocasiões, o barulho referente às festas não configura a contravenção.

Observe-se que o legislador, na descrição típica, utilizou-se da palavra "alguém", referindo-se ao autor da perturbação, e não à vítima.

5. Consumação
Com a efetiva perturbação do trabalho ou sossego alheios.

6. Tentativa
Inadmissível, nos termos do art. 4.º.

6.2.5. Das contravenções referentes à fé pública (Capítulo V)

6.2.5.1. Recusa de moeda de curso legal

> **Art. 43.** Recusar-se a receber pelo seu valor, moeda de curso legal no país:
> Pena — multa.

1. Objetividade jurídica
A **validade** da moeda em curso no país.

De acordo com o art. 21, VII, da Constituição Federal, a **competência** para a emissão de moeda é da **União**.

2. Elementos do tipo

A contravenção em análise configura-se quando alguém oferece moeda em curso como forma de pagamento, e o destinatário **recusa-se** a recebê-la ou propõe recebê-la por valor **menor**.

É indiferente que a recusa se refira a moeda em papel ou metal. Só ficará afastada a contravenção se houver motivação **legítima** para a recusa, como, por exemplo, quando o dinheiro estiver rasgado, desbotado, manchado (de forma a gerar suspeita de que se trata de dinheiro objeto de furto ou roubo em caixa eletrônico) etc. **É claro, também, que, se houver suspeita de falsificação, a moeda pode ser recusada.**

Não existe ilícito penal na recusa de moeda **estrangeira** ou de moeda que já **deixou de circular** validamente no território nacional.

Em certas ocasiões em que foram lançados planos econômicos no País, o Governo modificou a moeda em curso, de forma que, durante determinado período, duas espécies de moedas circulavam validamente no território nacional — no período de transição da antiga para a nova. Nesses casos, ambas as moedas estão concomitantemente em curso, de modo que não há legitimidade para a recusa de qualquer delas.

3. Sujeito ativo

Qualquer pessoa.

4. Sujeitos passivos

O Estado e a pessoa cuja moeda foi recusada.

5. Consumação

No momento em que o agente recusa a moeda ou se propõe a recebê-la por valor menor.

6. Tentativa

Inadmissível, quer por se tratar de infração penal omissiva, quer em razão da regra do art. 4.º.

6.2.5.2. Imitação de moeda para propaganda

> **Art. 44.** Usar, como propaganda, de impresso ou objeto que pessoa inexperiente ou rústica possa confundir com moeda:
> Pena — multa.

1. Objetividade jurídica

A fé pública na moeda em curso.

2. Elementos do tipo

O **objeto material** dessa contravenção é o **impresso** ou **objeto** (moeda metálica, por exemplo) que possa confundir pessoa **inexperiente** (crianças, analfabetos, por exemplo) ou **rústica** (simples, sem instrução) por ser parecido com a moeda em curso no território nacional.

É sabido que a distribuição de panfletos em forma de papel-moeda atrai consideravelmente a atenção dos destinatários. Assim, algumas pessoas, a fim de fazer promoção pessoal ou de algum produto, imitam parcialmente a moeda em curso e, concomitantemente, inserem no papel alguma espécie de propaganda. Constituem exemplos: imprimir em uma das faces os dizeres da moeda em curso e, na outra, fazer propaganda de algum produto; imprimir imitação de papel-moeda com os dizeres "vale desconto" em determinada loja. Podemos, ainda, citar o famoso caso do candidato a vereador que, em campanha política, mandou imprimir sua imagem em imitação de papel-moeda e, por tal razão, foi condenado pela infração em estudo.

Premissa da contravenção é que esses impressos ou objetos sejam **distribuídos ao público como forma de propaganda**. É exatamente nisso que consiste o risco à fé pública, porque oportunistas que encontrem o panfleto na via pública podem ter a iniciativa de enganar pessoas inexperientes ou rústicas, por exemplo, dando-lhes como troco a imitação do dinheiro. Daí a necessidade de se proibir, por meio dessa contravenção penal, o uso em propaganda de imitação de moeda.

É necessário ressalvar que, se a imitação for de tal forma evidente que não possa enganar ninguém, o fato será **atípico**. Ex.: imitação de papel-moeda de enormes dimensões.

Por sua vez, se o agente efetivamente **falsifica** moeda, podendo com isso enganar **número indeterminado de pessoas, está configurado** o crime de "**moeda falsa**" do art. 289 do Código Penal.

3. Sujeito ativo
Qualquer pessoa.

4. Sujeito passivo
O Estado.

5. Consumação
Com o uso do impresso ou objeto em propaganda.

6. Tentativa
É inadmissível, nos termos do art. 4.º. Se o agente mandou imprimir a imitação da moeda para ser utilizada em propaganda, mas, antes de iniciar a distribuição, foi impedido de concretizá-la, o fato será considerado atípico.

6.2.5.3. Simulação da qualidade de funcionário público

> **Art. 45.** Fingir-se funcionário público:
> Pena — prisão simples, de um a três meses, ou multa.

1. Objetividade jurídica
Evitar que, por fingir-se funcionário público, venha o agente a cometer delitos contra a fé pública ou contra a Administração Pública.

2. Elementos do tipo

a) *Fingir*. Significa fazer-se passar por funcionário público.

b) *Funcionário público*. De acordo com o art. 327, *caput*, do Código Penal, considera-se funcionário público quem, ainda que transitoriamente ou sem remuneração, exerce cargo, emprego ou função pública.

Irrelevante que o agente tenha se passado por funcionário público da esfera **federal**, **estadual** ou **municipal**.

A contravenção do art. 45 admite qualquer modo de execução, como palavras, gestos, escritos etc.

O crime em estudo é nitidamente **subsidiário**, cedendo espaço quando o fato constituir infração penal **mais grave**. A motivação do agente, por exemplo, pode alterar o enquadramento penal. Na contravenção, em regra, ele atua por **vaidade** ou para obter **pequenas vantagens morais**. Ex.: mentindo aos moradores de pequena cidade que é juiz de direito e que está no local para passar férias, o agente obtém respeito diferenciado da população, nos estabelecimentos comerciais, e, muitas vezes, acaba, eventualmente, sendo convidado para solenidades ou para se sentar com autoridades locais etc.

Se a intenção do agente, ao se passar por funcionário público, é a de obter **vantagem indevida** ou causar **prejuízo** a outrem, incorre no crime de **falsa identidade** do **art. 307** do Código Penal. Ex.: ao ser parado por policial rodoviário por excesso de velocidade, o sujeito mente que é promotor de justiça e diz que está atrasado para uma audiência, a fim de que o policial não lavre a multa.

Se o agente se limita a se passar por funcionário público, sem assumir especificamente a função de qualquer funcionário e sem praticar atos inerentes ao cargo, responde pela contravenção. Se vai além, chegando a **realizar** atos próprios e exclusivos da função pública, comete crime de **usurpação de função pública**, previsto no **art. 328** do Código Penal. Pratica o crime, por exemplo, quem, passando-se por policial de trânsito, começa a parar veículos em via pública e revistar os automóveis e as pessoas.

Se o agente faz-se passar por policial militar, ameaça prender alguém por um fato qualquer e exige dinheiro para não o fazer, o crime será o de **extorsão** (art. 158 do CP), por ter havido **grave ameaça**. Caso o agente minta ser funcionário público para aplicar um golpe financeiro em outrem, o crime será o de **estelionato** (art. 171 do CP).

3. Sujeito ativo

Qualquer pessoa. A infração pode ser praticada até por **funcionário público** que finja possuir função diversa da que realmente exerce, na medida em que o tipo penal não faz distinção.

4. Sujeito passivo

O Estado.

5. Consumação

Quando o agente simula a condição de funcionário público.

Para a configuração da contravenção, não se exige reiteração ou continuidade de condutas. Basta uma ação para consumá-la.

6. Tentativa
Inadmissível, nos termos do art. 4.º.

6.2.5.4. Uso ilegítimo de uniforme ou distintivo

> **Art. 46.** Usar, publicamente, de uniforme, ou distintivo de função pública que não exercer; usar, indevidamente, de sinal, distintivo ou denominação cujo emprego seja regulado por lei:
> Pena — multa, se o fato não constitui infração penal mais grave.

1. Objetividade jurídica
A regularidade no uso de uniformes ou distintivos oficiais, a fim de resguardar a fé pública.

2. Elementos do tipo
Usar significa vestir o uniforme, colocar o distintivo na roupa ou no veículo etc.

Uniforme é a roupa ou fardamento que identifica os integrantes de determinada categoria pública. **Distintivo** é o emblema, a insígnia.

São punidas **duas** condutas típicas. Na primeira, o sujeito faz uso de uniforme ou distintivo de função que não exerce. É necessário que o fato ocorra **em público**, conforme exige o tipo penal. O uso de uniforme em recinto privado e não acessível ao público constitui irrelevante penal. Na segunda, o agente exerce a função, mas só pode utilizar o distintivo, sinal ou denominação nas hipóteses admitidas na legislação, cometendo a contravenção por fazer o uso fora das hipóteses permitidas (uso **indevido**). Nessa modalidade, cuida-se de norma **penal em branco**.

3. Caráter subsidiário
O próprio dispositivo estabelece que a contravenção em análise fica **absorvida** se o fato constitui infração penal **mais grave**. Assim, se o agente não se limita a usar o distintivo ou o uniforme, mas o faz a fim de se passar efetivamente por funcionário público, incorre na contravenção do art. 45, que tem pena maior.

No art. 172 do Código Penal Militar, é previsto crime denominado "uso indevido de uniforme, distintivo ou insígnia **militar por qualquer pessoa**", que, por ser punido com detenção de até 6 meses, absorve a contravenção.

4. Sujeito ativo
Pode ser qualquer pessoa. Funcionários públicos que usem indevidamente uniforme de outra categoria incorrem na contravenção, desde que o fato ocorra publicamente.

5. Sujeito passivo
A coletividade.

6. Consumação
No momento em que o agente usa o uniforme ou o distintivo, independentemente de qualquer outro resultado.

7. Tentativa
Inadmissível, nos termos do art. 4.º.

6.2.6. Das contravenções relativas à organização do trabalho (Capítulo VI)

6.2.6.1. Exercício ilegal de profissão ou atividade

> **Art. 47.** Exercer profissão ou atividade econômica ou anunciar que a exerce, sem preencher as condições a que por lei está subordinado o seu exercício:
> Pena — prisão simples, de quinze dias a três meses, ou multa.

1. Objetividade jurídica
Proteger o interesse social, assegurando que certas profissões sejam exercidas somente por pessoas **qualificadas**.

2. Elementos do tipo
O tipo exige, para a existência da contravenção, que o agente **exerça** ou **anuncie profissão** ou **função econômica, não preenchendo as condições a que por lei está subordinado o seu exercício**. Trata-se, portanto, de norma **penal em branco** a ser integrada por outro dispositivo legal que deve ser mencionado na **denúncia**. Se não houver uma lei que regulamente a profissão ou a atividade econômica exercida ou anunciada, o fato será **atípico**. A propósito: "a contravenção de exercício ilegal de profissão ou atividade do art. 47 da LCP, é norma penal em branco que exige complementação por outro dispositivo legal, devidamente mencionado na peça acusatória para permitir e possibilitar a plena e ampla defesa..." (Tacrim/SP, Rel. Corrêa Dias, *Jutacrim* 82/213).

Há profissões, tais como a de advogado (Estatuto da Ordem dos Advogados — Lei n. 8.906/94), engenheiro (Decreto Federal n. 23.569/33), corretor de imóveis (Lei n. 6.530/78), dentre inúmeras outras, que possuem regulamentação, exigindo o preenchimento de diversas condições, de modo que o seu exercício ilegal caracteriza a contravenção. Ex.: estagiário ou estudante de direito que exerce em nome próprio a advocacia.

Da mesma forma, há **atividades econômicas**, tais como a de relações públicas (Lei n. 5.337/67) e taxista (Lei n. 12.468/2011), que, por serem devidamente regulamentadas por lei, também estão abrangidas pelo art. 47.

A norma atinge também o profissional **suspenso** ou **impedido** de exercer a profissão por determinação de sua entidade.

Existem, porém, julgados dizendo que, quando se trata de **advogado** suspenso pela OAB, configura-se o crime do art. 205 do Código Penal, por ser a Ordem uma autarquia com regime especial. Prevê referido art. 205 pena de detenção de 3 meses a 2 anos, ou multa, para quem "exercer atividade de que está impedido por decisão administrativa".

No sentido de que o advogado suspenso incorre na **contravenção**: "A jurisprudência dos Tribunais — inclusive aquela emanada do Supremo Tribunal Federal — tem assinalado, tratando-se de exercício ilegal da Advocacia, que a norma inscrita no art. 47 da Lei das Contravenções Penais aplica-se tanto ao profissional não inscrito nos quadros da Ordem dos Advogados do Brasil quanto ao profissional, que, embora inscrito, encontra-se suspenso ou impedido, estendendo-se, ainda, essa mesma cláusula de tipificação penal, ao profissional com inscrição já cancelada. Precedentes" (STF — HC 74.471, Rel. Min. Celso de Mello, 1.ª Turma, julgado em 18.3.1997, *DJe* 053, 20.3.2009, p. 299); e "o advogado que, após sofrer suspensão disciplinar pela OAB, pratica o exercício da profissão não comete o crime previsto no art. 205 do CP e sim a contravenção penal do art. 47 do Dec.-lei 3.688/41, pois a expressão 'decisão administrativa' contida no primeiro tipo, tomada em seu sentido técnico-administrativo, somente pode ser entendida como atos ou resoluções emanados dos órgãos da administração pública, onde entidades disciplinadoras de profissões liberais não se incluem" (Tacrim/SP, Rel. Lopes da Silva, *RT* 748/644).

Cumpre ressaltar que, no tocante às profissões de **médico**, **dentista** e **farmacêutico**, não há falar em enquadramento no art. 47 da Lei das Contravenções Penais, uma vez que existe **crime específico**, previsto no art. 282 do Código Penal.

Caso o agente tenha sido suspenso ou privado do direito de exercer certa atividade por decisão **judicial**, o exercício da atividade configura crime específico previsto no art. 359 do Código Penal. Por sua vez, quando se trata de exercício ilegal de **função pública** por parte de quem foi **exonerado**, **removido**, **substituído** ou **suspenso**, configura-se o crime do art. 324 do Código Penal.

3. Sujeito ativo

Qualquer pessoa.

4. Sujeitos passivos

O Estado e, eventualmente, as pessoas enganadas.

5. Consumação

Para a configuração da contravenção, **não** é necessário que o agente obtenha **vantagem** patrimonial ou provoque **prejuízo** a outrem, visto que se trata de infração **de perigo**. A propósito: "a infração do art. 47 da LCP é de perigo e não de dano, sendo irrelevante à sua configuração a eventual inexistência de prejuízo" (Tacrim/SP, Rel. Camargo Aranha, *Jutacrim* 53/344).

Há **divergência** na jurisprudência a respeito da necessidade de **reiteração** de atos (**habitualidade**) para a caracterização da infração. Para os que entendem que não se mostra necessária a habitualidade, a contravenção se configura com o primeiro ato. Para os que julgam imprescindível a habitualidade, a infração se consuma com a reiteração de condutas. Este último entendimento **prevalece** na jurisprudência. A propósito:

> "O exercício da advocacia com base em inscrição na OAB obtida com o uso de diploma falso de bacharel em direito caracteriza a contravenção penal prevista no artigo 47 da Lei das Contravenções Penais. Por outro lado, a habitualidade exigida para a caracterização do exercício ilegal da profissão não se configura quando há a prática de um único ato privativo da profissão, configurando-se, porém, se, ainda que num processo apenas, seja em causa própria, seja em favor de terceiro, o acusado praticar vários atos processuais, como ocorreu na hipótese sob julgamento. *Habeas corpus* indeferido" (STF — HC 75.022, Rel. Min. Moreira Alves, 1.ª Turma, julgado em 26.6.1997, *DJ* 29.8.1997, p. 40218).

Em sentido contrário, entendendo desnecessária a habitualidade: "Contravenção penal — Exercício ilegal de profissão ou atividade — Habitualidade — Desnecessidade à tipificação do ilícito — O art. 47 da LCP considera ilícito o só fato de anunciar o exercício irregular de atividade ou profissão. Assim, mesmo que o agente não tenha, efetivamente, praticado ato algum da apontada atividade ou profissão, o simples anúncio de que o faz configura a contravenção" (Tacrim/SP — Rel. Rafael Granato, *Jutacrim* 52/242).

6. Tentativa
Inadmissível, nos termos do art. 4.º.

6.2.6.2. Exercício ilegal do comércio de coisas antigas e obras de arte

> **Art. 48.** Exercer, sem observância das prescrições legais, comércio de antiguidades, de obras de arte, ou de manuscritos e livros antigos e raros:
> Pena — prisão simples, de um a seis meses, ou multa.

1. Objetividade jurídica
O controle do comércio legítimo de obras de arte, antiguidades, livros raros ou antigos.

2. Conduta típica
O que se pune é a conduta do comerciante que exerce suas atividades sem observar as disposições legais a respeito de obras de arte, antiguidades etc. Cuida-se de **norma penal em branco**, que pressupõe a existência de **lei** regulamentando referidos temas. A legislação pertinente é a seguinte: Decreto-lei n. 25/37; Lei n. 4.845/65; Lei n. 5.471/68; e Decreto n. 65.347/69.

Se a ilegalidade reside no fato de o objeto material ser **produto de crime**, a conduta do comerciante constitui **receptação qualificada** (art. 180, § 1.º, do CP), que absorve a contravenção. Ex.: comerciante que adquire obras de arte roubadas a fim de revendê-las.

3. Sujeito ativo
Pode ser qualquer pessoa. Em regra, são as pessoas que se dedicam a esse tipo de comércio em antiquários, feiras de objetos antigos, sebos etc.

4. Sujeito passivo
A coletividade.

5. Consumação
Considerando que a doutrina entende que essa contravenção pressupõe **habitualidade** na não observância dos preceitos legais no desempenho do comércio, a contravenção só se consuma com a **reiteração de atos**.

6. Tentativa
Inadmissível, nos termos do art. 4.º.

6.2.6.3. Matrícula ou escrituração de indústria e profissão

> **Art. 49.** Infringir determinação legal relativa à matrícula ou à escrituração de indústria, de comércio, ou de outra atividade:
> Pena — multa.

1. Objetividade jurídica

A normal constituição e funcionamento das empresas, indústrias ou outras atividades similares, como bolsas de valores, despachantes, aduaneiros, leiloeiros etc.

2. Elementos do tipo

A conduta típica é **infringir**, que significa **violar, não respeitar**. É necessário que a transgressão diga respeito a determinações **legais** relativas à **matrícula** ou **escrituração** da empresa ou indústria. Cuida-se de **norma penal em branco**.

O art. 967 do Código Civil prevê que é **obrigatória** a inscrição do empresário no Registro Público de Empresas Mercantis da respectiva sede, antes do início da atividade. O próprio Código Civil, em seus dispositivos seguintes, bem como a **Lei n. 8.934/94** (**Lei do Registro de Empresas**), regulamenta os procedimentos e as exigências para o registro de empresários individuais, sociedades empresárias e auxiliares de comércio (leiloeiros, trapicheiros, tradutores públicos, intérpretes comerciais, administradores de armazéns gerais), cujo desrespeito configura a contravenção.

As alterações do contrato ou estatuto social devem ser averbadas na Junta Comercial. A omissão também configura a infração.

É evidente que eventual inserção de declaração falsa ou omissão de declaração que devesse constar em **documento** feita com o fim de prejudicar direito, criar obrigação ou alterar a verdade sobre fato juridicamente relevante configura crime de **falsidade ideológica** (art. 299 do CP). Assim, comete tal delito quem presta informação falsa à Junta Comercial a fim de fazer inserir informação falsa ou diversa da que devia constar no registro da empresa.

É ainda dever do empresário e da sociedade empresária a regular **escrituração** de suas atividades. De acordo com o art. 1.179 do Código Civil, "o empresário e a sociedade empresária são **obrigados** a seguir um sistema de contabilidade, mecanizado ou não, com base na escrituração uniforme de seus livros, em correspondência com a documentação respectiva, e a levantar anualmente o balanço patrimonial e o de resultado econômico".

Além disso, o art. 1.180 prevê que, "além dos demais livros exigidos por lei, é indispensável o **Diário**, que pode ser substituído por fichas no caso de escrituração mecanizada ou eletrônica". Já o art. 19 da Lei n. 5.474/68 estabelece que a adoção do regime de vendas de que trata o seu art. 2.º (vendas a prazo com emissão de duplicata) obriga o vendedor a ter e a escriturar o Livro de Registro de **Duplicatas**.

Por sua vez, o art. 1.181 estabelece que, salvo disposição expressa em lei em sentido contrário, os livros obrigatórios devem ser **autenticados** no Registro Público de Empresas Mercantis **antes** de serem colocados em uso.

Em suma, o desrespeito às normas de escrituração, como a inexistência dos livros obrigatórios ou de sua prévia autenticação, ou outras formalidades exigidas em lei, configura a contravenção em estudo, exceto se for decretada a **falência** da empresa, hipótese em que estará configurado o **crime falimentar** do art. 178 da Lei n. 11.101/2005, consistente em deixar de elaborar, escriturar ou autenticar, antes ou depois da sentença que decretar a falência, conceder a recuperação judicial ou homologar o plano de recuperação extrajudicial, os **documentos de escrituração contábil obrigatórios**.

3. Sujeito ativo

Trata-se de contravenção **própria**, que só pode ser cometida por determinadas pessoas.

No caso de infração relativa à matrícula, o sujeito ativo é o responsável por providenciar o registro da empresa, em regra, o seu dono. A infração também pode ser praticada pelo funcionário da Junta Comercial responsável pela verificação e fiscalização das prescrições legais (art. 1.153 do Código Civil) que se omita do dever de notificar o requerente para sanar a irregularidade.

No caso de infração às regras de escrituração, o responsável é o dono da empresa ou o Contador, ou ambos.

4. Sujeito passivo

A coletividade.

5. Consumação

Quando ocorrer a ação ou omissão caracterizadora da infração ao dever legal.

6. Tentativa

Inadmissível, nos termos do art. 4.º.

6.2.7. Das contravenções relativas à polícia de costumes (Capítulo VII)

6.2.7.1. Jogo de azar

> **Art. 50.** Estabelecer ou explorar jogo de azar em lugar público ou acessível ao público, mediante pagamento de entrada ou sem ele:
> Pena — prisão simples, de três meses a um ano, e multa, estendendo-se os efeitos da condenação à perda dos móveis e objetos de decoração do local. (...)
> § 2.º Incorre na pena de multa, de duzentos mil réis a dois contos de réis, quem é encontrado a participar do jogo, como ponteiro ou apostador.
> § 3.º Consideram-se, jogos de azar:
> *a)* o jogo em que o ganho e a perda dependem exclusiva ou principalmente da sorte;
> *b)* as apostas sobre corrida de cavalos fora de hipódromo ou de local onde sejam autorizadas;
> *c)* as apostas sobre qualquer outra competição esportiva.
> § 4.º Equiparam-se, para os efeitos penais, a lugar acessível ao público:
> *a)* a casa particular em que se realizam jogos de azar, quando deles habitualmente participam pessoas que não sejam da família de quem a ocupa;

> b) o hotel ou casa de habitação coletiva, a cujos hóspedes e moradores se proporciona jogo de azar;
> c) a sede ou dependência de sociedade ou associação, em que se realiza jogo de azar;
> d) o estabelecimento destinado à exploração de jogo de azar, ainda que se dissimule esse destino.

1. Objetividade jurídica

Os bons costumes. Busca-se, também, proteger o patrimônio dos cidadãos, pois é sabido que muitas pessoas perdem o controle e ficam obcecadas por jogos de azar, e, não raro, perdem grandes quantias ou até arruínam financeiramente suas famílias.

2. Elementos do tipo

As **condutas típicas são:**

a) *Estabelecer*. Organizar, instituir, criar, fundar um local onde se pratique o jogo.

b) *Explorar*. É auferir lucro com o jogo fora da condição de apostador, direta ou indiretamente.

De acordo com o *caput* do art. 50, só se configura a contravenção quando o fato ocorre em lugar **público** (em ruas, calçadões, praças) ou **acessível ao público** (cassinos clandestinos, clubes). O § 4.º, por sua vez, cuidou de esclarecer que determinados locais **equiparam-se** a lugar acessível ao público, para efeitos penais. São eles:

a) a casa particular em que se realizam jogos de azar, quando deles habitualmente participam pessoas que não sejam da família de quem a ocupa;

b) o hotel ou casa de habitação coletiva, a cujos hóspedes e moradores se proporciona jogo de azar;

c) a sede ou dependência de sociedade ou associação, em que se realiza jogo de azar;

d) o estabelecimento destinado à exploração de jogo de azar, ainda que se dissimule esse destino.

No que se refere às casas **particulares**, firmou-se entendimento de que só existe a contravenção quando o proprietário ou responsável admite **aleatoriamente** pessoas para participar dos jogos que ali acontecem, fazendo-o de forma **habitual** (conforme exige o tipo penal). Reuniões entre familiares ou amigos em determinada residência não configuram a contravenção, ainda que ali sejam realizados jogos de azar mediante apostas. Nesse sentido: "jogo de azar doméstico ou equiparado a doméstico, mesmo a dinheiro, realizado como simples passatempo, sem aliciamento de vontades ou aproveitamento de inexperiência ou de paixão viciosa para auferição de lucros diretos (não de mero 'barato'), não constitui ilícito, mas mera distração penalmente inócua" (Tacrim/SP, Rel. Azevedo Franceschini, *Jutacrim* 20/95); **e** "A reunião de várias pessoas amigas ou conhecidas em residência particular, para a prática de carteado a dinheiro, não configura a infração do art. 50 da LCP. Além de não ser aquele lugar acessível a qualquer pessoa, mas apenas a convidados, tal modalidade de jogo não sofreu nenhuma restrição no território nacional" (Tacrim/SP, *RT* 213/381).

É necessário que o agente estabeleça ou explore **jogo de azar**. O art. 50, § 3.º, da Lei das Contravenções esclarece o que se deve considerar como jogo de azar:

a) *O jogo em que o ganho ou a perda dependem exclusivamente ou principalmente da sorte (alínea "a").*

Abrange certos jogos de cartas (vinte e um, sete e meio), roleta, bozó, jogo de dados etc.

O chamado jogo de chapinhas, muito comum em praças públicas, constitui jogo de azar, exceto se o agente empregar alguma **fraude** que impossibilite a vitória do apostador, hipótese em que responderá por crime de **estelionato**.

A exploração de máquinas caça-níquel ou videopôquer pode configurar a contravenção; contudo, em regra, essas máquinas são adulteradas para limitar a possibilidade de ganho do apostador e, nesse caso, como as vítimas são indeterminadas, configura-se crime contra a economia popular, na modalidade descrita no art. 2.º, IX, da Lei n. 1.521/51.

Os jogos que dependem principalmente da **habilidade** do jogador não se incluem nessa categoria, como a sinuca. O jogo de truco, por depender da malícia, astúcia e habilidade do jogador no desenrolar da partida (e não apenas das cartas sorteadas), não se enquadra no conceito de jogo de azar, porque não depende exclusiva ou principalmente da sorte.

Quanto aos jogos de pôquer e pif-paf, existe controvérsia jurisprudencial. Para alguns, tais jogos não dependem principalmente da sorte e sim da habilidade do jogador, de forma que não configuram a contravenção. Para outros, constituem sempre o ilícito penal, porque dependem da sorte na distribuição das cartas. Ressalve-se, todavia, que existem várias modalidades de pôquer, e a que normalmente ocorre em cassinos clandestinos é aquela em que os apostadores não jogam entre si e sim contra a banca, havendo uma aposta inicial prévia (pingo), seguida de posterior distribuição das cartas. Em tal modalidade, não há como se negar que a vitória depende principalmente da sorte.

A aposta on-line em jogo de pôquer ou em resultado de eventos esportivos não pode ser punida no Brasil se o provedor estiver fora do território nacional, porque, nos termos do art. 2.º da Lei das Contravenções Penais, não são puníveis as contravenções cometidas fora do Brasil. Apesar de o comando ser feito em território nacional, a concretização da aposta e o resultado ocorrem no exterior.

Apesar do silêncio da lei, é claro que só ocorre a contravenção se o jogo de azar for praticado mediante **aposta**. Um jogo de roleta que não seja a dinheiro não caracteriza a infração, pois não há potencialidade lesiva. A propósito: "para a tipificação da contravenção do jogo de azar é necessário que se prove também que a prática tenha como finalidade o lucro, o que não se confunde com despesas feitas pelos participantes, normalmente bebidas, salgadinhos etc." (Tacrim/SP, Rel. Rubens Gonçalves, *RJD* 8/83).

Eventual finalidade beneficente não afasta a contravenção, salvo se houver autorização da autoridade competente.

A conduta de obter ou tentar obter ganhos ilícitos em detrimento do povo ou de número indeterminado de pessoas mediante as chamadas "pirâmides", "cadeias", "pichardismo" ou "bolas de neve", constitui crime específico descrito no art. 2.º, IX, da Lei n. 1.521/51 (crime contra a economia popular).

b) *As apostas sobre corrida de cavalos fora do hipódromo ou de local onde sejam autorizadas (alínea "b").*

A aposta em corrida de cavalos é permitida, porém com a observância de formalidades legais. Sem estas, é clandestina e tipifica a contravenção.

c) *As apostas sobre qualquer outra competição esportiva (alínea "c").*

Veja-se que a lei pune as **apostas** acerca do resultado de determinado jogo ou acerca do vencedor de certa competição.

O chamado "**bolão**", envolvendo dinheiro, quando toma proporções **públicas**, admitindo que pessoas indeterminadas dele participem, caracteriza a infração.

3. Sujeito ativo

Qualquer pessoa. A Lei pune, no *caput* do dispositivo, o **dono** do local e o **responsável** pelo negócio (inclusive de cassinos clandestinos). O **funcionário responsável pelo estabelecimento** que **coordena o funcionamento da casa é partícipe** da contravenção. Ex.: o gerente do cassino clandestino.

Nos termos do § 1.º do art. 50, *a pena será aumentada de um terço, se existe entre os empregados ou participa do jogo pessoa menor de dezoito anos*. Essa causa de aumento se aplica ao **responsável** pela exploração do jogo (o dono do cassino, por exemplo).

Além disso, o § 2.º estabelece que *incorre na pena de multa quem é encontrado a participar do jogo, como ponteiro ou apostador*. **Apostador** é o **jogador**, aquele que participa do jogo. **Ponteiro** é o *croupier*, a pessoa responsável por colher as apostas ou coordenar o jogo (distribuir cartas, rodar a roleta etc.). Como a pena é menor nesses casos, podemos dizer que se trata de modalidade **privilegiada** da contravenção.

4. Sujeito passivo

A coletividade.

5. Consumação

No momento em que o agente estabelece ou explora o jogo de azar. A jurisprudência tem exigido a reiteração de atos (**habitualidade**). A propósito: "a contravenção do art. 50 da lei especial exige a prova de habitualidade da conduta ao seu reconhecimento" (Tacrim/SP, Rel. Lauro Alves, *Jutacrim* 48/224); **e** "Contravenção penal — Jogo de azar — Prova da habitualidade — Indispensabilidade — A contravenção de jogo de azar exige sempre a habitualidade" (Tacrim/SP, Rel. Camargo Sampaio, *Jutacrim* 48/224).

Em relação aos apostadores, não se exige habitualidade, configurando-se a contravenção sempre que for flagrado jogando mediante apostas.

6. Tentativa

Inadmissível, nos termos do art. 4.º.

7. Efeito da condenação

Além da pena de prisão simples e multa, constitui efeito da condenação a **perda dos móveis existentes no local, bem como dos objetos de decoração**.

6.2.7.2. Jogo do bicho

Art. 58. Realizar o denominado "jogo do bicho", em que um dos participantes, considerado comprador ou ponto, entrega certa quantia com a indicação de combinações de

> algarismos ou nome de animais, a que correspondem números, ao outro participante, considerado o vendedor ou banqueiro, que se obriga mediante qualquer sorteio ao pagamento de prêmios em dinheiro:
> Penas — de seis meses a um ano de prisão simples e multa ao vendedor ou banqueiro, e de quarenta a trinta dias de prisão celular ou multa ao comprador ou ponto.

1. Introdução

Essa contravenção era prevista no art. 58 da Lei das Contravenções Penais (Decreto-lei n. 3.688/41). Foi revogada pelo **art. 58 do Decreto-lei n. 6.259/44**, que regulamentou e complementou as disposições legais sobre o jogo do bicho.

Havia rito processual específico para apurar essa contravenção no art. 3.º da Lei n. 1.508/51. Tal procedimento, entretanto, não pode mais ser adotado, uma vez que a Lei n. 9.099/95 estabeleceu o procedimento **sumaríssimo** para as infrações de menor potencial ofensivo, que abrange todas as contravenções penais.

2. Objetividade jurídica

Os bons costumes.

3. Elementos do tipo

O "jogo do bicho" é uma espécie de loteria particular, cujo conceito encontra-se no próprio texto legal: jogo em que "um dos participantes, considerado comprador ou ponto, entrega certa quantia com a indicação de combinações de algarismos ou nome de animais, a que correspondem números, ao outro participante, considerado o vendedor ou banqueiro, que se obriga mediante qualquer sorteio ao pagamento de prêmios em dinheiro".

Nos termos do art. 58, § 2.º, do Decreto-lei n. 6.259/44, *consideram-se idôneas para a prova do ato contravencional quaisquer listas com indicações claras ou disfarçadas, uma vez que a perícia revele se destinarem a perpetração do jogo do bicho*. Percebe-se, pois, que é sempre necessária a realização de uma perícia para comprovar que o material apreendido é próprio do jogo, já que as apostas, normalmente, são feitas por meio de símbolos e abreviaturas próprias que o leigo, comumente, não consegue decifrar.

O jogo do bicho não deixou de ser punido em virtude de o **Estado** explorar diversos jogos similares ou por ser socialmente aceito. Em primeiro lugar, porque os costumes não revogam as leis, de modo que, estando em vigor o art. 58 do Decreto-lei n. 6.259/44, o jogo do bicho deve ser punido. Em segundo lugar, porque o dinheiro arrecadado pelos jogos oficiais é aplicado, ao menos teoricamente, em obras de interesse público, enquanto aquele arrecadado pelo jogo do bicho fica com os banqueiros.

4. Sujeito ativo

O próprio conceito legal de jogo do bicho abrange e pune as figuras do **banqueiro** e do **apostador** (a pena daquele, contudo, é maior). Ocorre que, normalmente, o jogo do bicho não é feito diretamente entre apostador e banqueiro. Existem, também, os **intermediários** que colhem as apostas junto aos apostadores e as encaminham ao banqueiro. Por isso, o art. 58, § 1.º, "a", do Decreto-lei pune *os que servirem de intermediários na efetuação do jogo* com as mesmas penas estabelecidas para os banqueiros.

Note-se que o texto legal também chama o banqueiro de "vendedor". Assim, apesar de ser o intermediário quem colhe as apostas, não podemos chamá-lo de "vendedor".

O intermediário pode ser punido, mesmo se não forem identificados o banqueiro e o apostador. O Superior Tribunal de Justiça, aliás, editou a Súmula 51, concluindo que "**a punição do intermediário no jogo do bicho independe da identificação do apostador ou do banqueiro**".

Fora o banqueiro, o apostador e o intermediário, há muitas outras pessoas que colaboram para a efetivação de todo o mecanismo do jogo. Exs.: transportadores (normalmente, motociclistas que recolhem as apostas junto aos intermediários e as levam até a sede do jogo), pessoas que fazem os sorteios, que conferem os prêmios etc. Por esse motivo, as alíneas "b", "c" e "d" do § 1.º do art. 58 do Decreto-lei n. 6.259/44 preveem grande número de condutas puníveis. Assim, incorrem também nas mesmas penas do banqueiro:

> *a*) (...)
> *b*) os que transportarem, conduzirem, possuírem, tiverem sob sua guarda ou poder, fabricarem, derem, cederem, trocarem, guardarem em qualquer parte, listas com indicações do jogo ou material próprio para a contravenção, bem como de qualquer forma contribuírem para a sua confecção, utilização, curso ou emprego, seja qual for a sua espécie ou quantidade;
> *c*) os que procederem à apuração de listas ou à organização de mapas relativos ao movimento do jogo;
> *d*) os que por qualquer modo promoverem ou facilitarem a realização do jogo.

A reunião de **três** ou **mais** pessoas para a exploração do jogo do bicho não configura o delito de associação criminosa do art. 288 do Código Penal, que só pune a associação de tal número de pessoas para a prática reiterada de **crimes**, e o jogo do bicho não tem tal natureza.

5. Sujeito passivo

O Estado.

6. Consumação

No momento em que é realizado o jogo.

7. Tentativa

Inadmissível, nos termos do art. 4.º.

Se houver intervenção policial antes da concretização da aposta, o fato será considerado atípico.

6.2.7.3. Vadiagem

> **Art. 59.** Entregar-se alguém habitualmente à ociosidade, sendo válido para o trabalho, sem ter renda que lhe assegure meios bastantes de subsistência, ou prover a própria subsistência mediante ocupação ilícita:
> Pena — prisão simples, de quinze dias a três meses.

1. Objetividade jurídica

Os bons costumes.

O legislador considera que o ocioso, **que não tem como manter sua subsistência**, tende a praticar crimes contra o patrimônio e, por isso, preventivamente, pune a vadiagem.

2. Condutas típicas

O tipo prevê **duas** modalidades de infração:

a) *Entregar-se à ociosidade*. Conduta **omissiva**. Ociosidade é a característica do vadio, ou seja, daquele que, sendo apto para o trabalho, não o faz **porque não quer**.

O tipo exige que a ociosidade seja **habitual**. Por isso, o **desemprego temporário e eventual**, pela falta de oportunidade ou de propostas de emprego, não caracteriza a infração. Nesses casos, a ociosidade não é **voluntária**. Assim, verifica-se que a exigência de habitualidade faz com que a contravenção só se tipifique quando o agente, **intencionalmente**, opte por viver sem trabalhar. Deve ficar provado que o agente não trabalha e **não se interessa por procurar emprego**, justamente porque quer viver na ociosidade. Por isso, o dispositivo não é inconstitucional, pois a todos é dada a possibilidade de conseguir emprego ou obter renda suficiente para sua manutenção, não havendo tratamento desigual tão somente pela condição natural do sujeito, fato que caracterizaria infringência ao princípio da igualdade, assegurado pela Carta Magna. Apesar disso, existe projeto de lei em tramitação, já aprovado na Câmara dos Deputados, revogando a contravenção de vadiagem.

b) *Prover a própria subsistência mediante ocupação ilícita*. Refere-se àqueles que optam por trabalhar em **profissão ilícita**. Se a atividade ilícita, no entanto, caracteriza **crime autônomo**, o agente só responde por esse crime. Ex.: indivíduo que vive da prática de furtos responde por esses crimes, e não pela contravenção.

É muito comum que pessoas ganhem a vida como cambistas em *shows*. Tal conduta caracteriza a contravenção. Já a atuação como cambista em **evento esportivo**, em que o agente vende ingressos por preço superior ao estampado no bilhete, constitui, atualmente, crime do art. 41-F da Lei n. 12.299/2010 (Estatuto do Torcedor), cuja pena é de reclusão, de 1 a 2 anos, e multa. A mencionada lei tem como principal objetivo coibir a violência em estádios e nos seus arredores, porém trata também de temas correlatos.

A jurisprudência majoritária entende não haver a contravenção nos casos de prostituição (atividade imoral, mas não ilícita), *trottoir*, de lavadores e guardadores de carros, ambulantes etc.

3. Causa extintiva da punibilidade

O parágrafo único do art. 59 prevê que "a aquisição superveniente de renda que assegure ao condenado meios de subsistência extingue a pena". Embora não haja previsão expressa na Lei, se a aquisição de renda ocorrer durante a ação penal, ficará extinta a punibilidade.

4. Sujeito ativo

Qualquer pessoa. O tipo, entretanto, exige que o agente seja **válido para o trabalho**, isto é, que não seja portador de moléstia ou deficiência física que o torne absolutamente incapaz de exercer alguma atividade útil. Além disso, só é punível aquele que não trabalha e que não tem meios de prover sua própria subsistência. Caso o ocioso possua imóveis alugados, pensão alimentícia, aplicações financeiras ou seja mantido por familiares, afasta-se a contravenção.

5. Sujeito passivo
O Estado.

6. Consumação
Tratando-se de contravenção **habitual**, é difícil apontar, na prática, o exato momento consumativo. Pode-se afirmar, todavia, que a contravenção estará consumada a partir do instante em que houver a **reiteração** na ociosidade ou manutenção da subsistência mediante ocupação ilícita, demonstrando ser um estilo de vida.

7. Tentativa
Inadmissível, nos termos do art. 4.º.

6.2.7.4. Mendicância

> Art. 60, *caput* — Mendigar, por ociosidade ou cupidez:
> Pena — prisão simples, de quinze dias a três meses.

Essa contravenção penal foi expressamente revogada pela Lei n. 11.983/2009.

6.2.7.5. Importunação ofensiva ao pudor

> Art. 61. Importunar alguém, em lugar público ou acessível ao público, de modo ofensivo ao pudor:
> Pena — multa.

Essa contravenção penal foi expressamente revogada pela Lei n. 13.781/2018. A partir da entrada em vigor de tal Lei, a conduta de se encostar de forma libidinosa em alguém em um coletivo, por exemplo, configura crime de **importunação sexual** — art. 215-A do Código Penal.

6.2.7.6. Embriaguez

> Art. 62. Apresentar-se publicamente em estado de embriaguez, de modo que cause escândalo ou ponha em perigo a segurança própria ou alheia:
> Pena — prisão simples de quinze dias a três meses, ou multa.

1. Objetividade jurídica
A preservação dos bons costumes e a incolumidade pública.

2. Elementos do tipo
Para a ocorrência da contravenção, exige-se a coexistência de **três** elementos:

a) *Que o sujeito esteja embriagado*. Embriaguez é uma **intoxicação aguda** provocada pelo álcool ou substância de efeitos **análogos**, que pode levar a pessoa de um estado inicial de exaltação para a agressividade e, na última fase, ao estado de coma.

A embriaguez, em princípio, deve ser demonstrada por exame **pericial**. Deve-se dar prioridade à perícia química feita no sangue coletado do agente. Caso ele se recuse a autorizar a retirada de sangue, poderá ser usado o "bafômetro", mas, caso haja também recusa por parte do agente, a solução será a realização do exame clínico, em que o médico perito afirmará ou não a embriaguez, verificando o equilíbrio, os reflexos, o hálito, a conversa do sujeito etc.

Na impossibilidade de realização de perícia, a jurisprudência tem admitido prova **testemunhal**. Nessa hipótese, aceita-se a ocorrência da embriaguez quando as testemunhas afirmarem que o estado de embriaguez do agente era perceptível por qualquer pessoa.

b) *Que se apresente nesse estado publicamente*. O texto legal utiliza a palavra "publicamente", que tem maior abrangência do que a expressão "local público ou aberto ao público". Aqui, o fato pode ocorrer em praças, ruas, estádios, cinemas, clubes, bares, festas (inclusive particulares, quando presentes inúmeras pessoas) etc.

c) *Exposição própria ou alheia a situação de perigo ou escândalo*. Escândalo é o alvoroço, tumulto por meio de palavras, gestos ou movimentos do corpo.

A hipótese de exposição a perigo, por sua vez, deve ser demonstrada no caso concreto.

Se o agente estiver **dirigindo** embriagado, com a capacidade psicomotora alterada em razão de influência do álcool ou de outra substância psicoativa que determine dependência, estará configurado o **crime** do art. 306 do Código de Trânsito, chamado **embriaguez ao volante**.

3. Sujeito ativo

Qualquer pessoa. O art. 62, parágrafo único, estabelece que, se for **habitual** a embriaguez, o contraventor será **internado** em casa de **custódia** ou **tratamento**. A Lei se refere ao alcoolismo **patológico**.

4. Sujeitos passivos

A coletividade e, eventualmente, alguém que seja exposto a risco em decorrência da embriaguez do acusado.

5. Consumação

No momento em que o ébrio causa **escândalo** ou coloca em **risco** a segurança **própria** ou **alheia**.

6. Tentativa

Inadmissível, nos termos do art. 4.º

7. Jurisprudência

"Configura a contravenção de embriaguez prevista no art. 62, *caput*, da Lei das Contravenções Penais, a conduta do agente que, fazendo uso imoderado de bebida alcoólica, provoca escândalo na frente de casa, chegando a derrubar seu genitor e seus familiares" (Tacrim/SP, Rel. Fernando Matallo, j. 24.4.1997, Rolo-flash 1.102/353).

"Incorre nas penas do art. 62 da LCP o agente que, apresentando-se publicamente em estado de embriaguez, provoca escândalo e coloca em risco sua própria saúde ao quebrar copos e comer cacos de vidro, sendo irrelevante a ausência de danos efetivos à sua saúde, vez que para a corporificação da contravenção basta a simples possibilidade de sua ocorrência" (Tacrim/SP, Rel. Canellas de Godoy, j. 30.1.1996, Rolo-flash 1.017/418).

"Para a configuração da contravenção do art. 62 da LCP, não basta o simples fato de o agente se apresentar publicamente embriagado, exigindo a lei que o mesmo provoque atos de desordem, escândalo ou algazarras, que possam colocar em perigo os circunstantes ou ele próprio" (Tacrim/SP, Rel. Péricles Piza, *RJD* 22/432).

"O simples fato de se encontrar alguém bêbado não basta ao reconhecimento da contravenção de embriaguez. Indispensável a tal desiderato estar o agente dando escândalo ou pondo em perigo a segurança própria ou alheia" (Tacrim/SP, Rel. Chiaradia Netto, *Jutacrim* 40/176).

6.2.7.7. Bebidas alcoólicas

> **Art. 63.** Servir bebidas alcoólicas:
> I — a menor de dezoito anos **(revogado)**;
> II — a quem se acha em estado de embriaguez;
> III — a pessoa que o agente sabe sofrer das faculdades mentais;
> IV — a pessoa que o agente sabe estar judicialmente proibida de frequentar lugares onde se consome bebida de tal natureza:
> Pena — prisão simples, de dois meses a um ano, ou multa.

1. Objetividade jurídica

A preservação dos bons costumes e da saúde de pessoas já embriagadas, doentes mentais etc.

2. Elementos do tipo

A conduta típica é encontrada no verbo **servir**, que significa entregar a alguém, fornecer mediante paga ou não.

A expressão, portanto, é mais abrangente do que **vender, mas abrange esta**. Assim, responde pela contravenção quem vende para consumo posterior (ex.: vender em loja de conveniência) ou para consumo imediato. Igualmente, incorre no tipo penal aquele que serve gratuitamente a um amigo ou parente, ou o garçom que serve a bebida gratuitamente (em uma festa) ou mediante paga (em bar, restaurante etc.).

Saliente-se que boa parte da doutrina e da jurisprudência sustenta que a conduta típica "servir" não abrange a venda desacompanhada da entrega da bebida para consumo imediato. Para essa corrente, além do garçom que entrega a garrafa de bebida aberta na mesa para um deficiente mental ou a coloca em seu copo, seria também punível o dono do estabelecimento que vende a bebida para consumo no local. Não seria, entretanto, possível a punição de donos de supermercado ou de lojas de conveniência que vendam a bebida à vítima para consumo posterior.

Não importa o local onde o fato ocorra, pois a Lei não faz restrição. Dessa forma, responde o dono de um bar que vende bebida para um doente mental, o garçom que o serve em um bar ou em uma festa, dentro de um clube ou em via pública etc.

Para que a infração se aperfeiçoe, é necessário que o agente sirva a bebida a uma das pessoas elencadas no tipo penal:

a) *Pessoa em estado de embriaguez*. É necessário que a embriaguez seja nítida, isto é, perceptível a qualquer pessoa. Assim, se alguém tem, no interior de seu estabelecimento, pessoa já embriagada, não pode continuar a lhe servir bebida. Se o fizer, responderá pela contravenção e de nada adiantará alegar que cedeu a pedidos insistentes do ébrio. A propósito: "Para que se integre a contravenção do art. 63, n. II, é essencial que a embriaguez anterior da vítima seja manifesta, patente, indubitável" (Tacrim/SP, Rel. Aniceto Aliende, *RT* 381/264).

b) *Pessoa que o agente sabe sofrer das faculdades mentais*. Nesse dispositivo, a Lei não faz distinção acerca de incapacidade plena ou parcial das faculdades mentais. Abrange, pois, qualquer das hipóteses. É necessário, porém, que o agente tenha **efetivo conhecimento** acerca de tal circunstância (exigência que consta do próprio tipo penal), quer por ter sido informado por terceiros, quer por ser evidente a deficiência mental.

c) *Pessoa judicialmente proibida de frequentar lugares onde se consomem bebidas alcoólicas*. Essa proibição deve ser decorrente de determinação **judicial**, e o agente tem de **saber** que ela existe. Ambas são exigências constantes do tipo. A contravenção se aplica, por exemplo, na hipótese do *sursis* especial, quando o juiz proíbe o condenado de frequentar bares durante o período de prova (art. 78, § 2.º, "a", do CP). Se o condenado vai até um bar, e o dono lhe serve bebida alcoólica, **sabendo** da proibição, infringe o art. 63 da Lei das Contravenções Penais.

Venda ou entrega de bebida alcoólica a pessoa menor de 18 anos

A redação originária do art. 243 do Estatuto da Criança e do Adolescente (Lei n. 8.069/90) considerava crime punido com detenção de dois a quatro anos, e multa, a venda, o fornecimento ou a entrega, a criança ou adolescente, de substância capaz de causar dependência física ou psíquica. O Superior Tribunal de Justiça, porém, firmou entendimento de que referido dispositivo não alcançava a venda de bebida alcoólica a menor de idade porque o art. 81 do próprio Estatuto, em seus incisos II e III, expressamente diferencia bebidas alcoólicas de outras substâncias provocadoras de dependência. Referido tribunal superior, portanto, decidiu que o crime do art. 243 só se aplicava à venda de outras substâncias como, por exemplo, a cola de sapateiro. A venda de bebida alcoólica para menores, de acordo com a Corte, continuava a tipificar a contravenção penal do art. 63, I, da LCP. Em razão disso, o legislador aprovou a Lei n. 13.106/2015, que expressamente acrescentou ao art. 243 a venda de bebida alcoólica a menores de idade. Assim, não há dúvida de que a partir da entrada em vigor de tal lei, em 18 de março de 2015, a venda, o fornecimento ou a entrega de bebida alcoólica ou de qualquer outra substância capaz de causar dependência a menor de idade configura crime. A referida lei, aliás, **revogou expressamente** o art. 63, I, da Lei das Contravenções Penais; contudo, os fatos ocorridos antes da entrada em vigor do novo texto legal continuam a ser puníveis como contravenção — já que não houve *abolitio criminis*, pois a nova lei não deixou de considerar o fato como ilícito penal, tendo, ao contrário, tornado mais gravosa a conduta. A Súmula 669 do Superior Tribunal de Justiça confirma que "o fornecimento de bebida alcoólica a criança ou adolescente, após o advento da Lei 13.106, de 17 de março de 2015, configura o crime previsto no artigo 243 do Estatuto da Criança e do Adolescente (ECA)".

3. Sujeito ativo
Qualquer pessoa.

4. Sujeitos passivos
A coletividade, bem como as pessoas enumeradas no texto legal (deficientes mentais, pessoas já embriagadas etc.).

5. Consumação
No momento em que o agente fornece a bebida para qualquer das outras pessoas elencadas no tipo penal.

6. Tentativa
Inadmissível, nos termos do art. 4.º.

6.2.7.8. *Crueldade contra animais*

> **Art. 64.** Tratar animal com crueldade ou submetê-lo a trabalho excessivo:
> Pena — prisão simples, de dez dias a um mês, ou multa.

Essa conhecida contravenção penal foi **revogada** pelo art. 32 da Lei n. 9.605/98 (Lei de Proteção ao Meio Ambiente), que transformou as condutas em **crime**. Tal dispositivo prevê pena de detenção, de 3 meses a 1 ano, e multa, para quem praticar ato de abuso, maus-tratos, ferir ou mutilar animais silvestres, domésticos ou domesticados, nativos ou exóticos.

6.2.7.9. *Perturbação da tranquilidade*

> **Art. 65.** Molestar alguém ou perturbar-lhe a tranquilidade, por acinte ou por motivo reprovável:
> Pena — prisão simples, de quinze dias a dois meses, ou multa.

A Lei n. 14.132/2021 revogou expressamente esta contravenção penal. Concomitantemente, inseriu no art. 147-A do Código Penal o crime de **perseguição**, apenado com reclusão, de 6 meses a 2 anos, e multa. Não andou bem o legislador ao revogar a contravenção, que se configurava sempre que alguém perturbasse a tranquilidade alheia, **por acinte ou motivo reprovável**, sendo, portanto, mais abrangente que o crime de perseguição, que exige, para sua configuração, ameaça à integridade física ou psicológica da vítima, restrição à sua capacidade de locomoção ou invasão ou perturbação de sua liberdade ou privacidade. Em relação às condutas anteriores, que não se enquadrem ao mesmo tempo no crime de perseguição, houve *abolitio criminis*.

6.2.8. Das contravenções referentes à Administração Pública (Capítulo VIII)

6.2.8.1. Omissão de comunicação de crime — por funcionário público

> **Art. 66.** Deixar de comunicar à autoridade competente:
> I — crime de ação pública, de que teve conhecimento no exercício de função pública, desde que a ação penal não dependa de representação;
> (...)
> Pena — multa.

1. Objetividade jurídica

O bom andamento da Justiça.

2. Conduta típica

A contravenção em tela é modalidade de infração **omissiva própria em que se pune um não fazer**. A conduta punida é a de **deixar** de **comunicar** crime de ação **pública** à autoridade competente.

Só haverá tipicidade se o crime de que o funcionário público tomou conhecimento for de ação pública **incondicionada**. Ressalte-se, outrossim, que a omissão na comunicação de **contravenção é atípica**, já que a lei se refere expressamente a crime.

Para a não caracterização da contravenção, faz-se necessário que a comunicação seja endereçada às **autoridades competentes**, que são os juízes, os membros do Ministério Público e os Delegados de Polícia. Não se exige que o funcionário tenha conhecimento da autoria do crime, mas apenas que tenha ficado sabendo de sua ocorrência.

3. Distinção

Dependendo da finalidade do agente, a contravenção poderá deixar de existir em razão da caracterização de infração penal mais grave, como crime de **prevaricação** (art. 319 do CP), se a omissão ocorreu para satisfazer **sentimento** ou **interesse pessoal**, ou **condescendência criminosa** (art. 320 do CP), se a omissão foi para **beneficiar subordinado** que tenha praticado infração no exercício do cargo.

4. Sujeito ativo

Trata-se de contravenção **própria**. Só pode ser praticada por **funcionário público**. Não basta, contudo, essa condição, pois só haverá a contravenção se tiver tomado conhecimento do crime de ação pública, no **exercício de suas funções**.

5. Sujeito passivo

O Estado.

6. Consumação

Tratando-se de contravenção omissiva, a consumação dependerá da ausência de comunicação por **tempo juridicamente relevante**, a ser analisada no caso concreto.

7. Tentativa

É inviável, nos termos do art. 4.º e porque não existe tentativa de crime omissivo.

6.2.8.2. Omissão de comunicação de crime — por médico ou profissional da área de saúde

> **Art. 66.** Deixar de comunicar à autoridade competente:
> (...)
> II — crime de ação pública, de que teve conhecimento no exercício da medicina ou de outra profissão sanitária, desde que a ação penal não dependa de representação e a comunicação não exponha o cliente a procedimento criminal:
> Pena — multa.

1. Objetividade jurídica
O bom andamento da Justiça.

2. Conduta típica
É também **omissiva**. Refere-se à não comunicação de crime de ação pública incondicionada às autoridades competentes.

Exclui-se a tipicidade se a comunicação **puder expor o cliente a procedimento criminal**. A propósito: "contravenção penal — Omissão de comunicação de crime — Infração não configurada, sequer em tese — Médico que atende paciente de aborto em seu consultório — Comunicação do fato à autoridade competente que resultaria em procedimento criminal contra aquela (...) — Não se aperfeiçoa a contravenção do art. 66 da lei específica, se da comunicação pode resultar procedimento criminal contra o cliente do médico que se omite" (TJSP, Rel. Silva Leme, *RT* 430/316).

Comete o crime, por exemplo, médico que atende mulher vítima de lesão grave cometida pelo marido ou criança vítima de maus-tratos por parte do pai e, atendendo aos pedidos da vítima ou familiares, não noticia o fato às autoridades.

3. Sujeito ativo
Trata-se, também, de contravenção **própria**. Só pode ser praticada por **médicos** ou **profissionais** da área **sanitária**. Exige-se, também, que o conhecimento do crime tenha ocorrido no **desempenho das atividades**.

4. Sujeito passivo
O Estado.

5. Consumação
Tratando-se de infração omissiva, a consumação dependerá da ausência de comunicação por **tempo juridicamente relevante**, a ser analisada no caso concreto.

6. Tentativa
É inviável, nos termos do art. 4.º e também porque não existe tentativa de infração penal omissiva própria.

6.2.8.3. Inumação ou exumação de cadáver

> **Art. 67.** Inumar ou exumar cadáver, com infração das disposições legais:
> Pena — prisão simples, de 1 mês a 1 ano, ou multa.

1. Objetividade jurídica
O normal funcionamento da Administração Pública.

2. Elementos do tipo
Inumar significa **enterrar** o cadáver, e **exumar** implica **desenterrá-lo**.

Cadáver é o corpo humano morto. O natimorto integra o conceito de cadáver. Partes de cadáver que devam ser enterradas também integram o tipo penal, mas o mesmo não ocorre com partes decepadas de ser humano.

Não integram o conceito de cadáver as caveiras, múmias e esqueletos.

Os **fetos não podem ser objeto material dessa contravenção**.

Só existe a contravenção se o ato for realizado com infração de disposição legal (**norma penal em branco**). Os arts. 77 a 88 da Lei de Registros Públicos tratam das formalidades prévias ao enterro, enquanto o regulamento do Código Sanitário cuida das formalidades prévias à exumação. Configura-se a contravenção, por exemplo, quando um enterro é feito sem a prévia emissão do atestado de óbito, ou quando a exumação é realizada sem autorização da autoridade competente.

Se a intenção do agente é a de **esconder** o cadáver e, por tal razão, evidentemente, não respeita as formalidades legais, configura-se o crime de **ocultação de cadáver**, descrito no art. 211 do Código Penal. A subtração de cadáver ou de parte deste encontra, também, enquadramento em uma das figuras do referido art. 211.

3. Sujeito ativo
Qualquer pessoa.

4. Sujeito passivo
A coletividade.

5. Consumação
Entendemos que a consumação se dá quando o agente consegue efetivamente enterrar ou desenterrar o cadáver, e não apenas com o mero início desses procedimentos.

6. Tentativa
É inadmissível em razão da regra do art. 4.º.

6.2.8.4. Recusa de dados sobre a própria identidade ou qualificação

> **Art. 68.** Recusar à autoridade, quando por esta justificadamente solicitados ou exigidos, dados ou indicações concernentes à própria identidade, estado, profissão, domicílio e residência:
> Pena — multa.
> Parágrafo único. Incorre na pena de prisão simples, de um a seis meses, e multa, se o fato não constitui infração penal mais grave, quem, nas mesmas circunstâncias, faz declarações inverídicas a respeito de sua identidade pessoal, estado, domicílio e residência.

1. Objetividade jurídica
O normal funcionamento da Administração Pública.

2. Conduta típica

O que se pune é a **recusa** em se identificar, desde que a autoridade competente (policial, judiciária ou administrativa) tenha previamente **solicitado** (pedido) ou **exigido** (determinado). É de se ver que só existe a contravenção quando a ação da autoridade é **legítima**, conforme determina a descrição típica.

3. Figura qualificada

Nos termos do art. 68, parágrafo único, *incorre na pena de prisão simples, de um a seis meses, e multa, se o fato não constitui infração penal mais grave, quem, nas mesmas circunstâncias, faz **declarações inverídicas** a respeito de sua identidade pessoal, estado, domicílio e residência*.

Na figura do *caput*, o sujeito se **recusa** a fornecer seus dados, enquanto no parágrafo único ele **presta informações falsas** acerca de sua identidade.

Essa forma qualificada da contravenção se diferencia do crime de **falsa identidade** do art. 307 do Código Penal, porque, neste, o sujeito visa obter **vantagem** para **si** ou para **terceiro**, enquanto na contravenção a recusa é uma finalidade em si mesma, ou seja, o agente não visa à obtenção de qualquer espécie de vantagem. Pacificou-se no Supremo Tribunal Federal o entendimento de que comete o crime de falsa identidade o agente que, ao ser preso em flagrante, mente sua qualificação para esconder seu passado criminoso e evitar o cumprimento de anteriores mandados de prisão contra ele expedidos por outros delitos ou a fim de se passar por primário e conseguir mais facilmente a liberdade em relação ao crime pelo qual foi flagrado: "Constitucional. Penal. Crime de falsa identidade. Artigo 307 do Código Penal. Atribuição de falsa identidade perante autoridade policial. Alegação de autodefesa. Artigo 5.º, inciso LXIII, da Constituição. Matéria com repercussão geral. Confirmação da jurisprudência da corte no sentido da impossibilidade. Tipicidade da conduta configurada. O princípio constitucional da autodefesa (art. 5.º, inciso LXIII, da CF/88) não alcança aquele que atribui falsa identidade perante autoridade policial com o intento de ocultar maus antecedentes, sendo, portanto, típica a conduta praticada pelo agente (art. 307 do CP). O tema possui densidade constitucional e extrapola os limites subjetivos das partes" (RE 640.139/DF, Rel. Min. Dias Toffoli, julgado em 22.9.2011, *DJe* 198, 14.10.2011, p. 668-674). O Superior Tribunal de Justiça, por sua vez, aprovou a Súmula 522, com o seguinte teor: "a conduta de atribuir-se falsa identidade perante autoridade policial é típica, ainda que em situação de alegada autodefesa".

4. Sujeito ativo

Tanto na forma **simples** quanto na **qualificada**, o sujeito ativo pode ser **qualquer pessoa**.

5. Sujeito passivo

O Estado.

6. Consumação

No *caput*, quando o agente **recusa** a identificar-se, enquanto no parágrafo único, quando **mente** para a autoridade.

A consumação independe de qualquer outro resultado. A propósito: "A recusa de dados sobre a própria identidade ou qualificação, por si só, caracteriza a infração contravencional, quando solicitada por autoridade" (Tacrim/SP, Rel. Heitor Prado, *RT* 683/321); e "O ilícito previsto no art. 68 da LCP se consuma no momento da negativa. Para a imputabilidade basta que a negativa seja voluntária. Não importam os motivos" (Tacrim/SP, Rel. Barbosa Pereira, *RT* 319/323).

7. Tentativa
Inadmissível, nos termos do art. 4.º.

6.2.8.5. Proibição de atividade remunerada a estrangeiro

> **Art. 69.** Exercer, no território nacional, atividade remunerada o estrangeiro que nele se encontra como turista, visitante ou viajante em trânsito:
> Pena — prisão simples de três meses a um ano.

Esse dispositivo foi revogado pela Lei n. 6.815/80 ("Estatuto do Estrangeiro"). Na nova legislação, o fato passou a ser considerado crime.

6.2.8.6. Violação de privilégio postal da União

> **Art. 70.** Praticar qualquer ato que importe violação do monopólio postal da União:
> Pena — prisão simples, de três meses a 1 ano, ou multa, ou ambas cumulativamente.

O presente dispositivo foi revogado pela Lei n. 6.538/78, que em seu art. 42 passou a considerar crime referida conduta.

6.3. QUESTÕES

QUESTÕES DE CONCURSOS
http://uqr.to/1y3es

7

CRIMES DE TRÂNSITO
LEI N. 9.503/97

7.1. DISPOSIÇÕES GERAIS (SEÇÃO I)

7.1.1. Procedimento nos crimes de trânsito

> **Art. 291.** Aos crimes cometidos na direção de veículos automotores, previstos neste Código, aplicam-se as normas gerais do Código Penal e do Código de Processo Penal, se este Capítulo não dispuser de modo diverso, bem como a Lei n. 9.099, de 26 de setembro de 1995, no que couber.
> § 1.º Aplica-se aos crimes de trânsito de lesão culposa o disposto nos arts. 74, 76 e 88 da Lei n. 9.099, de 26 de setembro de 1995, exceto se o agente estiver:
> I — sob a influência de álcool ou qualquer outra substância psicoativa que determine dependência;
> II — participando, em via pública, de corrida, disputa ou competição automobilística, de exibição ou demonstração de perícia em manobra de veículo automotor, não autorizada pela autoridade competente;
> III — transitando em velocidade superior à máxima permitida para a via em 50 km/h;
> § 2.º Nas hipóteses previstas no § 1.º deste artigo, deverá ser instaurado inquérito policial para a investigação da infração penal.
> § 3.º (VETADO).
> § 4.º O juiz fixará a pena-base segundo as diretrizes previstas no art. 59 do Decreto-Lei n. 2.848, de 7 de dezembro de 1940 (Código Penal), dando especial atenção à culpabilidade do agente e às circunstâncias e consequências do crime.

O art. 291, *caput*, do Código de Trânsito determina a aplicação **subsidiária**, aos crimes cometidos na **direção de veículo automotor**, das **normas gerais do Código Penal** e do **Código de Processo Penal**, bem como da **Lei n. 9.099/95**, *no que couber*. Essa ressalva final tem justamente a finalidade de esclarecer que as normas da Lei n. 9.099/95 só terão aplicação aos crimes de trânsito que se ajustem ao conceito de **infração de menor potencial ofensivo** regulamentados por referida Lei (aqueles cuja pena máxima não excede dois anos): omissão de socorro (art. 304), fuga do local do acidente (art. 305), violação da suspensão ou omissão da entrega da habilitação (art. 307), direção sem habilitação (art. 309), entrega de veículo a pessoa não habilitada (art. 310), excesso de velocidade em determinados locais (art. 311) e fraude no procedimento apuratório (art. 312).

O crime de lesão culposa na direção de veículo automotor, que tem pena **máxima de 2 anos**, possui algumas regras próprias no art. 291, §§ 1º e 2º, do Código de Trânsito. De acordo com o § 1º, o autor da infração pode ser beneficiado pela **transação penal**, bem como pela extinção da punibilidade em caso de **composição** quanto aos danos **civis** homologada pelo juiz. Além disso, a ação penal é **condicionada à representação**.

Acontece que, nos incisos do próprio § 1º, o legislador expressamente afastou esses institutos (transação penal, composição civil e necessidade de representação), se o autor da lesão culposa estiver:

> I — **sob a influência de álcool ou qualquer outra substância psicoativa que determine dependência**;
> II — **participando, em via pública, de corrida, disputa ou competição automobilística, de exibição ou demonstração de perícia em manobra de veículo automotor, não autorizada pela autoridade competente**;
> III — **transitando em velocidade superior à máxima permitida para a via em 50 km/h**.

Nessas hipóteses, portanto, o crime de lesão culposa na direção de veículo apura-se mediante ação **pública incondicionada**, e o acusado não faz jus aos demais benefícios já mencionados. Ademais, de acordo com o § 2º, deverá ser instaurado **inquérito policial** para a apuração do delito.

Para os crimes de embriaguez ao volante (art. 306) e participação em racha (art. 308), cuja pena máxima é de **3 anos**, não se aplicam os benefícios da Lei n. 9.099/95, e a apuração deve dar-se mediante inquérito policial.

Por fim, para o crime de homicídio **culposo** na direção de veículo automotor (art. 302), que possui pena de detenção de 2 a 4 anos, deve também ser instaurado inquérito e adotado o rito **sumário**, estando vedada a transação penal e quaisquer outras benesses da Lei n. 9.099/95.

O instituto da **suspensão condicional do processo** é cabível em todos os crimes que tenham pena mínima não superior a **1 ano**, desde que presentes os demais requisitos do art. 89 da Lei n. 9.099/95 (primariedade, bons antecedentes etc.).

A Lei n. 13.546, publicada em 20 de dezembro 2017, acrescentou um § 4.º no art. 291, estabelecendo que o juiz fixará a pena-base segundo as diretrizes previstas no art. 59 do Código Penal, dando especial atenção à culpabilidade do agente e às circunstâncias e consequências do crime. Tal dispositivo, em verdade, não traz novidades substanciais.

◼ Conceito de veículo automotor

A **definição** de veículo automotor é de grande importância, já que a maioria dos tipos penais do Código de Trânsito exige que o agente esteja conduzindo um desses veículos. Nos termos do art. 4.º, a definição encontra-se no **Anexo I** de tal Código (alterado pela Lei n. 14.599, de 20 de junho de 2023), que considera "veículo a motor de propulsão a combustão, elétrica ou híbrida que circula por seus próprios meios e que serve normalmente para o transporte viário de pessoas e coisas ou para a tração viária de veículos utilizados para o transporte de pessoas e coisas, compreendidos na definição os veículos conectados a uma linha elétrica e que não circulam sobre trilhos (ônibus elétrico)". Abrange, portanto, automóveis, caminhões, *vans*, motocicletas, motonetas, quadriciclos, ônibus, micro-ônibus, ônibus elétricos que não circulem em trilhos etc.

O anexo esclarece, também, que os caminhões-tratores, os tratores, as caminhonetes e utilitários **também** são considerados veículos automotores.

É claro que os veículos de propulsão **humana** (bicicletas, patinetes etc.) e os de tração **animal** (carroças, charretes) **não** se amoldam ao conceito.

7.1.2. Suspensão e proibição da habilitação ou permissão para dirigir veículo

> **Art. 292.** A suspensão ou a proibição de se obter a permissão ou a habilitação para dirigir veículo automotor pode ser imposta isolada ou cumulativamente com outras penalidades.
> **Art. 293.** A penalidade de suspensão ou de proibição de se obter a permissão ou a habilitação, para dirigir veículo automotor, tem a duração de dois meses a cinco anos.
> § 1.º Transitada em julgado a sentença condenatória, o réu será intimado a entregar à autoridade judiciária, em quarenta e oito horas, a Permissão para Dirigir ou a Carteira de Habilitação.
> § 2.º A penalidade de suspensão ou de proibição de se obter a permissão ou a habilitação para dirigir veículo automotor não se inicia enquanto o sentenciado, por efeito de condenação penal, estiver recolhido a estabelecimento prisional.

Segundo o Código de Trânsito, o candidato aprovado nos exames para habilitação receberá um certificado de **Permissão** para Dirigir, com validade de **um ano**. Ao término desse período, receberá a **habilitação**, desde que não tenha cometido **nenhuma** infração **grave** ou **gravíssima**, nem seja **reincidente** em infração **média**.

De acordo com o disposto no art. 292 do Código de Trânsito, com a redação dada pela Lei n. 12.971/2014, a suspensão ou proibição pode ser imposta como penalidade **isolada** ou **cumulativamente** com outras penas, devendo, de acordo com o art. 293, ter a duração de 2 meses a 5 anos.

A **suspensão** pressupõe permissão ou habilitação já **concedida**, enquanto a **proibição** aplica-se àquele que ainda **não obteve** uma ou outra.

Nos crimes de homicídio culposo e lesões corporais culposas praticados na condução de veículo automotor (arts. 302 e 303), direção em estado de embriaguez (art. 306), violação de suspensão ou proibição (art. 307), e participação em disputa não autorizada (art. 308), a lei prevê de forma expressa a aplicação dessas penas, **conjuntamente** com a pena privativa de liberdade e, em alguns casos, concomitantemente com a pena de multa.

Nos demais crimes, em que **não há previsão específica de pena de suspensão ou proibição de obter a permissão ou habilitação**, tais penalidades poderão ser aplicadas apenas quando o réu for **reincidente** na prática de crime previsto no **Código**, sem prejuízo das demais sanções cabíveis, como dispõe o art. 296.

Assim, apesar do texto legal, não se vislumbra a hipótese em que essa pena seja aplicada **isoladamente**.

No sistema do Código de Trânsito, a suspensão ou a proibição de permissão ou habilitação apresentam as seguintes características: 1) não têm caráter substitutivo, isto é, não substituem a pena privativa de liberdade fixada; 2) sua dosagem obedece aos mesmos critérios previstos no art. 68, *caput*, do Código Penal (sistema trifásico), dentro dos limites de 2 meses a 5 anos; 3) tratando-se de pena não substitutiva, nada impede seja aplicada cumulativamente com pena privativa de liberdade, pouco importando tenha esta sido ou não suspensa condicionalmente ou substituída por penas restritivas de direitos.

De acordo com o entendimento do Superior Tribunal de Justiça não é correto o juiz, ao condenar alguém, por exemplo, a 2 anos de detenção por crime de homicídio culposo na direção de veículo automotor, aplicar idêntico prazo de suspensão da habilitação. De acordo com referida Corte, se o magistrado aplicou a pena mínima de detenção deve seguir o mesmo critério em relação à suspensão da habilitação: "A pena de suspensão ou de proibição de se obter habilitação ou permissão para dirigir veículo automotor, por se cuidar de sanção cumulativa, e não alternativa, deve guardar proporcionalidade com a detentiva aplicada, observados os limites fixados no art. 293 do Código de Trânsito Brasileiro. (...) Ou seja, tendo a lei previsto o prazo de 2 (dois) meses a 5 (cinco) anos para a duração da referida penalidade, de se concluir que o período a ser aplicado para a suspensão da habilitação para dirigir veículo automotor deve ser proporcional, e não idêntico, à quantidade de reprimenda corporal imposta, devendo, portanto, ser calculado mediante a observância das circunstâncias judiciais, atenuantes e agravantes, além de eventuais causas de diminuição ou aumento de pena, nos exatos termos em que procedida a dosimetria da pena detentiva" (STJ — AgRg no HC 271.383/RJ, Rel. Min. Jorge Mussi, 5.ª Turma, julgado em 11.2.2014, *DJe* 25.2.2014). No mesmo sentido: (HC 112.536/MS, Rel. Min. Arnaldo Esteves de Lima, 5.ª Turma, julgado em 19.2.2009, *DJe* 3.8.2009).

Nas hipóteses do Código de Trânsito, havendo imposição conjunta, a interdição do direito não se iniciará enquanto o condenado estiver recolhido a estabelecimento prisional (art. 293, § 2.º).

De acordo com o disposto no art. 293, § 1.º, do Código de Trânsito, transitada em julgado a decisão condenatória que impuser a penalidade de suspensão ou proibição de se obter a permissão ou habilitação, o réu será **intimado** a entregar à autoridade judiciária, em 48 horas, a Permissão para Dirigir ou a Carteira de Habilitação. Se não o fizer, cometerá o crime previsto no art. 307, parágrafo único, da Lei.

No Superior Tribunal de Justiça, é pacífico o entendimento de que o fato de o autor do crime ser motorista profissional não impede a imposição da penalidade: "Consoante a jurisprudência desta Corte Superior, a imposição da pena de suspensão do direito de dirigir é exigência legal, conforme previsto no art. 302 da Lei n. 9.503/97. O fato de o paciente ser motorista profissional de caminhão não conduz à substituição dessa pena restritiva de direito por outra que lhe seja preferível (HC 66.559/SP, 5.ª Turma, Rel. Min. Arnaldo Esteves, *DJU* de 7.5.2007)" (STJ — AgRg no AREsp 1.044.553/MS, Rel. Min. Reynaldo Sores da Fonseca, 5.ª Turma, julgado em 23.5.2017, *DJe* 31.5.2017); "Ainda que assim não fosse, é necessário registrar que, embora tenha reconhecido a repercussão geral sobre a aplicação da pena de suspensão da habilitação aos motoristas profissionais no RE 607.107 RG/MG, o Supremo Tribunal Federal jamais declarou inconstitucional tal penalidade, que tem sido mantida por este Sodalício em diversos julgados, sob o argumento de que é justamente de tal categoria que se espera maior cuidado e responsabilidade no trânsito" (STJ — HC 383.225/MG, Rel. Min. Jorge Mussi, 5.ª Turma, julgado em 4.5.2017, *DJe* 12.5.2017); "De acordo com a jurisprudência deste Superior Tribunal de Justiça, os motoristas profissionais — mais do que qualquer outra categoria de pessoas — revelam maior reprovabilidade ao praticarem delito de trânsito, merecendo, pois, a reprimenda de suspensão do direito de dirigir, expressamente prevista no art. 302 do CTB, de aplicação cumulativa com a pena privativa de liberdade. Dada a especialização, deles é de se esperar maior acuidade no trânsito" (STJ AgInt no REsp 1.706.417/CE, Rel. Min. Maria Thereza de Assis Moura, 6.ª Turma, julgado em 5.12.2017, *DJe* 12.12.2017).

O Plenário do Supremo Tribunal Federal, ao analisar o tema 486 (repercussão geral), analisou se a imposição da penalidade de suspensão da habilitação a motorista profissional fere o direito fundamental ao livre exercício do trabalho (art. 5.º, XIII, da CF). No julgamento, a Corte Suprema aprovou a seguinte tese: "É constitucional a imposição da pena de suspensão de habilitação para dirigir veículo automotor ao motorista profissional condenado por homicídio culposo no trânsito" (RE 607.107, Rel. Roberto Barroso, Tribunal Pleno, julgado em 12.2.2020, *DJe*-088, Divulg. 13.4.2020, Public. 14.4.2020). Apesar de o julgado referir-se ao crime de homicídio culposo, a decisão aplica-se também a outros crimes do Código de Trânsito aos quais seja aplicada a sanção de suspensão da habilitação.

■ **Efeito extrapenal da condenação**

O condutor condenado por qualquer dos delitos previstos no Código de Trânsito Brasileiro ficará obrigado a submeter-se a **novos exames** para poder voltar a dirigir, de acordo com as normas estabelecidas pelo Contran. Trata-se de efeito **extrapenal** e **automático** da condenação, que independe de expressa motivação na sentença (CTB, art. 160).

7.1.3. Suspensão ou proibição cautelar

> **Art. 294.** Em qualquer fase da investigação ou da ação penal, havendo necessidade para garantia da ordem pública, poderá o juiz, como medida cautelar, de ofício, ou a requerimento do Ministério Público ou ainda mediante representação da autoridade policial, decretar, em decisão motivada, a suspensão da permissão ou da habilitação para dirigir veículo automotor, ou a proibição de sua obtenção.
> Parágrafo único. Da decisão que decretar a suspensão ou a medida cautelar, ou da que indeferir o requerimento do Ministério Público, caberá recurso em sentido estrito, sem efeito suspensivo.

Da decisão que decretar a providência **cautelar** ou da que **indeferir** o requerimento do Ministério Público, caberá **recurso em sentido estrito**, **sem** efeito suspensivo.

Trata-se de decisão **cautelar** de natureza **processual**, que tem por finalidade impedir que o condutor continue a provocar danos ou a colocar em perigo a coletividade enquanto aguarda o desfecho definitivo do processo. O requisito legal é bastante claro: a **garantia da ordem pública**. A decisão judicial deverá, como sempre, ser **fundamentada**.

A medida pode ser decretada pelo juiz, de ofício, ou em razão de requerimento do Ministério Público ou de representação da autoridade policial.

7.1.4. Comunicação da suspensão ou proibição da permissão ou habilitação

> **Art. 295.** A suspensão para dirigir veículo automotor ou a proibição de se obter a permissão ou a habilitação será sempre comunicada pela autoridade judiciária ao Conse-

> lho Nacional de Trânsito — CONTRAN, e ao órgão de trânsito do Estado em que o indiciado ou réu for domiciliado ou residente.

Conforme se verá adiante, a penalidade de suspensão ou proibição de obter a Permissão para Dirigir ou a Carteira de Habilitação pode ser imposta **judicial** ou **administrativamente**. Esse dispositivo (art. 295), entretanto, refere-se à penalidade imposta pela autoridade **judiciária**, no sentido de que esta comunique sua aplicação ao Contran e ao órgão de trânsito do Estado em que o indiciado for domiciliado ou residente (Detran/Ciretran). A norma se aplica às suspensões ou proibições **cautelares** ou **definitivas**.

7.1.5. Reincidência específica e suspensão ou proibição da permissão ou habilitação

> **Art. 296.** Se o réu for reincidente na prática de crime previsto neste Código, o juiz aplicará a penalidade de suspensão da permissão ou habilitação para dirigir veículo automotor, sem prejuízo das demais sanções cabíveis.

Nos crimes em que a Lei **já prevê a pena de suspensão** da permissão ou habilitação para dirigir veículo (arts. 302, 303, 306, 307 e 308), a **reincidência** atua apenas como circunstância **agravante genérica** (art. 61, I, do CP); naqueles em que o Código de Trânsito **não** comina essa modalidade de sanção (arts. 304, 305, 309, 310, 311 e 312), o juiz deverá aplicá-la, caso se trate de **reincidência específica**, sem prejuízo das demais penas previstas.

A expressão **reincidência específica** diz respeito ao agente que já foi condenado por qualquer dos crimes do Código de Trânsito e, dentro do prazo de 5 anos a que se refere o art. 64, I, do Código Penal, torna a cometer qualquer dos delitos nele previstos.

7.1.6. Multa reparatória

> **Art. 297.** A penalidade de multa reparatória consiste no pagamento, mediante depósito judicial em favor da vítima, ou seus sucessores, de quantia calculada com base no disposto no § 1.º do art. 49 do Código Penal, sempre que houver prejuízo material resultante do crime.
> § 1.º A multa reparatória não poderá ser superior ao valor do prejuízo demonstrado no processo.
> § 2.º Aplica-se à multa reparatória o disposto nos arts. 50 a 52 do Código Penal.
> § 3.º Na indenização civil do dano, o valor da multa reparatória será descontado.

Por ocasião da prolação da sentença condenatória por delito previsto no Código de Trânsito, o juiz criminal poderá fixar um valor **líquido** e **certo** a ser pago pelo condenado, **após o trânsito em julgado**. O instituto aplica-se somente aos crimes do Código do qual decorram prejuízos para pessoa **determinada (homicídio culposo, lesão culposa)**. Não se aplica aos delitos de perigo, porque a lei somente se refere ao **dano material**.

Trata-se de efeito **secundário** da **condenação**, que não é **automático**, exigindo menção expressa na sentença, mesmo porque o juiz deve **fixar o seu valor**. Tem uma eficácia maior do que o efeito genérico do art. 91, I, do Código Penal (obrigação de reparar o dano). Com efeito, na multa reparatória não há simples formação de título executivo, condicionado a uma futura **liquidação**. O juiz já fixa um valor, bastando à parte **executá-lo**. Cuida-se, em verdade, de **prefixação** das perdas e danos ou, pelo menos, de parte desse montante. Essa multa, portanto, não é pena, pois não tem tal finalidade punitiva, sendo meramente reparatória. Reforça esse entendimento o disposto no § 1.º do art. 297, segundo o qual "a multa reparatória não poderá ser superior ao valor do prejuízo demonstrado no processo".

Apesar de a multa reparatória ser uma prefixação das perdas e danos, não impede que, sendo **superior** o montante do prejuízo suportado, o **restante** seja calculado em ação de **liquidação** e executada a diferença (art. 297, § 3.º). Nesse caso, a multa reparatória vale como uma antecipação de parte do valor devido, em decorrência do dano.

A execução da multa reparatória segue o disposto nos arts. 50 a 52 do Código Penal; no entanto, somente no que toca ao procedimento, já que a cobrança será feita pelo próprio **interessado** (vítima ou sucessor), e não pelo Ministério Público. Não teria sentido retirar a legitimidade do ofendido, já que essa multa, ao contrário da penal, tem nítido caráter **indenizatório** e somente interessa à vítima ou seus sucessores.

O instituto em questão, inovação do Código de Trânsito, passou a ser a regra para os delitos que causem prejuízo, desde o advento da Lei n. 11.719/2008, que modificou o art. **387, IV, do CPP**, estabelecendo que o juiz, ao proferir sentença, fixará um valor mínimo para a reparação dos danos causados pela infração.

7.1.7. Agravantes genéricas

O legislador, no art. 298 do Código de Trânsito, estabeleceu um **rol** de agravantes **genéricas** aplicáveis somente para os delitos de trânsito (dolosos ou culposos). Essas circunstâncias deverão ser consideradas na **segunda fase** da dosimetria (art. 68 do CP), em relação às penas privativas de liberdade, multa e suspensão ou proibição de se obter a permissão ou habilitação para dirigir veículo automotor. A existência desse rol na lei especial **não exclui**, naquilo que couber, a aplicação das agravantes genéricas previstas nos arts. 61 e 62 do Código Penal, conforme dispõe o art. 291, *caput*, do Código de Trânsito, que determina a aplicação subsidiária das normas gerais do Código Penal. Ex.: a reincidência (art. 61, I, do CP).

> **Art. 298.** São circunstâncias que sempre agravam as penalidades dos crimes de trânsito ter o condutor do veículo cometido a infração:
> I — com dano potencial para duas ou mais pessoas ou com grande risco de grave dano patrimonial a terceiros;

A expressão **dano potencial** equivale a **perigo**. Assim, nos crimes de homicídio e lesões culposas na direção de veículo automotor (arts. 302 e 303), que são crimes de dano, se o fato atingir **duas ou mais pessoas**, será aplicada a regra do concurso **formal** (art. 70 do CP), que implica a aplicação da pena do delito **mais grave, aumentada de um sexto até a metade**. Fica, pois, afastada a agravante genérica em análise, que **somente** se aplica aos diversos crimes de **perigo** descritos no Código de Trânsito quando mais de uma pessoa for efetivamente exposta a situação de risco.

A segunda parte do dispositivo, também referente aos delitos de **perigo**, será aplicada, a critério do juiz, quando ficar evidenciado que a conduta se revestiu de tamanha intensidade que, em caso de acidente, os danos seriam extremamente elevados ao patrimônio de terceiro.

> **Art. 298.** São circunstâncias que sempre agravam as penalidades dos crimes de trânsito ter o condutor do veículo cometido a infração:
> (...)
> II — utilizando o veículo sem placas, com placas falsas ou adulteradas;

Essa agravante **não** se aplica quando o **próprio autor** da infração de trânsito falsificou ou adulterou as placas do veículo, hipótese em que haverá concurso **material** do crime de trânsito com o delito descrito no art. **311 do Código Penal**, que estabelece pena de reclusão de três a seis anos, e multa, para quem "Adulterar, remarcar ou suprimir número de chassi, monobloco, motor, placa de identificação, ou qualquer sinal identificador de veículo automotor, elétrico, híbrido, de reboque, de semirreboque ou de suas combinações, bem como de seus componentes ou equipamentos, sem autorização do órgão competente".

> **Art. 298.** São circunstâncias que sempre agravam as penalidades dos crimes de trânsito ter o condutor do veículo cometido a infração:
> (...)
> III — sem possuir Permissão para Dirigir ou Carteira de Habilitação;

A agravante genérica em questão **não se aplica** aos crimes de **homicídio** e de lesão **culposa**, uma vez que nesses delitos a circunstância constitui **causa de aumento de pena de um terço até a metade** (arts. 302, § 1.º, I e 303, parágrafo único). Também não se aplica ao crime de **direção sem permissão ou habilitação** (art. 309), uma vez que constituem **elementar** desse delito, e tampouco ao crime de entrega de veículo a pessoa não habilitada, porque, nesse crime, o sujeito ativo não é o seu condutor.

A agravante é aplicável, por exemplo, a crimes como omissão de socorro (art. 304) e embriaguez ao volante (art. 306).

A agravante genérica não exige que o condutor tenha gerado perigo de dano, enquanto o crime de direção não habilitada de veículo (art. 309) exige. Assim, de acordo com o Superior Tribunal de Justiça, há duas possibilidades: a) quem dirige embriagado sem provocar perigo de dano e sem ser habilitado, incorre no crime do art. 306 com a incidência da agravante genérica em estudo; b) quem conduz veículo embriagado sem ser habilitado e **gerando perigo de dano** (direção anormal), responde pelos crimes de embriaguez ao volante (art. 306) e direção não habilitada de veículo (art. 309). Nesse sentido: AgRg no REsp 745.604/MG, Ministro Reynaldo Soares da Fonseca, 5.ª Turma, *DJe* 24.8.2018; AgRg no HC 465.408/MS, Rel. Min. Sebastião dos Reis Júnior, 6.ª Turma, julgado em 11.12.2018, *DJe* 1.2.2019.

O mero fato de a habilitação estar **vencida** não está abrangido no texto legal.

> **Art. 298.** São circunstâncias que sempre agravam as penalidades dos crimes de trânsito ter o condutor do veículo cometido a infração: (...)

> IV — com Permissão para Dirigir ou Carteira de Habilitação de categoria diferente da do veículo;

O ato de conduzir veículo com permissão ou habilitação de categoria **diversa**, gerando perigo de dano, caracteriza, por si só, o crime do art. 309, e, portanto, a agravante em tela não se aplica a ele. Em relação aos demais delitos do Código, a regra tem aplicação. Ex.: pessoa habilitada somente para dirigir motocicletas que causa lesão culposa dirigindo caminhão; pessoa que dirige embriagada uma motocicleta, mas que é habilitada somente para dirigir automóveis. Nesses casos, o sujeito responde por um desses crimes (lesão culposa ou embriaguez ao volante), com a agravante, restando absorvido o crime do art. 309.

De acordo com o art. 143 do Código de Trânsito, as categorias para condução de veículos são as seguintes:

Categoria A: para veículos motorizados de duas ou três rodas, com ou sem carro lateral;

Categoria B: para veículos motorizados, não abrangidos pela categoria A, cujo peso bruto total não exceda a três mil e quinhentos quilogramas e cuja lotação não exceda a oito lugares, excluído o do motorista;

Categoria C: para veículos motorizados utilizados em transporte de carga, cujo peso bruto total exceda a três mil e quinhentos quilogramas;

Categoria D: para veículos motorizados utilizados no transporte de passageiros, cuja lotação exceda a oito lugares, excluído o do motorista;

Categoria E: para combinação de veículos em que a unidade tratora se enquadre nas categorias B, C ou D e cuja unidade acoplada, reboque, semirreboque, *trailer* ou articulada tenha 6.000 kg (seis mil quilogramas) ou mais de peso bruto total, ou cuja lotação exceda a 8 (oito) lugares.

> **Art. 298.** São circunstâncias que sempre agravam as penalidades dos crimes de trânsito ter o condutor do veículo cometido a infração: (...)
> V — quando a sua profissão ou atividade exigir cuidados especiais com o transporte de passageiros ou de carga;

Lembre-se de que, para os crimes de homicídio e lesão culposa na direção de veículo automotor, caracteriza **causa de aumento de pena** específica o fato de o condutor do veículo, no exercício de sua profissão ou atividade, estar conduzindo veículo de transporte de **passageiros** (arts. 302, § 1.º, IV, e 303, parágrafo único). Assim, a agravante em estudo vale somente para os outros delitos do Código. Ex.: crime de embriaguez ao volante cometido por caminhoneiro ou por motorista de ônibus.

> **Art. 298.** São circunstâncias que sempre agravam as penalidades dos crimes de trânsito ter o condutor do veículo cometido a infração: (...)
> VI — utilizando veículo em que tenham sido adulterados equipamentos ou características que afetem a sua segurança ou o seu funcionamento de acordo com os limites de velocidade prescritos nas especificações do fabricante;

A lei se refere aos chamados motores "envenenados", pneus tala-larga, frentes rebaixadas etc. Nos crimes de homicídio e lesões corporais culposas, a agravante somente poderá ser aplicada se a adulteração não tiver sido a própria causa do acidente, hipótese em que sua aplicação autônoma implicaria *bis in idem*.

> **Art. 298.** São circunstâncias que sempre agravam as penalidades dos crimes de trânsito ter o condutor do veículo cometido a infração: (...)
> VII — sobre faixa de trânsito temporária ou permanentemente destinada a pedestres.

O dispositivo visa aumentar a segurança dos pedestres nos locais especificamente a eles destinados. Essa agravante não incide sobre os crimes de homicídio e lesão culposa, para os quais existe previsão legal **de causa de aumento de pena** para a mesma hipótese (arts. 302, § 1.º, II, e 303, parágrafo único).

7.1.8. Prisão em flagrante e fiança

> **Art. 301.** Ao condutor de veículo, nos casos de acidentes de trânsito de que resulte vítima, não se imporá a prisão em flagrante, nem se exigirá fiança, se prestar pronto e integral socorro àquela.

Esse artigo deixa absolutamente evidente a possibilidade de prisão em flagrante nos crimes de homicídio e lesões corporais culposas, como também nos demais delitos da lei de trânsito.

Acontece que, visando estimular o socorro às vítimas, o legislador veda a efetivação da prisão em flagrante (lavratura do respectivo auto), bem como dispensa a fiança àquele condutor de veículo envolvido em acidente que venha a **prestar imediato e completo socorro à vítima**. Em contrapartida, aquele que não o fizer, responderá pelo crime de homicídio ou lesões corporais culposas, com acréscimo de um terço até a metade da pena (arts. 302, § 1.º, III, e 303, parágrafo único).

7.1.9. Penas restritivas de direitos específicas

A Lei n. 13.281/2016 inseriu no art. 312-A do Código de Trânsito regras para a substituição das penas privativas de liberdade dos crimes de trânsito por restritivas de direitos, desde que presentes os requisitos legais para a substituição.

De acordo com tal dispositivo, "para os crimes relacionados nos arts. 302 a 312 deste Código, nas situações em que o juiz aplicar a substituição de pena privativa de liberdade por pena restritiva de direitos, esta deverá ser de prestação de serviço à comunidade ou a entidades públicas, em uma das seguintes atividades:

> I — trabalho, aos fins de semana, em equipes de resgate dos corpos de bombeiros e em outras unidades móveis especializadas no atendimento a vítimas de trânsito;
> II — trabalho em unidades de pronto-socorro de hospitais da rede pública que recebem vítimas de sinistro de trânsito e politraumatizados;
> III — trabalho em clínicas ou instituições especializadas na recuperação de sinistrados de trânsito;

IV — outras atividades relacionadas ao resgate, atendimento e recuperação de vítimas de sinistros de trânsito.

7.2. DOS CRIMES EM ESPÉCIE (SEÇÃO II)

7.2.1. Homicídio culposo na direção de veículo automotor

Antes do advento da Lei n. 9.503/97, conhecida como Código de Trânsito Brasileiro, a provocação de morte culposa, por parte de condutor de veículo, caracterizava crime de homicídio culposo **comum**, previsto no art. 121, § 3.º, do Código Penal. A divulgação de estatísticas que reconheceram o Brasil como **recordista mundial** em mortes no trânsito, fez com que o legislador, ao aprovar referido Código, nele introduzisse crimes especiais de homicídio e lesão culposa **na direção de veículo automotor**, mais gravemente apenados. Atualmente, portanto, existem duas modalidades de homicídio culposo. A modalidade prevista no art. 302 da Lei n. 9.503/97 está assim definida:

> **Art. 302.** Praticar homicídio culposo na direção de veículo automotor:
> Penas — detenção, de dois a quatro anos, e suspensão ou proibição de se obter a permissão ou a habilitação para dirigir veículo automotor.

1. Objetividade jurídica
A **vida humana** extrauterina.

2. Elementos do tipo
Tal como no homicídio culposo do Código Penal, o tipo é **aberto**, devendo o juiz, no **caso concreto**, por meio de um **juízo de valor**, concluir de acordo com a prova colhida se o agente atuou ou não com imprudência, negligência ou imperícia.

Imprudência é a prática de um fato perigoso, como dirigir em velocidade excessiva, atravessar um sinal vermelho, desrespeitar via preferencial.

Negligência é a ausência de uma precaução, como, por exemplo, a falta de manutenção no freio ou de outros mecanismos de segurança do automóvel, cuja falha acaba provocando um acidente com morte.

Imperícia é a falta de aptidão para a realização de certa manobra. Constitui exemplo perder o controle de um automóvel na curva e causar um acidente, sem que tenha havido alguma forma específica de imprudência, mas pela simples falta de habilidade na condução do automóvel.

Note-se que a caracterização da culpa nos delitos de trânsito provém, normalmente, **do desrespeito às normas disciplinares contidas no próprio Código de Trânsito** (excesso de velocidade, embriaguez, direção na contramão, desrespeito à sinalização, conversão ou ultrapassagem em local proibido, conversa ao telefone celular, manobra de marcha a ré sem os cuidados necessários, desrespeito à faixa de pedestres, transporte de passageiros na carroceria de caminhão ou caminhonete etc.). Essas, entretanto, não constituem as únicas hipóteses de configuração do crime culposo, pois o agente, ainda que não desrespeite as regras disciplinares do Código, pode agir com **inobservância do cuidado necessário** e, assim, responder pelo crime. A ultrapassagem, por exemplo, se feita em local permitido, não configura infração administrativa, mas, se for efetuada sem a necessária atenção, pode dar causa a acidente e implicar crime culposo.

A existência de culpa **exclusiva** da vítima afasta a responsabilização do condutor, mas, no caso de culpa **recíproca**, o motorista responde pelo delito, já que as culpas **não** se **compensam**. Assim, se uma pessoa dirige em excesso de velocidade e outra na contramão, e acontece um acidente em que uma delas morre, o outro condutor responde pelo delito, não obstante ambos tenham agido com imprudência. O fato de a pessoa falecida ter também agido culposamente não exime o outro motorista da responsabilidade criminal.

Se duas pessoas agem culposamente, dando causa à morte de **terceiro**, ambos respondem pelo delito em sua integralidade. É a chamada culpa **concorrente**. Ex.: um motorista desrespeita uma via preferencial e colide o carro com outro que vinha na contramão, dando causa à morte do passageiro de um dos veículos. Nesse caso, os dois motoristas agiram com imprudência e respondem pelo homicídio culposo na direção de veículo automotor.

▣ O âmbito de abrangência do CTB

O art. 1.º da Lei n. 9.503/97 dispõe que "o trânsito de qualquer natureza **nas vias terrestres** do território nacional, abertas à circulação, rege-se por este Código".

Assim, embora aviões, helicópteros, lanchas, barcos e *jet-skis* sejam veículos motorizados, a conduta culposa em sua condução não é capaz de configurar o crime da lei especial, mas apenas aquele do art. 121, § 3.º, do Código Penal (ou, eventualmente, o do art. 261, agravado pela morte culposa, nos termos do art. 258 do CP).

Por sua vez, apesar de o art. 2.º da Lei n. 9.503/97 definir via terrestre de forma a **excluir as vias particulares** (estacionamentos privados, pátios de postos de gasolina, vias internas de fazendas etc.), entende-se que devem ser aplicadas as regras relativas aos crimes de homicídio e lesão culposa do Código de Trânsito, ainda que o fato **não ocorra em via pública**. Com efeito, quando o legislador quis exigir que o fato delituoso fosse caracterizado **apenas** quando ocorresse em **via pública**, o fez de **forma expressa** no tipo penal, como nos crimes de participação em competição não autorizada (art. 308) e direção sem habilitação (art. 309). Assim, como não há a mesma ressalva nos arts. 302 e 303, fica evidente a finalidade da lei em excepcionar a regra para permitir a aplicação de seus crimes de homicídio e lesão culposa, qualquer que seja o local do delito, desde que o agente esteja na direção de veículo automotor em via terrestre.

▣ A expressão "na direção de veículo automotor"

O crime da lei especial não se configura pelo simples fato de a conduta culposa ocorrer no trânsito. Exige **expressamente**, o tipo penal, que o agente esteja **dirigindo veículo automotor**, isto é, que esteja no comando dos mecanismos de controle e velocidade do veículo. Por essa razão, existem várias hipóteses que parecem tipificar o crime em análise, por ocorrerem no trânsito ou por serem a este relacionadas, mas que configuram crime **comum**. Vejam-se os seguintes casos:

a) **Pedestre** que atravessa pista de rolamento em momento e local inadequados, causando a queda e morte de um motociclista. A imprudência ocorreu no trânsito, mas por pessoa que não estava conduzindo veículo, devendo responder pelo crime do Código Penal (art. 121, § 3.º).

b) **Passageiro** de automóvel ou de ônibus que atira garrafa de refrigerante pela janela, provocando acidente com morte na estrada. Igualmente, incorre em crime comum.

c) Pessoa na **garupa** de motocicleta que, por brincadeira, balança o veículo e provoca a queda e morte do condutor.

d) Pessoa que mata motociclista por **abrir a porta** de um carro sem olhar para trás, provocando colisão.

e) Pessoa que está **empurrando** um carro desligado e perde o controle sobre o veículo, que atropela alguém.

f) Responsável por oficina mecânica que se esquece de colocar determinada peça em um automóvel, o que acaba gerando um acidente, hipótese em que a conduta culposa não é do condutor do veículo.

3. Sujeito ativo

Qualquer pessoa que esteja na condução de veículo automotor.

4. Sujeito passivo

Qualquer pessoa.

5. Consumação

No momento em que a vítima morre.

6. Tentativa

Não existe tentativa em crimes culposos.

7. Perdão judicial

O art. 300 do Código de Trânsito **expressamente** permitia o perdão judicial nos crimes culposos nele elencados. Esse dispositivo, todavia, foi **vetado** pelo Presidente da República com o argumento de que o perdão judicial previsto no art. 121, § 5.º, do Código Penal, trata o tema de forma **mais abrangente**. Conclui-se, portanto, que o perdão judicial, com as regras previstas no Código Penal, **aplica-se aos crimes de trânsito**. De acordo com o art. 121, § 5.º, do Código Penal, o juiz pode **deixar de aplicar a pena do homicídio culposo se as consequências** do fato delituoso tiverem atingido o próprio agente de forma tão grave que sua imposição se mostre desnecessária. Os casos mais comuns de aplicação do perdão judicial são aqueles em que a vítima fatal é um parente próximo, cônjuge ou companheiro do réu, ou aqueles em que o próprio condutor fica também gravemente ferido como consequência do acidente que provocou.

O perdão judicial é circunstância de caráter **pessoal** e, por isso, **não se comunica** no caso de **concorrência de culpas**. Ex.: o pai e um desconhecido agem com imprudência na condução de veículos, dando causa à morte do filho. O perdão judicial aplicável ao pai não se estende ao terceiro. Por sua vez, se apenas o pai age com imprudência e, com isso, dá causa à morte do filho e de um terceiro, não está proibido o perdão judicial, pois o sofrimento do pai pela perda do filho é considerado consequência gravosa o suficiente para ser desnecessária a imposição da pena detentiva.

O perdão judicial **não** precisa ser **aceito** para gerar efeito.

▣ Natureza jurídica

Nos termos do art. 107, IX, do Código Penal, o perdão judicial tem natureza jurídica de **causa extintiva da punibilidade**.

▣ Momento da concessão e reincidência

Em nosso entendimento, o perdão judicial só pode ser concedido na **sentença**, após o juiz apreciar as provas colhidas e considerar o réu **responsável** pelo crime culposo de que está sendo acusado. Com efeito, se as provas indicarem que ele **não** agiu de forma **culposa**, a solução é a **absolvição**, mesmo porque não se perdoa um **inocente**. Em outras palavras, após o juiz considerar o acusado responsável pela infração penal, **deixa** de lhe aplicar a pena correspondente, por entender que ele já foi suficientemente atingido pelas consequências advindas de sua conduta.

O art. 120 do Código Penal, aliás, preocupou-se em estabelecer que a concessão do perdão judicial não retira a primariedade do réu, de modo que, em caso de prática de novo crime, **não** será ele considerado **reincidente**. Ora, é óbvio que, se o perdão pudesse ser concedido antes da sentença, não seria capaz de gerar reincidência, e, dessa forma, seria completamente desnecessária a regra contida em referido art. 120.

▣ Natureza jurídica da sentença que concede o perdão judicial

Existem **duas** correntes em torno do tema:

a) Como nessa sentença o juiz analisa as provas e declara o réu culpado, ficam afastados apenas os efeitos expressamente declarados no Código Penal — **a aplicação da pena de detenção e a perda da primariedade**. Os demais efeitos de uma condenação são mantidos, porque não afastados pelo texto legal. Para essa corrente, portanto, a sentença que concede o perdão judicial é **condenatória**, subsistindo efeitos secundários, como a obrigação de indenizar e o lançamento do nome do réu no rol dos culpados. Essa era a corrente adotada pelo Supremo Tribunal Federal e por boa parte dos doutrinadores, como Damásio de Jesus[1].

b) Sendo o perdão uma causa extintiva da punibilidade (art. 107, IX, do CP), a sentença em que este é concedido tem natureza **declaratória**. Esse o entendimento adotado pelo Superior Tribunal de Justiça por meio da Súmula 18, que assim dispõe: *a sentença concessiva do perdão judicial é declaratória da extinção da punibilidade, não subsistindo qualquer efeito condenatório*. Por essa orientação, se uma pessoa foi beneficiada com o perdão judicial, a sentença que o concedeu não pode ser utilizada na esfera cível como título executivo, e tampouco o nome do acusado pode ser lançado no rol dos culpados. Os familiares da vítima do homicí-

---

[1] JESUS, Damásio de. *Direito penal*. 23. ed. São Paulo: Saraiva, 2003. v. 1, p. 687.

dio culposo, se quiserem obter indenização, terão de ingressar com ação de conhecimento no juízo cível. Por ser objeto de súmula de tribunal superior, esse é o entendimento atualmente adotado na prática. É também defendido por autores como Celso Delmanto[2] e Cezar Roberto Bitencourt[3].

8. Concurso de crimes e absorção

A Lei n. 9.503/97 tipificou diversos crimes que se caracterizam pela provocação de uma situação de **perigo** (dano potencial) e que ficam **absorvidos** quando ocorrer o **dano efetivo** (lesões corporais ou homicídio culposo na direção de veículo automotor). É o caso dos crimes de direção de veículo sem habilitação e excesso de velocidade em determinados locais (arts. 309 e 311). Quanto à morte decorrente de competição não autorizada, ver comentários ao art. 308.

Se o agente, com uma única conduta culposa, provocar a morte ou lesões corporais em **duas** ou **mais** vítimas, aplica-se a regra do concurso **formal** descrita no art. 70 do Código Penal, em que o juiz aplica a pena do crime mais grave, aumentada de um sexto até metade.

9. Jurisprudência

Tem sido admitido o reconhecimento do crime culposo nas seguintes hipóteses: velocidade inadequada para o local, desrespeito às vias preferenciais, ingresso em rodovia sem as devidas cautelas, derrapagem em pista escorregadia, embriaguez ao volante seguida de morte, falta de distância do veículo que segue à frente, direção pela contramão, ultrapassagem em local proibido ou sem as devidas cautelas, excesso de velocidade em curvas, falta de manutenção nos freios, manobra de marcha à ré sem os cuidados necessários, desrespeito à faixa de pedestres, queda de passageiro de coletivo com as portas abertas ou de boia-fria da carroceria de caminhão etc.

Por outro lado, não se tem admitido o crime culposo nas seguintes hipóteses de culpa exclusiva da vítima: travessia em pista de rodovia de alta velocidade ou de madrugada, saída repentina da calçada para a rua ou por trás de outros carros etc.

10. Ação penal

É pública **incondicionada**.

O homicídio culposo tem pena máxima de 4 anos, não se enquadrando no conceito de infração de menor potencial ofensivo, tramitando, portanto, no Juízo **Comum** e sem os benefícios da Lei n. 9.099/95. Nem mesmo a suspensão condicional do processo se mostra cabível, já que a pena mínima prevista para o delito é de 2 anos.

Em tese, admite o acordo de não persecução penal (art. 28-A do CPP).

11. Causas de aumento de pena

Estabelece a lei em seu art. 302, § 1.º, hipóteses em que as penas sofrerão **acréscimo de um terço até a metade**:

---

[2] DELMANTO, Celso; DELMANTO, Roberto; DELMANTO JÚNIOR, Roberto. *Código Penal comentado.* 6. ed. Rio de Janeiro: Renovar, 2002. p. 181.
[3] BITENCOURT, Cezar Roberto. *Tratado de direito penal,* v. 2, p. 90.

I — Se o agente não possuir Permissão para Dirigir ou Carteira de Habilitação. É óbvio que, nesse caso, **não** pode ser reconhecido concomitantemente o crime de dirigir veículo na via pública sem permissão ou habilitação (art. 309).

O mero fato de a habilitação estar vencida não está abrangido no texto legal.

II — Se o crime for cometido na faixa de pedestres ou na calçada. Entendeu o legislador que a conduta culposa é mais grave nesses casos, uma vez que a vítima é atingida em local destinado a lhe dar segurança, demonstrando o desrespeito do motorista em relação à área.

III — Se o agente deixar de prestar socorro, quando possível fazê-lo sem risco pessoal, à vítima do acidente. Essa hipótese, evidentemente, só é aplicável ao condutor do veículo que **tenha agido de forma culposa**. Caso **não** tenha agido com imprudência, negligência ou imperícia e deixe de prestar socorro à vítima, estará incurso no crime de omissão de socorro no trânsito (art. 304).

O aumento terá aplicação quando o socorro for possível sem risco pessoal para o condutor (ameaça de agressão, grande movimentação de veículos etc.), e quando o agente puder concretizá-lo, por possuir meios para tanto. Assim, se o agente não possui condições de efetuar o socorro ou quando também ficou lesionado no acidente de forma a não poder ajudar a vítima, não terá aplicação o dispositivo.

O aumento também não será aplicado se a vítima for, **de imediato**, socorrida por **terceira pessoa** (e o agente presenciar tal fato), ou se ela estiver **evidentemente morta** (hipótese em que não há razão para socorro).

IV — Se o agente, no exercício de sua profissão ou atividade, estiver conduzindo veículo de transporte de passageiro. Trata-se de exasperação cuja finalidade é ressaltar a necessidade de cuidado e zelo por parte daqueles que têm como profissão ou atividade a condução de veículo de transporte de **passageiros**, já que o número maior de pessoas transportadas justifica o tratamento diferenciado. Aliás, a própria obtenção da habilitação exige exames específicos.

A lei não se refere apenas aos motoristas de ônibus ou táxi, mas também a qualquer motorista que atue no transporte de passageiros, como motoristas de lotações, de vans escolares etc.

Veja-se, ainda, que o aumento será aplicado ainda que o resultado tenha alcançado pessoa que não estava no interior do veículo (pedestre ou outro motorista, por exemplo).

O preceito secundário do crime em análise prevê, além da pena de detenção, a suspensão ou proibição de se obter a permissão ou a habilitação para dirigir veículo automotor. Questionou-se perante o Supremo Tribunal Federal se essa pena poderia ser aplicada a motoristas profissionais ou se violaria o direito fundamental ao livre exercício do trabalho (art. 5.º, XIII, da CF). O Plenário do Supremo Tribunal Federal, ao analisar o tema 486 (repercussão geral), aprovou a seguinte tese: "É constitucional a imposição da pena de suspensão de habilitação para dirigir veículo automotor ao motorista profissional condenado por homicídio culposo no trânsito".

Eis a ementa do julgado:

"RECURSO EXTRAORDINÁRIO. HOMICÍDIO CULPOSO NA DIREÇÃO DE VEÍCULO AUTOMOTOR. MOTORISTA PROFISSIONAL. SUSPENSÃO DE HABILITAÇÃO

PARA DIRIGIR. CONSTITUCIONALIDADE. 1. O recorrido, motorista profissional, foi condenado, em razão da prática de homicídio culposo na direção de veículo automotor, à pena de alternativa de pagamento de prestação pecuniária de três salários mínimos, bem como à pena de suspensão da habilitação para dirigir, prevista no art. 302 do Código de Trânsito Brasileiro, pelo prazo de dois anos e oito meses. 2. A norma é perfeitamente compatível com a Constituição. É legítimo suspender a habilitação de qualquer motorista que tenha sido condenado por homicídio culposo na direção de veículo. Com maior razão, a suspensão deve ser aplicada ao motorista profissional, que maneja o veículo com habitualidade e, assim, produz risco ainda mais elevado para os demais motoristas e pedestres. 3. Em primeiro lugar, inexiste direito absoluto ao exercício de atividade profissionais (CF, art. 5.º, XIII). É razoável e legítima a restrição imposta pelo legislador, visando proteger bens jurídicos relevantes de terceiros, como a vida e a integridade física. 4. Em segundo lugar, a medida é coerente com o princípio da individualização da pena (CF, art. 5.º, XLVI). A suspensão do direito de dirigir do condenado por homicídio culposo na direção de veículo automotor é um dos melhores exemplos de pena adequada ao delito, já que, mais do que punir o autor da infração, previne eficazmente o cometimento de outros delitos da mesma espécie. 5. Em terceiro lugar, a medida respeita o princípio da proporcionalidade. A suspensão do direito de dirigir não impossibilita o motorista profissional de auferir recursos para sobreviver, já que ele pode extrair seu sustento de qualquer outra atividade econômica. 6. Mais grave é a sanção principal, a pena privativa de liberdade, que obsta completamente as atividades laborais do condenado. *In casu*, e com acerto, substituiu-se a pena corporal por prestação pecuniária. Porém, de todo modo, se a Constituição autoriza o legislador a privar o indivíduo de sua liberdade e, consequentemente, de sua atividade laboral, em razão do cometimento de crime, certamente também autoriza a pena menos gravosa de suspensão da habilitação para dirigir. 7. Recurso extraordinário provido. 8. Fixação da seguinte tese: É constitucional a imposição da pena de suspensão de habilitação para dirigir veículo automotor ao motorista profissional condenado por homicídio culposo no trânsito" (RE 607.107, Rel. Roberto Barroso, Tribunal Pleno, julgado em 12.2.2020, DJe-088, Divulg. 13.4.2020, Public. 14.4.2020).

■ **Homicídio culposo cometido por pessoa embriagada**

É necessário dizer, inicialmente, que a Lei n. 11.275/2006 acrescentou neste art. 302, § 1.º, causa de aumento de pena para os casos em que o autor do homicídio culposo na direção de veículo automotor estivesse **sob a influência de álcool ou substância tóxica ou entorpecente de efeitos análogos**. Tratava-se do inciso V do referido parágrafo, que, todavia, foi revogado pela Lei n. 11.705/2008, na medida em que o legislador entendeu que a existência de tal dispositivo dificultava o enquadramento do autor do delito na modalidade **dolosa do homicídio** — dolo eventual por parte de quem dirige embriagado e provoca morte.

Ocorre que o Supremo Tribunal Federal, em diversas decisões, definiu que a pessoa que dirige embriagada e que provoca morte no trânsito pode ser punida por homicídio **culposo** ou **doloso** (dolo eventual), dependendo das **circunstâncias** do caso concreto — quantidade de bebida ingerida, forma e local de condução do veículo etc. A propósito:

"Não cabe na pronúncia analisar e valorar profundamente as provas, pena inclusive de influenciar de forma indevida os jurados, de todo suficiente a indicação, fundamentada, da existência de provas da materialidade e autoria de crime de competência do Tribunal do Júri. 3. Mesmo em crimes de trânsito, definir se os fatos, as provas e as circunstâncias do caso autorizam a condenação do paciente por homicídio doloso ou se, em realidade, trata-se de hipótese de homicídio culposo ou mesmo de inocorrência de crime é questão que cabe ao Conselho de Sentença do Tribunal do Júri. 4. *Habeas corpus* extinto sem resolução do mérito" (HC 109.210, Rel. Min. Marco Aurélio, Relator(a) p/ Acórdão: Min. Rosa Weber, 1.ª Turma, julgado em 21.8.2012, processo eletrônico *DJe* 154, 7.8.2013, public. 8.8.2013); "Não tem aplicação o precedente invocado pela defesa, qual seja, o HC 107.801/SP, por se tratar de situação diversa da ora apreciada. Naquela hipótese, a Primeira Turma entendeu que o crime de homicídio praticado na condução de veículo sob a influência de álcool somente poderia ser considerado doloso se comprovado que a embriaguez foi preordenada. No caso sob exame, o paciente foi condenado pela prática de homicídio doloso por imprimir velocidade excessiva ao veículo que dirigia, e, ainda, por estar sob influência do álcool, circunstância apta a demonstrar que o réu aceitou a ocorrência do resultado e agiu, portanto, com dolo eventual" (HC 115.352, Rel. Min. Ricardo Lewandowski, 2.ª Turma, julgado em 16.4.2013). E ainda: "Os autos evidenciam, neste juízo sumário, que a imputação atribuída ao agravante não resultou da aplicação aleatória do dolo eventual. Indicou-se, com efeito, as circunstâncias especiais do caso, notadamente a embriaguez, o excesso de velocidade e a ultrapassagem de semáforo com sinal desfavorável em local movimentado, a indicar a anormalidade da ação, do que defluiu a aparente desconsideração, falta de respeito ou indiferença para com o resultado lesivo" (HC 160.500 AgR, Rel. Min. Alexandre de Moraes, 1.ª Turma, julgado em 28.9.2018).

Em razão disso, o legislador resolveu novamente aprovar lei para tornar mais grave a pena do homicídio **culposo** quando cometido por pessoa **embriagada** ou **drogada**, o que se materializou com a aprovação da Lei n. 12.971/2014, que passou a prever pena de **reclusão** de 2 a 4 anos para tais casos, além da suspensão ou proibição de obter a habilitação ou permissão para dirigir (art. 302, § 2.º). Ocorre que tal dispositivo acabou sendo revogado pela Lei n. 13.281/2016. Posteriormente, em 20 de dezembro de 2017 foi publicada a Lei n. 13.546/2017, criando figura qualificada para o crime de homicídio culposo na direção de veículo automotor para a hipótese em que o agente comete o crime conduzindo o veículo sob a influência de álcool ou de qualquer outra substância psicoativa que determine dependência (art. 302, § 3.º, do CTB). Em tal hipótese, a pena passou a ser de reclusão, de **5 a 8 anos**, e suspensão ou proibição do direito de se obter a permissão ou a habilitação para dirigir veículo automotor. As formas de comprovação da embriaguez são as mesmas que serão analisadas no estudo do crime do art. 306 do CTB — embriaguez ao volante. Saliente-se que tal lei entrou em vigor em 19 de abril de 2018. Ressalte-se, também, que o fato de ter sido estabelecida pena maior para a hipótese culposa não exclui a possibilidade de responsabilização por dolo eventual em situações especiais, conforme mencionado pelo STF no julgamento do HC 160.500 Agr/SP, Rel. Min. Alexandre de Moraes, 1.ª Turma, julgado em 28.9.2018 — transcrição acima.

O art. 44 do Código Penal permite a substituição da pena privativa de liberdade nos crimes culposos qualquer que seja a pena aplicada, desde que presentes os demais requisitos legais, como primariedade, bons antecedentes etc. A Lei n. 14.071/2020, todavia, **vedou** tal benefício ao crime de homicídio culposo cometido na direção de veículo automotor por pessoa que esteja sob a influência de álcool ou de qualquer outra substância psicoativa que determine dependência (art. 302, § 3.º, do CTB). Referida regra foi inserida no art. 312-B do Código de Trânsito e entrou em vigor em 12 de abril de 2021.

7.2.1.1. Principais regras do homicídio culposo na direção de veículo automotor

OBJETIVIDADE JURÍDICA	▫ A vida humana extrauterina.
TIPO OBJETIVO E DISTINÇÃO	▫ Praticar homicídio culposo na direção de veículo automotor. ▫ O art. 1.º do Código de Trânsito Brasileiro restringe seu alcance a fatos ocorridos em via terrestre, de modo que a morte decorrente de imprudência, imperícia ou negligência na condução de aeronave ou embarcação constitui crime de homicídio culposo comum do art. 121, § 3.º, do Código Penal. Igualmente se a conduta culposa ocorrer no trânsito, mas for causada por pedestre ou passageiro, já que tais pessoas não estão na condução de veículo. Aplica-se, ainda, o crime culposo do Código Penal se a conduta for praticada por condutor de bicicleta ou charrete, já que não são veículos motorizados.
SUJEITO ATIVO	▫ Qualquer pessoa. Trata-se de crime comum.
SUJEITO PASSIVO	▫ Qualquer pessoa.
CONSUMAÇÃO	▫ No momento da morte.
TENTATIVA	▫ Não é possível.
CAUSAS DE AUMENTO DE PENA	▫ Haverá acréscimo de um terço até metade da pena: I — se o agente não possuir Permissão para Dirigir ou Habilitação; II — se o crime for cometido na faixa de pedestres ou sobre a calçada; III — se o agente deixar de prestar imediato socorro à vítima quando possível fazê-lo sem risco pessoal; IV — se a conduta culposa tiver sido praticada no exercício de profissão (motorista profissional) ou quando se tratar de veículo de transporte de passageiros.
FIGURA QUALIFICADA PELA EMBRIAGUEZ	▫ Nos termos do art. 302, § 3.º, a pena será de reclusão, de 5 a 8 anos, se o homicídio culposo é cometido por condutor de veículo automotor que está sob a influência de álcool ou de qualquer outra substância psicoativa que determine dependência (dispositivo com entrada em vigor em 19 de abril de 2018, nos termos da Lei n. 13.546/2017). É vedada a substituição por penas restritivas de direitos para esta modalidade de delito cometido a partir de 12 de abril de 2021.
PERDÃO JUDICIAL	▫ Se as circunstâncias do fato criminoso tiverem atingido o próprio agente de forma tão grave que a imposição da pena se mostre desnecessária, o juiz poderá deixar de aplicá-la. De acordo com a Súmula 18 do STJ, a sentença que concede o perdão judicial é declaratória da extinção da punibilidade, não subsistindo qualquer outro efeito.
AÇÃO PENAL	▫ É pública incondicionada.

7.2.2. Lesão culposa na direção de veículo automotor

> **Art. 303.** Praticar lesão corporal culposa na direção de veículo automotor:
> Penas — detenção de seis meses a dois anos e suspensão ou proibição de se obter a permissão ou habilitação para dirigir veículo automotor.

1. Objetividade jurídica

A integridade corporal e a saúde das pessoas.

2. Elementos do tipo

Os requisitos necessários para a configuração do crime de lesão culposa na direção de veículo automotor são os mesmos já estudados no tópico anterior referente ao homicídio culposo. A diferença reside apenas no resultado — a vítima não morre — e no montante da pena, que é consideravelmente menor.

A gravidade da lesão não altera a tipificação do delito, mas deve ser levada em conta pelo juiz na **fixação da pena-base**. Se a vítima sofre pequenas escoriações, o juiz, em regra, aplicará a pena próxima ao mínimo; mas, se fica tetraplégica, a pena deve ser consideravelmente exasperada.

As **causas de aumento de pena** previstas para o crime de lesão culposa no § 1.º do art. 303 são as mesmas existentes no homicídio culposo (art. 302, § 1.º).

É cabível o perdão judicial se as consequências do fato criminoso atingirem o próprio agente de forma tão grave que a imposição da pena de detenção se mostre desnecessária.

3. Crime qualificado pela embriaguez

A Lei n. 13.546, publicada em 20 de dezembro de 2017, inseriu uma figura qualificada no § 2.º do art. 303, estabelecendo pena de reclusão, de 2 a 5 anos, sem prejuízo das outras penas previstas neste artigo, se o agente conduz o veículo com capacidade psicomotora alterada em razão da influência de álcool ou de outra substância psicoativa que determine dependência, e se do crime resultar lesão corporal de natureza **grave** ou **gravíssima**. As formas de demonstração da embriaguez são as mesmas que serão estudadas na ocasião da análise do crime do art. 306. Tal dispositivo entrou em vigor em 19 de abril de 2018.

A circunstância de estar embriagado o motorista do veículo automotor que comete o crime de lesão corporal culposa de natureza **leve** não torna o crime qualificado, mas retira-lhe a possibilidade de certos benefícios, conforme será estudado em seguida, bem como pode ser considerada pelo juiz na fixação da pena-base (art. 59 do CP).

Na modalidade qualificada pela embriaguez, a lesão culposa deve ser de natureza grave ou gravíssima. Como a pena máxima prevista nesses casos é de 5 anos, não se insere na competência do Juizado Criminal, de modo que não cabe a aplicação das regras da Lei n. 9.099/95. O art. 44 do Código Penal permite a substituição da pena privativa de liberdade nos crimes culposos qualquer que seja a pena aplicada, desde que presentes os demais requisitos legais, como primariedade, bons antecedentes etc. A Lei n. 14.071/2020, todavia, vedou tal benefício ao crime de lesão culposa grave ou gravíssima cometido na direção de veículo automotor por pessoa que esteja sob a influência de álcool ou de qualquer outra substância psicoativa que determine dependência (art. 303, § 2.º, do CTB). Referida regra foi inserida no art. 312-B do Código de Trânsito e entrou em vigor em 12 de abril de 2021.

4. Sujeito ativo

Qualquer pessoa.

5. Sujeito passivo

Qualquer pessoa.

6. Consumação
No momento em que a vítima sofre as lesões corporais.

7. Tentativa
Não existe tentativa em crimes culposos.

8. Ação penal
Em regra, é pública condicionada à **representação**, cabendo ainda a **transação penal** e a **conciliação civil** como causa extintiva da punibilidade (desde que homologada pelo juiz na audiência preliminar), tudo nos termos do art. 291, § 1.º, do Código de Trânsito.

A ação, contudo, será **incondicionada** e **não** serão cabíveis os benefícios da transação penal e da composição civil, nas hipóteses contidas nos incisos do mencionado art. 291, § 1.º, ou seja, se o agente estiver:

I — sob a influência de álcool ou qualquer outra substância psicoativa que determine dependência;
II — participando, em via pública, de corrida, disputa ou competição automobilística, de exibição ou demonstração de perícia em manobra de veículo automotor, não autorizada pela autoridade competente;
III — transitando em velocidade superior à máxima permitida para a via em 50 km/h.

Em tais casos, ademais, deverá ser instaurado **inquérito policial** para a investigação da infração penal.

LESÃO CULPOSA NA DIREÇÃO DE VEÍCULO AUTOMOTOR			
Regra	■ Ação pública condicionada e apuração mediante termo circunstanciado	■ Possibilidade de transação penal	■ Possibilidade de composição civil como causa extintiva da punibilidade
Se o réu está sob a influência de álcool, participando, em via pública, de disputa, não autorizada, ou transitando em velocidade superior à máxima permitida para a via em 50 km/h	■ Ação pública incondicionada e apuração mediante inquérito policial	■ Impossibilidade de transação penal	■ Impossibilidade de composição civil como causa extintiva da punibilidade

7.2.3. Omissão de socorro

> **Art. 304.** Deixar o condutor do veículo, na ocasião do acidente, de prestar imediato socorro à vítima, ou, não podendo fazê-lo diretamente, por justa causa, deixar de solicitar auxílio da autoridade pública:
> Penas — detenção, de seis meses a um ano, ou multa, se o fato não constituir elemento de crime mais grave.

1. Objetividade jurídica
A **vida** e a **saúde** das pessoas.

2. Elementos do tipo
O delito em estudo é **omissivo puro**, porque a lei descreve **duas condutas típicas** consistentes em não fazer algo:

a) **deixar de prestar imediato socorro à vítima**: somente se aplica quando o auxílio pode ser prestado **diretamente** pelo agente que, todavia, prefere se omitir;

b) **deixar de solicitar auxílio à autoridade pública**: quando, por justa causa, não for viável o socorro direto pelo agente e ele, podendo solicitar ajuda das autoridades, omite-se.

Em algumas situações, tanto o socorro direto quanto o pedido de auxílio à autoridade pública são **inviáveis**. É o que ocorre, por exemplo, quando o condutor também se encontra lesionado ou desorientado em face do acidente; quando faltam condições materiais para o socorro (veículos danificados, em local afastado); quando há risco de agressões por populares etc. Nesses casos, **não haverá o crime** em estudo.

Nos termos do art. 304, parágrafo único, *incide nas penas previstas neste artigo o condutor do veículo, ainda que sua omissão seja suprida por terceiros ou que se trate de vítima com morte instantânea ou com ferimentos leves.*

Esse dispositivo, porém, deve ser interpretado com algumas ressalvas:

a) **Socorro por terceiro**: o condutor somente responderá pelo crime no caso de ser a vítima socorrida por terceiros, quando a prestação desse socorro **não chegou ao seu conhecimento**, por já ter se evadido do local. Assim, se, após o acidente, o condutor se afasta do local e, na sequência, a vítima é socorrida por terceiro, existe o crime. É evidente, entretanto, que não há delito quando, logo após o acidente, terceira pessoa se adianta ao condutor e presta o socorro. Não se pode exigir que o condutor chame para si a responsabilidade pelo socorro quando terceiro já o fez (muitas vezes, em condições mais apropriadas).

b) **Morte instantânea**: no caso de vítima com morte instantânea, o dispositivo é **inaplicável**, uma vez que o delito **não tem objeto jurídico**, já que o socorro seria absolutamente inócuo.

c) **Vítima com lesões leves**: o conceito de lesões corporais de natureza leve é muito **extenso**, de tal sorte que o crime de omissão de socorro somente poderá ser cogitado quando, apesar de os ferimentos serem leves, esteja a vítima **necessitando de algum atendimento** (fraturas, cortes profundos etc.). É evidente que o socorro não se faz necessário quando a vítima sofre simples escoriações ou pequenos cortes.

Tampouco pode ser aplicado o dispositivo quando a vítima se **recusa** a ser socorrida.

3. Sujeito ativo

Somente o condutor de veículo **envolvido em acidente com vítima que não tenha agido culposamente**.

Quem **provoca culposamente** o acidente e **deixa** de prestar socorro comete o crime de **homicídio** ou **lesão corporal culposa** na direção de veículo automotor, com a **pena aumentada** de um terço até metade em razão da omissão (arts. 302, § 1.º, II, e 303, § 1.º).

A propósito:

"O atropelamento seguido de omissão de socorro, quando causado por culpa exclusiva da vítima de lesão corporal não configura o delito no art. 303 do CTB e, portanto, é inadmissível a causa especial de aumento de pena prevista no parágrafo único do mencionado dispositivo legal, sendo certo que, por não constituir elemento do crime mais grave, a conduta subsiste tipificada no art. 304 daquele Diploma Legal, como delito autônomo" (Tacrim/SP, Rel. Roberto Midolla, *RJTACrim* 46/442).

Se o agente cometeu o crime de lesão culposa e não socorreu a vítima, mas esta resolveu **não oferecer representação**, fica afastada a figura do crime culposo e sua respectiva causa de aumento, não se podendo cogitar do crime do art. 304:

"é impossível falar-se em tipificação do delito do art. 304 do CTB, na hipótese em que a vítima da lesão corporal não tem interesse em oferecer representação prevista na Lei n. 9.099/95, pois a figura autônoma da omissão de socorro só se caracteriza quando não estiver relacionada com precedentes condutas de homicídio culposo e de lesão corporal culposa na direção de veículo automotor, hipótese em que é causa de aumento de pena" (Tacrim/SP, Rel. Vico Mañas, *RJTACrim* 43/334).

Motoristas de veículos **não envolvidos no acidente** e quaisquer **outras pessoas** que deixem também de prestar socorro incidem no crime genérico de **omissão de socorro** descrito no **art. 135** do Código Penal.

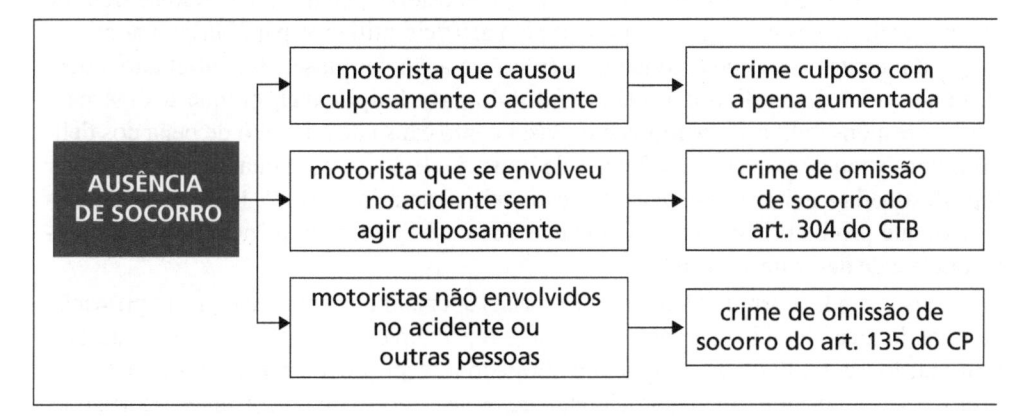

AUSÊNCIA DE SOCORRO		
→	motorista que causou culposamente o acidente	→ crime culposo com a pena aumentada
→	motorista que se envolveu no acidente sem agir culposamente	→ crime de omissão de socorro do art. 304 do CTB
→	motoristas não envolvidos no acidente ou outras pessoas	→ crime de omissão de socorro do art. 135 do CP

4. Sujeito passivo

A **vítima** do acidente que necessite de socorro.

5. Consumação

No momento da **omissão**. Ao contrário do que ocorre na legislação comum, **não** existe previsão legal de aumento de pena quando, em face da omissão, a vítima sofre **lesões graves** ou **morre**. É evidente, entretanto, que o juiz deve levar em conta tais aspectos na fixação da pena-base, de acordo com o que prevê o art. 59 do Código Penal.

6. Tentativa

Tratando-se de crime omissivo próprio, **não** admite a forma **tentada**.

7. Infração de menor potencial ofensivo

Considerando que a pena máxima prevista em abstrato é de **1 ano**, o crime em análise enquadra-se no conceito **de infração de menor potencial ofensivo**. Por tal razão, o julgamento é feito no Juizado Especial Criminal e são cabíveis os benefícios da Lei n. 9.099/95, como a transação penal se o acusado for primário e de bons antecedentes.

8. Ação penal

É pública **incondicionada**.

7.2.4. Fuga do local do acidente

> **Art. 305.** Afastar-se o condutor do veículo do local do acidente, para fugir à responsabilidade penal ou civil que lhe possa ser atribuída:
> Penas — detenção, de seis meses a um ano, ou multa.

1. Objetividade jurídica

Cuida-se de infração penal que tutela a **administração da justiça**, que fica prejudicada pela fuga do agente do local do evento, uma vez que tal atitude impede sua identificação e a consequente apuração do ilícito nas esferas penal e civil. Não se trata de prisão por dívida, pois o agente é punido pelo artifício utilizado para burlar a administração da justiça, e não pela dívida decorrente da ação delituosa. Há, entretanto, quem sustente que o dispositivo em análise é **totalmente inaplicável**, porque a fuga para evitar a responsabilização **penal** já é prevista como causa de aumento de pena dos delitos culposos ou como crime autônomo de omissão de socorro, enquanto a punição por fuga destinada a evitar a responsabilização **civil** afrontaria o art. 5.º, LXVII, da Constituição, que proíbe prisão por dívida (salvo nos casos de inadimplência de pensão alimentícia e de depositário infiel).

Existe, ainda, corrente doutrinária e jurisprudencial no sentido de que a tipificação da fuga do local do acidente como crime fere o princípio do privilégio contra a autoincriminação, segundo o qual ninguém é obrigado a fazer prova contra si mesmo. O dispositivo seria, portanto, inconstitucional para os seguidores de tal corrente. Ocorre que, em 14 de novembro de 2018, o Plenário do Supremo Tribunal Federal, ao analisar o RE 971.959/RS, declarou a **constitucionalidade** do dispositivo, concluindo que o tipo penal não viola referido princípio. Eis a tese firmada pelo Pleno do Supremo Tribunal Federal, no seguinte sentido: "A regra que prevê o crime do art. 305 do Código de Trânsito Brasileiro (Lei n. 9.503/97) é constitucional, posto não infirmar o princípio da não incriminação, garantido o direito ao silêncio e ressalvadas as hipóteses de exclusão da tipicidade e da antijuridicidade" (Tema de Repercussão Geral n. 907).

2. Elementos do tipo

A conduta incriminada é o **afastamento**, a fuga do local do acidente, com a intenção de **não ser identificado** e, assim, não responder penal ou civilmente pelo ato.

3. Sujeito ativo

O **condutor** do veículo.

É evidente que todas as pessoas que tenham **estimulado** a fuga ou **colaborado** diretamente para que ela ocorresse responderão na condição de **partícipes**.

4. Sujeitos passivos
O Estado e, secundariamente, a pessoa prejudicada pela conduta.

5. Consumação
Com a fuga do local, ainda que o agente seja identificado e não atinja a sua finalidade de se eximir da responsabilidade pelo evento. Trata-se de crime **formal**.

6. Tentativa
É possível, desde que o agente não obtenha êxito em se afastar do local por circunstâncias alheias à sua vontade.

7. Concurso
O agente que comete um crime e foge do local responde pelos dois delitos em concurso material. Exs.: a) pessoa comete crime de homicídio com dolo eventual na condução do veículo e foge do local do acidente. Incorre nos crimes dos arts. 121 do CP e 305 do Código de Trânsito; b) pessoa embriagada colide com um muro de uma residência (provocando prejuízos) e foge. Responde pelos crimes de embriaguez ao volante (art. 306 do CTB) e fuga do local do acidente (art. 305).

Tem prevalecido na doutrina o entendimento de que não é possível a incidência do delito de fuga do local do acidente quando o agente causa culposamente um acidente com vítima e não a socorre, porque, em tal caso, já incide uma causa de aumento de pena no crime culposo, de forma que a tipificação do delito deste art. 305 constituiria *bis in idem*.

8. Infração de menor potencial ofensivo
Considerando que a pena máxima prevista em abstrato é de **1 ano**, o crime em análise enquadra-se no conceito **de infração de menor potencial ofensivo**. Por tal razão, o julgamento é feito no Juizado Especial Criminal e são cabíveis os benefícios da Lei n. 9.099/95, como a transação penal se o acusado for primário e de bons antecedentes.

9. Ação penal
É **pública incondicionada**.

7.2.5. Embriaguez ao volante

> **Art. 306.** Conduzir veículo automotor com capacidade psicomotora alterada em razão da influência do álcool ou de outra substância psicoativa que determine dependência:
> Penas — detenção de seis meses a três anos, multa e suspensão ou proibição de se obter a permissão ou a habilitação para dirigir veículo automotor.
> § 1.º As condutas previstas no *caput* serão constatadas por:
> I — concentração igual ou superior a 6 decigramas de álcool por litro de sangue ou igual ou superior a 0,3 miligrama de álcool por litro de ar alveolar; ou
> II — sinais que indiquem, na forma disciplinada pelo CONTRAN, alteração da capacidade psicomotora.
> § 2.º A verificação do disposto neste artigo poderá ser obtida mediante teste de alcoolemia ou toxicológico, exame clínico, perícia, vídeo, prova testemunhal ou outros meios de prova em direito admitidos, observado o direito à contraprova.

> § 3.º O CONTRAN disporá sobre a equivalência entre os distintos testes de alcoolemia ou toxicológicos para efeito de caracterização do crime tipificado neste artigo.
> § 4.º Poderá ser empregado qualquer aparelho homologado pelo Instituto Nacional de Metrologia, Qualidade e Tecnologia — INMETRO — para se determinar o previsto no *caput*. (Incluído pela Lei n. 13.840, de 2019)

1. Objetividade jurídica

O art. 5.º, *caput*, da Constituição Federal assegura que todos os cidadãos têm direito à segurança. O art. 1.º, § 2.º, do Código de Trânsito Brasileiro estabelece que "o trânsito, em condições seguras, é um direito de todos (...)", e em seu art. 28 dispõe que o motorista deve conduzir o veículo "com atenção e cuidados indispensáveis à segurança do trânsito". Assim, a **segurança viária** é o objeto jurídico **principal** do delito. O direito à vida e à saúde constituem proteção **secundária** do tipo penal.

2. Elementos do tipo

Durante muitos anos, a conduta de dirigir embriagado constituiu mera **contravenção de direção perigosa** (art. 34 da LCP).

Com a aprovação do Código de Trânsito Brasileiro, referida conduta foi erigida à categoria de **crime** (art. 306 do CTB). Para a configuração do delito, entretanto, não eram suficientes os sinais de embriaguez, exigindo o tipo penal que o condutor dirigisse o veículo de forma a **expor a dano potencial a incolumidade de outrem**. Assim, se o sujeito estivesse dirigindo corretamente ao ser parado por policiais, não incorreria no crime. A tipificação pressupunha uma direção **anormal** em razão da influência do álcool: em zigue-zague ou na contramão, dando "cavalo de pau", empinando motocicleta etc.

Posteriormente, a Lei n. 11.705/2008 (que ficou popularmente conhecida como "**Lei Seca**") retirou essa exigência, transformando em crime a conduta de dirigir veículo com concentração **de álcool por litro de sangue igual ou superior a seis decigramas**, independentemente de qualquer outro fator, ou seja, ainda que o acusado fosse parado em fiscalização de rotina, conduzindo o veículo normalmente. O legislador, ao aprovar tal lei, entendeu que o simples fato de estar com mencionada concentração de álcool no sangue é sempre suficiente para expor a perigo a segurança viária. Acontece que, por exigir uma concentração mínima de álcool no sangue, a comprovação do delito só poderia ser feita por exame de sangue ou pelo bafômetro (que atestam exatamente o volume de álcool no organismo do condutor), mas o Superior Tribunal de Justiça firmou entendimento de que os condutores não são obrigados a se submeter a tais exames em razão do princípio do "**privilégio contra a autoincriminação**", segundo o qual ninguém pode ser obrigado a **fazer prova contra si mesmo**. Com isso, na imensa maioria dos casos, os motoristas parados pela polícia passaram a se recusar a fazer os referidos exames, inviabilizando a comprovação do crime. Em razão disso, **em 21 de dezembro de 2012 foi publicada a "nova Lei Seca", ou seja, a Lei n. 12.760, que conferiu a atual redação do art. 306**.

De acordo com o texto legal em vigor, basta, para a existência do crime, que o agente esteja *dirigindo veículo automotor com capacidade psicomotora alterada em razão da influência do álcool ou de outra substância psicoativa que determine dependência* (maconha, cocaína, *crack*, *ecstasy* etc.).

O próprio texto legal considera **alterada a capacidade psicomotora** do condutor quando:

I — **houver concentração igual ou superior a 6 decigramas de álcool por litro de sangue ou igual ou superior a 0,3 miligrama de álcool por litro de ar alveolar.**

De acordo com o art. 306, § 2.º, do Código de Trânsito, a verificação desses índices se dá mediante testes de alcoolemia — exame de sangue ou pelo aparelho conhecido como etilômetro (ou "bafômetro"), que analisa o ar alveolar (ar expelido pela boca). No caso do "bafômetro", a Resolução n. 432/2013 do CONTRAN admite pequena margem de erro nos aparelhos, de modo que o delito só estará configurado quando o aparelho marcar 0,34 miligramas de álcool por litro de ar ou mais (que, na prática, equivalerão aos 0,3 miligramas a que a lei se refere). A Lei n. 12.971/2014 acrescentou a possibilidade de a prova ser feita por meio de exame toxicológico (na saliva, suor, cabelos, pelos, urina).

II — **presentes sinais que indiquem referida alteração, na forma disciplinada pelo Contran.**

No caso do uso do álcool, esses sinais são a fala pastosa, o odor etílico característico, a alteração no equilíbrio ou na coordenação motora, a sonolência, os olhos vermelhos, os soluços, o comportamento alterado, a desordem nas vestes etc. A Resolução n. **432/2013 do CONTRAN regulamenta o tema** (sinais de embriaguez alcoólica).

A própria Lei n. 12.760/2012, que deu redação ao art. 306, § 1.º, do Código de Trânsito, estabelece que a comprovação da existência desses sinais poderá ser obtida mediante exame **clínico, perícia, vídeo, prova testemunhal ou outros meios de prova em direito admitidos, observado o direito à contraprova.**

Com isso, se uma pessoa for abordada dirigindo veículo automotor e se **recusar** inicialmente a fornecer sangue ou a passar pelo exame do bafômetro, e a ela for dada voz de prisão em flagrante **por apresentar sinais que indiquem alteração na capacidade psicomotora em razão da influência do álcool**, embasada, por exemplo, no testemunho de policiais ou de exame clínico, poderá ela, de imediato, solicitar a **contraprova**, que se dará exatamente pela realização dos exames anteriores (de sangue ou bafômetro). Se tais exames resultarem **negativos**, a prisão deverá ser **relaxada**.

FORMAS DE CONSTATAÇÃO DA ALTERAÇÃO PSICOMOTORA PARA DIRIGIR	
concentração igual ou superior a 6 decigramas de álcool por litro de sangue ou igual ou superior a 0,3 miligrama de álcool por litro de ar alveolar, constatadas por exame de sangue, toxicológico ou etilômetro	presença de sinais que indiquem referida alteração, na forma disciplinada pelo Contran (Resolução n. 432/2013)

Outro requisito do crime em questão é que o sujeito esteja **conduzindo veículo automotor**, ou seja, dirigindo, tendo sob seu controle direto os aparelhamentos de aceleração, freio e direção de um automóvel, ônibus, caminhão, trator, van, motocicleta etc. Considera-se ter havido condução, ainda que o veículo esteja desligado (mas em movimento) ou quando o agente se limita a efetuar uma pequena manobra.

Antes do advento da Lei n. 12.760/2012, que deu a atual redação ao art. 306, o crime somente se aperfeiçoava se a condução do veículo ocorresse em **via pública**, ou seja, em local aberto a qualquer pessoa, com acesso sempre permitido e por onde seja possível a passagem de veículo automotor (ruas, avenidas, vielas, passagens, alamedas, estradas, rodovias etc.). Por isso, se o fato ocorresse no interior de uma fazenda particular, no pátio de um posto de gasolina, no estacionamento de um *shopping center*, o fato era atípico. Atualmente, contudo, não mais é necessário que o fato ocorra em via pública.

3. Sujeito ativo
Qualquer pessoa.

4. Sujeito passivo
Considerando que o bem jurídico principal é a segurança viária, pode-se concluir que o interesse atingido é público, e, portanto, a **coletividade** é considerada sujeito passivo. Secundariamente, pode-se considerar como vítimas as pessoas eventualmente expostas a risco pela conduta no caso concreto.

5. Consumação
No momento em que o agente **dirige** o veículo, estando com a capacidade psicomotora alterada em razão do álcool ou outra substância psicoativa que determine dependência. Não é necessário que o motorista esteja conduzindo o veículo de forma anormal ou que tenha causado risco a pessoas determinadas, já que se trata de crime de perigo abstrato. Nesse sentido: "A espécie, segundo entendimento iterativo desta Corte, é de crime de perigo abstrato, sendo despicienda a demonstração da efetiva potencialidade lesiva da conduta do agente. Basta que esteja conduzindo veículo automotor sob a influência de álcool" (STJ — RHC 97.585/SP, Rel. Min. Maria Thereza de Assis Moura, 6.ª Turma, julgado em 26.6.2018, *DJe* 2.8.2018); "O crime do artigo 306 do Código de Trânsito Brasileiro é de perigo abstrato, dispensando-se a demonstração da efetiva potencialidade lesiva da conduta daquele que conduz veículo em via pública com a concentração de álcool por litro de sangue maior do que a admitida pelo tipo penal. Precedentes" (STJ — AgRg no AREsp 1241914/SP, Rel. Min. Jorge Mussi, 5.ª Turma, julgado em 19.6.2018, *DJe* 28.6.2018).

6. Tentativa
Não é admissível. Se o agente queria dirigir um automóvel, mas seus amigos esconderam a chave, o fato é considerado **atípico**.

7. Concurso
Com a entrada em vigor da Lei n. 13.546/2017, em 19 de abril de 2018, a embriaguez ao volante passou a constituir qualificadora dos crimes de homicídio culposo e de

lesão culposa, desde que a lesão seja grave ou gravíssima. Em tais hipóteses não é possível a punição pelo crime de embriaguez ao volante, pois constituiria *bis in idem*. Quando se tratar de lesão culposa leve, o delito de embriaguez ao volante deve ser punido de forma autônoma porque os bens jurídicos são diversos e os momentos consumativos idem.

> "É inviável o reconhecimento da consunção do delito previsto no art. 306, do CTB (embriaguez ao volante), pelo seu art. 303 (lesão corporal culposa na direção de veículo automotor), quando um não constitui meio para a execução do outro, mas evidentes infrações penais autônomas, que tutelam bens jurídicos distintos. Precedentes" (STJ — REsp 1.629.107/DF, Rel. Min. Ribeiro Dantas, 5.ª Turma, julgado em 20.3.2018, *DJe* 26.3.2018).
> "Inviável a aplicação do princípio da consunção ao caso, porquanto o crime de embriaguez na direção de veículo automotor não foi praticado como meio necessário para a execução do crime de lesão corporal. Precedentes" (STJ — AgRg no REsp 1.582.511/TO, Rel. Min. Joel Ilan Paciornik, 5.ª Turma, julgado em 1.3.2018, *DJe* 14.3.2018).
> "Segundo o entendimento que prevalece nesta Corte Superior de Justiça, 'os crimes de embriaguez ao volante e o de lesão corporal culposa em direção de veículo automotor são autônomos e o primeiro não é meio normal, nem fase de preparação ou execução para o cometimento do segundo, não havendo falar em aplicação do princípio da consunção. Precedentes.' (AgRg no REsp 1.688.517/MS, Rel. Min. Maria Thereza de Assis Moura, 6.ª Turma, julgado em 7.12.2017, *DJe* 15.12.2017)" (STJ — AgRg no HC 442.850/MS, Rel. Min. Laurita Vaz, 6.ª Turma, julgado em 25.9.2018, *DJe* 11.10.2018).
> "O instituto previsto no art. 70 do Código Penal é aplicável aos casos em que o agente, mediante uma só ação, produz dois resultados lesivos diversos. 2. Na espécie, inviável a aplicação do concurso formal entre os crimes, pois houve duas condutas com dois resultados diversos: o agravante, ao conduzir o seu veículo com a capacidade psicomotora alterada pela ingestão de álcool, previamente consumou o delito de embriaguez ao volante (art. 306 do CTB) para só então, em outro momento, praticar o crime de lesão corporal culposa na condução de veículo automotor (art. 303 do CTB)" (STJ — AgRg no HC 479.135/SC, Rel. Min. Sebastião Reis Júnior, 6.ª Turma, julgado em 11.12.2018, *DJe* 04/0.2019).

Note-se, no último julgado, que foi determinada a aplicação da regra do **concurso material** entre os crimes porque a consumação dos delitos ocorreu em momentos diferentes.

Existem, por sua vez, julgados aplicando o princípio da consunção e determinando a absorção do crime de embriaguez ao volante quando a denúncia imputa o crime culposo ao motorista unicamente em razão da embriaguez, hipótese em que constituiria a embriaguez ao volante elementar do crime culposo.

Se o crime for o de **lesão culposa** na direção de veículo automotor, o fato de o condutor estar embriagado ou drogado faz com que a ação penal, que em regra depende de representação, passe a ser **pública incondicionada** (art. 291, § 1.º, I, do Código de Trânsito).

Em situações **extremadas**, em que a conduta do motorista embriagado é de tal forma inaceitável, tem-se admitido que responda por homicídio ou lesão corporal com **dolo eventual**. Ex.: motorista que dirige em estrada de pista simples com índice muito elevado de álcool no sangue, invadindo a pista contrária e causando a morte de outro motorista. O

Supremo Tribunal Federal já firmou entendimento, entretanto, de que não é em todo e qualquer caso de homicídio causado por condutor, que se encontra sob os efeitos do álcool, que a conduta pode ser enquadrada como homicídio com dolo eventual. Assim, conforme salientado, apenas para casos extremados se admite tal capitulação.

Se o agente estiver embriagado e dirigir sem habilitação **gerando perigo de dano**, infringirá também o crime do art. 309 (direção não habilitada de veículo), de acordo com entendimento do Superior Tribunal de Justiça: "Os crimes previstos nos arts. 306 e 309 do CTB são autônomos, com objetividades jurídicas distintas, motivo pelo qual não incide o postulado da consunção. Dessarte, o delito de condução de veículo automotor sem habilitação não se afigura como meio necessário nem como fase de preparação ou de execução do crime de embriaguez ao volante (AgRg no REsp 745.604/MG, Ministro Reynaldo Soares da Fonseca, Quinta Turma, *DJe* 24.8.2018)" (AgRg no HC 465.408/MS, Rel. Min. Sebastião dos Reis Júnior, 6.ª Turma, julgado em 11.12.2018, *DJe* 1.º.2.2019). De acordo com a Súmula n. 664 do Superior Tribunal de Justiça, aprovada em novembro de 2023: "É inaplicável a consunção entre o delito de embriaguez ao volante e o de condução de veículo automotor sem habilitação".

O Superior Tribunal de Justiça tem entendido, ademais, que se trata de concurso **material** de crimes: "Descabe falar em *bis in idem* na fixação da pena-base, pois a condenação pelo art. 309 do CTB está fundada no fato do agente ter sido surpreendido sem carteira de habilitação, tratando-se, pois, de condutas típicas distintas, o que enseja a condenação pelos dois crimes, em concurso material" (HC 531.403/RJ, Rel. Min. Ribeiro Dantas, 5.ª Turma, julgado em 15.10.2019, *DJe* 25.10.2019); "A condenação do paciente, em concurso material, pelos tipos dos arts. 306 e 309 do CTB alinha-se ao entendimento assente nesta Corte Superior sobre o assunto, no sentido de que os crimes em questão são autônomos, com objetividades jurídicas distintas, motivo pelo qual não incide o postulado da consunção, pois um delito não constituiu meio para a execução do outro. Precedentes." (HC 380.695/MS, Rel. Min. Reynaldo Soares da Fonseca, 5.ª Turma, julgado em 20.4.2017, *DJe* 27.4.2017).

Se o condutor dirige sem habilitação **sem gerar perigo de dano**, não se tipifica o crime do art. 309. Por isso, se dirigir embriagado, incorrerá no crime de embriaguez ao volante com a pena exasperada em razão da **agravante genérica do art. 298, III, do Código de Trânsito**.

8. Ação penal

É pública **incondicionada**.

O delito de embriaguez ao volante tem pena máxima de **3 anos** e, por isso, **não constitui infração de menor potencial ofensivo**. Não é, portanto, cabível a transação penal. A suspensão condicional do processo, todavia, é cabível se o acusado for primário e de bons antecedentes, porque a pena **mínima não supera 1 ano**. Cabível, também, o acordo de não persecução penal. A tramitação se dá no Juízo Comum.

7.2.6. Violação da suspensão ou proibição imposta

> Art. 307, *caput* — Violar a suspensão ou a proibição de se obter a permissão ou a habilitação para dirigir veículo automotor imposta com fundamento neste Código:

> Penas — detenção, de seis meses a um ano e multa, com nova imposição adicional de idêntico prazo de suspensão ou de proibição.

1. Objetividade jurídica

O **respeito** à penalidade imposta por transgressão cometida no trânsito.

2. Tipo objetivo

A conduta típica consistente em **violar** a **suspensão** ou **proibição** implica **dirigir** veículo automotor **durante o período** em que essa conduta está **vedada**. Ao contrário do que ocorre nas figuras penais do art. 309 do Código, basta a conduta de dirigir o veículo, **independente de se tratar de condução anormal**.

A pena de **suspensão** da permissão ou da habilitação pode ser imposta **judicial** ou **administrativamente** às pessoas legalmente habilitadas.

A suspensão **judicial** ocorre nas hipóteses em que o agente é condenado em definitivo pela prática de **crime** de trânsito para o qual é cominada essa modalidade de sanção penal (homicídio culposo, lesão culposa, embriaguez ao volante e participação em disputa não autorizada) ou, para as demais infrações penais, quando o acusado for **reincidente** na prática de crimes previstos no Código de Trânsito (art. 296). O **prazo** da suspensão é de 2 meses a 5 anos (art. 293, § 1.º).

A suspensão **administrativa** será aplicada por decisão fundamentada da autoridade de trânsito competente, em processo administrativo, assegurado ao infrator amplo direito de defesa (art. 265).

De acordo com o art. 261 do CTB, com a redação que lhe foi dada pela Lei n. 14.071/2020, a penalidade de suspensão do direito de dirigir será imposta nos seguintes casos:

> I — sempre que o infrator atingir, no período de doze meses, a seguinte contagem de pontos:
> a) vinte pontos, caso constem duas ou mais infrações gravíssimas na pontuação;
> b) trinta pontos, caso conste uma infração gravíssima na pontuação;
> c) quarenta pontos, caso não conste nenhuma infração gravíssima na pontuação;
> II — por transgressão às normas estabelecidas neste Código, cujas infrações preveem, de forma específica, a penalidade de suspensão do direito de dirigir.

De acordo com o § 1.º do referido art. 261, os prazos para aplicação da penalidade de suspensão do direito de dirigir são os seguintes:

> I — no caso do inciso I do *caput*: de seis meses a um ano e, no caso de reincidência no período de doze meses, de oito meses a dois anos;
> II — no caso do inciso II do *caput*: de dois a oito meses, exceto para as infrações com prazo descrito no dispositivo infracional, e, no caso de reincidência no período de doze meses, de oito a dezoito meses, respeitado o disposto no inciso II do art. 263.

A suspensão deve ser determinada, por exemplo, em casos de disputa de corrida, participação em competição não autorizada de exibição ou demonstração de perícia ou utilização de veículo para demonstrar ou exibir manobra perigosa, mediante arrancada brusca, derrapagem ou frenagem com deslizamento ou arrastamento de pneus (arts. 173, 174 e 175 do CTB). Em tais hipóteses, a reincidência, no prazo de doze meses, tem como consequência a cassação da habilitação, nos termos do art. 263, II, do CTB.

O Superior Tribunal de Justiça firmou entendimento no sentido de que o crime do art. 307 só se configura em caso de descumprimento de decisão **judicial de suspensão da habilitação**. Nesse sentido:

> "Com o desenvolvimento da legislação de trânsito, buscando resguardar a segurança viária, conter o crescimento no número de acidentes e retirar de circulação motoristas que punham em risco a vida e integridade física das demais pessoais, a suspensão da habilitação para dirigir veículo automotor, antes restrita a mera penalidade de cunho administrativo, passou a ser disciplinada como sanção criminal autônoma, tanto pelo Código Penal — CP, ao defini-la como modalidade de pena restritiva de direitos, como pelo Código de Trânsito Brasileiro — CTB, ao definir penas para os denominados 'crimes de trânsito'. 2. Assim, nos termos do art. 292 do CTB, a suspensão da habilitação para dirigir veículo automotor pode ser imputada como espécie de sanção penal, aplicada isolada ou cumulativamente com outras penas. 3. Dada a natureza penal da sanção, somente a decisão lavrada por juízo penal pode ser objeto do descumprimento previsto no tipo do art. 307, *caput*, do CTB, não estando ali abrangida a hipótese de descumprimento de decisão administrativa, que, por natureza, não tem o efeito de coisa julgada e, por isso, está sujeita à revisão da via judicial. 4. *In casu*, a conduta de violar decisão administrativa que suspendeu a habilitação para dirigir veículo automotor não configura o crime do art. 307, *caput*, do CTB, embora possa constituir outra espécie de infração administrativa, segundo as normas correlatas. 5. Ordem concedida para anular a condenação do paciente e determinar o trancamento do procedimento penal que já se encontra em fase de execução" (STJ — HC 427.472/SP, Rel. Min. Maria Thereza de Assis Moura, 6.ª Turma, julgado em 23.8.2018, *DJe* 12.12.2018); "1. Da leitura do art. 307 do Código de Trânsito Brasileiro verifica-se que o objeto jurídico tutelado pela norma incriminadora é a administração da justiça, vale dizer, trata-se de infração penal que busca dar efetividade e real cumprimento a sanção cominada em outro delito de trânsito. Doutrina. 2. A mera suspensão administrativa do direito de dirigir não configura o crime em questão, notadamente porque no Direito Penal não se admite o emprego da analogia de modo a prejudicar o réu. Precedente. 3. Na espécie, tem-se que o recorrente estava impedido de conduzir veículos automotores em razão de decisão administrativa, conduta que, como visto, não viola o bem jurídico tutelado pela norma prevista no art. 307 do Código de Trânsito Brasileiro, o que revela a sua atipicidade e impõe o trancamento do processo, no ponto. 4. Recurso provido para determinar o trancamento da ação penal instaurada contra o recorrente no tocante ao crime de trânsito" (STJ — RHC 99.585/PR, Rel. Min. Jorge Mussi, 5.ª Turma, julgado em 19.3.2019, *DJe* 26.3.2019). No mesmo sentido, veja-se AgRg no REsp 1798124/RS, Rel. Min. Reynaldo Soares da Fonseca, 5.ª Turma, julgado em 2.4.2019, *DJe* 16.4.2019.

A pena de **proibição**, por sua vez, pressupõe que o agente não possua a permissão ou habilitação e somente é aplicável **judicialmente** às pessoas que cometam **crime** do Código para os quais haja previsão legal dessa espécie de reprimenda.

Ao condenado por infração a este art. 307 do Código Penal, o juiz imporá **novo prazo** de suspensão ou proibição de obter a permissão ou habilitação pelo **mesmo prazo** anteriormente imposto.

3. Sujeito ativo

Apenas as pessoas que estejam proibidas de obter a permissão ou habilitação, ou com tal direito suspenso. Trata-se de crime **próprio**.

4. Sujeito passivo

O **Estado**, em face do desrespeito à penalidade imposta.

5. Consumação

Com a simples conduta de dirigir, colocar o veículo em movimento, independentemente da provocação de perigo a outrem.

6. Tentativa

É inadmissível. Se o agente coloca o veículo em movimento, o crime está consumado; caso contrário, o fato é penalmente irrelevante.

7. Infração de menor potencial ofensivo

Considerando que a pena máxima prevista em abstrato é de **1 ano**, o crime em análise enquadra-se no conceito **de infração de menor potencial ofensivo**.

8. Ação penal

É **pública incondicionada**.

7.2.7. Omissão na entrega da permissão ou habilitação

> **Art. 307, parágrafo único.** Nas mesmas penas incorre o condenado que deixa de entregar, no prazo estabelecido no § 1.º do art. 293, a Permissão para Dirigir ou a Carteira de Habilitação.

1. Objetividade jurídica

O **prestígio** e a **dignidade** da Administração Pública e das **decisões judiciais**.

2. Elementos do tipo

Trata-se de conduta típica que, ao ser realizada, torna o sujeito necessariamente **reincidente**, uma vez que o legislador tipificou, como delito autônomo, o fato de não colaborar com o cumprimento da pena anteriormente imposta em razão de condenação por outro crime de trânsito. Perceba-se que, ao contrário do que ocorre no crime previsto no *caput*, a conduta incriminada dispensa a transgressão efetiva à penalidade imposta. Basta, em verdade, que o agente **não colabore com o início do cumprimento da reprimenda, deixando de entregar à autoridade judiciária, no prazo de 48 horas a contar da intimação, a Permissão para Dirigir ou a Carteira de Habilitação.**

3. Sujeito ativo

O **condenado** que, **intimado**, deixa de apresentar a Permissão ou Carteira de Habilitação à autoridade judiciária. Trata-se de crime **próprio**.

4. Sujeito passivo

O **Estado**, titular da atividade administrativa e da autoridade.

5. Consumação

No momento em que decorre o prazo de **quarenta e oito horas a contar da intimação**.

6. Tentativa

Por se tratar de crime **omissivo próprio**, não admite a figura do *conatus*.

7. Infração de menor potencial ofensivo

Considerando que a pena máxima prevista em abstrato é de **1 ano**, o crime em análise enquadra-se no conceito **de infração de menor potencial ofensivo**.

8. Ação penal

É pública **incondicionada**.

7.2.8. Participação em competição não autorizada

> **Art. 308.** Participar, na direção de veículo automotor, em via pública, de corrida, disputa ou competição automobilística ou ainda de exibição ou demonstração de perícia em manobra de veículo automotor, não autorizada pela autoridade competente, gerando situação de risco à incolumidade pública ou privada:
> Penas — detenção, de seis meses a três anos, multa e suspensão ou proibição de se obter a permissão ou a habilitação para dirigir veículo automotor.
> § 1.º Se da prática do crime previsto no *caput* resultar lesão corporal de natureza grave, e as circunstâncias demonstrarem que o agente não quis o resultado nem assumiu o risco de produzi-lo, a pena privativa de liberdade é de reclusão, de três a seis anos, sem prejuízo das outras penas previstas neste artigo.
> § 2.º Se da prática do crime previsto no *caput* resultar morte, e as circunstâncias demonstrarem que o agente não quis o resultado nem assumiu o risco de produzi-lo, a pena privativa de liberdade é de reclusão de cinco a dez anos, sem prejuízo das outras penas previstas neste artigo.

1. Objetividade jurídica

A **segurança viária**. O elevado índice de acidentes graves decorrentes de disputas automobilísticas conhecidas como "rachas" ou "pegas" levou o legislador a deslocar a conduta, que antes configurava mera **contravenção de direção perigosa**, para a parte penal do Código de Trânsito, transformando-a em crime.

2. Elementos do tipo

A **conduta típica é participar de competição não autorizada**, que pressupõe que o agente se envolva, tome parte na disputa, **estando na direção de veículo automotor**.

A lei refere-se, inicialmente, a **corrida, disputa** ou **competição automobilística**, de forma a abranger o maior número possível de condutas: disputa em velocidade por um determinado percurso, envolvendo dois ou mais veículos; tomada de tempo entre vários veículos, ainda que cada *performance* seja individual; disputa de acrobacias (freadas, cavalos de pau, direção sobre uma única roda no caso de motocicleta etc.).

A Lei n. 13.546/2017 modificou a redação do dispositivo que passou também a incriminar as exibições ou demonstrações de perícia em manobra de veículo automotor, como cavalos de pau por exemplo, desde que não haja autorização e que o fato provoque risco à incolumidade pública ou privada. Nestas novas modalidades, não é necessário que haja uma disputa ou competição.

Para que o crime se aperfeiçoe, o tipo penal exige outros três requisitos:

a) **que a competição ocorra na via pública**, ou seja, em local aberto a qualquer pessoa, cujo acesso seja sempre permitido e por onde seja possível a passagem de veículos automotores (ruas, alamedas, avenidas, passagens, vielas, estradas, rodovias etc.). As ruas dos condomínios particulares, nos termos da Lei n. 6.766/79, pertencem ao Poder Público e, portanto, a participação em competição não autorizada nesses locais constitui crime. De outro lado, não se considera via pública o interior de fazenda particular, o interior de estacionamentos particulares de veículos ou de *shopping centers* etc.;

b) **que não haja autorização das autoridades competentes para sua realização;**

c) **que a disputa provoque dano potencial à incolumidade pública ou privada.**

É desnecessário provar que pessoa **certa** e **determinada** tenha sido exposta a **perigo**. Na realidade, a disputa entre dois veículos em altíssima velocidade na via pública, por si só, rebaixa o nível de segurança viária, de modo a caracterizar a infração penal. Basta à acusação provar que a disputa foi realizada de maneira a atentar contra as normas de segurança do trânsito para ser possível a condenação.

Para a configuração do delito, tampouco se exige que o agente queira gerar perigo a outrem ou à coletividade. Basta a vontade livre e consciente de participar da disputa, corrida ou competição.

Com a entrada em vigor da Lei n. 13.546/2017 (120 dias após sua publicação — em 20 de dezembro de 2017), também estará caracterizado o delito, ainda que não haja uma competição, caso o agente realize exibição ou demonstração de perícia em manobra em via pública, sem licença da autoridade, desde que o fato gere risco à incolumidade pública ou privada.

3. Sujeito ativo

Qualquer pessoa. Quando a disputa envolve dois ou mais veículos, haverá **concurso** entre os condutores. Espectadores e passageiros que estimulem a corrida serão também responsabilizados na condição de **partícipes** (art. 29 do CP).

4. Sujeitos passivos

A coletividade e, de forma secundária e eventual, as pessoas expostas a risco em virtude da disputa.

5. Consumação

No momento em que se inicia a disputa, corrida ou competição não autorizada.

6. Tentativa

É inadmissível. Se duas pessoas combinam um racha em certo local, mas lá chegando percebem que existe fiscalização que inviabiliza sua realização, o fato é atípico. O acerto para a realização do racha e o deslocamento até o local constituem atos preparatórios. O início de execução é o começo da disputa e coincide com a consumação.

7. Absorção e concurso

Se em decorrência da disputa ocorre um acidente do qual resulta a morte, será aplicada a qualificadora do crime em estudo (art. 308, § 2.º) — ver comentários abaixo — ou, ainda, dependendo do caso concreto (modo como se desenrolou a disputa), responderá o motorista por homicídio **doloso**, pois não é demasiado entender que pessoas que se dispõem a tomar parte em disputas, imprimindo velocidade extremamente acima do limite e ainda em locais públicos, **assumem o risco** de causar a morte de outrem (dolo eventual). Existem diversos casos em que houve condenações por homicídio com dolo eventual e que foram mantidas pelos tribunais superiores.

A propósito:

"1. Consoante já se manifestou esta Corte Superior de Justiça, a qualificadora prevista no inciso IV do § 2.º do art. 121 do Código Penal é, em princípio, compatível com o dolo eventual, tendo em vista que o agente, embora prevendo o resultado morte, pode, dadas as circunstâncias do caso concreto, anuir com a sua possível ocorrência, utilizando-se de meio que surpreenda a vítima. Precedentes. 2. Na hipótese, os réus, no auge de disputa automobilística em via pública, não conseguiram efetuar determinada curva, perderam o controle do automóvel e o ora Paciente atingiu, de súbito, a vítima, colidindo frontalmente com a sua motocicleta, ocasionando-lhe a morte. 3. Nesse contexto, não há como afastar, de plano, a qualificadora em questão, uma vez que esta não se revela, de forma incontroversa, manifestamente improcedente. 4. Ordem denegada" (STJ — HC 120.175/SC, Rel. Min. Laurita Vaz, 5.ª Turma, julgado em 2.3.2010, *DJe* 29.3.2010); **e** "A conduta social desajustada daquele que, agindo com intensa reprovabilidade ético-jurídica, participa, com o seu veículo automotor, de inaceitável disputa automobilística realizada em plena via pública, nesta desenvolvendo velocidade exagerada — além de ensejar a possibilidade de reconhecimento do dolo eventual inerente a esse comportamento do agente —, justifica a especial exasperação da pena, motivada pela necessidade de o Estado responder, grave e energicamente, a atitude de quem, em assim agindo, comete os delitos de homicídio doloso e de lesões corporais" (STF — HC 71.800, Rel. Min. Celso de Mello, 1.ª Turma, julgado em 20.6.1995, *DJ* 3.5.1996, p. 13899).

No caso do dolo eventual decorrente de disputas não autorizadas, a questão gera alguma polêmica em torno da tipificação quando a vítima não morre, mas fica, por exemplo, paraplégica. Para alguns, não existe incompatibilidade entre o dolo eventual e a forma tentada, de modo que o agente deve responder por crime de homicídio doloso tentado. De acordo com Nélson Hungria[4], "se o agente aquiesce no advento do resultado específico do crime, previsto como possível, é claro que este entre na órbita de sua volição (...); logo, se, por circunstâncias fortuitas, tal resultado não ocorre, é inegável que o

---

[4] HUNGRIA, Nélson. *Comentários ao Código Penal.* 4. ed. Rio de Janeiro: Forense, 1958. v. 1, t. II, p. 90.

agente deve responder por tentativa". No mesmo sentido: "1. As circunstâncias delineadas na pronúncia podem caracterizar o dolo eventual, já que é possível que o agente tenha assumido o risco de produzir o resultado morte, ainda que sem intenção de provocar o dano, mas com ele consentindo (...) Esta Corte Superior de Justiça já se posicionou no sentido da compatibilidade entre o dolo eventual e o crime tentado. Precedentes" (STJ — AgRg no REsp 1.199.947/DF, Rel. Min. Laurita Vaz, 5.ª Turma, julgado em 11.12.2012, *DJe* 17.12.2012); **e** "Admissível a forma tentada do crime cometido com dolo eventual, já que plenamente equiparado ao dolo direto; inegável que se arriscar conscientemente a produzir um evento equivale tanto quanto querê-lo" (STJ — RHC 6.797/RJ, Rel. Min. Edson Vidigal, 5.ª Turma, julgado em 16.12.1997, *DJ* 16.2.1998, p. 114). Há, porém, os que defendem que, se a vítima sofreu lesões corporais graves (ou gravíssimas), o agente deve responder por crime de lesão grave (ou gravíssima), com dolo eventual. De acordo com esse entendimento, no dolo eventual o agente assume o risco de provocar o resultado, e, no caso concreto, o resultado foi uma lesão corporal (grave ou gravíssima). Não há que se falar em tentativa de homicídio, porque, nesta, o agente não consegue consumar o delito por circunstâncias alheias à sua **vontade** — o que denotaria dolo direto (vontade de matar).

Quando **três ou mais pessoas** se unem para, **frequentemente**, realizar em via pública rachas ou outras disputas não autorizadas, podem ser punidas também por crime de **associação criminosa** (art. 288 do CP com a redação dada pela Lei n. 12.850/2013), em concurso **material** com o delito deste art. 308 do Código de Trânsito.

◼ Morte culposa em decorrência de disputa, competição ou corrida não autorizada

Conforme explicado no tópico anterior, quando dois ou mais motoristas resolvem disputar corrida em **via pública**, imprimindo velocidade **extremamente elevada** para o local, e disso decorre colisão, capotamento ou atropelamento com resultado morte (de um dos competidores, de passageiro ou de terceiro), o fato é enquadrado como homicídio com **dolo eventual**.

Excepcionalmente, entretanto, o evento morte pode ser decorrência **culposa** de uma disputa não autorizada — caso a conduta não seja considerada extremada. Em tais casos, pela redação originária do Código de Trânsito, o agente responderia apenas por homicídio culposo.

O legislador, então, visando punição mais rigorosa para esses casos **preterdolosos** (dolo na competição não autorizada e **culpa** no evento morte), aprovou a Lei n. 12.971/2014, tornando qualificado o crime do art. 308 quando dele decorre a morte culposa da vítima. Note-se que o texto legal é claro no sentido de que o evento morte não pode ter sido provocado de forma dolosa: "Se da prática do crime previsto no *caput* resultar morte, e as circunstâncias demonstrarem que o agente **não quis o resultado nem assumiu o risco de produzi-lo**, a pena privativa de liberdade é de reclusão de cinco a dez anos, sem prejuízo das outras penas previstas neste artigo" (art. 308, § 2.º). Não são raros os casos de competição de "empinadas" de motocicletas ou de outros tipos de malabarismos em veículos (cavalos de pau, cantadas de pneu etc.). Se tais condutas forem realizadas durante competição **não autorizada** e delas resultar culposamente a morte de outrem, haverá enquadramento na figura qualificada do art. 308, § 2.º.

Resumindo:

a) se **havia autorização** para a disputa e a morte decorre de conduta culposa, configura-se apenas o delito de homicídio culposo (art. 302, *caput*). Saliente-se que o fato de haver autorização para a disputa não exclui a possibilidade de um dos competidores ter agido com imprudência;

b) se **não havia autorização** e o evento morte é consequência **culposa** da disputa, configura-se o crime preterdoloso qualificado do art. 308, § 2.º, do CTB. Caso a vítima tenha sofrido **lesão grave** como consequência culposa da competição não autorizada, aplica-se a qualificadora do art. 308, § 1.º (pena de reclusão, de 3 a 6 anos);

c) se o agente assumiu o risco de provocar a morte em razão da competição não autorizada, responde por homicídio doloso. É o que ocorre, por exemplo, quando a competição não autorizada é um "racha", um "pega", em altíssima velocidade em via pública.

8. Infração de menor potencial ofensivo

Antes da entrada em vigor da Lei n. 12.971/2014, o crime em estudo tinha pena máxima em abstrato de 2 anos, sendo enquadrado como **infração de menor potencial ofensivo** e, por isso, julgado no Jecrim. A partir de 1.º de novembro de 2014, a pena máxima de tal delito passou a ser de **3 anos**, deixando, assim, de ser considerado de menor potencial ofensivo. Por tal razão, não é mais vedada a lavratura do auto de prisão, bem como não é mais cabível a transação penal. A ação, por sua vez, tramitará perante o juízo comum.

9. Ação penal

É pública **incondicionada**.

7.2.9. Direção de veículo sem permissão ou habilitação

> **Art. 309.** Dirigir veículo automotor, em via pública, sem a devida Permissão para Dirigir ou Habilitação ou, ainda, se cassado o direito de dirigir, gerando perigo de dano:
> Penas — detenção, de seis meses a um ano, ou multa.

1. Objetividade jurídica

A **segurança viária**.

A conduta de dirigir veículo sem habilitação, anteriormente definida como simples contravenção penal (art. 32 da LCP), foi elevada à categoria de crime, sofrendo, entretanto, algumas alterações quanto a seus requisitos.

2. Elementos do tipo

A **conduta típica é dirigir**, que significa ter sob seu controle os mecanismos de direção e velocidade de um veículo, **colocando-o em movimento por um determinado trajeto**. É necessário, ainda, que o fato ocorra em **via pública** (*v.* comentários ao art. 308).

Para que exista o crime, é necessário que o condutor do veículo **não** possua **Permissão** para Dirigir (documento válido por um ano aos candidatos aprovados nos exames) ou **Habilitação**.

Deve-se levar em conta o **momento** em que o agente é flagrado dirigindo, de nada adiantando a obtenção posterior da Permissão ou Habilitação.

No caso de Habilitação com prazo de validade expirado, somente se pode cogitar de crime se o vencimento ocorreu há mais de **trinta dias** (art. 162, V), pois, antes de tal prazo, o fato nem sequer configura infração administrativa.

Se o agente está com a Permissão ou a Habilitação **suspensas**, a conduta tipifica o crime do art. 307.

Existe também o delito, se o agente é habilitado para conduzir veículo de **uma determinada categoria** e é flagrado dirigindo veículo de **outra** (art. 143). Ex.: a pessoa é habilitada somente para dirigir automóveis e é flagrada dirigindo motocicleta ou caminhão.

Quando uma pessoa está dirigindo veículo de forma a gerar perigo de dano e, ao ser parado por policiais, **apresenta habilitação falsa**, responde pelo crime do art. 309 do Código de Trânsito em concurso **material** com o crime de **uso de documento falso** (art. 304 do CP).

Há de se lembrar que o **estado de necessidade** exclui o crime: quando o agente dirige sem habilitação para socorrer pessoa adoentada ou acidentada que necessite de atendimento médico, ou, ainda, em outras situações de extrema urgência.

O art. 141 da Lei n. 9.503/97 estabelece que, para os ciclomotores, exige-se **autorização** para dirigir, e não habilitação. Pode-se concluir, portanto, que a direção de ciclomotor **sem autorização** não está abrangida pelo tipo penal. De acordo com a definição constante do Anexo I do Código de Trânsito Brasileiro, ciclomotor é o veículo de duas ou três rodas, provido de motor de combustão interna, cuja cilindrada não exceda a 50 cm^3 (cinquenta centímetros cúbicos), equivalente a 3,05 pol^3 (três polegadas cúbicas e cinco centésimos), ou de motor de propulsão elétrica com potência máxima de 4 kW (quatro quilowatts), e cuja velocidade máxima de fabricação não exceda a 50 Km/h (cinquenta quilômetros por hora). A propósito: "O Agente que, sem possuir habilitação legal, é surpreendido pilotando ciclomotor na via pública não pratica o crime do art. 309 do Código de Trânsito Brasileiro, pois tal dispositivo legal não se aplica a veículos dessa natureza, já que, nos termos do art. 141 do mesmo diploma legal, para a condução de ciclomotores, exige-se apenas 'autorização'" (Tacrim/SP, Rel. Lopes da Silva, j. 20.6.2000, Rolo-flash 1331/199).

Existe crime, também, na conduta de dirigir veículo pela via pública com o direito de dirigir **cassado**, nas hipóteses do art. 263 do Código. A cassação é aplicada por decisão fundamentada da autoridade de trânsito competente, em processo administrativo, assegurado ao infrator amplo direito de defesa. Após dois anos, o agente pode obter a reabilitação, submetendo-se a todos os exames necessários à habilitação, na forma estabelecida pelo CONTRAN (art. 263, § 2.º, do CTB).

Por fim, a existência do crime pressupõe que a conduta provoque **perigo de dano**. Basta, entretanto, demonstrar que o agente conduzia o veículo sem habilitação e de forma **anormal**, irregular, de modo a atingir negativamente o **nível de segurança de trânsito**, que é o objeto jurídico tutelado pelo dispositivo (dirigir na contramão, em zigue-zague, desrespeitando preferencial etc.). É, portanto, desnecessário que se prove que certa **pessoa** sofreu efetiva situação de risco, pois **não** se trata de crime de perigo **concreto**. Trata-se de crime que lesa o bem jurídico "segurança viária", de forma que o sujeito passivo é toda a coletividade, e não pessoa certa e individualizada. À acusação, portanto, incumbe provar que o agente não possuía habilitação e que dirigia desrespeitando as normas de tráfego, **ainda que não tenha exposto diretamente alguém a risco.**

■ **Contravenção de direção de veículo sem habilitação**

Questão muito importante é saber se o art. 32 da Lei das Contravenções continua em vigor para a hipótese em que o agente conduz **regularmente** veículo em via pública, sem possuir a habilitação.

A resposta é **negativa**.

Com efeito, a simples conduta de dirigir sem habilitação passou a configurar apenas infração **administrativa** (art. 162, I), demonstrando que o legislador quis afastar a incidência de normas penais para o caso.

Pela sistemática antiga, o ato de dirigir sem habilitação configurava, concomitantemente, a contravenção penal do art. 32 e a infração administrativa prevista no art. 89, I, do antigo Código Nacional de Trânsito. O novo Código, entretanto, tratou tanto da questão administrativa quanto da penal, dispondo que, se a conduta gerar perigo de dano, haverá crime, mas, se não gerar, haverá mera infração administrativa. Assim, atento ao que dispõe o art. 2.º, § 1.º, da Lei de Introdução às Normas do Direito Brasileiro, no sentido de que há revogação tácita quando a lei posterior trata de toda a matéria e de forma diversa da anterior, pode-se concluir que o novo Código, ao dispor em seu corpo sobre matéria penal e também administrativa, revogou o art. 32 da Lei das Contravenções Penais no que se refere à direção sem habilitação. Nesse sentido, a Súmula 720 do Supremo Tribunal Federal: "o art. 309 do Código de Trânsito Brasileiro, que reclama decorra do fato perigo de dano, derrogou o art. 32 da Lei das Contravenções Penais no tocante à direção sem habilitação em vias terrestres". Assim, o art. 32 só continua a ter aplicação em sua parte final, isto é, para hipóteses de direção de **embarcação a motor em águas públicas, sem habilitação**.

3. Sujeito ativo

Qualquer pessoa. Trata-se de crime de **mão própria**, que admite o concurso de pessoas apenas na modalidade de **participação**, sendo incompatível com a coautoria. É partícipe do crime aquele que, por exemplo, estimula ou instiga o agente a dirigir de forma **anormal**, ciente de que este não é habilitado. Quem **entrega** o veículo a pessoa não habilitada comete crime específico previsto no art. 310.

4. Sujeitos passivos

A coletividade e, de forma secundária e eventual, as pessoas expostas a perigo pelo agente.

5. Consumação

Dá-se no instante em que o agente dirige o veículo de forma irregular.

6. Tentativa
É inadmissível.

7. Absorção e concurso de crimes
Se o agente estiver embriagado e dirigir sem habilitação **gerando perigo de dano**, infringirá também o crime do art. 306 (embriaguez ao volante), de acordo com entendimento do Superior Tribunal de Justiça:

> "Os crimes previstos nos arts. 306 e 309 do CTB são autônomos, com objetividades jurídicas distintas, motivo pelo qual não incide o postulado da consunção. Dessarte, o delito de condução de veículo automotor sem habilitação não se afigura como meio necessário nem como fase de preparação ou de execução do crime de embriaguez ao volante (AgRg no REsp 745.604/MG, Ministro Reynaldo Soares da Fonseca, 5.ª Turma, *DJe* 24.8.2018)" (AgRg no HC 465.408/MS, Rel. Min. Sebastião dos Reis Júnior, 6.ª Turma, julgado em 11.12.2018, *DJe* 1.2.2019).

Se o condutor dirige sem habilitação **sem gerar perigo de dano**, não se tipifica o crime do art. 309. Por isso, se dirigir embriagado, incorrerá no crime de embriaguez ao volante com a pena exasperada em razão da **agravante genérica do art. 298, III, do Código de Trânsito**.

Se a pessoa não habilitada comete homicídio ou lesão culposa, incorre nesses crimes, com a pena aumentada de um terço até metade pela falta de habilitação (arts. 302, § 1.º, I, e 303, parágrafo único).

8. Infração de menor potencial ofensivo
Considerando que a pena máxima prevista em abstrato é de **1 ano**, o crime em análise enquadra-se no conceito **de infração de menor potencial ofensivo**. Por tal razão, o julgamento é feito no Juizado Especial Criminal e são cabíveis os benefícios da Lei n. 9.099/95, como a transação penal se o acusado for primário e de bons antecedentes.

9. Ação penal
É **pública incondicionada**.

7.2.10. Entrega de veículo a pessoa não habilitada

> **Art. 310.** Permitir, confiar ou entregar a direção de veículo automotor a pessoa não habilitada, com habilitação cassada ou com o direito de dirigir suspenso, ou, ainda, a quem, por seu estado de saúde, física ou mental, ou por embriaguez, não esteja em condições de conduzi-lo com segurança:
> Penas — detenção, de seis meses a um ano, ou multa.

1. Objetividade jurídica
A segurança viária.

2. Tipo objetivo
As condutas são **permitir, confiar** ou **entregar** a direção de veículo automotor a alguém. Essas condutas possuem praticamente o mesmo significado.

Entregar significa passar o veículo às mãos ou à posse de alguém. A conduta pressupõe a **entrega material** do automóvel, da motocicleta etc. Nas modalidades permitir e confiar, o agente **expressa** ou **tacitamente** consente no uso do veículo. O crime, portanto, pode ser praticado por **ação** ou por **omissão**.

Apesar de não haver menção no texto legal, é necessário que a pessoa receba o veículo para conduzi-lo em **via pública**, uma vez que essa é a sistemática adotada pelo Código.

Para que o crime se aperfeiçoe, é necessário que o veículo seja franqueado a uma das pessoas enumeradas no tipo penal:

a) **pessoa não habilitada**. Apesar do texto legal, é evidente que não há crime quando quem recebe o veículo possui Permissão para dirigir (embora não seja habilitada);

b) **pessoa com habilitação cassada ou direito de dirigir suspenso**;

c) **pessoa que por seu estado de saúde física ou mental não esteja em condições de dirigir com segurança**;

d) **pessoa que não esteja em condições de dirigir com segurança por estar embriagada**.

A lei erigiu à categoria de crime autônomo, no art. 310, condutas que, na ausência do dispositivo, configurariam participação nos crimes de dirigir sem habilitação ou de embriaguez ao volante. Quis, entretanto, o legislador estabelecer a divisão para deixar evidente a existência do crime por parte de quem entrega o veículo, ainda que o condutor dirija de forma regular (tipificação que seria impossível para o mero partícipe). A propósito: "A conduta de quem confia ou entrega a direção de veículo automotor a pessoa não habilitada subsume-se, agora, na figura típica descrita no seu artigo 310, que, ao contrário do que ocorre com o delito do art. 309, prescinde do exame de qualquer perigo concreto resultante da ação incriminada" (Tacrim/SP, Rec. 1136657/6, Rel. Érix Ferreira); **e** "Antes da entrada em vigor do Código de Trânsito Brasileiro, respondia como coautor da infração prevista no art. 32 da LCP quem entregasse a direção de veículo automotor a pessoa inabilitada. Hoje tal situação configura o crime do art. 310 da Lei n. 9.503/97, sendo certo que, se o motorista, nesta hipótese, dirigir de forma prudente e regular, não pratica ilícito nenhum. Já quem lhe emprestou o automóvel, independentemente da existência do perigo de dano, por estar a situação fora de seu domínio, comete o crime mencionado" (Tacrim/SP, RHC, Rel. Péricles Piza, *RJTACrim* 43/345). Nesse sentido, existe a Súmula n. 575 do Superior Tribunal de Justiça: "Constitui crime a conduta de permitir, confiar ou entregar a direção de veículo automotor a pessoa que não seja habilitada, ou que se encontre em qualquer das situações previstas no artigo 310 do CTB, independentemente da ocorrência de lesão ou de perigo de dano concreto na condução do veículo".

3. Sujeito ativo

Qualquer pessoa que possa permitir, confiar ou entregar o veículo a outrem.

4. Sujeito passivo

A coletividade.

5. Consumação

Quando, após ter recebido o veículo do agente, ou a permissão para usá-lo, o **terceiro coloca o veículo em movimento**. Essa parece a solução mais adequada, pois, antes de o sujeito colocar o veículo em movimento, é possível que o agente mude de ideia e impeça a sua condução.

6. Tentativa

Somente será possível o seu reconhecimento se o terceiro for impedido de dirigir em momento **imediatamente anterior** àquele em que iria colocar o veículo em movimento, *v.g.*, se já havia acionado o motor de um automóvel, mas ainda não havia saído do local, quando veio a ser abordado por policiais. Antes disso, não se pode afirmar ter havido início de execução.

7. Infração de menor potencial ofensivo

Considerando que a pena máxima prevista em abstrato é de **1 ano**, o crime em análise enquadra-se no conceito de **infração de menor potencial ofensivo**. Por tal razão, o julgamento é feito no Juizado Especial Criminal e são cabíveis os benefícios da Lei n. 9.099/95, como a transação penal se o acusado for primário e de bons antecedentes.

8. Ação penal
É pública **incondicionada**.

7.2.11. Excesso de velocidade em determinados locais

> **Art. 311.** Trafegar em velocidade incompatível com a segurança nas proximidades de escolas, hospitais, estações de embarque e desembarque de passageiros, logradouros estreitos, ou onde haja grande movimentação ou concentração de pessoas, gerando perigo de dano:
> Penas — detenção de seis meses a um ano, ou multa.

1. Objetividade jurídica
A **segurança viária**.

O legislador, preocupado em proteger a segurança viária em locais onde exista elevado número de pessoas, criminalizou a conduta **de imprimir velocidade incompatível em suas proximidades**. Entretanto, teria agido melhor se tivesse dado redação mais genérica ao dispositivo, de forma a abranger quaisquer manobras perigosas na direção do veículo, realizadas nas proximidades de hospitais, escolas etc. Dessa forma, como a lei menciona apenas o **excesso de velocidade**, as **demais condutas** tipificarão apenas a contravenção de **direção perigosa** (art. 34 da LCP).

2. Elementos do tipo

A conduta incriminada consiste em **imprimir velocidade incompatível com a segurança do local**.

A infração penal pressupõe que o fato ocorra nas **proximidades** de **hospitais, escolas, estações** de **embarque** ou **desembarque** (rodoviárias, estações de trem ou metrô, pontos de ônibus, trólebus etc.), **logradouros estreitos** ou onde haja **grande movimentação ou concentração de pessoas**. A **fórmula genérica**, utilizada ao final, deixa evidenciado que somente existe o crime, mesmo em relação a hospitais ou escolas, quando há **concentração de pessoas no local, pois somente assim a conduta gera perigo de dano**. A conclusão só pode ser essa, uma vez que, durante a madrugada, por exemplo, não existe diferença entre dirigir em excesso de velocidade ao lado de uma escola ou de qualquer outro lugar.

A expressão "nas proximidades" deve ter interpretação restrita, porém não abrange apenas fatos que ocorram em frente à escola ou ao hospital, mas em todo o seu entorno.

A prova do excesso de velocidade pode ser feita por radares, por testemunhos ou outros meios.

Para a configuração do delito, basta que o agente dirija em velocidade que **saiba** ser **excessiva** (placas indicativas de velocidade, características da via etc.). É necessário, ainda, que se demonstre que ele tinha conhecimento de que se encontrava próximo a hospitais, escolas etc. Se o acusado, exemplificativamente, alegar que desconhecia haver um hospital no local, mas a prova produzida demonstrar que ele era morador do bairro e, por isso, evidentemente conhecia tal circunstância ou, ainda, se for notória a existência do hospital em razão de farta sinalização, a ação penal será julgada procedente.

Não se exige que o agente tenha intenção específica de expor alguém a risco.

É evidente que não há crime em **situações especiais**, como de ambulâncias, bombeiros, viaturas policiais que necessitam transitar em velocidade acima da permitida para atender a casos de **emergência**.

O crime em análise é de **perigo** e resta absorvido quando, em consequência da velocidade excessiva, resultar acidente com morte ou lesões. Em tais casos, o agente, em regra, responderá por crimes de homicídio culposo ou lesões corporais culposas. De ver-se, entretanto, que, dependendo de eventual exagero na velocidade e no comportamento, o agente poderá incorrer em formas mais graves daqueles delitos em face do dolo eventual.

3. Sujeito ativo

Pode ser **qualquer pessoa** que esteja na condução do veículo e que imprima velocidade excessiva, ciente de que se encontra próximo aos locais mencionados na lei. Pode ser o **dono** do veículo **ou qualquer outra pessoa** (manobrista, motorista de ônibus etc.). Se o delito for cometido, por exemplo, por um manobrista, é evidente que o dono do carro não responderá pela infração penal. Se o crime, contudo, for praticado por motorista particular porque o patrão, que estava dentro do carro, mandou imprimir alta velocidade, ambos responderão pela infração.

4. Sujeitos passivos

A coletividade e, **eventualmente**, as pessoas expostas a perigo.

5. Consumação

Quando o agente conduz o veículo por um dos locais protegidos pela lei, imprimindo velocidade incompatível com a segurança, gerando com essa conduta perigo de dano.

6. Tentativa

É inadmissível. Se o agente trafega em velocidade excessiva, o crime está consumado. Se está em alta velocidade e, por qualquer razão, é obrigado a reduzir antes de chegar às proximidades de escolas ou hospitais, o fato é atípico.

7. Infração de menor potencial ofensivo

Considerando que a pena máxima prevista em abstrato é de **1 ano**, o crime em análise enquadra-se no conceito de **infração de menor potencial ofensivo**. Por tal razão, o julgamento é feito no Juizado Especial Criminal e são cabíveis os benefícios da Lei n. 9.099/95, como a transação penal se o acusado for primário e de bons antecedentes.

8. Ação penal

É pública incondicionada.

7.2.12. Fraude no procedimento apuratório

> **Art. 312.** Inovar artificiosamente, em caso de acidente automobilístico com vítima, na pendência do respectivo procedimento policial preparatório, inquérito policial ou processo penal, o estado do lugar, de coisa ou de pessoa, a fim de induzir a erro o agente policial, o perito ou juiz:
> Penas — detenção, de seis meses a um ano, ou multa.
> Parágrafo único. Aplica-se o disposto neste artigo, ainda que não iniciados, quando da inovação, o procedimento preparatório, o inquérito ou o processo aos quais se refere.

1. Objetividade jurídica

A **administração da justiça**.

2. Elementos do tipo

Premissa do delito é a ocorrência de **acidente** de trânsito **com vítima**. A **conduta típica** consiste na **modificação** do **estado** do **lugar**, de **coisa** ou de **pessoa**. Exs.: apagar marcas de frenagem que podem indicar excesso de velocidade; retirar placas de sinalização para alegar que não tinha como saber que a outra via era a preferencial; alterar a posição dos veículos ou limpar estilhaços do chão para dar a impressão de que a embate ocorreu em outro local; alterar o local do corpo da vítima de homicídio culposo ou lavar manchas de sangue; eliminar marcas de abalroamento no veículo etc. A simples **fuga** do local do acidente configura crime específico do art. 305.

É também **exigência** do tipo penal que a fraude ocorra com o **intuito** de **enganar policiais**, **peritos** ou o **juiz**. Está implícito, entretanto, que a verdadeira intenção do agente é evitar a sua punição ou a de terceiro causador do evento.

O crime existe **qualquer** que tenha sido o momento da **ação**, mesmo que **antes** da chegada dos peritos ao local para as verificações e mesmo que ainda não instaurado o inquérito respectivo ou a ação penal. Esse aspecto está **expressamente** mencionado no parágrafo único do art. 312. Saliente-se que, em regra, as fraudes ocorrem imediatamente após os acidentes, antes da chegada de testemunhas e peritos.

Por se tratar de regra especial, o dispositivo em questão **impede** a aplicação do crime de **fraude processual previsto no art. 347 do Código Penal** em relação à apuração de acidentes de trânsito.

3. Sujeito ativo

Trata-se de crime **comum**, que pode ser cometido por qualquer pessoa, **responsável** ou **não** pelo acidente com vítima. Ex.: o filho, com seu telefone celular, avisa ao pai sobre acidente ocorrido nas proximidades de casa quando retornava embriagado de uma festa. O pai vai rapidamente ao local e comete a fraude a fim de beneficiar o filho.

Caso haja conluio entre o causador do acidente e terceiro, responderão pelo delito **em concurso**.

O crime em estudo é **autônomo** em relação a eventual **crime anterior**. Assim, se ficar apurado que o sujeito causou culposamente a morte da vítima e, em seguida, modificou o local do acidente a fim de enganar os peritos e o juiz, responderá pelo crime de homicídio culposo na direção de veículo automotor em concurso **material** com o delito de fraude no procedimento apuratório.

4. Sujeito passivo

O Estado.

5. Consumação

No momento em que o agente altera o estado do lugar, coisa ou pessoa, ainda que **não atinja sua finalidade** de enganar as autoridades ou o perito. Trata-se de crime **formal**.

6. Tentativa

É possível. Ex.: o agente é flagrado por testemunhas ao iniciar a fraude e impedido de prosseguir.

7. Infração de menor potencial ofensivo

Considerando que a pena máxima prevista em abstrato é de **1 ano**, o crime em análise enquadra-se no conceito de infração de menor potencial ofensivo. Por tal razão, o julgamento é feito no Juizado Especial Criminal e são cabíveis os benefícios da Lei n. 9.099/95, como a transação penal se o acusado for primário e de bons antecedentes.

8. Ação penal

É pública **incondicionada**.

7.3. QUESTÕES

8

CRIMES CONTRA O CONSUMIDOR
LEI N. 8.078/90

8.1. INTRODUÇÃO

Os crimes contra o consumidor estão descritos no **Código de Defesa do Consumidor** (Lei n. 8.078/90). Em seus arts. 63 a 74, estão elencados os **tipos penais**, enquanto nos dispositivos seguintes constam regras genéricas de caráter penal e processual penal (arts. 75 a 80).

A existência de legislação específica para a defesa do consumidor e das relações de consumo encontra amparo na Constituição Federal, cujo art. 5.º, XXXII, dispõe que *"O Estado promoverá, na **forma da lei**, a defesa do consumidor"*.

■ Conceito de relação de consumo, consumidor e fornecedor

Para que sejam mais bem compreendidos os tipos penais que serão analisados neste capítulo, é necessário, inicialmente, mencionar alguns **conceitos** contidos no próprio Código de Defesa do Consumidor.

Relação de consumo é a que se estabelece entre **fornecedor** e **consumidor**, tendo como objeto produtos ou serviços.

Consumidor é toda pessoa **física** ou **jurídica** que adquire ou utiliza produto ou serviço **como destinatário final** (art. 2.º, *caput*, da Lei n. 8.078/90). Ademais, **equipara-se** a consumidor a **coletividade** de pessoas, ainda que indetermináveis, que haja intervindo nas relações de consumo (art. 2.º, parágrafo único).

Fornecedor, por sua vez, é toda pessoa física ou jurídica, pública ou privada, nacional ou estrangeira, bem como entes despersonalizados, que desenvolvem atividades de produção, montagem, criação, construção, transformação, importação, exportação, distribuição ou comercialização de produtos ou prestação de serviços (art. 3.º).

Produto é qualquer bem, móvel ou imóvel, material ou imaterial (art. 3.º, § 1.º).

Serviço é qualquer atividade fornecida no mercado de consumo, mediante remuneração, inclusive as de natureza bancária, financeira, de créditos e securitária, salvo as decorrentes de relações de caráter trabalhista (art. 3.º, § 2.º).

■ Responsabilização penal

O art. 173, § 5.º, da Constituição Federal estabelece que "a lei, sem prejuízo da responsabilidade individual dos dirigentes da pessoa jurídica, estabelecerá a responsabilidade desta, sujeitando-a às punições compatíveis com sua natureza, nos atos praticados contra a ordem econômica e financeira e contra a economia popular".

Os delitos contra o consumidor descritos na Lei n. 8.078/90 não podem ser considerados crimes contra a economia popular, de modo que a responsabilização criminal de **pessoa jurídica** por crime contra o consumidor **não** é possível. Ademais, a Lei n. 8.078/90 não previu a responsabilidade penal da pessoa jurídica. Assim, mesmo sendo o fornecedor ou prestador de serviço uma empresa, a punição só pode recair sobre seus proprietários ou, dependendo do caso, em algum funcionário. Podemos citar como exemplo o crime do art. 74, que consiste em deixar de entregar ao consumidor o termo de garantia adequadamente preenchido. Em tal caso, a investigação deverá demonstrar se o dono da loja determinou aos vendedores que assim procedessem, e, se feita tal prova, deverá ele ser punido. Caso contrário, a punição somente poderá recair sobre o vendedor que se omitiu.

Deve-se salientar, outrossim, que existem empresas de enormes dimensões, com grande divisão em seus setores de produção, serviços e outras áreas de atuação, como publicidade etc. Assim, se ocorrer, por exemplo, omissão nas informações do manual de instruções acerca da periculosidade de certo produto, não se pode automaticamente punir o presidente ou o dono da empresa, sendo necessário que as investigações demonstrem quem foram os responsáveis pela falha. Se, eventualmente, diversas pessoas forem responsáveis, todas deverão ser penalizadas. Não é por outra razão que o art. 75 da Lei n. 8.078/90 dispõe que "quem, de qualquer forma, concorrer para os crimes referidos neste Código incide nas penas a esses cominadas na medida de sua culpabilidade, bem como o diretor, administrador ou gerente da pessoa jurídica que promover, permitir ou por qualquer modo aprovar o fornecimento, oferta, exposição à venda ou manutenção em depósito de produtor ou a oferta e prestação de serviços nas condições por ele proibidas". Os sócios, na condição de donos da empresa, também podem ser responsabilizados. O referido art. 75, entretanto, **não cria a responsabilidade objetiva**, obrigando que sejam sempre punidos os representantes da empresa. Ao contrário, estabelece de forma bastante clara que só responderão pela infração penal aqueles que concorrerem para o crime. Também os diretores, administradores e gerentes somente poderão ser responsabilizados criminalmente por fatos que tenham chegado à sua esfera de conhecimento e cujo resultado poderiam ter evitado dentro de seu âmbito de atuação na empresa. Essa é a única interpretação possível ao referido art. 75. De qualquer forma, grande parte da doutrina entende que tal dispositivo foi substituído por aquele previsto no art. 11 da Lei n. 8.137/90 (que trata dos crimes contra as relações de consumo), com redação similar à do art. 29 do CP e que leva às mesmas conclusões. De acordo com o mencionado art. 11: "quem, de qualquer modo, inclusive por meio de pessoa jurídica, concorre para os crimes definidos nesta lei, incide nas penas a estes cominadas, na medida de sua culpabilidade".

Saliente-se que, na maioria dos crimes do Código do Consumidor, não há dificuldade na identificação dos responsáveis, porque a conduta típica só pode ser realizada por determinada pessoa, como, por exemplo, o delito do art. 70, consistente em empregar componentes usados na reparação de produtos. Em tal caso, deverá ser punida a pessoa que diretamente usou o componente de segunda mão na reparação e, eventualmente, algum superior que tenha determinado tal conduta.

Na esfera penal, a situação é diferente da esfera cível, na qual a empresa é responsável por eventuais indenizações.

Objetividade jurídica

Em todos os crimes do Código de Defesa do Consumidor, o que se tutela, em primeiro plano, são as **relações de consumo**. Em alguns casos, como no crime de propaganda enganosa (art. 66), a infração penal atinge a **universalidade** dos consumidores, ao passo que, em outros, como no delito de utilização de peça de reposição usada (art. 70), é afetado apenas o consumidor proprietário do bem. De qualquer modo, mesmo nos delitos em que o sujeito passivo pode ser individualizado, a finalidade do dispositivo é a proteção dos consumidores de modo global (todo e qualquer consumidor pode, no exemplo acima, necessitar da troca de peças e ser vítima de fornecedores desonestos).

8.2. DOS CRIMES EM ESPÉCIE

Passaremos, agora, a analisar os tipos penais descritos nos arts. 63 a 74 do Código de Defesa do Consumidor.

8.2.1. Omissão de dizeres ou sinais ostensivos sobre a nocividade ou periculosidade de produtos ou serviços

> **Art. 63.** Omitir dizeres ou sinais ostensivos sobre a nocividade ou periculosidade de produtos, nas embalagens, nos invólucros, recipientes ou publicidade:
> Pena — detenção de seis meses a dois anos e multa.
> § 1.º Incorrerá nas mesmas penas quem deixar de alertar, mediante recomendações escritas ostensivas, sobre a periculosidade do serviço a ser prestado.
> § 2.º Se o crime é culposo:
> Pena — detenção de um a seis meses ou multa.

1. Elementos do tipo

De acordo com o art. 8.º da Lei n. 8.078/90, os produtos e serviços colocados no mercado de consumo não acarretarão riscos à saúde ou segurança dos consumidores, **exceto os considerados normais e previsíveis em decorrência de sua natureza e fruição, obrigando-se os fornecedores, em qualquer hipótese, a dar as informações necessárias e adequadas a seu respeito**. Tratando-se de produto industrial, ao fabricante cabe prestar as informações a que se refere este artigo, por meio de **impressos apropriados que devem acompanhar o produto**.

Já o art. 9.º dispõe que o fornecedor de produtos e serviços **potencialmente nocivos ou perigosos à saúde ou segurança deverá informar**, de maneira ostensiva e adequada, a respeito da sua nocividade ou periculosidade, sem prejuízo da adoção de outras medidas cabíveis em cada caso concreto.

Assim, é justamente nisso que consiste o ilícito penal, ou seja, em uma conduta omissiva no sentido de não inserir sinais ou dizeres **ostensivos** a respeito da nocividade ou periculosidade do produto em: a) embalagens; b) invólucros; c) recipientes; d) publicidade. Saliente-se que não é preciso que a omissão ocorra em todos eles, basta que se verifique em um. Assim, o crime existe se a informação constar na embalagem do produto, mas não for mencionada, por exemplo, em panfleto publicitário.

A nocividade ou periculosidade pode referir-se, por exemplo, ao caráter químico de certo produto que pode fazer mal à saúde do consumidor caso entre em contato com a pele ou com os olhos, ou ao tamanho das peças de um brinquedo que podem ser engolidas por uma pequena criança etc. A nocividade e a periculosidade são os **elementos normativos** do tipo.

Basta que o agente omita dizeres **ou** sinais. Caso se trate, por exemplo, de produto tóxico ou venenoso, deverão constar da embalagem, invólucro etc., a mensagem "produto tóxico — não ingerir" e uma imagem (uma caveira, por exemplo) que sirva para os analfabetos terem ciência do perigo da ingestão do produto. A ausência de qualquer deles é suficiente para a tipificação.

No caso de prestação de serviços (art. 63, § 1.º), a conduta omissiva consiste em **deixar de alertar**, mediante recomendações **escritas** ostensivas, sobre a periculosidade do serviço a ser prestado. Ex.: a empresa responsável pela pulverização de inseticida em uma residência deve alertar por escrito os proprietários acerca dos cuidados a serem tomados, sob pena de responsabilização criminal.

Saliente-se, por fim, que o art. 10 da Lei n. 8.078/90 dispõe que o fornecedor **não poderá** colocar no mercado de consumo produto ou serviço que sabe ou deveria saber apresentar **alto grau de nocividade** ou **periculosidade** à saúde ou segurança. O descumprimento dessa proibição com a fabricação, venda, exposição à venda, manutenção em depósito ou qualquer outra forma de entrega a consumo de produto nocivo à saúde configura crime específico do art. 278 do CP, apenado com detenção, de um a três anos, e multa. Caso se trate de substância ou produto alimentício destinado ao consumo cuja nocividade seja constatada, o crime será o do art. 272 do CP, que tem pena de reclusão, de quatro a oito anos. Por fim, caso se trate de falsificação ou adulteração de substância destinada a fins terapêuticos ou medicinais, estaremos diante do crime do art. 273 do CP, punido com reclusão, de dez a quinze anos, e multa (e que tem natureza hedionda — art. 1.º, VII-B, da Lei n. 8.072/90).

2. Sujeito ativo

O fornecedor, na figura do *caput*, e o prestador de serviço, na do § 1.º. Trata-se de crime **próprio**.

3. Sujeitos passivos

A coletividade e os consumidores que comprarem os produtos ou contratarem os serviços.

4. Consumação

Na hipótese do *caput*, quando o produto é **lançado** no mercado sem os necessários dizeres ou quando sobrevém lançamento publicitário desacompanhado do alerta. Na hipótese do § 1.º, o agente pode alertar o consumidor até o momento da prestação do serviço, de modo que o crime só se consuma quando este se inicia.

5. Tentativa

Inviável por se tratar de delito **omissivo próprio**.

6. Elemento subjetivo

É o **dolo**. Ex.: fabricante que não insere os dizeres acerca da nocividade do produto a fim de não prejudicar as vendas e, portanto, seu lucro.

7. Figura culposa

Se a omissão for culposa, ficando demonstrado, por exemplo, que decorreu de falta de cautela, aplica-se a pena do art. 63, § 2.º (detenção de um a seis meses ou multa).

Omissão culposa é sinônimo de negligência na confecção da embalagem, invólucro, recipiente ou publicidade.

8. Ação penal

Pública incondicionada. Tanto as figuras dolosas quanto a culposa constituem **infrações de menor potencial ofensivo** (pena máxima não superior a 2 anos), inserindo-se na competência do Juizado Especial Criminal e sujeitando-se às regras da Lei n. 9.099/95.

8.2.2. Omissão na comunicação da nocividade ou periculosidade de produtos

> **Art. 64.** Deixar de comunicar à autoridade competente e aos consumidores a nocividade ou periculosidade de produtos cujo conhecimento seja posterior à sua colocação no mercado:
> Pena — detenção, de seis meses a dois anos, e multa.
> Parágrafo único. Incorrerá nas mesmas penas quem deixar de retirar do mercado, imediatamente quando determinado pela autoridade competente, os produtos nocivos ou perigosos, na forma deste artigo.

1. Elementos do tipo

De acordo com o art. 10, § 1.º, da Lei n. 8.078, o fornecedor de produtos e serviços que, posteriormente à sua introdução no mercado de consumo, tiver conhecimento da periculosidade que apresentem, deverá comunicar o fato **imediatamente** às autoridades competentes e aos consumidores, mediante anúncios publicitários. Tais anúncios publicitários deverão ser veiculados na imprensa, rádio e televisão, às expensas do fornecedor do produto ou serviço (art. 10, § 2.º).

Por sua vez, o art. 10, § 3.º, estabelece que, sempre que tiverem conhecimento de periculosidade de produtos ou serviços à saúde ou segurança dos consumidores, a União, os Estados, o Distrito Federal e os Municípios deverão **informá-los** a respeito.

Assim, o crime em estudo ocorre quando representantes da empresa fornecedora tomam conhecimento acerca da nocividade ou periculosidade de seu produto — após o seu lançamento — e se omitem do dever de informar os consumidores e as autoridades.

O tipo penal utiliza a conjunção aditiva "e", de modo que o crime só existe quando o fornecedor não comunica o fato aos consumidores **e** às autoridades. Não há dúvida de que essa não é a melhor solução, contudo é a que consta expressamente do tipo penal e, tratando-se de norma incriminadora, não se pode dar interpretação mais rigorosa.

A nocividade e a periculosidade são os **elementos normativos** do tipo e, no crime em questão, devem ter sido constatadas **após** o lançamento do produto.

É possível que o fornecedor constate referida nocividade ou periculosidade e informe aos consumidores e às autoridades, ficando afastada a configuração do crime do *caput*. Acontece que, eventualmente, diante da gravidade do caso, as autoridades podem determinar que o produto seja imediatamente **recolhido**, hipótese em que o fornecedor incorrerá na figura do § 1.º caso não providencie a retirada **imediata** do produto do mercado.

2. Sujeito ativo
O fornecedor.

3. Sujeitos passivos
A coletividade e os consumidores que tenham adquirido o produto.

4. Consumação
Quando decorre **tempo suficiente** para que o fornecedor informe o mercado e as autoridades acerca da nocividade ou periculosidade do produto descoberta após o seu lançamento.

Na figura do § 1.º, o crime se consuma quando o fornecedor não retira o produto de imediato do mercado. Nessa hipótese, é evidente que devem ser avaliadas as peculiaridades do caso concreto, ou seja, qual o tempo necessário para a retirada.

5. Tentativa
Inviável por se tratar de delito omissivo próprio.

6. Ação penal
Pública incondicionada.

Como a pena máxima é de dois anos, constitui **infração de menor potencial ofensivo**, inserindo-se na competência do Juizado Especial Criminal e sujeitando-se às regras da Lei n. 9.099/95.

8.2.3. Execução de serviço de alto grau de periculosidade

> **Art. 65.** Executar serviço de alto grau de periculosidade, contrariando determinação de autoridade competente:
> Pena — detenção de seis meses a dois anos, e multa.
> Parágrafo único. As penas deste artigo são aplicáveis sem prejuízo das correspondentes à lesão corporal e à morte.

1. Elementos do tipo
Em princípio, quem contraria determinação de autoridade competente incorre no crime de **desobediência** do art. 330 do Código Penal. O Código de Defesa do Consumidor, contudo, previu infração penal **mais grave** para o fornecedor que, ao desobedecer a determinação da autoridade, **realiza serviço de alto grau de periculosidade**, assim entendido aquele que expõe a vida e a saúde do consumidor a **risco iminente e grave**.

Pode ser mencionado como exemplo o serviço prestado em brinquedos de parques de diversões de forma contrária à determinação das autoridades.

É evidente que o risco a que a lei se refere é relacionado às pessoas destinatárias do serviço prestado, ou seja, aos **consumidores**, não obstante a conduta, muitas vezes, também possa expor a risco outras pessoas e o próprio prestador.

2. Sujeito ativo
O prestador do serviço.

3. Sujeitos passivos
O consumidor e, eventualmente, outras pessoas que sejam expostas a perigo.

4. Consumação
No momento em que o serviço perigoso é prestado. Trata-se de crime de **perigo abstrato**.

5. Tentativa
É possível.

6. Concurso
Se, em razão do serviço prestado, alguém sofre lesão corporal, ainda que leve, ou morre, o delito do Código do Consumidor **não** fica **absorvido**, porque o dispositivo em estudo, ao tratar da pena, prevê a **autonomia** das infrações penais. As penas, portanto, serão **somadas**.

7. Ação penal
Pública incondicionada.

Como a pena máxima é de dois anos, constitui **infração de menor potencial ofensivo**, inserindo-se na competência do Juizado Especial Criminal e sujeitando-se às regras da Lei n. 9.099/95.

8.2.4. Propaganda enganosa

> **Art. 66.** Fazer afirmação falsa ou enganosa, ou omitir informação relevante sobre a natureza, característica, qualidade, quantidade, segurança, desempenho, durabilidade, preço ou garantia de produtos ou serviços:
> Pena — detenção de três meses a um ano e multa.
> § 1.º Incorrerá nas mesmas penas quem patrocinar a oferta.
> § 2.º Se o crime é culposo:
> Pena — detenção de um a seis meses ou multa.

1. Elementos do tipo
De acordo com o art. 6.º, III, da Lei n. 8.078/90, é direito do consumidor a informação adequada e clara sobre os diferentes produtos e serviços, com especificação correta de quantidade, características, composição, qualidade, tributos incidentes e preço, bem

como sobre os riscos que apresentem. Além disso, dispõe o art. 31 que a **oferta** e apresentação de produtos ou serviços devem assegurar informações corretas, claras, precisas, ostensivas e em língua portuguesa sobre suas características, qualidades, quantidade, composição, preço, garantia, prazos de validade e origem, entre outros dados, bem como sobre os riscos que apresentam à saúde e segurança dos consumidores.

Assim, o vendedor ou o dono de estabelecimento comercial que, a fim de concretizar algum negócio, faça **afirmação falsa** sobre o produto ou **omita** qualquer das **informações relevantes** que menciona o tipo penal, incorre no delito em tela. São exemplos fazer afirmação falsa quanto às condições de pagamento, quanto à durabilidade do produto, quanto ao prazo de garantia etc.

O crime pode ser cometido por meio de **ação** (fazer afirmação falsa) ou por **omissão** (sobre informação relevante do produto).

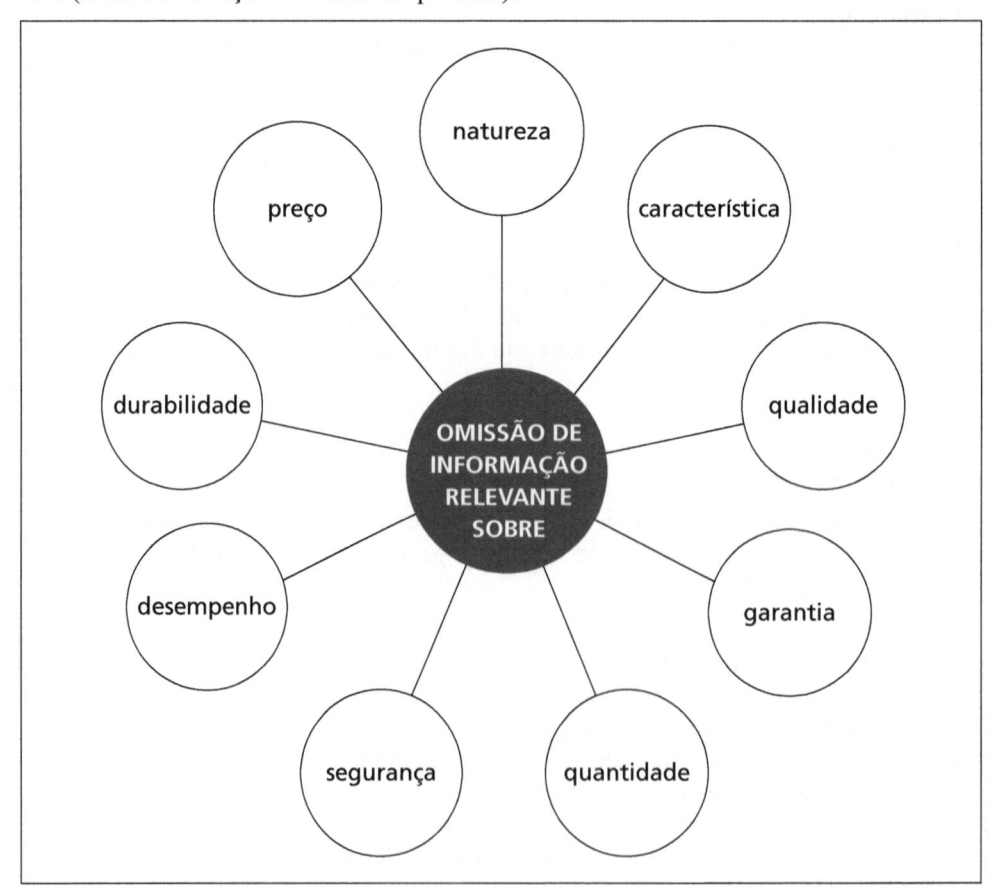

OMISSÃO DE INFORMAÇÃO RELEVANTE SOBRE: natureza, característica, qualidade, garantia, quantidade, segurança, desempenho, durabilidade, preço.

A propósito:

"Código de Defesa do Consumidor — Vendedora que faz afirmações falsas para conseguir vender livros — Configuração do crime do art. 66, da Lei n. 8.078/90 — Entendimento — Incorre nas penas do art. 66, *caput*, da Lei n. 8.078/90, a agente que, na qualidade de vendedora, faz afirmações falsas para conseguir vender livros, tanto em relação aos autores quanto a respeito da qualidade da mercadoria vendida, vez que tal procedimento não trata de mera técnica comercial de venda, mas de comportamento falso e mentiroso, com o intuito de enganar as vítimas, que, de boa-fé, acabam por adquirir o produto" (Tacrim-SP, Rel. Rulli Jr., j. 20.10.1994, *RJDTACrim* 24/84).

"Pratica o delito do art. 66 da Lei 8.078/90 o agente que, por ocasião da venda de videocassete, não esclarece o comprador sobre característica relevante do produto, qual seja, que o aparelho somente usa fitas do sistema betamax, não aceitando aquelas do sistema VHS, que é o normalmente encontrado no mercado" (Tacrim-SP, Rel. Rubens Gonçalves, j. 14.10.1994, *RJTACRIM* 24/80).

"Incide no art. 66 do CDC, o comerciante que ao anunciar através de cartazes o preço promocional do produto, omite informação relevante quanto à quantidade e a destinação a fregueses habituais. Descumprimento da obrigação de fornecer informação ao consumidor, que tem direito a esclarecimentos completos e exatos sobre os produtos ou serviços que deseja adquirir" (Tacrim-SP, Rel. Wilson Barreira, j. 31.7.1995).

"Tipifica o delito previsto no art. 66, § 1.º, da Lei 8.078/90 a conduta do agente que patrocina a oferta de produtos cosméticos que não contêm em suas embalagens as especificações exigidas por lei, omitindo, assim, informações relevantes sobre a natureza, característica, qualidade, segurança, desempenho e durabilidade destes produtos, sendo irrelevante a alegação de distração na conferência dos produtos" (Tacrim-SP, Rel. Bento Mascarenhas, j. 24.11.1994, *RJDJTacrim* 24/78).

É preciso salientar que as leis de proteção ao consumidor são muito similares e, muitas vezes, parecem se confundir. Assim, observe-se que: a) a omissão acerca da nocividade ou periculosidade do produto em sua **embalagem, invólucro** etc., constitui crime do art. 63 do Código de Defesa do Consumidor; b) a venda, como verdadeira ou perfeita, de mercadoria **falsificada** ou **deteriorada**, constitui crime de fraude no comércio (art. 175 do CP).

Saliente-se, ainda, que, se a afirmação falsa for feita em campanha **publicitária**, estará configurado o crime do **art. 67**. Se, todavia, for feita em mero anúncio de produto, ainda que em jornal, em faixa na rua, em balcão de estabelecimento (mediante afixação de cartazes ou de forma verbal), configura-se o delito do art. 66. Essa distinção, em verdade, não é muito relevante na prática, na medida em que as penas previstas são as mesmas.

A propósito da configuração do delito do art. 66 por parte de comerciante de veículos: "Crime contra as relações de consumo — Agente que, após adquirir veículo sinistrado em leilão e consertá-lo, promove publicidade no jornal para sua venda, fazendo constar que o carro teve único dono — Caracterização" (Tacrim-SP, Rel. Eduardo Goulart, *RJDJTacrim* 24/77).

2. Sujeitos ativos

O fornecedor e o patrocinador do produto ou serviço. O 1.º do art. 66 expressamente prevê que o patrocinador da oferta incorre nas mesmas penas.

3. Sujeitos passivos

A coletividade e os consumidores que tenham adquirido o produto.

4. Consumação

Trata-se de crime **formal**, que se consuma com a afirmação falsa ou com a omissão quanto à informação relevante, **ainda que nenhum consumidor adquira o produto ou o serviço**.

5. Tentativa

Possível na figura comissiva (embora improvável) e inviável na figura omissiva.

6. Ação penal

Pública incondicionada. Tanto as figuras dolosas quanto a culposa constituem **infrações de menor potencial** ofensivo (pena máxima não superior a 2 anos), inserindo-se na competência do Juizado Especial Criminal e sujeitando-se às regras da Lei n. 9.099/95.

8.2.5. Publicidade enganosa

> **Art. 67.** Fazer ou promover publicidade que sabe ou deveria saber enganosa ou abusiva:
> Pena — detenção de três meses a um ano e multa.

1. Elementos do tipo

O art. 6.º, § 4.º, da Lei n. 8.078/90 diz que é direito do consumidor a proteção contra a publicidade **abusiva** ou **enganosa**. Por isso, o art. 37 da mesma lei dispõe que "é proibida toda publicidade enganosa ou abusiva" e em seguida define:

"É enganosa qualquer modalidade de informação ou comunicação de caráter publicitário, inteira ou parcialmente falsa, ou, por qualquer outro modo, mesmo por omissão, capaz de induzir em erro o consumidor a respeito da natureza, características, qualidade, quantidade, propriedades, origem, preço e quaisquer outros dados sobre produtos e serviços" (art. 37, § 1.º).

"É abusiva, dentre outras, a publicidade discriminatória de qualquer natureza, a que incite à violência, explore o medo ou a superstição, se aproveite da deficiência de julgamento e experiência da criança, desrespeita valores ambientais, ou que seja capaz de induzir o consumidor a se comportar de forma prejudicial ou perigosa à sua saúde ou segurança" (art. 37, § 2.º). Ressalve-se que a publicidade abusiva que seja capaz de induzir o consumidor a se comportar de forma prejudicial à sua saúde ou segurança configura crime específico do art. 68 da Lei. O delito em estudo (art. 67) restará configurado, portanto, para outras hipóteses de publicidade abusiva.

Por fim, o art. 37, § 3.º, estabelece que, para os efeitos deste código, a "publicidade é enganosa por omissão quando deixar de informar sobre dado essencial do produto ou serviço".

O art. 27 do Código de Autorregulamentação Publicitária do CONAR (Conselho Nacional de Autorregulamentação Publicitária) explicita regras que devem ser observadas nas campanhas publicitárias e cujo desrespeito pode configurar o delito em estudo:

ART. 27	▪ O anúncio deve conter uma apresentação verdadeira do produto oferecido, conforme disposto nos artigos seguintes desta Seção, onde estão enumerados alguns aspectos que merecem especial atenção.
§ 1.º DESCRIÇÕES	▪ No anúncio, todas as descrições, alegações e comparações que se relacionem com fatos ou dados objetivos devem ser comprobatórias, cabendo aos Anunciantes e Agências fornecer as comprovações, quando solicitadas.

§ 2.º ALEGAÇÕES	▫ O anúncio não deverá conter informação de texto ou apresentação visual que direta ou indiretamente, por implicação, omissão, exagero ou ambiguidade, leve o Consumidor a engano quanto ao produto anunciado, quanto ao Anunciante ou seus concorrentes, nem tampouco quanto a: a) natureza do produto (natural ou artificial); b) procedência (nacional ou estrangeira); c) composição; d) finalidade.
§ 3.º VALOR, PREÇO, CONDIÇÕES	▫ O anúncio deverá ser claro quanto a: a) valor ou preço total a ser pago pelo produto, evitando comparações irrealistas ou exageradas com outros produtos ou outros preços; alegada a sua redução, o Anunciante deverá poder comprová-la mediante anúncio ou documento que evidencie o preço anterior; b) entrada, prestações, peculiaridades do crédito, taxas ou despesas previstas nas operações a prazo; c) condições de entrega, troca ou eventual reposição do produto; d) condições e limitações da garantia oferecida.
§ 4.º USO DA PALAVRA "GRÁTIS"	a) O uso da palavra "grátis" ou expressão de idêntico significado só será admitido no anúncio quando não houver realmente nenhum custo para o Consumidor com relação ao prometido gratuitamente; b) nos casos que envolverem pagamento de qualquer quantia ou despesas postais, de frete ou de entrega ou, ainda, algum imposto, é indispensável que o Consumidor seja esclarecido.
§ 5.º USO DE EXPRESSÕES VENDEDORAS	▫ O uso de expressões como "direto do fabricante", "preço de atacado", "sem entrada" e outras de igual teor não devem levar o consumidor a engano e só serão admitidas quando o Anunciante ou a Agência puderem comprovar a alegação.
§ 6.º NOMENCLATURA, LINGUAGEM, "CLIMA"	a) (...); b) (...); c) (...); d) (...); e) nas descrições técnicas do produto, o anúncio adotará a nomenclatura oficial do setor respectivo e, sempre que possível, seguirá os preceitos e as diretrizes da Associação Brasileira de Normas Técnicas — ABNT e do Instituto Nacional de Metrologia, Normalização e Qualidade Industrial — INMETRO.
§ 7.º PESQUISAS E ESTATÍSTICAS	a) o anúncio não se referirá a pesquisa ou estatística que não tenha fonte identificável e responsável; b) o uso de dados parciais de pesquisa ou estatística não deve levar a conclusões distorcidas ou opostas àquelas a que se chegaria pelo exame do total da referência.
§ 8.º INFORMAÇÃO CIENTÍFICA	▫ O anúncio só utilizará informação científica pertinente e defensável, expressa de forma clara até para leigos.
§ 9.º TESTEMUNHAIS	a) o anúncio abrigará apenas depoimentos personalizados e genuínos, ligados à experiência passada ou presente de quem presta o depoimento, ou daquele a quem o depoente personificar; b) o testemunho utilizado deve ser sempre comprovável;
§ 9.º TESTEMUNHAIS	c) quando se usam modelos sem personalização, permite-se o depoimento como "licença publicitária" que, em nenhuma hipótese, se procurará confundir com um testemunhal; d) o uso de modelos trajados com uniformes, fardas ou vestimentas características de uma profissão não deverá induzir o Consumidor a erro e será sempre limitado pelas normas éticas da profissão retratada; e) o uso de sósias depende de autorização da pessoa retratada ou imitada e não deverá induzir a confusão.

Assim, pode cometer o crime, por exemplo, quem veicular campanha publicitária com testemunhos falsos, com informações científicas inverídicas, baseada em exposição fundada em pesquisa inexistente ou falsa, com informações inverídicas a respeito das características ou das condições de pagamento do produto ou serviço etc.

Eventuais campanhas que incitem o preconceito racial ou religioso podem enquadrar-se em crime de racismo do art. 20 da Lei n. 7.716/89. Por seu turno, anúncios que estimulem atividades criminosas ou que enalteçam fatos delituosos configuram, respectivamente, delitos de incitação ou apologia ao crime (arts. 286 e 287 do CP).

O crime de publicidade enganosa descrito no art. 67 do Código de Defesa do Consumidor está relacionado a campanhas publicitárias veiculadas em rádio, televisão, jornal, revista, distribuição de panfletos etc. Cuida-se do *marketing* publicitário.

A propósito:

"O agente que, usando nome semelhante ao de instituição tradicional de ensino, faz publicidade de cursos por correspondência, sugerindo através de prospectos que os mesmos se tratam de cursos oficiais promovidos por aquela escola, incorre nas penas do art. 67 da Lei n. 8.078/90 pois presente o intuito de enganar pessoas" (Tacrim-SP, Rel. S. C. Garcia, *RDC* 17/205).

"Configura o crime do art. 67 da Lei n. 8.078/90, a conduta do agente que, ciente da impossibilidade de prestar os serviços que oferece, faz anúncios, nos classificados do jornal da região, oferecendo diretamente ao público adesão a um plano de saúde que ainda não existe, pouco importando que nenhuma pessoa tenha sido identificada como vítima, pois a proteção legal, nestes casos, diz respeito à coletividade em geral" (Tacrim-SP, Rel. Kujiz Betanho, j. 29.6.1994).

Para a punição pelo crime em estudo, é preciso que o agente **saiba** que a publicidade é falsa ou abusiva ou que **deva saber** disso. A doutrina tradicional costuma dizer que a expressão "deve saber" é indicativa de dolo eventual. Na prática, contudo, significa que podem também ser punidos aqueles que, diante da situação concreta, não tinham como deixar de concluir que a publicidade era falsa ou abusiva.

2. Sujeitos ativos

Em regra, os responsáveis pela empresa (fornecedor) e aqueles que trabalham no departamento de *marketing* (existentes em grandes empresas), que são os responsáveis pelo **fornecimento das informações às agências de publicidade**. Aqueles que trabalham nessas agências não poderão ser responsabilizados caso fique provado que desconheciam as informações inverídicas que seriam divulgadas na campanha (dados técnicos, características do produto etc.). É claro, todavia, que em certos casos a criação da farsa pode partir da própria agência e, em tal situação, deverão também ser responsabilizados — juntamente com o fornecedor que aprovou a campanha.

Por fim, cabe salientar que os órgãos de comunicação (jornais, revistas, emissoras de televisão ou de rádio) devem analisar os anúncios com eles contratados antes da veiculação e, **se for evidente** que se trata de publicidade enganosa, devem recusar a divulgação, sob pena de serem também punidos os responsáveis pela autorização, pois, quem de qualquer modo concorre para um crime, incide nas penas a este cominadas.

3. Sujeito passivo

A coletividade.

4. Consumação

No momento em que **veiculada** a publicidade, **independentemente de qualquer resultado**. Trata-se de crime **formal**. A propósito: "a publicidade enganosa constitui crime de perigo abstrato, tem-se em vista uma universalidade indeterminada de consumidores exposta a práticas desleais de anúncio de produtos e serviços, donde ser despiciendo indagar-se se houve ou não prejuízo concreto para algum ou alguns deles" (Tacrim-SP, Rel. Renê Ricupero, *RT* 726/664).

Saliente-se que o sujeito será punido mais gravemente se ficar constatado que algum consumidor foi efetivamente enganado, pois, em tal caso, a conduta enquadra-se na figura do art. 7.º, VII, da Lei n. 8.137/90, que pune com detenção, de dois a cinco anos, ou multa, quem "induzir o consumidor ou usuário a erro, por via de indicação ou afirmação falsa ou enganosa sobre a natureza, qualidade de bem ou serviço, utilizando-se de qualquer meio, **inclusive a veiculação ou divulgação publicitária**".

5. Tentativa

Teoricamente é possível. Ex.: campanha publicitária com anúncios gravados que deveriam ser veiculados via rádio, os quais são entregues à emissora que se recusa a concretizar o anúncio e entrega as gravações à polícia.

6. Ação penal

Pública incondicionada. Trata-se **de infração de menor potencial ofensivo** (pena máxima não superior a 2 anos), inserindo-se na competência do Juizado Especial Criminal e sujeitando-se às regras da Lei n. 9.099/95.

8.2.6. Publicidade capaz de provocar comportamento perigoso

> **Art. 68.** Fazer ou promover publicidade que sabe ou deveria saber ser capaz de induzir o consumidor a se comportar de forma prejudicial ou perigosa a sua saúde ou segurança:
> Pena — detenção, de seis meses a dois anos, e multa.

1. Elementos do tipo

O art. 37, § 2.º, da Lei n. 8.078/90 expressamente declara **abusiva** a publicidade que seja **capaz de induzir o consumidor a se comportar de forma prejudicial ou perigosa à sua saúde ou segurança**.

Incorrerá no crime, por exemplo, quem fizer ou promover publicidade que contenha sugestão de utilização de veículo de modo a colocar em risco a segurança do usuário ou de terceiros (excesso de velocidade, ultrapassagens em locais não permitidos, desrespeito à sinalização ou aos pedestres, não utilização do cinto de segurança etc.), ou, ainda, quem veicular propaganda incentivando ao consumo excessivo de álcool etc.

2. Sujeito ativo

Os **profissionais responsáveis pela elaboração da publicidade** (em regra, da própria empresa contratante da agência de publicidade). Tal como no delito anterior (art.

67), os responsáveis pela agência de publicidade ou dos meios de comunicação que divulgam os anúncios só poderão ser responsabilizados se houver prova de seu dolo (direto ou eventual).

3. Sujeito passivo

A coletividade.

4. Consumação

Cuida-se de crime de **perigo abstrato** que se consuma com a veiculação da matéria publicitária. O próprio tipo penal estabelece que basta que a publicidade seja **capaz** de induzir o consumidor ao comportamento de risco. Não é necessário que efetivamente tenha induzido um ou alguns consumidores a comportamento perigoso, sendo, portanto, desnecessária prova nesse sentido. Cuida-se, desse modo, de crime **formal**.

5. Tentativa

Em tese, é possível, tal como exemplificado em relação ao delito anterior (art. 67).

6. Ação penal

Pública incondicionada. Trata-se de **infração de menor potencial ofensivo** (pena máxima não superior a 2 anos), inserindo-se na competência do Juizado Especial Criminal e sujeitando-se às regras da Lei n. 9.099/95.

8.2.7. Omissão na organização de dados que embasam publicidade

> **Art. 69.** Deixar de organizar dados fáticos, técnicos e científicos que dão base à publicidade:
> Pena — detenção de um a seis meses ou multa.

1. Elementos do tipo

De acordo com o art. 36, parágrafo único, da Lei n. 8.078/90, "o fornecedor, na publicidade de seus produtos ou serviços, manterá, em seu poder, para informação dos legítimos interessados, os dados fáticos, técnicos e científicos que dão sustentação à mensagem". É evidente, portanto, que, antes da veiculação da publicidade, o empresário deve obter dados que embasem a publicidade, sob pena de incorrer na infração penal em estudo. Se a mensagem publicitária sustenta que 99% dos consumidores estão satisfeitos com o produto, deve haver pesquisa realizada com critérios técnicos comprovando a assertiva devidamente documentada. O mesmo se diga quando a campanha afirma que se trata do produto mais durável do mercado ou o mais econômico etc. Muitas vezes, a informação não é falsa (pois, se fosse, configuraria crime de publicidade enganosa), mas a infração em estudo estará configurada por não ter o responsável documentado a forma como chegou a ela. O fornecedor deverá, ainda, manter esses dados arquivados para consulta de eventuais interessados (consumidores, órgãos de defesa dos consumidores, Ministério Público, Poder Judiciário) por pelo menos **três anos** a contar da veiculação da campanha publicitária (prazo de prescrição da infração penal).

2. Sujeito ativo

Os responsáveis pela empresa fornecedora, aos quais incumbe organizar e manter os dados que dão embasamento à publicidade.

3. Sujeito passivo

A coletividade.

4. Consumação

No momento em que realizada a publicidade. Se o agente não organiza os dados que a lei exige, mas a publicidade não chega a ser veiculada, o fato é atípico.

5. Tentativa

Tratando-se de crime omissivo próprio, não admite a tentativa.

6. Ação penal

Pública incondicionada. Trata-se **de infração de menor potencial ofensivo** (pena máxima não superior a 2 anos), inserindo-se na competência do Juizado Especial Criminal e sujeitando-se às regras da Lei n. 9.099/95.

8.2.8. Emprego de peças ou componentes de reposição usados sem o consentimento do consumidor

> **Art. 70.** Empregar, na reparação de produtos, peças ou componentes de reposição usados, sem autorização do consumidor:
> Pena — detenção de três meses a um ano e multa.

1. Elementos do tipo

A conduta típica é bastante simples, já que consiste em utilizar, na reparação de produtos (aparelhos elétricos, eletrônicos, veículos etc.), peças ou componentes de reposição usados, **sem a autorização do consumidor**. A toda evidência, a autorização deste torna o fato atípico. A autorização pode ser expressa (por escrito ou verbal) ou tácita (ex.: consumidor que procura loja que só trabalha com peças recondicionadas).

De acordo com o art. 21 da Lei n. 8.078/90, "no fornecimento de serviços que tenham por objetivo a reparação de qualquer produto considerar-se-á implícita a obrigação do fornecedor de empregar componentes de reposição originais adequados e novos, ou que mantenham as especificações técnicas do fabricante, salvo, quanto a estes últimos, autorização em contrário do consumidor".

Se o consumidor procura empresa de assistência técnica de produto que se encontra em garantia, e o empresário troca a peça quebrada por outra de segunda mão, sem a autorização do consumidor, responde pelo crime em estudo. Se, todavia, o consumidor for induzido em erro e pagar o preço de uma peça nova, sendo empregada peça usada, estará configurado crime mais grave de fraude no comércio (art. 175, II, do CP), consistente em entregar uma mercadoria por outra. O mesmo ocorre se a peça utilizada na reposição é nova, mas não original (de outra marca, por exemplo), e o fornecedor vende como se fosse original.

Se o fornecedor engana o cliente, cobrando por troca de peça que não realizou, configura-se o crime de estelionato.

2. Sujeito ativo

O fornecedor.

Se, eventualmente, o responsável pela empresa desconhece que seu funcionário, à revelia do consumidor, utilizou peças de segunda mão no conserto de produtos, não poderá ser punido criminalmente, por falta de dolo. Em tal caso, apenas o empregado poderá ser responsabilizado.

3. Sujeito passivo

O dono do produto no qual foi inserida a mercadoria usada.

4. Consumação

No instante em que o produto no qual foi inserida a peça ou componente de reposição usado é devolvido ao consumidor. O delito **independe de qualquer prejuízo efetivo ao consumidor, porque o tipo penal não o exige**. Assim, ainda que a peça usada funcione, o crime estará configurado.

5. Tentativa

É possível. Ex.: o agente está efetuando a troca da peça quebrada por outra de segunda mão, mas a própria vítima percebe e impede que o ato se concretize.

6. Ação penal

Pública incondicionada. Trata-se de **infração de menor potencial ofensivo** (pena máxima não superior a 2 anos), inserindo-se na competência do Juizado Especial Criminal e sujeitando-se às regras da Lei n. 9.099/95.

8.2.9. Cobrança abusiva ou vexatória

> **Art. 71.** Utilizar, na cobrança de dívidas, de ameaça, coação, constrangimento físico ou moral, afirmações falsas, incorretas ou enganosas ou de qualquer outro procedimento que exponha o consumidor, injustificadamente, a ridículo ou interfira com seu trabalho, descanso ou lazer:
> Pena — detenção de três meses a um ano e multa.

1. Elementos do tipo

Premissa do delito em questão é que o agente cobre abusivamente uma dívida. A cobrança a que a lei se refere é aquela feita diretamente ao consumidor, e não a cobrança feita em juízo. O abuso pode decorrer de diversas condutas expressamente elencadas no texto legal:

a) **Ameaça**: o agente, de forma escrita, verbal, por gestos ou por meio simbólico, promete mal injusto e grave ao consumidor ou terceiro, a fim de obrigá-lo a pagar a dívida.

b) **Coação**: a lei se refere aqui a agressões físicas.

A utilização de ameaça ou coação, para a cobrança de dívida que não envolva relação de consumo, configura crime de exercício arbitrário das próprias razões (art. 345 do CP), que é mais brandamente apenado.

c) **Constrangimento físico ou moral**: para não confundir com as duas hipóteses anteriores, o dispositivo é interpretado de forma subsidiária, configurando-o, por exemplo, perseguir o consumidor, fazer cobranças de forma repetitiva, de modo exagerado etc. Constitui também exemplo desse delito não permitir que o filho da vítima frequente as aulas em razão de atraso na mensalidade escolar.

d) **Utilização de afirmações falsas, incorretas ou enganosas**: cobrança por dívida já paga ou não vencida, por serviço não prestado ou prestado de forma diversa e menos custosa etc. Lembre-se de que o crime em análise é doloso e, portanto, pressupõe que o agente saiba que a afirmação é falsa, incorreta ou enganosa etc.

e) **Utilização de qualquer procedimento que exponha o consumidor, injustificadamente, a ridículo**: efetuar cobrança com carro de som em frente à casa do devedor, fazendo com que se torne motivo de chacota dos vizinhos; colocar cartaz com lista de consumidores inadimplentes na porta do bar etc. A propósito:

> "É possível a condenação do réu como incurso no art. 71 da Lei n. 8.078/90 quando, na condição de credor de alugueres, dirige-se ao estabelecimento comercial da vítima, colocando no pescoço um cartaz com a inscrição 'cobrador', ridicularizando, deste modo, o sujeito passivo, a despeito de haver outros meios de cobrar a dívida" (Tacrim/SP, AC 813.383, Rel. Leonel Ferreira, *RT* 720/450); **e** "credor que, na cobrança de dívida, expõe a ridículo o devedor, exibindo cópia do cheque comprobatório desse débito, pregado em para-brisa de seu automóvel, para conhecimento de toda a população e chegando a constrangê-lo moralmente, perante empregados e subordinados, em seu local de trabalho. Caracterização do crime previsto no art. 71 do CDC" (Tacrim/SP, AC 824.759-6, Rel. Navarro Penteado, j. 31.8.1994).

A simples inserção do nome do devedor **em cadastro de devedores inadimplentes não configura o delito em estudo**:

> "Comunicação ao serviço de proteção ao crédito mantido pela Associação Comercial, do devedor de aluguéis pela locação de imóvel. Prática do ato que é admitido no comércio. Não infração, portanto, da norma protetiva do consumidor. A comunicação ao serviço de proteção ao crédito, mantido pela Associação Comercial, e consequentemente, o registro do nome do devedor inadimplente no cadastro da mesma, não caracteriza a violação à norma do art. 71 do Código do Consumidor, posto que, permitindo a lei a instalação dos denominados serviços de proteção ao crédito, como também o uso, equiparando-os a serviço público, sua utilização pelo credor não pode ser tida como abusiva" (Tacrim/SP, HC 223.488, Rel. Ribeiro dos Santos, j. 29.4.1992).

> **Observação:** O delito em estudo, em sua última figura, pressupõe que o agente exponha a vítima ao ridículo, ao efetuar uma **cobrança**. Por isso, se alguém ofende um consumidor, tachando-o publicamente de inadimplente, mas sem se tratar de hipótese de cobrança, configura-se crime contra a honra (difamação ou injúria, dependendo da hipótese). A propósito: "A conduta dos donos de escola que fazem circular uma carta entre os pais de alunos na qual expõem alguns deles a enorme vexame, chamando-os de inadimplentes pelo fato de terem efetuado o pagamento das mensalidades por consignação em juízo, sem entretanto cobrar a dívida, não configura o delito previsto no art. 71 da Lei n. 8.078/90" (Tacrim-SP, AC 781.959, Rel. Fábio de Araújo, j. 16.12.1993).

f) **Utilização de qualquer procedimento que interfira com o trabalho, o descanso ou o lazer do consumidor:** cobranças feitas no local de trabalho da vítima, durante feriados ou fins de semana etc.

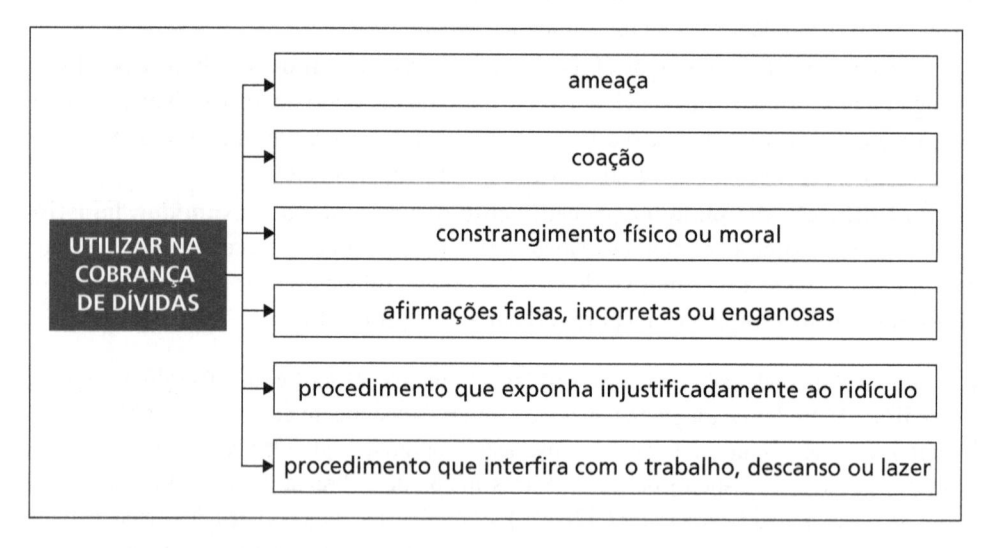

UTILIZAR NA COBRANÇA DE DÍVIDAS:
- ameaça
- coação
- constrangimento físico ou moral
- afirmações falsas, incorretas ou enganosas
- procedimento que exponha injustificadamente ao ridículo
- procedimento que interfira com o trabalho, descanso ou lazer

2. Sujeitos ativos
O fornecedor ou quem efetua a cobrança em seu nome, ou ambos.

3. Sujeito passivo
O consumidor.

4. Consumação
Trata-se de crime de **mera conduta** que se consuma no exato instante da cobrança abusiva.

5. Tentativa
É possível no caso de cobrança escrita que se extravia.

6. Ação penal
Pública incondicionada. Trata-se de **infração de menor potencial ofensivo** (pena máxima não superior a 2 anos), inserindo-se na competência do Juizado Especial Criminal e sujeitando-se às regras da Lei n. 9.099/95.

8.2.10. Criação de óbice ao consumidor acerca de suas informações cadastrais

> **Art. 72.** Impedir ou dificultar o acesso do consumidor às informações que sobre ele constem em cadastros, banco de dados, fichas e registros:
> Pena — detenção de seis meses a um ano ou multa.

1. Elementos do tipo

De acordo com o art. 43, *caput*, da Lei n. 8.078/90, o consumidor terá acesso às informações existentes em cadastros, fichas, registros e dados pessoais e de consumo arquivados sobre ele, bem como sobre as suas respectivas fontes. Por isso, quem impede ou, simplesmente, dificulta o acesso a tais informações está incurso no delito em análise. É que, se o consumidor não consegue saber, por exemplo, por qual razão seu nome foi inscrito em entidade de proteção ao crédito, não terá como verificar se as informações são ou não verídicas.

Segundo Antonio Herman Benjamin[1], "impedir quer dizer proibir, vedar, opor-se, não permitir o acesso do consumidor aos dados constantes do arquivo de consumo. Já dificultar, noção mais difusa e menos radical, significa embaraçar, complicar, impor condições despropositadas ou indevidas. O impedimento normalmente se dá com um simples 'não'. Já a dificultação é disfarçada, muitas vezes justificadas com argumentos burocráticos ou até a pretexto de que inexiste arquivo com o nome do consumidor".

2. Sujeito ativo

Qualquer pessoa que tenha o controle sobre as informações.

3. Sujeito passivo

O consumidor.

4. Consumação

No momento em que o agente impede ou dificulta o acesso do consumidor às informações sobre ele existentes em cadastros, banco de dados, fichas e registros. Trata-se de crime de **mera conduta**, cuja configuração independe da efetiva ocorrência de prejuízo à vítima.

5. Tentativa

Não é possível.

6. Ação penal

Pública incondicionada. Trata-se de **infração de menor potencial ofensivo** (pena máxima não superior a 2 anos), inserindo-se na competência do Juizado Especial Criminal e sujeitando-se às regras da Lei n. 9.099/95.

---

[1] BENJAMIN, Antonio Herman. Crimes de consumo no Código de Defesa do Consumidor. *Revista de Direito do Consumidor,* São Paulo, RT, n. 3, set./dez. 1992. p. 115.

8.2.11. Omissão na correção de dados cadastrais do consumidor

> **Art. 73.** Deixar de corrigir imediatamente informação sobre consumidor constante de cadastro, banco de dados, fichas ou registros que sabe ou deveria saber ser inexata:
> Pena — detenção de um a seis meses ou multa.

1. Elementos do tipo

De acordo com o art. 43, § 3.º, da Lei n. 8.078/90, "o consumidor, sempre que encontrar inexatidão nos seus dados e cadastros, poderá exigir sua imediata correção, devendo o arquivista, no prazo de **cinco** dias úteis, comunicar a alteração aos eventuais destinatários das informações incorretas". Assim, estará configurada a infração penal em análise se o consumidor verificar a existência de informação errada no cadastro e solicitar a correção ou se, por qualquer outra razão, o responsável tiver ciência da inexatidão (ou se deveria saber disso em razão de algum fato concreto) e, mesmo assim, deixar de efetuar ou providenciar a correção.

2. Sujeito ativo

A pessoa responsável por efetuar a correção que, agindo com dolo direto ou eventual, venha a se omitir.

3. Sujeito passivo

O consumidor cujos dados inexatos não forem corrigidos.

4. Consumação

De acordo com o art. 43, § 3.º, do Código de Defesa do Consumidor, o responsável tem **cinco dias úteis** para efetuar a correção. Assim, o delito se consuma com o decurso de referido prazo.

5. Tentativa

Por se tratar de crime **omissivo próprio, não** admite a forma tentada.

6. Ação penal

Pública incondicionada. Trata-se de **infração de menor potencial ofensivo** (pena máxima não superior a 2 anos), inserindo-se na competência do Juizado Especial Criminal e sujeitando-se às regras da Lei n. 9.099/95.

8.2.12. Omissão na entrega do termo de garantia ao consumidor

> **Art. 74.** Deixar de entregar ao consumidor o termo de garantia adequadamente preenchido e com especificação clara de seu conteúdo:
> Pena — detenção de um a seis meses ou multa.

1. Elementos do tipo

O art. 26 da Lei n. 8.078/90 estabelece garantia por **trinta dias**, tratando-se de fornecimento de serviço e de produtos **não duráveis** (inc. I), e de **noventa dias**, tratando-se de fornecimento de serviço e de produtos **duráveis** (inc. II). Essa é a chamada garantia **legal**, que dispensa o **termo** de garantia. É possível, porém, que a empresa produtora ofereça uma garantia por tempo adicional. É a chamada garantia **contratual**, que é complementar em relação à garantia legal. É comum, por exemplo, veículos que tenham três ou cinco anos de garantia, televisores ou geladeiras com um ou dois anos de garantia.

Essa garantia contratual complementar deve ser sempre escrita e entregue ao consumidor no ato da compra. É justamente o chamado termo de garantia. De acordo com o art. 50, parágrafo único, do Código de Defesa do Consumidor, "o termo de garantia ou equivalente deve ser padronizado e esclarecer, de maneira adequada em que consiste a mesma garantia, bem como a forma, o prazo e o lugar em que pode ser exercitada e os ônus a cargo do consumidor, devendo ser-lhe entregue, devidamente preenchido pelo fornecedor, no ato do fornecimento, acompanhado de manual de instrução, de instalação e uso do produto em linguagem didática, com ilustrações". É nítido, portanto, que a entrega do termo de garantia é dever do fornecedor e direito do consumidor. Por isso, o fornecedor que, **dolosamente**, deixa de entregar o termo de garantia ao consumidor ou o entrega sem o devido preenchimento ou preenchido apenas parcialmente, incorre no delito em estudo. A ausência de colocação da data da compra ou da identificação do comprador, por exemplo, dificulta ou impede que ele usufrua da garantia contratual a que faz jus.

2. Sujeitos ativos

O fornecedor e seus funcionários que, dolosamente, deixem de entregar ou de preencher devidamente o termo de garantia.

3. Sujeito passivo

O consumidor.

4. Consumação

No instante em que o fornecedor deveria entregar a garantia devidamente preenchida e não o fez. O delito **independe de qualquer prejuízo efetivo ao consumidor, porque o tipo penal não o exige**.

5. Tentativa

É **incabível** por se tratar de crime **omissivo próprio**.

6. Ação penal

Pública incondicionada. Trata-se de **infração de menor potencial ofensivo** (pena máxima não superior a 2 anos), inserindo-se na competência do Juizado Especial Criminal e sujeitando-se às regras da Lei n. 9.099/95.

8.3. AGRAVANTES GENÉRICAS

O art. 76 da Lei n. 8.078/90 contém um rol de agravantes genéricas específicas dos crimes contra o consumidor. São elas aplicáveis na segunda fase da fixação da pena (art. 68 do CP). As agravantes descritas no referido art. 76 são as seguintes:

I — serem cometidos em época de grave crise econômica ou por ocasião de calamidade;
II — ocasionarem grave dano individual ou coletivo;
III — dissimular o agente a natureza ilícita do procedimento;
IV — quando cometidos:
a) por servidor público, ou por pessoa cuja condição econômico-social seja manifestamente superior à da vítima;
b) em detrimento de operário ou rurícola; de menor de dezoito ou maior de sessenta anos ou de pessoas portadoras de deficiência mental interditadas ou não;
V — serem praticados em operações que envolvam alimentos, medicamentos ou quaisquer outros produtos ou serviços essenciais.

Saliente-se, outrossim, que a existência dessas agravantes não impede a aplicação de outras previstas no Código Penal, como, por exemplo, a da reincidência.

Algumas dessas agravantes são evidentemente injustificáveis e, portanto, impossíveis de serem aplicadas. Não faz qualquer sentido, por exemplo, agravar a pena de uma infração penal por ter o agente dissimulado a natureza ilícita de seu procedimento (inc. III), já que não se pode exigir que ele informe à vítima acerca de sua intenção delituosa. É da essência da infração penal a dissimulação da natureza ilícita, que, por isso, pode ser considerada elementar implícita.

Entendemos, ainda, que fere o princípio da igualdade ser a pena agravada pelo fato de a vítima ser operário ou rurícola, e não sofrer exasperação se for pessoa desempregada ou mesmo empregado doméstico etc. Não se pode presumir que o operário e o rurícola estejam em situação de vulnerabilidade equivalente à de menores de idade, idosos etc.

8.4. PENA DE MULTA

> **Art. 77.** A pena pecuniária prevista nesta Seção será fixada em dias-multa, correspondente ao mínimo e ao máximo de dias de duração da pena privativa da liberdade cominada ao crime. Na individualização desta multa, o juiz observará o disposto no art. 60, § 1.º do Código Penal.

Tome-se como exemplo o crime do art. 69 do Código do Consumidor, que é apenado com detenção de um a seis meses ou multa. Em tal caso, o juiz deverá fixar o número de dias-multa entre 30 e 180. O valor de cada dia-multa deverá ser fixado de acordo com a situação econômica do condenado — mínimo de um trigésimo e máximo de cinco vezes o salário mínimo. O juiz poderá, ainda, triplicar esse valor se entender que o valor final da multa ainda é pequeno diante da situação econômica do réu (art. 60, § 1.º, do CP).

Esses critérios diferenciados não se aplicam aos crimes contra as relações de consumo previstos na Lei n. 8.137/90, que seguem os ditames comuns do Código Penal em relação à fixação da pena de multa.

8.5. PENAS RESTRITIVAS DE DIREITOS

> **Art. 78.** Além das penas privativas de liberdade e de multa, podem ser impostas, cumulativa ou alternadamente, observado o disposto nos arts. 44 a 47, do Código Penal:

> I — a interdição temporária de direitos;
> II — a publicação em órgãos de comunicação de grande circulação ou audiência, às expensas do condenado, de notícia sobre os fatos e a condenação;
> III — a prestação de serviços à comunidade.

Se a culpabilidade, os antecedentes, a conduta social e a personalidade do condenado, bem como os motivos e as circunstâncias do delito indicarem que a medida é suficiente, o juiz poderá substituir a pena privativa de liberdade por uma das restritivas de direitos elencadas no texto legal. Tais penas poderão ser aplicadas isolada ou cumulativamente. A cumulação, contudo, só será possível se a pena fixada for superior a 1 ano (art. 44, § 2.º, do CP).

Se o crime envolver violência ou grave ameaça (cobrança abusiva de dívida, por exemplo), será inviável a substituição, diante da vedação do art. 44, I, do CP.

Não obstante o dispositivo legal pareça permitir que as penas restritivas de direitos sejam somadas às privativas de liberdade e de multa, é evidente que essa não era a finalidade do legislador. Tanto é assim que o próprio texto legal determina que sejam obedecidas as regras dos arts. 44 a 47 do CP, que estabelecem que as penas restritivas de direitos são **substitutivas** da pena privativa de liberdade.

Segundo Antonio Cezar Lima da Fonseca[2], a pena restritiva consistente na publicação em órgãos de comunicação de grande circulação ou audiência às expensas do condenado, de notícia sobre os fatos e a condenação é "manifestamente inconstitucional, como também concordam o Min. Cernicchiaro, Magela Alves e Milhomens, porque simplesmente coloca o condenado à execração pública. Tira-o dos tribunais e entrega-o ao sensacionalismo da imprensa. Nada existe de educativo nesta medida, a qual até fere o direito subjetivo privado da personalidade inerente a todo cidadão e o princípio da humanidade do Direito Penal".

8.6. QUESTÕES

QUESTÕES DE CONCURSOS
http://uqr.to/1y3eu

---

[2] FONSECA, Antonio Cezar Lima da. *Direito penal do consumidor*. 2. ed. São Paulo: Livraria do Advogado, 1999. p. 89.

9

CRIMES CONTRA AS RELAÇÕES DE CONSUMO
LEI N. 8.137/90

9.1. INTRODUÇÃO

Pouco após a entrada em vigor do Código de Defesa do Consumidor (Lei n. 8.078/90), foi aprovada e sancionada a Lei n. 8.137/90, que, dentre outros temas criminais, cuidou de descrever, em seu art. 7.º, os crimes contra **as relações de consumo e suas respectivas penas**.

Nas infrações penais descritas em referida lei, o **bem jurídico tutelado** é sempre a relação de consumo e, por isso, têm sempre como sujeito ativo o **fornecedor** (ou eventualmente algum preposto), e como sujeito passivo os **consumidores**.

A ação penal é sempre **pública incondicionada**.

9.2. A INCIDÊNCIA DA LEI N. 9.099/95

Nos crimes dolosos contra as relações de consumo, a pena privativa de liberdade é sempre de **dois a cinco anos de detenção, ou multa**. Com a entrada em vigor da Lei n. 9.099/95, houve controvérsia em relação ao alcance dessa Lei e suas normas despenalizadoras em face dos delitos em questão.

Lembre-se, em primeiro lugar, de que a **competência** do Juizado Especial Criminal, com a respectiva possibilidade de **transação** penal, mostra-se cabível apenas para as infrações penais de menor potencial ofensivo, sendo assim consideradas as contravenções penais e todos os crimes cuja pena máxima **não exceda dois anos** (art. 61 da Lei n. 9.099/95). Quanto a esse aspecto, como a pena máxima prevista em abstrato para os crimes dolosos contra as relações de consumo é de **cinco** anos, torna-se evidente que **não** constituem estes **infrações de competência do Juizado Especial**, mostrando-se, destarte, inviável a transação penal.

Mais complexa, contudo, é a questão do cabimento ou não da **suspensão condicional do processo**, que, nos termos do art. 89 da Lei n. 9.099/95, é possível nas infrações penais cuja pena mínima em **abstrato não exceda um ano**. Qual seria, entretanto, a pena mínima prevista? A de detenção (dois anos) ou a de multa alternativamente cominada?

Nossos tribunais superiores debruçaram-se sobre a questão e firmaram entendimento de que, como a pena de multa é prevista de forma **alternativa** em relação à privativa de liberdade (detenção), mostra-se possível a suspensão condicional do processo — desde que presentes, evidentemente, os demais requisitos legais.

A propósito:

"Processo penal. *Habeas corpus*. Art. 7.º, inciso II, da Lei n. 8.137/90. Reconhecimento da competência do Juizado Especial. Impossibilidade. Pena máxima em abstrato acima de dois anos. Competência do juízo comum. Suspensão condicional do processo. Mínimo cominado superior a um ano. Previsão alternativa de multa. Possibilidade. Ordem concedida em parte. "De acordo com a jurisprudência do Superior Tribunal de Justiça, apesar da previsão de pena alternativa de multa, o critério eleito pelo legislador para definir a competência dos Juizados Especiais Criminais é o *quantum* máximo da pena privativa de liberdade abstratamente cominada (...). Consistindo a pena de multa na menor sanção penal estabelecida para a figura típica em apreço, é imperiosa a aplicação do art. 89 da Lei n. 9.099/95. 4. Ordem concedida, acolhido o parecer ministerial, em parte a fim de que o Ministério Público do Estado de São Paulo se manifeste acerca da proposta de suspensão condicional do processo" (STJ — HC 125.850/SP, Rel. Min. Maria Thereza de Assis Moura, 6.ª Turma, julgado em 31.5.2011, *DJe* 8.6.2011).

9.3. DOS CRIMES EM ESPÉCIE

Os crimes contra as relações de consumo estão descritos no art. 7.º da Lei n. 8.137/90. Em todos eles, a pena prevista é de detenção, de dois a cinco anos, ou multa.

9.3.1. Favorecimento ou preferência injustificada de comprador ou freguês

> Art. 7.º (...)
> I — favorecer ou preferir, sem justa causa, comprador ou freguês, ressalvados os sistemas de entrega ao consumo por intermédio de distribuidores ou revendedores;

1. Elementos do tipo

O crime em questão configura-se quando o fornecedor, sem razões plausíveis, favorece ou prefere algum cliente em detrimento dos outros.

Favorecer consiste em conceder regalias, descontos, vantagens, maior prazo para pagamento a um consumidor, e não fazer o mesmo em relação a outro que se encontra na mesma situação.

Preferir significa optar por um cliente (ex.: lojista que tem apenas um produto e, diante do interesse de dois consumidores, resolve vendê-lo àquele que mostrou interesse por último na compra).

O elemento subjetivo é o dolo.

O crime só se configura quando **não há justa causa** para a conduta do fornecedor. Não constitui justa causa o fato de se tratar de cliente antigo ou amigo. A existência de uma situação emergencial em relação ao produto constitui exemplo de justa causa que exclui a tipicidade da conduta.

2. Consumação

No momento em que realizada a conduta típica.

3. Tentativa

Embora rara, é viável.

9.3.2. Venda ou exposição à venda de mercadoria em desacordo com as prescrições legais ou classificação oficial

> **Art. 7.º** (...)
> II — vender ou expor à venda mercadoria cuja embalagem, tipo, especificação, peso ou composição esteja em desacordo com as prescrições legais, ou que não corresponda à respectiva classificação oficial;

1. Elementos do tipo

Para a existência do crime, é preciso que o fornecedor, efetivamente, **venda** o produto ou, ao menos, **exponha-o à venda** (em prateleiras, vitrines, balcões etc.). Não existe o delito se o agente tem o produto em seu estoque, mas não o coloca em exposição para venda aos consumidores.

O delito pode ser cometido de forma **dolosa** ou **culposa**. No último caso, o art. 7.º, parágrafo único, prevê que a pena de detenção deve ser reduzida em um terço ou a de multa à quinta parte. Na modalidade culposa, a denúncia deve **descrever** em que consistiu a imprudência, negligência ou imperícia do fornecedor, sob pena de inépcia.

Como o tipo penal exige desrespeito a **prescrições legais ou à classificação oficial** (advinda do Poder Público), o delito em questão constitui **norma penal em branco**. A denúncia, portanto, deve **descrever** o dispositivo de lei ou a classificação oficial que foi desrespeitada em relação à embalagem, tipo (espécie), especificação, peso ou composição do produto.

2. Consumação

No momento em que realizada a conduta típica (venda ou exposição à venda).

3. Tentativa

Embora rara, é viável.

9.3.3. Mistura de gêneros ou mercadorias para obtenção de lucro indevido

> **Art. 7.º** (...)
> III — misturar gêneros e mercadorias de espécies diferentes, para vendê-los ou expô-los à venda como puros; misturar gêneros e mercadorias de qualidades desiguais para vendê-los ou expô-los à venda por preço estabelecido para os de mais alto custo;

1. Elementos do tipo

O **art. 175, I, do CP prevê o crime de fraude no comércio para o fornecedor que enganar**, no exercício de atividade comercial, o adquirente ou consumidor vendendo, como verdadeira ou perfeita, mercadoria **falsificada**. Ocorre que, quando o empresário **mistura** gêneros e mercadorias de espécies diversas ou de qualidades desiguais, em regra, ele as está falsificando, ficando, assim, incurso no crime do art. 7.º, III, da Lei n. 8.137/90, que é lei mais recente. O crime do art. 175, I, do CP, portanto, só poderá ser aplicado em outras situações de venda de mercadoria falsificada.

O dispositivo em questão, em sua forma dolosa, possui duas figuras criminosas e, em ambas, mostra-se necessário um **objetivo específico** (elemento subjetivo do tipo), consistente na intenção de **obter lucro indevido**. Na primeira parte do dispositivo, o agente mistura gêneros e mercadorias de espécies diferentes, para **vendê-los como puros**. Na segunda, o agente realiza a conduta em relação a produtos de qualidades desiguais (subentende-se que de valores diversos), para **vendê-los pelo preço maior**.

Quem vende gasolina misturada com solvente ou com volume de álcool acima do permitido, ou, ainda, vende álcool combustível misturado com água, incorre em crime específico descrito no art. 1.º, I, da Lei n. 8.176/91, conhecido como crime de **adulteração de combustível**.

2. Consumação

Cuida-se de crime **formal**, que se consuma quando o agente *mistura* as mercadorias com o dolo de enganar futuramente consumidores, ainda que não consiga fazê-lo.

3. Tentativa

É possível.

4. Modalidade culposa

O art. 7.º, parágrafo único, prevê modalidade **culposa** do crime em questão. Tal modalidade, contudo, é incompatível com a específica intenção de auferir lucro ilícito constante do tipo penal. Por isso, a figura culposa somente pode ser cogitada quando não existe a intenção específica de lucro ilícito. Ex.: o agente coloca para vender como puras mercadorias de espécies diversas que misturou acidentalmente.

Na forma culposa, a pena de detenção deve ser reduzida em um terço ou a de multa à quinta parte.

9.3.4. Fraude de preço mediante alteração não essencial ou de qualidade de bem ou serviço

> Art. 7.º (...)
> IV — fraudar preços por meio de:
> *a)* alteração, sem modificação essencial ou de qualidade, de elementos tais como denominação, sinal externo, marca, embalagem, especificação técnica, descrição, volume, peso, pintura ou acabamento de bem ou serviço;

1. Elementos do tipo

Nessa modalidade de infração penal, o agente modifica a denominação, sinal externo, marca, embalagem, especificação técnica, descrição, volume, peso, pintura ou acabamento de bem ou serviço, sem, entretanto, alterar a essência ou a qualidade do produto. Basta a modificação de um dos itens mencionados no tipo penal para que o crime se aperfeiçoe, desde que a finalidade do fornecedor seja a fraude (o aumento, evidentemente) do preço.

São exemplos: a) manter o preço do rolo do papel higiênico, mas diminuir a sua metragem; b) modificar a cor de determinado produto com tinta de mesmo custo, mas aumentar-lhe o valor; c) modificar a embalagem para aumentar o preço.

Quando a fraude não recai no produto em si, mas em pesos e medidas padronizados, configura-se crime contra a economia popular descrito no art. 2.º, XI, da Lei n. 1.521/51. Exs.: fraude na balança do estabelecimento para entregar menos produto ao consumidor; fraude na bomba de combustível para entregar menos gasolina ao consumidor etc.

O crime em análise é cometido, na maioria das vezes, pelo fabricante, contudo também o comerciante pode cometê-lo.

2. Consumação

No momento em que o agente modifica o preço. Por se tratar de delito descrito em lei especial e posterior, absorve eventual crime de estelionato. De ver-se que para a configuração do crime em estudo basta a constatação da ocorrência da fraude no preço do produto exposto à venda, sendo desnecessária a concretização da lesão patrimonial.

3. Tentativa

É possível.

9.3.5. Fraude de preço mediante divisão de bem ou serviço

> Art. 7.º (...)
> IV — fraudar preços por meio de:
> (...)
> *b)* divisão em partes de bem ou serviço, habitualmente oferecido à venda em conjunto;

1. Elementos do tipo

Em tal figura delituosa, o agente divide o produto, que **normalmente é vendido por inteiro**, a fim de aumentar fraudulentamente o preço.

É evidente, todavia, que só haverá crime se o fornecedor não contar com a anuência do consumidor, pois este, muitas vezes, não tem interesse na aquisição do produto por inteiro e solicita a divisão. Não é raro, por exemplo, que o consumidor pretenda comprar apenas 100 gramas de produto que é vendido em embalagem de um quilo. Em tais casos, se o comerciante atender ao pedido do consumidor, não incorrerá no delito, ainda que cobre um pouco mais. Em tal caso, não se pode dizer tecnicamente que houve **fraude** por parte do fornecedor.

2. Consumação

No momento em que o agente modifica o preço, ainda que não consiga vender o produto.

3. Tentativa

É possível.

9.3.6. Fraude de preço mediante junção de bens ou serviços

> Art. 7.º (...)
> IV — fraudar preços por meio de:

> (...)
> c) junção de bens ou serviços, comumente oferecidos à venda em separado;

1. Elementos do tipo

Nessa modalidade, ocorre o inverso do que prevê a alínea anterior, ou seja, o agente, com o intuito de elevar o preço, une bens ou serviços que normalmente são oferecidos em separado. Se ocorre a união dos produtos para uma promoção de venda que favoreça o consumidor, o fato é obviamente atípico. Ex.: compre três e pague dois; compre dois e leve um brinde etc.

2. Consumação

No momento em que o agente modifica o preço, ainda que não consiga vender o produto.

3. Tentativa

É possível.

9.3.7. Fraude de preço mediante aviso de inclusão de insumo não empregado na produção de bem ou na prestação de serviço

> Art. 7.º (...)
> IV — fraudar preços por meio de:
> (...)
> d) aviso de inclusão de insumo não empregado na produção do bem ou na prestação dos serviços;

1. Elementos do tipo

A fraude consiste em enganar o consumidor, fazendo-o acreditar que, na produção de determinado bem ou serviço, é utilizada certa matéria-prima que, devido ao seu valor, faz com que o preço seja maior. Diferencia-se do delito de propaganda enganosa (art. 66 do CDC), porque pressupõe fraude no preço, razão pela qual possui pena maior.

2. Consumação

Basta a ocorrência da fraude no preço do produto exposto à venda, sendo desnecessária a concretização da lesão patrimonial. Por se tratar de delito descrito em lei especial e posterior, absorve o crime de estelionato.

3. Tentativa

É possível.

9.3.8. Aumento de preço em venda a prazo mediante exigência de comissão ou taxa de juros ilegal

> Art. 7.º (...)
> V — elevar o valor cobrado nas vendas a prazo de bens ou serviços, mediante a exigência de comissão ou de taxa de juros ilegais;

1. Elementos do tipo

Cuida-se aqui de **norma penal em branco** que pressupõe a cobrança de comissão ou juros acima daqueles legalmente previstos para as vendas a prazo. É irrelevante que o consumidor concorde em pagar as taxas, pois a existência da infração penal decorre do fato de serem utilizados valores acima dos legalmente permitidos.

2. Consumação

Quando elevada a taxa de juros ou exigida comissão, ainda que o consumidor **recuse** a compra.

3. Tentativa

Em tese é possível.

9.3.9. Sonegação de produtos para descumprimento de oferta pública ou para fim de especulação

> Art. 7.º (...)
> VI — sonegar insumos ou bens, recusando-se a vendê-los a quem pretenda comprá-los nas condições publicamente ofertadas, ou retê-los para o fim de especulação;

1. Elementos do tipo

Sonegar é **ocultar** insumos ou bens existentes. Na primeira parte do dispositivo, a sonegação dos produtos é para não os vender nas condições publicamente ofertadas. O empresário anuncia algumas mercadorias a preços convidativos, mas, quando os consumidores comparecem ao estabelecimento, ele alega que aquelas já acabaram. Com isso, consegue trazer grande número de clientes à sua loja, que muitas vezes acabam por adquirir outros bens.

A veiculação de publicidade acerca de produtos de que o fornecedor não dispõe configura crime de **publicidade enganosa** (art. 67 do CDC). No delito do art. 7.º, VI, 1.ª parte, da Lei n. 8.137/90, o agente faz oferta pública, em certas condições, de bens que possui, porém, posteriormente, esconde as mercadorias para não as vender naquelas condições.

Na segunda parte do dispositivo, pune-se quem retém insumos ou bens para fim de especulação, ou seja, para provocar o chamado ágio (aumento de preço decorrente da falta do produto no mercado).

2. Consumação

De acordo com a primeira parte do tipo penal, o crime só se consuma quando o agente se recusa a efetuar a venda a um determinado cliente. Cuida-se de delito de **mera conduta**. Na segunda parte, o crime é **formal**, que se consuma com a mera retenção dos produtos, ainda que o agente não consiga provocar a alta de preços.

3. Tentativa

É possível.

9.3.10. Indução de consumidor ou usuário em erro mediante afirmação falsa ou enganosa

> Art. 7.º (...)
> VII — induzir o consumidor ou usuário a erro, por via de indicação ou afirmação falsa ou enganosa sobre a natureza, qualidade do bem ou serviço, utilizando-se de qualquer meio, inclusive a veiculação ou divulgação publicitária;

1. Elementos do tipo

O delito em análise é mais grave do que os de propaganda ou publicidade enganosas dos arts. 66 e 67 do Código de Defesa do Consumidor, uma vez que pressupõe que o consumidor seja efetivamente induzido em erro pela afirmação falsa e adquira o produto, sofrendo, assim, o **prejuízo**.

O delito pode ser cometido por qualquer meio, inclusive a veiculação ou divulgação publicitária.

2. Consumação

Trata-se de crime **material** que se consuma quando o consumidor ludibriado adquire o bem. Não se confunde com o crime de fraude no comércio (art. 175, II, do CP), em que o fornecedor entrega ao consumidor mercadoria diversa. No delito em estudo, o comerciante entrega o próprio produto que o consumidor adquiriu. Este, entretanto, pensa que o produto tem outras características, porque foi induzido em erro por afirmações falsas do vendedor.

3. Tentativa

É possível.

9.3.11. Dano em matéria-prima ou mercadoria para provocar alta de preço

> Art. 7.º (...)
> VIII — destruir, inutilizar ou danificar matéria-prima ou mercadoria, com o fim de provocar alta de preço, em proveito próprio ou de terceiros;

1. Elementos do tipo

A presente infração penal diferencia-se daquela descrita no inciso VI, em que o agente apenas retém a mercadoria ou insumo a fim de provocar alta de preço. No presente delito, o sujeito ativo **também pretende a alta dos preços**, mas, para tanto, **destrói**, **inutiliza** ou **danifica** matéria-prima ou a própria mercadoria.

2. Consumação

Cuida-se de crime **formal** que se consuma com a destruição, inutilização ou dano dos produtos, ainda que o agente não consiga provocar a alta de preços.

3. Tentativa

É possível quando o agente inicia a execução, mas não consegue destruir, inutilizar ou danificar os produtos ou matérias-primas.

9.3.12. Venda, manutenção em depósito, exposição à venda ou entrega de produto impróprio para o consumo

> Art. 7.º (...)
> IX — vender, ter em depósito para vender ou expor à venda ou, de qualquer forma, entregar matéria-prima ou mercadoria, em condições impróprias ao consumo.

1. Elementos do tipo

Além das condutas típicas vender e expor à venda — existentes também em outras infrações penais já estudadas —, o presente tipo penal contém outras condutas que o tornam consideravelmente abrangente, pois também alcança quem mantém a matéria-prima ou a mercadoria, em condições impróprias para consumo, em depósito para fim de venda e até mesmo quem **entrega** a mercadoria a outrem (amostra grátis, por exemplo).

O dono de um restaurante que tenha mercadoria vencida em uma geladeira da cozinha do estabelecimento pode responder pelo crime em questão se ficar comprovado que pretendia utilizá-la na preparação de refeições para os clientes. É evidente, contudo, que o fato é atípico quando os alimentos vencidos estão devidamente separados para serem destruídos ou jogados no lixo.

O art. 18, § 6.º, da Lei n. 8.078/90 define como impróprios ao consumo:

> I — os produtos cujos prazos de validade estejam vencidos;
> II — os produtos deteriorados, alterados, adulterados, avariados, falsificados, corrompidos, fraudados, nocivos à vida ou à saúde, perigosos ou, ainda, aqueles em desacordo com as normas regulamentares de fabricação, distribuição ou apresentação;
> III — os produtos que, por qualquer motivo, se revelem inadequados ao fim a que se destinam.

Nota-se, portanto, que o tipo penal em estudo constitui norma penal em branco cujo complemento encontra-se no Código de Defesa do Consumidor.

O delito em estudo é de **perigo abstrato** e **formal**. Em nosso entendimento, a simples exposição à venda de produtos com data de validade vencida deveria ser suficiente para configurar a infração penal, independentemente da existência de laudo demonstrando que o produto, em razão da expiração da data de validade, tornou-se perigoso para a saúde dos consumidores — em razão da regra acima transcrita (art. 18, § 6.º, I). De ver-se, entretanto, que o Superior Tribunal de Justiça firmou entendimento em sentido contrário, vale dizer, só admite a configuração do ilícito penal quando estiver pericialmente demonstrado que o produto era efetivamente nocivo à saúde. Nesse sentido:

> "Inexistente prova pericial, produzida diretamente sobre os produtos alimentícios apreendidos, falta justa causa para a persecução penal, sendo insuficiente concluir pela impropriedade para o consumo exclusivamente em virtude da ausência de informações obrigatórias na rotulagem do produto e/ou em decorrência do prazo de sua validade estar vencido.
> 4. Ausente a prova da materialidade do crime, a eventual responsabilização e punição pelo descumprimento de normas relativas à conservação e exposição, para venda, dos gêneros alimentícios apreendidos no estabelecimento comercial, reserva-se apenas ao âmbito do

Direitos Administrativo e Civil" (RHC 69.692/SC, Rel. Min. Rogerio Schietti Cruz, 6.ª Turma, julgado em 6.6.2017, *DJe* 13.6.2017); "Em relação ao delito previsto no inciso IX do art. 7.º da Lei n. 8.137/1990 — vender, ter em depósito para vender ou expor à venda ou, de qualquer forma, entregar matéria-prima ou mercadoria, em condições impróprias ao consumo —, a jurisprudência desta Corte é no sentido de que a venda de produtos impróprios ao uso e consumo constitui delito que deixa vestígios, sendo indispensável, nos termos do artigo 158 do Código de Processo Penal, a realização de exame pericial que ateste que a mercadoria efetivamente é imprópria para o consumo, não bastando, para tanto, mero laudo de constatação (AgRg no REsp 1.556.132/SC, Rel. Min. Maria Thereza de Assis Moura, 6.ª Turma, *DJe* 31.3.2016)" (AgRg no REsp 1.582.152/PR, Rel. Min. Reynaldo Soares da Fonseca, 5.ª Turma, julgado em 20.4.2017, *DJe* 28.4.2017).

Necessário, porém, um certo bom senso na interpretação da norma penal, uma vez que é diferente a existência de um único item fora da data de validade em todo o estoque de um grande estabelecimento e a exposição à venda de inúmeros itens vencidos.

O delito pode ser cometido de forma **dolosa** ou **culposa**. No último caso, o art. 7.º, parágrafo único, prevê que a pena de detenção deve ser reduzida em um terço ou a de multa à quinta parte. Na modalidade culposa, a denúncia deve **descrever** em que consistiu a imprudência, negligência ou imperícia do fornecedor, sob pena de inépcia.

2. Consumação

No momento em que realizada a conduta típica (venda, exposição à venda, posse ou entrega).

3. Tentativa

Embora rara, é viável.

9.4. CAUSAS DE AUMENTO DE PENA

De acordo com o art. 12 da Lei n. 8.137/90, as penas de todos os delitos descritos no art. 7.º poderão ser aumentadas de um terço até a metade nas seguintes circunstâncias:

I — ocasionar grave dano à coletividade;
II — for cometido por servidor público no exercício de suas funções;
III — for praticado em relação à prestação de serviços ou ao comércio de bens essenciais à vida ou à saúde.

9.5. QUESTÕES

QUESTÕES DE CONCURSOS
http://uqr.to/1y3ev

10

GENOCÍDIO
LEI N. 2.889/56

10.1. INTRODUÇÃO

O extermínio de povos ou grupos religiosos mediante assassinatos em massa foi diversas vezes registrado na história da humanidade, em regra por líderes rivais ou inimigos.

Durante a Segunda Guerra Mundial, a dimensão das atrocidades cometidas pelos nazistas contra os judeus, os ciganos e outros povos, bem como as circunstâncias dos julgamentos de parte dos responsáveis no Tribunal de Nuremberg, mostrou a necessidade de regulamentação do tema em nível internacional, a fim de obter um esforço conjunto das nações para coibir o genocídio, definido inicialmente pelo advogado polonês Raphael Lemkin como "um crime especial, consistente em destruir intencionalmente grupos humanos, raciais, religiosos ou nacionais e que, como o homicídio singular, pode ser cometido tanto em tempo de paz como em tempo de guerra".

Assim, por ocasião da III Sessão da Assembleia Geral das Nações Unidas, foi aprovada, em 11 de dezembro de 1948, a **Convenção para a Prevenção e a Repressão do Crime de Genocídio**.

O Brasil aderiu à referida Convenção por intermédio do Decreto Legislativo n. 2/51, que foi promulgada pelo Decreto n. 30.822/52.

De acordo com o art. 1.º da Convenção, "as Partes Contratantes confirmam que o genocídio, quer cometido em tempo de paz ou em tempo de guerra, é um crime contra o Direito Internacional, que elas se comprometem a prevenir e a punir". Por sua vez, o art. 5.º prevê que "as Partes Contratantes assumem o compromisso de tomar, de acordo com suas respectivas Constituições, as medidas legislativas necessárias a assegurar as aplicações das disposições da presente Convenção, e, sobretudo a estabelecer sanções penais eficazes aplicáveis às pessoas culpadas de **genocídio** ou de **qualquer dos outros atos enumerados** no Artigo III" (associação e incitação ao genocídio, tentativa de genocídio e coautoria em delito de genocídio).

O Brasil, portanto, ao aderir à Convenção, assumiu o compromisso de aprovar lei específica para punir crimes de genocídio, o que se concretizou com a aprovação da **Lei n. 2.889/56**. Saliente-se que o conceito de genocídio adotado nessa lei é exatamente o mesmo no art. 2.º da Convenção e será adiante analisado.

10.2. DOS CRIMES EM ESPÉCIE
10.2.1. Genocídio

Art. 1.º Quem, com a intenção de destruir, no todo ou em parte, grupo nacional, étnico, racial ou religioso, como tal:

> *a)* matar membros do grupo;
> *b)* causar lesão grave à integridade física ou mental de membros do grupo;
> *c)* submeter intencionalmente o grupo a condições de existência capazes de ocasionar-lhe a destruição física total ou parcial;
> *d)* adotar medidas destinadas a impedir os nascimentos no seio do grupo;
> *e)* efetuar a transferência forçada de crianças do grupo para outro grupo;
> Será punido:
> Com as penas do art. 121, § 2.º, do Código Penal, no caso da letra *a*;
> Com as penas do art. 129, § 2.º, no caso da letra *b*;
> Com as penas do art. 270, no caso da letra *c*;
> Com as penas do art. 125, no caso da letra *d*;
> Com as penas do art. 148, no caso da letra *e*.

1. Objetividade jurídica

A **existência** de grupos nacionais, étnicos, raciais ou religiosos que é colocada em risco pelas condutas genocidas.

2. Condutas típicas

São cinco as condutas típicas elencadas neste art. 1.º:

a) **Matar** membros do grupo: significa tirar a vida, assassinar, cometer homicídio. A pena prevista nesse caso é de 12 a 30 anos de reclusão. O delito admite qualquer forma de execução, inclusive omissiva.

b) Causar **lesão grave** à integridade física ou mental de membros do grupo: as hipóteses de lesão corporal de natureza grave são aquelas elencadas no art. 129, §§ 1.º e 2.º, do Código Penal. A pena nesse caso é de reclusão, de 2 a 8 anos.

c) **Submeter** intencionalmente o grupo a **condições de existência** capazes de ocasionar-lhe a destruição física total ou parcial: manter o grupo em guetos ou campos de concentração onde haja proliferação de doenças ou dificuldade na obtenção de alimentos ou água, imposição de trabalhos forçados etc. Trata-se de crime **permanente**.

Em tal hipótese, a pena é de 10 a 15 anos de reclusão.

d) Adotar medidas destinadas a impedir os **nascimentos** no seio do grupo: esterilizações, abortos, separação de homens e mulheres etc.

A pena é de 3 a 10 anos de reclusão.

e) Efetuar a **transferência forçada de crianças** do grupo para outro grupo: crianças são pessoas com **menos de 12 anos**. É necessário que a transferência seja feita a fim de extirpar os laços do menor com o seu grupo.

A pena é de reclusão, de 1 a 3 anos.

3. Sujeito ativo

Pode ser qualquer pessoa. Trata-se de crime **comum**. Normalmente, o delito é cometido por várias pessoas em concurso, mas tal circunstância não é requisito do delito.

Se o crime for praticado por **governante** ou **funcionário público**, a pena será **aumentada em um terço** (art. 4.º da Lei n. 2.889/56).

Aplica-se a lei brasileira ao genocídio cometido no exterior se o agente for brasileiro ou domiciliado no Brasil (CP, art. 7.º, I, "d").

4. Sujeito passivo

Qualquer pessoa que integre um grupo étnico, racial, religioso ou nacional e que nessa condição seja atingida.

5. Elemento subjetivo

A tipificação do delito exige o fim específico de destruir, no todo ou em parte, grupo nacional, étnico, racial ou religioso.

6. Consumação

No momento em que realizada qualquer das condutas típicas, ainda que não atingido o objetivo de destruir o grupo total ou parcialmente. Trata-se de crime **formal**.

As alíneas "a" e "b" preveem como crime de genocídio matar ou causar lesão grave em **membros** (no plural) do grupo. Com isso, há quem defenda que o delito só se consuma quando duas ou mais pessoas são efetivamente mortas ou lesionadas gravemente. Se o sujeito consegue matar apenas uma pessoa, incide em tentativa de genocídio. É a opinião de Carlos Canedo[1]. Outros, todavia, defendem que a palavra foi usada no plural, apenas, para ter congruência com o elemento subjetivo do *caput* — intenção de destruir o grupo, no todo ou em parte —, mas que o delito se consuma com a morte da primeira vítima, desde que presente o elemento subjetivo em questão. Este último é também o entendimento de Heleno Cláudio Fragoso[2]: "embora a definição do delito se refira a "membros de um grupo", pode-se configurar o crime ainda que um só seja vítima, desde que atingido o caráter impessoal, como membro de um grupo nacional, étnico, racial ou religioso".

7. Tentativa

É **possível**. Em tal caso, será aplicada a regra especial da Lei n. 2.889/56, que prevê a aplicação de **dois terços** da pena prevista para o crime consumado. Para o delito de genocídio, portanto, não se aplica o disposto no art. 14, parágrafo único, do CP, que prevê redução da pena de um a dois terços para crimes tentados.

Suponha-se, assim, um genocídio consubstanciado em homicídio. Se, nas fases anteriores da dosimetria, o juiz tiver aplicado pena de 18 anos, ao final, ao reconhecer a forma tentada, aplicará pena de 12 anos (2/3 de 18).

8. Concurso de crimes

O Supremo Tribunal Federal, ao julgar o Recurso Extraordinário 351.487/RR, fixou entendimento de que a realização de **mais de uma das condutas previstas na Lei n. 2.889/56**, em **uma** de suas **alíneas** ou em **várias delas**, constitui crime **único** de **genocídio** (no julgado em questão, garimpeiros que mataram 12 índios da tribo Yanomami foram condenados por crime único de genocídio). De acordo com a Corte Suprema, o

---

[1] CANEDO, Carlos. *O genocídio como crime internacional*. Belo Horizonte: Del Rey, 1999. p. 174.
[2] FRAGOSO, Heleno Cláudio. *Lições de direito penal. Parte especial*. 9. ed. Rio de Janeiro: Forense, 1997. v. I, p. 85.

bem jurídico tutelado no crime de genocídio, mesmo na hipótese de morte, não é a vida, e sim a **existência de um grupo** nacional, étnico, racial ou religioso. A lesão à vida, à integridade física, à liberdade de locomoção etc., ainda de acordo com aquele julgado, é **meio** de ataque ao bem jurídico tutelado, que, nos diversos tipos de ação genocida, não se confunde com os bens **primários** também lesados por essas ações instrumentais, **não sendo**, assim, **absorvido por aquele**. Em suma, decidiu o Supremo Tribunal Federal que o correto, naquele caso, teria sido a punição por 12 crimes de homicídio e também por um de genocídio. Em face da **conexão**, o julgamento, em tais casos, deve ocorrer perante o **Tribunal do Júri**.

9. Natureza hedionda

De acordo com o art. 1.º, parágrafo único, I, da Lei n. 8.072/90, o genocídio, consumado ou tentado, é considerado delito **hediondo**. Por consequência, os condenados por tal crime não têm direito a anistia, graça ou indulto (art. 2.º, I, da Lei n. 8.072/90), bem como os acusados por tal infração penal não podem obter fiança (art. 2.º, II). Além disso, pelas regras atuais, a progressão pressupõe o cumprimento ao menos de: a) 40% da pena, se for condenado pela prática de crime hediondo ou equiparado, se for primário (art. 112, V); b) 50% da pena, se for condenado pela prática de crime hediondo ou equiparado, com resultado morte, se for primário (art. 112, VI, "a"); c) 60% da pena, se for reincidente na prática de crime hediondo ou equiparado (art. 112, VII); d) 70% da pena, se for reincidente em crime hediondo ou equiparado com resultado morte (art. 112, VIII).

10. Prisão temporária

Essa espécie de prisão provisória, decretada por tempo **determinado** quando imprescindível para as **investigações** do inquérito policial, só é possível nos crimes **expressamente** elencados na Lei n. 7.960/89. O art. 1.º, "m", da mencionada lei admite a prisão temporária nos crimes de genocídio e, em tal caso, o prazo de prisão é de **30 dias** prorrogáveis por mais 30, em caso de extrema e comprovada necessidade (art. 2.º, § 4.º, da Lei n. 8.072/90).

11. Extradição

O art. 6.º da Lei n. 2.889/56 diz que as condutas ilícitas nela descritas **não** serão consideradas crimes **políticos** para efeitos de **extradição**. A seu turno, o § 4.º do art. 82 da Lei de Migração (Lei n. 13.445/2017) assim dispõe: "O Supremo Tribunal Federal poderá deixar de considerar crime político o atentado contra chefe de Estado ou quaisquer autoridades, bem como crime contra a humanidade, crime de guerra, crime de genocídio e terrorismo". Assim, poderá haver extradição de estrangeiro por crime de genocídio, uma vez que o art. 5.º, LII, da Constituição Federal só proíbe a extradição quando o estrangeiro tiver sido acusado de crime político ou de opinião.

12. Restrições

A Lei de Migração (Lei n. 13.445/2017) prevê as seguintes restrições de direitos em relação ao crime de genocídio:

a) vedação à concessão de asilo a quem tenha cometido o delito (art. 28);

b) impedimento de ingresso no País, após entrevista individual e por ato fundamentado da pessoa que tenha sido condenada ou esteja respondendo a processo (art. 45, II);

c) expulsão, em caso de condenação com trânsito em julgado (art. 54, § 1.º, I);

"Não se concederá asilo a quem tenha cometido crime de genocídio, crime contra a humanidade, crime de guerra ou crime de agressão, nos termos do Estatuto de Roma do Tribunal Penal Internacional, de 1998, promulgado pelo Decreto n. 4.388, de 25 de setembro de 2002".

13. Ação penal

É pública incondicionada.

14. Competência

O crime de genocídio é de competência do juízo **singular**, exceto na hipótese do art. 1.º, "a", da Lei n. 2.889/56, que, devido à conexão com o crime de **homicídio**, é apurado perante o **Tribunal do Júri** (art. 5.º, XXXVIII, da Constituição Federal, combinado com o art. 78, do CPP).

A priori, a competência é da Justiça **Estadual**; contudo, o art. 109, V-A, da Constituição Federal prevê que a competência será da Justiça Federal, em **casos de grave violação de direitos humanos, se houver necessidade de assegurar o cumprimento de obrigações decorrentes de tratados internacionais sobre direitos humanos dos quais o Brasil seja parte**. O texto constitucional, todavia, deixa claro que a competência da Justiça Federal pressupõe que existam indícios de que as autoridades estaduais não estão apurando satisfatoriamente os fatos, havendo, portanto, a necessidade de deslocamento da competência para aquela esfera, a fim de garantir que o Brasil cumpra as obrigações decorrentes de tratado internacional sobre direitos humanos.

Quando o **Procurador-Geral da República** entender que estão presentes referidos requisitos, deverá suscitar, perante o Superior Tribunal de Justiça, **incidente de deslocamento de competência para a Justiça Federal**, caso o procedimento — inquérito ou ação penal — esteja tramitando na esfera estadual. Apenas se o Tribunal julgar procedente o incidente, a competência será deslocada para a Justiça Federal.

Por sua vez, caso se trate de genocídio relacionado a disputa de direitos indígenas, a competência será sempre da Justiça Federal, nos termos do art. 109, XI, da Carta Magna. Ex.: genocídio de índios para a tomada de suas terras ou para a exploração de jazidas em seu território etc.

■ **Tribunal Penal Internacional**

O art. 6.º da **Convenção para a Prevenção e a Repressão do Crime de Genocídio** dispõe que "as pessoas acusadas de genocídio ou qualquer dos outros atos enumerados no Artigo III serão julgadas pelos tribunais competentes do Estado em cujo território foi o ato cometido **ou** pela Corte Penal Internacional competente com relação às Partes Contratantes que lhe tiverem reconhecido a jurisdição".

O art. 5.º, § 4.º, da Constituição Federal, inserido pela Emenda Constitucional n. 45/2004, prevê que "o Brasil se submete à jurisdição de Tribunal Penal Internacional a cuja criação tenha manifestado adesão".

O Tribunal Penal Internacional foi criado em julho de 1998 pela Conferência de Roma. O Brasil formalizou sua adesão por intermédio do Decreto Legislativo n. 112/2002, promulgado pelo Decreto n. 4.388/2002. De acordo com o seu art. 5.º, tópico 1, o Tribunal Penal, com sede em **Haia**, é órgão **permanente** com competência para o processo e o julgamento dos crimes mais graves, que afetem a comunidade internacional no seu conjunto. Nos termos do Estatuto, o Tribunal terá competência para processar e julgar:

a) crimes de genocídio;
b) crimes contra a humanidade;
c) crimes de guerra;
d) crime de agressão.

Deve-se salientar que, em princípio, a competência para a apuração do genocídio é da **justiça brasileira**. O próprio art. 1.º do Decreto n. 4.388/2002 prevê que a **competência** do **Tribunal Internacional** é **complementar** às jurisdições penais nacionais, vale dizer, só terá lugar quando a justiça nacional mostrar-se inerte ou insuficiente. Apenas nesses casos poderá haver denúncia no Tribunal Internacional, fazendo com que o genocídio cometido em território brasileiro seja entregue à jurisdição estrangeira.

O art. 17 do Decreto esclarece melhor o tema, dispondo que o Tribunal Penal Internacional não tem jurisdição quando:

> *a)* o caso for objeto de inquérito ou de procedimento criminal por parte de um Estado que tenha jurisdição sobre o mesmo, salvo se este não tiver vontade de levar a cabo o inquérito ou o procedimento ou, não tenha capacidade para o fazer;
> *b)* o caso tiver sido objeto de inquérito por um Estado com jurisdição sobre ele e tal Estado tenha decidido não dar seguimento ao procedimento criminal contra a pessoa em causa, a menos que esta decisão resulte do fato de esse Estado não ter vontade de proceder criminalmente ou da sua incapacidade real para o fazer;
> *c)* a pessoa em causa já tiver sido julgada pela conduta a que se refere a denúncia, e não puder ser julgada pelo Tribunal em virtude do disposto no § 3º do artigo 20[3];
> *d)* o caso não for suficientemente grave para justificar a ulterior intervenção do Tribunal.

As regras acima transcritas têm o objetivo de impedir a **impunidade** quanto ao crime de genocídio (que deverá ser apurado na justiça nacional ou no Tribunal Internacional), mas visam também impedir o *bis in idem* — dois julgamentos em relação ao

---

[3] Diz o referido art. 20, § 3.º: O Tribunal não poderá julgar uma pessoa que já tenha sido julgada por outro tribunal, por atos também punidos pelos artigos 6.º, 7.º ou 8.º, a menos que o processo nesse outro tribunal:
   a) Tenha tido por objetivo subtrair o acusado à sua responsabilidade criminal por crimes da competência do Tribunal; ou
   b) Não tenha sido conduzido de forma independente ou imparcial, em conformidade com as garantias de um processo equitativo reconhecidas pelo direito internacional, ou tenha sido conduzido de uma maneira que, no caso concreto, se revele incompatível com a intenção de submeter a pessoa à ação da justiça.

mesmo crime de genocídio —, exceto em situações especiais (de condução do processo com parcialidade ou sem a necessária independência, a fim de forçar uma absolvição na justiça nacional).

10.2.2. Associação para a prática de genocídio

> **Art. 2.º** Associarem-se mais de 3 (três) pessoas para prática dos crimes mencionados no artigo anterior:
> Pena — metade da cominada aos crimes ali previstos.

1. Conduta típica

O delito em estudo é uma modalidade especial de **associação criminosa** em que o objetivo dos envolvidos é a formação de um grupo visando à prática de genocídio. Pressupõe um acordo de vontades entre os integrantes no sentido de unirem seus esforços para a prática dessa espécie de delito.

2. Sujeitos ativos

Trata-se de crime de **concurso necessário**, pois pressupõe o envolvimento mínimo de **4 pessoas**.

Para se chegar a tal número mínimo, computam-se os **menores** de idade, os que **faleceram** após integrar a associação e até mesmo aqueles que não foram completamente **identificados**. A denúncia deverá mencionar expressamente o envolvimento de tais pessoas.

3. Sujeito passivo

A coletividade.

4. Consumação

Cuida-se de crime **formal** que se consuma no exato instante em que ocorre o acordo de vontades no sentido de formar um grupo visando ao cometimento de genocídio, ainda que seus integrantes não consigam iniciar a execução do crime-fim. Caso o façam, respondem pelos dois crimes em concurso **material**.

5. Tentativa

Não é admissível.

6. Pena

Prevê o art. 2.º da Lei n. 2.889/56 que a pena para o delito de associação é a metade daquela prevista no art. 1.º. Assim, se a finalidade dos integrantes é a prática de genocídio por meio de homicídios, a pena para o delito de associação é de 6 a 15 anos (metade da pena do art. 1.º, "a"). Se a intenção é impedir o nascimento no seio do grupo vítima, a pena é de 1 ano e 6 meses a 5 anos (metade da pena do art. 1.º, "d").

O art. 8.º da Lei dos Crimes Hediondos (Lei n. 8.072/90) dispõe que "será de 3 a 6 anos de reclusão, a pena prevista no art. 288 do Código Penal, quando se tratar de crimes hediondos, prática da tortura, tráfico ilícito de entorpecentes e drogas afins ou terrorismo". Como o genocídio é previsto como crime hediondo no art. 1.º, parágrafo único, da mesma Lei, há quem defenda que, atualmente, a pena da associação para o genocídio será sempre de 3 a 6 anos. De ver-se, entretanto, que o dispositivo faz remissão ao crime do art. 288 do Código Penal, o que torna controvertida a possibilidade de sua extensão ao crime de associação da lei especial do genocídio, mesmo porque o mencionado art. 288 foi modificado pela Lei n. 12.850/2013, que, além de alterar o nome para associação criminosa, reduziu o número mínimo de integrantes para três. Assim, a interpretação de que o art. 8.º (e sua combinação com o art. 288 do CP) se estende ao delito de associação para o genocídio teria que levar também à conclusão de que, atualmente, o número mínimo de integrantes seria o de três.

A melhor interpretação, portanto, é no sentido de que o crime do art. 2.º da Lei n. 2.889/56 (associação para o genocídio), por estar previsto em lei especial — com requisitos e penas próprias —, continua totalmente em vigor, sem qualquer modificação decorrente de leis posteriores.

7. Ação penal
É pública incondicionada.

10.2.3. Incitação ao genocídio

> **Art. 3.º** Incitar, direta e publicamente, alguém a cometer qualquer dos crimes de que trata o art. 1.º:
> Pena — metade das penas ali cominadas.
> § 1.º A pena pelo crime de incitação será a mesma de crime incitado, se este se consumar.
> § 2.º A pena será aumentada de um terço, quando a incitação for cometida pela imprensa.

1. Conduta típica
Incitar significa **estimular**, **instigar** a prática do genocídio. É necessário que o fato ocorra **publicamente**, ou seja, que chegue ao conhecimento de grande número de pessoas. O tipo penal exige, ainda, que a incitação seja **direta** (inequívoca, clara).

Não se confunde o crime de incitação ao genocídio em que a instigação é **genérica**, feita a pessoas **indeterminadas**, com a efetiva **participação** em um crime de genocídio em que o agente estimula pessoas **determinadas** a cometerem o delito e, assim, na condição de partícipe, responde também pelo genocídio, conforme dispõe o art. 29 do CP.

2. Sujeito ativo
Qualquer pessoa. Trata-se de crime **comum**.

3. Sujeito passivo
A coletividade.

4. Consumação
Com a simples incitação pública. Trata-se de crime **formal** e de **perigo abstrato**, cuja caracterização dispensa a efetiva prática de genocídio por parte daqueles que receberam a mensagem. A pena prevista para quem realiza a incitação é a **metade** daquela

prevista para o delito de genocídio; contudo, se este se **consuma**, o juiz deve aplicar a **mesma pena** para o autor da incitação (art. 3.º, § 1.º, da Lei n. 2.889/56).

5. Tentativa

Possível na forma **escrita**, quando, por exemplo, extraviam-se panfletos que seriam entregues à população ou quando o agente é impedido de distribuí-los.

6. Ação penal

É pública incondicionada.

■ **Natureza hedionda e prisão temporária nos crimes de associação e incitação ao genocídio**

De acordo com o art. 1.º, parágrafo único, I, da Lei n. 8.072/90, considera-se hediondo "o crime de genocídio previsto nos arts. 1.º, 2.º e 3.º da Lei n. 2.889, de 1.º de outubro de 1956, consumado ou tentado".

Por sua vez, o art. 1.º, III, "m", da Lei n. 7.960/89, admite a prisão temporária, no crime de "genocídio (arts. 1.º, 2.º e 3.º da Lei n. 2.889, de 1.º de outubro de 1956), em qualquer de suas formas típicas".

Perceba-se que esses dois dispositivos utilizam a denominação **genocídio** para todos os crimes da Lei n. 2.889/56, ou seja, aqueles descritos em seus arts. 1.º, 2.º e 3.º (que, em verdade, não possuem *nomen juris* no texto legal). A doutrina, todavia, critica essa providência do legislador, na medida em que somente as condutas do art. 1.º constituem, efetivamente, condutas genocidas. A própria Convenção das Nações Unidas utiliza a palavra genocídio somente para se referir às hipóteses do art. 1.º da Lei n. 2.889/56.

10.3. QUESTÕES

QUESTÕES DE CONCURSOS
http://uqr.to/1y3ew

11

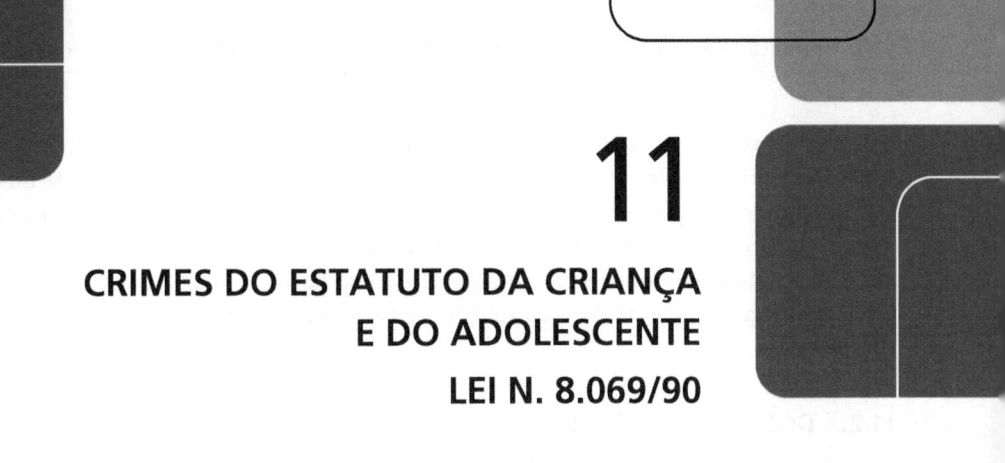

CRIMES DO ESTATUTO DA CRIANÇA E DO ADOLESCENTE
LEI N. 8.069/90

11.1. INTRODUÇÃO

A Lei n. 8.069/90, mais conhecida como Estatuto da Criança e do Adolescente, em seu art. 1.º, consagra a proteção integral aos menores de 18 anos.

De acordo com seu art. 2.º, considera-se **criança** a pessoa com **até 12 anos** de idade incompletos, e **adolescente** aquela entre **12 e 18 anos** de idade.

No Capítulo I do Título VII do Estatuto estão elencados os crimes em espécie praticados contra crianças ou adolescentes. Ressalte-se que a existência desses crimes no Estatuto não impede a existência de outras normas incriminadoras no Código Penal e em leis especiais. A prática de ato libidinoso com menor de 14 anos, por exemplo, configura crime de estupro de vulnerável, descrito no art. 217-A do CP. A venda de entorpecente para menor de idade, por sua vez, constitui crime de tráfico de drogas agravado pela menoridade da vítima (art. 33, *caput*, c/c art. 40, VI, da Lei n. 11.343/2006).

De acordo com o art. 226 do Estatuto, aplicam-se aos crimes definidos nesta lei as normas da Parte Geral do Código Penal e, quanto ao processo, as pertinentes ao Código de Processo Penal. Já o art. 227 prevê que a **ação penal será pública incondicionada** em todas as infrações penais nele descritas.

Por sua vez, o art. 226, § 1.º, acrescentado pela Lei n. 14.344, de 2022 (conhecida como Lei Henry Borel), estabelece que "aos crimes cometidos contra a criança e o adolescente, independentemente da pena prevista, não se aplica a Lei n. 9.099, de 26 de setembro de 1995". Assim, não são aplicáveis os institutos da transação penal e suspensão condicional do processo aos delitos previstos na Lei n. 8.069/90 cometidos após a entrada em vigor da lei mencionada.

Por fim, o § 2.º do art. 226 — também inserido pela Lei Henry Borel, dispõe que "nos casos de **violência doméstica e familiar contra a criança e o adolescente**, é vedada a aplicação de penas de cesta básica ou de outras de prestação pecuniária, bem como a substituição de pena que implique o pagamento isolado de multa". Desse modo, se algum dos crimes do Estatuto for cometido mediante violência doméstica ou familiar contra pessoa menor de 18 anos, o juiz não poderá aplicar as penas substitutivas mencionadas.

O art. 92, I, "a", do Código Penal, diz ser efeito da condenação, a perda de cargo, função pública ou mandato eletivo quando aplicada pena privativa de liberdade por tempo igual ou superior a um ano, nos crimes praticados com **abuso de poder** ou violação de dever para com a Administração Pública. Ocorre que o pacote anticrime inseriu no *caput* do art. 227-A do Estatuto que os efeitos da condenação prevista no inciso I do *caput* do art. 92 do Código Penal, para os crimes previstos em tal Lei, praticados por servidores públicos com abuso de autoridade, são condicionados à ocorrência de **reincidência**. A perda do cargo, função ou mandato eletivo, portanto, não pode ser aplicada se o réu for primário. Por sua vez, o parágrafo único do mesmo art. 227-A dispõe que a perda do cargo, do mandato ou da função, nesse caso, independerá da pena aplicada na **reincidência**.

11.2. DOS CRIMES EM ESPÉCIE

Os crimes estão tipificados nos arts. 228 a 244 da Lei n. 8.069/90. Saliente-se, todavia, que o crime de tortura contra menores (art. 233) foi expressamente revogado pela Lei n. 9.455/97. Atualmente, a tortura contra crianças ou adolescentes constitui crime descrito no art. 1.º, § 4.º, II, da referida Lei (tortura majorada).

11.2.1. Omissão do registro de atividades ou do fornecimento de declaração de nascimento

> **Art. 228.** Deixar o encarregado de serviço ou o dirigente de estabelecimento de atenção à saúde de gestante de manter registro das atividades desenvolvidas, na forma e prazo referidos no art. 10 desta Lei, bem como de fornecer à parturiente ou ao seu responsável, por ocasião da alta médica, declaração de nascimento, onde constem as intercorrências do parto e do desenvolvimento do neonato: Pena — detenção de seis meses a dois anos.

1. Objetividade jurídica
A integridade física dos recém-nascidos e seus direitos.

2. Elementos do tipo
São duas as figuras criminosas previstas neste tipo penal:

a) Deixar o encarregado de serviço ou o dirigente de estabelecimento de atenção à saúde de gestante de manter registro das atividades desenvolvidas, na forma e prazo referidos no art. 10 do Estatuto.

De acordo com o inciso I do mencionado art. 10 da Lei n. 8.069/90, os hospitais e demais estabelecimentos de atenção à saúde de gestantes (maternidades, postos de saúde etc.), públicos e particulares, são obrigados a "manter registro das atividades desenvolvidas, através de prontuários individuais, pelo prazo de 18 anos". O dispositivo refere-se às atividades pré-natais e posteriores ao parto. A infração penal consiste justamente em não registrar ou não manter essas informações arquivadas pelo período que a lei menciona (18 anos).

b) Deixar o encarregado de serviço ou o dirigente de estabelecimento de atenção à saúde de gestante de fornecer à parturiente ou ao seu responsável, por ocasião da alta médica, declaração de nascimento, onde constem as intercorrências do parto e do desenvolvimento do neonato.

A obrigação de fornecer tal declaração consta do art. 10, IV, do Estatuto.

Se o agente realiza ambas as condutas típicas, comete duas infrações penais, já que elas não dizem respeito ao mesmo objeto material.

3. Sujeito ativo
Somente o encarregado de serviço ou o dirigente de estabelecimento de atenção à saúde de gestantes. Cuida-se de crime **próprio**.

4. Sujeito passivo
A gestante e o recém-nascido.

5. Consumação
Em regra, ocorre no momento da **omissão**. É possível, porém, que o agente mantenha por algum tempo o registro das atividades desenvolvidas e, antes do prazo de 18 anos a que se refere o art. 10, I, destrua-os. Nesse caso, o delito é comissivo e se consuma em tal ocasião.

6. Tentativa
Possível na forma comissiva.

7. Modalidade culposa
De acordo com o art. 228, parágrafo único, a pena será de dois a seis meses, se o crime for culposo.

8. Ação penal
Pública incondicionada.

11.2.2. Omissão na correta identificação do neonato e da parturiente ou dos exames necessários

> **Art. 229.** Deixar o médico, enfermeiro ou dirigente de estabelecimento de atenção à saúde de gestante de identificar corretamente o neonato e a parturiente, por ocasião do parto, bem como deixar de proceder aos exames referidos no art. 10 desta Lei: Pena — detenção de seis meses a dois anos.

1. Objetividade jurídica
A saúde do neonato e seus direitos.

2. Elementos do tipo
Na primeira parte do dispositivo, pune-se o médico ou o dirigente do estabelecimento que deixa de **identificar** corretamente o neonato e a parturiente por ocasião do parto. De acordo com o art. 10, II, do Estatuto, a identificação deve ser feita mediante o registro da impressão plantar e digital do recém-nascido e da impressão digital da mãe, sem prejuízo de outras formas normatizadas pela autoridade administrativa competente. A simples omissão constitui crime, pois pode gerar trocas intencionais ou acidentais de bebês em maternidades ou hospitais.

Na segunda parte do dispositivo, pune-se o médico que deixa de proceder aos exames mencionados no art. 10 do Estatuto: exames visando ao diagnóstico e à terapêutica de anormalidades no metabolismo do recém-nascido. Ex.: o denominado exame do pezinho, que pode constatar inúmeras doenças.

3. Sujeito ativo

Trata-se de crime **próprio** que só pode ser cometido por **médicos** ou **enfermeiros** que atuam em hospitais, maternidades e demais estabelecimentos de atenção à saúde da gestante ou por seus **dirigentes**.

4. Sujeito passivo

O recém-nascido e a parturiente.

5. Consumação

No momento da **omissão**, independentemente de qualquer outro resultado.

6. Tentativa

Impossível, por se tratar de crime omissivo próprio.

7. Modalidade culposa

De acordo com o art. 228, parágrafo único, a pena será de dois a seis meses, se o crime for culposo.

8. Ação penal

Pública incondicionada.

11.2.3. Privação ilegal da liberdade

> **Art. 230.** Privar a criança ou o adolescente de sua liberdade, procedendo à sua apreensão sem estar em flagrante de ato infracional ou inexistindo ordem escrita da autoridade judiciária competente:
> Pena — detenção de seis meses a dois anos.
> Parágrafo único. Incide na mesma pena aquele que procede à apreensão sem observância das formalidades legais.

1. Objetividade jurídica

A liberdade individual das crianças e dos adolescentes, bem como o respeito às normas que regulamentam a apuração de atos infracionais.

2. Elementos do tipo

De acordo com o art. 103 do Estatuto, considera-se ato infracional a conduta descrita como crime ou contravenção penal quando cometida por pessoa menor de 18 anos.

O delito em questão consiste em **apreender** (privar o menor de sua liberdade) em situação não flagrancial ou sem ordem do juiz competente, ou, ainda, em desacordo com as formalidades legais.

3. Sujeito ativo

Qualquer pessoa, inclusive policiais. Não se trata, entretanto, de crime próprio. Se o segurança de uma loja, por exemplo, apreende um menor que não esteja cometendo ato infracional, incorre no delito em questão.

O tipo penal possui redação genérica, pois refere-se ao ato em si (da apreensão ilegal) e não apenas à lavratura do auto de apreensão — esta de atribuição exclusiva das autoridades policiais.

4. Sujeito passivo

As crianças e os adolescentes.

5. Consumação

Com a privação da liberdade.

6. Tentativa

É possível.

7. Ação penal

Pública incondicionada.

11.2.4. Omissão da comunicação de apreensão de criança ou adolescente

> **Art. 231.** Deixar a autoridade policial responsável pela apreensão de criança ou adolescente de fazer imediata comunicação à autoridade judiciária competente e à família do apreendido ou à pessoa por ele indicada:
> Pena — detenção de seis meses a dois anos.

1. Objetividade jurídica

O respeito às normas que regulamentam a apuração de atos infracionais por parte de crianças e adolescentes.

2. Elementos do tipo

De acordo com o art. 107 do Estatuto, a apreensão de qualquer adolescente em virtude da prática de ato infracional e o local onde se encontra recolhido serão *incontinenti* comunicados à autoridade judiciária competente e à sua família. O juiz, ao receber a comunicação, deverá verificar a possibilidade de imediata liberação.

O delito em estudo consiste em desrespeitar referida regra e, dolosamente, deixar a autoridade policial responsável pela apreensão de fazer a comunicação imediata do fato ao juiz e à família do menor (ou à pessoa por ele indicada).

O tipo penal exige que a comunicação deixe de ser feita ao juiz e à família. Tal previsão, embora ilógica, tornará inviável a punição da autoridade que tenha feito a comunicação ao juízo, mas não a tenha feito aos familiares, porque, em se tratando de norma incriminadora, dificilmente se dará ao texto legal interpretação diversa, já que em sua redação constou a conjunção aditiva.

Não há crime se os familiares do menor não forem localizados.

3. Sujeito ativo

Trata-se de crime **próprio** que só pode ser cometido pela autoridade policial responsável pela apreensão.

O texto legal refere-se à autoridade responsável pela formalização da apreensão.

4. Sujeito passivo

A criança ou o adolescente apreendido.

5. Consumação

Se a própria autoridade policial liberar o menor aos pais logo após a formalização da apreensão, por não se tratar de ato infracional grave, entende-se que a comunicação ao juiz pode ser feita até o dia seguinte ao da apreensão, já que este é o prazo fixado pelo art. 174 do Estatuto para tal hipótese. Caso a autoridade policial entenda que não deve liberar o menor diante da gravidade do ato cometido, a comunicação deve ser feita imediatamente ao juízo após a formalização da apreensão, de modo que o crime se consuma se não houver referida imediatidade.

6. Tentativa

Impossível, por se tratar de crime omissivo próprio.

7. Ação penal

Pública incondicionada.

11.2.5. Submissão de criança ou adolescente a vexame ou constrangimento

> **Art. 232.** Submeter criança ou adolescente sob sua autoridade, guarda ou vigilância a vexame ou a constrangimento:
> Pena — detenção de seis meses a dois anos.

1. Objetividade jurídica

A integridade psíquica de crianças e adolescentes.

2. Elementos do tipo

A infração penal em estudo configura-se quando o agente, **dolosamente**, submete a criança ou o adolescente a vexame ou constrangimento. É necessário, portanto, que o agente realize uma conduta qualquer (o tipo penal não especifica o meio de execução) que faça o menor se sentir humilhado, envergonhado, ultrajado. São exemplos de configuração do delito: vestir uma roupa totalmente inadequada para a ocasião no menor que o deixe em situação ridícula; colocar uma placa no peito com dizeres humilhantes e fazê-lo sair às ruas para ser visto; contar em público, na presença do menor (para que se sinta envergonhado), que ele ainda urina nas calças apesar de já ter uma certa idade, fazendo com que vire motivo de chacota etc.

Conforme já mencionado, é necessário que o agente queira fazer a vítima passar por vexame ou constrangimento. Cuida-se de delito doloso.

3. Sujeito ativo
Somente aqueles que têm a **guarda**, **vigilância** ou **autoridade** sobre o menor. Trata-se de crime **próprio**.

4. Sujeito passivo
A criança ou o adolescente que se encontra sob autoridade, guarda ou vigilância do autor do delito.

5. Consumação
No instante em que realizado o ato causador do vexame ou constrangimento.

6. Tentativa
É possível.

7. Ação penal
Pública incondicionada.

11.2.6. Omissão da autoridade competente na imediata liberação da criança ou do adolescente

> **Art. 234.** Deixar a autoridade competente, sem justa causa, de ordenar a imediata liberação de criança ou adolescente, tão logo tenha conhecimento da ilegalidade da apreensão:
> Pena — detenção de seis meses a dois anos.

1. Objetividade jurídica
A liberdade individual de crianças e adolescentes, bem como o respeito às normas que regulamentam a apuração de atos infracionais.

2. Elementos do tipo
Tanto a **autoridade policial** (art. 174) quanto o **juiz de direito** (art. 107, parágrafo único) podem determinar a liberação de adolescente apreendido em razão da prática de ato infracional. Comete o crime em questão qualquer dessas autoridades que toma conhecimento de que a apreensão revestiu-se de ilegalidade e, **dolosamente**, deixa de determinar a liberação do menor. Incorre no delito, por exemplo, o delegado de polícia que fica sabendo que o flagrante foi forjado e, ainda assim, lavra o auto de apreensão e mantém o menor apreendido. Igualmente pratica a infração penal o juiz que, após ser comunicado da apreensão e tomar ciência da ilegalidade do flagrante, deixa de determinar a liberação.

O crime em análise só é compatível com o dolo **direto** porque exige que a autoridade saiba da ilegalidade da apreensão. Assim, comete o crime porque quer manter apreendido o menor, não obstante ciente da referida ilegalidade.

O fato, porém, será considerado atípico se houver justa causa para a não liberação. Ex.: o auto de apreensão contém vício formal, mas o fato é extremamente grave e o juiz resolve manter o menor apreendido (situação similar à do relaxamento da prisão em flagrante seguido de decretação de prisão preventiva em caso de maiores de idade).

3. Sujeito ativo

Trata-se de crime **próprio** que só pode ser praticado por autoridades policiais e juízes de direito.

4. Sujeito passivo

A criança ou o adolescente não liberado.

5. Consumação

No instante em que o agente toma ciência da ilegalidade e deixa de determinar a imediata liberação.

6. Tentativa

Impossível, por se tratar de crime omissivo próprio.

7. Ação penal

Pública incondicionada.

11.2.7. Descumprimento injustificado de prazo fixado no estatuto em relação a adolescente apreendido

> **Art. 235.** Descumprir, injustificadamente, prazo fixado nesta Lei em benefício de adolescente privado de liberdade:
> Pena — detenção de seis meses a dois anos.

1. Objetividade jurídica

A liberdade individual dos adolescentes e o respeito às normas que regulamentam a apuração de atos infracionais.

2. Elementos do tipo

A infração penal consiste em descumprir qualquer dos prazos fixados na lei. Tais prazos estão previstos na seção que trata "da apuração de ato infracional atribuído a adolescente" (arts. 171 a 190). Só se configura o delito, entretanto, se o descumprimento do prazo diz respeito a procedimento no qual existe adolescente privado de sua liberdade.

A infração penal só se tipifica em caso de dolo no descumprimento do prazo.

3. Sujeito ativo

Trata-se de crime **próprio**, que só pode ser cometido por autoridade policial, juiz de direito ou órgão do Ministério Público.

4. Sujeito passivo

O adolescente privado de sua liberdade.

5. Consumação

No momento em que se exaure o prazo legal.

6. Tentativa
Impossível, por se tratar de crime omissivo próprio.

7. Ação penal
Pública incondicionada.

11.2.8. Impedimento ou embaraço à ação de autoridade

> **Art. 236.** Impedir ou embaraçar a ação de autoridade judiciária, membro do Conselho Tutelar ou representante do Ministério Público no exercício de função prevista nesta Lei:
> Pena — detenção de seis meses a dois anos.

1. Objetividade jurídica
O respeito às funções exercidas por funcionários públicos que atuam na área da infância e juventude, bem como a preservação dos direitos dos menores.

2. Elementos do tipo
O crime existe quer o agente efetivamente **impeça** o trabalho do juiz, promotor de justiça ou membro do Conselho Tutelar, quer simplesmente **dificulte** o desempenho de suas funções.

É sempre necessário que a autoridade esteja no **exercício** de função prevista no Estatuto. Exs.: em inspeção em entidade de abrigo ou em estabelecimento onde adolescentes cumprem medida de internação; em bares ou casas noturnas para verificar se há venda de bebida alcoólica ou consumo de droga por parte de menores etc. Em tais casos, o funcionário do estabelecimento que dificulte ou impeça a inspeção incorre na presente infração penal.

O crime é **doloso**, pressupondo, portanto, que a autoridade tenha se identificado.

3. Sujeito ativo
Crime **comum**. Pode ser praticado por qualquer pessoa.

4. Sujeito passivo
O Estado representado pelos juízes de direito, promotores de justiça ou membros do Conselho Tutelar cuja ação tenha sido impedida ou embaraçada.

5. Consumação
No momento em que o agente impede ou dificulta a ação da autoridade.

6. Tentativa
É possível.

7. Ação penal.
Pública incondicionada.

11.2.9. Subtração de criança ou adolescente com o fim de colocação em lar substituto

> **Art. 237.** Subtrair criança ou adolescente ao poder de quem o tem sob sua guarda em virtude de lei ou ordem judicial, com o fim de colocação em lar substituto:
> Pena — reclusão, de dois a seis anos, e multa.

1. Objetividade jurídica

A guarda dos menores e o direito destes de não serem colocados ilegalmente em lar substituto.

2. Elementos do tipo

O crime consiste em retirar o menor da esfera de vigilância de quem exerce o pátrio poder, tutela ou guarda. Para a caracterização do delito, não importa se houve consentimento do menor, uma vez que é totalmente desprovido de valor.

A lei exige que o sujeito tenha a específica intenção de colocar o menor em família substituta. Esta, aliás, a diferença em relação ao crime de subtração de incapaz do art. 249 do CP. Saliente-se que a pena do crime do Estatuto, em razão da finalidade do agente, é consideravelmente maior e o acusado não tem direito ao perdão judicial previsto na legislação comum (art. 249, § 2.º, do CP).

O crime existe ainda que o sujeito alegue que o menor vivia em situação de extrema pobreza e a colocação em lar substituto melhoraria seu nível de vida.

Se a finalidade do agente é a adoção ilegal e a subtração é cometida com emprego de violência, grave ameaça, fraude, coação ou abuso, configura-se crime mais grave (tráfico de pessoa), previsto no art. 149-A do CP.

3. Sujeito ativo

Pode ser qualquer pessoa, inclusive pais, tutores ou guardiões, desde que destituídos ou afastados temporariamente do pátrio poder, tutela ou guarda. Trata-se de crime **comum**.

4. Sujeito passivo

Os titulares do direito (pais, tutores, guardiões) e o menor subtraído.

5. Consumação

Com a subtração do menor.

6. Tentativa

É possível.

7. Ação penal

É pública incondicionada.

11.2.10. Promessa ou entrega de filho ou pupilo

> **Art. 238.** Prometer ou efetivar a entrega de filho ou pupilo a terceiro, mediante paga ou recompensa:
> Pena — reclusão, de um a quatro anos, e multa.
> Parágrafo único. Incide nas mesmas penas quem oferece ou efetiva a paga ou recompensa.

1. Objetividade jurídica

Os direitos das crianças e dos adolescentes de não serem colocados irregularmente em família substituta.

2. Elementos do tipo

Na figura do *caput* são punidos os pais, tutores ou guardiões que prometem vender ou vendem seus filhos ou pupilos.

O tipo penal não abrange os casos de entrega de filho ou pupilo para colocação em família substituta, se o fato não se der em razão de paga ou outro tipo de recompensa.

Na figura do parágrafo único, pune-se quem compra ou promete comprar a criança. A "compra" de pessoa mediante emprego de violência, grave ameaça, fraude ou abuso ou coação, com a finalidade de adoção ilegal, configura crime previsto no art. 149-A, IV, do CP, cuja pena é de reclusão, de quatro a oito anos, e multa (aumentada de um terço até a metade por ser a vítima criança ou adolescente).

3. Sujeito ativo

Nas modalidades do *caput*, apenas pais, tutores ou guardiões. Na hipótese do parágrafo único, pode ser qualquer pessoa.

4. Sujeito passivo

Os filhos ou pupilos menores de idade.

5. Consumação

Na modalidade "prometer", com o simples acordo entre as partes, ainda que a entrega não se efetive. Na conduta "efetivar a entrega", é evidente que a consumação ocorre quando o menor for entregue ao terceiro. Na modalidade "oferecer", o delito se consuma ainda que os pais ou tutores recusem o valor oferecido. Por fim, na hipótese de "efetivar a paga ou recompensa", o delito estará consumado mesmo que os pais se recusem a efetuar posteriormente a entrega do menor.

6. Tentativa

Teoricamente possível nas modalidades "efetivar a entrega" e "efetivar a paga ou recompensa". Dificilmente, entretanto, tais pessoas não estariam incursas nas modalidades consumadas consistentes em "prometer" o menor ou "oferecer" a paga, exceto se forem pessoas distintas.

7. Ação penal

Pública incondicionada.

11.2.11. Tráfico internacional ou envio ilegal de crianças ou adolescentes para o exterior

> **Art. 239.** Promover ou auxiliar a efetivação de ato destinado ao envio de criança ou adolescente para o exterior com inobservância das formalidades legais ou com o fito de obter lucro:
> Pena — reclusão de quatro a seis anos, e multa.

1. Objetividade jurídica

Evitar o tráfico internacional de menores e o envio de menores ao exterior com inobservância das formalidades legais.

2. Elementos do tipo

A descrição típica é bastante genérica, punindo todos aqueles que promoverem ato destinado ao envio de criança ou adolescente para o exterior ou que prestarem auxílio a tanto. Não se mostra necessário, portanto, que o agente consiga levar o menor para o exterior, bastando a realização de qualquer ato preparatório destinado a atingir tal objetivo. Ex.: a compra de passagem aérea, o pagamento a piloto de barco para levar a criança ao exterior etc.

Para a configuração do delito é necessário:

a) que a motivação do agente seja a obtenção de lucro; ou

b) que o envio do menor ocorra sem a observância das formalidades legais (ainda que não haja intenção de lucro neste caso). É evidente, portanto, que, se observadas as regras dos arts. 31, 33, § 1.º, *in fine*, 46, § 3.º, 51, 52 e 83 do Estatuto, dentre outras, não estará configurado o delito.

O destino a ser dado ao menor não consta do tipo penal. Em regra, é a colocação em família substituta. Contudo, haverá ainda o delito se a finalidade for a extração de órgãos ou o trabalho ilegal. Nesses casos, o agente incorrerá, além disso, em outros crimes em concurso material com este do art. 239. Após a aprovação da Lei n. 13.344/2016, o transporte de pessoa menor de idade — **mediante violência, grave ameaça, coação, fraude ou abuso** —, com a finalidade de extração de órgãos, trabalho escravo, exploração sexual ou adoção ilegal, constitui crime do art. 149-A do CP, cuja pena é de reclusão, de quatro a oito anos, e multa (aumentada de um terço até a metade por ser a vítima criança ou adolescente). Se a conduta não envolver uma dessas formas de execução (violência, grave ameaça, coação, fraude ou abuso), restará configurado o delito do art. 239 do Estatuto, se presentes os seus requisitos.

Infelizmente, são inúmeros os casos de mercadores de menores que procuram aliciar mães ou gestantes de poucas condições financeiras a fim de comercializar recém-nascidos e levá-los para o exterior para fim de adoção ilegal. Também não são poucos os casos de **subtração** de menores para o mesmo fim. Necessário salientar que é perfeitamente possível a punição pelo delito em estudo em concurso material com aqueles descritos nos arts. 237 e 238 do Estatuto.

3. Figuras qualificadas

De acordo com o parágrafo único do art. 239, a pena será de reclusão, de seis a oito anos, além da pena correspondente à violência, se houver **emprego de violência, grave ameaça ou fraude**. Como o dispositivo não faz distinção, a qualificadora aplica-se quer a violência ou grave ameaça seja empregada contra o menor, quer contra terceiro (seus pais ou outras pessoas responsáveis por sua guarda, policiais da fronteira etc.). Se alguém sofrer lesão, ainda que leve, as penas serão somadas. Essa figura qualificada atualmente só se configura se a intenção não for a de extrair órgãos, promover trabalho escravo, explorar sexualmente ou promover adoção ilegal do menor, pois, para esses casos, o delito é o do art. 149-A do CP, cuja pena é de reclusão, de quatro a oito anos, e multa (aumentada de um terço até a metade por ser a vítima criança ou adolescente).

Há fraude, por exemplo, quando o agente convence um adolescente a acompanhá-lo ao exterior com promessas falsas.

4. Sujeito ativo
Pode ser qualquer pessoa, com ou sem o envolvimento dos pais.

5. Sujeito passivo
A criança ou adolescente.

6. Consumação
Trata-se de crime **formal** que se considera consumado ainda que o agente não consiga levar o menor para o exterior. Basta a realização de qualquer conduta visando ao envio da criança ou do adolescente para outro país.

7. Tentativa
É possível.

8. Ação penal
Pública incondicionada. A competência é da **Justiça Federal**, nos termos do art. 109, V, da CF — crimes previstos em **tratado** ou **convenção internacional**, quando, iniciada a execução no País, o resultado tenha ou devesse ter ocorrido no estrangeiro, ou reciprocamente. O Brasil adotou a Convenção sobre os Direitos da Criança aprovada pela Assembleia Geral das Nações Unidas (Decreto n. 99.710/90). Posteriormente, por intermédio do Decreto n. 5.017/2004, foi promulgado o Protocolo Adicional à Convenção das Nações Unidas contra o Crime Organizado Transnacional Relativo à Prevenção, Repressão e Punição do Tráfico de Pessoas, em Especial Mulheres e Crianças.

11.2.12. Pornografia envolvendo criança ou adolescente

> **Art. 240.** Produzir, reproduzir, dirigir, fotografar, filmar ou registrar, por qualquer meio, cena de sexo explícito ou pornográfica, envolvendo criança ou adolescente:
> Pena — reclusão, de quatro a oito anos, e multa.

1. Objetividade jurídica
A preservação da moral sexual e da dignidade sexual de crianças e adolescentes.

2. Elementos do tipo
De acordo com o art. 241-E do Estatuto, para efeito dos crimes previstos nesta Lei, a expressão "cena de sexo explícito ou pornográfica" compreende qualquer situação que envolva criança ou adolescente em atividades sexuais explícitas, reais ou simuladas, ou exibição dos órgãos genitais de uma criança ou adolescente para fins primordialmente sexuais.

É necessário, inicialmente, fazer a seguinte distinção: a) sempre que houver efetivo envolvimento de pessoa menor de 14 anos em ato sexual, estará configurado crime mais grave, chamado estupro de vulnerável, descrito no art. 217-A do CP. Ex.: o agente filma ou fotografa uma criança de 11 anos fazendo sexo oral em outrem. Em tal caso, quem contracena com a criança é autor do estupro de vulnerável e quem filma a cena é partícipe; b) se o menor de 14 anos não se envolver nos atos sexuais, mas exibir seus órgãos genitais, ou se houver simulação de sexo, estará configurado o delito do art. 240; c) se a vítima tiver mais de 14 e menos de 18 anos, configura-se o crime em estudo, quer o adolescente esteja efetivamente envolvido no ato sexual, quer haja simulação ou apenas exposição do órgão genital.

A Lei n. 13.772/2018 introduziu no art. 216-B do CP, um crime denominado "registro não autorizado da intimidade sexual", consistente em produzir, fotografar, filmar ou registrar, por qualquer meio, conteúdo com cena de nudez ou ato sexual ou libidinoso de caráter íntimo e privado sem autorização dos participantes. A pena é de detenção, de seis meses a um ano, e multa. Considerando que a pena prevista é muito menor, esse delito somente tem aplicação quando a vítima do registro não autorizado for pessoa maior de idade.

As condutas típicas são: a) produzir; b) reproduzir; c) dirigir; d) fotografar; e) filmar; f) registrar. Como estão separadas pela conjunção alternativa "ou", cuida-se de **tipo misto alternativo** em que a realização de mais de uma dessas condutas em relação à mesma vítima constitui crime único.

3. Figuras equiparadas

Nos termos do art. 240, § 1.º, I, incorre nas mesmas penas quem agencia, facilita, recruta, coage, ou de qualquer modo intermedeia a participação de criança ou adolescente nas cenas referidas no *caput*, ou ainda quem com esses contracena. Lembre-se de que quem contracena com menor de 14 anos, na efetiva prática de atos sexuais, comete estupro de vulnerável.

O art. 240, § 1.º, II, prevê também as mesmas penas para quem exibe, transmite, auxilia ou facilita a exibição ou transmissão, em tempo real, pela *internet*, por aplicativos, por meio de dispositivo informático ou qualquer meio ou ambiente digital, de cena de sexo explícito ou pornográfica com a participação de criança ou adolescente. Este dispositivo foi inserido no Estatuto pela Lei n. 14.811/2024. Esta mesma lei inseriu as duas figuras equiparadas deste art. 240, § 1.º, no rol dos **crimes hediondos**.

4. Causas de aumento de pena

De acordo com o art. 240, § 2.º, aumenta-se a pena de 1/3 se o agente comete o crime:

I — **no exercício de cargo ou função pública ou a pretexto de exercê-la**;

II — **prevalecendo-se de relações domésticas, de coabitação ou de hospitalidade**; ou

III — **prevalecendo-se de relações de parentesco consanguíneo ou afim até o terceiro grau, ou por adoção, de tutor, curador, preceptor, empregador da vítima ou de quem, a qualquer outro título, tenha autoridade sobre ela, ou com seu consentimento.**

5. Sujeito ativo

Pode ser qualquer pessoa. Se for alguma das pessoas mencionadas no art. 240, § 2.º, III, a pena será majorada em 1/3.

6. Sujeito passivo

As crianças ou os adolescentes que foram filmados ou fotografados.

7. Consumação

No momento da conduta típica, independentemente da divulgação do material.

De acordo com o art. 111, V, do Código Penal, nos crimes contra a dignidade sexual contra a criança e o adolescente, previstos neste Código ou em **legislação especial**, a prescrição somente começa a correr a partir da data em que a vítima completar dezoito anos, salvo se a esse tempo já houver sido proposta a ação penal.

8. Tentativa

É possível.

11.2.13. Venda ou exposição à venda de pornografia envolvendo criança ou adolescente

> **Art. 241.** Vender ou expor à venda fotografia, vídeo ou outro registro que contenha cena de sexo explícito ou pornográfica envolvendo criança ou adolescente:
> Pena — reclusão, de quatro a oito anos, e multa.

1. Objetividade jurídica

A preservação da moral sexual e da dignidade sexual das crianças e dos adolescentes.

2. Elementos do tipo

A premissa deste delito é que o agente não tenha sido o responsável por fotografar ou filmar o menor em cena de sexo explícito ou pornográfica, pois, se foi, estará incurso no delito descrito no art. 240.

O tipo penal em questão pune quem vende ou expõe à venda fotografias, vídeos ou outros registros que contenham sexo explícito ou pornografia envolvendo pessoas menores de idade. Neste delito estão abrangidas as cenas de sexo real, simulado ou a simples exposição de órgão sexual de menores de 18 anos com finalidade erótica.

Por se tratar de delito **doloso**, pressupõe que o agente saiba que há menores de idade nas imagens comercializadas.

3. Sujeito ativo

Qualquer pessoa. Trata-se de crime **comum**.

4. Sujeito passivo

As crianças ou os adolescentes que foram filmados ou fotografados.

5. Consumação

Quando o agente vende ou expõe à venda o material.

De acordo com o art. 111, V, do Código Penal, nos crimes contra a dignidade sexual contra a criança e o adolescente, previstos neste Código ou em **legislação especial**, a prescrição somente começa a correr a partir da data em que a vítima completar dezoito anos, salvo se a esse tempo já houver sido proposta a ação penal.

6. Tentativa

É possível.

7. Ação penal

Pública incondicionada.

8. Da infiltração de agentes de polícia para a investigação de crimes contra a dignidade sexual de criança e de adolescente

A Lei n. 13.441/2017 inseriu uma Seção V-A na Lei n. 8.069/90, introduzindo os arts. 190-A a 190-E, a fim de permitir a infiltração de agentes de polícia na *internet*, com o fim de investigar os crimes previstos em seus arts. 240, 241, 241-A, 241-B, 241-C e 241-D (e também em relação aos crimes dos arts. 154-A, 217-A, 218, 218-A e 218-B do CP).

De acordo com o art. 190-A, deverão ser obedecidas as seguintes regras:

I — a infiltração deverá ser precedida de autorização judicial devidamente circunstanciada e fundamentada, que estabelecerá os seus limites para a obtenção de prova, ouvido o Ministério Público;

II — dar-se-á mediante requerimento do Ministério Público ou representação de delegado de polícia e conterá a demonstração de sua necessidade, o alcance das tarefas dos policiais, os nomes ou apelidos das pessoas investigadas e, quando possível, os dados de conexão ou cadastrais que permitam a identificação dessas pessoas;

III — não poderá exceder o prazo de noventa dias, sem prejuízo de eventuais renovações, desde que o total não exceda a setecentos e vinte dias e seja demonstrada sua efetiva necessidade, a critério da autoridade judicial.

De acordo com o art. 190-A, § 3.º, a infiltração de agentes de polícia na *internet* não será admitida se a prova puder ser obtida por outros meios.

As informações da operação de infiltração serão encaminhadas diretamente ao juiz responsável pela autorização da medida, que zelará por seu sigilo (art. 190-B). Antes da conclusão da operação, o acesso aos autos será reservado ao juiz, ao Ministério Público e ao delegado de polícia responsável pela operação, com o objetivo de garantir o sigilo das investigações (art. 190-B, parágrafo único).

Concluída a investigação, todos os atos eletrônicos praticados durante a operação deverão ser registrados, gravados, armazenados e encaminhados ao juiz e ao Ministério Público, juntamente com relatório circunstanciado (art. 190-E). Os atos eletrônicos registrados citados no *caput* deste artigo serão reunidos em autos apartados e apensados ao processo criminal, juntamente com o inquérito policial, assegurando-se a preservação da identidade do agente policial infiltrado e a intimidade das crianças e dos adolescentes envolvidos (art. 190-E, parágrafo único).

O art. 190-C esclarece que o policial que oculta sua identidade durante a infiltração não comete crime, exceto se houver excesso.

11.2.14. Oferta, troca, disponibilização, transmissão, distribuição, publicação ou divulgação de material pornográfico envolvendo menor

> **Art. 241-A.** Oferecer, trocar, disponibilizar, transmitir, distribuir, publicar ou divulgar por qualquer meio, inclusive por meio de sistema de informática ou telemático, fotografia, vídeo ou outro registro que contenha cena de sexo explícito ou pornográfica envolvendo criança ou adolescente:
> Pena — reclusão, de três a seis anos, e multa.

1. Objetividade jurídica

A preservação da moral sexual e da dignidade sexual das crianças e dos adolescentes.

2. Elementos do tipo

O objeto do presente delito é o mesmo do dispositivo anterior — fotografia, vídeo ou qualquer outro registro com cenas de sexo explícito ou pornográficas envolvendo menor de idade. Ao contrário do anterior, todavia, **dispensa intenção de lucro**, bastando que o agente ofereça, troque, disponibilize, transmita, distribua, publique ou divulgue a imagem ou fotografia, por qualquer meio. O tipo penal é redundante porque, após mencionar que o delito pode ser cometido por qualquer meio, esclarece que também pode ser praticado por sistemas informáticos ou telemáticos, o que é óbvio.

Comete o crime, por exemplo, quem disponibiliza as imagens pessoalmente a amigos ou quem divulga as imagens em *sites* pornográficos.

A Lei n. 13.718/2018 inseriu no art. 218-C do CP as condutas de "oferecer, trocar, disponibilizar, transmitir, vender ou expor à venda, distribuir, publicar ou divulgar, por qualquer meio — inclusive por meio de comunicação de massa ou sistema de informática ou telemática —, fotografia, vídeo ou outro registro audiovisual que contenha cena de estupro ou de estupro de vulnerável ou que faça apologia ou induza a sua prática, ou, sem o consentimento da vítima, cena de sexo, nudez ou pornografia". A pena prevista para tal delito é de um a cinco anos de reclusão, **salvo se o fato constitui crime mais grave**. Tendo em vista essa ressalva final, caso se trate de divulgação de imagem de crime de estupro de vulnerável contra vítima menor de 14 anos ou de crime de estupro qualificado por ser a vítima menor de 18 e maior de 14 anos, o agente deverá responder pelo crime do art. 241-A do ECA, na medida em que a pena prevista é muito superior: três a seis anos de reclusão, e multa.

3. Sujeito ativo

Qualquer pessoa.

4. Sujeito passivo

As crianças ou os adolescentes que foram filmados ou fotografados.

5. Consumação

Quando o agente realiza a conduta típica, independentemente de qualquer outro resultado.

De acordo com o art. 111, V, do Código Penal, nos crimes contra a dignidade sexual contra a criança e o adolescente, previstos neste Código ou em legislação especial, a prescrição somente começa a correr a partir da data em que a vítima completar dezoito anos, salvo se a esse tempo já houver sido proposta a ação penal.

6. Tentativa

É possível.

7. Figuras equiparadas

De acordo com o § 1.º do art. 241-A, nas mesmas penas do *caput* incorre quem:

I — assegura os meios ou serviços para o armazenamento das fotografias, cenas ou imagens de que trata o *caput* deste artigo;
II — assegura, por qualquer meio, o acesso por rede de computadores às fotografias, cenas ou imagens de que trata o *caput* deste artigo.

As condutas descritas nos incisos I e II do § 1.º deste artigo tipificam-se quando o responsável pela prestação do serviço, oficialmente notificado, deixa de desabilitar o acesso ao conteúdo ilícito de que trata o *caput* deste artigo (art. 241-A, § 2.º).

8. Ação penal

Pública incondicionada.

11.2.15. Aquisição, posse ou armazenamento de pornografia envolvendo criança ou adolescente

> **Art. 241-B.** Adquirir, possuir ou armazenar, por qualquer meio, fotografia, vídeo ou outra forma de registro que contenha cena de sexo explícito ou pornográfica envolvendo criança ou adolescente:
> Pena — reclusão, de um a quatro anos, e multa.

1. Objetividade jurídica

A preservação da moral sexual e da dignidade sexual das crianças e dos adolescentes.

2. Elementos do tipo

O objeto do presente delito é igual ao dos dispositivos anteriores — fotografia, vídeo ou qualquer outro registro com cenas de sexo explícito ou pornográficas envolvendo pessoa menor de idade. Estão abrangidas as cenas de sexo real, simulado ou nas quais haja a exposição de órgão sexual de pessoa menor de 18 anos com finalidade erótica.

Para a configuração do ilícito penal, basta que o agente adquira, possua ou armazene por qualquer meio (*pen-drive*, DVD, CD, arquivo eletrônico, álbum de fotografias, fita de videocassete etc.) imagens pornográficas envolvendo menores de idade.

No julgamento do Resp 1.971.049/SP, rel. Min. Reynaldo Soares da Fonseca, a 3.ª Seção do Superior Tribunal de Justiça, no julgamento do recurso repetitivo n. 1.168, em 3 de agosto de 2023, aprovou a seguinte tese: "Os tipos penais trazidos nos arts. 241-A e 241-B do Estatuto da Criança e do Adolescente são autônomos, com verbos e condutas distintas, sendo que o crime do art. 241-B não configura fase normal, tampouco meio de execução para o crime do art. 241-A, o que possibilita o reconhecimento de concurso material de crimes". De acordo com a turma julgadora, os crimes são autônomos e não se aplica o princípio da consunção porque é "plenamente possível que uma pessoa compartilhe material pornográfico infantil sem necessariamente armazená-lo", como também é possível que alguém armazene o material em algum dispositivo e não o envie a ninguém. Logo, se realizar as duas condutas, deve responder pelos dois crimes em concurso material.

A Lei n. 14.811/2024 inseriu o presente ilícito penal no rol dos crimes hediondos — art. 1.º, parágrafo único, VII, da Lei n. 8.072/90.

3. Causa de diminuição de pena

De acordo com o art. 241-B, § 1.º, a pena é diminuída de 1/3 a 2/3 **se de pequena quantidade o material a que se refere o *caput* deste artigo.**

4. Exclusão da ilicitude

Nos termos do art. 241-B, § 2.º, não há crime se a posse ou o armazenamento tem **a finalidade de comunicar** às autoridades competentes a ocorrência das condutas descritas nos arts. 240, 241, 241-A e 241-C desta Lei, quando a comunicação for feita por:

I — agente público no exercício de suas funções;

II — membro de entidade, legalmente constituída, que inclua, entre suas finalidades institucionais, o recebimento, o processamento e o encaminhamento de notícia dos crimes referidos neste parágrafo;

III — representante legal e funcionários responsáveis de provedor de acesso ou serviço prestado por meio de rede de computadores, até o recebimento do material relativo à notícia feita à autoridade policial, ao Ministério Público ou ao Poder Judiciário.

Estabelece, por sua vez, o § 3.º que tais pessoas deverão manter sob sigilo o material ilícito referido.

5. Sujeito ativo

Qualquer pessoa.

6. Sujeito passivo

As crianças ou os adolescentes que foram filmados ou fotografados.

7. Consumação

Quando o agente realiza a conduta típica, independentemente de qualquer outro resultado.

De acordo com o art. 111, V, do Código Penal, nos crimes contra a dignidade sexual contra a criança e o adolescente, previstos neste Código ou em legislação especial, a prescrição somente começa a correr a partir da data em que a vítima completar dezoito anos, salvo se a esse tempo já houver sido proposta a ação penal.

8. Tentativa

É possível.

9. Ação penal

Pública incondicionada.

10. Competência

No julgamento do RE 628.624, o Plenário do Supremo Tribunal Federal, ao julgar o tema 393 (repercussão geral), aprovou a seguinte tese:

"Compete à Justiça Federal processar e julgar os crimes consistentes em disponibilizar ou adquirir material pornográfico envolvendo criança ou adolescente (arts. 241, 241-A e 241-B da Lei n. 8.069/1990) quando praticados por meio da rede mundial de computadores" (Rel. Min. Marco Aurélio, Rel. p/ acórdão Min. Edson Fachin, Tribunal Pleno, julgado em 29.10.2015, Acórdão eletrônico — Repercussão geral — Mérito *DJe*-062, divulg. 5.4.2016, public. 6.4.2016). O fundamento foi a regra do art. 109, V, da Carta Magna e o fato de o Brasil ser signatário da Convenção sobre Direitos da Criança e ter ratificado o respectivo Protocolo Facultativo, nos quais se assentou a proteção à infância e se estabeleceu o compromisso de tipificação penal das condutas relacionadas à pornografia infantil.

Ao apreciar a questão, esclareceu o Superior Tribunal de Justiça:

"Deliberando sobre o tema, o Plenário do Supremo Tribunal Federal, no julgamento do Recurso Extraordinário n. 628.624/MG, em sede de repercussão geral, assentou que a fixação da competência da Justiça Federal para o julgamento do delito do art. 241-A do Estatuto da Criança e do Adolescente (divulgação e publicação de conteúdo pedófilo-pornográfico) pressupõe a possibilidade de identificação do atributo da internacionalidade do resultado obtido ou que se pretendia obter. Por sua vez, a constatação da internacionalidade do delito demandaria apenas que a publicação do material pornográfico tivesse sido feita em 'ambiência virtual de sítios de amplo e fácil acesso a qualquer sujeito, em qualquer parte do planeta, que esteja conectado à internet' e que 'o material pornográfico envolvendo crianças ou adolescentes tenha estado acessível por alguém no estrangeiro, ainda que não haja evidências de que esse acesso realmente ocorreu' (RE 628.624, Relator(a): Min. Marco Aurélio, Relator(a) p/ Acórdão: Min. Edson Fachin, Tribunal Pleno, j. em 29.10.2015, Acórdão Eletrônico Repercussão Geral — Mérito *DJe*-062 Divulg. 5.4.2016, Public. 6.4.2016). 3. Situação em que os indícios coletados até o momento revelam que as imagens da vítima foram trocadas por particulares via WhatsApp e por meio de chat na rede social Facebook. 4. Tanto no aplicativo WhatsApp quanto nos diálogos (chat) estabelecidos na rede social Facebook, a comunicação se dá entre destinatários escolhidos pelo emissor da mensagem. Trata-se de troca de informação privada que não está acessível a qualquer pessoa. 5. Diante de tal contexto, no caso concreto, não foi preenchido o requisito estabelecido pela Corte Suprema de que a postagem de conteúdo pedófilo-pornográfico tenha sido feita em cenário propício ao livre acesso" (CC 150.564/MG, Rel. Min. Reynaldo Soares da Fonseca, 3.ª Seção, julgado em 26.4.2017, *DJe* 2.5.2017).

Neste último julgado, portanto, o Superior Tribunal de Justiça entendeu que a competência é da Justiça Estadual.

11.2.16. Simulação da participação de criança ou adolescente em cena de sexo ou pornografia

Art. 241-C. Simular a participação de criança ou adolescente em cena de sexo explícito ou pornográfica por meio de adulteração, montagem ou modificação de fotografia, vídeo ou qualquer outra forma de representação visual:
Pena — reclusão, de um a três anos, e multa.

1. Objetividade jurídica
A honra e a dignidade das crianças e dos adolescentes.

2. Elementos do tipo
No dispositivo em questão é feita uma **montagem** ou **adulteração** em foto ou vídeo para parecer que determinada criança ou adolescente tomou parte em ato sexual ou pornográfico.

A mera montagem em si já é suficiente para configurar a infração penal por parte de quem a produziu.

O parágrafo único do art. 241-C prevê, ainda, que na mesma pena incorre quem vende ou expõe à venda, disponibiliza, distribui ou divulga por qualquer meio a fotografia ou o vídeo objeto da montagem ou adulteração, bem como quem adquire, possui ou armazena o material produzido.

O art. 216-B, parágrafo único, do CP pune com detenção, de seis meses a um ano, e multa, quem realiza montagem em fotografia, vídeo, áudio ou qualquer outro registro com o fim de incluir pessoa em cena de nudez ou ato sexual ou libidinoso de caráter íntimo. Note-se, contudo, que, se a vítima for menor de 18 anos, configura-se o crime do art. 241-C do Estatuto, que possui pena maior.

3. Sujeito ativo
Pode ser qualquer pessoa.

4. Sujeito passivo
A criança ou o adolescente que aparece na montagem.

5. Consumação
No momento em que realizada a conduta típica, independentemente de qualquer outro resultado.

De acordo com o art. 111, V, do Código Penal, nos crimes contra a dignidade sexual contra a criança e o adolescente, previstos neste Código ou em legislação especial, a prescrição somente começa a correr a partir da data em que a vítima completar dezoito anos, salvo se a esse tempo já houver sido proposta a ação penal.

6. Tentativa
É possível.

7. Ação penal
Pública incondicionada.

11.2.17. Aliciamento ou assédio de criança a fim de com ela praticar ato libidinoso

> **Art. 241-D.** Aliciar, assediar, instigar ou constranger, por qualquer meio de comunicação, criança, com o fim de com ela praticar ato libidinoso: Pena — reclusão, de um a três anos, e multa.
> Parágrafo único. Nas mesmas penas incorre quem:
> I — facilita ou induz o acesso à criança de material contendo cena de sexo explícito ou pornográfica com o fim de com ela praticar ato libidinoso;
> II — pratica as condutas descritas no *caput* deste artigo com o fim de induzir criança a se exibir de forma pornográfica ou sexualmente explícita.

1. Objetividade jurídica
A moral e a dignidade sexual das crianças.

2. Elementos do tipo
As condutas típicas são aliciar (atrair), assediar (convidar para envolvimento), instigar ou constranger criança, com o fim de com ela praticar ato libidinoso (*caput*) ou a fim de induzi-la a se exibir de forma pornográfica ou sexualmente explícita (parágrafo único, II). O delito pode ser cometido por **qualquer meio** (pessoalmente, por telefone, pela *internet*). Comete a infração penal, por exemplo, quem mantém contato com a criança por meio de *webcam* e pede a esta para mostrar seu órgão genital etc.

Premissa do delito é que o agente não realize o ato sexual com a criança, pois, se o fizer, estará incurso em crime muito mais grave (estupro de vulnerável). Além disso, se o sujeito está na presença de uma criança e faz a ela uma proposta de ato sexual para realização imediata que, todavia, não se concretiza por circunstâncias alheias à sua vontade, incorre em tentativa de estupro de vulnerável. Ex.: o sujeito vai visitar os pais de uma criança que está sozinha em casa e, ao perceber a ausência dos pais, pede para a criança pegar no pênis dele. Esta, contudo, sai correndo.

Na figura do parágrafo único, I, o agente mostra material pornográfico à criança ou induz o acesso desta a tal material (diz a ela como acessar *sites* com material de sexo explícito) a fim de criar interesse na criança por atos sexuais, com o intuito de praticar com ela atos de natureza similar.

3. Sujeito ativo
Pode ser qualquer pessoa.

4. Sujeito passivo
Somente crianças.

5. Consumação
Com a realização da conduta típica, ou seja, com o simples assédio, com a mera efetivação de convites. Se o sujeito pede para uma criança tirar a roupa e fazer poses sensuais pela *internet* e ela se recusa, o delito já está consumado.

O Superior Tribunal de Justiça, no julgamento do HC n. 478.310/PA (rel. Ministro Rogerio Schietti Cruz, 6.ª Turma, julgado em 9.2.2021, *DJe* de 18.2.2021), firmou entendimento no sentido de que o crime de estupro de vulnerável pode ser praticado de forma virtual. Em outras palavras, para a Corte estará configurado o delito se o agente, via *webcam*, mantiver efetivo contato visual com alguém menor de 14 anos, e convencer a vítima a ficar nua diante da câmera (contemplação lasciva) ou a se masturbar, por exemplo. Se, todavia, o menor for convencido a assistir o agente se masturbando diante da câmera, sem que o menor em si pratique ato sexual ou fique nu, o crime será o do art. 218-A do Código Penal (satisfação de lascívia mediante presença de criança ou adolescente). Neste último crime, a palavra "presença" abrange a modalidade virtual.

De acordo com o art. 111, V, do Código Penal, nos crimes contra a dignidade sexual contra a criança e o adolescente, previstos neste Código ou em legislação especial, a prescrição somente começa a correr a partir da data em que a vítima completar dezoito anos, salvo se a esse tempo já houver sido proposta a ação penal.

6. Tentativa
É possível no caso de assédio feito na forma escrita, quando há extravio.

7. Ação penal
Pública incondicionada.

11.2.18. Venda ou fornecimento de arma

> **Art. 242.** Vender, fornecer ainda que gratuitamente ou entregar, de qualquer forma, a criança ou adolescente arma, munição ou explosivo:
> Pena — reclusão de três a seis anos.

1. Objetividade jurídica
A incolumidade física das crianças e dos adolescentes, bem como de terceiros que podem se lesionar ou serem lesionados pela utilização indevida da arma.

2. Elementos do tipo
O dispositivo em análise encontra-se quase totalmente revogado pelo Estatuto do Desarmamento (Lei n. 10.826/2003), cujo art. 16, parágrafo único, IV, pune quem vende, entrega ou fornece, ainda que gratuitamente, arma de fogo, acessório, munição ou explosivo a criança ou adolescente. Assim, o art. 242 do ECA só está em vigor em relação a **outros tipos de armas** (que não sejam armas de fogo). Ex.: venda de punhal, espada etc.

As condutas típicas são: a) vender; b) fornecer, ainda que gratuitamente; ou c) entregar de qualquer forma.

3. Sujeito ativo
Qualquer pessoa.

4. Sujeito passivo
A criança ou o adolescente que compra ou recebe a arma.

5. Consumação
Trata-se de crime de perigo abstrato, que se consuma no momento da conduta típica, independentemente de qualquer resultado.

6. Tentativa
É possível.

7. Ação penal
Pública incondicionada.

11.2.19. Venda ou fornecimento de bebida alcoólica ou de substância capaz de provocar dependência

> **Art. 243.** Vender, fornecer, servir, ministrar ou entregar, ainda que gratuitamente, de qualquer forma, a criança ou adolescente, bebida alcoólica ou, sem justa causa, outros produtos cujos componentes possam causar dependência física ou psíquica:
> Pena — detenção, de dois a quatro anos, e multa, se o fato não constitui crime mais grave.

1. Objetividade jurídica
A saúde, a incolumidade física e psíquica de crianças e adolescentes.

2. Elementos do tipo
Ao tratar da pena da infração penal, o legislador deixou clara a sua subsidiariedade (subsidiariedade expressa), de modo que ficará absorvida sempre que o fato constituir crime mais grave. Assim, quando a substância provocadora da dependência física ou psíquica constar do rol de substâncias entorpecentes (drogas) elaborado pela Agência Nacional de Vigilância Sanitária (Anvisa), o fato será tipificado como **tráfico de drogas** — e a pena sofrerá aumento de 1/6 a 2/3 por ter como destinatária criança ou adolescente (art. 33, *caput*, c/c art. 40, VI, da Lei n. 11.343/2006).

O delito em análise, portanto, configura-se pela venda de bebida alcoólica ou de produtos como cigarro, cola de sapateiro, medicamentos que podem provocar dependência, ainda que pelo uso indevido etc.

As condutas típicas são: a) vender; b) fornecer; c) servir; d) ministrar; e) entregar. Nas quatro últimas modalidades o crime existe ainda que a conduta decorra de ato gratuito. Assim, pode ser punido o dono ou o funcionário de um bar, supermercado, restaurante ou loja de conveniência, ou, ainda, o vendedor ambulante, que venda a bebida alcoólica a um menor, bem como o garçom que em uma festa sirva a bebida, ou o amigo que entregue um copo com bebida à vítima.

Trata-se de tipo **misto alternativo** em que a realização de mais de uma conduta em relação ao mesmo objeto material e ao mesmo menor configura crime único.

Se houver justa causa para a conduta, o fato é atípico (ex.: médico que ministra medicação capaz de provocar dependência no menor em razão de seu estado de saúde justificar a medida).

A redação originária do art. 243 do ECA considerava crime apenas a venda, o fornecimento ou a entrega, a criança ou adolescente, **de substância capaz de causar dependência física ou psíquica**. O Superior Tribunal de Justiça, porém, firmou entendimento de que referido dispositivo não alcançava a venda de bebida alcoólica a menor de idade porque o art. 81 do próprio Estatuto, em seus incisos II e III, expressamente diferencia bebidas alcoólicas de outras substâncias provocadoras de dependência. Referido tribunal superior, portanto, decidiu que o crime do art. 243 só se aplicava à venda de outras substâncias, como, por exemplo, a cola de sapateiro. Nesse sentido: STJ, HC 113.896/PR, Rel. Min. Og Fernandes, 6.ª Turma, julgado em 19.10.2010, *DJe* 16.11.2010 e STJ, REsp 942.288/RS, Rel. Min. Jorge Mussi, 5.ª Turma, julgado em 28.2.2008, *DJe* 31.3.2008; entre outros. A venda de bebida alcoólica para menores, de acordo com a Corte, continuava a tipificar a contravenção penal do art. 63, I, da LCP. Em razão disso, o legislador aprovou a Lei n. 13.106/2015, que expressamente acrescentou ao art. 243 a venda de bebida alcoólica a menor. Assim, não há dúvida de que, a partir da entrada em vigor de tal Lei, em 18 de março de 2015, a venda, o fornecimento e a entrega de bebida alcoólica ou de qualquer outra substância capaz de causar dependência a menor de idade configuram crime. A referida Lei, aliás, revogou **expressamente** o art. 63, I, da LCP. Em junho de 2024, o Superior Tribunal de Justiça aprovou a Súmula n. 669 com o seguinte teor: "O fornecimento de bebida alcoólica para criança ou adolescente, após o advento da Lei 13.106, de 17 de março de 2015, configura o crime previsto no artigo 243 do Estatuto da Criança e do Adolescente (ECA)".

3. Sujeito ativo
Qualquer pessoa.

4. Sujeito passivo
A criança ou o adolescente que compra ou recebe a substância.

5. Consumação
Trata-se de crime de **perigo abstrato**, que se consuma no momento da conduta típica, independentemente de qualquer resultado.

6. Tentativa
É possível.

7. Ação penal
Pública incondicionada.

11.2.20. Venda ou fornecimento de fogos de estampido ou de artifício

> **Art. 244.** Vender, fornecer ainda que gratuitamente ou entregar, de qualquer forma, a criança ou adolescente fogos de estampido ou de artifício, exceto aqueles que, pelo seu reduzido potencial, sejam incapazes de provocar qualquer dano físico em caso de utilização indevida:
> Pena — detenção, de seis meses a dois anos, e multa.

1. Objetividade jurídica

A incolumidade física das crianças e dos adolescentes, bem como de terceiros, que podem se lesionar ou serem lesionados pela utilização indevida dos fogos de artifício ou de estampido.

2. Elementos do tipo

As condutas típicas são: a) vender; b) fornecer, ainda que gratuitamente; ou c) entregar de qualquer forma.

É necessário que a conduta diga respeito a fogo de estampido ou de artifício que possa provocar dano físico na criança ou no adolescente, em caso de utilização indevida. Será necessário, portanto, fazer prova da lesividade do objeto material.

O próprio dispositivo exclui a tipicidade quando se trata de fogo de estampido ou de artifício incapaz de provocar lesão.

3. Sujeito ativo

Pode ser qualquer pessoa: um comerciante que vende o fogo de artifício; o pai que o entrega ao filho menor etc.

4. Sujeito passivo

A criança ou o adolescente que compra ou recebe o fogo de estampido ou de artifício.

5. Consumação

Trata-se de crime de **perigo abstrato**, que se consuma no momento da conduta típica, independentemente de qualquer resultado.

6. Tentativa

É possível.

7. Ação penal

Pública incondicionada.

11.2.21. Submissão de criança ou adolescente à prostituição ou exploração sexual

> **Art. 244-A.** Submeter criança ou adolescente, como tais definidos no *caput* do art. 2.º desta Lei, à prostituição ou à exploração sexual: Pena — reclusão, de quatro a dez anos, e multa.

> § 1.º Incorrem nas mesmas penas o proprietário, o gerente ou o responsável pelo local em que se verifique a submissão de criança ou adolescente às práticas referidas no *caput* deste artigo.
> § 2.º Constitui efeito obrigatório da condenação a cassação da licença de localização e de funcionamento do estabelecimento.

1. Revogação do dispositivo

A Lei n. 12.015/2009 acrescentou o art. 218-B no CP, tipificando essas mesmas condutas (e outras) que envolvem a prostituição e a exploração sexual de menores. Assim, o art. 244-A do ECA está **tacitamente** revogado pela lei posterior que tratou do mesmo tema.

11.2.22. Corrupção de menores

> **Art. 244-B.** Corromper ou facilitar a corrupção de menor de 18 anos, com ele praticando infração penal ou induzindo-o a praticá-la:
> Pena — reclusão de um a quatro anos.

1. Objetividade jurídica

Evitar que crianças e adolescentes ingressem ou prossigam na criminalidade.

2. Elementos do tipo

O crime de corrupção de menores era originariamente descrito no art. 1.º da Lei n. 2.252/54, mas foi deslocado da referida Lei para o Estatuto da Criança e do Adolescente por determinação da Lei n. 12.015/2009.

As condutas típicas são:

a) **corromper o menor com ele praticando infração penal**. Nesta hipótese, o maior de idade é coautor do delito cometido também pelo menor;

b) **facilitar a corrupção do menor, induzindo-o a cometer infração penal**. Como a lei se refere a "infração penal" e não somente a "crime", tipifica-se o delito em tela se o objetivo for a prática de **contravenção penal**. Ex.: induzir menor a trabalhar com jogo do bicho.

O agente é punido pelo crime-fim e pela corrupção de menores.. Ex.: o sujeito induz um menor a cometer um homicídio. Responde por este crime e pela corrupção de menores.

Se for praticado um **roubo** na companhia de pessoa menor de idade, o agente deve responder pelo roubo majorado pelo concurso de pessoas (art. 157, § 2.º, II, do CP) e também pelo crime de corrupção de menores do art. 244-B da Lei n. 8.069/90 (Estatuto da Criança e do Adolescente). As cortes superiores firmaram entendimento de que não há *bis in idem* em tal hipótese porque os bens jurídicos afetados são diversos:

> "Não configura *bis in idem* a aplicação da majorante relativa ao concurso de pessoas no roubo e a condenação do agente por corrupção de menores, tendo em vista serem condutas

autônomas que atingem bens jurídicos distintos. Precedentes" (STJ — AgRg no REsp 1.806.593/SP, Rel. Min. Rogerio Schietti Cruz, 6.ª Turma, julgado em 26.5.2020, *DJe* 4.6.2020); "Deve ser reconhecido o concurso formal de crimes quando a corrupção de menores ocorre em razão da prática de delito de roubo majorado na companhia do adolescente" (STJ — AgRg no AREsp 1.665.758/RO, Rel. Min. Laurita Vaz, 6.ª Turma, julgado em 19.5.2020, *DJe* 5.6.2020); "Ressalta-se que 'A jurisprudência desta Corte Superior se assentou no sentido de que não configura *bis in idem* a incidência da causa de aumento referente ao concurso de agentes pelo envolvimento de adolescente na prática do crime, seguida da condenação pelo crime de corrupção de menores, já que se está diante de duas condutas autônomas e independentes, que ofendem bens jurídicos distintos' (REsp 1.714.810/PR, Rel. Min. Jorge Mussi, 5.ª Turma, julgado em 25.9.2018, *DJe* 3.10.2018)" (STJ — AgRg no AREsp 1.581.282/SE, Rel. Min. Joel Ilan Paciornik, 5.ª Turma, julgado em 28.4.2020, *DJe* 4.5.2020); "Na espécie, o Tribunal local assentou que a conduta descrita como o delito de roubo majorado pelo concurso de agentes não absorve o crime de corrupção de menores, porque restou evidenciada a existência de crimes autônomos, sem nexo de dependência ou subordinação, fundamentação que se alinha à jurisprudência desta Corte. Precedentes. *Habeas corpus* não conhecido" (STJ — HC 405.448/MS, Rel. Min. Reynaldo Soares da Fonseca, 5.ª Turma, julgado em 19.9.2017, *DJe* 26.9.2017); "Não configura *bis in idem* a incidência da causa de aumento referente ao concurso de agentes no delito de roubo, seguida da condenação pelo delito de corrupção de menores, já que são duas condutas, autônomas e independentes, que ofendem bens jurídicos distintos — no roubo, o patrimônio e a integridade física e psíquica da pessoa, e na corrupção de menores, a integridade do menor de dezoito anos e a preservação dos padrões éticos da sociedade (HC n. 93.354/PR, 1.ª Turma, STF, Rel. Min. Luiz Fux, *DJe* de 19.10.2011)" (STJ — HC 394.112/SP, Rel. Min. Maria Thereza de Assis Moura, 6.ª Turma, julgado em 3.8.2017, *DJe* 14.8.2017).

A hipótese é de concurso **formal** entre os crimes de roubo e corrupção de menores. Este também o entendimento de Nélson Hungria[1]. No mesmo sentido:

"O crime de corrupção de menor foi cometido no mesmo contexto fático e momento da prática do crime de roubo, razão pela qual se mostra mais correto o reconhecimento do concurso formal de crimes, uma vez que não restou demonstrada, de forma concreta, a autonomia das condutas ou a precedência de uma em relação à outra. Infere-se no caso que, mediante uma única ação, o paciente praticou ambos os delitos, tendo a corrupção de menores se dado em razão da prática do delito patrimonial. Sendo assim, de rigor o reconhecimento do concurso formal" (STJ — AgRg no HC 532.029/SP, Rel. Min. Ribeiro Dantas, 5.ª Turma, julgado em 4.2.2020, *DJe* 13.2.2020); "Deve ser reconhecido o concurso formal de crimes quando a corrupção de menores ocorre em razão da prática de delito de roubo majorado na companhia do adolescente" (STJ — AgRg no AREsp 1.665.758/RO, Rel. Min. Laurita Vaz, 6.ª Turma, julgado em 19.5.2020, *DJe* 5.6.2020).

O crime de **tráfico de drogas** (art. 33, *caput*, da Lei n. 11.343/2006) tem a sua pena aumentada de 1/6 a 2/3 quando o delito envolve pessoa menor de idade (art. 40, VI, da Lei de Drogas). Por se tratar de causa de aumento de pena **específica** de tal delito, prevalece em relação ao crime de corrupção de menores. Assim, quando o crime de tráfico

---

[1] HUNGRIA, Nélson. *Comentários ao Código Penal.* v. VII. p. 47.

é cometido na companhia de pessoa menor de idade, o réu deve ser condenado pelo tráfico de drogas com a majorante em questão, não podendo haver condenação concomitante pelo crime de corrupção de menores: Nesse sentido:

"Configura *bis in idem* a condenação conjunta do tráfico de drogas majorado pela participação de menor com o crime de corrupção de menores previsto no art. 244-B da Lei n. 8.069/90" (STJ — AgRg nos EDcl no REsp 1.716.826/PR, Rel. Min. Joel Ilan Paciornik, 5.ª Turma, julgado em 10.4.2018, *DJe* 23.4.2018); "A controvérsia cinge-se em saber se constitui ou não *bis in idem* a condenação simultânea pelo crime de corrupção de menores e pelo crime de tráfico de drogas com a aplicação da majorante prevista no art. 40, VI, da Lei de Drogas. 2. Não é cabível a condenação por tráfico com aumento de pena e a condenação por corrupção de menores, uma vez que o agente estaria sendo punido duplamente por conta de uma mesma circunstância, qual seja, a corrupção de menores (*bis in idem*). 3. Caso o delito praticado pelo agente e pelo menor de 18 anos não esteja previsto nos arts. 33 a 37 da Lei de Drogas, o réu poderá ser condenado pelo crime de corrupção de menores, porém, se a conduta estiver tipificada em um desses artigos (33 a 37), pelo princípio da especialidade, não será possível a condenação por aquele delito, mas apenas a majoração da sua pena com base no art. 40, VI, da Lei n. 11.343/2006. 4. *In casu*, verifica-se que o réu se associou com um adolescente para a prática do crime de tráfico de drogas. Sendo assim, uma vez que o delito em questão está tipificado entre os delitos dos arts. 33 a 37, da Lei de Drogas, correta a aplicação da causa de aumento prevista no inciso VI do art. 40 da mesma Lei. 5. Recurso especial improvido" (STJ — REsp 1.622.781/MT, Rel. Min. Sebastião Reis Júnior, 6.ª Turma, julgado em 22.11.2016, *DJe* 12.12.2016).

O § 1.º do art. 244-B esclarece que se mostra presente o delito em estudo ainda que a cooptação do menor ocorra por **meio eletrônico**, mesmo que em salas de bate-papo da *internet*.

3. Causa de aumento de pena

De acordo com o § 2.º do art. 244-B, as penas serão aumentadas em 1/3 no caso de a infração cometida ou induzida estar incluída no rol do art. 1.º da Lei n. 8.072/90 (Lei dos Crimes Hediondos). São exemplos de crimes hediondos o homicídio qualificado, o latrocínio, o roubo majorado pelo emprego de arma de fogo, a extorsão qualificada pela restrição de liberdade, o estupro, o estupro de vulnerável etc. Esta causa de aumento não abrange os crimes equiparados a hediondos que não estão previstos no referido art. 1.º.

4. Sujeito ativo
Qualquer pessoa.

5. Sujeito passivo
A criança ou o adolescente convencido a cometer a infração penal em conjunto com o agente ou induzido a cometê-la. Se o agente pratica o crime na companhia de dois ou mais menores, deverá ser punido por crimes de corrupção de menores em concurso formal.

6. Consumação
No momento em que o menor comete a infração penal — na companhia do agente ou não.

Sempre existiu polêmica em torno da natureza deste delito. Para alguns, o crime é **material** e pressupõe que se faça prova de que o menor não era corrompido e que, em razão do delito que cometeu, tornou-se corrompido, ou seja, tornou-se adepto a práticas ilícitas. Para outros, o crime é **formal**, sendo desnecessárias referidas provas.

O Superior Tribunal de Justiça adotou este último entendimento e aprovou a Súmula 500, que diz que "a configuração do crime do art. 244-B do ECA independe da prova da efetiva corrupção do menor, por se tratar de delito formal". De acordo com esse entendimento, basta que se prove que o agente cometeu a infração penal na companhia do menor ou que o induziu a praticá-la.

De acordo com o Superior Tribunal de Justiça, também existe o delito se o menor já era anteriormente adepto a práticas ilícitas:

"Por ocasião do julgamento do Recurso Especial Representativo de Controvérsia n. 1.127.954/DF (*DJe* 1.º.2.2012), a 3.ª Seção deste Superior Tribunal uniformizou o entendimento de que, para a configuração do crime de corrupção de menores, basta haver evidências da participação de menor de 18 anos no delito e na companhia de agente imputável, sendo irrelevante o fato de o adolescente já estar corrompido, visto que se trata de delito de natureza formal" (REsp 1.288.494/SP, Rel. Min. Rogerio Schietti Cruz, 6.ª Turma, *DJe* 21.11.2016); "Por certo, o cometimento de novo ato infracional pela menor corrompida importa em sua maior inserção no mundo do crime, além de causar grave prejuízo ao seu desenvolvimento físico, mental, moral, espiritual e social, em clara afronta aos ideais do Estatuto da Criança e do Adolescente" (STJ — HC 423.100/PR, Rel. Min. Ribeiro Dantas, 5.ª Turma, julgado em 3.5.2018, *DJe* 10.5.2018); "(...) é descabido o argumento de que o menor já seria corrompido, porquanto o comportamento do réu, consistente em oportunizar, ao inimputável, nova participação em fato delituoso, deve ser igualmente punido, tendo em vista que implica em afastar o menor, cada vez mais, da possibilidade de recuperação" (AgRg no REsp 1.371.397/DF, Rel. Min. Assusete Magalhães, 6.ª Turma, julgado em 4.6.2013, *DJe* 17.6.2013). Há diversos outros julgados no mesmo sentido.

No Superior Tribunal de Justiça também firmou-se entendimento de que a menoridade pode ser comprovada não apenas pela certidão de nascimento ou carteira de identidade, mas também por qualquer outro documento idôneo, como, por exemplo, o auto de apreensão do adolescente ou o boletim de ocorrência registrado pela polícia, no qual conste a data de nascimento, bem como no auto de declarações por ele prestadas perante a autoridade policial durante o inquérito policial. Nesse sentido:

"A jurisprudência desta Corte Superior consolidou-se no sentido de que o documento hábil para se comprovar a idade do menor envolvido não se restringe ao registro civil, sendo outros documentos dotados de fé pública igualmente hábeis para a comprovação da idade (AgRg no REsp 1.662.249/AM, Ministro Reynaldo Soares da Fonseca, Quinta Turma, *DJe* 1.º.12.2017)" (AgRg no AREsp 1.543.873/DF, Rel. Min. Sebastião Reis Junior, 6.ª Turma, julgado em 12.5.2020, *DJe* 19.5.2020); "II — '(...) É assente na jurisprudência deste Superior Tribunal o entendimento de que a certidão de nascimento não é o único documento idôneo para comprovar a idade do adolescente corrompido, que também pode ser atestada por outros documentos oficiais, dotados de fé pública, emitidos por órgãos estatais de identificação civil e cuja veracidade somente pode ser afastada mediante prova em contrário' (AgRg no REsp 1.485.543/MG, 6.ª Turma, Rel. Min. Rogerio Schietti Cruz,

DJe de 20.2.2015)" (AgRg no REsp 1.580.661/MG, Rel. Min. Felix Fischer, 5.ª Turma, julgado em 9.8.2016, *DJe* 26.8.2016).

Posteriormente, a 3.ª Seção do Superior Tribunal de Justiça, a apreciar o tema n. 1.052, em sede de recursos repetitivos, aprovou a seguinte tese: "Para ensejar a aplicação de causa de aumento de pena prevista no art. 40, VI, da Lei n. 11.343/2006 ou a condenação pela prática do crime previsto no art. 244-B da Lei n. 8.069/1990, a qualificação do menor, constante do boletim de ocorrência, deve trazer dados indicativos de consulta a documento hábil — como o número do documento de identidade, do CPF ou de outro registro formal, tal como a certidão de nascimento". Em suma, a qualificação e idade do menor constantes de boletim de ocorrência valem como prova, desde que conste do boletim a consulta a documento hábil, como RG, CPF, certidão de nascimento etc.

7. Tentativa

É possível. Ex.: o agente convida o menor a tomar parte em um crime, mas o adolescente se recusa.

Se o menor aceita tomar parte em um roubo na companhia de um maior e eles são presos no momento da abordagem, restando tentado o roubo, o crime de corrupção de menores já se consumou, pois o menor já cometeu um crime na companhia do maior — ainda que tentado.

8. Ação penal

Pública incondicionada.

11.2.23. Omissão na comunicação de desaparecimento de criança ou adolescente

> **Art. 244-C.** Deixar o pai, a mãe ou o responsável legal, de forma dolosa, de comunicar à autoridade pública o desaparecimento de criança ou adolescente:
> Pena – reclusão, de 2 a 4 anos, e multa.

1. Objetividade jurídica

A segurança das crianças e adolescentes.

2. Elementos do tipo

Trata-se de crime **omissivo** que tem como premissa o prévio desaparecimento de criança ou adolescente, ou seja, que um menor de idade esteja em local incerto por tempo juridicamente relevante a demandar o esforço das autoridades públicas em sua localização. A conduta típica consiste em não levar ao conhecimento das autoridades públicas o desaparecimento do menor, aumentando, como consequência, a situação de risco.

O crime só pode ser cometido pelo pai, pela mãe ou pelo responsável legal.

O delito em análise foi inserido no Estatuto pela Lei n. 14.811/2024.

3. Sujeito ativo

Trata-se de crime próprio, que só pode ser praticado pelas pessoas elencadas no texto legal – pai, mãe ou responsável legal.

Caso o pai e a mãe deixem de comunicar, responderão pelo crime em concurso.

4. Sujeito passivo
O menor de idade desaparecido.

5. Consumação
Pelo decurso de prazo juridicamente relevante a ser avaliado nos casos concretos.

6. Tentativa
Por se tratar de crime omissivo próprio não admite a forma tentada.

7. Ação penal
Pública incondicionada.

11.3. QUESTÕES

QUESTÕES DE CONCURSOS
http://uqr.to/1y3ex

12

CRIMES AMBIENTAIS
LEI N. 9.605/98

12.1. INTRODUÇÃO

De acordo com o art. 3.º, I, da Lei n. 6.938/81, meio ambiente "é o conjunto de condições, leis, influências e interações de ordem física, química e biológica, que permite, abriga e rege a vida em todas as suas formas".

O meio ambiente subdivide-se em:

a) **natural**: abrange a fauna, a flora, o solo, as águas (rios, mares, lagos) etc.

b) **artificial**: são as obras humanas (casas, prédios, viadutos, pontes, praças, jardins). A pichação em um muro, por exemplo, constitui crime ambiental (poluição visual).

c) **cultural**: abrange o patrimônio artístico, científico, arqueológico, turístico, paisagístico etc.

A **Constituição Federal**, em inúmeros dispositivos, tratou da proteção ao meio ambiente e, mais especificamente, em seu art. 225 estabeleceu que "todos têm direito ao meio ambiente ecologicamente equilibrado, bem de uso comum do povo e essencial à sadia qualidade de vida, impondo-se ao Poder Público e à coletividade o dever de defendê-lo e preservá-lo para as presentes e futuras gerações".

Por sua vez, o art. 225, § 3.º, da Carta Magna, dispõe que "as condutas e atividades consideradas lesivas ao meio ambiente sujeitarão os infratores, pessoas físicas ou jurídicas, a sanções penais e administrativas, independentemente da obrigação de reparar os danos causados". Justamente para cumprir a obrigação imposta ao Poder Público de defender o meio ambiente, foi aprovada a Lei n. 9.605/98, que, de maneira abrangente e moderna, cuidou dos crimes que afetam as diversas esferas ambientais, tipificando crimes contra a fauna, a flora, o patrimônio cultural e urbano, além de estabelecer punição para formas diversas de poluição. Referida lei é conhecida como Lei **Ambiental** ou Lei de **Proteção ao Meio Ambiente**.

12.2. CONCURSO DE AGENTES

Tratou o art. 2.º da Lei n. 9.605/98 de estabelecer que "quem, de qualquer forma, concorre para a prática dos crimes previstos nesta Lei, incide nas penas a estes cominadas, na medida da sua culpabilidade, bem como o diretor, o administrador, o membro de conselho e de órgão técnico, o auditor, o gerente, o preposto ou mandatário de pessoa jurídica, que, sabendo da conduta criminosa de outrem, deixar de impedir a sua prática, quando podia agir para evitá-la".

A novidade deste dispositivo em relação à legislação comum foi a de prever a responsabilidade penal do diretor, administrador, membro do conselho e de órgão técnico, auditor, gerente, preposto ou mandatário de pessoa jurídica que, sem ser o responsável direto pelo crime ambiental, tomou previamente ciência de que seria praticado e, ainda assim, **deixou de agir** para impedir sua prática quando possível fazê-lo. Estabeleceu, portanto, o dispositivo que tais pessoas têm o dever jurídico de evitar o resultado lesivo ao meio ambiente e, caso se omitam, respondem também pela infração penal. Cuida-se de **participação por omissão**, ou seja, de pessoa que, de forma omissiva, colabora para o crime de outrem.

12.3. RESPONSABILIDADE PENAL DA PESSOA JURÍDICA

A possibilidade de responsabilizar criminalmente a pessoa **jurídica** pela prática de crime ambiental, sem prejuízo da punição da pessoa física pelo mesmo delito, está expressamente prevista no art. 225, § 3.º, da Carta Magna: "As condutas e atividades consideradas lesivas ao meio ambiente sujeitarão os infratores, pessoas físicas ou **jurídicas**, a sanções penais e administrativas, independentemente da obrigação de reparar o dano".

A fim de dar efetividade ao dispositivo, o art. 3.º da Lei Ambiental dispõe que "as pessoas jurídicas serão responsabilizadas administrativa, civil e penalmente conforme o disposto nesta Lei, nos casos em que a infração seja cometida por decisão de seu representante legal ou contratual, ou de seu órgão colegiado, no interesse ou benefício da sua entidade". Ademais, seu parágrafo único acrescenta que "a responsabilidade das pessoas jurídicas não exclui a das pessoas físicas, autoras, coautoras ou partícipes do mesmo fato".

Ressalte-se que para a punição criminal da pessoa jurídica é preciso que fique provado que a decisão que gerou o ato lesivo ao meio ambiente partiu de seu representante legal ou contratual, ou de seu órgão colegiado, no interesse ou benefício da empresa, como, por exemplo, a determinação para que dejetos sejam jogados em rios a fim de evitar o custo financeiro da remoção por outros meios.

Assim, em determinadas hipóteses de poluição provocada por indústrias poderão ser responsabilizadas criminalmente a empresa e as pessoas naturais responsáveis pelo ato.

A própria Lei Ambiental, em seu art. 21, estabelece penas criminais compatíveis com a condição da pessoa jurídica.

O Supremo Tribunal Federal definiu que a punição da pessoa jurídica por crime ambiental não exige a concomitante identificação e punição da pessoa física responsável no âmbito da empresa. É claro que, quando houver tal identificação, ambos deverão ser punidos (pessoa física e jurídica). Nesse sentido: "1. O art. 225, § 3.º, da Constituição Federal não condiciona a responsabilização penal da pessoa jurídica por crimes ambientais à simultânea persecução penal da pessoa física em tese responsável no âmbito da empresa. A norma constitucional não impõe a necessária dupla imputação. 2. As organizações corporativas complexas da atualidade se caracterizam pela descentralização e distribuição de atribuições e responsabilidades, sendo inerentes, a esta realidade, as dificuldades para imputar o fato ilícito a uma pessoa concreta. 3. Condicionar a aplicação do art. 225, § 3.º, da Carta Política a uma concreta imputação também a pessoa física implica indevida restrição da norma constitucional, expressa a intenção do constituinte originário não apenas de ampliar o alcance das sanções penais, mas também de evitar a impunidade pelos crimes ambientais frente às imensas dificuldades de individualização dos responsáveis internamente às corporações, além de reforçar a tutela do bem jurídico ambiental. 4. A identificação dos setores e agentes internos da empresa determinantes da produção do fato ilícito tem relevância e deve ser buscada no caso concreto como forma de esclarecer se esses indivíduos ou órgãos atuaram ou deliberaram no exercício regular de suas atribuições internas à sociedade, e ainda para verificar se a atuação se deu no interesse ou em benefício da entidade coletiva. Tal esclarecimento, relevante para fins de imputar determinado delito à pessoa jurídica, não se confunde, todavia, com subordinar a responsabilização da pessoa jurídica à responsabilização conjunta e cumulativa das pessoas físicas envolvidas. Em não raras oportunidades, as responsabilidades internas pelo fato estarão diluídas ou parcializadas de tal modo que não permitirão a imputação de responsabilidade penal individual. 5. Recurso Extraordinário parcialmente conhecido e, na parte conhecida, provido" (RE 548181, Rel. Rosa Weber, Primeira Turma, julgado em 6.8.2013, *DJe*-213 DIVULG 29.10.2014 PUBLIC 30.10.2014 *RTJ* VOL-00230-01 PP-00464).

12.3.1. Extinção da pessoa jurídica

O Superior Tribunal de Justiça no julgamento do REsp n. 1.977.172/PR, Rel. Min. Ribeiro Dantas, Terceira Seção, julgado em 24.8.2022, *DJe* de 20.9.2022, decidiu que, extinta legalmente a pessoa jurídica acusada por crime ambiental — sem nenhum indício de fraude —, aplica-se analogicamente o art. 107, I, do CP (morte do autor do delito), com a consequente extinção de sua punibilidade.

A propósito:

"4. O princípio da intranscendência da pena, previsto no art. 5.º, XLV, da CR/1988, tem aplicação às pessoas jurídicas. Afinal, se o direito penal brasileiro optou por permitir a responsabilização criminal dos entes coletivos, mesmo com suas peculiaridades decorrentes da ausência de um corpo biológico, não pode negar-lhes a aplicação de garantias fundamentais utilizando-se dessas mesmas peculiaridades como argumento. 5. Extinta legalmente a pessoa jurídica ré — sem nenhum indício de fraude, como expressamente afirmou o acórdão recorrido —, aplica-se analogicamente o art. 107, I, do CP, com a consequente extinção de sua punibilidade. 6. Este julgamento tratou de situação em que a ação penal foi extinta pouco após o recebimento da denúncia, muito antes da prolação da sentença. Ocorrendo fraude na incorporação (ou, mesmo sem fraude, a realização da incorporação como forma de escapar ao cumprimento de uma pena aplicada em sentença definitiva), haverá evidente distinção em face do precedente ora firmado, com a aplicação de consequência jurídica diversa. É possível pensar, em tais casos, na desconsideração ou ineficácia da incorporação em face do Poder Público, a fim de garantir o cumprimento da pena" (STJ — REsp n. 1.977.172/PR, Rel. Min. Ribeiro Dantas, Terceira Seção, julgado em 24.8.2022, *DJe* de 20.9.2022).

12.4. DA APLICAÇÃO DA PENA

O art. 68 do Código Penal estabelece que a pena deve ser fixada em **três** fases. Na primeira, são consideradas as circunstâncias judiciais de seu art. 59. Na segunda, as agravantes e atenuantes genéricas. Por fim, as causas de aumento e diminuição de pena.

Na Lei n. 9.605/98, o legislador estabeleceu regras **próprias**. As circunstâncias judiciais a serem consideradas nos crimes ambientais não são, em princípio, apenas aquelas do art. 59 do Código Penal, e sim as elencadas em seu art. 6.º.

De acordo com tal dispositivo, o juiz, na fixação da pena-base (1.ª fase da aplicação da sanção), deve levar em conta:

I — **a gravidade do fato, tendo em vista os motivos da infração e suas consequências para a saúde pública e para o meio ambiente;**

II — **os antecedentes do infrator quanto ao cumprimento da legislação de interesse ambiental;**

III — **a situação econômica do infrator no caso da multa.**

Lembre-se, porém, de que o art. 79 da Lei prevê a aplicação **subsidiária** do Código Penal aos crimes ambientais, de modo que, em sendo pertinente, o juiz poderá também levar em conta na fixação da pena alguma das circunstâncias judiciais do art. 59 do Código Penal.

Na sequência, ou seja, já na **segunda** fase da fixação da pena, o magistrado deverá considerar o rol de **agravantes** e **atenuantes** genéricas descritas nos arts. 14 e 15 da Lei Ambiental.

São consideradas **agravantes**, desde que **não** constituam **elementar** do delito ou **qualificadora** (art. 15):

I — reincidência nos crimes de natureza ambiental;

II — ter o agente cometido a infração:

a) para obter vantagem pecuniária;

b) coagindo outrem para a execução material da infração;

c) afetando ou expondo a perigo, de maneira grave, a saúde pública ou o meio ambiente;

d) concorrendo para danos à propriedade alheia;

e) atingindo áreas de unidades de conservação ou áreas sujeitas, por ato do Poder Público, a regime especial de uso;

f) atingindo áreas urbanas ou quaisquer assentamentos humanos;

g) em período de defeso à fauna;

h) em domingos ou feriados;

i) à noite;

j) em épocas de seca ou inundações;

l) no interior do espaço territorial especialmente protegido;

m) com o emprego de métodos cruéis para abate ou captura de animais;

n) mediante fraude ou abuso de confiança;

o) mediante abuso do direito de licença, permissão ou autorização ambiental;

p) no interesse de pessoa jurídica mantida, total ou parcialmente, por verbas públicas ou beneficiada por incentivos fiscais;

q) atingindo espécies ameaçadas, listadas em relatórios oficiais das autoridades competentes;

r) facilitada por funcionário público no exercício de suas funções.

Saliente-se que em alguns crimes ambientais, a circunstância que é prevista como agravante genérica neste art. 15 constitui concomitantemente **causa de aumento de pena**. Em tais casos, para que não haja *bis in idem*, a agravante deve ser desconsiderada. Exemplo: o art. 53, II, *e*, prevê como causa de aumento de pena dos crimes contra a **flora** o fato de o delito ser cometido à noite ou aos domingos ou feriados, o que inviabiliza a aplicação das agravantes descritas nas alíneas *h* e *i* do art. 15.

Por seu turno, são circunstâncias que sempre **atenuam** a pena (art. 14):

I — baixo grau de instrução ou escolaridade do agente;

II — arrependimento do infrator, manifestado pela espontânea reparação do dano, ou limitação significativa da degradação ambiental causada;

III — comunicação prévia pelo agente do perigo iminente de degradação ambiental;

IV — colaboração com os agentes encarregados da vigilância e do controle ambiental.

Lembre-se de que a Súmula n. 231 do Superior Tribunal de Justiça proíbe que o reconhecimento de atenuantes genéricas faça com que a pena seja fixada aquém do mínimo legal.

Por fim, na **terceira** e última fase da fixação da pena o juiz deverá levar em conta as causas de **aumento** e de **diminuição** da pena. As causas de aumento estão previstas no próprio capítulo que trata dos crimes e das penas. Assim, por exemplo, o art. 53 prevê que nos crimes contra a flora a pena é aumentada de 1/6 a 1/3, se: I — do fato resulta a diminuição de águas naturais, a erosão do solo ou a modificação do regime climático; II — o crime é cometido: *a*) no período de queda das sementes; *b*) no período de formação de vegetações; *c*) contra espécies raras ou ameaçadas de extinção, ainda que a ameaça ocorra somente no local da infração; *d*) em época de seca ou inundação; *e*) durante a noite, em domingo ou feriado.

A tentativa, por sua vez, é causa de **diminuição** da pena. No crime tentado, o juiz deve aplicar a pena prevista para a infração penal reduzida de um a dois terços, nos termos do art. 14, parágrafo único, do Código Penal.

12.4.1. Substituição da pena privativa de liberdade por restritiva de direitos

Tal como ocorre na legislação penal comum, após a fixação da pena **privativa de liberdade**, o juiz deve verificar a possibilidade de **substituí-la** por pena **restritiva de direitos** ou pelo *sursis (suspensão condicional da pena)*.

De acordo com o art. 7.º da Lei Ambiental, as penas restritivas de direitos são **autônomas** e **substituem** as privativas de liberdade quando:

I — tratar-se de crime culposo ou for aplicada a pena privativa de liberdade inferior a quatro anos;

II — a culpabilidade, os antecedentes, a conduta social e a personalidade do condenado, bem como os motivos e as circunstâncias do crime indicarem que a substituição seja suficiente para efeitos de reprovação e prevenção do crime.

O art. 8.º da Lei dispõe que as penas restritivas de direito são:

I — prestação de serviços à comunidade;
II — interdição temporária de direitos;
III — suspensão parcial ou total de atividades;
IV — prestação pecuniária;
V — recolhimento domiciliar.

De acordo com o art. 7.º, parágrafo único, as penas restritivas de direitos terão a **mesma duração** da pena privativa de liberdade substituída. Assim, se o réu for condenado a 3 anos de reclusão e estiverem presentes os demais requisitos legais, o juiz poderá substituir a pena privativa de liberdade por pena restritivas de direitos com igual duração. Em caso de descumprimento da pena restritiva, o juiz a reconverterá em pena privativa de liberdade.

A **prestação de serviços à comunidade** consiste na atribuição ao condenado de tarefas gratuitas em parques, jardins públicos e unidades de conservação, e, no caso de dano de coisa particular, pública ou tombada, na restauração desta, se possível (art. 9.º).

As penas de **interdição temporária de direito** são a proibição de o condenado contratar com o Poder Público, de receber incentivos fiscais ou quaisquer outros benefícios, bem como de participar de licitações, pelo prazo de **cinco** anos, no caso de crimes **dolosos**, e de **três** anos, no de crimes **culposos** (art. 10).

A **suspensão de atividades** será aplicada quando estas não estiverem obedecendo às prescrições legais (art. 11).

A **prestação pecuniária** consiste no pagamento em dinheiro à vítima ou à entidade pública ou privada com fim social, de importância, fixada pelo juiz, não inferior a um salário mínimo nem superior a trezentos e sessenta salários mínimos. O valor pago será deduzido do montante de eventual reparação civil a que for condenado o infrator (art. 12).

O **recolhimento domiciliar**, por sua vez, baseia-se na autodisciplina e no senso de responsabilidade do condenado, que deverá, sem vigilância, trabalhar, frequentar curso ou exercer atividade autorizada, permanecendo recolhido nos dias e horários de folga em residência ou em qualquer local destinado à sua moradia habitual, conforme estabelecido na sentença condenatória (art. 13).

12.4.2. Suspensão condicional da pena

A concessão do *sursis* será possível nos casos de fixação de pena privativa de liberdade não superior a três anos (art. 16). Sua concessão subordina-se à presença dos requisitos do art. 77 do Código Penal (primariedade, bons antecedentes etc.).

Caso a reparação do dano conste como requisito do *sursis* (art. 78, § 2.º, do CP), sua verificação será feita mediante **laudo** de reparação do dano ambiental (art. 17).

As condições do *sursis* devem ser relacionados com a proteção ao meio ambiente (art. 17, 2.ª parte).

12.4.3. Pena de multa

Na fixação do valor da multa devem ser aplicadas as regras do Código Penal (art. 18).

Assim, de acordo com o art. 49 do Código Penal, a pena deve ser estabelecida entre **dez** e **trezentos e sessenta** dias-multa. Na fixação do **número** de dias-multa, o juiz deverá levar em conta o montante do **prejuízo** causado constatado pericialmente (art. 19).

Na fixação do **valor** de cada dia-multa, o juiz deverá ter como critério a **condição econômica** do condenado (art. 6.º, III). Não poderá, entretanto, ser fixado em valor inferior a um trigésimo do maior salário mínimo mensal vigente à época do fato, nem superior a cinco vezes esse salário. De acordo com o art. 18, se a multa revelar-se ineficaz, ainda que aplicada no valor máximo, poderá ser aumentada até três vezes, tendo em vista o valor da vantagem econômica auferida.

12.4.4. Da fixação da pena para as pessoas jurídicas

Às pessoas jurídicas consideradas responsáveis pela prática de crime ambiental poderão ser aplicadas as seguintes penas (art. 21):

I — multa;
II — restritivas de direitos;
III — prestação de serviços à comunidade.

De acordo com o dispositivo, tais penas podem ser aplicadas **isolada, cumulativa** ou **alternativamente** às pessoas jurídicas.

As penas **restritivas de direitos** da pessoa jurídica são (art. 22):

I — suspensão parcial ou total de atividades;
II — interdição temporária de estabelecimento, obra ou atividade;
III — proibição de contratar com o Poder Público, bem como dele obter subsídios, subvenções ou doações.

A **suspensão de atividades** será aplicada quando estas não estiverem obedecendo às disposições legais ou regulamentares, relativas à proteção do meio ambiente (art. 22, § 1.º).

A **interdição** será aplicada quando o estabelecimento, a obra ou a atividade estiver funcionando sem a devida autorização, ou em desacordo com a concedida, ou com violação de disposição legal ou regulamentar (art. 22, § 2.º).

A **proibição de contratar** com o Poder Público e dele obter subsídios, subvenções ou doações não poderá exceder o prazo de **dez** anos (art. 22, § 3.º).

Já a **prestação de serviços à comunidade** pela pessoa jurídica consistirá, nos termos do art. 23, em:

I — custeio de programas e de projetos ambientais;
II — execução de obras de recuperação de áreas degradadas;
III — manutenção de espaços públicos;
IV — contribuições a entidades ambientais ou culturais públicas.

Saliente-se, por fim, que o art. 24 da Lei n. 9.605/98 prevê a possibilidade de a pessoa jurídica constituída ou utilizada, preponderantemente, com o fim de permitir, facilitar ou ocultar a prática de crime ambiental, ter decretada sua **liquidação forçada**, sendo seu patrimônio considerado instrumento do crime e como tal perdido em favor do Fundo Penitenciário Nacional.

12.5. AÇÃO PENAL

Nos termos do art. 26 da Lei Ambiental, a ação penal para a apuração de todos os crimes contra o meio ambiente é sempre **pública incondicionada**.

12.6. COMPETÊNCIA

A competência para a apuração dos crimes ambientais é, em regra, da Justiça **Estadual**. O foro competente será fixado de acordo com as regras do Código de Processo Penal, ou seja, pelo local da **consumação** do crime. Ex.: se uma indústria gera poluição em sua sede na cidade de Ribeirão Preto, é nesta Comarca que deverá ocorrer a apuração, ainda que o dano ambiental também atinja outras cidades.

Haverá, por sua vez, deslocamento para a Justiça **Federal** quando o crime ambiental atingir bens, serviços ou interesse da União, suas autarquias ou empresas públicas (art. 109, IV, da CF). É o que ocorre, por exemplo, em caso de crime contra a fauna (pesca proibida, por exemplo) em mar territorial (art. 20, VI, da CF), ou contra a flora em Parque Nacional ou em Unidade de Conservação da União, ou, ainda, em crime de dano a bem especialmente protegido que pertença à União (monumentos, museus etc.).

Lembre-se de que o art. 20 da Constituição Federal enumera os bens pertencentes à União, cumprindo destacar, dentre outros: os lagos, rios e quaisquer correntes de água em terrenos de seu domínio, ou que banhem mais de um Estado, sirvam de limites com outros países, ou se estendam a território estrangeiro ou dele provenham, bem como os terrenos marginais e as praias fluviais (inciso III); os recursos minerais, inclusive os do subsolo (inciso IX); as cavidades naturais subterrâneas e os sítios arqueológicos e pré-históricos (inciso X). Dessa forma, serão apurados na esfera federal os crimes de pesca proibida cometidos, por exemplo, em rios que banhem mais de um Estado ou que sirvam de limite com outros países, ou, ainda, crimes de extração não autorizada de recursos minerais.

12.7. TRANSAÇÃO PENAL

Nos crimes contra o meio ambiente de **menor potencial ofensivo** (aqueles cuja pena **máxima** em abstrato não supera **dois** anos), é cabível a transação penal prevista no art. 76 da Lei n. 9.099/95, desde que presentes os demais requisitos legais. O art. 27 da Lei Ambiental estabelece, ainda, que a proposta de transação somente poderá ser formulada caso tenha havido a **prévia composição** do dano ambiental, exceto se comprovada a impossibilidade de fazê-lo.

Para verificar se a pena máxima do delito supera o limite de dois anos, deve-se levar em conta as causas de aumento e de diminuição da pena.

12.8. SUSPENSÃO CONDICIONAL DO PROCESSO

De acordo com o art. 28 da Lei Ambiental, as disposições do art. 89 da Lei n. 9.099 (suspensão condicional do processo), de 26 de setembro de 1995, aplicam-se aos crimes de menor potencial ofensivo nela descritos, com as seguintes modificações:

I — a declaração de extinção de punibilidade, decorrente do cumprimento das condições estabelecidas durante o período de prova, dependerá também de laudo de constatação de reparação do dano ambiental, ressalvados os casos de impossibilidade;

II — na hipótese de o laudo de constatação comprovar não ter sido completa a reparação, o prazo de suspensão do processo será prorrogado até o período máximo (quatro anos), acrescido de mais um ano, com suspensão do prazo da prescrição;

III — no período de prorrogação, não se aplicarão as demais condições da suspensão do processo (proibição de frequentar determinados lugares e de ausentar-se da comarca onde reside sem autorização judicial; comparecimento mensal e obrigatório em juízo para informar e justificar suas atividades);

IV — findo o prazo de prorrogação, proceder-se-á à lavratura de novo laudo de constatação de reparação do dano ambiental, podendo, conforme seu resultado, ser novamente prorrogado o período de suspensão, até o máximo previsto no inciso II deste artigo, observado o disposto no inciso III;

V — esgotado o prazo máximo de prorrogação, a declaração de extinção de punibilidade dependerá de laudo de constatação que comprove ter o acusado tomado as providências necessárias à reparação integral do dano.

Assim, suponha-se que tenha sido inicialmente estabelecido o prazo de dois anos de suspensão condicional do processo. Se, ao término do prazo, o acusado não tiver reparado o dano ambiental (salvo impossibilidade de fazê-lo), o período de prova poderá ser prorrogado até o máximo (quatro anos) acrescido de mais um. Nesse período não vigoram as demais condições e a prescrição permanece suspensa. Nova prorrogação pelo mesmo prazo será possível, se o acusado igualmente não tiver reparado de modo integral o dano ambiental. Ao término da "prorrogação da prorrogação", o juiz decretará a extinção da punibilidade se o dano tiver finalmente sido reparado ou revogará a suspensão condicional do processo.

As prorrogações ficam a critério do juiz, de acordo com as circunstâncias do caso concreto e as justificativas do réu. Caso o magistrado entenda que ele está sendo afrontosamente desidioso — porque o dano é de fácil reparação, por exemplo —, poderá revogar de imediato o benefício, hipótese em que a ação penal retomará seu curso.

Saliente-se que o art. 28 da Lei Ambiental menciona impropriamente que a suspensão condicional do processo é cabível nas **infrações de menor potencial ofensivo nela descritas**. A doutrina, em verdade, entende que houve equívoco do legislador, já que a suspensão condicional é cabível em todos os crimes cuja pena **mínima não exceda um ano** (mesmo que a pena máxima seja superior a dois), desde que presentes os demais requisitos legais (primariedade, bons antecedentes etc.).

12.9. DA SENTENÇA CONDENATÓRIA

De acordo com o art. 20 da Lei, "a sentença penal condenatória, sempre que possível, fixará o valor mínimo para reparação dos danos causados pela infração considerando os prejuízos sofridos pelo ofendido ou pelo meio ambiente". Segundo o parágrafo único do mesmo art. 20, transitada em julgado a sentença condenatória, a execução poderá efetuar-se pelo valor fixado nos termos do *caput*, sem prejuízo da liquidação para apuração do dano efetivamente sofrido (caso a perícia não o tenha constatado).

Lembre-se de que, de acordo com o art. 19, a perícia de constatação do dano ambiental, sempre que possível, fixará o montante do prejuízo. Ademais, a perícia produzida no inquérito civil ou no juízo cível poderá ser aproveitada no processo penal, instaurando-se o contraditório.

O art. 4.º da Lei Ambiental dispõe que poderá ser desconsiderada a personalidade jurídica da empresa condenada sempre que for considerada obstáculo ao ressarcimento de prejuízos causados à qualidade do meio ambiente.

12.9.1. Princípio da insignificância

O Superior Tribunal de Justiça tem entendimento no sentido de que o princípio da insignificância é incompatível com certas infrações penais, quer em razão de sua gravidade (roubo, extorsão, por exemplo), quer em razão do bem jurídico tutelado (crimes contra a Administração Pública, estelionato previdenciário, crimes contra a fé pública etc.). Em relação aos crimes contra o Meio Ambiente, o Superior Tribunal de Justiça admite, em tese, a aplicação do princípio da insignificância, de modo a deixar claro que o bem tutelado em si não é sempre fator impeditivo. De ver-se, entretanto, que, se a gravidade da infração ambiental, no caso concreto, tornar necessária a aplicação da pena, inviável será o reconhecimento da atipicidade decorrente do crime de bagatela.

A propósito:

"Esta Corte tem entendimento pacificado no sentido de que é possível a aplicação do denominado princípio da insignificância aos delitos ambientais, quando demonstrada a ínfima ofensividade ao bem ambiental tutelado (AgRg no AREsp 1051541/ES, Rel. Min. Felix Fischer, 5.ª Turma, julgado em 28.11.2017, *DJe* 4.12.2017). 2. Todavia, no caso dos autos, a decisão agravada está fundamentada em jurisprudência desta Corte no sentido da impossibilidade de aplicação do princípio bagatelar nas hipóteses de pesca em período de defeso e com a utilização de petrechos proibidos (rede de arrasto com tração motorizada), independentemente da quantidade de espécimes efetivamente apreendidas. 3. Ademais, restou consignado pela Corte de origem que o paciente é contumaz na atividade ilícita, já tendo sido flagrado em atividade pesqueira ilegal e autuado pelos órgãos ambientais em muitas outras ocasiões. (STJ — AgRg no HC n. 733.585/SC, Rel. Min. Joel Ilan Paciornik, 5.ª Turma, julgado em 14.6.2022, *DJe* de 17.6.2022.); "1. De acordo com a jurisprudência desta Corte, 'Somente se admite a aplicação do princípio da insignificância aos crimes ambientais quando demonstrada a ínfima ofensividade ao bem ambiental tutelado, conceito no qual se inserem não apenas questões jurídicas ou a dimensão econômica da conduta, mas o equilíbrio ecológico que faz possíveis as condições de vida no planeta' (AgRg no REsp 1847810/PR, Rel. Min. Nefi Cordeiro, 6.ª Turma, julgado em 19.5.2020, *DJe* 25.5.2020). 2. No caso, a conduta atribuída refere-se à prática de atividade pesqueira utilizando equipamentos proibidos pela Portaria SUDEPE n. 466 de 8.11.1972, a saber, "uma rede de arrasto confeccionada em nylon e medindo cerca de 50 (cinquenta) metros de comprimento por 1, 5 (um e meio) metro de altura e com malha de 35 (trinta e cinco) mm" (fl. 4), não se podendo negar, diante das dimensões e características do petrecho, o risco que a conduta representa ao ecossistema aquático, independentemente da quantidade de peixes que tenham sido pescados ou apreendidos. 3. Agravo regimental improvido" (STJ — AgRg no AREsp n. 1.982.923/RJ, Rel. Min. Olindo Menezes (Desembargador Convocado do TRF 1.ª Região), 6.ª Turma, julgado em 3.5.2022, *DJe* de 6.5.2022).

12.10. DA APREENSÃO DO PRODUTO E DO INSTRUMENTO DE INFRAÇÃO ADMINISTRATIVA OU DE CRIME

De acordo com o art. 25 da Lei Ambiental, verificada a infração, serão **apreendidos** seus **produtos** e **instrumentos**, lavrando-se os respectivos autos.

Os **animais** serão prioritariamente libertados em seu *habitat* ou, sendo tal medida inviável ou não recomendável por questões sanitárias, entregues a jardins zoológicos, fundações ou entidades assemelhadas, para guarda e cuidados, sob a responsabilidade de técnicos habilitados. É o que dispõe o art. 25, § 1.º, da Lei Ambiental, com a redação que lhe foi dada pela Lei n. 13.052/2014.

O Supremo Tribunal Federal vedou o **abate** de animais silvestres, domésticos ou domesticados, nativos ou exóticos, apreendidos em situação de maus-tratos. A decisão, tomada por unanimidade de votos, foi proferida em 17.9.2021, no julgamento da Arguição de Descumprimento de Preceito Fundamental (ADPF) 640, tendo como relator o Ministro Gilmar Mendes.

Tratando-se de produtos **perecíveis** ou **madeiras**, serão estes avaliados e doados a instituições científicas, hospitalares, penais e outras com fins beneficentes (§ 2.º).

Os produtos e subprodutos da fauna não perecíveis serão destruídos ou doados a instituições científicas, culturais ou educacionais (§ 3.º).

Os **instrumentos** utilizados na prática da infração serão **vendidos**, garantida a sua descaracterização por meio da reciclagem (§ 4.º). Ao contrário do que prevê o art. 91, II, do Código Penal, não é necessário que o porte ou o fabrico dos instrumentos utilizados para a prática de crime ambiental, por si só, constitua fato ilícito para que o juiz decrete sua perda. O Superior Tribunal de Justiça, no julgamento do tema 1.036, em sede de recursos repetitivos, aprovou a seguinte tese: "A apreensão do instrumento utilizado na infração ambiental, fundada na atual redação do § 4.º do art. 25 da Lei n. 9.605/1998, independe do uso específico, exclusivo ou habitual para a empreitada infracional" (REsp 1.814.945 — CE, Rel. Min. Mauro Campbell, j. 10.2.2021, publ. em 24.2.2021).

12.11. CRIMES CONTRA O MEIO AMBIENTE

O Capítulo V da Lei Ambiental contém os crimes contra o Meio Ambiente. Referido Capítulo é subdivido em cinco seções, de acordo com o bem jurídico ambiental tutelado.

A Seção I cuida dos crimes contra a **fauna**.

A Seção II trata dos crimes contra a **flora**.

A Seção III define crimes de **poluição e outros ambientais**.

A Seção IV trata dos crimes contra o **Ordenamento Urbano e o Patrimônio Cultural**.

A Seção V, por fim, define os crimes contra a **Administração Ambiental**.

12.11.1. Dos crimes contra a fauna (Seção I)

Fauna, de acordo com o Dicionário Aurélio, é o "conjunto dos animais próprios de uma região ou de um período geológico".

De acordo com o art. 225, § 1.º, VII, da Constituição Federal, incumbe ao Poder Público proteger a **fauna** e a flora, vedadas, na forma da lei, as práticas que coloquem em risco sua função ecológica, provoquem a extinção de espécies ou submetam os animais a crueldade. A Lei n. 9.605/98, portanto, dá efetividade ao dispositivo da Carta Magna.

12.11.1.1. Morte, perseguição, caça, apreensão ou utilização de animais silvestres, nativos ou em rota migratória

> **Art. 29.** Matar, perseguir, caçar, apanhar, utilizar espécimes da fauna silvestre, nativos ou em rota migratória, sem a devida permissão, licença ou autorização da autoridade competente, ou em desacordo com a obtida:
> Pena — detenção, de seis meses a um ano, e multa.

1. Objetividade jurídica

O dispositivo tutela o **equilíbrio ecológico**, colocado em risco pelo ataque aos animais.

2. Elementos do tipo

O tipo penal em questão diz respeito aos animais **silvestres**, **nativos** ou em **rota migratória**. Em uma acepção simples, animais **silvestres** são aqueles que vivem na natureza. **Nativos** são aqueles originários de determinada região. Por fim, espécies **migratórias** são aquelas que mudam periodicamente a sua região de habitação.

Ocorre que, para fins penais, o alcance da proteção legal encontra-se no art. 29, § 3.º, que dispõe que "são espécimes da fauna silvestre todos aqueles pertencentes às espécies nativas, migratórias e quaisquer outras, aquáticas ou terrestres, que tenham todo ou parte de seu ciclo de vida ocorrendo dentro dos limites do território brasileiro, ou águas jurisdicionais brasileiras".

O dispositivo não alcança evidentemente quem cria e abate bois, porcos, frangos, patos etc.

As condutas típicas são:

a) **matar**: tirar a vida, eliminar, assassinar;

b) **perseguir**: seguir no encalço, ir atrás;

c) **caçar**: perseguir animais com o intuito de matá-los ou capturá-los;

d) **apanhar**: prender, capturar;

e) **utilizar**: fazer uso (apresentar o animal em espetáculo, por exemplo).

Pratica o delito, portanto, quem mata dolosamente um tatu, quem apreende um macaco ou caça aves nativas etc.

A configuração do delito pressupõe que o fato ocorra sem a devida **permissão, licença** ou **autorização** de quem de direito ou em **desacordo** com a obtida (elemento **normativo** do tipo).

O Superior Tribunal de Justiça firmou entendimento no sentido de que haverá concurso de crimes caso o agente falsifique documentos:

> "A manutenção em cativeiro de pássaros da fauna silvestre brasileira ameaçados de extinção em desacordo com a licença obtida constitui conduta delituosa prevista no art. 29 da

Lei n. 9.605/1998. 2. A inserção de informação diversa da que deveria constar no registro para constituição da empresa 'C.S', bem como em vários outros documentos amolda-se ao tipo penal previsto no art. 299 do Código Penal. 3. Impossibilidade de absorção do crime de falsidade ideológica pelo crime ambiental, em face da autonomia das condutas, praticadas de forma distinta e em períodos diversos. 4. Recurso especial provido para reformar a sentença de primeiro grau e condenar os réus pelo crime do art. 299 do Código Penal, com retorno dos autos ao juiz de primeiro grau com o fim de aplicação da pena" (REsp n. 1.745.308/MG, Rel. Min. Rogerio Schietti Cruz, 6.ª Turma, julgado em 7.5.2019, *DJe* de 14.5.2019.)

O elemento subjetivo é o dolo, ou seja, a vontade livre e consciente de realizar uma das condutas típicas elencadas no texto legal.

Esclarece o art. 29, § 6.º, que as disposições deste artigo não se aplicam aos atos de **pesca** porque em relação a esta existem crimes específicos nos arts. 34 e 35. Caso a conduta não se enquadre nestes dispositivos, o fato será atípico.

3. Figuras equiparadas

Prevê o art. 29, § 1.º, as mesmas penas para quem:

I — impede a procriação da fauna, sem licença, autorização ou em desacordo com a obtida. Comete o crime, por exemplo, quem destrói ovos ou provoca aborto em animal silvestre;

II — modifica, danifica ou destrói ninho, abrigo ou criadouro natural;

III — vende, expõe à venda, exporta ou adquire, guarda, tem em cativeiro ou depósito, utiliza ou transporta ovos, larvas ou espécimes da fauna silvestre, nativa ou em rota migratória, bem como produtos e objetos dela oriundos, provenientes de criadouros não autorizados ou sem a devida permissão, licença ou autorização da autoridade competente. É comum, por exemplo, a venda e a exposição à venda de animais silvestres em feiras, o que constitui hipótese evidente do crime em questão.

4. Sujeito ativo

Pode ser qualquer pessoa.

5. Sujeito passivo

A coletividade. O animal morto, caçado, perseguido ou apreendido é considerado **objeto material** da infração.

6. Consumação

No momento em que realizada a conduta típica. A infração configura-se ainda que ocorra a morte de um único espécime. Devido à particularidade do bem jurídico tutelado, não nos parece viável a incidência do princípio da insignificância, porque, se a todos fosse permitida a morte de um ou de alguns poucos exemplares da fauna silvestre, a infração penal restaria esvaziada e os animais silvestres estariam despidos da necessária proteção.

Por sua vez, a morte de um único animal silvestre por pessoa faminta para saciar a própria fome ou de seus familiares não constitui crime em face da excludente do estado de necessidade (art. 37, I).

7. Tentativa

É possível.

Veja-se que, se o agente tenta matar durante uma caçada, o crime já está consumado em razão do ato de caçar, que constitui figura típica autônoma. É viável, contudo, que o agente se depare com um animal silvestre sem que o tenha perseguido ou caçado e tente sem êxito tirar sua vida. Em tal caso responde por tentativa do crime ambiental.

8. Causas de aumento de pena

Nos §§ 4.º e 5.º do art. 29, estão descritas diversas causas de aumento de pena aplicáveis tanto às figuras do *caput* quanto às equiparadas do § 1.º.

O § 4.º dispõe que a pena é aumentada de **metade**, se o crime é praticado:

I — contra espécie rara ou considerada ameaçada de extinção, ainda que somente no local da infração. O rol de espécies consideradas ameaçadas de extinção consta do art. 1.º da Instrução Normativa n. 003 do Ministério do Meio Ambiente, de 26 de maio de 2003;
II — em período proibido à caça;
III — durante a noite;
IV — com abuso de licença;
V — em unidade de conservação;
VI — com emprego de métodos ou instrumentos capazes de provocar destruição em massa.

Algumas dessas causas de aumento de pena estão também previstas no art. 15, II, da Lei n. 9.605/98 como agravantes genéricas: ser o crime cometido na época de defeso à fauna, ser o delito cometido à noite ou mediante abuso de licença ou atingindo espécies ameaçadas de extinção. Evidente, contudo, que somente as causas de aumento do art. 29, § 4.º, por serem específicas, é que terão incidência, sob pena de se incorrer em *bis in idem*.

Já o § 5.º prevê que a pena é aumentada até o **triplo**, se o crime decorre do exercício de **caça profissional**. Lembre-se de que o art. 2.º da Lei n. 5.197/67 expressamente proíbe a caça profissional em todo o território nacional. Saliente-se, outrossim, que o texto legal não determina que a pena seja sempre aumentada no triplo, e sim que seja aumentada **até** o triplo, podendo o juiz optar por índice menor.

9. Perdão judicial

Dispõe o art. 29, § 2.º, que, no caso de guarda **doméstica** de espécie silvestre não considerada ameaçada de extinção, pode o juiz, considerando as circunstâncias, deixar de aplicar a pena. O **perdão judicial** constitui causa extintiva da punibilidade (art. 107, IX, do CP) e o autor do delito mantém a primariedade (art. 120 do CP).

10. Ação penal

Em regra, a competência é da Justiça Estadual. O Plenário do Supremo Tribunal Federal, no julgamento do tema 648, em sede de repercussão geral, aprovou a seguinte tese: "Compete à Justiça Federal processar e julgar o crime ambiental de caráter **transnacional** que envolva animais silvestres, ameaçados de extinção e espécimes exóticas ou protegidas por compromissos internacionais assumidos pelo Brasil" (RE 835.558/SP, rel. Min. Luiz Fux, j. 9.2.2017, public. 8.8.2017). Assim, em se tratando de tráfico internacional de animal silvestre, a competência será da Justiça Federal.

12.11.1.2. *Exportação não autorizada de pele e couro de anfíbios ou répteis*

> **Art. 30.** Exportar para o exterior peles e couros de anfíbios e répteis em bruto, sem a autorização da autoridade ambiental competente:
> Pena — reclusão, de um a três anos, e multa.

1. Objetividade jurídica

O equilíbrio ecológico, no sentido de buscar a preservação de anfíbios e répteis.

2. Elementos do tipo

A conduta típica é **exportar**, ou seja, levar para o exterior. É necessário que se trate de pele ou couro de **anfíbio** (salamandras, rãs) ou **réptil** (cobra, lagarto, jacaré). É preciso ainda que seja a pele ou o couro em estado **bruto** (tal como encontrado na natureza), acompanhados ou não do corpo do animal. O tipo penal não abrange o transporte de sapatos ou de casacos prontos para outro país.

Para a configuração do delito não é necessário que o agente tenha matado o animal. Basta a exportação sem a competente autorização ambiental (elemento **normativo** do tipo).

O elemento subjetivo, por sua vez, é o dolo.

3. Sujeito ativo

Qualquer pessoa.

4. Sujeito passivo

A coletividade. O animal que teve sua pele ou couro retirados não é considerado sujeito passivo, e sim objeto material do delito.

5. Consumação

Quando os produtos saem do território nacional.

6. Tentativa

É perfeitamente possível quando o agente é flagrado antes que a exportação se concretize em portos ou aeroportos.

7. Ação penal

Pública incondicionada, de competência da Justiça Federal, devido ao caráter transnacional do delito (art. 109, IV, da Constituição Federal).

12.11.1.3. Introdução ilegal de espécime animal no país

> **Art. 31.** Introduzir espécime animal no País, sem parecer técnico oficial favorável e licença expedida por autoridade competente:
> Pena — detenção, de três meses a um ano, e multa.

1. Objetividade jurídica
Preservar o equilíbrio ecológico evitando a entrada em território nacional, sem licença oficial, de espécime animal não adaptado.

2. Elementos do tipo
O dispositivo pune a introdução no País de animal exótico, não nativo.

A existência prévia de parecer técnico favorável ao ingresso do animal e de licença da autoridade competente exclui a tipicidade da conduta (elemento **normativo** do tipo).

3. Sujeito ativo
Pode ser qualquer pessoa.

4. Sujeito passivo
A coletividade. O animal é objeto material do crime.

5. Consumação
Com o efetivo **ingresso** do animal no País. Não é necessário que haja situação de efetivo risco (o animal pode estar e permanecer preso no Brasil). Trata-se de crime de **perigo presumido**, abstrato.

6. Tentativa
É possível. Ex.: quando a efetiva entrada no território nacional for obstada por agentes policiais.

7. Ação penal
Pública incondicionada.

De acordo com o Superior Tribunal de Justiça, a competência é da Justiça Federal:

> Conflito negativo de competência. Crime ambiental. Art. 31 da Lei n. 9.605/98. Introdução de espécimes de fauna exógena no país sem autorização. Competência da justiça federal. 1. Comprovado pelo laudo de vistoria realizado que nenhum dos animais possuía marcação ou comprovação de origem e sendo esta atividade diretamente relacionada com as atribuições do IBAMA, autarquia federal responsável pela autorização de ingresso e posse de animais exóticos no País, de acordo com Instrução Normativa 02/01 do citado órgão, há indícios de crime perpetrado em desfavor da União. 2. Uma vez que o ingresso de espécimes exóticas no País está condicionado à autorização do IBAMA, firma-se a competência da Justiça Federal, haja vista a existência de interesse de autarquia federal. 3. Conheço do conflito e declaro competente o suscitado, Juízo Federal da 3.ª Vara Criminal da Seção Judiciária do Estado do Rio Grande do Sul" (CC 96.853/RS, Rel. Min. Og Fernandes, Terceira Seção, julgado em 8.10.2008, *DJe* de 17.10.2008).

12.11.1.4. Maus-tratos e crueldade contra animais

> **Art. 32.** Praticar ato de abuso, maus-tratos, ferir ou mutilar animais silvestres, domésticos ou domesticados, nativos ou exóticos:
> Pena — detenção, de três meses a um ano, e multa.

1. Objetividade jurídica
Evitar abusos e maus-tratos contra animais.

2. Elementos do tipo
As condutas típicas são:

a) **abusar**: é fazer uso errado, excessivo. Ex.: forçar o animal a atividades exaustivas, puxando carroças por longo trajeto, em longas exibições, em exercícios demasiados, mentar relação sexual com o animal etc.;

b) **praticar maus-tratos**: tratar com violência, agredir, manter o animal em condições degradantes, não o alimentar adequadamente;

c) **ferir**: lesionar;

d) **mutilar**: decepar parte do corpo.

É preciso que a conduta típica recaia em animal **silvestre, doméstico**, domesticado, **nativo** ou **exótico**. Acerca do conceito de animal silvestre e nativo, ver comentários ao art. 29. Por seu turno, animais **domésticos** são aqueles que vivem ou são criados em casa (gato, cachorro etc.). Animais **domesticados** são aqueles que foram domados (jegues, cavalos). Animais **exóticos** são aqueles que não são naturais da região onde estão vivendo.

O elemento subjetivo é o dolo, ou seja, a vontade livre e consciente de tratar o animal de forma cruel.

O delito em questão revogou a contravenção de crueldade contra animais descrita no art. 64 da Lei das Contravenções Penais.

De acordo com o Plenário do Supremo Tribunal Federal, o sacrifício de animais em rituais religiosos não configura o delito:

> "A prática e os rituais relacionados ao sacrifício animal são patrimônio cultural imaterial e constituem os modos de criar, fazer e viver de diversas comunidades religiosas, particularmente das que vivenciam a liberdade religiosa a partir de práticas não institucionais. 3. A dimensão comunitária da liberdade religiosa é digna de proteção constitucional e não atenta contra o princípio da laicidade. 4. O sentido de laicidade empregado no texto constitucional destina-se a afastar a invocação de motivos religiosos no espaço público como justificativa para a imposição de obrigações. A validade de justificações públicas não é compatível com dogmas religiosos. 5. A proteção específica dos cultos de religiões de matriz africana é compatível com o princípio da igualdade, uma vez que sua estigmatização, fruto de um preconceito estrutural, está a merecer especial atenção do Estado. 6. Tese fixada: 'É constitucional a lei de proteção animal que, a fim de resguardar a liberdade religiosa, permite o sacrifício ritual de animais em cultos de religiões de matriz africana'. 7. Recurso extraordinário a que se nega provimento" (RE 494.601, Rel. Marco Aurélio,

Rel. p/ Acórdão: Edson Fachin, Tribunal Pleno, julgado em 28.3.2019, Processo Eletrônico *DJe*-251. Divulg. 18.11.2019. Public. 19.11.2019).

Segundo o Plenário da Corte Suprema, configura o delito a promoção de **briga de galos** (rinha):

> "A promoção de briga de galos, além de caracterizar prática criminosa tipificada na legislação ambiental, configura conduta atentatória à Constituição da República, que veda a submissão de animais a atos de crueldade, cuja natureza perversa, à semelhança da 'farra do boi' (RE 153.531/SC), não permite sejam eles qualificados como inocente manifestação cultural, de caráter meramente folclórico. Precedentes. — A proteção jurídico-constitucional dispensada à fauna abrange tanto os animais silvestres quanto os domésticos ou domesticados, nesta classe incluídos os galos utilizados em rinhas, pois o texto da Lei Fundamental vedou, em cláusula genérica, qualquer forma de submissão de animais a atos de crueldade. — Essa especial tutela, que tem por fundamento legitimador a autoridade da Constituição da República, é motivada pela necessidade de impedir a ocorrência de situações de risco que ameacem ou que façam periclitar todas as formas de vida, não só a do gênero humano, mas, também, a própria vida animal, cuja integridade restaria comprometida, não fora a vedação constitucional, por práticas aviltantes, perversas e violentas contra os seres irracionais, como os galos de briga ('gallus-gallus')" (ADI 1.856, Rel. Celso De Mello, Tribunal Pleno, julgado em 26.5.2011, *DJe* 198. Divulg. 13.10.2011, Public. 14.10.2011).

No julgamento do RE 153.531/SC, o Plenário do Supremo Tribunal Federal proibiu a chamada "**farra do boi**", na qual o animal é provocado, ferido e até torturado (RE 153.531, Rel. Francisco Rezek, Rel. p/ Acórdão: Marco Aurélio, 2.ª Turma, julgado em 3.6.1997, *DJ* 13.3.1998).

O Decreto n. 24.645/34, em seu art. 3.º, XXIX, considera maus-tratos as **touradas**, que, portanto, estão proibidas em território nacional.

A Emenda Constitucional n. 96/2017, por sua vez, acrescentou o § 7.º no art. 225 da Constituição Federal, com o seguinte teor: "Para fins do disposto na parte final do inciso VII do § 1.º deste artigo, não se consideram cruéis as práticas desportivas que utilizem animais, desde que sejam manifestações culturais, conforme o § 1.º do art. 215 desta Constituição Federal, registradas como bem de natureza imaterial integrante do patrimônio cultural brasileiro, devendo ser regulamentadas por lei específica que assegure o bem-estar dos animais envolvidos". Tal dispositivo, em princípio, impede a punição de organizadores e participantes de rodeios e vaquejadas.

De acordo com o art. 5.º da Resolução n. 1.236/2018, do Conselho Federal de Medicina Veterinária, consideram-se maus-tratos:

I — executar procedimentos invasivos ou cirúrgicos sem os devidos cuidados anestésicos, analgésicos e higiênico-sanitários, tecnicamente recomendados;

II — permitir ou autorizar a realização de procedimentos anestésicos, analgésicos, invasivos, cirúrgicos ou injuriantes por pessoa sem qualificação técnica profissional;

III — agredir fisicamente ou agir para causar dor, sofrimento ou dano ao animal;

IV — abandonar animais;

a) deixar o tutor ou responsável de buscar assistência medico-veterinária ou zootécnica quando necessária;

V — deixar de orientar o tutor ou responsável a buscar assistência médico veterinária ou zootécnica quando necessária;
VI — não adotar medidas atenuantes a animais que estão em situação de clausura junto com outros da mesma espécie, ou de espécies diferentes, que o aterrorizem ou o agridam fisicamente;
VII — deixar de adotar medidas minimizadoras de desconforto e sofrimento para animais em situação de clausura isolada ou coletiva, inclusive nas situações transitórias de transporte, comercialização e exibição, enquanto responsável técnico ou equivalente;
VIII — manter animal sem acesso adequado a água, alimentação e temperatura compatíveis com as suas necessidades e em local desprovido de ventilação e luminosidade adequadas, exceto por recomendação de médico veterinário ou zootecnista, respeitadas as respectivas áreas de atuação, observando-se critérios técnicos, princípios éticos e as normas vigentes para situações transitórias específicas como transporte e comercialização;
IX — manter animais de forma que não lhes permita acesso a abrigo contra intempéries, salvo condição natural que se sujeitaria;
X — manter animais em número acima da capacidade de provimento de cuidados para assegurar boas condições de saúde e de bem-estar animal, exceto nas situações transitórias de transporte e comercialização;
XI — manter animal em local desprovido das condições mínimas de higiene e asseio;
XII — impedir a movimentação ou o descanso de animais;
XIII — manter animais em condições ambientais de modo a propiciar a proliferação de microrganismos nocivos;
XIV — submeter ou obrigar animal a atividades excessivas, que ameacem sua condição física e/ou psicológica, para dele obter esforços ou comportamentos que não se observariam senão sob coerção;
XV — submeter animal, observada espécie, a trabalho ou a esforço físico por mais de quatro horas ininterruptas sem que lhe sejam oferecidos água, alimento e descanso;
XVI — utilizar animal enfermo, cego, extenuado, sem proteção apropriada ou em condições fisiológicas inadequadas para realização de serviços;
XVII — transportar animal em desrespeito às recomendações técnicas de órgãos competentes de trânsito, ambiental ou de saúde animal ou em condições que causem sofrimento, dor e/ou lesões físicas;
XVIII — adotar métodos não aprovados por autoridade competente ou sem embasamento técnico-científico para o abate de animais;
XIX — mutilar animais, exceto quando houver indicação clínico-cirúrgica veterinária ou zootécnica;
XX — executar medidas de depopulação por métodos não aprovados pelos órgãos ou entidades oficiais, como utilizar afogamento ou outras formas cruéis;
XXI — induzir a morte de animal utilizando método não aprovado ou não recomendado pelos órgãos ou entidades oficiais e sem profissional devidamente habilitado;
XXII — utilizar de métodos punitivos, baseados em dor ou sofrimento com a finalidade de treinamento, exibição ou entretenimento;

XXIII — utilizar agentes ou equipamentos que inflinjam dor ou sofrimento com o intuito de induzir comportamentos desejados durante práticas esportivas, de entretenimento e de atividade laborativa, incluindo apresentações e eventos similares, exceto quando em situações de risco de morte para pessoas e/ou animais ou tolerados enquanto estas práticas forem legalmente permitidas;

XXIV — submeter animal a eventos, ações publicitárias, filmagens, exposições e/ou produções artísticas e/ou culturais para os quais não tenham sido devidamente preparados física e emocionalmente ou de forma a prevenir ou evitar dor, estresse e/ou sofrimento;

XXV — fazer uso e/ou permitir o uso de agentes químicos e/ou físicos para inibir a dor ou que possibilitam modificar o desempenho fisiológico para fins de participação em competição, exposições, entretenimento e/ou atividades laborativas.

XXVI — utilizar alimentação forçada, exceto quando para fins de tratamento prescrito por médico veterinário;

XXVII — estimular, manter, criar, incentivar, utilizar animais da mesma espécie ou de espécies diferentes em lutas;

XXVIII — estimular, manter, criar, incentivar, adestrar, utilizar animais para a prática de abuso sexual;

XXIX — realizar ou incentivar acasalamentos que tenham elevado risco de problemas congênitos e que afetem a saúde da prole e/ou progenitora, ou que perpetuem problemas de saúde pré-existentes dos progenitores.

Por sua vez, o § 1.º do mesmo art. 5.º de tal Resolução diz que não configura maus-tratos a **eutanásia** (especialmente de animais sinantrópicos), desde que seguidas as normas e recomendações técnicas vigentes para as referidas práticas. Eutanásia é a indução da cessação da vida, por meio de método tecnicamente aceitável e cientificamente comprovado, realizado, assistido e/ou supervisionado por médico veterinário, para garantir uma morte sem dor e sofrimento ao animal. É aplicada em casos de morte iminente do animal.

Animais sinantrópicos são aqueles que se adaptaram a viver junto ao homem, a despeito da vontade deste.

3. Figura qualificada

De acordo com § 1.º-A do art. 32 (incluído pela Lei n. 14.064/2020) quando se tratar de **cão** ou **gato**, a pena para as condutas descritas no *caput* deste artigo será de reclusão, de dois a 5 cinco anos, multa e proibição da guarda.

4. Figura equiparada

De acordo com o art. 32, § 1.º, incorre nas mesmas penas do *caput* quem realiza **"experiência dolorosa ou cruel em animal vivo, ainda que para fins didáticos ou científicos, quando existirem recursos alternativos"**.

O dispositivo refere-se aos cientistas ou estudiosos que utilizam, por exemplo, ratos ou coelhos em suas experiências ou aulas, provocando sofrimento ao animal. Se não existirem recursos alternativos, todavia, o fato será considerado atípico, conforme expressa previsão legal.

5. Causa de aumento de pena

De acordo com o § 2.º, a pena é aumentada de um sexto a um terço, se ocorre **morte** do animal. A morte pode ter sido causada pelo agente a título de dolo ou culpa, sendo este o fator que o juiz deve levar em conta na escolha do *quantum* da exasperação.

6. Sujeito ativo

Pode ser qualquer pessoa, inclusive o dono do animal.

7. Sujeito passivo

A coletividade. O animal ferido ou maltratado é objeto material do delito.

8. Consumação

No instante em que realizada a conduta típica.

9. Tentativa

É possível.

10. Ação penal

Pública incondicionada.

12.11.1.5. Mortandade de espécimes da flora aquática

> **Art. 33.** Provocar, pela emissão de efluentes ou carreamento de materiais, o perecimento de espécimes da fauna aquática existentes em rios, lagos, açudes, lagoas, baías ou águas jurisdicionais brasileiras:
> Pena — detenção, de um a três anos, ou multa, ou ambas cumulativamente.

1. Objetividade jurídica

A preservação da fauna aquática, mantendo-se o equilíbrio ecológico.

2. Elementos do tipo

O crime consiste em emitir **efluentes** (líquidos poluentes, agrotóxicos, esgoto, líquidos resultantes de produção industrial) ou carrear **materiais** (detritos, dejetos, lixo) em rios, lagos, açudes, baías ou águas jurisdicionais brasileiras (mar territorial), provocando com essa conduta o **perecimento** (morte) de espécimes da fauna aquática. Distingue-se do crime do art. 34, pois não há ato de pesca no crime em estudo.

3. Condutas equiparadas

De acordo com o art. 33, parágrafo único, incorre nas mesmas penas quem:

I — causa degradação em viveiros, açudes ou estações de aquicultura de domínio público.

Viveiros são locais onde se reproduzem naturalmente os animais.
Açudes são represamentos artificiais de água.
Estações de aquicultura são criadouros de animais aquáticos.

A conduta típica é **degradar**, que significa deteriorar, provocar estragos;

II — explora campos naturais de invertebrados aquáticos e algas, sem licença, permissão ou autorização da autoridade competente.

Explorar é sinônimo de tirar proveito financeiro.

Animais invertebrados aquáticos são os **moluscos** e os **crustáceos**.

Algas são vegetais que habitam águas doces ou salgadas.

Para a existência do delito é necessário que a exploração ocorra em campos **naturais** e que não haja licença, permissão ou autorização da autoridade competente (elemento **normativo** do tipo);

III — fundeia embarcações ou lança detritos de qualquer natureza sobre bancos de moluscos ou corais, devidamente demarcados em carta náutica.

Fundear é ancorar, jogar âncora (ferro) para parar a embarcação sobre banco de moluscos ou corais. Igualmente comete o delito quem lança qualquer tipo de detrito em tais locais.

É também requisito do delito que o local esteja devidamente demarcado em carta náutica, o que, aliás, ajuda a demonstrar o dolo de quem realizou a conduta típica.

4. Sujeito ativo
Pode ser qualquer pessoa.

5. Sujeito passivo
A coletividade.

6. Consumação
Na figura do *caput* quando morrerem espécies da fauna aquática.

Nas figuras equiparadas do § 1.º, no instante em que realizadas as condutas típicas: no inciso I, quando ocorre a degradação; no inciso II, no momento em que o agente inicia a exploração; e no inciso III, quando o agente lança a âncora ou os detritos sobre o banco de corais ou de moluscos.

7. Tentativa
É possível.

8. Ação penal
Pública incondicionada

12.11.1.6. Pesca proibida

> **Art. 34.** Pescar em período no qual a pesca seja proibida ou em lugares interditados por órgão competente:
> Pena — detenção, de um ano a três anos, ou multa, ou ambas as penas cumulativamente.
> Parágrafo único. Incorre nas mesmas penas quem:
> I — pesca espécies que devam ser preservadas ou espécimes com tamanhos inferiores aos permitidos;
> II — pesca quantidades superiores às permitidas, ou mediante a utilização de aparelhos, petrechos, técnicas e métodos não permitidos;

III — transporta, comercializa, beneficia ou industrializa espécimes provenientes da coleta, apanha e pesca proibidas.

1. Objetividade jurídica

A manutenção do equilíbrio ecológico.

2. Elementos do tipo

De acordo com o art. 8.º da Lei n. 11.959/2009, que regulamenta as atividades pesqueiras no País, a pesca classifica-se como:

I — **comercial**:

a) **artesanal**: quando praticada diretamente por pescador profissional, de forma autônoma ou em regime de economia familiar, com meios de produção próprios ou mediante contrato de parceria, desembarcado, podendo utilizar embarcações de pequeno porte;

b) **industrial**: quando praticada por pessoa física ou jurídica e envolver pescadores profissionais, empregados ou em regime de parceria por cotas-partes, utilizando embarcações de pequeno, médio ou grande porte, com finalidade comercial;

II — **não comercial**:

a) **científica**: quando praticada por pessoa física ou jurídica, com a finalidade de pesquisa científica;

b) **amadora**: quando praticada por brasileiro ou estrangeiro, com equipamentos ou petrechos previstos em legislação específica, tendo por finalidade o lazer ou o desporto;

c) **de subsistência**: quando praticada com fins de consumo doméstico ou escambo sem fins de lucro e utilizando petrechos previstos em legislação específica.

A pesca, em regra, é permitida nas águas públicas e nas águas particulares com autorização do proprietário. O que a lei visa coibir é a pesca em período e local proibidos (*caput*), ou, ainda, de espécies que necessitam ser preservadas ou de tamanho menor do que o permitido (parágrafo único, I); ou em quantidade maior do que a permitida ou mediante a utilização de aparelhos, petrechos, técnicas e métodos não permitidos (parágrafo único, II).

O art. 6.º, § 1.º, da Lei n. 11.959/2009 reitera a proibição da pesca:

I — em épocas e nos locais definidos pelo órgão competente;

II — em relação às espécies que devam ser preservadas ou espécimes com tamanhos não permitidos pelo órgão competente; (...);

IV — em quantidade superior à permitida pelo órgão competente; (...);

V — em locais próximos às áreas de lançamento de esgoto nas águas, com distância estabelecida em norma específica; (...)

VII — mediante a utilização de: (...) *d*) petrechos, técnicas e métodos não permitidos ou predatórios.

Nota-se, nitidamente, que o crime em estudo é **norma penal em branco,** porque a verificação acerca do caráter criminoso da conduta pressupõe a prévia regulamentação pelo órgão competente e o desrespeito intencional a tais regras. Não existe modalidade culposa do crime em questão.

> **Observação:** O Supremo Tribunal Federal reconheceu o princípio da insignificância em caso em que o réu pescou 12 camarões na época do defeso por entender que a quantidade é extremamente ínfima e não coloca nem em tese o risco à fauna marinha (HC 112.563/SC).

De acordo com o art. 36 da Lei Ambiental, para os efeitos dessa Lei, considera-se pesca todo ato tendente a retirar, extrair, coletar, apanhar, apreender ou capturar espécimes dos grupos dos peixes, crustáceos, moluscos e vegetais hidróbios, suscetíveis ou não de aproveitamento econômico, ressalvadas as espécies ameaçadas de extinção, constantes nas listas oficiais da fauna e da flora. A parte final do dispositivo afasta a aplicação do crime do art. 34 quando se tratar de espécie ameaçada de extinção, porque, em tese, deveria existir lei especial mais gravosa. Todavia, na ausência de lei especial, deverá ser aplicado referido tipo penal, mesmo porque o art. 2.º da Lei n. 11.959/2009 (norma posterior), que regulamenta as atividades pesqueiras, considera como pesca a extração de **qualquer** recurso pesqueiro.

São **crustáceos** os caranguejos, siris, camarões, lagostas etc.

São **moluscos** as ostras, os polvos, as lulas etc.

Vegetais hidróbios são as algas.

De acordo como art. 1.º da Lei n. 7.643/87, é proibida a pesca, ou qualquer forma de molestamento intencional, de toda espécie de **cetáceo** nas águas jurisdicionais brasileiras, sendo que a infração a tal dispositivo constitui **crime** apenado com reclusão, de dois a cinco anos e multa (art. 2.º da Lei n. 7.643/87).

Cetáceos são mamíferos aquáticos, como os golfinhos e as baleias.

3. Figura equiparada

O parágrafo único, III, do art. 34 pune com as mesmas penas do *caput* condutas que, diferentemente das anteriores, não estão relacionadas à pesca em si, mas a atos posteriores a ela. Tal dispositivo pune quem transporta, comercializa, beneficia ou industrializa espécimes provenientes da coleta, apanha e pesca proibidas.

Se a mesma pessoa pesca infringido as regras e, em seguida, transporta os mesmos espécimes provenientes da conduta ilícita, incorre em crime único.

4. Sujeito ativo

Pode ser qualquer pessoa.

5. Sujeito passivo

A coletividade.

6. Consumação

No momento em que ocorre a pesca proibida. Lembre-se, todavia, que o art. 36 da Lei Ambiental considera pesca todo **ato tendente** à retirada, extração coleta ou captura de espécimes. Logo, o crime se consuma com qualquer dessas condutas, ainda que o agente não tenha efetivamente conseguido capturar qualquer espécime.

Na modalidade do parágrafo único, III, no instante em que o agente transporta, comercializa, beneficia ou industrializa os espécimes oriundos da pesca proibida.

7. Tentativa
É possível.

8. Ação penal
Pública incondicionada

12.11.1.7. Pesca mediante emprego de artefatos ou substâncias de alto poder destrutivo

> **Art. 35.** Pescar mediante a utilização de:
> I — explosivos ou substâncias que, em contato com a água, produzam efeito semelhante;
> II — substâncias tóxicas, ou outro meio proibido pela autoridade competente:
> Pena — reclusão de um ano a cinco anos.

1. Objetividade jurídica
O equilíbrio ecológico.

2. Elementos do tipo
A pesca mediante utilização de **explosivos** constitui crime contra o meio ambiente, previsto no art. 35 da Lei n. 9.605/98, que tem pena de reclusão de um a cinco anos. Possui pena maior do que o delito anterior porque, em regra, causa a mortandade de grande número de espécimes. Caso os explosivos sejam empregados razoavelmente próximos de pessoas que estejam nadando ou de outras embarcações, gerando, portanto, perigo para estes, configura-se o crime de explosão do art. 251 do Código Penal, que é mais grave (pena de três a seis anos e multa). Nesse sentido: "Pratica o delito do art. 251 do CP quem explode bombas para abater peixes, perto de outras embarcações ocupadas por terceiros" (TFR, Rel. William Patterson, *JTFR-Lex* 77/317).

O crime também pode ser cometido se a pesca ocorrer com o emprego de substâncias tóxicas, ou seja, que provoquem envenenamento nos peixes, crustáceos, moluscos ou vegetais hidróbios.

Por fim, pode também o crime ser praticado por **qualquer outro meio** capaz de provocar a mortandade de grande número de espécimes, que seja proibido pela autoridade competente. Nesse último aspecto, o tipo penal constitui **norma penal em branco**.

O elemento subjetivo é o dolo.

3. Sujeito ativo
Qualquer pessoa.

4. Sujeito passivo.
A coletividade. Os animais pescados constituem objeto material do delito.

5. Consumação

No momento em que o agente realiza a pesca mediante explosivo, substância tóxica ou outro meio de grande poder letal proibido pelas autoridades.

6. Tentativa

É possível.

7. Ação penal

Pública incondicionada.

12.11.1.8. Excludentes de ilicitude

> **Art. 37.** Não é crime o abate de animal, quando realizado:
> I — em estado de necessidade, para saciar a fome do agente ou de sua família

Cuida-se de crime ambiental **famélico**. Apesar de o *caput* do dispositivo mencionar a palavra "abate" de animal, tampouco haverá crime na pesca de poucos espécimes, com infringência da Lei Ambiental, para saciar a própria fome ou dos familiares;

> II — para proteger lavouras, pomares e rebanhos da ação predatória ou destruidora de animais, desde que legal e expressamente autorizado pela autoridade competente.

A prévia autorização do órgão competente é necessária quando possível diante da situação concreta. Ex.: roedores que estão se alimentando de uma plantação. Quando, todavia, um animal for flagrado durante ataque a um rebanho, a hipótese será de estado de necessidade do art. 24 do Código Penal;

> III — vetado.
> IV — por ser nocivo o animal, desde que assim caracterizado pelo órgão competente.

Animal **nocivo** é aquele que pode provocar danos à saúde dos homens, como certos morcegos transmissores de doenças.

12.11.2. Dos crimes contra a flora (Seção II)

Flora é o reino vegetal, o conjunto da vegetação de uma região ou país.

De acordo com o art. 225, § 1.º, VII, da Constituição Federal, incumbe ao Poder Público proteger a fauna e a **flora**, vedadas, na forma da lei, as práticas que coloquem em risco sua função ecológica, provoquem a extinção de espécies ou submetam os animais a crueldade. A Lei n. 9.605/98, portanto, dá efetividade ao dispositivo da Carta Magna.

12.11.2.1. Destruição, dano ou uso abusivo de floresta de preservação permanente

> **Art. 38.** Destruir ou danificar floresta considerada de preservação permanente, mesmo que em formação, ou utilizá-la com infringência das normas de proteção:
> Pena — detenção, de um a três anos, ou multa, ou ambas as penas cumulativamente.

1. Objetividade jurídica

Evitar a destruição e danos nas florestas de preservação permanente.

2. Elementos do tipo

Floresta é um agrupamento de árvores de grande porte com elevada densidade e que ocupa extensão considerável de terras. De acordo com o Superior Tribunal de Justiça:

> "O elemento normativo 'floresta', constante do tipo de injusto do art. 38 da Lei n. 9.605/98, é a formação arbórea densa, de alto porte, que recobre área de terra mais ou menos extensa. O elemento central é o fato de ser constituída por árvores de grande porte. Dessa forma, não abarca a vegetação rasteira" (STJ — HC 74.950/SP, Rel. Min. Felix Fischer, 5.ª Turma j. em 21.6.2007, *DJ* de 10.9.2007). No mesmo sentido: STJ — RHC 63.909/CE, Rel. Min. Reynaldo Soares da Fonseca, 5.ª Turma, julgado em 26.3.2019, *DJe* de 22.4.2019).

As condutas típicas são **destruir** (devastar, suprimir, fazer desaparecer), **danificar** (causar danos, deteriorar) ou **utilizar** a floresta com infringência das normas de proteção (elemento **normativo** do tipo).

O dispositivo em questão é **norma penal em branco** porque depende de lei que defina área de preservação permanente, de tal modo que florestas de preservação permanente são aquelas existentes em referidas áreas.

De acordo com o art. 3.º, II, do Código Florestal (Lei n. 12.651/2012), área de preservação permanente é a área protegida, coberta ou não por vegetação nativa, com a função ambiental de preservar os recursos hídricos, a paisagem, a estabilidade geológica e a biodiversidade, facilitar o fluxo gênico de fauna e flora, proteger o solo e assegurar o bem-estar das populações humanas.

Em seguida, o art. 4.º do Código Florestal especifica que são Áreas de Preservação Permanente, em zonas rurais ou urbanas:

I — as faixas marginais de qualquer curso d'água natural perene e intermitente, excluídos os efêmeros, desde a borda da calha do leito regular, em largura mínima de:
a) 30 metros, para os cursos d'água de menos de 10 metros de largura;
b) 50 metros, para os cursos d'água que tenham de 10 a 50 metros de largura;
c) 100 metros, para os cursos d'água que tenham de 50 a 200 metros de largura;
d) 200 metros, para os cursos d'água que tenham de 200 a 600 metros de largura;
e) 500 metros, para os cursos d'água que tenham largura superior a 600 metros;
II — as áreas no entorno dos lagos e das lagoas naturais, em faixa com largura mínima de:
a) 100 metros, em zonas rurais, exceto para o corpo d'água com até 20 hectares de superfície, cuja faixa marginal será de 50 metros;
b) 30 metros, em zonas urbanas;
III — as áreas no entorno dos reservatórios d'água artificiais, decorrentes de barramento ou represamento de cursos d'água naturais, na faixa definida na licença ambiental do empreendimento;
IV — as áreas no entorno das nascentes e dos olhos d'água perenes, qualquer que seja sua situação topográfica, no raio mínimo de 50 metros;

V — as encostas ou partes destas com declividade superior a 45°, equivalente a 100% na linha de maior declive;
VI — as restingas, como fixadoras de dunas ou estabilizadoras de mangues;
VII — os manguezais, em toda a sua extensão;
VIII — as bordas dos tabuleiros ou chapadas, até a linha de ruptura do relevo, em faixa nunca inferior a 100 metros em projeções horizontais;
IX — no topo de morros, montes, montanhas e serras, com altura mínima de 100 metros e inclinação média maior que 25°, as áreas delimitadas a partir da curva de nível correspondente a 2/3 da altura mínima da elevação sempre em relação à base, sendo esta definida pelo plano horizontal determinado por planície ou espelho d'água adjacente ou, nos relevos ondulados, pela cota do ponto de sela mais próximo da elevação;
X — as áreas em altitude superior a 1.800 metros, qualquer que seja a vegetação;
XI — em veredas, a faixa marginal, em projeção horizontal, com largura mínima de 50 metros, a partir do espaço permanentemente brejoso e encharcado.

Por fim, o art. 6.º do mesmo Código Florestal acrescenta que: "consideram-se, ainda, de preservação permanente, quando declaradas de interesse social por ato do Chefe do Poder Executivo, as áreas cobertas com **florestas** ou outras formas de vegetação destinadas a uma ou mais das seguintes finalidades:

I — conter a erosão do solo e mitigar riscos de enchentes e deslizamentos de terra e de rocha;
II — proteger as restingas ou veredas;
III — proteger várzeas;
IV — abrigar exemplares da fauna ou da flora ameaçados de extinção;
V — proteger sítios de excepcional beleza ou de valor científico, cultural ou histórico;
VI — formar faixas de proteção ao longo de rodovias e ferrovias;
VII — assegurar condições de bem-estar público;
VIII — auxiliar a defesa do território nacional, a critério das autoridades militares;
IX — proteger áreas úmidas, especialmente as de importância internacional".

O elemento subjetivo do delito é o dolo.

Por se tratar de infração que deixa vestígios, a **materialidade** deve ser provada por exame pericial, nos termos do art. 158 do Código de Processo Penal. Nesse sentido:

> "1. É assente na jurisprudência do Superior Tribunal de Justiça, que, para a tipificação dos delitos previstos nos arts. 38 e 38-A da Lei ambiental é necessário que a conduta tenha sido praticada contra vegetação de floresta de preservação permanente (art. 38) e vegetação primária ou secundária, situada no Bioma Mata Atlântica (art. 38-A) (...). O tema é complexo, não facilmente identificável por leigos, sendo imprescindível a realização de perícia na medida em que não é qualquer supressão/destruição que caracteriza o ilícito do art. 38 da Lei Ambiental (AgRg no AREsp 1.571.857/PR, 5.ª Turma, de minha relatoria, *DJe* de 22.10.2019)" (STJ AgRg no AREsp 2.026.669/ES, Rel. Min. Reynaldo Soares da Fonseca, 5.ª Turma, julgado em 19.4.2022, *DJe* de 25.4.2022).

3. Sujeito ativo

Pode ser qualquer pessoa, inclusive o proprietário da área onde se situa a floresta de preservação permanente.

4. Sujeito passivo

A coletividade.

5. Consumação

No momento em que o agente destrói, danifica ou utiliza a floresta. Necessária a demonstração pericial.

6. Tentativa

É possível.

7. Modalidade culposa

De acordo como art. 38, parágrafo único, a pena será reduzida à **metade** se o crime for culposo.

8. Ação penal

Pública incondicionada.

12.11.2.2. *Dano ou utilização indevida de vegetação da mata atlântica*

> **Art. 38-A.** Destruir ou danificar vegetação primária ou secundária, em estágio avançado ou médio de regeneração, do Bioma Mata Atlântica, ou utilizá-la com infringência das normas de proteção:
> Pena — detenção, de um a três anos, ou multa, ou ambas as penas cumulativamente.

1. Objetividade jurídica

A preservação da Mata Atlântica.

2. Elementos do tipo

Esse dispositivo foi introduzido na Lei Ambiental pela Lei n. 11.428/2006. Referida lei trata da utilização e proteção da vegetação nativa do Bioma Mata Atlântica, considerada patrimônio nacional.

De acordo com o art. 2.º da mencionada lei, consideram-se integrantes do Bioma Mata Atlântica as seguintes formações florestais nativas e ecossistemas associados, com as respectivas delimitações estabelecidas em mapa do Instituto Brasileiro de Geografia e Estatística — IBGE, conforme regulamento: Floresta Ombrófila Densa; Floresta Ombrófila Mista, também denominada Mata de Araucárias; Floresta Ombrófila Aberta; Floresta Estacional Semidecidual; e Floresta Estacional Decidual, bem como os manguezais, as vegetações de restingas, campos de altitude, brejos interioranos e encraves florestais do Nordeste.

Somente são tutelados no dispositivo criminal em questão a vegetação primária e a secundária em estágio **avançado** ou **médio** de regeneração. De acordo com o art. 4.º da

Lei, "a definição de vegetação primária e de vegetação secundária nos estágios avançado, médio e inicial de regeneração do Bioma Mata Atlântica, nas hipóteses de vegetação nativa localizada, será de iniciativa do Conselho Nacional do Meio Ambiente". Assim, a infração penal em questão constitui **norma penal em branco**.

A Resolução n. 392 do Conama, de 25 de junho de 2007, regulamenta o tema, definindo vegetação primária e secundária (em seus diversos estágios).

De acordo com o art. 1.º da mencionada Resolução, entende-se por:

I — vegetação **primária**: aquela de máxima expressão local com grande diversidade biológica, sendo os efeitos das ações antrópicas mínimos ou ausentes a ponto de não afetar significativamente suas características originais de estrutura e espécies;

II — vegetação **secundária** ou em **regeneração**: aquela resultante dos processos naturais de sucessão, após supressão total ou parcial da vegetação primária por ações antrópicas ou causas naturais, podendo ocorrer árvores remanescentes da vegetação primária.

Tal Resolução, bem como a Resolução n. 423/2010 do Conama (que define vegetação primária e secundária nos ambientes montano e alto-montano), descreve de forma específica os estágios avançado, médio e inicial de recuperação da vegetação secundária, lembrando que somente haverá crime se o agente destruir ou danificar vegetação primária (de qualquer espécie) ou secundária (em estágio avançado ou médio de regeneração) ou se dela fizer uso com infringência das normas de proteção (descritas na própria Lei n. 11.428/2006).

Ressalve-se, outrossim, que a própria Lei n. 11.428/2006 prevê algumas hipóteses em que o corte ou supressão de vegetação da Mata Atlântica não constitui crime. Ex.: quando necessários à realização de obras, projetos ou atividades de utilidade pública, pesquisas científicas e práticas preservacionistas. As hipóteses em que o fato não constitui crime encontram-se elencadas expressamente nos arts. 20 a 24 e 30 da Lei n. 11.428/2006.

3. Sujeito ativo

Qualquer pessoa, até mesmo o proprietário da área coberta pela Mata Atlântica.

4. Sujeito passivo

A coletividade.

5. Consumação

No momento em que ocorre o dano ou a utilização com infringência das normas de proteção da Mata Atlântica.

Por se tratar de infração que deixa vestígios, a materialidade deve ser provada por exame pericial, nos termos do art. 158 do CPP. Nesse sentido:

"1. É assente na jurisprudência do Superior Tribunal de Justiça, que, para a tipificação dos delitos previstos nos arts. 38 e 38-A da Lei ambiental é necessário que a conduta tenha sido praticada contra vegetação de floresta de preservação permanente (art. 38) e vegetação primária ou secundária, situada no Bioma Mata Atlântica (art. 38-A) (...). O tema é complexo, não facilmente identificável por leigos, sendo imprescindível a realização de perícia na medida em que não é qualquer supressão/destruição que caracteriza o ilícito do art. 38 da Lei Ambiental (AgRg no AREsp 1.571.857/PR, 5.ª Turma, de minha relatoria, *DJe* de 22.10.2019)" (STJ — AgRg no AREsp 2.026.669/ES, Rel. Min. Reynaldo Soares da Fonseca, 5.ª Turma, julgado em 19.4.2022, *DJe* de 25.4.2022).

6. Tentativa
É possível.

7. Modalidade culposa
De acordo com o parágrafo único do art. 38-A, se o crime for culposo, a pena será reduzida à **metade**.

8. Ação penal
Pública incondicionada.

12.11.2.3. Corte não autorizado de árvores em floresta de preservação permanente

> **Art. 39.** Cortar árvores em floresta considerada de preservação permanente, sem permissão da autoridade competente:
> Pena — detenção, de um a três anos, ou multa, ou ambas as penas cumulativamente.

1. Objetividade jurídica
Evitar o **corte** de árvores em florestas de preservação permanente.

2. Elementos do tipo
A conduta típica é cortar árvores. A lei se refere ao corte no tronco principal e não às podas em galhos.

Trata-se de norma **penal em branco** porque a conduta deve recair em floresta de preservação permanente, cujo conceito encontra-se em outra lei (Código Florestal) — ver comentários ao art. 38.

Saliente-se que a existência da presente infração penal faz com que aquela descrita no art. 38, consistente em "destruir ou danificar" floresta de preservação permanente, diga respeito a outras condutas danosas, que não o corte de árvores. O delito do art. 39, portanto, é especial em relação ao do art. 38, que é genérico, e, assim, prevalece em relação a este, exceto se o agente tiver cortados árvores em uma parte da floresta e destruído outra parte, hipótese em que responderá pelos dois delitos. De qualquer modo, as penas previstas são idênticas para os dois delitos: detenção, de um a três anos, ou multa, ou ambas as penas cumulativamente.

Como a palavra árvores está no **plural**, entende-se que não basta o corte de um único espécime.

O fato só constitui crime se não houver permissão da autoridade competente (elemento **normativo** do tipo).

O elemento subjetivo é o dolo de cortar árvores sem a devida permissão da autoridade.

3. Sujeito ativo
Pode ser qualquer pessoa, inclusive o proprietário da área onde se situa a floresta de preservação permanente, salvo, evidentemente, se possuir permissão da autoridade competente para a realização do corte.

4. Sujeito passivo
A coletividade.

5. Consumação
No momento do corte das árvores.

6. Tentativa
É possível.

7. Ação penal
Pública incondicionada

12.11.2.4. Dano em unidade de conservação

> **Art. 40.** Causar dano direto ou indireto às Unidades de Conservação e às áreas de que trata o art. 27 do Decreto n. 99.274, de 6 de junho de 1990, independentemente de sua localização:
> Pena — reclusão, de um a cinco anos.

1. Objetividade jurídica
A preservação do patrimônio natural nas áreas de conservação.

2. Elementos do tipo
A conduta típica é a **provocação** de dano direto ou indireto. O dano é **direto** quando decorre imediatamente da conduta e **indireto** quando é consequência posterior da conduta.

O art. 2.º, I, da Lei n. 9.985/2000 define **unidade de conservação**: "espaço territorial e seus recursos ambientais, incluindo as águas jurisdicionais, com características naturais relevantes, legalmente instituído pelo Poder Público, com objetivos de conservação e limites definidos, sob regime especial de administração, ao qual se aplicam garantias adequadas de proteção". O art. 27 do Decreto n. 99.274/90 diz respeito a condutas que afetam qualquer área em um raio de dez quilômetros circundantes das unidades de conservação.

O art. 40, *caput*, prevê que existe o crime quando o dano ocorre em qualquer Unidade de Conservação. Estas subdividem-se em Unidades de Conservação de Proteção Integral e Unidades de Conservação de Uso Sustentável.

São Unidades de Conservação de Proteção **Integral**:

a) as Estações Ecológicas, as Reservas Biológicas, os Parques Nacionais, os Monumentos Naturais e os Refúgios de Vida (art. 40, § 1.º);

b) Unidades de Conservação de Uso **Sustentável**: as Áreas de Proteção Ambiental, as Áreas de Relevante Interesse Ecológico, as Florestas Nacionais, as Reservas Extrativistas, as Reservas de Fauna, as Reservas de Desenvolvimento Sustentável e as Reservas Particulares do Patrimônio Natural (art. 40-A, § 1.º).

Todas essas unidades são definidas e expressamente regulamentadas nos arts. 7.º a 21 da Lei n. 9.985/2000.

O art 40-A seria incluído na Lei Ambiental pela Lei n. 9.985/2000, mas foi vetado pela Presidência da República. Tal dispositivo incriminava a provocação de dano em Unidade de Conservação de Uso Sustentável. Não foram vetados, contudo, os parágrafos do art. 40-A, o que levou à interpretação de que a provocação de dano em Unidade de Conservação de Uso Sustentável deve ser punida na forma do *caput* do art. 40. Nesse sentido:

Penal. Agravo Regimental no Recurso Especial. Crime ambiental. artigos 40 e 40-A da Lei n. 9.605/1998. Unidades de conservação. Delito ocorrido em reserva extrativista. Atipicidade da conduta. Não ocorrência. Agravo Regimental não provido. 1. A divisão em dois grupos feita pela nova redação do art. 40 da Lei n. 9.605/1998 em relação às 'Unidades de Conservação' não possui qualquer utilidade para fins penais, visto que prevaleceu a sua definição mais abrangente e que mais se coaduna com a ampla proteção visada pelo legislador constitucional, revelando-se descabidos os argumentos de falta de regulamentação e de consequente atipicidade da conduta do acusado. Precedente: HC 49.607/SP, Rel. Min. Gilson Dipp, 5.ª Turma, julgado em 29.6.2006, *DJ* 21.8.2006. 2. Na lição de Guilherme Souza Nucci, com o veto do *caput* do art. 40-A da Lei n. 9.605/1998, a figura prevalente é a do art. 40, *caput*, desta Lei, cujos §§ 1.º e 2.º do art. 40-A a ela devem adaptar-se (Nucci, Guilherme de Souza. Leis Penais e Processuais Penais Comentadas. 7 ed. rev. atual. e ampl. São Paulo: Editora Revista dos Tribunais, 2013, p. 572). 3. Agravo regimental não provido" (STJ — AgRg no REsp 1.834.244/AL, Rel. Min. Reynaldo Soares da Fonseca, 5.ª Turma, julgado em 8.10.2019, *DJe* de 14.10.2019).

O art. 40, § 2.º, prevê que a ocorrência de **dano** afetando espécies **ameaçadas de extinção** no interior das Unidades de Conservação de Proteção Integral será considerada circunstância agravante para a fixação da pena. Cuida-se de **agravante genérica** porque o legislador não estabelece o índice de exasperação. Haverá também a agravante se o dano envolvendo espécies ameaçadas de extinção acontecer em Unidade de Conservação de Uso Sustentável (art. 40-A, § 2.º). O rol de espécies da flora ameaçadas de extinção encontra-se na Instrução Normativa n. 6 do Ministério do Meio Ambiente, de 23 de setembro de 2008.

O elemento subjetivo é o dolo.

O delito em estudo é **subsidiário** em relação àqueles dos arts. 38 e 39. Se o agente destrói floresta de preservação permanente em Unidade de Conservação, responde pelo crime do art. 38.

3. Sujeito ativo

Qualquer pessoa.

4. Sujeito passivo
A coletividade e o órgão responsável pela unidade de conservação.

5. Consumação
No momento em que provocado o dano.

6. Tentativa
É possível.

7. Modalidade culposa
De acordo com o § 3.º, se o crime for culposo, a pena será reduzida à **metade**.

8. Ação Penal
Pública incondicionada

12.11.2.5. Provocação de incêndio em floresta ou demais formas de vegetação

> **Art. 41.** Provocar incêndio em floresta ou em demais formas de vegetação:
> Pena — reclusão, de dois a quatro anos, e multa.
> Parágrafo único. Se o crime é culposo, a pena é de detenção de seis meses a um ano, e multa.

1. Objetividade jurídica
Preservar florestas e demais formas de vegetação, bem como dar efetividade ao Capítulo IX do Código Florestal, que proíbe, como regra, a colocação de fogo em vegetação.

2. Elementos do tipo
A conduta típica é provocar incêndio, ou seja, fogo de grandes proporções. Não basta fazer uma pequena fogueira mantida sob controle, é preciso que o fogo se alastre ganhando grandes dimensões e produzindo danos consideráveis. Esse tipo penal, por possuir uma forma específica de execução (provocação de incêndio) e por possuir pena maior, prevalece diante de outros tipos penais da Lei Ambiental que tratam de destruição ou provocação de danos em florestas.

No tipo penal em análise, a floresta pode ser de **qualquer espécie** (nativa ou plantada, de preservação permanente ou não, particular ou de domínio público).

A redação original do dispositivo abrangia ainda o incêndio provocado em matas (formações vegetais compostas por espécimes de médio e pequeno porte).

A provocação de incêndio em lavouras e pastagens não integrava o tipo penal, mas este foi modificado pela Lei n. 14.944, de 31 de julho de 2024, passando a abranger a provocação de incêndio em floresta e em qualquer outra forma de vegetação. Assim, atualmente, configura também o delito em estudo a provocação de incêndio em matas e em qualquer outra forma de vegetação. De ver-se, contudo, que quem provoca incêndio gerando perigo à vida, à integridade física ou ao patrimônio de grande número de pessoas incorre no crime do art. 250, § 1.º, II, *h*, do Código Penal. A pena de tal delito é de reclusão, de três a seis anos, e multa, e é aumentada de 1/3, quando o incêndio é provocado em **lavoura, pastagem, mata ou floresta**.

3. Sujeito ativo
Qualquer pessoa, inclusive o proprietário da área onde se situa a mata ou floresta.

4. Sujeito passivo
A coletividade e o dono do local onde ocorreu incêndio, exceto se provocado por ele próprio.

5. Consumação
No momento em que acontece a provocação do incêndio.

6. Tentativa
É possível.

7. Ação penal
Pública incondicionada.

12.11.2.6. *Fabrico, venda, transporte ou soltura de balões*

> **Art. 42.** Fabricar, vender, transportar ou soltar balões que possam provocar incêndios nas florestas e demais formas de vegetação, em áreas urbanas ou qualquer tipo de assentamento humano:
> Pena — detenção de um a três anos ou multa, ou ambas as penas cumulativamente.

1. Objetividade jurídica
A preservação do equilíbrio ecológico, precipuamente da flora.

2. Elementos do tipo
São quatro as condutas típicas:
a) **fabricar** (manufaturar);
b) **vender** (alienar);
c) **transportar** (levar de um local para outro);
d) **soltar** (deixar livre para que se vá pelos ares).

Basta a realização de uma dessas condutas para que o fato seja considerado criminoso. Trata-se de **tipo misto alternativo** em que a realização de mais de uma conduta em relação ao mesmo objeto material constitui crime único. Assim, quem fabrica, transporta e solta o mesmo balão incorre em crime único.

Balão é o invólucro de papel ou tecido que, com a injeção de ar quente, eleva-se pelo ar. Os balões são aquecidos pelo fogo e soltos no ar, ficando sem controle (o tipo penal se refere aos balões não dirigíveis) e, por isso, podem causar incêndio em florestas e outras formas de vegetação.

Existe **também** a infração penal se o balão puder causar incêndio em áreas urbanas ou qualquer outro tipo de assentamento urbano (vilas, distritos, pequenos povoados etc.). Não faz sentido a exigência concomitante dos dois requisitos, ou seja, que o balão possa provocar incêndio em floresta que **esteja em área urbana**. Fosse assim, o fato seria atípico em caso de soltura de balão em área rural ao lado da própria floresta.

O elemento subjetivo é o dolo.

O delito em questão **revogou** tacitamente o art. 28, parágrafo único, da Lei das Contravenções Penais, que punia com prisão simples, de um a seis meses, ou multa, o ato de soltar balão aceso, em lugar habitado ou em suas adjacências, em via pública ou em direção a ela, sem licença da autoridade.

3. Sujeito ativo
Pode ser qualquer pessoa.

4. Sujeito passivo
A coletividade.

5. Consumação
No exato instante em que o agente fabrica, vende, transporta ou solta o balão capaz de provocar incêndio. Trata-se de crime de **perigo**.

6. Tentativa
É possível.

7. Ação penal
Pública incondicionada

12.11.2.7. Extração de pedra, areia, cal ou qualquer espécie de mineral em floresta de domínio público ou de preservação permanente

> **Art. 44.** Extrair de florestas de domínio público ou consideradas de preservação permanente, sem prévia autorização, pedra, areia, cal ou qualquer espécie de minerais:
> Pena — detenção, de seis meses a um ano, e multa.

1. Objetividade jurídica
A preservação das florestas de domínio público e de preservação permanente.

2. Elementos do tipo
O crime consiste em **extrair**, sem prévia autorização (elemento **normativo** do tipo), pedra, areia, cal ou qualquer espécie de mineral de floresta de preservação permanente (ver comentários ao art. 38) ou de **domínio público** (pertencentes à União, Estados, Distrito Federal, Municípios, autarquias e fundações públicas).

3. Sujeito ativo
Pode ser qualquer pessoa, inclusive o proprietário da área de preservação permanente.

4. Sujeito passivo
A coletividade, bem como o órgão público a quem afetada a floresta de domínio público ou o dono da área onde situada a floresta de preservação permanente (caso não seja ele próprio o autor da infração penal).

5. Consumação
No momento em que ocorre a extração não autorizada.

6. Tentativa
É possível.

7. Ação penal
Pública Incondicionada.

12.11.2.8. Corte ou transformação de madeira de lei em carvão

> **Art. 45.** Cortar ou transformar em carvão madeira de lei, assim classificada por ato do Poder Público, para fins industriais, energéticos ou para qualquer outra exploração, econômica ou não, em desacordo com as determinações legais:
> Pena — reclusão, de um a dois anos, e multa.

1. Objetividade jurídica
A preservação das árvores das quais se retira madeira de lei.

2. Elementos do tipo
Premissa do delito é a existência de **ato** do Poder Público classificando determinada espécie como madeira de lei. Cuida-se, pois, de **norma penal em branco**.

Madeira de lei é aquela que possui maior durabilidade e resistência a pragas (cupins, brocas etc.). São exemplos a imbuia, o cedro, o jacarandá, o mogno, o carvalho etc.

As condutas típicas são:

a) **cortar**, ou seja, derrubar, dividir o tronco pelo corte;

b) **transformar em carvão**, isto é, queimar até determinado ponto a madeira de lei, dando assim origem ao carvão vegetal.

Trata-se de **tipo misto alternativo**. Assim, configura-se a infração penal, ainda que o corte não seja seguido da transformação em carvão, mas, se o for, haverá crime único.

O elemento subjetivo genérico é o dolo.

O elemento subjetivo específico é a finalidade de utilizar a madeira de lei cortada ou transformada em carvão para fins **industriais, energéticos** ou em qualquer outra forma de **exploração** — econômica ou não.

Por fim, somente estará presente a infração penal se o sujeito agiu em desacordo com as determinações legais (elemento **normativo** do tipo).

3. Sujeito ativo
Qualquer pessoa, inclusive o proprietário da área onde está plantada a madeira de lei.

4. Sujeito passivo
A coletividade.

5. Consumação
No momento em que o agente corta ou transforma a madeira de lei em carvão.
Se o agente provocar incêndio estará incurso em crime mais grave (art. 41).

6. Tentativa
É possível.

7. Ação penal
Pública incondicionada.

12.11.2.9. Aquisição ou recebimento de madeira, lenha, carvão ou outro produto vegetal sem as formalidades legais

> **Art. 46.** Receber ou adquirir, para fins comerciais ou industriais, madeira, lenha, carvão e outros produtos de origem vegetal, sem exigir a exibição de licença do vendedor, outorgada pela autoridade competente, e sem munir-se da via que deverá acompanhar o produto até final beneficiamento:
> Pena — detenção, de seis meses a um ano, e multa.

1. Objetividade jurídica
A preservação da flora.

2. Elementos do tipo
Para a existência do delito em estudo é necessário que o agente, para **fins comerciais ou industriais** (destinação do objeto material), adquira ou receba:

a) **madeira**;

b) **lenha**; ou

c) **outros produtos de origem vegetal**.

Para a configuração do delito, basta que o agente realize a conduta típica em relação a um dos objetos materiais mencionados:

a) sem exigir a exibição de licença do vendedor, outorgada pela autoridade competente; **e**,

b) sem munir-se da via que deverá acompanhar o produto até final beneficiamento.

Para eximir-se da infração penal, é preciso que o agente exija a licença e receba a via (documento), que deve acompanhar o produto até seu beneficiamento. A ausência de qualquer delas torna típica a conduta. É até possível que o vendedor possua a licença, mas se o pretendente à aquisição não exigir sua exibição, estará incurso na infração penal.

Se o adquirente foi **enganado** pela apresentação de licença falsa, o fato é considerado atípico por ter ocorrido **erro de tipo**.

O elemento subjetivo é o dolo e pressupõe que a conduta típica tenha sido realizada para fins comerciais ou industriais.

3. Sujeito ativo
Pode ser qualquer pessoa.

4. Sujeito passivo
A coletividade.

5. Consumação

No instante em que realizada a conduta típica, ainda que o agente não consiga utilizar-se da madeira, da lenha, do carvão ou de outro produto de origem vegetal para fins comerciais ou industriais.

6. Tentativa

É possível.

7. Figura equiparada

O parágrafo único do art. 46 prevê a aplicação das mesmas penas para quem vende, expõe à venda, tem em depósito, transporta ou guarda madeira, lenha, carvão e outros produtos de origem vegetal, **sem licença válida para todo o tempo da viagem ou do armazenamento, outorgada pela autoridade competente.** Essa modalidade do delito consuma-se com a realização de qualquer das condutas típicas descritas no tipo penal.

De acordo com o Superior Tribunal de Justiça, não haverá absorção se o agente concomitantemente falsificar a documentação:

> "1. A aplicação do princípio da consunção pressupõe a existência de um delito como fase de preparação ou execução de outro mais grave, impondo sua absorção. 2. Desse modo, não se pode admitir que o crime de falsidade ideológica, cuja pena abstrata varia de 1 (um) a 5 (cinco) anos de reclusão (documento público), seja absorvido pelo crime ambiental do art. 46, parágrafo único, da Lei n. 9.605/98, cuja pena varia de 6 (seis) meses a 1 (um) ano de detenção. 3. Ademais, no caso, os acusados, supostamente, além de comercializarem madeira sem licença válida para todo o tempo de viagem, inseriram declarações diversas das que deviam constar na Autorização de Transporte de Produto Florestal (ATPF), em prejuízo da atividade fiscalizatória do Instituto Brasileiro do Meio Ambiente e dos Recursos Naturais Renováveis, IBAMA, praticando, assim, crimes autônomos, pois um não constitui fase normal de preparação ou execução de outro, bem como tutelam bens jurídicos diversos, de um lado a fé pública e de outro a proteção ao meio ambiente" (REsp 896.312/PA, Rel. Min. Arnaldo Esteves Lima, 5.ª Turma, julgado em 16.8.2007, *DJ* de 1.º.10.2007, p. 364).

Se ficar demonstrado que o próprio agente danificou floresta efetuando, por exemplo, o corte de árvores, estará incurso em crime mais grave.

8. Ação penal

Pública incondicionada.

12.11.2.10. Impedimento ou dificultação da regeneração natural de florestas ou outras formas de vegetação

> **Art. 48.** Impedir ou dificultar a regeneração natural de florestas e demais formas de vegetação:
> Pena — detenção, de seis meses a um ano, e multa.

1. Objetividade jurídica

Permitir a regeneração de florestas e demais formas de vegetação.

2. Elementos do tipo

As condutas típicas são **impedir** (não permitir) ou **dificultar** (colocar óbices). É preciso, outrossim, que a floresta já esteja danificada e o agente, dolosamente, impeça ou dificulte o processo natural de regeneração. Ex.: dono de uma fazenda na qual existe floresta destruída pelo fogo aproveita-se da situação e inicia uma plantação na área, impedindo, portanto, a regeneração; pessoas que constroem em encosta de morro onde, em deslizamento anterior de terra, caíram inúmeras árvores.

Não é necessário que se trate de área de preservação permanente.

Se o próprio agente danificou a floresta, estará incurso em outro crime (arts. 38, 41, 50, 50-A).

3. Sujeito ativo

Pode ser qualquer pessoa, até mesmo o proprietário da área florestal.

4. Sujeito passivo

A coletividade.

5. Consumação

No momento em que o agente cria óbice à regeneração da floresta ou outra forma de vegetação. No caso de construção que impeça a regeneração, o crime é considerado permanente:

> "A jurisprudência tanto do Superior Tribunal de Justiça quanto do Supremo Tribunal Federal reconhece que o tipo penal do art. 48 da Lei n. 9.605/1998 é permanente e, dessa forma, pode ser interpretado de modo a incluir a conduta daquele que mantém edificação, há muito construída, em área às margens de represa artificial — na qual a vegetação nativa foi removida também há muito tempo —, não havendo que se falar na ocorrência de prescrição da pretensão punitiva" (STJ — AgRg no AREsp 21.656/SP, Rel. Min. Rogério Schietti Cruz, 6.ª Turma, *DJe* 25.11.2015).

6. Tentativa

É possível.

7. Ação penal

Pública incondicionada.

12.11.2.11. *Destruição, dano ou maus-tratos em plantas de ornamentação*

> **Art. 49.** Destruir, danificar, lesar ou maltratar, por qualquer modo ou meio, plantas de ornamentação de logradouros públicos ou em propriedade privada alheia:
> Pena — detenção, de três meses a um ano, ou multa, ou ambas as penas cumulativamente.

1. Objetividade jurídica

A preservação das plantas de ornamentação existentes em logradouros públicos ou em propriedades privadas.

2. Elementos do tipo

As condutas típicas são **destruir** (matar, exterminar), **danificar** (deteriorar), **lesar** (ferir) ou **maltratar** (tratar mal, de forma violenta). É necessário que a conduta recaia em plantas de **ornamentação**, ou seja, que enfeitam, decoram, embelezam. É também necessário que estejam em **logradouros públicos** (calçadas, jardins públicos, praças, canteiros etc.) ou em propriedades **particulares alheias** (casas, prédios, estabelecimentos comerciais).

As podas necessárias e a retirada de folhas velhas não constituem crime.

Também não há crime, em face do princípio da insignificância, na retirada de uma ou de algumas poucas flores.

A existência desse crime especial afasta a configuração do crime de dano simples (em caso de plantas em propriedades privadas) ou qualificado (no caso de plantas em logradouros públicos).

Se o agente quebra um vaso no qual existe uma planta ornamental, danificando-a ou matando-a, há concurso **formal** entre o delito em estudo e o crime de dano (no vaso).

3. Sujeito ativo

Pode ser qualquer pessoa, no caso de plantas em logradouros públicos. No caso de se situarem em propriedade privada (plantadas no solo ou em vasos), o sujeito ativo não pode ser o proprietário, já que o tipo penal exige que se trate de propriedade alheia (elemento **normativo** do tipo).

4. Sujeito passivo

A coletividade e o proprietário da planta.

5. Consumação

No momento em que realizada a conduta típica danosa na planta.

6. Tentativa

É possível.

7. Modalidade culposa

Se o crime for culposo, a pena será de um a seis meses ou multa.

8. Ação Penal

Pública incondicionada

12.11.2.12. *Destruição ou dano de florestas nativas ou plantadas ou de vegetação fixadora de dunas ou protetora de mangues*

> **Art. 50.** Destruir ou danificar florestas nativas ou plantadas ou vegetação fixadora de dunas, protetora de mangues, objeto de especial preservação:
> Pena — detenção, de três meses a um ano, e multa.

1. Objetividade jurídica

A preservação da flora em áreas objeto de especial preservação.

2. Elementos do tipo

Destruir é acabar, exterminar, com a **floresta** (agrupamento de árvores de grande porte e com elevada densidade), **plantada** (criada por ação do ser humano) ou **nativa** (formada naturalmente), ou a vegetação protetora de mangues ou fixadora de dunas. **Danificar** é de qualquer outro modo deteriorá-las, estragá-las. O dano, ainda que parcial, configura a infração penal.

A floresta e a vegetação a que o tipo penal se refere são aquelas objeto de **especial preservação, assim definida por ato legislativo competente**. O texto legal não abrange a destruição ou o dano em floresta de preservação permanente porque, em relação a esta, existe crime mais grave (art. 38).

De acordo com o art. 2.º, IX, da Resolução 303/2002 do Conama, **manguezal** é o "ecossistema litorâneo que ocorre em terrenos baixos, sujeitos à ação das marés, formado por vasas lodosas recentes ou arenosas, às quais se associa, predominantemente, a **vegetação** natural conhecida como **mangue**, com influência flúvio-marinha, típica de solos limosos de regiões estuarinas e com dispersão descontínua ao longo da costa brasileira, entre os estados do Amapá e Santa Catarina".

Duna, por sua vez, é a "unidade geomorfológica de constituição predominante arenosa, com aparência de cômoro ou colina, produzida pela ação dos ventos, situada no litoral ou no interior do continente, podendo estar recoberta, ou não, por vegetação" (art. 2.º, X, da Resolução 303/2002 do Conama).

Caso se trate de floresta existente em terra de domínio público ou devoluta, restará configurado o crime do art. 50-A, que possui pena maior.

3. Sujeito ativo

Qualquer pessoa, inclusive o proprietário do local.

4. Sujeito passivo

A coletividade.

5. Consumação

Com o efetivo dano ou destruição da floresta ou vegetação.

6. Tentativa

É possível.

7. Ação penal

Pública incondicionada.

12.11.2.13. Desmatamento, exploração ou degradação não autorizada de floresta em terras de domínio público ou devolutas

> **Art. 50-A.** Desmatar, explorar economicamente ou degradar floresta, plantada ou nativa, em terras de domínio público ou devolutas, sem autorização do órgão competente.
> Pena — reclusão, de dois a quatro anos, e multa.

1. Objetividade jurídica
A preservação da flora em terras de domínio público ou devolutas.

2. Elementos do tipo
As condutas típicas são **desmatar** (retirar parte da mata), **explorar** economicamente (retirar produtos ou subprodutos da floresta a fim de obter lucro — frutos, cascas, sementes etc.) ou **degradar** (de qualquer outra forma danificar).

É necessário que a conduta recaia em **floresta** (agrupamento de árvores de grande porte e com elevada densidade), **plantada** (criada por ação do ser humano) ou **nativa** (formada naturalmente).

A presente infração penal é mais grave do que as demais formas de dano em florestas descritas no Código Ambiental, porque o fato ocorre em terras **devolutas** ou de **domínio público** (ainda que não se trate de área de preservação permanente). Se o agente, todavia, tiver provocado incêndio na floresta (forma especial de execução), configura-se o crime do art. 41.

O fato só constitui crime se não houver autorização do órgão competente.

3. Exclusão da ilicitude
De acordo com o art. 50-A, § 1.º, a conduta não constitui crime quando necessária à **subsistência** imediata e pessoal do agente e sua família.

4. Forma qualificada
Se a área explorada for superior a mil hectares, a pena será aumentada de **um ano** por **milhar** de hectare (§ 2.º), respeitado, evidentemente, o limite máximo de quarenta anos (art. 75 do CP).

5. Sujeito ativo
Qualquer pessoa.

6. Sujeito passivo
A coletividade, bem como a União, o Estado, o Distrito Federal ou o Município.

7. Consumação
No momento em que realizada a conduta típica.

8. Tentativa
É possível.

12.11.2.14. *Comércio ou uso não autorizado de motosserra*

> **Art. 51.** Comercializar motosserra ou utilizá-la em florestas e nas demais formas de vegetação, sem licença ou registro da autoridade competente:
> Pena — detenção, de três meses a um ano, e multa.

1. Objetividade jurídica
A preservação da flora, colocada em risco pela comercialização e utilização não autorizada de motosserra.

2. Elementos do tipo

A primeira conduta típica é **comercializar** motosserra sem licença ou registro da autoridade (elemento **normativo**). Trata-se aqui de crime de **perigo**. Na segunda modalidade, o agente efetivamente faz **uso** de motosserra em floresta ou em qualquer outro tipo de vegetação, sem licença ou registro da autoridade. Nessa figura o crime é de **dano**.

3. Sujeito ativo

Qualquer pessoa. Não é necessário que o agente seja comerciante ou empresário.

4. Sujeito passivo

A coletividade.

5. Consumação

No momento em que comercializada ou utilizada a motosserra. Note-se que, na primeira modalidade, o legislador não se utilizou das tradicionais expressões "vender" ou "expor à venda", e sim do verbo comercializar, que, de acordo com nosso entendimento, abrange a venda e também a troca.

6. Tentativa

É possível.

7. Ação penal

Pública incondicionada.

12.11.2.15. Ingresso em Unidade de Conservação mediante porte não autorizado de substâncias ou instrumentos próprios para a caça ou a exploração de produtos florestais

> **Art. 52.** Penetrar em Unidades de Conservação conduzindo substâncias ou instrumentos próprios para caça ou para exploração de produtos ou subprodutos florestais, sem licença da autoridade competente:
> Pena — detenção, de seis meses a um ano, e multa.

1. Objetividade jurídica

O equilíbrio ecológico. A preservação da fauna e da flora.

2. Elementos do tipo

A conduta típica consiste simplesmente em **ingressar** em Unidade de Conservação portando substâncias ou instrumentos próprios para caça ou para exploração de produtos ou subprodutos florestais. Só existe o crime se o agente não tiver autorização da autoridade competente (elemento **normativo** do tipo). Comete o delito, por exemplo, quem traz consigo arma de fogo, munição ou armadilha (instrumentos de caça), machados ou serras (instrumentos utilizados para possibilitar a exploração de produtos ou subprodutos florestais). A árvore em si é produto florestal. O látex, por sua vez, é exemplo de subproduto florestal.

No crime em questão, o agente é punido pelo perigo que causa à fauna ou à flora, sem prejuízo, portanto, de eventual punição, em concurso **formal**, por delito do Estatuto do Desarmamento, no caso de porte de arma de fogo ou munição sem a devida autorização (porte ilegal de arma de fogo ou munição), delito que coloca em risco a incolumidade pública.

O uso efetivo de motosserra — em Unidade de Conservação — configura crime específico previsto no art. 40.

As Unidades de Conservação estão divididas no próprio texto legal em: a) Unidades de Conservação de Proteção **Integral**: as Estações Ecológicas, as Reservas Biológicas, os Parques Nacionais, os Monumentos Naturais e os Refúgios de Vida (art. 40, § 1.º); b) Unidades de Conservação de Uso **Sustentável**: as Áreas de Proteção Ambiental, as Áreas de Relevante Interesse Ecológico, as Florestas Nacionais, as Reservas Extrativistas, as Reservas de Fauna, as Reservas de Desenvolvimento Sustentável e as Reservas Particulares do Patrimônio Natural (art. 40-A, § 1.º).

De acordo com o art. 2, I, da Lei n. 9.985/2000, entende-se por Unidade de Conservação o "espaço territorial e seus recursos ambientais, incluindo as águas jurisdicionais, com características naturais relevantes, legalmente instituído pelo Poder Público, com objetivos de conservação e limites definidos, sob regime especial de administração, ao qual se aplicam garantias adequadas de proteção".

O elemento subjetivo é o dolo de ingressar na Unidade de Conservação portando um dos objetos que o texto legal menciona e que expõem a perigo a fauna ou a flora.

3. Sujeito ativo
Pode ser qualquer pessoa.

4. Sujeito passivo
A coletividade.

5. Consumação
Com a mera entrada na Unidade de Conservação, ainda que o agente não inicie atos de caça ou utilize de outra forma as coisas ou substâncias que introduziu no local. Trata-se de crime de **mera conduta**.

6. Tentativa
É possível quando o agente é flagrado na entrada da Unidade de Conservação na posse dos objetos ou substâncias proibidas.

7. Ação penal
Pública incondicionada.

12.11.2.16. Causas de aumento de pena

O art. 53 da Lei Ambiental prevê algumas majorantes aplicáveis aos crimes contra a flora.

De acordo com tal dispositivo, nos crimes previstos nesta Seção, a pena é aumentada de um **sexto** a um **terço** se:

I — **do fato resulta a diminuição de águas naturais, a erosão do solo ou a modificação do regime climático.**

Essa causa de aumento deve-se ao grave dano ambiental causado:

a) pela diminuição de águas naturais (nascentes, por exemplo);

b) pela provocação de erosão no solo;

c) pela modificação do clima.

Basta que ocorra um desses resultados para que a pena seja majorada;

II — **o crime é cometido:**

a) **no período de queda das sementes.**

O fato é mais grave porque impede a germinação natural.

b) **no período de formação de vegetações.**

Época em que as plantas estão em seu estágio inicial;

c) **contra espécies raras ou ameaçadas de extinção, ainda que a ameaça ocorra somente no local da infração.**

A existência dessa causa de aumento impede o reconhecimento da agravante genérica que trata do mesmo tema descrita no art. 15, II, *q*. O rol de espécies da flora ameaçadas de extinção encontra-se na Instrução Normativa n. 6 do Ministério do Meio Ambiente, de 23 de setembro de 2008.

d) **em época de seca ou inundação.**

A existência dessa causa de aumento impede o reconhecimento da agravante genérica que trata do mesmo tema descrita no art. 15, II, *j*.

e) **durante a noite, em domingo ou feriado.**

A existência dessa causa de aumento impede o reconhecimento das agravantes genéricas que tratam do mesmo tema descritas no art. 15, II, *h* e *i*.

> **Observação:** No presente dispositivo, o *quantum* da agravação é de 1/6 a 1/3 e depende da maior ou menor gravidade da circunstância no caso concreto.

12.11.3. Da poluição e outros crimes ambientais (Seção III)

12.11.3.1. Poluição ambiental

> **Art. 54.** Causar poluição de qualquer natureza em níveis tais que resultem ou possam resultar em danos à saúde humana, ou que provoquem a mortandade de animais ou a destruição significativa da flora:
> Pena — reclusão, de um a quatro anos, e multa.

1. Objetividade jurídica

A preservação do meio ambiente, evitando a poluição.

2. Elementos do tipo

A conduta típica é "causar poluição de qualquer natureza".

De acordo com Carlos Ernani Constantino[1], "poluição é a contaminação dos diversos ambientes vitais (terra, água, ar), pelo fato de o homem introduzir neles substâncias ou energias nocivas".

Por sua vez, dispõe o art. 3.º, III, da Lei n. 6.938/81 que poluição é a degradação da qualidade ambiental resultante de atividades que direta ou indiretamente:

a) prejudiquem a saúde, a segurança e o bem-estar da população;

b) criem condições adversas às atividades sociais e econômicas;

c) afetem desfavoravelmente a biota;

d) afetem as condições estéticas ou sanitárias do meio ambiente;

e) lancem matérias ou energia em desacordo com os padrões ambientais estabelecidos;

Como o tipo penal incrimina o ato de **provocar** poluição de **qualquer natureza**, pode-se concluir que a infração penal abrange:

a) a poluição do solo (mediante acumulação de lixo, matérias químicas etc.);

b) a poluição das águas (lançamento de esgoto, agrotóxico, produto químico em rios, lagos, açudes, mares etc.);

c) a poluição atmosférica (emissão de fumaça, gases tóxicos etc.);

d) a poluição sonora (produção continuada de alto nível de ruído) etc. Nesse sentido:

> "A emissão de som, quando em desacordo com os padrões estabelecidos, provocará a degradação da qualidade ambiental. 2. A conduta narrada na denúncia mostra-se plenamente adequada à descrição típica constante no art. 54, *caput*, e § 2.º, I, da Lei n. 9.605/1998, c/c o art. 3.º, III, da Lei n. 6.938/1981, pois descreve a emissão pela pessoa jurídica de ruídos acima dos padrões estabelecidos pela NBR 10.151, causando, por conseguinte, prejuízos à saúde humana, consoante preconiza a Resolução do Conama n. 01/1990" (STJ — AgRg no REsp 1.442.333/RS, Rel. Min. Sebastião Reis Júnior, 6.ª Turma, julgado em 14.6.2016, *DJe* de 27.6.2016.)

A lei exige, ainda, para a configuração do ilícito penal em estudo, que a poluição ocorra **em tais níveis** que provoque um dos seguintes resultados:

a) **dano ou perigo de dano à saúde humana**.

É necessário que se demonstre o nexo causal entre a poluição provocada pelo agente e o dano ou o perigo de dano à saúde humana. Apesar de haver divergência no Superior Tribunal de Justiça, firmou-se entendimento de que o delito é de perigo **abstrato** na última modalidade, razão pela qual não é necessária demonstração pericial. Nesse sentido:

> "O delito previsto na primeira parte do art. 54 da Lei n. 9.605/98 possui natureza formal, sendo suficiente a potencialidade de dano à saúde humana para configuração da conduta delitiva, não se exigindo, portanto, a realização de perícia. Embargos de divergência providos, recurso especial desprovido" (STJ — EREsp 1417279/SC, Rel. Min. Joel Ilan Paciornik, 3.ª Seção, julgado em 11.4.2018, *DJe* 20.4.2018).

---

[1] CONSTANTINO, Carlos Ernani. *Delitos ecológicos*. São Paulo: Atlas, 2001. p. 175.

b) **mortandade de animais**.

Somente configura-se a infração penal com a morte de grande número de espécimes porque o texto legal utiliza a palavra "mortandade";

c) **destruição significativa da flora**.

Igualmente o texto legal pressupõe a eliminação de grande número de espécimes.

O elemento subjetivo é o dolo. Não é necessário que o agente queira especificamente o resultado (danos à saúde humana, mortandade de animais etc.). Basta que provoque dolosamente a poluição, pois, com isso, assume o risco de produzi-los.

3. Figuras qualificadas

De acordo com o art. 54, § 2.º, a pena será de reclusão, de **um a cinco anos**, se o crime:

I — **tornar uma área, urbana ou rural, imprópria para a ocupação humana;**
II — **causar poluição atmosférica que provoque a retirada, ainda que momentânea, dos habitantes das áreas afetadas, ou que cause danos diretos à saúde da população;**
III — **causar poluição hídrica que torne necessária a interrupção do abastecimento público de água de uma comunidade;**
IV — **dificultar ou impedir o uso público das praias;**
V — **ocorrer por lançamento de resíduos sólidos, líquidos ou gasosos, ou detritos, óleos ou substâncias oleosas, em desacordo com as exigências estabelecidas em leis ou regulamentos.**

A redação do dispositivo faz com que sejam necessários ao menos dois resultados lesivos como consequência da poluição causada para que o delito seja considerado **qualificado**:

a) o dano ou perigo de dano à saúde humana, a mortandade de animais ou a destruição significativa da flora;

b) um dos resultados elencados nos incisos I a IV ou a forma de execução do inciso V.

4. Figura equiparada

No art. 54, § 3.º, está prevista outra conduta típica, cuja pena é equiparada à das figuras qualificadas do § 2.º. Não se trata, porém, de uma qualificadora (decorrente da produção de um resultado de maior gravidade ou da utilização de meio executório mais agressivo ao meio ambiente), e sim de outro ilícito penal, com requisitos próprios. De acordo com referido § 3.º, "incorre nas mesmas penas previstas no parágrafo anterior quem deixar de adotar, quando assim o exigir a autoridade competente, medidas de precaução em caso de risco de dano ambiental grave ou irreversível".

Premissa dessa infração penal é que a autoridade competente tenha constatado risco de dano grave ou irreversível (elementos **normativos**) e que tenha notificado o agente. Este, todavia, comete o crime porque, dolosamente, deixa de adotar as precauções necessárias determinadas. Para a existência do delito basta que o agente se omita, não sendo necessário que sobrevenha o dano ambiental grave ou irreversível.

5. Modalidade culposa

Prevê o art. 54, § 1.º, que a pena será de detenção, de seis meses a um ano, e multa, se a conduta poluidora for culposa, isto é, decorrente de imprudência, negligência ou imperícia.

6. Sujeito ativo

Pode ser qualquer pessoa (natural ou jurídica).

7. Sujeito passivo

A coletividade e as pessoas afetadas (que fiquem doentes em razão da poluição, cujos animais morram em razão dela etc.).

8. Consumação

Na figura inicial do *caput*, quando a poluição provoca um dos resultados mencionados no tipo penal (dano ou possibilidade de dano à saúde humana). Como o tipo penal se contenta, para fim de consumação, com a mera possibilidade de dano, pode-se concluir que o crime é formal e de perigo abstrato. Nesse sentido:

> "De acordo com o entendimento deste Tribunal, a Lei de Crimes Ambientais deve ser interpretada à luz dos princípios do desenvolvimento sustentável e da prevenção, indicando o acerto da análise que a doutrina e a jurisprudência têm conferido à parte inicial do art. 54 da Lei n. 9.605/1998, de que a mera possibilidade de causar dano à saúde humana é idônea a configurar o crime de poluição, evidenciada sua natureza formal ou, ainda, de perigo abstrato (ut, RHC 62.119/SP, Rel. Min. GURGEL DE FARIA, 5.ª Turma, *DJe* 5.2.2016)" (STJ — AgRg no AREsp 956.780/AM, Rel. Min. Reynaldo Soares da Fonseca, 5ª Turma, julgado em 27.9.2016, *DJe* de 5.10.2016).

Na hipótese de mortandade de animais ou destruição significativa da flora (segunda parte do art. 54, *caput*), o delito é **material**, consumando-se no momento da provocação do **resultado**.

Na figura **omissiva** do § 3.º, quando o agente se omite por tempo juridicamente relevante após ser notificado pela autoridade competente.

9. Tentativa

Possível nas figuras comissivas e inviável na hipótese omissiva do § 3.º.

10. Distinções:

a) O art. 270 do Código Penal pune quem **envenena água potável, de uso comum ou particular.** Esse delito possui pena muito maior (reclusão, de dez a quinze anos, e multa).

O art. 271 do CP, por sua vez, pune quem **polui água potável, de uso comum ou particular, tornando-a imprópria para o consumo ou nociva à saúde.** Nesse delito, a pena é menor do que a do art. 270 porque não ocorre envenenamento da água, e sim outra forma qualquer de poluição.

Assim, por exclusão, o crime do art. 54 da Lei Ambiental configura-se quando o agente polui água **não potável.**

Quando se diz que determinadas águas não são potáveis, não se quer dizer necessariamente que já estejam poluídas. As águas de rios e represas, em regra, não são potáveis, devendo passar por processos de filtragem e decantação para a retirada de impurezas (sujeira, coliformes fecais de animais, detritos provenientes de algas, micro-organismos etc.) antes de serem destinadas ao consumo humano.

Existe, contudo, entendimento em sentido contrário, sustentando que o art. 54 da Lei Ambiental revogou o mencionado art. 271 do Código Penal, por se tratar de lei posterior e mais abrangente. Nesse sentido:

"I. O tipo penal, posterior, específico e mais brando, do art. 54 da Lei n. 9.605/98 engloba completamente a conduta tipificada no art. 271 do Código Penal, provocando a ab-rogação do delito de corrupção ou poluição de água potável" (STJ — HC 178.423/GO, Rel. Min. Gilson Dipp, 5.ª Turma, julgado em 6.12.2011, *DJe* de 19.12.2011).

No mesmo sentido (revogação do art. 271), temos o entendimento de Celeste Pereira Gomes[2], Paulo Affonso Leme Machado[3] e Ney Moura Teles[4].

Com o devido respeito, não nos parece que o legislador tenha tido a intenção de aprovar lei especial — punindo crimes ambientais — para abrandar a pena de quem polui água potável.

b) A poluição **visual** é punida no art. 65: "Pichar ou por outro meio conspurcar edificação ou monumento urbano".

c) A emissão abusiva de fumaça que perturbe a vizinhança ou provoque mal-estar ligeiro nas pessoas (leve irritação nos olhos, por exemplo) configura a contravenção do art. 38 da Lei das Contravenções Penais, desde que não atinja níveis que provoquem ou possam provocar danos à saúde humana, a mortandade de animais etc., por exemplo, pessoa que faz pequena fogueira para queimar lixo doméstico.

d) A provocação de mortandade de espécimes da **fauna aquática** em rios, lagos, lagoas, baías ou no oceano, pela emissão de efluentes ou carreamento de materiais, configura o crime do art. 32 da Lei Ambiental.

e) Quem **expõe a perigo a vida, a integridade física ou o patrimônio de outrem, usando gás tóxico ou asfixiante**, incorre no crime do art. 252 do Código Penal. Nesse delito, o dolo é de provocar perigo a número elevado e indeterminado de pessoas, por exemplo, acionar gás lacrimogêneo no meio de uma multidão (sem que haja razão e autorização para tanto). A provocação de poluição pela emissão de resíduo (lixo) gasoso, em desacordo com as exigências legais ou regulamentares, configura o crime do art. 54, § 2.º, V, da Lei Ambiental.

---

[2] GOMES, Celeste Leite dos Santos Pereira; SANTOS, Maria Celeste Cordeiro Leite (coord.) *Crimes contra o meio ambiente:* responsabilidade e sanção penal. 2. ed. aum. e atual. São Paulo: Juarez de Oliveira, 1999. p. 144.

[3] MACHADO, Paulo Affonso Leme. Da poluição e de outros crimes ambientais na Lei n. 9.605/98. *Revista de Direito Ambiental* — Publicação oficial do Instituto "O Direito por um Planeta Verde", ano 4, n. 14, p. 9-19, São Paulo, RT, abr.-jun. 1999, p. 11.

[4] TELES, Ney Moura. *Direito penal:* parte geral: art. 1.º a 120. São Paulo: Atlas, 2004. p. 248. v. 1.

11. Ação penal
Pública incondicionada.

12.11.3.2. Pesquisa, lavra ou extração não autorizada de recursos minerais

> **Art. 55.** Executar pesquisa, lavra ou extração de recursos minerais sem a competente autorização, permissão, concessão ou licença, ou em desacordo com a obtida:
> Pena — detenção, de seis meses a um ano, e multa.

1. Objetividade jurídica
A preservação do solo e do subsolo, bem como do equilíbrio ecológico, evitando-se os danos decorrentes das atividades extrativistas não autorizadas de recursos minerais.

2. Elementos do tipo
De acordo com o art. 14 do **Código de Mineração** (Decreto-Lei n. 227/67), entende-se por **pesquisa** mineral a execução dos trabalhos necessários à definição da jazida, sua avaliação e a determinação da exequibilidade do seu aproveitamento econômico. A pesquisa mineral compreende, entre outros, os seguintes trabalhos de campo e de laboratório: levantamentos geológicos pormenorizados da área a pesquisar, em escala conveniente; estudos dos afloramentos e suas correlações, levantamentos geofísicos e geoquímicos; aberturas de escavações visitáveis e execução de sondagens no corpo mineral; amostragens sistemáticas; análises físicas e químicas das amostras e dos testemunhos de sondagens; e ensaios de beneficiamento dos minérios ou das substâncias minerais úteis, para obtenção de concentrados de acordo com as especificações do mercado ou aproveitamento industrial (art. 14, § 1.º).

Lavra é a exploração de **jazidas** (ouro, diamante) ou de **minérios** (ferro, cobre, mármore, carvão mineral etc.). De acordo com o art. 36 do Código de Mineração (Decreto-Lei n. 227/67, "entende-se por **lavra**, o conjunto de operações coordenadas objetivando o aproveitamento industrial da jazida, desde a extração das substâncias minerais úteis que contiver, até o beneficiamento das mesmas".

A palavra "**extração**" foi utilizada no texto legal para se referir à retirada de minerais em estado **líquido** (petróleo) ou **gasoso** (gás natural).

O tipo penal exige que as condutas extrativistas ocorram sem autorização, permissão, concessão ou licença ou em desacordo com a obtida (elemento **normativo** do tipo).

O elemento subjetivo é o dolo. Comete o crime, por exemplo, quem começa a perfurar o solo à procura de petróleo (que em certos locais não se encontram em grande profundidade) ou inicia a lavra de ouro em leito de rio.

3. Figura equiparada
O parágrafo único do art. 55 prevê que **nas mesmas penas incorre quem deixa de recuperar a área pesquisada ou explorada nos termos da autorização, permissão, licença, concessão ou determinação do órgão competente.** De acordo com o art. 225, § 2.º, da Constituição Federal, "aquele que explorar recursos minerais fica obrigado a recuperar o meio ambiente degradado, de acordo com solução técnica exigida pelo órgão público competente na forma da lei". Assim, comete o crime, por exemplo, quem

explora uma jazida com prévia autorização ambiental, mas, posteriormente, deixa de recuperar a área nos termos exigidos previamente pelo órgão competente.

4. Sujeito ativo

Pode ser qualquer pessoa, inclusive o proprietário do local onde se encontram os recursos minerais caso inicie, por exemplo, extração sem prévia licença.

Na figura do § 1.º, o sujeito ativo é o responsável pela exploração da área.

5. Sujeito passivo

A coletividade.

6. Consumação

No instante em que iniciada a pesquisa não autorizada. Na figura do § 1.º, no momento em que o agente deixa de recuperar a área.

7. Tentativa

É possível na figura do *caput* e inviável na do § 1.º, que constitui crime **omissivo próprio**.

8. Ação penal

Pública incondicionada.

A competência é da Justiça Federal (art. 109, IV, da Carta Magna), pois os recursos minerais, mesmo do subsolo, pertencem à União (art. 20, IX, da Constituição Federal).

12.11.3.3. Produção ou emprego irregular de produtos ou substâncias tóxicas, perigosas ou nocivas

> **Art. 56.** Produzir, processar, embalar, importar, exportar, comercializar, fornecer, transportar, armazenar, guardar, ter em depósito ou usar produto ou substância tóxica, perigosa ou nociva à saúde humana ou ao meio ambiente, em desacordo com as exigências estabelecidas em leis ou nos seus regulamentos:
> Pena — reclusão, de um a quatro anos, e multa.

1. Objetividade jurídica

A preservação do meio ambiente.

2. Elementos do tipo

As **condutas típicas** são:

a) **produzir** (criar);

b) **processar** (realizar operações, manualmente ou de forma industrial);

c) **embalar** (colocar em caixas, pacotes, fardos etc.);

d) **importar** (trazer do exterior para o território nacional);

e) **exportar** (levar do território nacional para o exterior);

f) **comercializar** (negociar);

g) **fornecer** (entregar a outrem, ainda que gratuitamente);

h) **transportar** (levar de um local para outro);

i) **armazenar** (guardar em armazém para outrem);

j) **guardar** (manter a posse);

k) **ter em depósito** (guardar para fins comerciais);

l) **usar** (fazer uso, utilizar, empregar).

Trata-se de crime de **ação múltipla** em que basta a realização de uma das condutas típicas para seu aperfeiçoamento; contudo, a realização de mais de uma delas em relação ao **mesmo** objeto material constitui crime único.

Os **objetos materiais** são os produtos ou as substâncias:

a) **tóxicas** (que podem provocar intoxicação, envenenamento em humanos, animais ou plantas);

b) **perigosas** (que podem provocar dano);

c) **nocivas** (que provocam dano).

São exemplos os agrotóxicos, produtos químicos, venenos etc.

Saliente-se que a prática de uma das condutas típicas em relação a qualquer dos objetos materiais mencionados configura o crime, ainda que não sobrevenham resultados danosos — desde que os produtos ou as substâncias sejam tóxicos, perigosos ou nocivos à **saúde humana** ou ao **meio ambiente** (fauna, flora etc.). Cuida-se de crime de **perigo**, em que se pune a possibilidade do dano. A superveniência de resultados lesivos pode configurar crime mais grave ou outra infração penal em concurso, dependendo do caso.

Para que se mostre presente o ilícito penal é preciso que as condutas sejam realizadas **em desacordo com as exigências estabelecidas em leis ou nos seus regulamentos** (elemento **normativo** do tipo). Trata-se de norma penal em branco.

O elemento subjetivo é o dolo.

3. Figuras equiparadas

De acordo com o § 1.º, nas mesmas penas incorre quem:

I — abandona os produtos ou as substâncias referidos no caput ou os utiliza em desacordo com as normas ambientais ou de segurança;

II — manipula, acondiciona, armazena, coleta, transporta, reutiliza, recicla ou dá destinação final a resíduos perigosos de forma diversa da estabelecida em lei ou regulamento.

4. Causas de aumento de pena

A pena será aumentada de 1/6 a 1/3 se o produto ou a substância for nuclear ou radioativa (art. 56, § 2.º).

5. Modalidade culposa

Prevê o § 3.º que, se o crime for culposo, a pena será de detenção, de seis meses a um ano, e multa.

6. Sujeito ativo

Pode ser qualquer pessoa.

7. Sujeito passivo
A coletividade.

8. Consumação
No momento em que realizada a conduta típica, independentemente de qualquer resultado lesivo.

9. Tentativa
É possível.

10. Ação penal
Pública incondicionada.

12.11.3.4. Causas de aumento de pena

O art. **58 da Lei Ambiental** prevê algumas majorantes aplicáveis aos crimes de poluição e outros ambientais previstos na Seção III.

De acordo com tal dispositivo, nos crimes dolosos previstos nesta seção, as penas serão **aumentadas**:

I — **de um sexto a um terço, se resulta dano irreversível à flora ou ao meio ambiente em geral.** Premissa desta causa de aumento de pena é que o dano seja **irreversível**. O *quantum* do aumento deve guardar proporção com o tamanho do dano ambiental irreversível;

II — **de um terço até a metade, se resulta lesão corporal de natureza grave em outrem.** Nesta causa de aumento de pena o resultado é **culposo,** fazendo com que o crime como um todo seja considerado **preterdoloso**: dolo no crime antecedente e culpa no resultado agravador. Ex.: o agente provoca dolosamente ato de poluição (art. 54) do qual decorre culposamente lesão corporal grave em outrem.

O *quantum* da exasperação deve estar relacionado à gravidade da lesão provocada no caso concreto e ao número de pessoas gravemente lesionadas.

Não se aplica a majorante se a lesão grave atingir apenas o próprio agente;

III — **até o dobro, se resultar a morte de outrem.** Tal como mencionado no inciso anterior, cuida-se de modalidade preterdolosa.

De acordo com o parágrafo único deste art. 58, as penalidades previstas neste artigo somente serão aplicadas se do fato não **resultar crime mais grave**. É evidente que, se o agente intencionalmente mata a vítima por meio de um ato tido como poluidor do meio ambiente, responderá pelo crime de homicídio doloso e pelo crime ambiental sem a causa de aumento do art. 58, III.

12.11.3.5. *Construção, reforma, ampliação, instalação ou funcionamento não autorizado de estabelecimentos, obras ou serviços potencialmente poluidores*

> **Art. 60.** Construir, reformar, ampliar, instalar ou fazer funcionar, em qualquer parte do território nacional, estabelecimentos, obras ou serviços potencialmente poluidores,

> sem licença ou autorização dos órgãos ambientais competentes, ou contrariando as normas legais e regulamentares pertinentes:
> Pena — detenção, de um a seis meses, ou multa, ou ambas as penas cumulativamente.

1. Objetividade jurídica

A preservação do meio ambiente.

2. Elementos do tipo

O tipo penal em estudo tem por finalidade dar **efetividade** aos arts. 225, § 1.º, IV, da Carta Magna e 10 da Lei n. 6.938/81. O dispositivo **constitucional** diz que incumbe ao Poder Público "exigir, na forma da lei, para instalação de obra ou atividade potencialmente causadora de significativa degradação do meio ambiente, estudo prévio de impacto ambiental". Por sua vez, o art. 10 da Lei n. 6.938/81 (com a redação dada pela Lei Complementar n. 140/2011) praticamente repete o texto constitucional "a construção, instalação, ampliação e funcionamento de estabelecimentos e atividades utilizadores de recursos ambientais, efetiva ou potencialmente poluidores ou capazes, sob qualquer forma, de causar degradação ambiental dependerão de prévio licenciamento ambiental".

O dispositivo em questão diz respeito a **estabelecimentos** (comerciais, industriais), **obras** (construção de rodovias, ferrovias, estádios, transposição de rios) ou **serviços** (desinsetização, por exemplo) **potencialmente poluidores** (elemento **normativo** do tipo).

Para a configuração do delito basta que o agente construa, reforme, amplie, instale ou faça funcionar um desses estabelecimentos, obras ou serviços sem licença ou autorização dos órgãos ambientais competentes ou contrariando as normas legais ou regulamentares (outro elemento **normativo** do tipo). É necessário, contudo, que exista **prova** de que o estabelecimento, obra, seja potencialmente poluidor. A propósito:

> "A configuração do delito previsto no art. 60, da Lei n. 9.605/98, exige o desenvolvimento de atividade potencialmente poluidora sem a correspondente licença ambiental. O fato de ser exigida a licença ambiental não pode gerar a presunção de que a atividade desenvolvida pelo acusado seja potencialmente poluidora (ut, AgRg no REsp 1411354/RS, Rel. Min. MOURA RIBEIRO, 5.ª Turma, *DJe* 26.8.2014)" (STJ — AgRg no REsp 1.840.129/RN, Rel. Min. Reynaldo Soares da Fonseca, 5.ª Turma, julgado em 4.8.2020, *DJe* de 13.8.2020).

No delito em estudo, o agente não provoca efetivamente a poluição, pois, se o fizesse, estaria incurso em crime mais grave do art. 54. Comete o crime, por exemplo, quem constrói uma indústria química (estabelecimento potencialmente poluidor) sem a prévia licença ambiental, ainda que a referida indústria, ao iniciar suas atividades, não provoque poluição.

O elemento subjetivo é o dolo de realizar a conduta típica sem a prévia autorização ou licença ambiental ou em desacordo com as normas legais ou regulamentares.

3. Sujeito ativo

Pode ser qualquer pessoa.

4. Sujeito passivo

A coletividade.

5. Consumação

No exato instante em que o agente realiza a conduta típica, ainda que não provoque poluição. Trata-se de crime de perigo **abstrato**. Nesse sentido: "VII — O crime previsto no art. 60 da Lei n. 9.605/98 é de perigo abstrato, do qual não se exige prova do dano ambiental, sendo certo que a conduta ilícita se configura com a mera inobservância ou descumprimento da norma, pois o dispositivo em questão pune a conduta do agente que pratica atividades potencialmente poluidoras, sem licença ambiental" (STJ — RHC n. 89.461/AM, Rel. Min. Felix Fischer, 5.ª Turma, julgado em 17.5.2018, *DJe* de 25.5.2018.)

6. Tentativa

É possível.

7. Ação penal

Pública incondicionada.

12.11.3.6. Disseminação de doença ou praga

> **Art. 61.** Disseminar doença ou praga ou espécies que possam causar dano à agricultura, à pecuária, à fauna, à flora ou aos ecossistemas:
> Pena — reclusão, de um a quatro anos, e multa.

1. Objetividade jurídica

A preservação da flora e da fauna, bem como dos recursos agrícolas e pecuários.

2. Elementos do tipo

A conduta típica é **disseminar**, isto é, espalhar, propagar. É preciso que o agente dissemine doença, praga ou espécies, ou seja, fungos, bactérias, vírus, insetos (gafanhotos, cochonilhas), roedores, protozoários, parasitas etc. É necessário, ainda, que estas possam causar **dano** (elemento **normativo**) à **agricultura**, **pecuária**, **fauna**, **flora** ou aos **ecossistemas** (conjunto de uma comunidade de organismos e seu meio ambiente funcionando como uma unidade na natureza).

Doença é um conjunto de sinais e sintomas específicos que afetam um ser vivo, alterando o seu estado normal de saúde.

Pragas são qualquer espécie, raça ou biótipo de planta, animal ou agente patogênico que danifica plantas ou produtos vegetais.

Espécies são agrupamento de populações naturais que são capazes de reproduzir-se naturalmente e são reprodutivamente isoladas de outros grupos.

Agricultura é o cultivo do solo, por meio de procedimentos, métodos e técnicas próprias, que buscam produzir alimentos para o consumo humano, como legumes, cereais, frutas e verduras, ou para serem usados como matérias-primas na indústria.

Pecuária é a atividade econômica responsável pela criação de diferentes tipos de animais.

Na configuração do presente delito, o agente, **dolosamente**, espalha doenças, pragas ou espécies, ciente de que podem provocar infestações prejudiciais à fauna, flora etc.

O dispositivo em questão revogou tacitamente o art. 259 do Código Penal, que punia com reclusão, de dois a cinco anos, e multa, quem difundisse doença ou praga capaz de causar dano em floresta, plantação ou animais de utilidade pública. A modalidade **culposa** deste art. 259, todavia, continua em vigor, na medida em que inexiste figura similar na Lei Ambiental. A pena para a figura culposa é de detenção, de um a seis meses, ou multa (art. 259, parágrafo único, do CP).

3. Sujeito ativo
Pode ser qualquer pessoa.

4. Sujeito passivo
A **coletividade** e, eventualmente, os agricultores, pecuaristas ou outros que venham a ser prejudicados pelo ataque da praga ou doença em suas plantas ou animais.

5. Consumação
No momento em que ocorre a disseminação. Trata-se de crime **formal** e de **perigo** em que o tipo penal dispensa o efetivo dano à fauna, flora, plantações ou gado.

6. Tentativa
É possível.

7. Ação penal
Pública incondicionada.

12.11.4. Dos crimes contra o ordenamento urbano e o patrimônio cultural (Seção IV)

De acordo com o art. 216 da Constituição Federal, "constituem patrimônio cultural brasileiro os bens de natureza material e imaterial, tomados individualmente ou em conjunto, portadores de referência à identidade, à ação, à memória dos diferentes grupos formadores da sociedade brasileira, nos quais se incluem:

I — as formas de expressão;
II — os modos de criar, fazer e viver;
III — as criações científicas, artísticas e tecnológicas;
IV — as obras, objetos, documentos, edificações e demais espaços destinados às manifestações artístico-culturais;
V — os conjuntos urbanos e sítios de valor histórico, paisagístico, artístico, arqueológico, paleontológico, ecológico e científico.

§ 1.º O Poder Público, com a colaboração da comunidade, promoverá e protegerá o patrimônio cultural brasileiro, por meio de inventários, registros, vigilância, tombamento e desapropriação, e de outras formas de acautelamento e preservação.

§ 2.º Cabem à administração pública, na forma da lei, a gestão da documentação governamental e as providências para franquear sua consulta a quantos dela necessitem.

§ 3.º A lei estabelecerá incentivos para a produção e o conhecimento de bens e valores culturais.

§ 4.º Os danos e ameaças ao patrimônio cultural serão punidos, na forma da lei".

Assim, a fim de dar consistência ao art. 216, § 4.º, da Carta Magna, a presente Seção IV da Lei de Proteção ao Meio Ambiente, visando à tutela de tais bens, descreve crimes que atingem o ordenamento urbano e o patrimônio cultural.

12.11.4.1. Dano em bem especialmente protegido

> **Art. 62.** Destruir, inutilizar ou deteriorar:
> I — bem especialmente protegido por lei, ato administrativo ou decisão judicial;
> II — arquivo, registro, museu, biblioteca, pinacoteca, instalação científica ou similar protegido por lei, ato administrativo ou decisão judicial:
> Pena — reclusão, de um a três anos, e multa.

1. Objetividade jurídica

A preservação do patrimônio cultural. Secundariamente, o patrimônio público e o particular.

2. Elementos do tipo

As condutas típicas são:

a) **destruir**: o bem deixa de existir em sua individualidade. Ex.: atear fogo em livros, jogar ao chão coleção histórica de porcelanas pertencentes à Família Real etc.;

b) **inutilizar**: o bem continua existindo em sua individualidade, mas inapto a seus fins. Ex.: pintar as páginas de livros de tal maneira que não mais possam ser lidos;

c) **deteriorar**: fórmula genérica que abrange qualquer outra espécie de dano. Ex.: riscar a capa de livros.

O dispositivo em estudo revogou o art. 165 do Código Penal, que punia com detenção de seis meses a dois anos, ou multa, as condutas de destruir, inutilizar ou deteriorar coisa tombada pela autoridade competente em virtude de valor artístico, arqueológico ou histórico.

Para a existência do delito é preciso que a conduta típica recaia em um dos seguintes objetos materiais:

a) **bem especialmente protegido por lei, ato administrativo ou decisão judicial;**

b) **arquivo, registro, museu, biblioteca, pinacoteca, instalação científica ou similar protegido por lei, ato administrativo ou decisão judicial.**

A lei que confere a especial proteção pode ser federal, estadual ou municipal. O ato administrativo também pode ser de qualquer dessas esferas. Ex.: tombamento de determinada obra ou monumento por decreto municipal. A decisão judicial que confere a especial proteção não necessita ser definitiva. Assim, comete o crime quem danifica bem que se encontra protegido por liminar judicial em vigor no momento do ato criminoso.

O elemento subjetivo é o dolo de danificar o bem especialmente protegido. Irrelevante a motivação do agente. O ato de danificar um monumento em protesto contra ações ou omissões governamentais ou por discordância da especial proteção a ele conferida em nada beneficia o agente.

O delito pode ser cometido por ação ou por omissão. Comete a infração penal, por exemplo, o responsável por biblioteca que sabe que livros estão começando a ser consumidos por traças e, por motivos pessoais, deixa, intencionalmente, de dar combate ou de comunicar a seus superiores, permitindo que os livros sejam completamente destruídos.

Se o agente **mancha** ou **picha** monumento ou coisa tombada em razão de seu valor artístico, arqueológico ou histórico, comete crime mais brandamente apenado, descrito no art. 65, § 1.º, da Lei Ambiental.

3. Sujeito ativo

Pode ser qualquer pessoa, inclusive o proprietário do bem especialmente protegido.

O delito pode ser praticado por particulares e também por funcionários de museus, pinacotecas etc.

No crime de dano comum (do Código Penal), o consentimento do dono, desde que capaz, exclui o delito, o que não ocorre no delito em questão cujo bem jurídico tutelado não é o patrimônio privado, e sim o patrimônio cultural.

4. Sujeito passivo

A coletividade e, secundariamente, o órgão público que atribuiu especial proteção ao bem. Caso o bem declarado especialmente protegido pertença a particular, será ele também considerado sujeito passivo (exceto se for ele o autor do crime).

5. Consumação

No instante em que danificado o bem.

6. Tentativa

É possível.

7. Modalidade culposa

De acordo com o parágrafo único do art. 62, se o crime for culposo, a pena será de seis meses a um ano de detenção, sem prejuízo da multa.

8. Ação penal

Pública incondicionada.

12.11.4.2. Modificação não autorizada de edificação ou local especialmente protegido

> **Art. 63.** Alterar o aspecto ou estrutura de edificação ou local especialmente protegido por lei, ato administrativo ou decisão judicial, em razão de seu valor paisagístico, ecológico, turístico, artístico, histórico, cultural, religioso, arqueológico, etnográfico ou monumental, sem autorização da autoridade competente ou em desacordo com a concedida:
> Pena — reclusão, de um a três anos, e multa.

1. Objetividade jurídica
A preservação do meio ambiente cultural.

2. Elementos do tipo
Premissa do delito é a prévia existência de **lei** (municipal, estadual ou federal), **ato administrativo** (decreto assinado pelo Presidente da República, pelo Governador, pelo Prefeito etc) ou **decisão judicial** declarando determinada edificação ou local especialmente protegido, de tal modo que fique proibida a alteração de sua fachada ou estrutura.

O tipo penal não exige que se trate de decisão judicial transitada em julgado. É possível a configuração do delito quando o agente, contrariando liminar judicial, altera a fachada de uma casa especialmente protegida.

É necessário, outrossim, que a especial proteção da edificação ou local decorra de seu valor:

a) **paisagístico**;

b) **ecológico**;

c) **turístico**;

d) **histórico**;

e) **cultural**;

f) **religioso**;

g) **arqueológico**;

h) **etnográfico**; ou

i) **monumental**.

Por se tratar de norma incriminadora, não é possível o uso de **interpretação analógica** para abranger outras hipóteses. É preciso, portanto, que a lei, o ato administrativo ou a decisão judicial mencione expressamente a razão da especial proteção à edificação ou ao local.

O Ministério Público, ao oferecer denúncia, deve mencionar a lei, o ato administrativo ou a decisão judicial que tornou o local ou edificação protegido (valor histórico, religioso, cultural etc).

A conduta típica é a de **modificar** o aspecto ou a estrutura de um desses locais sem autorização da autoridade competente ou em desacordo com a concedida (elemento **normativo** do tipo). Em suma, o agente desobedece a proibição e, com isso, incorre no tipo penal em estudo.

O elemento subjetivo é o **dolo**, ou seja, a vontade livre e consciente de alterar o aspecto ou a estrutura de edificação ou o local especialmente protegido por lei.

3. Sujeito ativo
Trata-se de crime **comum** que pode ser cometido por qualquer pessoa, inclusive pelo dono do local protegido.

4. Sujeito passivo
A coletividade e, secundariamente, o órgão público que atribuiu especial proteção ao local ou à edificação.

5. Consumação

Com a efetiva modificação na aparência ou na estrutura da edificação protegida por lei, uma vez que o tipo penal exige tais resultados.

6. Tentativa

É possível.

7. Ação penal

Pública incondicionada.

12.11.4.3. Construção não autorizada em solo não edificável ou em seu entorno

> **Art. 64.** Promover construção em solo não edificável, ou no seu entorno, assim considerado em razão de seu valor paisagístico, ecológico, artístico, turístico, histórico, cultural, religioso, arqueológico, etnográfico ou monumental, sem autorização da autoridade competente ou em desacordo com a concedida:
> Pena — detenção, de seis meses a um ano, e multa.

1. Objetividade jurídica

A preservação do meio ambiente cultural.

2. Elementos do tipo

Premissa do delito é que seja **proibido construir** em determinado local ou em seu **entorno** em razão de seu valor paisagístico, ecológico, artístico, turístico, histórico, cultural, religioso, arqueológico, etnográfico ou monumental. Nesse local não edificável é vedada, portanto, qualquer espécie de construção, salvo se concedida autorização pela autoridade competente. Desse modo, o delito em questão configura-se quando o agente promove a construção no local protegido ou em seu entorno sem contar com autorização da autoridade competente ou em desacordo com a autorização recebida (elemento **normativo** do tipo).

O elemento subjetivo é o dolo, ou seja, a vontade livre e consciente de erguer a construção em local onde é proibido.

O Superior Tribunal de Justiça tem entendimento de que o delito em análise absorve aqueles previstos nos arts. 40 e 48 da Lei Ambiental:

> "O MPF ofereceu denúncia (e-STJ, fls. 3-7) contra o ora recorrido, imputando-lhe a conduta de construir, dentro da área da Estação Ecológica de Carijós, em Florianópolis/SC, uma edícula de alvenaria de 261m², sem autorização da Administração Pública. Por isso, pleiteou sua condenação nas iras dos arts. 40 e 48 da Lei n. 9.605/1998, em concurso material. 2. Para a Corte de origem, o ato de edificar na área de estação ecológica, unidade de conservação do tipo de proteção integral, corresponderia ao crime único do art. 64 da Lei n. 9.605/1998. 3. Consoante o entendimento das duas Turmas que compõem a Terceira Seção deste STJ, a conduta do art. 48 da Lei n. 9.605/1998 é mero pós-fato impunível do ato de construir em local não edificável. Afinal, com a própria existência da construção desejada e executada pelo agente — e à qual, portanto, se dirige seu dolo —, é inevitável

que fique impedida a regeneração da flora antes existente no mesmo lugar. 4. Para analisar a possibilidade de absorção do crime do art. 40 da Lei n. 9.605/1998 pelo do art. 64, não é relevante a diversidade de bens jurídicos protegidos por cada tipo incriminador; tampouco impede a consunção o fato de que o crime absorvido tenha pena maior do que a do crime continente, como se vê na própria Súmula 17/STJ. 5. O dano causado pela construção do recorrido à estação ecológica se encontra, efetivamente, absorvido pela edificação irregular. Este dano pode, em tese, ser considerado concomitante à construção, enquanto ato integrante da fase de execução do iter do art. 64, caso em que se aplicaria o princípio da consunção em sua formulação genérica; ou, então, como consequência naturalística inafastável e necessária da construção, de maneira que seu tratamento jurídico seria o de pós-fato impunível. De todo modo, o dano à unidade de conservação se situa na escala causal da construção irregular (seja como ato executório ou como exaurimento), nela exaurindo toda sua potencialidade lesiva. 6. Recurso Especial desprovido" (STJ — REsp 1.925.717/SC, Rel. Min. Ribeiro Dantas, 5.ª Turma, julgado em 25.5.2021, *DJe* de 28.5.2021).

3. Sujeito ativo

O responsável pela construção, podendo ser o proprietário do terreno ou terceiro.

4. Sujeito passivo

A coletividade.

5. Consumação

Com o início da construção. Não é necessário o término da obra.

6. Tentativa

É possível. O agente, por exemplo, começa a limpar o terreno e desloca máquinas para o local, mas não consegue dar início efetivo à construção por circunstâncias alheias à sua vontade.

12.11.4.4. Pichação de edificação ou monumento urbano

> **Art. 65.** Pichar ou por outro meio conspurcar edificação ou monumento urbano:
> Pena — detenção, de três meses a um ano, e multa.

1. Objetividade jurídica

A preservação do patrimônio cultural. Secundariamente, o patrimônio público ou particular.

2. Elementos do tipo

O que se pune nessa figura criminosa é a chamada "poluição **visual**" em áreas urbanas.

As condutas típicas são:

a) **pichar**: pintar letras ou desenhos com tinta;

b) **conspurcar**: deixar marca ou mancha com algum tipo de substância. Ex.: jogar cola, cimento, óleo ou algum produto químico que deixe marcas na edificação ou no monumento.

É necessário que a conduta recaia em **edificação** (casa, prédio, muro, ponte, viaduto) ou **monumento** (obra arquitetônica ou escultura levantada em honra de alguém ou para comemorar algum acontecimento importante).

O tipo penal restringe seu alcance a fatos ocorridos em **área urbana**. A pichação em área não urbana configura crime de dano simples, se o bem for particular (art. 163, *caput*, do CP), ou qualificado, se o bem for público (art. 163, parágrafo único, III, do CP).

Em se tratando de infração que deixa vestígios, mostra-se necessária a realização de exame pericial para comprovar a materialidade. Nesse sentido:

> "Mostra-se necessária a realização do exame pericial direto ou indireto para tipificação do crime de pichação, pois se trata de infração que deixa vestígios, podendo apenas ser suprido por outros meios de prova quando aquele não puder ser realizado, casos em que deve ser justificada a ausência de laudo por parte das instâncias ordinárias. 2. No caso concreto, diante da inexistência de laudo pericial direto ou indireto, bem como por não ter sido justificada a sua não realização, entendo ser hipótese de absolvição do recorrente do delito do art. 65 da Lei n. 9.605/98 ante a ausência de materialidade, mantidos os demais termos da condenação. 3. Recurso especial provido" (STJ — REsp n. 1.771.714/MG, Rel. Min. Joel Ilan Paciornik, 5.ª Turma, julgado em 25.6.2019, *DJe* de 5.8.2019).

3. Figura qualificada

De acordo com o § 1.º do art. 65, a pena será de seis meses a um ano de detenção e multa, se o ato for realizado em **monumento ou coisa tombada em virtude do seu valor artístico, arqueológico ou histórico**. É preciso que exista lei ou ato administrativo declarando o tombamento.

Monumento é a construção ou escultura que visa a homenagear ou lembrar algum fato histórico ou pessoa notável.

Tombamento, de acordo com Edis Milaré[5], "é um procedimento administrativo complexo, de qualquer das esferas do Poder Público, por via do qual se declara ou reconhece valor cultural a bens que, por suas características especiais, passam a ser preservados no interesse de toda a coletividade". O tombamento é regulamentado pelo **Decreto-Lei n. 25/37**.

4. Sujeito ativo

Trata-se de crime comum que pode ser cometido por qualquer pessoa.

5. Sujeito passivo

A **coletividade**, bem como o ente público que construiu ou tombou a edificação ou monumento (União, Estado, Município, Distrito Federal), ou o proprietário do bem (em caso de edificações particulares urbanas).

---

[5] MILARÉ, Edis. *Direito do ambiente:* doutrina, jurisprudência, glossário. São Paulo: Revista dos Tribunais, 2005. p. 404.

6. Consumação

No momento em que o agente picha ou suja o monumento ou edificação.

7. Tentativa

É possível.

8. Excludente de tipicidade

De acordo com o § 2.º do art. 65, acrescentado pela Lei n. 12.408/2011, não constitui crime a prática de **grafite** realizada com o objetivo de valorizar o patrimônio público ou privado mediante manifestação artística, desde que **consentida** pelo proprietário ou, quando couber, pelo locatário ou arrendatário do bem privado e, no caso de bem **público**, com a **autorização do órgão competente** e a observância das posturas municipais e das normas editadas pelos órgãos governamentais responsáveis pela preservação e conservação do patrimônio histórico e artístico nacional.

9. Ação penal

Pública incondicionada.

12.11.5. Dos crimes contra a administração ambiental (Seção V)

12.11.5.1. Afirmação falsa, omissão da verdade ou sonegação de dados

> **Art. 66.** Fazer o funcionário público afirmação falsa ou enganosa, omitir a verdade, sonegar informações ou dados técnico-científicos em procedimentos de autorização ou de licenciamento ambiental:
> Pena — reclusão, de um a três anos, e multa.

1. Objetividade jurídica

A Administração Pública Ambiental.

2. Elementos do tipo

É preciso salientar, inicialmente, que o delito em análise somente pode ocorrer no bojo de procedimento de **autorização** ou **licenciamento ambiental**. O presente delito é **subsidiário**, pois se o funcionário público apresentar estudo, laudo ou relatório ambiental total ou parcialmente falso ou enganoso em procedimento ambiental incorrerá em crime mais grave do art. 69-A. Configura o crime do art. 66, por exemplo, o depoimento mendaz por parte do funcionário público.

Trata-se de crime **doloso**. Não se configura o delito se a conduta decorre de erro do funcionário público, pois a presente infração penal não possui figura culposa.

3. Sujeito ativo

Trata-se de crime **próprio** que só pode ser cometido por funcionário público.

O conceito de funcionário público encontra-se no art. 327 do CP:

> "Art. 327. Considera-se funcionário público, para os efeitos penais, quem, embora transitoriamente ou sem remuneração, exerce cargo, emprego ou função pública.

> § 1.º Equipara-se a funcionário público quem exerce cargo, emprego ou função em entidade paraestatal, e quem trabalha para empresa prestadora de serviço contratada ou conveniada para a execução de atividade típica da Administração Pública".

Assim, o delito pode ser cometido por funcionários públicos da Administração Direta e também por aqueles que exercem suas funções em sociedade de economia mista, empresa pública, autarquia ou fundação instituída pelo Poder Público, dentre outras. Os funcionários da Cetesb, por exemplo, podem ser responsabilizados pelo delito em análise.

4. Sujeito passivo
A coletividade e o Poder Público.

5. Consumação
No momento em que o funcionário insere a afirmação falsa ou enganosa ou omite a verdade, sonega informações ou dados técnico-científicos em procedimento de autorização ou licenciamento ambiental, independentemente de qualquer resultado lesivo.

6. Tentativa
Possível nas formas comissivas.

7. Ação penal
Pública incondicionada.

12.11.5.2. Concessão de licença, autorização ou permissão em desacordo com as normas ambientais

> **Art. 67.** Conceder o funcionário público licença, autorização ou permissão em desacordo com as normas ambientais, para as atividades, obras ou serviços cuja realização depende de ato autorizativo do Poder Público:
> Pena — detenção, de um a três anos, e multa.

1. Objetividade jurídica
A Administração Pública Ambiental.

2. Elementos do tipo
Premissa do tipo penal em questão é que alguém pretenda realizar alguma atividade, obra ou serviço cuja execução dependa de prévia autorização do Poder Público (licença, autorização ou permissão) e que o funcionário público responsável, intencionalmente, conceda-a em **desacordo com as normas ambientais**.

O elemento subjetivo é o dolo, ou seja, a vontade livre e consciente de conceder licença, autorização ou permissão em desacordo com as normas ambientais previstas para a hipótese. Esta discrepância com as normas ambientais constitui elemento **normativo** do tipo.

Se o funcionário público recebe ou aceita promessa de **vantagem indevida** para conceder a licença, incorre em crime de corrupção passiva em concurso material com o delito em análise. Por haver previsão de crime especial, não se aplica a causa de aumento do art. 317, § 1.º, do CP, que prevê majoração da pena em 1/3 na corrupção passiva se, em consequência da vantagem ou promessa de vantagem, o funcionário pratica ato de ofício infringindo dever funcional. O particular que oferece o dinheiro incorre em corrupção ativa.

3. Sujeito ativo

Somente o funcionário público com atribuição para conceder a licença, autorização ou permissão. Cuida-se de crime **próprio**.

4. Sujeito passivo

A coletividade e o Poder Público.

5. Consumação

Com a efetiva concessão da licença, autorização ou permissão, **independentemente de qualquer outro resultado**, ou seja, ainda que não seja iniciada a obra, atividade ou serviço.

6. Tentativa

É possível.

7. Conduta culposa

Se a concessão decorre de **incorreta avaliação** do caso ou **equivocada interpretação** das normas ambientais, a conduta é punida a título de **culpa**, hipótese em que a pena é de detenção de três meses a um ano, sem prejuízo da multa (art. 67, parágrafo único).

8. Ação penal

Pública incondicionada.

12.11.5.3. Omissão no cumprimento de obrigação de relevante interesse ambiental

> **Art. 68.** Deixar, aquele que tiver o dever legal ou contratual de fazê-lo, de cumprir obrigação de relevante interesse ambiental:
> Pena — detenção, de um a três anos, e multa.

1. Objetividade jurídica

A Administração Pública Ambiental.

2. Elementos do tipo

Premissa do delito em análise é que o agente tenha o dever **legal** ou **contratual** de cumprir obrigação de relevante interesse ambiental e que, deliberadamente (dolosamente), deixe de fazê-lo. Determinados funcionários públicos, por exemplo, possuem dever legal de realizar ações fiscalizatórias ou repressivas em certas ocasiões e, caso se omitam, incorrem no delito em questão.

Constituem **elementos normativos** do tipo a existência de dever **legal** ou **contratual** a ser observado e o fato de a obrigação ser de **relevante interesse ambiental**.

3. Sujeito ativo
Pode ser qualquer pessoa, funcionário público ou particular.

4. Sujeito passivo
A coletividade e o Poder Público.

5. Consumação
No momento da omissão, independentemente de qualquer **resultado** lesivo ao meio ambiente. Nesse sentido:

"A conduta do art. 68 da Lei n. 9.605/98 não exige resultado naturalístico para a sua consumação, ou seja, não necessita de ser respaldada pela efetiva lesão ao meio ambiente, razão pela qual desimporta, *a priori,* qualquer assertiva de ausência de prejuízo concreto, bem como o fato de o paciente ter pago a multa imposta pelo IBAMA" (STJ — HC 84.498/MT, Rel. Min. Napoleão Nunes Maia Filho, 5.ª Turma, julgado em 28.5.2008, *DJe* de 30.6.2008).

6. Tentativa
Não é possível por se tratar de crime **omissivo próprio**.

7. Modalidade culposa
Dispõe o parágrafo único do art. 68 que, se o crime for culposo, a pena será de três meses a um ano, sem prejuízo da multa.

8. Ação penal
Pública incondicionada.

12.11.5.4. Obstrução da fiscalização

> **Art. 69.** Obstar ou dificultar a ação fiscalizadora do Poder Público no trato de questões ambientais:
> Pena — detenção, de um a três anos, e multa.

1. Objetividade jurídica
A Administração Pública Ambiental, no que se refere à ação fiscalizatória das autoridades da área ambiental.

2. Elementos do tipo
No crime em questão o agente, por qualquer razão, **inviabiliza** (impede) ou **dificulta** (cria embaraço) a ação fiscalizatória ambiental. A conduta ilícita normalmente

consiste em proibir a entrada do agente fiscalizador em indústrias, obras, terrenos ribeirinhos, fazendas etc. Pouco importa se a finalidade da fiscalização é preventiva ou repressiva de danos ambientais já causados.

A simples conduta de solicitar identificação do fiscal para autorizar o ingresso no local não configura o crime.

O elemento subjetivo é o **dolo**, ou seja, a específica intenção de obstar ou dificultar a ação fiscalizatória.

O tipo penal não exige o emprego de violência física ou de grave ameaça.

3. Sujeito ativo

Trata-se de crime **comum**. Pode ser cometido por qualquer pessoa. O delito pode ser praticado por particulares ou até mesmo por funcionários públicos.

4. Sujeito passivo

A coletividade e o Poder Público.

5. Consumação

No momento em que o agente obsta ou dificulta a ação fiscalizatória, independentemente da obtenção de alguma vantagem ou da provocação de prejuízo ambiental.

6. Tentativa

É possível.

7. Ação penal

Pública incondicionada.

12.11.5.5. *Elaboração ou apresentação de estudo, laudo ou relatório falso*

> **Art. 69-A.** Elaborar ou apresentar, no licenciamento, concessão florestal ou qualquer outro procedimento administrativo, estudo, laudo ou relatório ambiental total ou parcialmente falso ou enganoso, inclusive por omissão:
> Pena — reclusão, de três a seis anos, e multa.

1. Objetividade jurídica

Tutelar a Administração Pública Ambiental e a fé pública nos documentos e nas perícias relacionados a licenciamento ou concessões florestais.

2. Elementos do tipo

O delito em análise, acrescentado na Lei Ambiental pela Lei n. 11.284/2006, constitui modalidade especial e mais gravosa dos crimes de falsificação de documento e uso de documento falso (arts. 297, 298, 299 e 304 do CP) e de falsa perícia (art. 342 do CP). A pena é maior — reclusão, de três a seis anos, e multa — em razão da finalidade do agente, que é ludibriar a Administração Pública Ambiental. Para tanto, o agente **elabora** (redige, produz) ou **apresenta** (faz juntar, entrega ao destinatário) estudo, relatório ou laudo ambiental, total ou parcialmente falso (inclusive por omissão), no bojo de licenciamento, concessão florestal ou qualquer outro procedimento administrativo ambiental.

O tipo penal expressamente admite a forma **omissiva**, ou seja, quando o documento é elaborado sem informação que dele devia constar.

De acordo com o art. 10 da Lei n. 6.938/81, **licenciamento** é o ato administrativo que autoriza a realização de atividade potencialmente poluidora. **Concessão** florestal, por sua vez, é a "delegação onerosa, feita pelo poder concedente, do direito de praticar manejo florestal sustentável para exploração de produtos e serviços numa unidade de manejo, mediante licitação, à pessoa jurídica, em consórcio ou não, que atenda às exigências do respectivo edital de licitação e demonstre capacidade para seu desempenho, por sua conta e risco e por prazo determinado" (art. 3.º, VII, da Lei n. 11.284/2006).

3. Sujeito ativo

Na modalidade "elaborar", o crime é cometido por peritos ou engenheiros. Já na modalidade "apresentar", o crime pode ser cometido por qualquer pessoa, em regra o interessado na concessão florestal.

4. Sujeito passivo

A coletividade e o Poder Público.

5. Consumação

No momento em que o agente elabora ou apresenta o documento falso, independentemente de qualquer resultado. Se houver dano ambiental significativo decorrência do uso da informação falsa, incompleta ou enganosa, a pena deverá ser majorada, nos termos do § 2.º do art. 69-A (aumento de um a dois terços).

Se a falsificação for grosseira, o fato é considerado atípico.

6. Tentativa

Na forma comissiva é possível. Na modalidade omissiva não.

7. Modalidade culposa

Prevê o § 1.º do art. 69-A que, se o crime for culposo, a pena será de detenção, de um a três anos. Nesse dispositivo, o legislador pune por conduta culposa o perito descuidado que apresenta relatório ou laudo falho. Os delitos que atingem a fé pública previstos no Código Penal não admitem a modalidade culposa. Por isso, não se pode taxar de falso, e sim de falho o relatório ou laudo na modalidade culposa.

8. Causa de aumento de pena

A pena é aumentada de um terço a dois terços se há **dano significativo** ao meio ambiente, em decorrência do uso da informação falsa, incompleta ou enganosa (art. 69-A, § 2.º). Note-se que a agravação pressupõe a ocorrência de dano ambiental grave.

9. Ação penal

Pública incondicionada.

12.12. QUESTÕES

QUESTÕES DE CONCURSOS
http://uqr.to/1y3ey

13

CRIMES DO ESTATUTO DA PESSOA IDOSA
LEI N. 10.741/2003

13.1. INTRODUÇÃO

A Lei n. 10.741/2003 instituiu o Estatuto do Idoso, destinado a regulamentar os direitos assegurados às pessoas com idade **igual** ou **superior** a 60 anos (art. 1.º), bem como a tipificar crimes específicos praticados contra pessoas idosas. Posteriormente, a Lei n. 14.423, de 22 de julho de 2022, alterou a denominação para Estatuto da Pessoa Idosa, bem como substituiu a palavra "idoso" pela expressão **"pessoa idosa"**, em todos os dispositivos da Lei n. 10.741/2003.

O art. 2.º da Lei estabelece que "a pessoa idosa goza de todos os direitos fundamentais inerentes à pessoa humana, sem prejuízo da proteção integral de que trata esta Lei, assegurando-se-lhe, por lei ou por outros meios, todas as oportunidades e facilidades, para preservação de sua saúde física e mental e seu aperfeiçoamento moral, intelectual, espiritual e social, em condições de liberdade e dignidade".

Logo depois, seu art. 4.º dispõe que "nenhuma pessoa idosa será objeto de qualquer tipo de negligência, discriminação, violência, crueldade ou opressão, e todo atentado aos seus direitos, por ação ou omissão, será punido na forma da lei". Para conferir eficácia a este dispositivo, o legislador, nos arts. 96 a 108 da Lei n. 10.741/2003, tipificou diversos delitos que afetam os direitos das pessoas idosas (**com idade igual ou superior a 60 anos**). Em relação a esses delitos especiais a referida lei trouxe também algumas regras genéricas que merecem menção.

Em primeiro lugar, ainda que o delito seja cometido por ascendente, descendente, cônjuge ou companheiro, **não** existe qualquer escusa absolutória ou imunidade (art. 95). O Estatuto da Pessoa Idosa, aliás, inseriu norma semelhante no art. 183, III, do Código Penal, excluindo as imunidades nos crimes contra o patrimônio de pessoa idosa, mesmo que cometido por uma das pessoas mencionadas no art. 181 (cônjuge — e companheiro, por analogia —, ascendente ou descendente) e 182 (cônjuge do qual é separado judicialmente, irmão, tio ou sobrinho com que a vítima coabite). Dessa forma, é isento de pena, por exemplo, o filho que furta objetos pertencentes ao pai que tenha 55 anos de idade, em razão do que dispõe o art. 181, II, do Código Penal, mas, se o pai já tiver 60 anos ou mais na data do delito, o filho responderá pela infração penal.

Os crimes elencados na Lei n. 10.741/2003 apuram-se necessariamente mediante ação **pública incondicionada**, ainda que o delito seja cometido por algum familiar (art. 95).

O art. 94 do Estatuto, por sua vez, diz que "aos crimes previstos nesta lei, cuja pena máxima privativa de liberdade não ultrapasse 4 anos, aplica-se o **procedimento** previsto na Lei n. 9.099, de 26 de setembro de 1995, e, subsidiariamente, no que couber, as do Código Penal e do Código de Processo Penal". Parece óbvio que este dispositivo, ao mencionar especificamente a aplicação do "**procedimento**" da Lei n. 9.099/95 aos crimes praticados contra pessoa idosa com pena até quatro anos, está se referindo exclusivamente ao rito **sumaríssimo**, e não às medidas **despenalizadoras** da Lei dos Juizados Especiais. Basta uma rápida leitura da Lei n. 9.099/95 para perceber que existe uma divisão entre suas seções que tratam "da fase preliminar" (na qual está prevista, por exemplo, a transação penal) e "do procedimento". Aliás, não teria a mínima lógica a lei criar tipos penais e agravar outros, deslocando-os do Código Penal para o Estatuto da Pessoa Idosa, para, em seguida, permitir benefícios que nem sequer são encontrados na legislação comum para delitos com penas superiores a dois anos. A intenção do legislador era apenas a de dar maior celeridade ao procedimento judicial, em face da peculiaridade da vítima idosa, adotando o procedimento sumaríssimo, e não de tornar menos gravosos tais delitos. A confirmar esta interpretação existe o art. 71 do Estatuto, que prevê a prioridade de todos os processos que envolvam pessoa idosa.

Para afastar qualquer tipo de dúvida, o Supremo Tribunal Federal, adotando nosso entendimento, julgou parcialmente procedente a Ação Direta de Inconstitucionalidade n. 3.096 para dar "interpretação conforme a Constituição" no sentido de aplicar-se aos crimes do Estatuto da Pessoa Idosa apenas o **rito sumaríssimo** (quando a pena for superior a dois e não maior do que quatro anos), não se permitindo a aplicação de quaisquer medidas despenalizadoras e interpretação benéfica ao autor do crime cuja vítima seja pessoa idosa. A propósito:

> "Art. 94 da Lei n. 10.741/2003: interpretação conforme à Constituição do Brasil, com redução de texto, para suprimir a expressão 'do Código Penal' e aplicação apenas do procedimento sumaríssimo previsto na Lei n. 9.099/95: benefício da pessoa idosa com a celeridade processual. Impossibilidade de aplicação de quaisquer medidas despenalizadoras e de interpretação benéfica ao autor do crime. 3. Ação direta de inconstitucionalidade julgada parcialmente procedente para dar interpretação conforme à Constituição do Brasil, com redução de texto, ao art. 94 da Lei n. 10.741/2003" (ADI/DF 3.096, Tribunal Pleno, Rel. Min. Cármen Lúcia, *DJe* 164, p. 358).

Em suma, as consequências que se extraem do art. 94 do Estatuto da Pessoa Idosa são as seguintes:

a) afasta-se o rito sumário e adota-se o sumaríssimo, após o oferecimento da denúncia, nas infrações que tenham pena **maior do que dois anos e inferior a quatro** (crimes dos arts. 98 e 105 da Lei n. 10.741/2003, cuja pena máxima é de três anos);

b) afasta-se o rito ordinário e aplica-se o rito sumaríssimo quando a pena máxima do crime for **igual a quatro anos** (crimes dos arts. 99, § 1.º, 102, 106 e 108 da Lei n. 10.741/2003). Somente se a pena **máxima** for **superior a quatro anos** é que se adota o rito ordinário (crimes dos arts. 99, § 2.º, e 107 da Lei n. 10.741);

c) se a pena máxima **não supera dois anos,** são aplicáveis todos os benefícios da Lei n. 9.099/95 e não apenas o rito sumaríssimo (crimes dos arts. 96, 97, 99, *caput*, 100,

101, 103, 104 e 109 da Lei n. 10.741/2003), por serem consideradas infrações de menor potencial ofensivo.

Importante, ainda, salientar que nas disposições finais do Estatuto da Pessoa Idosa (arts. 110 a 113) o legislador determinou modificações no Código Penal e em outras leis penais a fim de tornar mais gravosa a pena quando cometida contra pessoa idosa.

As modificações foram as seguintes:

a) o fato de o delito ser cometido contra pessoa maior de 60 anos passou a constituir **agravante genérica** (art. 61, II, *h*, do CP), exceto se tal circunstância constituir elementar, qualificadora ou causa de aumento de pena do próprio delito;

b) nos crimes de homicídio doloso e lesão corporal dolosa a pena passou a ser aumentada em 1/3 se a vítima for maior de 60 anos (arts. 121, § 4.º, e 129, § 7.º, do CP);

c) no crime de abandono de incapaz, a pena passou a ser aumentada em 1/3 se a vítima for maior de 60 anos (art. 133, § 3.º, III, do CP);

d) o crime de injúria tornou-se **qualificado** se a ofensa for relacionada à **condição** de pessoa idosa ou portadora de deficiência (art. 140, § 3.º, do CP). Neste caso, não basta que a pessoa ofendida seja idosa. É necessário que a ofensa seja relacionada a esse fato;

e) nos crimes de calúnia e difamação, a pena será aumentada em 1/3 se a ofensa for contra pessoa maior de 60 anos ou portadora de deficiência (art. 141, IV, do CP). Posteriormente, em razão da Lei n. 14.344/2022, tal dispositivo do Código Penal foi alterado para abranger também a injúria, desde que não se trate da figura qualificada do art. 140, § 3.º, ou seja, se a injúria for contra pessoa idosa, mas não relacionada especificamente a esta condição.

f) o crime de sequestro ou cárcere privado passou a ser qualificado se a vítima for maior de 60 anos (art. 148, § 1.º, III, do CP);

g) o delito de extorsão mediante sequestro também passou a ser qualificado em caso de vítima maior de 60 anos (art. 159, § 1.º, do CP);

h) o crime de abandono material sofreu alteração em sua descrição típica, passando a admitir como sujeito passivo os ascendentes maiores de 60 anos (art. 244 do CP);

i) a contravenção de vias de fato passou a ter a pena aumentada de 1/3 até metade se a vítima for maior de 60 anos (art. 21 da LCP);

j) o delito de tortura passou a ter a pena aumentada de 1/6 a 1/3, se a vítima for maior de 60 anos (art. 1.º, § 4.º, II, da Lei n. 9.455/97).

O art. 113 do Estatuto da pessoa idosa modificou também o art. 18, III, da Lei n. 6.368/76 (antiga Lei Antitóxicos), passando a prever aumento de pena de 1/3 a 2/3 se o tráfico de drogas visar pessoa maior de 60 anos. Tal lei, todavia, foi revogada pela nova Lei Antidrogas (Lei n. 11.343/2006), que não repetiu referida causa de aumento de pena relacionada à pessoa idosa como destinatária do tráfico.

A Lei n. 13.228/2015 acrescentou o § 4.º no art. 171 do Código Penal, estabelecendo que a pena do estelionato deve ser aplicada em dobro se a vítima for pessoa idosa. Tal majorante aplica-se a todas as figuras do art. 171 do CP e não somente à modalidade do *caput*, conhecida como estelionato comum. Posteriormente, a Lei n. 14.155/2021, alterou a redação do dispositivo, passando a estabelecer um aumento de um **terço** ao **dobro**, se o crime de estelionato é cometido contra **idoso** ou vulnerável, **considerada a relevância do resultado gravoso**. Atualmente, portanto, o aumento é variável e o texto legal determina que o *quantum* do aumento deve estar relacionado ao montante do prejuízo provocado à pessoa idosa (quanto maior o prejuízo, maior deve ser a exasperação da pena).

> **Observação:** O art. 61, II, *h*, do Código Penal prevê a aplicação de agravante genérica quando a vítima do delito for pessoa idosa. Tal agravante, evidentemente, não se aplica aos crimes específicos do Estatuto da pessoa idosa nos quais a condição de pessoa idosa é elementar.

13.2. DOS CRIMES EM ESPÉCIE

Neste capítulo do Estatuto da Pessoa Idosa (Título VI, Capítulo II) estão descritos os crimes que afetam os direitos das pessoas com idade igual ou superior a 60 anos.

13.2.1. Discriminação contra idoso

> **Art. 96.** Discriminar pessoa idosa, impedindo ou dificultando seu acesso a operações bancárias, aos meios de transporte, ao direito de contratar ou por qualquer outro meio ou instrumento necessário ao exercício da cidadania, por motivo de idade:
> Pena — reclusão, de seis meses a um ano, e multa.
> § 1.º Na mesma pena incorre quem desdenhar, humilhar, menosprezar ou discriminar pessoa idosa, por qualquer motivo.
> § 2.º A pena será aumentada de 1/3 (um terço) se a vítima se encontrar sob os cuidados ou responsabilidade do agente.
> § 3.º Não constitui crime a negativa de crédito motivada por superendividamento da pessoa idosa.

1. Objetividade jurídica

O direito das pessoas idosas de ter acesso a operações bancárias, meios de transporte e outros.

2. Elementos do tipo

A conduta típica é **discriminar**, no sentido de impedir ou dificultar, por qualquer razão, o acesso da pessoa idosa:

a) a **operações bancárias** (abertura de conta corrente, realização de aplicação financeira ou do respectivo resgate, uso de caixa eletrônico etc.);

b) aos **meios de transporte** (ônibus, avião, trem, metrô etc.);

c) ao **direito de contratar** (realizar compras ou vendas, contratos de locação etc.);

d) a **qualquer outro meio ou instrumento necessário ao exercício da cidadania**. Fórmula genérica.

O delito só se aperfeiçoa se a **razão** da discriminação for a idade da vítima (elemento **subjetivo** do tipo). Assim, se o sujeito deixa de contratar com pessoa idosa por verificar, por exemplo, que ela não está no gozo pleno das suas faculdades mentais, não existe a infração penal em questão.

3. Sujeito ativo

Qualquer pessoa. A pena, todavia, será aumentada em 1/3 se a vítima se encontrar sob os cuidados ou responsabilidade do agente (art. 96, § 2.º) — **causa de aumento de pena**.

4. Sujeito passivo
Pessoas com idade igual ou superior a 60 anos — idosos.

5. Consumação
Com a efetiva discriminação, independentemente de qualquer resultado.

6. Tentativa
É possível.

7. Excludente
De acordo com o § 3.º do art. 96, inserido no Estatuto pela Lei n. 14.181/2021, não há crime se a negativa de crédito for motivada por **superendividamento** da pessoa idosa. O dispositivo em questão é redundante, na medida em que, conforme já mencionado, o tipo penal somente permite o enquadramento como crime quando a razão da discriminação for a idade da vítima. Assim, se o motivo for o superendividamento ou qualquer outro (que não a idade da vítima), o delito não se aperfeiçoa.

8. Figuras equiparadas
De acordo com o art. 96, § 1.º, na mesma pena incorre quem **desdenhar, humilhar, menosprezar ou discriminar pessoa idosa, por qualquer motivo**. Considerando que o próprio Estatuto da pessoa idosa agravou as penas dos crimes de injúria, difamação e calúnia, resta evidente que tais figuras equiparadas não se confundem com os crimes contra a honra mencionados. Cometerá o crime em análise, por exemplo, quem fizer brincadeiras de mau gosto a fim de humilhar o idoso, quem o humilhar em face de alguma dificuldade (para subir escada, para descer de veículo), quem não o atender em algum estabelecimento, quem não permitir que realize alguma atividade em razão da sua idade (inscrever-se em uma competição, por exemplo) etc.

9. Ação penal
Pública incondicionada.

13.2.2. Omissão de socorro a idoso

> **Art. 97.** Deixar de prestar assistência à pessoa idosa, quando possível fazê-lo sem risco pessoal, em situação de iminente perigo, ou recusar, retardar ou dificultar sua assistência à saúde, sem justa causa, ou não pedir, nesses casos, o socorro de autoridade pública:
> Pena — detenção, de seis meses a um ano, e multa.
> Parágrafo único. A pena é aumentada de metade, se da omissão resulta lesão corporal de natureza grave, e triplicada, se resulta a morte.

1. Objetividade jurídica
A preservação da vida e da saúde das pessoas idosas e a consagração do dever de assistência mútua e solidariedade entre as pessoas.

2. Elementos do tipo

O crime pode ocorrer de três maneiras:

a) **falta de assistência imediata:** verifica-se quando o agente pode prestar o socorro pessoalmente e não o faz. Ex.: alguém vê uma pessoa idosa se afogando e, sabendo nadar, nada faz para salvá-la.

Essa modalidade só se configura, nos termos da lei, quando a prestação do socorro não põe em risco a vida ou a incolumidade física da pessoa, que, em verdade, não precisa realizar atos heroicos dos quais pode decorrer a própria morte. Convém lembrar, contudo, que certas profissões, como a dos bombeiros, trazem o dever de enfrentar o perigo, e os seus agentes somente não responderão pela omissão de socorro quando o risco for efetivamente consistente.

Se a prestação de socorro implicar produção de risco a terceira pessoa, a omissão não constitui crime.

b) **falta de assistência mediata**: dá-se quando o agente, não podendo prestar o socorro pessoalmente, deixa de solicitar auxílio às autoridades públicas quando havia meios para tanto. No exemplo anterior, se a pessoa não soubesse nadar, deveria procurar noticiar o afogamento a qualquer agente da autoridade para que esta providenciasse o salvamento. Não o fazendo, incorre na figura prevista na parte final do art. 97. Para evitar a responsabilização penal, o agente deve acionar de imediato as autoridades.

A lei não confere duas opções ao agente. Assim, se for possível a ele prestar pessoalmente o socorro, só se eximirá da responsabilidade penal se o fizer. Caso opte por acionar as autoridades, retardando o socorro que já poderia ter sido prestado pessoalmente, responderá pelo crime.

c) **se o agente recusa, retarda ou dificulta a assistência à saúde da pessoa idosa, sem justa causa**: Ex.: médicos que deixam de atender idosos feridos ou funcionários de hospitais que demoram em lhe dar atendimento ou providenciar a sua remoção para local adequado ao atendimento etc.

3. Sujeito ativo

Qualquer pessoa.

4. Sujeito passivo

Pessoas com idade igual ou superior a 60 anos — pessoas idosas.

5. Consumação

Com a mera omissão, independentemente de qualquer resultado.

6. Tentativa

Impossível, por se tratar de crime **omissivo próprio**.

7. Causas de aumento de pena

De acordo com o parágrafo único, a pena **é aumentada de metade, se da omissão resulta lesão corporal de natureza grave, e triplicada, se resulta a morte**. Em razão do montante da pena, conclui-se que essas causas de aumento são exclusivamente **preterdolosas**, ou seja, o resultado lesão grave ou morte deve ser culposo.

8. Ação penal
Pública incondicionada.

13.2.3. Abandono de idoso

> **Art. 98.** Abandonar a pessoa idosa em hospitais, casas de saúde, entidades de longa permanência, ou congêneres, ou não prover suas necessidades básicas, quando obrigado por lei ou mandado:
> Pena — detenção, de seis meses a três anos, e multa.

1. Objetividade jurídica
A vida e a saúde das pessoas idosas.

2. Elementos do tipo
A primeira conduta típica consiste em **abandonar** a pessoa idosa em hospital, casa de saúde ou entidade de longa permanência ou congênere. A hipótese aqui é de idoso que é deixado em hospitais, casas de saúde etc., e que, por já não se encontrar no pleno gozo de sua capacidade mental ou física, não possui condições de deixar sozinho o local, de modo que lá permanece por longo período. O idoso não necessita apenas de alguém que pague por sua estadia, precisa também do amparo, do interesse, do carinho, de visitas de seus familiares, que, caso não o façam, incorrem no delito em questão. Trata-se de abandono **afetivo**.

Na segunda parte do dispositivo pune-se quem **deixa de prover** as necessidades básicas da pessoa idosa (alimentação, higiene, medicação) quando obrigado por lei ou mandado. Dependendo da forma como ocorra, a conduta poderá configurar o crime de maus-tratos contra pessoa idosa (art. 99 do Estatuto), caso a omissão exponha a perigo a vida ou a saúde da pessoa idosa.

Se a vítima for **ascendente inválido**, estará configurado crime de **abandono material** do art. 244 do Código Penal, que possui pena maior. Se quem deixa de prestar a assistência é o cônjuge, companheiro, curador, configura-se o crime em estudo.

O elemento subjetivo é o dolo, ou seja, a vontade de abandonar ou deixar de prover as necessidades básicas da pessoa idosa.

3. Sujeito ativo
Somente as pessoas que têm o dever de cuidado, guarda ou vigilância em relação ao idoso.

4. Sujeito passivo
Pessoas com idade igual ou superior a 60 anos — pessoas idosas.

5. Consumação
Com o abandono por tempo juridicamente relevante a ser apreciado no caso concreto. Trata-se de crime **omissivo próprio**.

6. Tentativa
Inviável, por se tratar de crime **omissivo**.

7. Ação penal
Pública incondicionada.

13.2.4. Maus-tratos contra idoso

> **Art. 99.** Expor a perigo a integridade e a saúde, física ou psíquica, da pessoa idosa, submetendo-o a condições desumanas ou degradantes ou privando-o de alimentos e cuidados indispensáveis, quando obrigado a fazê-lo, ou sujeitando-o a trabalho excessivo ou inadequado:
> Pena — detenção, de dois meses a um ano, e multa.
> § 1.º Se do fato resulta lesão corporal de natureza grave:
> Pena — reclusão de 1 (um) a 4 (quatro) anos.
> § 2.º Se resulta a morte:
> Pena — reclusão de 4 (quatro) a 12 (doze) anos.

1. Objetividade jurídica
A preservação da vida e da saúde da pessoa idosa.

2. Elementos do tipo
O crime consiste em expor a vida ou a saúde de pessoa idosa a perigo por meio de uma das condutas descritas na lei. Trata-se de crime de ação **vinculada**, cuja caracterização depende da ocorrência de uma das situações especificadas no texto legal:

a) **privar a vítima de alimentos ou cuidados indispensáveis** — a privação de alimentos pode ser **relativa** (parcial) ou **absoluta** (total). Basta a privação relativa para a caracterização do ilícito penal. É evidente, ainda, que, no caso de privação absoluta, somente existirá maus-tratos se o agente deixar de alimentar a vítima apenas por um certo tempo, expondo-a a situação de perigo, já que, se houver intenção homicida, o crime será o de homicídio, tentado ou consumado.

Cuidados indispensáveis são aqueles necessários à preservação da vida e da saúde (tratamento médico, agasalho etc.). Nesta modalidade é necessário que o sujeito ativo seja pessoa obrigada a prestar referidos cuidados (filho, por exemplo).

b) **sujeitar a vítima a trabalhos excessivos ou inadequados** — trabalho **excessivo** é aquele que produz fadiga acima do normal em face do grande volume. Essa análise deve ser feita em confronto com o tipo físico da vítima, ou seja, caso a caso.

Trabalho **inadequado**, por sua vez, é aquele impróprio ou inconveniente à faixa etária da vítima.

c) **sujeitar a vítima a condições desumanas ou degradantes** — mantê-la em ambientes sujos, mal-iluminados, frios ou muito quentes, amarrá-la na cama etc.

> **Observação:** se o meio empregado é ainda mais gravoso e expõe a vítima a um **intenso** sofrimento físico ou mental, estará configurado o crime do art. 1.º, II, da Lei n. 9.455/97 (Lei de Tortura), agravado por ser a vítima pessoa idosa — art. 1.º, § 4.º.

3. Sujeito ativo
Pode ser qualquer pessoa, salvo na hipótese de cuidados indispensáveis em relação à qual o texto legal exige a obrigação da prestação desses cuidados pelo agente.

4. Sujeito passivo
Pessoas com idade igual ou superior a 60 anos — idosos.

5. Consumação
No momento da produção do **perigo**. Trata-se de delito de **perigo concreto**.

6. Tentativa
Possível nas figuras **comissivas**.

7. Figuras qualificadas
De acordo com o § 1.º, se do fato resulta **lesão corporal de natureza grave**, a pena será de reclusão de um a quatro anos e, nos termos do § 2.º, será de quatro a doze anos se resultar **morte**. Em razão do montante da pena conclui-se que essas hipóteses são exclusivamente **preterdolosas**: dolo nos maus-tratos e culpa quanto à lesão grave ou morte. Se houver dolo, o agente responde por crime de lesão corporal grave (art. 129, §§ 1.º e 2.º, do CP) ou homicídio doloso (art. 121 do CP), ambos majorados em um terço por ser a vítima pessoa idosa (arts. 121, § 4.º e 129, § 7.º, do CP).

8. Ação penal
Pública incondicionada.

13.2.5. Impedimento de acesso da pessoa idosa a cargo público

> **Art. 100.** Constitui crime punível com reclusão de seis meses a um ano e multa:
> I — obstar o acesso de alguém a qualquer cargo público por motivo de idade;

1. Objetividade jurídica
O direito de acesso a cargos públicos às pessoas idosas.

2. Elementos do tipo
A conduta incriminada é a de **impedir** o acesso de pessoa idosa a cargo público motivado apenas pela questão **etária**. De acordo com a Súmula 683 do Supremo Tribunal Federal, "o limite de idade para a inscrição em concurso só se legitima em face do art. 7.º, XXX, da Constituição Federal quando possa ser justificado pela natureza das atribuições do cargo a ser preenchido".

É evidente que há justo motivo para a recusa quando o cargo público pressupõe, por exemplo, atividades que necessitam de grande esforço físico incompatível com idades muito avançadas. Tal não ocorre, todavia, quando a atividade é prevalentemente intelectual.

Não haverá crime também quando o idoso tiver 75 anos ou mais, já que esta é a idade da aposentadoria compulsória (art. 40, § 1.º, II, da Constituição, c.c. com o art. 2.º da Lei Complementar n. 152/2015).

Como o tipo penal menciona exclusivamente "cargo público", a eventual criação de óbice para acesso a "emprego público" só pode tipificar a conduta descrita no art. 100, II, que, de qualquer forma, possui a mesma pena.

O elemento subjetivo é o dolo.

3. Sujeito ativo
O responsável pelo acesso ao cargo público (pode ser funcionário público ou não).

4. Sujeito passivo
A pessoa idosa cujo acesso ao cargo foi negado.

5. Consumação
No instante em que o agente obsta o acesso da pessoa idosa ao cargo.

6. Tentativa
É possível.

7. Ação penal
Pública incondicionada.

13.2.6. Recusa de emprego por motivo de idade

> **Art. 100.** Constitui crime punível com reclusão de seis meses a um ano e multa:
> (...)
> II — negar a alguém, por motivo de idade, emprego ou trabalho;

1. Objetividade jurídica
O acesso das pessoas idosas ao mercado de trabalho.

2. Elementos do tipo
A conduta típica consiste em o empregador **negar** trabalho a outrem apenas e especificamente por se tratar de pessoa com idade igual ou superior a 60 anos. Se o motivo para a recusa for outro, não se configura o delito em questão.

3. Sujeito ativo
Pode ser qualquer pessoa que esteja contratando funcionários ou empregados. Pode ser uma empresa ou uma pessoa física (ex.: dona de casa que está contratando motorista particular e recusa um candidato em razão da idade).

4. Sujeito passivo
A pessoa idosa.

5. Consumação
Com a simples recusa.

6. Tentativa

Impossível. Se o responsável pelo departamento pessoal de uma empresa nega emprego a um interessado em razão da idade, o crime está consumado. Se, posteriormente, o proprietário da empresa revê a decisão e dá emprego ao idoso, não estamos diante de crime tentado.

7. Ação penal

Pública incondicionada.

13.2.7. Recusa de atendimento à pessoa idosa

> **Art. 100.** Constitui crime punível com reclusão de seis meses a um ano e multa:
> (...)
> III — recusar, retardar ou dificultar atendimento ou deixar de prestar assistência à saúde, sem justa causa, a pessoa idosa;

1. Objetividade jurídica

A integridade física e a saúde dos idosos.

2. Elementos do tipo

Inúmeros são os casos de pessoas que têm o atendimento ou a prestação de assistência à sua saúde negados em hospitais ou clínicas, que as condicionam ao prévio pagamento ou a alguma forma de garantia. Tanto é assim, que a Lei n. 12.653 inseriu no art. 135-A do Código Penal crime consistente em exigir cheque-caução, nota promissória ou qualquer garantia, bem como o preenchimento prévio de formulários administrativos, como condição para o atendimento médico-hospitalar emergencial. A finalidade é evitar delongas no atendimento. A pena é de detenção, de três meses a um ano, e multa. Em relação às pessoas idosas, entretanto, o fato **já constituía crime** desde o advento do Estatuto da Pessoa Idosa, com duas diferenças: a) o tipo penal não exige que o atendimento seja emergencial. Se for, a recusa ou demora na prestação da assistência estão expressamente incriminadas no art. 97 (omissão de socorro a idoso); b) a pena é maior.

O delito somente se configura se não houver justa causa (elemento **normativo** do tipo) para a conduta, como, por exemplo, a ausência de médicos disponíveis para pronto atendimento.

O elemento subjetivo é o dolo de não prestar pronto atendimento ao idoso.

3. Sujeito ativo

Os profissionais da área da saúde (médicos, enfermeiros), bem como os atendentes, recepcionistas ou responsáveis em geral por hospitais ou clínicas médicas.

O enfermeiro (ou cuidador) que dolosamente deixa de aplicar ou ministrar medicamentos já receitados a pessoas idosas que não possuem condições de ingeri-los pessoalmente incorre em crime de lesão corporal ou, até mesmo, homicídio (consumado ou tentado), dependendo da hipótese.

4. Sujeito passivo
A pessoa idosa.

5. Consumação
No momento da recusa ou demora, independentemente de qualquer outro resultado.

6. Tentativa
Impossível, por se tratar de crime **omissivo próprio**.

7. Ação penal
Pública incondicionada.

13.2.8. Desobediência a ordem judicial emanada em ação civil pública

> **Art. 100.** Constitui crime punível com reclusão de seis meses a um ano e multa:
> (...)
> IV — deixar de cumprir, retardar ou frustrar, sem justo motivo, a execução de ordem judicial expedida na ação civil a que alude esta Lei;

1. Objetividade jurídica
A Administração da Justiça.

2. Elementos do tipo
Premissa do delito é que haja **ação civil pública** proposta pelo Ministério Público ou por qualquer dos colegitimados elencados no art. 81 do Estatuto, visando garantir os direitos e interesses difusos ou coletivos, individuais indisponíveis ou individuais homogêneos das pessoas idosas. Assim, se o juiz que estiver presidindo referida ação civil (ou o Tribunal) expedir alguma ordem, cometerá a infração penal o destinatário que, sem justo motivo (elemento **normativo**), venha a desobedecê-la de forma dolosa.

O delito em questão é uma modalidade especial do delito de **desobediência**.

3. Sujeito ativo
O destinatário da ordem. Pode ser qualquer pessoa, inclusive funcionário público (não se pode deslocar para este delito, que está descrito em lei especial, a controvérsia que existe no crime de desobediência relacionada à sua posição "geográfica" no Código Penal — crimes praticados por **particular** contra a Administração).

4. Sujeito passivo
O Estado. Secundariamente, as pessoas idosas que venham, eventualmente, a ser prejudicadas.

5. Consumação
Se a ordem determinava uma **omissão**, o crime se consuma quando realizada ação em sentido contrário. Se determinava uma **ação**, o delito se consuma com o decurso de tempo suficiente para que fosse realizada.

6. Tentativa
Possível somente na modalidade **comissiva**.

7. Ação penal
Pública incondicionada.

13.2.9. Desobediência à requisição do Ministério Público

> **Art. 100.** Constitui crime punível com reclusão, de seis meses a um ano, e multa:
> (...)
> V — recusar, retardar ou omitir dados técnicos indispensáveis à propositura da ação civil objeto desta Lei, quando requisitados pelo Ministério Público.

1. Objetividade jurídica
O poder de requisição do Ministério Público.

2. Elementos do tipo
O crime se configura quando alguém recebe requisição do Ministério Público em procedimento investigatório visando à eventual propositura de ação civil pública para a proteção dos direitos e interesses difusos ou coletivos, individuais indisponíveis ou individuais homogêneos das pessoas idosas e, dolosamente, recusa, retarda ou omite as informações que deveria prestar.

O delito só se configura se a requisição disser respeito a dados **técnicos** considerados **indispensáveis** à propositura da ação. A efetiva imprescindibilidade dos dados técnicos para a propositura da ação só pode ser aferida nos casos concretos, constituindo, assim, elemento **normativo** do tipo.

Saliente-se que andou muito mal o legislador — se pretendia aumentar a proteção aos idosos — ao estabelecer pena de seis meses a um ano, e multa, para esta infração penal. Com efeito, a Lei n. 7.347/85 (Lei da Ação Civil Pública), em seu art. 10, já punia com pena **maior** — reclusão de um a três anos, além de multa — as condutas de recusar, retardar ou omitir dados técnicos indispensáveis à propositura da ação civil, quando requisitados pelo Ministério Público. Tal dispositivo, por ser genérico, já alcançava as hipóteses em que a conduta fosse relacionada a inquérito civil que visasse à proteção de pessoas idosas. Atualmente, contudo, a pena será menor.

3. Sujeito ativo
O destinatário da requisição ministerial. Pode ser qualquer pessoa. Trata-se de crime comum.

4. Sujeito passivo
O Estado e as pessoas idosas eventualmente prejudicadas.

5. Consumação
No momento em que o agente recusa, retarda ou omite os dados técnicos objeto da requisição, ainda que não dificultem efetivamente a posterior propositura da ação civil pública.

6. Tentativa
É inviável, por se tratar de crime **omissivo próprio**.

7. Ação penal
Pública incondicionada.

13.2.10. Desobediência a ordem judicial em ação em que idoso seja parte ou interveniente

> **Art. 101.** Deixar de cumprir, retardar ou frustrar, sem justo motivo, a execução de ordem judicial expedida nas ações em que for parte ou interveniente o idoso:
> Pena — detenção, de seis meses a um ano, e multa.

1. Objetividade jurídica
A Administração da Justiça.

2. Elementos do tipo
Cuida-se de modalidade especial do crime de **desobediência,** em que o destinatário de ordem judicial emanada em ação da qual seja parte ou interveniente pessoa idosa, de forma intencional, deixa de cumpri-la, retarda ou frustra seu cumprimento. Se a ordem tiver sido emanada no bojo de ação civil pública relacionada aos direitos de pessoas idosas, estará configurado o crime do art. 100, IV, que é mais grave por ser apenado com reclusão.

O fato será atípico se houver justo motivo para o descumprimento (elemento **normativo** do tipo). Há justo motivo, por exemplo, se o destinatário não tem condições materiais de cumprir a ordem ou não possui atribuição para fazê-lo etc.

Não cabe ao destinatário questionar a legalidade de ordens judiciais. Em caso de discordância, deve lançar mão dos instrumentos jurídicos adequados (recursos ou outras formas de impugnação) e não simplesmente descumprir a ordem.

Existe forte entendimento doutrinário no sentido de que só existe o crime se a ordem judicial não for prejudicial ao idoso (não obstante o tipo penal refira-se genericamente ao idoso como parte), já que a finalidade do Estatuto é a proteção à pessoa idosa.

3. Sujeito ativo
O destinatário da ordem judicial. A pessoa que estava obrigada a cumprir a ordem no caso concreto.

4. Sujeito passivo
O Estado e eventualmente a pessoa idosa prejudicada.

5. Consumação
No momento em que realizada a conduta típica, independentemente de qualquer outro resultado.

6. Tentativa
Inadmissível, por se tratar de crime **omissivo próprio**.

7. Ação penal
Pública incondicionada.

13.2.11. Apropriação indébita de bens de pessoa idosa

> **Art. 102.** Apropriar-se de ou desviar bens, proventos, pensão ou qualquer outro rendimento da pessoa idosa, dando-lhes aplicação diversa da de sua finalidade:
> Pena — reclusão, de um a quatro anos, e multa.

1. Objetividade jurídica
O patrimônio das pessoas idosas.

2. Elementos do tipo
O dispositivo descreve duas condutas típicas. Na primeira, o agente tem a **posse ou a detenção** de algum bem (provento, pensão ou outro rendimento da pessoa idosa) e dele se **apropria**, ou seja, faz sua a coisa alheia móvel. Na segunda, o agente **desvia** algum desses bens, dando-lhe aplicação diversa da sua finalidade.

Provento é o salário da pessoa idosa.

Pensão é o valor recebido da previdência em face da aposentadoria. Além disso, o texto legal menciona genericamente "**qualquer outro rendimento**", abrangendo, por exemplo, aplicações financeiras, pensão alimentícia, valores referentes a aluguéis etc.

Andou muito mal o legislador ao tipificar a presente conduta e atribuir-lhe pena de reclusão, de um a quatro anos, e multa, vale dizer, a mesma pena prevista para o delito de apropriação indébita do art. 168 do Código Penal. Antes do advento da Lei n. 10.741/2003, quem se apropriasse de bens de pessoa idosa estaria incurso no delito do Código Penal, cuja pena seria agravada em razão da idade da vítima (art. 61, II, *h*, do CP). Já no delito do art. 102 do Estatuto, a idade da vítima é elementar, não podendo, portanto, incidir tal agravante genérica do Código Penal. Além disso, não foram repetidas no Estatuto as causas de aumento do art. 168, § 1.º, do Código Penal, que, portanto, não se aplicam no delito em estudo.

3. Sujeito ativo
Qualquer pessoa.

4. Sujeito passivo
A pessoa idosa lesada financeiramente.

5. Consumação
Na apropriação, o crime se consuma no instante da **inversão de ânimo**, ou seja, quando o agente passa a se comportar como dono do bem do qual é meramente possuidor ou detentor. No desvio, o delito se consuma quando o sujeito dá ao bem destinação diversa da sua finalidade em prejuízo da vítima.

6. Tentativa
É possível.

7. Ação penal
Pública incondicionada.

13.2.12. Negativa de acolhimento de pessoa idosa

> **Art. 103.** Negar o acolhimento ou a permanência da pessoa idosa, como abrigado, por recusa deste em outorgar procuração à entidade de atendimento:
> Pena — detenção, de seis meses a um ano, e multa.

1. Objetividade jurídica
Preservar a saúde física e mental da pessoa idosa.

2. Elementos do tipo
As condutas típicas são:

a) **negar acolhimento**: não receber, não acolher o idoso;

b) **negar a permanência**: determinar a saída da pessoa idosa até então acolhida.

O crime só se concretiza se a negativa por parte dos representantes da entidade decorre da recusa por parte da pessoa idosa em outorgar-lhes **procuração**. Com efeito, é comum que representantes dessas entidades exijam procurações para movimentar contas bancárias ou para recebimento de pensões ou proventos de idosos aposentados com o argumento de que servirão para o pagamento das despesas.

3. Sujeito ativo
Trata-se de crime **próprio**, que só pode ser cometido pelo responsável pela instituição.

4. Sujeito passivo
A pessoa idosa.

5. Consumação
No momento da negativa de acolhimento ou com a determinação da saída da pessoa idosa da instituição.

6. Tentativa
Inviável, pois, ou o agente nega o acolhimento ou a permanência da pessoa idosa, e o crime está consumado, ou não o faz, e o fato é atípico.

7. Ação penal
Pública incondicionada.

13.2.13. Retenção de cartão magnético ou outro documento de idoso para garantia de dívida

> **Art. 104.** Reter o cartão magnético de conta bancária relativa a benefícios, proventos ou pensão da pessoa idosa, bem como qualquer outro documento com objetivo de assegurar recebimento ou ressarcimento de dívida:
> Pena — detenção, de seis meses a dois anos, e multa

1. Objetividade jurídica
O patrimônio das pessoas idosas.

2. Elementos do tipo
É preciso mencionar, inicialmente, que muitos idosos recebem cartões magnéticos para retiradas em bancos, em regra mensais, de seus proventos ou pensões (aposentadorias, auxílios etc.). O objeto material do presente delito é qualquer desses **cartões** magnéticos ou, ainda, **qualquer outro documento** que possa servir como garantia de dívida.

A conduta típica é "**reter**", ou seja, não devolver, manter em seu poder o cartão da pessoa idosa, contra a sua vontade expressa ou implícita (idosos que não podem expressar sua vontade, por exemplo).

Para a ocorrência da infração penal, mostra-se ainda necessário o elemento **subjetivo** do tipo, isto é, a intenção de garantir o recebimento ou ressarcimento de dívidas. A finalidade do agente, portanto, pode estar relacionada a dívidas vencidas ou vincendas. Não é raro que responsáveis por casas de repouso ou de acolhimento de pessoas idosas retenham o cartão magnético bancário destes a fim de utilizá-lo para o pagamento das mensalidades e outros custos. É evidente, entretanto, que não existe crime se a própria pessoa idosa, no pleno gozo de suas faculdades, entrega o cartão a outrem e autoriza seu uso.

3. Sujeito ativo
Qualquer pessoa que tenha alguma relação creditícia com pessoa idosa.

4. Sujeito passivo
A pessoa idosa proprietário do cartão.

5. Consumação
Com a retenção do cartão ou outro documento, ainda que o agente não consiga efetuar o ressarcimento da dívida. Caso o faça, haverá mero exaurimento do crime. Cuida-se de crime **formal**.

Quem se apossa indevidamente do cartão bancário de um idoso e, fazendo uso não autorizado de sua senha, efetua transferências não autorizadas da conta corrente (sem que haja qualquer finalidade de garantia de dívida), incorre no crime do art. 102 do Estatuto. Nesse sentido:

"Recurso Especial. Penal. Art. 102 da Lei n. 10.741/2003. Desvio de bens. Posse prévia. Desnecessidade. Desvio de finalidade. Caracterização. Condenação. Restabelecimento 1. Para a conduta de desviar bens do idoso, prevista no art. 102 da Lei n. 10.741/2003, não há necessidade de prévia posse por parte do agente, restrita à hipótese de apropriação. 2. É evidente que a transferência dos valores da conta bancária da vítima para a conta pessoal do recorrido, mediante ardil, desviou os bens de sua finalidade. Não importa aqui perquirir qual era a real destinação desses valores, pois, independente de qual fosse, foram eles dela desviados, ao serem, por meio de fraude, transferidos para a conta do recorrido. 3. Recurso especial provido para cassar o acórdão proferido nos embargos infringentes e restabelecer a condenação, nos termos do julgado proferido na apelação" (STJ — REsp n. 1.358.865/RS, Rel. Min. Sebastião Reis Júnior, 6.ª Turma, julgado em 4.9.2014, *DJe* de 23/09.2014).

6. Tentativa
É possível.

7. Ação penal
Pública incondicionada.

13.2.14. Exibição de informações ou imagens depreciativas ou injuriosas de idosos

> **Art. 105.** Exibir ou veicular, por qualquer meio de comunicação, informações ou imagens depreciativas ou injuriosas à pessoa idosa:
> Pena — detenção, de um a três anos, e multa.

1. Objetividade jurídica
A imagem e a honra dos idosos.

2. Elementos do tipo
As condutas típicas são exibir (mostrar imagens, fotos) ou veicular (divulgar sons, vinhetas) informações ou imagens depreciativas ou injuriosas de pessoas idosas, ou seja, ofensivas, discriminatórias, que exponham as pessoas idosas ao ridículo. Tais condutas são extremamente prejudiciais, pois podem incitar ou criar ideias preconceituosas em relação às pessoas idosas (etarismo).

O texto legal estabelece que o delito pode ser cometido por qualquer meio de comunicação, abrangendo os órgãos da imprensa (rádio, televisão, jornal, revista), bem como a *internet* (Facebook, YouTube, Instagram etc.).

Saliente-se que o texto legal refere-se a imagens ou informações injuriosas aos idosos em geral e não a uma pessoa idosa determinada, o que configuraria crime de injúria qualificada (art. 140, § 3.º, do CP).

O elemento subjetivo é o dolo. Não há infração penal quando presente o *animus jocandi*, precipuamente em programas humorísticos.

3. Sujeito ativo
Qualquer pessoa.

4. Sujeito passivo
As pessoas idosas.

5. Consumação
No momento da exibição ou veiculação, independentemente de qualquer resultado.

6. Tentativa
Em tese é possível.

7. Ação penal
Pública incondicionada.

13.2.15. Abuso de pessoa idosa sem discernimento

> **Art. 106.** Induzir pessoa idosa sem discernimento de seus atos a outorgar procuração para fins de administração de bens ou deles dispor livremente:
> Pena — reclusão de dois a quatro anos.

1. Objetividade jurídica

O patrimônio das pessoas idosas sem discernimento para os atos da vida civil.

2. Elementos do tipo

Premissa do delito em questão é que a vítima seja **pessoa idosa sem discernimento para os atos da vida civil**. Tal elemento **normativo** deve ser provado no caso concreto mediante perícia médica ou outro meio idôneo. Não é necessário, todavia, que a vítima tenha sido previamente interditada, já que este requisito não consta do tipo penal.

A conduta típica consiste tão somente em **convencer** o idoso a outorgar escritura para fim de administração ou disposição de seus bens.

O elemento subjetivo é o dolo. O texto legal não exige que o agente queira causar prejuízo ao idoso. Assim, mesmo que o sujeito administre regularmente seu patrimônio após a obtenção da procuração, estará incurso no tipo penal em questão que, em verdade, visa punir a mera obtenção irregular da procuração, visto que o procedimento correto seria requerer judicialmente a nomeação de curador para o idoso incapacitado.

3. Sujeito ativo

Qualquer pessoa. Pode ser ou não da família da vítima.

4. Sujeito passivo

Pessoa idosa sem discernimento para os atos da vida civil.

5. Consumação

No momento da outorga da procuração, independentemente de qualquer outro resultado. Se após obter a procuração o agente obtém vantagem ilícita em prejuízo da vítima, incorre também em crime do art. 102 do Estatuto ou de estelionato, dependendo da situação concreta. Em tal caso, mostra-se inaplicável a Súmula 17 do Superior Tribunal de Justiça, na medida em que o crime em análise não se exaure no estelionato e o agente continua na posse da procuração obtida de forma ilícita, podendo cometer novos delitos com ela. Há, pois, concurso **material**.

6. Tentativa

É possível.

7. Ação penal

Pública incondicionada.

13.2.16. Coação de pessoa idosa

> **Art. 107.** Coagir, de qualquer modo, o idoso a doar, contratar, testar ou outorgar procuração:
> Pena — reclusão de dois a cinco anos.

1. Objetividade jurídica
O patrimônio e a liberdade individual das pessoas idosas.

2. Elementos do tipo
A conduta típica é **coagir** (de qualquer modo). Coagir significa constranger, forçar. É necessário, ainda, que a coação seja exercida com a específica **finalidade** de obrigar o idoso a doar, contratar, testar ou outorgar procuração.

Apesar de o tipo penal utilizar a expressão "de qualquer modo" para se referir às formas de coação, parece-nos que não estão aqui abrangidas a violência contra a pessoa e a grave ameaça. Com efeito, se o agente emprega, por exemplo, grave ameaça para forçar o idoso a fazer uma doação, incorre em infração penal mais grave, qual seja a extorsão do art. 158 do Código Penal, agravada por ser a vítima idosa (art. 61, II).

Comete o crime em estudo, por exemplo, o filho que diz que não mais ajudará o pai idoso caso ele não lhe faça uma doação.

3. Sujeito ativo
Pode ser qualquer pessoa.

4. Sujeito passivo
Pessoa idosa.

5. Consumação
Pela redação do dispositivo, pode-se concluir que o delito só se consuma quando a vítima, coagida, efetua a doação, celebra o contrato, faz o testamento ou outorga a procuração.

6. Tentativa
É possível.

7. Ação penal
Pública incondicionada.

13.2.17. Lavratura ilegal de ato notarial

> **Art. 108.** Lavrar ato notarial que envolva pessoa idosa sem discernimento de seus atos, sem a devida representação legal:
> Pena — reclusão de dois a quatro anos.

1. Objetividade jurídica
A fé pública e a preservação do patrimônio da pessoa idosa.

2. Elementos do tipo
A premissa do delito em questão é que a vítima seja pessoa **idosa sem discernimento** para os atos da vida civil. Tal elemento **normativo** deve ser provado no caso concreto mediante perícia médica ou outro meio idôneo. Não é necessário, todavia, que

a vítima tenha sido previamente interditada, já que esse requisito não consta do tipo penal.

A conduta típica é **lavrar** ato notarial, que significa reduzir a termo a manifestação de vontade da pessoa idosa em tabelionato (ex.: escritura de compra e venda ou de doação, testamento etc.).

Os idosos que não possuem discernimento devem ser representados por procuradores nos atos da vida civil. Assim, o crime consiste em lavrar ato notarial que envolva tal pessoa idosa **sem a presença** do procurador.

3. Sujeito ativo

Os **atos notariais** somente podem ser lavrados por tabeliães, escreventes ou oficiais de tabelionato. Assim, apenas estes podem ser autores da infração penal. Trata-se de crime **próprio**. Admite, todavia, participação.

4. Sujeito passivo

A pessoa idosa sem discernimento para os atos da vida civil.

5. Consumação

No momento da lavratura do ato, independentemente de qualquer resultado lesivo ao patrimônio da vítima.

6. Tentativa.

É possível.

7. Ação penal

Pública incondicionada.

13.3. QUESTÕES

QUESTÕES DE CONCURSOS
http://uqr.to/1y3ez

14

CRIMES FALIMENTARES
LEI N. 11.101/2005

14.1. INTRODUÇÃO

A Lei n. 11.101/2005, conhecida como Lei de **Falências**, substituiu o Decreto-Lei n. 7.661/45 (antiga lei falimentar), e, em seu Capítulo VII, tipificou os diversos crimes de natureza falimentar, bem como estabeleceu uma série de regras específicas em relação a esses crimes, que os diferenciam dos delitos comuns. Além disso, regulamentou o procedimento penal apuratório para essas infrações penais.

14.2. CLASSIFICAÇÃO

No que se refere ao estudo do sujeito ativo dos crimes falimentares, existe importante classificação doutrinária que subdivide o tema em crimes falimentares **próprios** e **impróprios**. Na primeira categoria, encontram-se os delitos cometidos pelo próprio **devedor** (falido), não se podendo esquecer, outrossim, que o art. 179 da Lei n. 11.101/2005 dispõe que, "na falência, na recuperação judicial e na recuperação extrajudicial de sociedades, os seus sócios, diretores, gerentes, administradores e conselheiros, de fato ou de direito, bem como o administrador judicial, equiparam-se ao devedor ou falido para todos os efeitos penais decorrentes desta Lei, na medida de sua culpabilidade". Assim, crimes falimentares **próprios** são aqueles praticados pelo falido unilateralmente ou pelas pessoas mencionadas no art. 179, desde que comprovado o envolvimento destes na conduta ilícita. Os crimes de fraude contra credores (art. 168) ou favorecimento de credores (art. 172), dentre outros, incluem-se nessa categoria. Os crimes falimentares **impróprios** são aqueles cometidos por outras pessoas que, por alguma razão, têm algum vínculo com a falência. Ex.: crime de divulgação de informação falsa (art. 170); crime de habilitação ilegal de crédito (art. 175). Importante, ainda, atentar para o crime de violação de impedimento (art. 177), que só pode ser cometido pelo juiz, representante do Ministério Público, administrador ou gestor judicial, perito, avaliador, escrivão, oficial de justiça ou leiloeiro que adquira bem da massa falida ou de devedor em recuperação judicial. Tal delito é falimentar **impróprio**, pois não é cometido pelo falido, mas, dentro da classificação **geral** dos crimes, é definido como **crime próprio**, porque só pode ser cometido por pessoas que detêm uma certa **qualidade** (elencadas no texto legal).

É perfeitamente possível a coautoria e a participação nos crimes falimentares. Veja-se, por exemplo, o art. 168, § 3.º, que expressamente declara que, no crime de fraude contra credores, incorrem nas mesmas penas do falido os **contadores**, **técnicos contábeis**, **auditores** e **outros profissionais** que, de qualquer modo, tenham concorrido para as condutas criminosas, na medida de sua culpabilidade.

14.3. CONDIÇÃO OBJETIVA DE PUNIBILIDADE

> **Art. 180.** A sentença que decreta a falência, concede a recuperação judicial ou concede a recuperação extrajudicial de que trata o art. 163 desta Lei é condição objetiva de punibilidade das infrações penais descritas nesta Lei.

Condições objetivas de punibilidade são circunstâncias que **não constam da descrição típica** do delito e que, por essa razão, estão **fora** do **dolo** do agente no momento em que realiza a conduta. A própria lei, entretanto, **subordina a punição do acusado à sua existência**. Ex.: o art. 178 da nova Lei de Falências incrimina quem "deixa de elaborar, escriturar ou autenticar, antes ou depois da sentença que decretar a falência, conceder a recuperação judicial ou homologar o plano de recuperação extrajudicial, os documentos de escrituração contábil obrigatórios". O empresário, contudo, só poderá ser punido pela omissão se efetivamente for decretada, por sentença, a falência ou a recuperação judicial, ou, ainda, se for homologado, também por sentença, o plano de recuperação extrajudicial. Tais **sentenças**, portanto, constituem condições objetivas de punibilidade, como, aliás, expressamente esclarece o art. 180 da Lei de Falências. Em outras palavras, se a fiscalização constata a falta de escrituração, mas está ausente a condição objetiva de punibilidade, ou seja, se não foi decretada a falência ou a recuperação judicial, ou homologada a recuperação extrajudicial, não é possível a punição por crime falimentar. O empresário, em tal caso, só poderá ser punido pela contravenção descrita no art. 49 da Lei das Contravenções Penais, que consiste em infringir determinação legal relativa à escrituração de indústria, comércio ou outra atividade. A pena prevista para tal contravenção é apenas de multa.

A doutrina classifica ainda os crimes da Lei n. 11.101/2005 em:

a) **antefalimentares** (ou **pré-falimentares**): aqueles em que a conduta típica é realizada **antes** da decretação da falência ou da homologação da recuperação. Ex.: crime de violação de sigilo empresarial (art. 169). Conforme já explicado, embora a conduta típica ocorra antes da decisão judicial, a punição do agente está condicionada à sua existência por se tratar de condição objetiva de punibilidade;

b) **pós-falimentares**: aqueles em que a conduta típica é realizada **após** tais decisões. Ex.: crime de violação de impedimento (art. 177).

Muitos dos crimes da Lei n. 11.101/2005 podem, todavia, ser praticados antes ou depois da quebra. Vejam-se, por exemplo, os crimes de fraude contra credores (art. 168) e omissão de documentos contábeis obrigatórios (art. 178), em que os tipos penais expressamente mencionam as duas possibilidades.

14.4. DOS CRIMES EM ESPÉCIE

Os crimes falimentares estão descritos nos arts. 168 a 178 da Lei n. 11.101/2005.

14.4.1. Fraude a credores

> **Art. 168.** Praticar, antes ou depois da sentença que decretar a falência, conceder a recuperação judicial ou homologar a recuperação extrajudicial, ato fraudulento de que resulte ou possa resultar prejuízo aos credores, com o fim de obter ou assegurar vantagem indevida para si ou para outrem:
> Pena — reclusão, de três a seis anos, e multa.

1. Elementos do tipo

Esse crime possui alguma semelhança com o delito de estelionato previsto no art. 171, *caput*, do CP, na medida em que também pressupõe o emprego de **fraude** visando à obtenção de **vantagem ilícita**. Existem, porém, inúmeras diferenças. No estelionato, o sujeito ativo pode ser qualquer pessoa (empresário ou não). No crime falimentar, o sujeito ativo, evidentemente, é o empresário, e sua configuração pressupõe a decretação da quebra ou a homologação da recuperação, o que não existe no estelionato. Ademais, se a fraude empregada pelo empresário visar a credor determinado e não tiver o condão de colocar em perigo o patrimônio da universalidade dos credores, estará caracterizado o estelionato, na medida em que o tipo penal do art. 168 da Lei de Falências pressupõe que, do ato fraudulento, "resulte ou possa resultar prejuízo aos credores" (note-se que a palavra está no plural), referindo-se, pois, à coletividade dos credores. O estelionato, além disso, só se consuma com a efetiva obtenção da vantagem ilícita em prejuízo alheio, sendo, assim, crime material, enquanto o crime falimentar é **formal**, consumando-se no instante em que o agente pratica o ato fraudulento, independentemente da efetiva obtenção da vantagem visada. O fato constitui crime porque: a) a fraude colocou em risco o patrimônio dos credores em geral; b) a falência foi decretada ou concedida a recuperação judicial ou homologada a extrajudicial.

A pena do estelionato é de reclusão, de um a cinco anos, enquanto para o crime falimentar a pena é de reclusão, de três a seis anos.

O crime em análise, nos expressos termos da lei, pode ser cometido **antes** ou **depois** da decretação da quebra ou da concessão da recuperação judicial ou homologação da extrajudicial. Na primeira hipótese, todavia, a punição depende de sua superveniência.

São apontadas como fraudes configuradoras do delito falimentar: a hipoteca conferida com ânimo fraudulento, a venda e revenda simulada de mercadorias, a exclusão de sócio do contrato social da empresa para que não tenha de responder com seu patrimônio pessoal pelas dívidas, a simulação de dívidas, a dilapidação do patrimônio garantidor das dívidas etc.

2. Causas de aumento de pena

O art. 168, em seu § 1.º, estabelece que certas fraudes são mais graves, e, por isso, a pena será aumentada de 1/6 a 1/3. É o que ocorre quando o agente:

I — elabora escrituração contábil ou balanço com dados inexatos;

II — omite, na escrituração contábil ou no balanço, lançamento que deles deveria constar, ou altera escrituração ou balanço verdadeiros;

III — destrói, apaga ou corrompe dados contábeis ou negociais armazenados em computador ou sistema informatizado;

IV — simula a composição do capital social;

V — destrói, oculta ou inutiliza, total ou parcialmente, os documentos de escrituração contábil obrigatórios.

Note-se que essas condutas não são agravantes de fraudes anteriores, podendo constituir a própria fraude caracterizadora do ilícito penal. No que diz respeito à escrituração contábil, mencionada no inciso II, não há como confundi-la com o crime descrito no art. 178, denominado "omissão dos documentos contábeis obrigatórios", já que este possui pena muito menor e é expressamente subsidiário, configurando-se apenas quando a omissão não tiver sido feita pelo empresário de forma fraudulenta. Em suma, se a omissão dos documentos tiver a **finalidade** de prejudicar credores, estará configurado o crime de fraude contra credores do art. 168, mas, se não demonstrada tal intenção, estará configurado o crime do art. 178.

Dispõe, por sua vez, o art. 168, § 2.º, que a pena será aumentada de 1/3 até metade se o devedor manteve ou movimentou recursos ou valores paralelamente à contabilidade exigida pela legislação (contabilidade paralela), inclusive na hipótese de violação do disposto no art. 6.º-A desta Lei (distribuição de lucros ou dividendos a sócios e acionistas até a aprovação do plano de recuperação judicial). De acordo com o mencionado art. 6.º-A, "é vedado ao devedor, até a aprovação do plano de recuperação judicial, distribuir lucros ou dividendos a sócios e acionistas, sujeitando-se o infrator ao disposto no art. 168 desta Lei".

Em suma, a pena da pessoa condenada por fraude contra credores será aumentada se ficar demonstrado que ela, em algum momento da atividade empresarial, manteve o chamado "caixa 2". Além disso, pelo texto legal, haverá crime com a pena majorada se a empresa estiver em processo de recuperação judicial e efetuar distribuição de lucros ou dividendos a sócios ou acionistas, antes da homologação do plano (de recuperação).

3. Figura privilegiada

Estabelece o § 4.º que, tratando-se de falência de **microempresa** ou **de empresa de pequeno porte**, e não se constatando prática **habitual** de condutas fraudulentas por parte do falido, poderá o juiz reduzir a pena de reclusão de 1/3 a 2/3 ou substituí-la pelas penas restritivas de direitos, perda de bens e valores ou prestação de serviços à comunidade ou a entidades públicas. Para fazer jus aos benefícios, o dispositivo exige que, além de se enquadrar no conceito legal de microempresário ou empresário de pequeno porte, o agente não tenha cometido reiteradamente condutas fraudulentas. Presentes os requisitos legais, o juiz terá duas opções: reduzir a pena ou substituí-la. Não é muito lembrar, todavia, que o art. 44, I, do Código Penal, com a redação que lhe foi dada pela Lei n. 9.714/98, já permite, em qualquer crime, a substituição da pena privativa de liberdade por restritiva de direitos quando a pena aplicada não for superior a quatro anos, o crime não tiver sido cometido com violência ou grave ameaça (requisito sempre presente nos crimes falimentares) e a culpabilidade, os antecedentes, a conduta social e a personalidade do condenado, bem como os motivos e circunstâncias do crime, indicarem que essa substituição é suficiente.

4. Sujeito ativo

O devedor ou falido e também os contadores, técnicos contábeis, auditores e outros profissionais, que, de qualquer modo, concorram para as condutas criminosas. É o que expressamente prevê o art. 168, § 3.º.

5. Sujeito passivo

Os credores que sofram ou possam sofrer prejuízo com a conduta.

6. Consumação

Conforme já mencionado, trata-se de crime **formal**, que se consuma no instante em que o agente pratica o ato fraudulento, independentemente da efetiva obtenção da vantagem visada.

7. Tentativa

É possível.

8. Ação penal

Pública incondicionada.

14.4.2. Violação de sigilo empresarial

> **Art. 169.** Violar, explorar ou divulgar, sem justa causa, sigilo empresarial ou dados confidenciais sobre operações ou serviços, contribuindo para a condução do devedor a estado de inviabilidade econômica ou financeira:
> Pena — reclusão, de dois a quatro anos, e multa.

1. Elementos do tipo

Essa infração penal constitui inovação da atual Lei de Falências, pois não existia figura similar na legislação anterior. Pune-se quem tem conhecimento de informação sigilosa ou confidencial e a revela, fazendo com que essa revelação de alguma forma **contribua** para levar o empresário ao estado de inviabilidade econômica ou financeira. Cuida-se de crime **pré-falimentar** e **material**, uma vez que é necessária prova de que a revelação da informação sigilosa efetivamente contribuiu para levar o devedor a um estado de insolvência.

A expressão "**sem justa causa**" é o elemento **normativo** do tipo.

O elemento subjetivo é o dolo. Não existe modalidade culposa.

2. Sujeito ativo

Trata-se de crime falimentar **impróprio**, podendo ser cometido por qualquer pessoa (empregados da empresa ou credores, p. ex.).

3. Sujeito passivo

O devedor, bem como os credores eventualmente prejudicados.

4. Consumação

Conforme mencionado, cuida-se de crime **material** que se consuma quando a conduta típica leva o devedor a estado de inviabilidade econômica ou financeira.

5. Tentativa

É possível.

14.4.3. Divulgação de informações falsas

> **Art. 170.** Divulgar ou propalar, por qualquer meio, informação falsa sobre devedor em recuperação judicial, com o fim de levá-lo à falência ou de obter vantagem:
> Pena — reclusão, de dois a quatro anos, e multa.

1. Elementos do tipo

Esta infração penal pressupõe que o devedor já esteja em recuperação judicial e que o agente, **querendo** levá-lo à falência ou visando à obtenção de alguma vantagem, divulgue ou propale informação **falsa**. A divulgação pode dar-se, nos termos da lei, **por qualquer meio** (forma oral ou escrita, em conversas, por meio de rede social ou até mesmo por meio da imprensa).

É necessário que a informação seja falsa e o agente **saiba** disso. Ademais, é preciso que efetue a divulgação com a intenção específica de levar o devedor à quebra ou de obter alguma vantagem (elemento **subjetivo** do tipo).

Exemplo desse crime é a divulgação de que o devedor perdeu o crédito bancário que possuía e que, por tal razão, não poderá efetuar os pagamentos devidos nas datas aprazadas.

2. Sujeito ativo

Pode ser qualquer pessoa.

3. Sujeito passivo

O devedor, bem como os credores eventualmente prejudicados.

4. Consumação

O crime é **formal**, pois consuma-se no momento da divulgação, ainda que o agente não consiga atingir o que pretendia (obter vantagem ou levar o devedor à falência).

5. Tentativa

É possível, exceto na forma oral.

14.4.4. Indução a erro

> **Art. 171.** Sonegar ou omitir informações ou prestar informações falsas no processo de falência, de recuperação judicial ou de recuperação extrajudicial, com o fim de induzir a erro o juiz, o Ministério Público, os credores, a assembleia geral de credores, o Comitê ou o administrador judicial:
> Pena — reclusão, de dois a quatro anos, e multa.

1. Elementos do tipo

Cuida-se de crime similar ao de fraude processual, previsto no art. 347 do CP, porém específico do procedimento falimentar, no qual o agente deixa de prestar informações devidas ou presta informações falsas com intenção de induzir em erro uma das pessoas enumeradas no tipo penal (o juiz, o órgão do Ministério Público, os credores, a assembleia geral de credores, o Comitê ou o administrador judicial).

Comete o crime um perito que apresenta uma avaliação falsa, o administrador judicial que apresenta um relatório com informações falsas etc.

2. Sujeito ativo

Pode ser qualquer pessoa, isto é, o próprio devedor ou outras pessoas que intervenham no processo falimentar ou de recuperação da empresa.

3. Sujeito passivo
O Estado, responsável pela Administração da Justiça.

4. Consumação
O delito em análise é **pós-falimentar** e **formal**, ou seja, consuma-se no momento em que a informação que deveria ser prestada é sonegada, ou quando o agente presta a informação falsa, ainda que a farsa seja descoberta. Não é necessário, portanto, que o agente consiga enganar o juiz, o Ministério Público etc.

5. Tentativa
É possível somente nas condutas comissivas.

14.4.5. Favorecimento de credores

> **Art. 172.** Praticar, antes ou depois da sentença que decretar a falência, conceder a recuperação judicial ou homologar plano de recuperação extrajudicial, ato de disposição ou oneração patrimonial ou gerador de obrigação, destinado a favorecer um ou mais credores em prejuízo dos demais:
> Pena — reclusão, de dois a cinco anos, e multa.

1. Elementos do tipo
A existência dessa infração penal pode ser considerada supérflua, na medida em que, em sua ausência, as condutas poderiam enquadrar-se nos crimes de fraude a credores (art. 168) ou desvio de bens (art. 173). Considerando, porém, que o tipo penal foi criado, deve ele ser considerado especial em relação aos outros, que só terão aplicação nas hipóteses remanescentes.

O crime de favorecimento a credores, portanto, estará tipificado quando o agente realizar ato de disposição de bem da empresa, ou de oneração patrimonial, ou, ainda, gerador de obrigação. Ex.: doação, pagamento adiantado de dívida, reconhecimento de dívida etc. É necessário, porém, que o faça com a específica intenção de **favorecer** um ou mais credores em prejuízo dos demais (elemento **subjetivo** do tipo), pois, sem isso, a conduta se enquadraria no crime genérico de fraude a credores.

Comete o crime de favorecimento a credores, por exemplo, o devedor que, ciente de seu estado de insolvência e sabendo que os bens da empresa serão vendidos após a decretação da quebra, e que o valor obtido será rateado entre os credores, paga todas suas dívidas em relação a um deles, causando, assim, redução no patrimônio da empresa garantidor de suas dívidas.

O parágrafo único do art. 172 dispõe que incorre nas mesmas penas o **credor** que, agindo em **conluio** com o devedor, possa beneficiar-se da conduta. Se o beneficiário não for credor, a conduta pode, eventualmente, enquadrar-se no crime de aquisição ou recebimento ilegal de bem (art. 174).

2. Sujeito ativo
O crime de favorecimento a credores pode ser cometido antes ou depois da sentença que decreta a falência ou concede a recuperação judicial, ou homologa a recuperação

extrajudicial. Assim, não só o devedor pode ser sujeito ativo. O administrador judicial nomeado após a falência, por exemplo, que pague antecipadamente um dos credores para beneficiá-lo, incidirá no crime em tela.

3. Sujeito passivo

Os credores que sofram ou possam sofrer prejuízo. Se o crime for cometido pelo administrador judicial tal como no exemplo acima, o devedor também é sujeito passivo.

4. Consumação

No momento da ação visando ao favorecimento do credor, independentemente da efetiva locupletação por parte deste. Trata-se de crime **formal**.

5. Tentativa

É possível.

14.4.6. Desvio, ocultação ou apropriação de bens

> **Art. 173.** Apropriar-se, desviar ou ocultar bens pertencentes ao devedor sob recuperação judicial ou à massa falida, inclusive por meio da aquisição por interposta pessoa:
> Pena — reclusão, de dois a quatro anos, e multa.

1. Elementos do tipo

Os bens da empresa em situação de falência ou recuperação judicial constituem **garantia** aos credores, pois, se necessário, serão **vendidos** e o valor obtido utilizado no **pagamento** das dívidas. Para a existência do ilícito penal em questão, porém, **não** é necessário que a conduta tenha efetivamente causado **prejuízo** aos credores, ou seja, ainda que todos venham a ser ressarcidos, haverá crime se ficar constatado o desvio de algum bem antes disso. Por tal motivo, o falido que, imediatamente após a quebra, retira maquinário da empresa e o leva para outra de sua propriedade comete o crime, na modalidade **desvio**. Caso esconda os bens para que não sejam arrecadados, comete **ocultação**. É, ainda, possível que o administrador, por exemplo, se aproprie dos bens que estava obrigado a arrecadar para que fossem levados à praça, cometendo, assim, o crime na modalidade de **apropriação**. Nota-se, portanto, que o autor do delito pode ser o falido ou outra pessoa qualquer.

A infração penal em análise é **pós-falimentar**, pois o tipo penal expressamente exige que o fato ocorra **após** a decretação da falência ou homologação da recuperação judicial, de modo que eventual desvio de bens antes da decretação da falência ou homologação da recuperação poderá configurar o crime de fraude contra credores do art. 168 da Lei Falimentar.

É também necessário que o bem desviado seja pertencente à empresa. Assim, se o bem pertence a terceiro, configura-se crime comum de apropriação indébita (art. 168, *caput*, do Código Penal).

A lei esclarece que o crime configura-se mesmo que haja aquisição do bem por **interposta** pessoa, ou seja, se o agente desvia um bem simulando a venda a terceira pessoa, ainda que parente ou cônjuge. Essa pessoa, aliás, é **partícipe** do crime e também incide na figura penal.

2. Sujeito ativo
Pode ser o falido ou outra pessoa (o administrador judicial, por exemplo).

3. Sujeito passivo
Os credores que sofram ou possam sofrer prejuízo. Se o delito for cometido sem o envolvimento do devedor, ele também será considerado vítima.

4. Consumação
No momento em que o bem pertencente à massa falida é desviado ou ocultado. Na conduta típica "apropriar-se", a consumação ocorre no momento da inversão de ânimo, ou seja, quando o agente resolve fazer sua a coisa pertencente à massa.

5. Tentativa
É possível.

14.4.7. Aquisição, recebimento ou uso ilegal de bens

> **Art. 174.** Adquirir, receber, usar, ilicitamente, bem que sabe pertencer à massa falida ou influir para que terceiro, de boa-fé, o adquira, receba ou use:
> Pena — reclusão, de dois a quatro anos, e multa.

1. Elementos do tipo
Cuida-se, também, de crime **pós-falimentar** que em suas modalidades "**adquirir**" e "**receber**" constitui figura **especial** de **receptação própria (art. 180**, *caput*, **1.ª parte, do Código Penal)**, pois, conforme exige o próprio tipo penal, a aquisição deve ocorrer de forma **ilícita**. A aquisição de que trata a lei nesse dispositivo é a efetiva e não a simulada. É necessário que o agente tenha **plena ciência** da procedência do bem, sendo, assim, compatível apenas com a figura do **dolo direto**.

Inovação importante da nova Lei de Falências é a criminalização da conduta "**usar**", ilicitamente, bem pertencente à massa falida, pois é comum, ante à demora do procedimento falimentar, que depositários ou administradores, **sem autorização**, passem a utilizar bens da massa, incorrendo no delito.

A figura "influir para que terceiro de boa-fé adquira, receba ou use bem pertencente à massa falida" constitui infração similar ao crime de **receptação imprópria** prevista no art. 180, *caput*, segunda parte, do Código Penal, tipificado quando o agente, **ciente de que se trata de objeto pertencente à massa falida**, propõe a **terceiro, que desconhece tal procedência**, adquirir, receber ou usar o bem.

2. Sujeito ativo
Qualquer pessoa.

3. Sujeito passivo
Os credores e, eventualmente, o devedor.

4. Consumação

Na primeira parte do dispositivo, no exato instante em que o agente adquire, recebe ou usa o bem.

Na modalidade "influir para que terceiro, de boa-fé, adquira, receba ou use o bem" o crime é **formal**, consumando-se no momento da **proposta**, ainda que o terceiro de boa-fé **não** adquira, receba ou use o bem.

5. Tentativa

É **possível** na **primeira** parte do dispositivo e **inviável** na **segunda**, pois a consumação se dá com a mera proposta.

14.4.8. Habilitação ilegal de crédito

> **Art. 175.** Apresentar, em falência, recuperação judicial ou recuperação extrajudicial, relação de créditos, habilitação de créditos ou reclamação falsas, ou juntar a elas título falso ou simulado:
> Pena — reclusão, de dois a quatro anos, e multa.

1. Elementos do tipo

A conduta típica consiste em, com **intenção de locupletamento ilícito**, ou seja, de receber valores que não lhe são devidos, utilizar, mediante apresentação ou juntada, na falência ou na recuperação judicial ou extrajudicial, relação de crédito, habilitação de crédito ou reclamações falsas (trabalhista, p. ex.), ou título falso ou simulado (duplicatas falsas, p. ex.).

O elemento subjetivo é o dolo.

Por se tratar de crime **especial**, absorve o delito de uso de documento material ou ideologicamente falso, previsto no art. 304 do Código Penal.

2. Sujeito ativo

Esse delito, que é **pós-falimentar**, pode ser cometido por qualquer pessoa, até pelo administrador judicial, que, por exemplo, apresente relação de créditos falsa, e também pelo devedor, sendo, assim, crime falimentar **impróprio**.

3. Sujeito passivo

Os credores que forem ou possam ser prejudicados. O Estado também é sujeito passivo, pois a Administração da Justiça é afetada em razão da falsidade ocorrida no processo falimentar. Dependendo do autor do crime, o devedor igualmente pode ser vítima.

4. Consumação

No momento do **uso**, independentemente da efetiva obtenção de vantagem econômica.

5. Tentativa

Não é possível, pois, ou o agente apresenta o documento e o crime está consumado, ou não o faz.

14.4.9. Exercício ilegal de atividade

> **Art. 176.** Exercer atividade para a qual foi inabilitado ou incapacitado por decisão judicial, nos termos desta Lei:
> Pena — reclusão, de um a quatro anos, e multa.

1. Elementos do tipo

Premissa dessa infração penal é a existência de uma **decisão judicial** inabilitando ou incapacitando o devedor para o exercício de alguma atividade. Veja-se, por exemplo, o art. 181, I, da Lei n. 11.101/2005, que estabelece que o juiz pode, ao condenar o empresário por crime falimentar, decretar sua inabilitação para o exercício de atividade empresarial, vedação que perdurará pelo prazo de **cinco** anos após o **término** do cumprimento da pena. Se dentro desse prazo o agente exercer a atividade, responderá por nova infração penal falimentar. No exemplo em análise, aliás, ele será considerado **reincidente**.

Trata-se, evidentemente, de crime **pós-falimentar**.

O elemento subjetivo é o dolo.

Por possuir pena mínima de um ano, essa infração penal admite a suspensão condicional do processo, nos termos do art. 89 da Lei n. 9.099/95.

2. Sujeito ativo

O devedor (falido). Trata-se de crime **próprio**.

3. Sujeito passivo

O Estado, pois o delito afeta a Administração da Justiça.

4. Consumação

No momento em que o agente passa a exercer a atividade que lhe foi proibida. A conduta típica "exercer" implica reiteração de atos, tratando-se, assim, de crime **habitual**. Em outras palavras, o delito se consuma quando o agente passa a exercer habitualmente as atividades para as quais está inabilitado ou incapacitado em razão de decisão judicial.

5. Tentativa

Por se tratar de crime habitual, **não** admite a tentativa, pois, ou existe a reiteração de atos e o crime está consumado, ou não existe e o fato é atípico.

14.4.10. Violação de impedimento

> **Art. 177.** Adquirir o juiz, o representante do Ministério Público, o administrador judicial, o gestor judicial, o perito, o avaliador, o escrivão, o oficial de justiça ou o leiloeiro, por si ou por interposta pessoa, bens de massa falida ou de devedor em recuperação judicial, ou, em relação a estes, entrar em alguma especulação de lucro, quando tenham atuado nos respectivos processos:
> Pena — reclusão, de dois a quatro anos, e multa.

1. Elementos do tipo

A fim de manter a lisura do processo falimentar e deixá-lo isento de suspeitas, a lei proíbe que certas pessoas, que tenham atuado no processo (o juiz, o representante do Ministério Público, o administrador judicial, o gestor judicial, o perito, o avaliador, o escrivão, o oficial de justiça ou o leiloeiro), adquiram bens da massa falida ou de devedor em recuperação judicial, ou, em relação a estes, entrem em alguma especulação de lucro (compra de ações da empresa na Bolsa de Valores, p. ex.). O crime, portanto, consiste exatamente em **desobedecer** tal mandamento e adquirir, pessoalmente ou por interposta pessoa, bens da massa ou do devedor em recuperação judicial, ou, em relação a estes, entrar em alguma especulação de lucro.

Trata-se de crime **pós-falimentar**.

O elemento subjetivo é o dolo.

2. Sujeito ativo

Cuida-se de crime **próprio**, pois só pode ser cometido pelas pessoas elencadas na lei: juízes e membros do Ministério Público, de qualquer instância, administrador ou gestor judicial, perito, avaliador, oficial de justiça ou leiloeiro, que tenham atuado no feito. Dentro da classificação específica dos crimes falimentares, a conduta se enquadra no conceito de crime falimentar **impróprio**, pois é cometido por pessoa diversa da figura do devedor ou falido.

3. Sujeito passivo

Os credores e, eventualmente, o devedor prejudicado pela ação especulativa.

4. Consumação

Para a configuração do delito, não é necessário que a negociação tenha, de alguma forma, beneficiado o agente ou prejudicado o devedor, pois se trata de crime de consumação antecipada que se tipifica pela simples violação do impedimento, ou seja, com a aquisição de bens ou com a concretização de algum negócio especulativo.

5. Tentativa

É possível (tentativa de aquisição, p. ex.).

14.4.11. Omissão dos documentos contábeis obrigatórios

> **Art. 178.** Deixar de elaborar, escriturar ou autenticar, antes ou depois da sentença que decretar a falência, conceder a recuperação judicial ou homologar o plano de recuperação extrajudicial, os documentos de escrituração contábil obrigatórios:
> Pena — detenção, de um a dois anos, e multa, se o fato não constitui crime mais grave.

1. Elementos do tipo

Trata-se de crime puramente **omissivo** que consiste em o empresário não documentar, no exercício de suas atividades, os atos de comércio a que, por lei, está obrigado. O art. 1.180 do Código Civil prevê que, "além dos demais livros exigidos por lei, é indispensável o **Diário**, que pode ser substituído por fichas no caso de escrituração mecanizada ou eletrônica". Já o art. 19 da Lei n. 5.474/68 estabelece que a adoção do regime de vendas de que trata o seu art. 2.º (vendas a prazo com emissão de duplicata) obriga o vendedor a ter e a escriturar o Livro de Registro de Duplicatas. Assim, o delito em estudo se configura, por exemplo, pela inexistência ou pelas omissões no Livro Diário ou de Registro de Duplicatas.

Com a omissão torna-se difícil analisar o proceder do empresário durante o período anterior à quebra, o que, por si só, já justifica a reprimenda. Como os documentos são obrigatórios, a desídia leva à responsabilização criminal do empresário e, eventualmente, do contador responsável, se comprovado que concorreu dolosamente para o delito, nos termos dos arts. 168, § 3.º, da Lei de Falências, e 29 do Código Penal.

Trata-se de crime expressamente **subsidiário**, pois, ao cuidar de sua pena, o legislador explicitamente mencionou que tal delito fica absorvido se o fato constituir crime mais grave. Ex.: crime de fraude contra credores agravado pela omissão na escrituração contábil (art. 168, § 1.º, II).

Esse é o único crime falimentar que se enquadra no conceito de infração de **menor potencial ofensivo**, já que sua pena máxima não supera dois anos (art. 61 da Lei n. 9.099/95). Em razão disso, antes do oferecimento da denúncia, o Ministério Público deve analisar a possibilidade de propor a transação penal.

2. Sujeito ativo

O devedor e, eventualmente, o contador responsável, se comprovado que concorreu dolosamente para o delito, nos termos dos arts. 168, § 3.º, da Lei de Falências, e 29 do Código Penal.

3. Sujeito passivo

Os credores.

4. Consumação

Cuida-se de delito de perigo **abstrato,** em que, para a punição do agente, basta a prova da omissão, sendo desnecessário que o fato tenha efetivamente concorrido para a quebra.

5. Tentativa

Em se tratando de crime **omissivo próprio, não** admite a tentativa.

14.5. DISPOSIÇÕES COMUNS

14.5.1. Efeitos da condenação

O efeito principal da condenação é a imposição da pena prevista na própria norma incriminadora, que, no caso dos crimes falimentares são as penas privativas de liberdade (reclusão ou detenção) e a multa. Não se pode esquecer, outrossim, a possibilidade de aplicação **subsidiária** do Código Penal aos crimes falimentares (art. 12 do CP), sendo, assim, viável a substituição da pena privativa de liberdade aplicada na sentença por multa, nas condenações iguais ou inferiores a um ano, ou por uma pena restritiva de direitos e multa ou duas penas restritivas de direitos, nas condenações superiores a um ano e não superiores a quatro (art. 44, § 2.º, do CP). Essas substituições são possíveis se o réu não for reincidente em crime doloso e se a culpabilidade, os antecedentes, a conduta social, a personalidade do condenado, bem como os motivos e as circunstâncias do delito indicarem que a substituição é suficiente (art. 44, II e III, do CP).

Além disso, o art. 181 da Lei de Falências elenca **outros** efeitos da condenação por crime falimentar, a saber:

I — a inabilitação para o exercício de atividade empresarial;
II — o impedimento para o exercício de cargo ou função em conselho de administração, diretoria ou gerência das sociedades sujeitas a esta Lei;
III — a impossibilidade de gerir empresa por mandato ou por gestão de negócio.

A finalidade do dispositivo é evitar que o empresário falido volte a exercer suas atividades ou a administrar ou gerenciar sociedade empresária, de forma direta ou indireta. Esses efeitos, porém, **não** são automáticos, devendo ser **motivadamente** declarados pelo juiz na sentença, e perdurarão até **cinco** anos após a extinção da punibilidade, ou seja, após o cumprimento da pena ou da decretação da prescrição, podendo, contudo, cessar antes pela **reabilitação** penal (art. 181, § 1.º). A reabilitação está regulamentada no art. 94 do Código Penal e pode ser obtida dois **anos** após o término da pena, desde que o agente tenha mantido domicílio no País durante referido período, tenha demonstrado bom comportamento e, principalmente, tenha ressarcido os credores ou demonstrado a impossibilidade de fazê-lo, ou, ainda, exibido documento que comprove a renúncia da vítima ou a novação da dívida.

De acordo com o art. 181, § 2.º, da Lei de Falências, transitada em julgado a sentença penal condenatória, será notificado o Registro Público de Empresas para que tome as medidas necessárias para impedir novo registro em nome dos inabilitados. Nos termos da própria lei, a intenção é impedir que o condenado volte a exercer suas atividades em outra empresa durante o prazo de cinco anos. Difícil, porém, será impedir que a exerça de maneira informal — sem registro.

14.5.2. Prescrição

> **Art. 182.** A prescrição dos crimes previstos nesta Lei reger-se-á pelas disposições do Decreto-Lei n. 2.848, de 7 de dezembro de 1940 — Código Penal, começando a correr do dia da decretação da falência, da concessão da recuperação judicial ou da homologação do plano de recuperação extrajudicial.
> Parágrafo único. A decretação da falência do devedor interrompe a prescrição cuja contagem tenha iniciado com a concessão da recuperação judicial ou com a homologação do plano de recuperação extrajudicial.

O art. 182 da Lei de Falências estabelece que a **prescrição** dos crimes nela previstos rege-se pelas regras do Código Penal a respeito do tema, e **começa a ser contada do dia da decretação da falência, da concessão da recuperação judicial ou da homologação do plano de recuperação extrajudicial.**

Afastadas, portanto, as regras específicas previstas no Decreto-Lei n. 7.661/45 (antiga Lei Falimentar), em torno do tema prescricional, em relação aos crimes falimentares cometidos a partir da entrada em vigor da nova Lei de Falências. Pelo regime anterior, qualquer que fosse a pena prevista para o crime falimentar, a prescrição ocorreria no prazo de quatro anos da decretação da falência.

No atual sistema, o prazo da prescrição da pretensão **punitiva** — **antes** do trânsito em julgado da sentença condenatória — rege-se pelo montante **máximo** da pena em abstrato, de acordo com a tabela do art. 109 do Código Penal. Assim, exemplificativamente, no crime de omissão de documentos contábeis obrigatórios (art. 178), que tem pena máxima de dois anos, a prescrição se dá em quatro anos; no delito de desvio de bens (art. 173), que tem pena máxima de quatro anos, a prescrição ocorre em oito anos; no crime de fraude a credores (art. 168), a prescrição se dá em doze anos, porque a pena máxima é de seis anos. A atual Lei de Falências, porém, traz uma regra importante que **diferencia** os crimes falimentares das demais infrações penais. Com efeito, nestas, o prazo começa a correr da data da **consumação** do delito, enquanto nos falimentares, o art. 182 dispõe que o prazo começa a ser contado do **dia** da **decretação** da falência, da **concessão** da recuperação judicial ou da **homologação** do plano de recuperação extrajudicial, que, nos termos do art. 180, constituem condições objetivas de punibilidade. Assim, se um empresário cometeu um ato de favorecimento a credor, que caracteriza crime falimentar previsto no art. 172, no dia 10 de março de 2021, mas sua falência só veio a ser decretada no dia 15 de fevereiro de 2022, o prazo prescricional, de doze anos, só terá começado a correr dessa última data. É preciso salientar, todavia, que, em se tratando de crime **pós-falimentar** — cometido após a sentença —, o prazo prescricional só começará a fluir da data da **consumação** (momento em que for realizada a conduta típica), pois não se pode conceber que a prescrição de um delito já esteja em andamento antes mesmo de ser ele cometido.

Nos crimes pré-falimentares, o prazo prescricional fica suspenso quando for interposto recurso contra a decisão que decretou a falência, nos termos do art. 116, I, do Código Penal, que dispõe que a prescrição não corre enquanto não resolvida, em outro processo, questão de que dependa o reconhecimento da existência do crime. Confirmada a falência, o prazo volta a fluir.

As causas interruptivas da prescrição, como o recebimento da denúncia e a publicação da sentença condenatória, aplicam-se também aos crimes falimentares, sendo de ressaltar, contudo, a regra especial do art. 182, parágrafo único, da Lei n. 11.101/2005, que estabelece que o prazo prescricional que se tenha iniciado com a concessão da recuperação judicial ou com a homologação do plano de recuperação extrajudicial interrompe-se com a decretação posterior da falência do devedor.

As regras atinentes à prescrição da **pena** — prescrição da pretensão **executória** — também seguem a tabela do art. 109 do Código Penal, de modo que a pena de uma pessoa condenada a dois anos prescreve em quatro, e a pena de alguém condenado a três anos prescreve em oito. Quando a pena de multa for a única aplicada, no caso de multa substitutiva, por exemplo, a prescrição da pena ocorrerá em dois anos (art. 114, I, do CP), mas, em se tratando de multa aplicada cumulativamente com pena privativa de liberdade, a multa prescreverá concomitantemente com esta (art. 114, II, do CP).

14.5.3. Unidade do crime falimentar

A teoria da unidade ou unicidade do crime falimentar, aceita durante a vigência do Decreto-Lei n. 7.661/45, estabelecia que, ainda que o falido tivesse realizado condutas que se enquadrassem em dois ou mais tipos penais falimentares, responderia por crime **único**, pois constituiriam eles fases sucessivas que teriam gerado uma única falência. Nesse caso, a pena a ser aplicada seria a do crime mais grave. A embasar esse entendimento, existia, no art. 192 do decreto, dispositivo determinando a aplicação do concurso formal apenas se a conduta ilícita envolvesse crime falimentar e delito de outra natureza.

Com o advento da atual lei, essa teoria não mais se sustenta, na medida em que nela não existe dispositivo semelhante ao do referido art. 192. Essa é também a opinião de Hélvio Simões Vidal[1] e de Arthur Migliari Júnior[2]. Tal conclusão, todavia, embora seja óbvia, quando envolver a prática, por uma mesma pessoa, de crimes pré e pós-falimentares, só ficará sedimentada, em definitivo, após a análise dos tribunais, principalmente quando envolver duas ou mais condutas ilícitas anteriores à decretação da quebra, pois certamente continuarão existindo defensores da tese de que os vários atos contribuíram para um único resultado — a falência — e, por isso, deve haver condenação por crime único.

14.6. DO PROCEDIMENTO PENAL

14.6.1. Competência

> **Art. 183.** Compete ao juiz criminal da jurisdição onde tenha sido decretada a falência, concedida a recuperação judicial ou homologado o plano de recuperação extrajudicial, conhecer da ação penal pelos crimes previstos nesta Lei.

Encontra-se aqui uma exceção ao Código de Processo Penal, que estabelece como regra de competência o foro do local da consumação do delito. Com efeito, de acordo com a Lei de Falências, a competência é do juízo criminal da comarca onde tenha sido decretada a quebra ou a recuperação. Nos termos do art. 3.º dessa lei, "é competente para homologar o plano de recuperação extrajudicial, deferir a recuperação judicial ou decretar a falência o juízo do local do principal estabelecimento do devedor ou da filial de empresa que tenha sede fora do Brasil". Assim, se uma empresa tem sua sede na cidade de Belo Horizonte e em tal localidade é decretada a falência, a competência para apurar crimes falimentares é do juízo criminal de Belo Horizonte, ainda que o crime de desvio de bens (art. 173) tenha sido praticado, por exemplo, em Ouro Preto.

Esse dispositivo, ao estabelecer a competência das varas criminais, em detrimento da vara da falência, é tachado, por alguns autores, de inconstitucional, por ferir o art. 24, § 1.º, da Constituição Federal, que estabelece que a União deve legislar apenas sobre normas gerais quando tiver legitimidade concorrente com os Estados — como acontece

---

[1] VIDAL, Hélio Simões. Os tipos penais na nova Lei de Falências e Recuperação Judicial. *De Jure* — *Revista do Ministério Público de Minas Gerais*, n. 6, p. 214216.
[2] MIGLIARI JÚNIOR, Arthur. *Crimes de recuperação de empresas e de falências*. São Paulo: Quartier Latin, 2006. p. 106-107.

nos procedimentos de esfera processual — em que a distribuição da competência cabe a estes, por meio da Lei de Organização Judiciária. Veja-se, porém, que essa questão é facilmente resolvida, pois nada obsta a que leis estaduais atribuam ao juízo universal da falência competência também para atuar na esfera criminal, hipótese em que tal juízo terá, de forma concorrente, competência na área falimentar e na área criminal respectiva. Como o art. 183 da Lei de Falências não impede que leis estaduais efetuem divisão de competência no âmbito dos Estados, mostra-se equivocado tachá-la de inconstitucional. O Superior Tribunal de Justiça já teve a oportunidade de tratar do tema:

> "Especificamente no Estado de São de Paulo, a Lei Estadual n. 3.947/83, em seu art. 15, determina que as ações por crime falimentar e as que lhe sejam conexas são da competência do respectivo Juízo Universal da Falência, tendo sido tal diploma legislativo declarado constitucional pelo c. Supremo Tribunal Federal, por se tratar de norma típica de organização judiciária, inserida, portanto, no âmbito da competência legislativa privativa dos Estados, a teor do art. 125, § 1.º, da Lex Fundamentalis" (HC 106.406/SP, Rel. Min. Felix Fischer, 5.ª Turma, julgado em 16.6.2009, *DJe* de 3.8.2009).

A competência para apurar e julgar crime falimentar é da Justiça **Estadual**.

14.6.2. Ação penal

> **Art. 184.** Os crimes previstos nesta Lei são de ação penal pública incondicionada.
> Parágrafo único. Decorrido o prazo a que se refere o art. 187, § 1.º, sem que o representante do Ministério Público ofereça denúncia, qualquer credor habilitado ou o administrador judicial poderá oferecer ação penal privada subsidiária da pública, observado o prazo decadencial de 6 (seis) meses.

A regra do art. 184, *caput*, é de que a iniciativa e a titularidade da ação penal, em qualquer dos crimes falimentares, são do Ministério Público, que independe de qualquer condição especial para o oferecimento de denúncia, desde que existam indícios de autoria e de materialidade. É claro, entretanto, que as condições gerais da ação devem estar presentes: legitimidade de partes, interesse de agir e possibilidade jurídica do pedido. Não é possível, além disso, oferecer denúncia antes da sentença que decreta a falência ou concede a recuperação, já que, nos termos do art. 180 da Lei de Falências, essas decisões constituem condição objetiva de punibilidade.

O prazo para o Ministério Público oferecer denúncia está regulamentado no art. 187 da lei, e se, dentro deste prazo, o Ministério Público ficar inerte — não oferecendo denúncia e tampouco requerendo o arquivamento do inquérito policial ou das peças de informação, ou determinando novas diligências —, poderá o credor habilitado ou o administrador judicial mover a chamada ação privada subsidiária da pública, mediante o oferecimento da "queixa subsidiária", que deve conter os mesmos requisitos de uma denúncia (art. 41 do CPP). O direito de oferecer essa espécie de queixa inicia-se com o término do prazo do Ministério Público, estabelecido no art. 187, § 1.º, da lei, e estende-se pelos seis meses seguintes. Findo o prazo, ocorre **decadência** do direito de oferecer a queixa subsidiária. O Ministério Público, porém, continua podendo oferecer denúncia, desde que ainda não tenha ocorrido a prescrição.

Ressalte-se que, embora os crimes falimentares sejam de ação pública incondicionada e que o art. 129, I, da Constituição Federal atribua ao Ministério Público a titularidade exclusiva em tal espécie de infração penal, não existe inconstitucionalidade na possibilidade de propositura da ação privada subsidiária da pública em caso de inércia do Ministério Público, já que o art. 5.º, LIX, da própria Constituição dispõe que "será admitida ação privada nos crimes de ação pública, se esta não for intentada no prazo legal".

14.6.3. Procedimento investigatório e rito processual

> **Art. 185.** Recebida a denúncia ou a queixa, observar-se-á o rito previsto nos arts. 531 a 540 do Código de Processo Penal.
>
> **Art. 186.** No relatório previsto na alínea *e* do inciso III do *caput* do art. 22 desta Lei, o administrador judicial apresentará ao juiz da falência exposição circunstanciada, considerando as causas da falência, o procedimento do devedor, antes e depois da sentença, e outras informações detalhadas a respeito da conduta do devedor e de outros responsáveis, se houver, por atos que possam constituir crime relacionado com a recuperação judicial ou com a falência, ou outro delito conexo a estes.
>
> Parágrafo único. A exposição circunstanciada será instruída com laudo do contador encarregado do exame da escrituração do devedor.
>
> **Art. 187.** Intimado da sentença que decreta a falência ou concede a recuperação judicial, o Ministério Público, verificando a ocorrência de qualquer crime previsto nesta Lei, promoverá imediatamente a competente ação penal ou, se entender necessário, requisitará a abertura de inquérito policial.
>
> § 1.º O prazo para oferecimento da denúncia regula-se pelo art. 46 do Decreto-Lei n. 3.689, de 3 de outubro de 1941 — Código de Processo Penal, salvo se o Ministério Público, estando o réu solto ou afiançado, decidir aguardar a apresentação da exposição circunstanciada de que trata o art. 186 desta Lei, devendo, em seguida, oferecer a denúncia em 15 (quinze) dias.
>
> § 2.º Em qualquer fase processual, surgindo indícios da prática dos crimes previstos nesta Lei, o juiz da falência ou da recuperação judicial ou da recuperação extrajudicial cientificará o Ministério Público.

Uma vez decretada a falência ou concedida a recuperação judicial, o **Ministério Público** terá vista dos autos, sendo, assim, intimado da decisão. Nessa ocasião, o promotor de justiça analisará o feito e, caso constate a existência de crime falimentar, deverá, de imediato, oferecer denúncia, ou, se entender necessários novos esclarecimentos, requisitar inquérito policial. O Ministério Público tem prazo de **quinze dias** para se manifestar, podendo, todavia, o promotor de justiça requerer que se aguarde a apresentação do relatório circunstanciado a que se refere o art. 22, III, *e*, da nova Lei de Falências, no qual o administrador judicial nomeado deverá apontar as causas e circunstâncias da falência, bem como o procedimento do devedor, antes e depois de sua decretação, e ainda detalhar outras informações a respeito de sua conduta e de outros responsáveis, se houver, por atos que possam constituir crime relacionado com a recuperação judicial ou com a falência, ou outro delito conexo a estes. Essa exposição circunstanciada deverá ser acompanhada de laudo do contador encarregado do exame da escrituração do devedor. Em suma, ao ser intimado da decretação da falência, o Ministério Público, se já estiver convencido da existência de crime, poderá, de imediato, oferecer denúncia, mas, se entender que é conveniente, poderá requisitar inquérito policial, ou, se o investigado estiver solto, aguardar o relatório do administrador judicial, para, só então, manifestar-se. Na última hipótese, deve-se esclarecer que o administrador tem prazo de quarenta dias, prorrogável por igual período, a contar da data em que assinou o termo de compromisso, para apresentar referido relatório. Após receber o relatório, o promotor de justiça tem prazo de quinze dias para oferecer denúncia. Findo esse prazo sem que o promotor tenha se manifestado, qualquer credor habilitado ou o administrador judicial nomeado poderá ingressar com a queixa subsidiária (ver comentários ao art. 184, parágrafo único — item 14.6.2).

Saliente-se que, no momento em que o Ministério Público é intimado da sentença, caso se convença de que não há elementos a respeito da existência de crime falimentar, não deve, de imediato, se pronunciar, devendo aguardar o relatório do administrador, que poderá trazer novos elementos de convicção. Ao receber esse relatório, caso continue convicto da inexistência de infração penal falimentar, deve se manifestar nesse sentido, situação em que poderá o juiz concordar com o não oferecimento da denúncia, ou discordar da manifestação do promotor, hipótese em que aplicará a regra do art. 28 do Código de Processo Penal, remetendo os autos ao procurador-geral de justiça. O chefe da Instituição, então, terá duas opções, podendo concordar com o promotor, insistindo na não ocorrência do delito, ou dele discordar, oferecendo denúncia ou designando outro promotor de justiça para fazê-lo. Igual procedimento ocorrerá se, em qualquer momento, o promotor requisitar inquérito policial e, após a sua conclusão, requerer seu arquivamento.

> **Observação:** a regra do art. 187, § 2.º, é semelhante àquela já existente no art. 40 do Código de Processo Penal. Em verdade, o que estabelece o dispositivo é que, se o magistrado, durante o transcorrer da falência ou do procedimento de recuperação, verificar a possibilidade de ter havido crime falimentar, **não constatado em uma das oportunidades apuratórias anteriormente estudadas**, remeterá ao Ministério Público as cópias e os documentos necessários para a apreciação, sendo que este poderá, de imediato, oferecer denúncia, se entender que já existem indícios suficientes de autoria e materialidade, requisitar inquérito policial, se verificar a necessidade de novos esclarecimentos, ou, então, requerer o arquivamento das peças de informação recebidas.

Em qualquer caso, uma vez oferecida, e recebida, denúncia ou queixa subsidiária por crime falimentar, deverá ser observado o rito previsto nos arts. 531 a 540 do Código de Processo Penal. Se houver rejeição, é cabível o recurso em sentido estrito (art. 581, I, do CPP).

O rito dos arts. 531 a 540 do Código de Processo Penal é chamado de "rito **sumário**" e passou por grandes alterações em decorrência da Lei n. 11.719/2008. Após essas modificações, tal rito passou a ser aplicável, em regra, aos crimes que tenham pena máxima superior a dois e inferior a quatro anos. No caso dos crimes falimentares, entretanto, a adoção do rito sumário decorre de previsão expressa nesse sentido no art. 185 da Lei de Falências, ainda que para o crime falimentar haja previsão de pena máxima igual ou superior a quatro anos, como ocorre, aliás, em quase todos eles (arts. 168 a 177). A finalidade, evidentemente, é a de conferir celeridade ao procedimento que apura crime falimentar.

O crime de "omissão dos documentos contábeis obrigatórios" (art. 178), por possuir pena máxima de dois anos, excepcionalmente não seguirá o rito sumário, uma vez que, por se enquadrar no conceito de infração de menor potencial ofensivo do art. 61 da Lei n. 9.099/95, deve seguir o rito **sumaríssimo** nela regulamentado. Note-se que, apesar de o art. 185 da lei falimentar determinar o rito sumário aos crimes nela previstos, o art. 98, I, da Constituição Federal estabelece que, para as infrações de menor potencial ofensivo assim definidas em lei, será adotado o rito sumaríssimo, sendo óbvio que a norma constitucional prevalece no confronto com a da Lei de Falências.

Em suma, os crimes falimentares adotam o rito sumário, exceto aquele previsto no art. 178, que segue o rito sumaríssimo.

Para o crime de "exercício ilegal de atividade" (art. 176), é cabível o benefício da suspensão condicional do processo, previsto no art. 89 da Lei n. 9.099/95, uma vez que sua pena mínima não excede um ano.

14.6.4. Aplicação subsidiária do código de processo penal

> **Art. 188.** Aplicam-se subsidiariamente as disposições do Código de Processo Penal, no que não forem incompatíveis com esta Lei.

Em razão desse dispositivo, são aplicáveis aos crimes falimentares, por exemplo, as regras referentes ao sistema de provas (arts. 155 a 250 do CPP), as atinentes ao juiz, às partes e aos auxiliares da justiça (arts. 251 a 281), aquelas que dizem respeito à decretação da prisão e concessão de liberdade provisória (arts. 282 a 350), as referentes às citações e intimações (arts. 351 a 372), as que dizem respeito aos requisitos da sentença (arts. 381 a 393), as atinentes às nulidades e aos recursos (arts. 563 a 667), dentre outras.

Note-se, também, que, em face do art. 12 do Código Penal, as regras previstas na Parte Geral de tal Código aplicam-se aos crimes falimentares, quando não houver regra em sentido contrário na lei falimentar.

14.7. QUESTÕES

QUESTÕES DE CONCURSOS
http://uqr.to/1y3f0

15

ORGANIZAÇÃO CRIMINOSA
LEI N. 12.850/2013

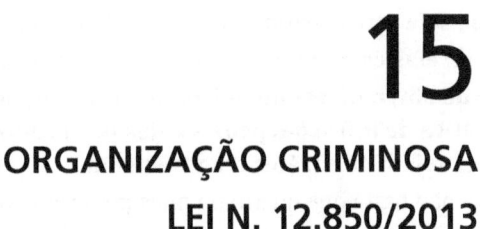

A Lei n. 12.850/2013, conhecida como Lei de Organização Criminosa, define o delito de organização criminosa, dispõe sobre a investigação criminal, os meios de obtenção da prova, infrações penais correlatas e o procedimento criminal a ser aplicado.

Tal lei revogou expressamente a Lei n. 9.034/95, que tratava do mesmo tema, porém, de modo bem menos eficaz no combate à criminalidade organizada.

15.1. CRIME DE ORGANIZAÇÃO CRIMINOSA

> **Art. 2.º** Promover, constituir, financiar ou integrar, pessoalmente ou por interposta pessoa, organização criminosa:
> Pena — reclusão, de três a oito anos, e multa, sem prejuízo das penas correspondentes às demais infrações penais praticadas.

1. Objetividade jurídica

Preservar a paz pública, colocada em risco pela existência de um grupo que visa à prática reiterada de infrações penais graves.

2. Elementos do tipo

As condutas típicas são:

a) **promover** (fomentar);

b) **constituir** (criar, formar);

c) **financiar** (custear);

d) **integrar** (fazer parte do grupo).

Conforme menciona o tipo penal, o delito pode ser cometido **pessoalmente** ou por **interposta** pessoa.

De acordo com o § 1.º do art. 2.º, considera-se **organização criminosa a associação de quatro ou mais pessoas estruturalmente ordenada e caracterizada pela divisão de tarefas, ainda que informalmente, com objetivo de obter, direta ou indiretamente, vantagem de qualquer natureza, mediante a prática de infrações penais cujas penas máximas sejam superiores a quatro anos, ou que sejam de caráter transnacional.**

Os requisitos, portanto, são os seguintes:

a) **número mínimo de quatro pessoas associadas**;

b) que o grupo seja estruturalmente ordenado (hierarquia entre os integrantes);

c) divisão de tarefas entre os componentes da organização;

d) finalidade de obter, direta ou indiretamente, vantagem de qualquer natureza, mediante a prática de infrações penais cujas penas máximas sejam superiores a quatro anos ou que sejam de caráter transnacional.

Saliente-se que não basta que quatro ou mais pessoas se unam para cometer roubos, estelionatos ou extorsões (delitos que possuem pena máxima superior a quatro anos), para que se tipifique esta infração penal. Com efeito, se quatro pessoas se juntam para cometer roubos em bares ou restaurantes sem uma estrutura organizada, com escolha aleatória de vítimas, sem divisão de tarefas e severa hierarquia entre os integrantes, o delito tipificado é o de **associação criminosa** do art. 288 do Código Penal ("Art. 288. Associarem-se três ou mais pessoas, para o fim específico de cometer crimes: Pena — reclusão, de um a três anos" — mais brandamente apenado). O delito de organização criminosa — o próprio nome diz — exige a demonstração de que seus membros integram um grupo com níveis hierárquicos bem delineados, com nítida divisão de tarefas e com alta periculosidade devido às infrações que cometem (com pena superior a quatro anos ou de caráter transnacional). É evidente que certas facções criminosas, muitas delas com atuação concomitante em diversas partes do País, que possuem centenas de membros com clara hierarquia e divisão de tarefas entre eles, enquadram-se no tipo penal.

É preciso ressalvar, por fim, que os delitos de associação para o tráfico (art. 35 da Lei n. 11.343/2006) e constituição de milícia privada (art. 288-A do CP), por terem requisitos próprios, não foram revogados ou modificados pela Lei n. 12.850/2013.

3. Sujeito ativo

Trata-se de crime **comum**, que pode ser cometido por qualquer pessoa. Classifica-se como crime de **concurso necessário de condutas paralelas** porque pressupõe o envolvimento mínimo de quatro pessoas que colaboram mutuamente para a obtenção do fim comum.

4. Sujeito passivo

A coletividade.

5. Consumação

No momento em que ocorre o acordo de vontades entre os integrantes no sentido de formar a organização, **independentemente da prática de qualquer crime**. Trata-se de delito de natureza **formal**.

É necessário ressaltar que o delito é **autônomo** em relação às infrações penais que efetivamente venham a ser cometidas por seus integrantes, uma vez que a lei visa punir a simples situação de **perigo** que representa para a **sociedade** a associação de pessoas que pretendem cometer crimes graves de forma contumaz. Dessa forma, haverá **concurso material** entre o delito de organização criminosa e as **demais infrações efetivamente praticadas**. Há **previsão expressa** nesse sentido no preceito **secundário** da norma incriminadora que prevê pena de reclusão, de três a oito anos, e multa, para a organização criminosa, **sem prejuízo das penas correspondentes às demais infrações penais praticadas.**

O delito tem natureza **permanente**, de modo que, enquanto não desmantelado o grupo pela polícia (ou pela morte de alguns dos associados) ou desfeita a organização por acordo de seus integrantes, mostra-se possível a prisão em flagrante (art. 303 do CPP).

6. Tentativa

É **inadmissível**, pois, ou existe a associação entre os agentes e o crime está consumado, ou apenas tratativas que constituem mero ato preparatório.

7. Causas de aumento de pena

Em primeiro lugar, o § 2.º do art. 2.º estabelece um aumento de **até metade** da pena se na atuação da organização criminosa houver emprego de **arma de fogo**.

Por sua vez, o § 4.º do art. 2.º estabelece majoração da pena de **um sexto até dois terços**:

I — se há participação de criança ou adolescente.

Crianças são as pessoas com menos de 12 anos, e adolescentes as que já completaram 12 anos e ainda não atingiram 18. Para a aplicação da causa de aumento de pena é necessário demonstrar que há menores de idade figurando como integrantes da organização;

II — se há concurso de funcionário público, valendo-se a organização criminosa dessa condição para a prática de infração penal.

São dois requisitos: a) que haja concurso de funcionário público; b) que o grupo se valha da condição do funcionário para a prática da infração.

Saliente-se que o § 5.º do art. 2.º prevê que, se houver indícios suficientes de que o funcionário público integra organização criminosa, poderá o juiz determinar seu **afastamento cautelar** do cargo, do emprego ou da função, sem prejuízo da remuneração, quando a medida se fizer necessária à investigação ou instrução processual.

Além disso, o § 6.º dispõe que a **condenação** com trânsito em julgado acarretará ao funcionário público a **perda** do cargo, da função, do emprego ou do mandato eletivo e a interdição para o exercício de função ou cargo público pelo prazo de **oito anos** subsequentes ao cumprimento da pena.

Por fim, o § 7.º disciplina que, se houver indícios de participação de policial nos crimes de que trata esta Lei, a Corregedoria de Polícia instaurará inquérito policial e comunicará ao Ministério Público, que designará membro para acompanhar o feito até a sua conclusão;

III — se o produto ou proveito da infração penal destinar-se, no todo ou em parte, ao exterior.

Para a incidência da majorante basta a **intenção** de levar o produto ou proveito do crime a exterior, não sendo necessário transpor efetivamente a fronteira em seu poder.

IV — se a organização criminosa mantém conexão com outras organizações criminosas independentes.

V — se as circunstâncias do fato evidenciarem a transnacionalidade da organização.

Aplica-se quando o grupo atua em mais de um país.

8. Agravante genérica

Estabelece o art. 2.º, § 3.º, que a pena é agravada para quem exerce o **comando**, **individual** ou **coletivo**, da organização criminosa, ainda que **não pratique** pessoalmente atos de execução. Este dispositivo tem natureza de **agravante genérica** por não determinar o *quantum* da majoração. Cabe, assim, ao juiz arbitrar o **índice** de exasperação na segunda fase da dosimetria, que, todavia, não poderá extrapolar a pena máxima prevista em abstrato.

9. Regras especiais na execução da pena

Nos termos do art. 2.º, § 8.º, da Lei, as **lideranças** de organizações criminosas **armadas** ou que **tenham armas à disposição** deverão iniciar o cumprimento da pena em estabelecimentos penais de **segurança máxima**.

De acordo com o art. 2.º, § 9.º, da Lei n. 12.850/2013, com a redação dada pela Lei n. 13.964/2019, o condenado expressamente em sentença por integrar organização criminosa ou por crime praticado por meio de organização criminosa **não** poderá **progredir** de regime de cumprimento de pena ou **obter livramento condicional** ou outros benefícios prisionais se houver elementos probatórios que indiquem a **manutenção** do vínculo associativo, ou seja, que ainda integra a organização.

O **prazo** para a **progressão** de regime de condenado por exercer o **comando**, individual ou coletivo, de organização criminosa estruturada para a prática de crime **hediondo** ou **equiparado** é maior. Com efeito, a progressão somente poderá se dar após o cumprimento de ao menos 50% da pena imposta, nos termos do art. 112, VI, "b", da Lei de Execuções Penais. Para aqueles que forem condenados por integrar organização criminosa direcionada à prática de crime hediondo ou equiparado, mas que não exerçam o seu comando, a progressão de regime poderá se dar com o cumprimento de 40% da pena (art. 112, V, da LEP), já que tal conduta constitui igualmente crime hediondo (art. 1.º, parágrafo único, V, da Lei n. 8072/90). Fora dessas hipóteses, aplicam-se as regras comuns quanto ao prazo de progressão de regime.

O art. 52, § 1.º, II, da Lei de Execuções Penais prevê a colocação em regime disciplinar diferenciado de **presos provisórios** ou **condenados**, nacionais ou estrangeiros sob os quais recaiam fundadas suspeitas de envolvimento ou participação, a qualquer título, em organização criminosa, associação criminosa ou milícia privada, independentemente da prática de falta grave.

Por sua vez, o art. 52, § 3.º, da Lei de Execuções Penais dispõe que, existindo indícios de que o preso exerce **liderança** em organização criminosa, associação criminosa, ou que tenha atuação criminosa em dois ou mais Estados da Federação, o **regime disciplinar diferenciado** será obrigatoriamente cumprido em estabelecimento prisional **federal**. Em tal caso, o regime disciplinar diferenciado deverá contar com alta segurança interna e externa, principalmente no que diz respeito à necessidade de se evitar contato do preso com membros de sua organização criminosa ou com grupos rivais (§ 5.º).

Por fim, o art. 52, § 4.º, II, da Lei de Execuções Penais permite a **prorrogação** do regime disciplinar diferenciado do agente que mantém vínculos com a organização.

10. Vedação

O art. 33, § 4.º, da Lei Antidrogas, veda a aplicação do denominado tráfico privilegiado àqueles que integram organização criminosa. No tráfico privilegiado, a pena do réu pode ser reduzida de um sexto a dois terços, e o delito não tem natureza hedionda.

11. Natureza hedionda

A Lei n. 13.964/2019 passou a considerar hediondo o crime de organização criminosa quando a **finalidade** for a prática de crime hediondo ou equiparado (art. 1.º, parágrafo único, V, da Lei n. 8.072/90).

12. Figura equiparada

De acordo com o § 1.º do art. 2.º, nas mesmas penas incorre quem **impede** ou, de qualquer forma, **embaraça** a investigação de infração penal que envolva organização criminosa.

A conduta pode ser perpetrada tanto na fase do inquérito policial quanto durante o transcorrer da própria ação penal.

O delito pode ser cometido por qualquer forma: Ex.: ameaça ou violência contra testemunhas, peritos, integrantes da Polícia Civil, Ministério Público ou do Judiciário; destruição de provas; oferta de dinheiro a testemunhas ou peritos etc.

Por se tratar de crime previsto em lei especial e mais severamente apenado, relacionado às investigações de organização criminosa, parece-nos que restam absorvidos os crimes contra a Administração da Justiça previstos no Código Penal.

13. Ação penal

Pública incondicionada.

15.1.1. Procedimento nos crimes praticados por integrante de organização criminosa

Não existe um procedimento especial para a apuração do delito de organização criminosa e seus conexos, uma vez que o art. 22 da Lei n. 12.850/2013 determina a adoção do **rito ordinário** previsto no Código de Processo Penal (arts. 396 a 405). Esse art. 22, em verdade, estabelece o rito ordinário para todos os crimes previstos na Lei n. 12.850/2013, ou seja, mesmo para aqueles que têm pena máxima inferior a 4 anos, como é o caso do delito descrito no art. 18 — cuja pena máxima é de 3 anos.

A instrução criminal nesses procedimentos deverá encerrar-se, quando houver **acusado preso**, no prazo de **cento e vinte dias**, **prorrogáveis** em até igual período, por decisão **fundamentada** que reconheça a complexidade da causa ou ocorrência de fato procrastinatório atribuível ao réu (art. 22, parágrafo único, da Lei n. 12.850/2013).

De acordo com o art. 23, o **sigilo** da investigação poderá ser decretado pela autoridade judicial competente, para garantia da celeridade e da eficácia das diligências investigatórias, assegurando-se ao defensor, no interesse do representado, amplo acesso aos elementos de prova que digam respeito ao exercício do direito de **defesa**, devidamente precedido de autorização judicial, **ressalvados os referentes às diligências em andamento**.

Por fim, o parágrafo único do art. 23 estabelece que, determinado o depoimento do investigado (interrogatório), seu defensor terá assegurada a prévia vista dos autos, ainda que classificados como sigilosos, no prazo mínimo de **três** dias que antecedem ao ato, podendo ser ampliado, a critério da autoridade responsável pela investigação.

15.1.1.1. Meios especiais de prova

Visando dar eficácia ao combate às organizações criminosas e às infrações penais por estas praticadas, a Lei n. 12.850/2013 previu e regulamentou meios **específicos** de obtenção de provas que a diferenciam da legislação comum. Saliente-se que tais regras aplicam-se também às infrações penais previstas em tratado ou convenção internacional, quando, iniciada a execução no País, o resultado tenha ou devesse ter ocorrido no estrangeiro, ou reciprocamente (art. 2.º, § 2.º, I), e às organizações terroristas entendidas como aquelas voltadas para a prática dos atos de terrorismo legalmente definidos (art. 2.º, § 2.º, da Lei n. 12.850/2013, com a redação dada pela Lei n. 13.260/2016).

O art. 3.º da Lei n. 12.850/2013 elenca essas ferramentas diferenciadas, estabelecendo que, em qualquer fase da persecução penal, serão permitidos, sem prejuízo de outros já previstos em lei, os seguintes **meios de obtenção da prova**:

I — **colaboração premiada**;
II — **captação ambiental de sinais eletromagnéticos, ópticos ou acústicos**;
III — **ação controlada**;
IV — **acesso a registros de ligações telefônicas e telemáticas, a dados cadastrais constantes de bancos de dados públicos ou privados e a informações eleitorais ou comerciais**;
V — **interceptação de comunicações telefônicas e telemáticas, nos termos da legislação específica**;
VI — **afastamento dos sigilos financeiro, bancário e fiscal, nos termos da legislação específica**[3];
VII — **infiltração, por policiais, em atividade de investigação**;
VIII — **cooperação entre instituições e órgãos federais, distritais, estaduais e municipais na busca de provas e informações de interesse da investigação ou da instrução criminal**.

Nos dispositivos seguintes, o legislador regulamentou cada um desses procedimentos, exceto aqueles descritos em lei especial, como a interceptação telefônica e a quebra do sigilo fiscal.

15.1.1.1.1. Colaboração premiada

Cuida-se da cooperação do **acusado** que, **confessando** seus crimes para as autoridades, evita que outras infrações sejam praticadas (colaboração **preventiva**), bem como auxilia concretamente as autoridades na tarefa de recolhimento de provas contra os demais integrantes da organização (colaboração **repressiva**). O instituto da colaboração premiada da Lei n. 12.850/2013 difere da delação premiada prevista em outras leis por permitir que as partes **negociem os termos em que se dará a cooperação e quais os benefícios que disso advirão para o acusado**.

---

[3] Lei Complementar n. 105/2001 (sigilo das operações de instituições financeiras) e art. 198 do Código Tributário Nacional (sigilo das informações fiscais prestadas pelos contribuintes).

De acordo com o art. 3.º-A, da Lei n. 12.850/2013, *"o acordo de delação premiada é negócio jurídico processual e meio de obtenção de prova, que pressupõe utilidade e interesse público"*.

De acordo com o art. 4.º da Lei, o juiz poderá, a **requerimento** das **partes**, conceder o **perdão judicial, reduzir** em até **2/3** a pena privativa de liberdade ou **substituí**-la por **restritiva** de **direitos,** daquele que **tenha colaborado efetiva e voluntariamente com a investigação e com o processo criminal**, desde que dessa colaboração advenha um ou mais dos seguintes resultados:

I — **identificação dos demais coautores e partícipes da organização criminosa e das infrações penais por eles praticadas;**
II — **revelação da estrutura hierárquica e da divisão de tarefas da organização criminosa;**
III — **prevenção de infrações penais decorrentes das atividades da organização criminosa;**
IV — **recuperação total ou parcial do produto ou do proveito das infrações penais praticadas pela organização criminosa;**
V — **localização de eventual vítima com a sua integridade física preservada.**

Assim, além de a colaboração ser voluntária e efetiva, a **obtenção de benefícios pelo agente** pressupõe que dela advenha ao menos um dos resultados elencados nos incisos I a V.

A efetiva colaboração dar-se-á **depois de entabulado acordo entre as partes**, que será reduzido a **termo** para posterior **homologação** pelo juiz, o qual, **ao sentenciar o feito**, poderá, conforme já mencionado:

a) conceder **perdão judicial**;

b) **reduzir** a pena privativa de liberdade em até 2/3; ou

c) **substituir a pena privativa de liberdade por pena restritiva de direitos** (art. 4.º, *caput*).

É também possível o não oferecimento de denúncia, desde que o colaborador não seja o **líder** da organização, seja o **primeiro** a colaborar e se trate de infração ainda desconhecida[4] (art. 4.º, §§ 4.º e 4.º-A).

De acordo com o art. 4.º, § 1.º, na concessão do benefício deverá ser levada em conta a personalidade do colaborador, a natureza, as circunstâncias, a gravidade e a repercussão social do fato criminoso e a eficácia da colaboração.

Por sua vez, na hipótese de a colaboração ocorrer **após** a **sentença**, a pena do colaborador poderá ser reduzida até a **metade** ou o **regime** de cumprimento da pena **abrandado,** independentemente da presença dos requisitos objetivos à progressão (art. 4.º, § 5.º).

---

[4] Nos termos do art. 4.º, § 4.º-A, considera-se existente o conhecimento prévio da infração quando o Ministério Público ou a autoridade policial competente tenha instaurado inquérito ou procedimento investigatório para a apuração dos fatos apresentados pelo colaborador.

É também pressuposto da colaboração premiada **a voluntariedade do acordo** (art. 4.º, *caput*). Além disso, o art. 4.º, § 14, prevê que o colaborador nos depoimentos que prestar **renunciará**, na presença de seu defensor, o direito ao silêncio e estará sujeito ao compromisso legal de dizer a verdade. Tal renúncia, porém, pode ser objeto de **retratação**, hipótese em que as provas autoincriminatórias produzidas pelo colaborador **não** poderão ser **utilizadas** em seu desfavor, mas apenas em detrimento dos interesses dos coautores ou partícipes (art. 4.º, § 10). Em tal caso, evidentemente, ele não fará jus aos benefícios legais.

15.1.1.1.1.1. Procedimento

A Lei n. 13.964/2019 alterou a Lei n. 12.850/2013, pormenorizando o procedimento.

A fim de preservar sua neutralidade, é **vedada a participação do juiz nas negociações** que precedem à formalização do acordo de colaboração (art. 4.º, § 6.º). São as **partes**, ou seja, o Ministério Público, de um lado, e o acusado assistido por seu defensor, de outro, que devem realizar entendimentos para a possível colaboração. Antes do exercício da ação penal, a negociação poderá ocorrer entre o delegado de polícia e o investigado e seu defensor. No julgamento da ADI 5.508/DF, ocorrido em 20.6.2018, o Pleno do Supremo Tribunal Federal, por maioria de votos, estabeleceu que o delegado de polícia pode formalizar acordos de colaboração premiada, exclusivamente na fase de inquérito policial, respeitadas as prerrogativas do Ministério Público, o qual deverá se **manifestar**, sem caráter vinculante, previamente à decisão judicial.

O recebimento da **proposta** para formalização de acordo de colaboração demarca o **início** das negociações e constitui também marco de **confidencialidade**, configurando **violação de sigilo** e quebra da confiança e da boa-fé a divulgação de tais tratativas iniciais ou de documento que as formalize, até o levantamento de sigilo por decisão **judicial** (art. 3.º-B).

A **proposta** de acordo de colaboração premiada poderá ser **sumariamente indeferida**, com a devida justificativa, cientificando-se o interessado (art. 3.º-B, § 1.º).

Caso não haja indeferimento sumário, as partes deverão **firmar** Termo de Confidencialidade para prosseguimento das tratativas, o que vinculará os órgãos envolvidos na negociação e impedirá o indeferimento posterior sem justa causa (art 3.º-B, § 2.º).

O recebimento de proposta de colaboração para análise ou o Termo de Confidencialidade não implica, por si só, a **suspensão** da investigação, ressalvado acordo em **contrário** quanto à propositura de medidas processuais penais cautelares e assecuratórias, bem como medidas processuais cíveis admitidas pela legislação processual civil em vigor (art. 3.º-B, § 3.º).

O acordo de colaboração premiada poderá ser precedido de **instrução** quando houver necessidade de identificação ou complementação de seu objeto, dos fatos narrados, sua definição jurídica, relevância, utilidade e interesse público (art. 3.º-B, § 4.º).

Os termos de recebimento de proposta de colaboração e de confidencialidade serão elaborados pelo celebrante e assinados por **ele**, pelo **colaborador** e pelo **advogado** ou **defensor** público com **poderes específicos** (art. 3.º-B, § 5.º).

Na hipótese de não ser celebrado o acordo por iniciativa do celebrante, esse não poderá se valer de nenhuma das informações ou provas apresentadas pelo colaborador, de boa-fé, para qualquer outra finalidade (art. 3.º-B, § 6.º).

A proposta de colaboração premiada deve estar instruída com **procuração** do interessado, com poderes específicos para iniciar o procedimento de colaboração e suas tratativas, ou firmada pessoalmente pela parte que pretende a colaboração e seu advogado ou defensor público (art. 3.º-C).

Nenhuma tratativa sobre colaboração premiada deve ser realizada **sem a presença de advogado constituído ou defensor público** (art. 3.º-C, § 1.º).

Em caso de eventual **conflito de interesses**, ou de colaborador **hipossuficiente**, o celebrante deverá solicitar a presença de outro advogado ou a participação de defensor público (art. 3.º-C, § 2.º).

No acordo de colaboração premiada, o colaborador deve **narrar** todos os fatos ilícitos para os quais concorreu e que tenham relação direta com os fatos investigados (art. 3.º-C, § 3.º).

Incumbe à **defesa instruir** a proposta de colaboração e os anexos com os fatos adequadamente descritos, com todas as suas circunstâncias, indicando as provas e os elementos de corroboração (art. 3.º-C, § 4.º).

Se houver acordo, deverá este ser **formalizado**, sendo o ajuste reduzido a **termo** que, acompanhado das **declarações** do **colaborador** e, no caso de não iniciada a ação, de cópia da investigação, será **submetido ao juiz** (art. 4.º, § 7.º).

De acordo com o art. 6.º, esse termo deverá conter:

Inciso I — o relato da colaboração e seus possíveis resultados;

Inciso II — as condições da proposta do Ministério Público ou do delegado de polícia;

Inciso III — a declaração de aceitação do colaborador e de seu defensor;

Inciso IV — as assinaturas do representante do Ministério Público ou do delegado de polícia, do colaborador e de seu defensor; e

Inciso V — a especificação de medidas de proteção ao colaborador e à sua família, quando necessário.

São vedadas, sob pena de **nulidade**, as cláusulas:

a) que violem os critérios de definição do regime inicial de cumprimento de pena determinado pelo art. 33 do Código Penal e as regras de cada um dos regimes previstos no Código Penal (art. 4.º, § 7.º, II);

b) que modifiquem os requisitos para progressão de regime, não mencionadas no § 5.º do próprio art. 4.º (art. 4.º, § 7.º, II);

c) de renúncia ao direito de impugnar a decisão homologatória (art. 4.º, § 7.º-B).

O pedido de homologação será **distribuído, sigilosamente**, com informações que não permitam a **identificação** do colaborador e o **objeto** do acordo, incumbindo à autoridade solicitante entregar as informações pormenorizadas sobre a cooperação diretamente ao juiz, que decidirá em **48 horas** (art. 7.º, *caput* e § 1.º).

Como forma de garantir o êxito das investigações, o acesso aos autos do pedido de homologação do acordo de colaboração será **restrito** ao juiz, ao **Ministério Público** e, enquanto tramitar o inquérito policial, ao **delegado de polícia,** facultando-se ao **defensor** do acusado requerer, no interesse do representado, autorização judicial para obter acesso aos elementos de prova que digam respeito ao exercício do direito de defesa, desde que se refiram a diligências já concluídas (art. 7.º, § 2.º).

Antes do recebimento da denúncia ou queixa, o acordo é **obrigatoriamente sigiloso**, sendo vedado ao magistrado decidir por sua publicidade em qualquer hipótese (art. 7.º, § 3.º).

Com o **recebimento** da denúncia, o acordo de colaboração **deixa** de ser sigiloso (art.7.º, § 3.º), mas ao colaborador é assegurada a preservação das informações relativas a seu nome, qualificação e, ainda, a preservação de sua imagem.

Na etapa de homologação do acordo, nos termos do art. 4.º, § 7.º, deve o juiz ouvir sigilosamente o colaborador, acompanhado de seu defensor, oportunidade em que analisará os seguintes aspectos:

I — regularidade e legalidade;

II — adequação dos benefícios pactuados àqueles previstos no *caput* e nos §§ 4.º e 5.º deste artigo, sendo nulas as cláusulas que violem o critério de definição do regime inicial de cumprimento de pena do art. 33 do Código Penal, as regras de cada um dos regimes previstos no Código Penal e na Lei de Execução Penal e os requisitos de progressão de regime não abrangidos pelo § 5.º deste artigo;

III — adequação dos resultados da colaboração aos resultados mínimos exigidos nos incisos I, II, III, IV e V do *caput* deste artigo;

IV — voluntariedade da manifestação de vontade, especialmente nos casos em que o colaborador está ou esteve sob efeito de medidas cautelares.

Se a **proposta** de colaboração **não** atender aos requisitos legais, o juiz poderá **recusar** a homologação da proposta, devolvendo-a às partes para as adequações necessárias (art. 4.º, § 8.º).

Uma vez **homologado** o acordo, o prazo para **oferecimento** de **denúncia** ou o **tramitar** do processo, em relação **apenas** ao **colaborador**, poderá ser **suspenso** por até **seis** meses, **prorrogáveis** por igual período, até que se cumpram as medidas ajustadas. Enquanto suspenso o processo ou o prazo para o oferecimento da denúncia, o **prazo prescricional não fluirá** em decorrência de sua automática suspensão (art. 4.º, § 3.º).

O acordo de colaboração premiada pressupõe que o colaborador **cesse o envolvimento** em conduta ilícita relacionada ao objeto da colaboração, sob pena de rescisão (art. 4.º, § 18).

Depois de homologado o acordo, o colaborador poderá, sempre acompanhado pelo seu defensor, ser ouvido pelo membro do Ministério Público ou pelo delegado de polícia responsável pelas investigações (art. 4.º, § 9.º).

As **partes** podem **retratar-se** da proposta, caso em que as provas autoincriminatórias produzidas pelo colaborador não poderão ser utilizadas exclusivamente em seu desfavor (art. 4.º, § 10).

Muitas vezes o colaborador incrimina comparsas no acordo de colaboração premiada. O art. 4.º, § 11, da Lei n. 12.850/203, prevê que, em todas as fases do processo, deve-se garantir ao réu **delatado** a oportunidade de manifestar-se após o decurso do prazo concedido ao réu que o delatou.

O acordo homologado poderá ser **rescindido** em caso de **omissão dolosa** sobre os fatos objeto da colaboração (art. 4.º, § 17).

Se o acordo homologado estipular que a investigação será arquivada (art. 4.º, § 4.º), o Ministério Público deverá aguardar, durante o período de suspensão, a obtenção dos resultados previstos pelo legislador, para, então, lançar promoção de arquivamento.

A efetiva concessão pelo juiz dos benefícios decorrentes do cumprimento do acordo ocorrerá apenas por ocasião da sentença (art. 4.º, § 11). Na hipótese de o acordo de colaboração ter previsto o perdão judicial ou a redução de pena, ao juiz incumbirá avaliar, na sentença, a efetividade dos atos de cooperação e a fidelidade da atividade colaborativa aos termos do ajuste homologado. Poderá o juiz, a requerimento do Ministério Público, ou mediante representação da autoridade policial, ouvido o Ministério Público, decretar o perdão judicial do colaborador, ainda que esse benefício não tenha sido previsto no acordo homologado (art. 4.º, § 2.º).

Segundo o entendimento do Supremo Tribunal Federal, compete ao Poder Judiciário, com exclusividade, no momento da prolação da sentença, fixar, em gradação adequada, os benefícios a que tem direito o colaborador (redução da pena, adoção de regime de cumprimento menos gravoso ou concessão do perdão judicial), não se atrelando às promessas do Ministério Público ou da autoridade policial (ADI 5.508/DF, Tribunal Pleno, *Informativo* STF n. 907). A Lei n. 13.964/2019, confirmando tal entendimento, inseriu no art. 4.º, § 7.º-A, da Lei n. 12.850/2013, regra no sentido de que o juiz ou o tribunal deve proceder à análise fundamentada do mérito da denúncia, do perdão judicial e das primeiras etapas de aplicação da pena, nos termos do Código Penal e do Código de Processo Penal, antes de conceder os benefícios pactuados, exceto quando o acordo previr o não oferecimento da denúncia ou já tiver sido proferida sentença.

Averbe-se que, de acordo com o art. 4.º, § 16, da Lei n. 12.850/2013, as declarações do colaborador não podem servir **de fundamento exclusivo** para a decretação de medidas cautelares reais ou pessoais, recebimento da denúncia ou queixa-crime ou prolação de sentença condenatória, que, desse modo, deverão estar apoiadas também em outros elementos de prova.

15.1.1.1.1.2. *Direitos e deveres do colaborador*

A condição de colaborador, que socorre o acusado a partir da homologação do acordo, confere-lhe os seguintes **direitos** adicionais:

a) ser assistido por defensor em todos os atos de negociação, confirmação e execução da colaboração (art. 4.º, § 15);

b) fruição de medidas de proteção previstas no art. 15 da Lei n. 9.807/99 (art. 5.º, I);

c) preservação do sigilo do nome, qualificação, imagem e demais informações pessoais, o que compreende a proibição de os meios de comunicação veicularem sua imagem ou divulgarem sua qualificação (art. 5.º, II e V);

d) ser conduzido, em juízo, separadamente dos demais coautores ou partícipes (art. 5.º, III);

e) garantia de não manter contato visual com os outros acusados durante as audiências (art. 5.º, IV);

f) cumprir pena ou prisão cautelar em estabelecimento diverso dos demais acusados ou condenados (art. 5.º, VI); e

g) retratar-se em relação à renúncia ao privilégio contra a autoincriminação, hipótese em que as provas autoincriminatórias não poderão ser utilizadas em seu desfavor (art. 4.º, § 10).

Saliente-se que o art. 18 da Lei considera crime, apenado com reclusão, de um a três anos, e multa, revelar a identidade, fotografar ou filmar o colaborador, sem sua prévia autorização por escrito.

A condição de colaborador também atribui alguns **deveres** ao investigado ou acusado, cuja inobservância interdita o gozo do benefício, dentre os quais se destacam:

a) dever de colaborar permanentemente com as autoridades, prestando declarações, a qualquer tempo, sobre os fatos em apuração, também em juízo, bem como participando de diligências necessárias à elucidação das infrações; e

b) dever de dizer a verdade, inclusive por meio da confissão dos fatos que lhe são imputados (art. 4.º, § 14).

O art. 19 da Lei considera crime, apenado com reclusão, de um a quatro anos, e multa, imputar falsamente, sob pretexto de colaboração com a Justiça, a prática de infração penal a pessoa que sabe ser inocente, ou revelar informações sobre a estrutura de organização criminosa que sabe inverídicas.

15.1.1.1.2. Captação ambiental

Cuida-se da gravação de sons ou imagens por meio da instalação sigilosa de câmeras, microfones, gravadores etc. De acordo com o art. 3.º, II, da Lei n. 12.850/2013, é permitida a captação ambiental de sinais eletromagnéticos, ópticos ou acústicos.

Inicialmente, é preciso fazer a seguinte distinção no que tange à captação ambiental:

a) **gravação** ambiental: ocorre quando a conversa é registrada por um dos interlocutores;

b) **escuta** ambiental: registro feito por terceiro não participante da conversa, com o conhecimento de apenas um dos interlocutores;

c) **interceptação** ambiental: captação feita por terceiro, sem o conhecimento dos interlocutores.

Com exceção da hipótese de gravação ambiental, em que a prévia autorização judicial é dispensável, pode-se concluir que tanto a escuta como a interceptação ambiental configuram medidas mitigadoras do direito fundamental à intimidade (art. 5.º, X, da CF), daí por que a validade da prova obtida por intermédio desses mecanismos subordinar-se à existência de **autorização judicial**.

No tocante à gravação ambiental (registro feito por um dos interlocutores sem conhecimento do outro), o Supremo Tribunal Federal decidiu, no julgamento do tema 237, com repercussão geral reconhecida que, "é lícita a prova consistente em gravação ambiental realizada por um dos interlocutores sem conhecimento do outro". (STF — RE

583.937 QO-RG — Pleno — Rel. Min. Cezar Peluso — julgado em 19.11.2009 — *DJe* 237 18.12.2009). Nesse mesmo sentido: "1. A gravação ambiental meramente clandestina, realizada por um dos interlocutores, não se confunde com a interceptação, objeto cláusula constitucional de reserva de jurisdição. 2. É lícita a prova consistente em gravação de conversa telefônica realizada por um dos interlocutores, sem conhecimento do outro, se não há causa legal específica de sigilo nem de reserva da conversação. Precedentes. 3. Agravo regimental desprovido" (AI 560.223 AgR/SP — 2.ª Turma — Rel. Min. Joaquim Barbosa — *DJe* 79 29.4.2011).

A Lei n. 13.964/2019 (pacote anticrime) trouxe modificações na Lei n. 9.296/96, por meio da inclusão do art. 8.º-A, para disciplinar a captação ambiental mediante autorização judicial, para fins de investigação ou instrução criminal. O Superior Tribunal de Justiça, todavia, manteve a interpretação de que a autorização judicial somente se mostra necessária nos casos relacionados à captação por terceiros, sem conhecimento dos envolvidos, quando existe a inviolabilidade da privacidade, protegida constitucionalmente (HC 512.290-RJ — 6.ª Turma — Rel. Min. Rogerio Schietti Cruz — julgado em 18.8.2020 — *DJe* 25.8.2020).

Com a derrubada de veto presidencial, porém, foi promulgado, em 30.4.2021 (com 30 dias de *vacatio legis*), o § 4.º do art. 8.º-A da Lei n. 9.296/96, assim redigido: "A captação ambiental feita por um dos interlocutores sem o prévio conhecimento da autoridade policial ou do Ministério Público poderá ser utilizada, em matéria de defesa, quando demonstrada a integridade da gravação". A análise meramente literal do dispositivo poderia conduzir à interpretação de que a validade da captação ambiental realizada por um dos interlocutores, sem consentimento do outro, subordina-se à prévia comunicação à autoridade policial ou ao Ministério Público, ressalvada a possibilidade de utilização da prova, mesmo que obtida sem anterior conhecimento das autoridades responsáveis pela investigação, apenas em favor do investigado ou acusado. Desse modo, não seria válida, para fins de incriminação do autor do delito, gravação ambiental feita de forma oculta por vítima, por exemplo, de crime de extorsão, salvo se a pessoa ofendida comunicasse previamente a autoridade policial ou o membro do Ministério Público acerca da intenção de registrar a conversa. A gravação que beneficiasse o investigado ou acusado, todavia, poderia ser utilizada, desde que íntegra, sem qualquer condicionante.

Tal exegese, acreditamos, resultaria em situação de inconstitucionalidade, pois a distinção, além de maltratar a garantia da paridade de armas das partes processuais, corolário do princípio do contraditório (art. 5.º, LV, da CF), é marcada pela falta de razoabilidade, pois privaria não apenas o Estado-investigador, mas os particulares vítimas de delitos de obter provas necessárias à tutela de seus direitos.

Veja-se que, quando a escuta ou a interceptação ambiental ocorrer em lugar **público**, a autorização judicial é dispensável, pois nessa circunstância não há direito à intimidade a atrair a proteção.

15.1.1.1.2.1. Procedimento

O art. 8.º-A da Lei n. 9.296/96, introduzido pela Lei n. 13.964/2019, prevê que a captação ambiental pressupõe autorização judicial e pode ser decretada para fim de investigação ou instrução criminal.

Pressupõe **requerimento** da autoridade policial ou do Ministério Público (art. 8.º-A, I). É necessário que haja elementos razoáveis de **autoria** e **participação** em crime com **pena máxima superior a quatro anos ou conexos (art. 8.º-A, inc. II)**. O requerimento deverá descrever circunstanciadamente o local e a forma de instalação do dispositivo de captação ambiental (§ 1.º).

O prazo máximo da medida é de **15 dias**, renováveis, por decisão judicial, por iguais períodos, desde que demonstrada a **indispensabilidade** da medida e quando se tratar de infração **permanente, habitual** ou **continuada** (art. 8.º-A, § 3.º).

A instalação do dispositivo de captação ambiental poderá ser realizada, quando necessária, por meio de operação policial disfarçada ou no período noturno, exceto na casa do investigado, nos termos do inciso XI do *caput* do art. 5.º da Constituição Federal (art. 8.º-A, § 2.º).

De acordo com o art. 10-A, da Lei n. 9.296/96, constitui crime apenado com reclusão, de dois a quatro anos, e multa, "realizar captação ambiental de sinais eletromagnéticos, ópticos ou acústicos para investigação ou instrução criminal sem autorização judicial, quando esta for exigida". Não há crime, entretanto, se a captação for realizada por um dos interlocutores (§ 1.º). A pena, contudo, será aplicada em dobro ao funcionário público que descumpre determinação de sigilo das investigações que envolvem a captação ambiental ou revelar o conteúdo das gravações enquanto mantido o sigilo judicial (§ 2.º)".

Nos termos do art. 8-A, § 5.º, aplicam-se subsidiariamente à captação ambiental as regras previstas na legislação específica para a interceptação telefônica e telemática.

De acordo com o art. 9.º, a gravação que não interessar à prova será inutilizada por decisão judicial, durante o inquérito, a instrução processual ou após esta, em virtude de requerimento do Ministério Público ou da parte interessada. Já o par. único do art. 9.º dispõe que o incidente de inutilização será assistido pelo Ministério Público, sendo facultada a presença do acusado ou de seu representante legal.

15.1.1.1.3. Ação controlada

De acordo com o art. 8.º, ação controlada consiste em **retardar** a intervenção policial ou administrativa relativa à ação praticada por organização criminosa ou a ela vinculada, desde que mantida sob observação e acompanhamento, para que a medida legal se concretize no momento mais eficaz à formação de provas e obtenção de informações.

O instituto em questão é extremamente importante em situações de flagrante delito, que, em princípio, exigiriam das autoridades a prisão, o que poderia frustrar o êxito das investigações. O instituto em análise permite, em tais casos, o **flagrante retardado** que possibilita a identificação de maior número de integrantes da organização criminosa e até mesmo o esclarecimento de maior número de infrações.

A ação controlada pressupõe a **prévia comunicação ao juiz competente**, que informará o Ministério Público e poderá estabelecer limites para o seu emprego (art. 8.º, § 1.º). Tal comunicação será distribuída de forma **sigilosa**, sem que contenha informações que possam indicar a operação a ser efetuada (art. 8.º, § 2.º). Enquanto a diligência não estiver encerrada, o acesso aos autos será restrito ao juiz, ao Ministério Público e, em se tratando de investigação policial, ao delegado de polícia (art. 8.º, § 3.º).

De acordo com o entendimento do Superior Tribunal de Justiça, a ação controlada não necessita, para sua licitude, de prévia **autorização** judicial, de modo que a **comunicação** prévia ao Poder Judiciário determinada pela lei visa a proteger o trabalho investigativo, de forma a afastar eventual crime de prevaricação ou infração administrativa por parte do agente público, o qual responderá por eventuais abusos que venha a cometer (HC 512.290/RJ, 6.ª Turma, Rel. Min. Rogerio Schietti Cruz, julgado em 18.8.2020, DJe 25.8.2020).

Com o encerramento da diligência, a autoridade responsável pela investigação lavrará auto circunstanciado sobre a ação controlada (art. 8.º, § 4.º).

De acordo com o art. 9.º, da Lei n. 12.850/2013, se a ação controlada envolver transposição de **fronteiras**, o retardamento da intervenção policial ou administrativa somente poderá ocorrer com a cooperação das autoridades dos países que figurem como provável itinerário ou destino do investigado, de modo a reduzir os riscos de fuga e extravio do produto, objeto, instrumento ou proveito do crime.

Saliente-se que a conduta de descumprir a determinação de sigilo das investigações que envolvam ação controlada constitui crime descrito no art. 20 da Lei n. 12.850/2013, apenado com reclusão, de um a quatro anos, e multa.

15.1.1.1.4. *Acesso a registros, dados cadastrais, documentos e informações*

O art. 15 da Lei n. 12.850/2013 prevê expressamente que o delegado de polícia e o Ministério Público poderão ter acesso, **independentemente de autorização judicial**, a dados cadastrais do investigado que informem exclusivamente a qualificação pessoal, a filiação e o endereço mantidos pela Justiça Eleitoral, empresas telefônicas, instituições financeiras, provedores de *internet* e administradoras de cartão de crédito. Referido dispositivo torna manifesto o **poder requisitório** conferido a tais autoridades, obrigando, portanto, a Justiça Eleitoral, as empresas telefônicas, as instituições financeiras, os provedores de *internet* e as administradoras de cartão de crédito a, **independentemente de autorização judicial**, encaminharem as informações requisitadas.

O art. 16 da Lei prevê que as **empresas de transporte** deverão manter, por **cinco anos**, registros relativos às reservas e viagens realizadas, para acesso direto e permanente pelo juiz, pelo Ministério Público e pelo delegado de polícia.

Por fim, o art. 17 estabelece que as empresas **concessionárias de serviço de telefonia** deverão manter, também **por cinco anos**, registros dos números dos terminais de origem e destino de chamadas de qualquer natureza ("bilhetagem"), para consulta por parte do juiz, Ministério Público e delegado de polícia.

Saliente-se que o Supremo Tribunal Federal firmou entendimento de que só é necessária autorização judicial para obter o **conteúdo** de **conversas** telefônicas e não para conseguir a lista (relação) de telefonemas efetuados por alguém. Nesse sentido: "Ilicitude da prova produzida durante o inquérito policial — violação de registros telefônicos de corréu, executor do crime, sem autorização judicial. Suposta ilegalidade decorrente do fato de os policiais, após a prisão em flagrante do corréu, terem realizado a análise dos últimos registros telefônicos dos dois aparelhos celulares apreendidos. Não ocorrência. Não se confundem comunicação telefônica e registros telefônicos, que recebem, inclusive, proteção jurídica distinta. Não se pode interpretar a cláusula do art. 5.º, XII, da CF, no sentido de proteção aos dados enquanto registro, depósito registral. A proteção constitucional é da comunicação de dados e não dos dados" (STF — HC 91.867/PA — 2.ª Turma — Rel. Min. Gilmar Mendes — julgado em 24.4.2012 — *DJe* 19.9.2012).

O art. 21 da Lei considera crime, apenado com reclusão, de seis meses a dois anos, e multa, recusar ou omitir dados cadastrais, registros, documentos e informações requisitadas pelo juiz, Ministério Público ou delegado de polícia no curso de investigação ou do processo (que diga respeito a organização criminosa). O parágrafo único do referido dispositivo prevê as mesmas penas para quem, de forma indevida, se apossa, propala, divulga ou faz uso dos dados cadastrais em questão.

15.1.1.1.5. Infiltração de agentes policiais

A infiltração consiste em um agente policial disfarçado imiscuir-se em organização criminosa convencendo os demais integrantes de que a eles pretende associar-se, de modo a tomar conhecimento de provas e informações que seriam acessíveis apenas a seus membros. Tal procedimento é expressamente permitido pelo art. 10, *caput*, da Lei n. 12.850/2013.

O texto legal, todavia, exige três requisitos para que seja possível a providência em análise:

a) **existência de indícios de infração penal praticada por organização criminosa** (art. 10, § 2.º);

b) **impossibilidade de produção da prova por outros meios** (art. 10, § 2.º);

c) **a obtenção de prévia autorização judicial** (art. 10, *caput*).

15.1.1.1.5.1. Procedimento

Nos termos do art. 11 da Lei, o procedimento para a obtenção de autorização judicial para a infiltração policial pode ter **início:**

a) por requerimento do **Ministério Público;**

b) por representação do **delegado de polícia**. Nesse caso, o juiz deve ouvir o Ministério Público antes da decisão (art. 10, § 1.º).

Em qualquer dos casos, deverão demonstrar a **necessidade** da medida, o **alcance** das tarefas do agente e, quando possível, os **nomes** ou apelidos das pessoas e o **local** da infiltração (art. 11, 2.ª parte).

O art. 12 da Lei, acrescenta que, do requerimento ou da representação, cuja distribuição será **sigilosa**, não deverão constar informações que possam **identificar** a operação a ser efetivada ou identificar o agente infiltrado. As informações quanto à necessidade da operação de infiltração serão dirigidas diretamente ao juiz competente (art. 12, § 1.º).

O juiz terá **24 horas** a contar do efetivo recebimento do pedido ou da manifestação do Ministério Público para proferir a decisão (art. 12, § 1.º). Caso a defira, deverá, em decisão **motivada**, estabelecer os exatos **limites** da atuação do agente policial (art. 10, *caput*), que responderá por eventuais excessos, bem como por atos que não guardarem proporcionalidade com a finalidade da investigação (art. 13), salvo quando, nas circunstâncias, revelar-se inexigível conduta diversa (art. 13, parágrafo único).

O art. 10, § 3.º, prevê que o prazo máximo da autorização será **de seis meses**, sem prejuízo de **renovações**, desde que comprovada sua necessidade.

Ao término do período, deverá ser apresentado **relatório** circunstanciado ao juiz, que cientificará o Ministério Público (art. 10, § 4.º). Além disso, referido relatório poderá ser requisitado a qualquer tempo durante as investigações pelo Ministério Público ou determinado pelo delegado de polícia a seus agentes (art. 10, § 5.º).

Os autos contendo as informações da operação de infiltração acompanharão a **denúncia**, quando serão disponibilizados à defesa, assegurado, todavia, o sigilo quanto à identificação do agente policial infiltrado (art. 12, § 2.º).

A infiltração deverá ser **sustada**, por requisição do Ministério Público ou por iniciativa do delegado de polícia, se sobrevier **risco iminente** para o policial (art. 12, § 3.º).

15.1.1.1.5.2. Direitos do infiltrado

De acordo com o art. 14 da Lei n. 12.850/2013, são direitos do agente infiltrado:

I — recusar ou fazer cessar a atuação infiltrada;

II — ter sua identidade alterada, bem assim usufruir das medidas de proteção a testemunhas da Lei n. 9.807/99;

III — ter seu nome, qualificação, imagem, voz e outras informações pessoais preservadas durante a investigação e o processo, salvo se houver decisão judicial em contrário;

IV — não ter sua identidade revelada, nem ser fotografado ou filmado pelos meios de comunicação, sem sua prévia autorização por escrito.

Saliente-se que a conduta de **descumprir** a determinação de **sigilo** das investigações que envolvam a infiltração de agentes constitui **crime** descrito no art. 20 da Lei n. 12.850/2013, apenado com reclusão, de um a quatro anos, e multa.

15.1.1.1.5.3. Infiltração de agentes policiais virtuais

É admitida a ação de policiais infiltrados virtuais na *internet*, obedecidos os requisitos do *caput* do art. 10, com o fim de investigar os crimes previstos nesta Lei e a eles conexos, praticados por organizações criminosas, desde que demonstrada sua necessidade e indicados o alcance das tarefas dos policiais, os nomes ou apelidos das pessoas investigadas e, quando possível, os dados de conexão ou cadastrais que permitam a identificação dessas pessoas (art. 10-A da Lei n. 12.850/2013).

De acordo com o art. 10, § 1.º:

I — dados de conexão são informações referentes à hora, data, início, término, duração, endereço de Protocolo de Internet (IP) utilizado e terminal de origem da conexão.

II — dados cadastrais são as informações referentes a nome e endereço de assinante ou de usuário registrado ou autenticado para a conexão a quem o endereço de IP, identificação de usuário ou código de acesso tenha sido atribuído no momento da conexão.

Nos termos do art. 10, 2.º, na hipótese de representação do delegado de polícia, o juiz competente, antes de decidir, ouvirá o Ministério Público.

O requerimento do Ministério Público ou a representação do delegado de polícia para a infiltração de agentes conterão a demonstração da necessidade da medida, o alcance das tarefas dos agentes e, quando possível, os nomes ou apelidos das pessoas investigadas e o local da infiltração (art. 11).

De acordo com o art. 10-A, § 3.º, será admitida a infiltração se houver indícios de infração penal de que trata o art. 1.º desta Lei (organização criminosa) e se as provas não puderem ser produzidas por outros meios disponíveis.

Segundo o § 4.º, a infiltração será autorizada pelo prazo de até 6 meses, sem prejuízo de eventuais renovações, mediante ordem judicial fundamentada e desde que o total não exceda a 720 dias e seja comprovada sua necessidade.

O art. 10-A, § 6.º, por sua vez, estabelece que, no curso do inquérito policial, o delegado de polícia poderá determinar aos seus agentes, e o Ministério Público e o juiz competente poderão requisitar, a qualquer tempo, relatório da atividade de infiltração.

Concluída a investigação ou findo o prazo concedido, todos os atos eletrônicos praticados durante a operação deverão ser registrados, gravados, armazenados e encaminhados ao juiz e ao Ministério Público, juntamente com relatório circunstanciado (art. 10-A, § 5.º).

Nos termos do art. 10-A, § 7.º, é **nula** a prova obtida sem a observância dos dispositivos legais em razão de ser a prova considerada ilícita.

Não comete crime o policial que oculta a sua identidade para, por meio da *internet*, colher indícios de autoria e materialidade dos crimes abrangidos pela Lei (art. 10-C), contudo, o agente policial infiltrado que deixar de observar a estrita finalidade da investigação responderá pelos excessos praticados (art. 10-C, par. único).

15.2. COLEGIADO EM PRIMEIRO GRAU DE JURISDIÇÃO (LEI N. 12.694/2012)

De acordo com o art. 1.º, *caput*, da Lei n. 12.694/2012, em se tratando de processos ou procedimentos que tenham por objeto a apuração de crime praticado por **organização criminosa**, é **facultado** ao juiz decidir pela **formação de colegiado** para a prática de qualquer ato processual e, em especial, daqueles que envolvam juízo decisório, como a prolação de sentença, a decisão que envolva juízo sobre a liberdade ou prisão dos envolvidos etc.

Somente ao juiz **natural** é dado instaurar o colegiado, devendo, para isso, indicar, fundamentadamente, os motivos e as circunstâncias que acarretam risco à sua integridade, com comunicação ao órgão correicional (art. 1.º, § 1.º).

O órgão colegiado será formado, de acordo com as normas regulamentares expedidas pelos tribunais, pelo **juiz natural e por outros dois magistrados** escolhidos por sorteio, dentre aqueles com competência criminal no primeiro grau de jurisdição, ficando sua competência restrita à prática dos atos para os quais foi convocado (art. 1.º, §§ 2.º e 3.º).

A lei prevê a possibilidade de realização de **reuniões sigilosas**, sempre que houver risco para a eficácia da decisão em razão da publicidade (art. 1.º, § 4.º), bem como determina que as decisões sejam firmadas por todos os componentes, **sem que haja qualquer referência a eventual voto divergente** (art. 1.º, § 6.º).

Na medida em que o órgão colegiado será formado de acordo com regras preestabelecidas (art. 1.º, § 7.º, da Lei n. 12.694/2012) e de forma aleatória (sorteio), não há que se falar em juízo de exceção. A regra da identidade física do juiz, por fim, não tem estatura constitucional, motivo pelo qual pode ser excepcionada pelo legislador.

A Lei n. 13.964/2019 acrescentou, no art. 1.º-A da Lei n. 12.694/2019, regra segundo a qual os Tribunais de Justiça e os Tribunais Regionais Federais poderão instalar, nas comarcas **sedes de Circunscrição ou Seção Judiciária**, mediante resolução, Varas Criminais Colegiadas com competência para o processo e julgamento:

I — **de crimes de pertinência a organizações criminosas armadas ou que tenham armas à disposição**;
II — do crime de constituição de milícia privada (art. 288-A do Código Penal);
III — das infrações penais conexas aos crimes a que se referem os incisos I e II do *caput* deste artigo.

Onde essas Varas Colegiadas forem criadas terão competência para todos os atos jurisdicionais no decorrer da investigação, da ação penal e da execução da pena, inclusive a transferência do preso para estabelecimento prisional de segurança máxima ou para regime disciplinar diferenciado (§ 1.º). Não há, em tal hipótese, necessidade de o juiz do caso tomar a providência de formar o Colegiado tal como menciona o art. 1.º, *caput*, da Lei, que regulamenta o procedimento nos locais onde não há Varas Colegiadas já formadas.

Onde as Varas Colegiadas já tiverem sido criadas, o juiz, ao receber, segundo as regras normais de distribuição, processos ou procedimentos que tenham por objeto os crimes mencionados, deverá declinar da competência e remeter os autos, em qualquer fase em que se encontrem, à Vara Colegiada de sua Circunscrição ou Seção Judiciária (§ 2.º). Feita a remessa, a Vara Colegiada terá competência para todos os atos processuais posteriores, incluindo os da fase de execução (§ 3.º).

15.3. DOS CRIMES OCORRIDOS NA INVESTIGAÇÃO E NA OBTENÇÃO DA PROVA

Na Seção V da Lei n. 12.850/2012, o legislador tipificou quatro crimes relacionados à investigação e obtenção da prova no delito de organização criminosa.

15.3.1. Revelação da identidade de colaborador

> **Art. 18.** Revelar a identidade, fotografar ou filmar o colaborador, sem sua prévia autorização por escrito:
> Pena — reclusão, de 1 (um) a 3 (três) anos, e multa.

1. Objetividade jurídica

Preservar a investigação de crimes que envolvam organização criminosa.

2. Tipo objetivo

O art. 5.º da Lei n. 12.850/2013, em seus incisos II e V, diz que são **direitos** do **colaborador** ter nome, qualificação, imagem e demais informações pessoais **preservados**, bem como não ter sua identidade revelada pelos meios de comunicação, nem ser fotografado ou filmado, sem sua prévia autorização por escrito.

Por isso, o legislador incriminou as condutas de **revelar** a **identidade** do colaborador, ou seja, levar a conhecimento de terceiros quem figura como colaborador no feito, ou ainda de **fotografar** ou **filmar** o colaborador.

O texto legal **exclui a tipicidade** caso haja autorização por escrito do colaborador.

O elemento subjetivo é o **dolo**, não havendo punição em caso de mera conduta culposa.

3. Sujeito ativo

Qualquer pessoa. Trata-se de crime comum. Se o delito for cometido por funcionário público, restará absorvido o crime de revelação de sigilo funcional, previsto no art. 325 do Código Penal. Com efeito, o delito do art. 18, além de previsto em lei especial e posterior, é mais severamente apenado.

4. Sujeito passivo.

O Estado e o colaborador.

5. Consumação.

No momento em que revelada a identidade ou em que fotografado ou filmado o colaborador. Trata-se de crime de **mera conduta**, que se aperfeiçoa independentemente de qualquer outro resultado.

6. Tentativa.

É possível.

7. Ação penal

Pública incondicionada.

15.3.2. Imputação falsa

Art. 19. Imputar falsamente, sob pretexto de colaboração com a Justiça, a prática de infração penal a pessoa que sabe ser inocente, ou revelar informações sobre a estrutura de organização criminosa que sabe inverídicas:
Pena — reclusão, de 1 (um) a 4 (quatro) anos, e multa.

1. Objetividade jurídica

Preservar a Administração da Justiça.

2. Tipo objetivo

Trata-se de tipo penal que, em sua primeira parte, guarda similitude com o delito de denunciação caluniosa previsto no art. 339 do Código Penal. Há, porém, dois elementos especializantes: a) é necessário que a conduta seja realizada a pretexto de **colaboração** com a Justiça; b) é necessário que a conduta seja realizada por **colaborador**.

O texto legal exige, ainda, que o colaborador impute infração penal a pessoa **determinada**. Pressupõe, outrossim, que o colaborador tenha plena ciência de que está acusando um inocente, o que faz com que o delito somente seja compatível com o dolo **direto**.

Na segunda parte do tipo penal — "revelar informações sobre a estrutura de organização criminosa que sabe inverídicas" —, o agente tendo **ciência** de que as informações são falsas (dolo **direto**), presta referidas informações como se fossem verdadeiras, podendo, com isso, prejudicar o andamento das investigações. É preciso que as informações falsas digam respeito à estrutura da organização criminosa.

3. Sujeito ativo
Trata-se de crime **próprio**, que só pode ser cometido pelo **colaborador**.

4. Sujeito passivo
O Estado e a pessoa a quem seja falsamente imputada a infração penal.

5. Consumação
No momento em que ocorre a imputação falsa ou a revelação de informações inverídicas, ainda que não prejudique efetivamente a investigação.

6. Tentativa
Não nos parece possível, pois, ou o agente faz a imputação ou revelação, e o crime está consumado, ou não as faz, e o fato é atípico.

7. Ação penal
Pública incondicionada.

15.3.3. Descumprimento de sigilo em investigação que envolva ação controlada ou infiltração de agentes

> **Art. 20.** Descumprir determinação de sigilo das investigações que envolvam a ação controlada e a infiltração de agentes:
> Pena — reclusão, de 1 (um) a 4 (quatro) anos, c multa.

1. Objetividade jurídica
Preservar a investigação de crimes que envolvam organização criminosa, bem como a segurança do agente infiltrado.

2. Tipo objetivo
Os arts. 8.º, § 2.º, e 12 da Lei n. 12.850/2013 determinam sigilo em relação a investigações que envolvam ação controlada e infiltração de agentes, a fim de garantir o sucesso dessas investigações e a segurança do agente policial envolvido.

O crime em análise configura-se quando alguém viola a determinação de sigilo dando conhecimento da operação a terceiro.

3. Sujeito ativo

Qualquer pessoa. Em regra, contudo, funcionários da Polícia Civil, Ministério Público ou do Poder Judiciário. Nesses casos, a tipificação do delito em estudo absorve aquele do art. 325 do Código Penal — violação de sigilo funcional —, já que se trata de regra prevista em lei especial e posterior.

4. Sujeito passivo

O Estado e o agente policial infiltrado.

5. Consumação

No momento em que o agente dá conhecimento a terceiros acerca da operação. Trata-se de crime de mera conduta que não depende de qualquer resultado.

6. Tentativa

É possível, por exemplo, na forma escrita, que não chega ao conhecimento do terceiro destinatário.

7. Ação penal

Pública incondicionada.

15.3.4. Recusa ou omissão de dados cadastrais, registros, documentos ou informações

> **Art. 21.** Recusar ou omitir dados cadastrais, registros, documentos e informações requisitadas pelo juiz, Ministério Público ou delegado de polícia, no curso de investigação ou do processo:
> Pena — reclusão, de 6 (seis) meses a 2 (dois) anos, e multa.

1. Objetividade jurídica

Garantir o sucesso das investigações relacionadas ao delito de organização criminosa.

2. Tipo objetivo

O crime configura-se, em primeiro lugar, quando o destinatário da requisição recusa-se a respondê-la, ou seja, quando expressamente diz que não fornecerá as informações, dados cadastrais etc. Na segunda figura, o delito resta tipificado quando o destinatário se omite, ou seja, quando não presta as informações no prazo ou as fornece dolosamente de forma incompleta.

Trata-se de modalidade especial de crime de desobediência, que só se configura quando houver requisição judicial, do Ministério Público ou de delegado de polícia, relacionada a investigação de crime organizado. Além disso, deve a requisição ser relacionada a dados cadastrais, registros, documentos ou informações cujo acesso seja garantido a tais autoridades nos termos do art. 15 da Lei n. 12.850/2013.

3. Sujeito ativo

O destinatário da requisição. Pode ser qualquer pessoa.

4. Sujeito passivo.

O Estado.

5. Consumação

Quando o agente expressamente recusa-se a fornecer as informações, ou quando se omite por prazo juridicamente relevante em responder, ou, ainda, quando fornece a resposta de forma incompleta.

6. Tentativa

Possível somente na forma comissiva.

7. Ação penal

Pública incondicionada.

8. Figura equiparada

O parágrafo único do art. 21 dispõe que, "na mesma pena incorre quem, de forma indevida, se apossa, propala, divulga ou faz uso dos dados cadastrais de que trata esta Lei". O texto legal se refere aos dados cadastrais mencionados no art. 15. A infração só se configura se o fato ocorrer de forma indevida (elemento **normativo** do tipo).

15.4. QUESTÕES

QUESTÕES DE CONCURSOS
http://uqr.to/1y3f1

16

CRIMES CONTRA A ORDEM TRIBUTÁRIA
LEI N. 8.137/90

16.1. INTRODUÇÃO

Os crimes contra a ordem tributária estão previstos nos arts. 1.º a 3.º da Lei n. 8.137/90, que revogou tacitamente a Lei n. 4.729/65, que tratava dos chamados crimes de sonegação fiscal. Apesar de a nova lei não ter revogado expressamente a anterior, revogou-a tacitamente por regular inteiramente o tema (art. 2.º, § 1.º, da Lei de Introdução às normas do Direito Brasileiro). Os arts. 1.º e 2.º definem os crimes cometidos por particulares contra a ordem tributária, ao passo que o art. 3.º trata dos crimes praticados por servidores públicos.

Os **tributos** (impostos, taxas, contribuições de melhoria, empréstimos compulsórios e contribuições especiais) e **contribuições sociais** têm o escopo de abastecer os cofres públicos a fim de fazer frente aos gastos do Estado. Por tal razão, a sonegação deve ser coibida, sob pena de inviabilizar a Administração.

Quando um tributo já foi **lançado** pelo órgão fazendário competente, a opção de não o pagar por parte do contribuinte não constitui crime contra a ordem tributária. Em tal caso, em que já identificado o contribuinte e o fato gerador pelo respectivo lançamento, deve a Fazenda Pública munir-se de certidão da dívida ativa e promover a execução fiscal junto ao Poder Judiciário.

Os crimes contra a ordem tributária, de acordo com a Lei n. 8.137/90, pressupõem condutas fraudulentas ou omissivas quanto ao dever de informar ao Fisco, justamente com o intuito de evitar o lançamento ou de fazer com que seja efetuado em valor menor.

Lançamento é o ato administrativo emanado por agente fazendário diante da verificação do fato gerador de um tributo, que materializa o direito da Fazenda ao crédito.

16.2. O ALCANCE DA RESPONSABILIZAÇÃO PENAL

De acordo com o art. 11 da Lei n. 8.137/90, "quem, de qualquer modo, inclusive por meio de pessoa jurídica, concorre para os crimes definidos nesta lei, incide nas penas a estes cominadas, na medida de sua culpabilidade".

Referida lei, entretanto, não prevê a punição **autônoma** da pessoa **jurídica** por delito tributário, mas apenas de seus **dirigentes** (sócios, diretores, administradores) que, em benefício da empresa e em prejuízo ao erário, sonegam tributos ou contribuições sociais. É evidente, contudo, que, no âmbito administrativo, a empresa pode ser responsabilizada, como, por exemplo, ao pagamento de multas em decorrência da sonegação.

Os tribunais superiores, por sua vez, já firmaram entendimento de que é vedada a responsabilidade **objetiva** nos crimes tributários, não podendo alguém ser condenado por crime dessa natureza exclusivamente por figurar como **sócio** de uma empresa. Será sempre necessário, portanto, que a acusação faça prova do envolvimento do sócio ou dirigente na fraude (ou outro procedimento ilícito) causadora da sonegação fiscal. Se uma empresa possui dezenas de sócios, a investigação deverá indicar qual ou quais foram os responsáveis pelo ato que gerou a supressão ou redução do tributo. A propósito:

"Segundo entendimento reiterado desta Corte, quanto aos crimes societários, ainda que a denúncia prescinda de atribuição detalhada da ação ou da omissão delituosa de cada agente, é imprescindível a demonstração do nexo causal entre a posição do sócio na empresa e a prática delitiva por ele supostamente perpetrada, de modo a possibilitar o exercício amplo da defesa. 2. É ilegítima a persecução criminal quando ausente o preenchimento dos requisitos do art. 41 do Código de Processo Penal, necessário à compreensão da acusação. 3. O Ministério Público não apontou, ainda que minimamente, o vínculo subjetivo entre o paciente com os crimes tributários; cingiu-se a indicar sua condição de sócio da empresa autuada pelo fisco. 4. O simples fato de o acusado ser sócio ou proprietário de pessoa jurídica é insuficiente para inferir sua participação nos fatos tidos como delituosos, sob pena de responsabilidade criminal objetiva. 5. Em nenhum momento a denúncia explicitou se o paciente seria detentor de poderes de mando ou de administração da pessoa jurídica, ou mesmo se estava investido de poderes especiais, quer para concretizar ou escriturar as operações mercantis, quer para representar a empresa perante a autoridade tributária. 6. *Habeas corpus* concedido para declarar a inépcia da denúncia, sem prejuízo de que seja oferecida nova exordial com estrita observância dos ditames previstos no art. 41 do Código de Processo Penal. Ordem estendida aos corréus, com fulcro no art. 580 do CPP (HC 291.623/MG, Rel. Min. Rogerio Schietti Cruz, 6.ª Turma, julgado em 7.2.2019, *DJe* de 11.3.2019.); "O simples fato de ser sócio, diretor ou administrador de empresa não autoriza a instauração de processo criminal por crimes praticados no âmbito da sociedade, se não restar comprovado, ainda que com elementos a serem aprofundados no decorrer da ação penal, a mínima relação de causa e efeito entre as imputações e a sua função na empresa, sob pena de se reconhecer a responsabilidade penal objetiva" (RHC 19.764/PR, Rel. Min. Gilson Dipp, 5.ª Turma, j.05.9.2006, *J* de 25.9.2006, p. 281).

Por seu turno, **havendo prova do envolvimento** de determinados sócios ou dirigentes na fraude geradora da sonegação, não há nulidade na elaboração de denúncia com narrativa genérica. A propósito:

"Nos crimes societários é dispensável a descrição minuciosa e individualizada da conduta de cada acusado, bastando, para tanto, que ela narre a conduta delituosa de forma a possibilitar o exercício da ampla defesa. Precedente desta Corte. 3. Se as condutas imputadas ao Recorrente têm adequação típica nos artigos 1.º, incs. I e II, e 11, ambos da Lei n. 8.137/1990, não é possível o trancamento da ação penal que objetiva exatamente a apuração dos fatos" (RHC 14.476/SP, Rel. Min. Laurita Vaz, 5.ª Turma, j. 3.2.2004, *DJ* de 8.3.2004, p. 275); "Nos crimes tributários praticados em coautoria, a denúncia pode ser oferecida sem a atribuição pormenorizada e exauriente de cada ação ou omissão delituosa imputada aos acusados. É imprescindível a demonstração, em linhas gerais, do vínculo entre a posição do agente na empresa e o crime imputado, de forma a propiciar o conhecimento da acusação e o exercício da ampla defesa. (...). Em crime contra a ordem tributária, cometida supostamente por sócios-administradores de empresa, por período considerável de tempo, a inicial acusatória é idônea se, como na espécie, descreve o nexo entre os poderes de administração dos investigados na estrutura societária e os fatos delitivos (RHC 76.487/SP, Rel. Min. Rogerio Schietti Cruz, 6.ª Turma, julgado em 9.10.2018, *DJe* 18.10.2018)" (STJ — AgRg no RHC 121.853/SP, Rel. Min. Laurita Vaz, 6.ª Turma, julgado em 9.6.2020, *DJe* de 23.6.2020.)

Em suma, não é imprescindível que a denúncia descreva a participação **detalhada** de cada um dos acusados, bastando que descreva, ao menos de forma **genérica**, o modo como concorreram para o crime.

16.3. COMPETÊNCIA

Se o crime contra a ordem tributária for relativo a tributos ou contribuições sociais destinados à **União**, suas autarquias ou empresas públicas, a competência será da Justiça **Federal** (art. 109, IV, da CF). Se o tributo foi relacionado à esfera **estadual** ou **municipal**, a competência será da Justiça **Estadual**.

Se houver sonegação concomitante de tributos federais e estaduais ou municipais, prevalecerá a competência da Justiça Federal, nos termos da Súmula 122 do Superior Tribunal de Justiça.

Nos crimes do art. 1.º, I a IV, da Lei n. 8.137/90, a Súmula Vinculante 24 do Supremo Tribunal Federal diz que o crime só se **consuma** após o esgotamento dos recursos na via **administrativa**. Assim, se a sonegação ocorreu quando uma empresa era sediada na Comarca A, mas o lançamento definitivo decorrente do esgotamento das vias administrativas só ocorreu quando a empresa já havia se mudado para a Comarca B, o foro competente será este último. Nesse sentido o entendimento do Superior Tribunal de Justiça — jurisprudência em teses n. 90, item 11. Julgados: RHC 53434/SP, Rel. Min. Jorge Mussi, 5.ª Turma, julgado em 7.3.2017, *DJe* 15.3.2017; CC 144872/RJ, Rel. Min. Reynaldo Soares da Fonseca, 3.ª Seção, julgado em 25.2.2016, *DJe* 2.3.2016; CC 120850/BA, Rel. Min. Marco Aurélio Bellizze, 3.ª Seção, julgado em 8.8.2012, *DJe* 30.8.2012; CC 110688/PR, Rel. Min. Gilson Dipp, 3.ª Seção, julgado em 23.3.2011, *DJe* 30.3.2011; REsp 1113460/SP, Rel. Min. Celso Limongi (Desembargador convocado do TJ/SP), 6.ª Turma, julgado em 24.11.2009, *DJe* 14.12.2009; CC 96497/SP, Rel. Min. Arnaldo Esteves Lima, 3.ª Seção, julgado em 23.9.2009, *DJe* 8.10.2009.

Por sua vez, se o contribuinte ou empresa contribuinte são sediados em uma pequena comarca e a sonegação ocorre em tal localidade, mas eventual recurso é julgado em definitivo em outra comarca (sede do Tribunal de Impostos de Taxas), o foro competente é o do local onde reside o contribuinte ou é sediada a empresa. Não fosse assim, a comarca sede do TIT restaria competente para todos os crimes contra a ordem tributária da região.

16.4. PRINCÍPIO DA INSIGNIFICÂNCIA

Os tribunais superiores, em um primeiro momento, reconheceram o princípio da insignificância, e, por consequência, a atipicidade da conduta, nos casos em que o valor corrigido do tributo devido não superava R$ 1.000,00, argumentando que a Fazenda

Pública dispensava o ajuizamento de execução fiscal para cobrar valores até esse limite, com base na Lei n. 9.469/97.

Posteriormente, o Supremo Tribunal Federal, baseado no art. 20 da Lei n. 10.522/2002, que dispõe que "serão arquivados, sem baixa na distribuição, mediante requerimento do Procurador da Fazenda Nacional, os autos das execuções fiscais de débitos inscritos como Dívida Ativa da União pela Procuradoria-Geral da Fazenda Nacional ou por ela cobrados, de valor consolidado igual ou inferior a R$ 10.000,00 (dez mil reais)", passou a aplicar reiteradamente o princípio da insignificância quando o valor fosse de até R$ 10.000,00, pois, se o tributo sequer é cobrado pelo Fisco, não deve também ser movida a ação penal (Precedentes: HC 96.412/SP, red. p/ acórdão Min. Dias Toffoli, 1.ª Turma, *DJ* de 18.3.2011; HC 97.257/RS, Rel. Min. Marco Aurélio, 1.ª Turma, *DJ* de 1.º.12.2010; HC 102.935, Rel. Min. Dias Toffoli, 1.ª Turma, *DJ* de 19.11.2010; HC 96.852/PR, Rel. Min. Joaquim Barbosa, 2.ª Turma, *DJ* de 15.3.2011; HC 96.307/GO, Rel. Min. Joaquim Barbosa, 2.ª Turma, *DJ* de 10.12.2009; HC 100.365/PR, Rel. Min. Joaquim Barbosa, *DJ* de 5.2.2010.)

Atualmente, o valor em que se dispensa o ingresso da cobrança fiscal em juízo encontra-se no patamar de **R$ 20.000,00** (art. 1.º, II, da Portaria n. 75/2012, do Ministério da Fazenda), sendo este, portanto, o valor a ser considerado em relação ao princípio da insignificância de acordo com o **Supremo Tribunal Federal** (HC 122.213, Rel. Min. Ricardo Lewandowski, 2.ª Turma, j. 27.5.2014, *DJe* 12.6.2014). Observe-se que, em um primeiro momento, a 3.ª Seção do Superior Tribunal de Justiça decidiu que o Ministério da Fazenda **exorbitou** de sua competência ao modificar o patamar para R$ 20.000,00 por meio de **portaria**, de modo que para tal Tribunal o princípio da insignificância só poderia ser aplicado quando o valor não superasse os R$ 10.000,00 expressamente previstos na Lei n. 10.522/2002 (REsp 1.393.317/PR, Rel. Min. Rogério Schietti Cruz). De ver-se, entretanto, que, em fevereiro de 2018, a 3.ª Seção do Superior Tribunal de Justiça passou a aplicar o princípio da insignificância para crimes tributários e descaminho até o valor de R$ 20.000,00: "Incide o princípio da insignificância aos crimes tributários federais e de descaminho quando o débito tributário verificado não ultrapassar o limite de R$ 20.000,00, a teor do disposto no art. 20 da Lei n. 10.522/2002, com as atualizações efetivadas pelas Portarias 75 e 130, ambas do Ministério da Fazenda" (tema 157, tese aprovada em sede de recursos repetitivos).

É preciso acrescentar que esses **valores** dizem respeito apenas a tributos federais, já que a Lei n. 10.522/2002 e a Portaria n. 75/2012 tratam apenas do não ajuizamento de execuções fiscais no âmbito da **União**. Saliente-se, contudo, que o Superior Tribunal de Justiça **permite** a aplicação do princípio da insignificância em relação aos tributos **estaduais** e **municipais**, desde que exista lei estadual ou municipal estabelecendo limite mínimo para o ajuizamento de execução fiscal. Nesse sentido: "No tocante à aplicação do princípio da insignificância, a Terceira Seção desta Corte Superior firmou orientação, no julgamento dos REsps 1.709.029/MG e 1.688.878/SP, representativos da controvérsia, relatoria do em. Ministro Sebastião Reis Júnior, no sentido de que incide o referido princípio aos crimes tributários federais e de descaminho quando o débito tributário verificado não ultrapassar a quantia de vinte mil reais, estabelecida no art. 20 da Lei n. 10.522/2002, com as atualizações efetivadas pelas Portarias n. 75 e 130, ambas do Ministério da Fazenda. 2. Consolidou-se, ainda, o entendimento de que 'a aplicação da bagatela aos tributos de competência estadual encontra-se subordinada à existência de norma do ente competente no mesmo sentido da norma federal, porquanto a liberalidade da União para arquivar, sem baixa na distribuição, as execuções fiscais de débitos com a Fazenda Nacional cujo valor consolidado seja igual ou inferior a R$ 20.000,00 não se estende, de maneira automática, aos demais entes federados' (HC 480.916/SP, Rel. Min. Antonio Saldanha Palheiro, 6.ª Turma, julgado em 11.6.2019, *DJe* 21.6.2019). Portanto, para fins de ver aplicado o princípio da bagatela, é necessária a existência de lei local no mesmo sentido da lei federal, o que ocorreu no caso. 3. A Lei Estadual n. 16.381/2017, do Ceará, estabelece em seu art. 2.º o limite de 60 salários mínimos para créditos de natureza tributária ou não tributária, e de 10 salários mínimos para créditos de natureza tributária ou não tributária inscritos em dívida ativa. 4. Na hipótese, o procedimento investigativo foi instaurado após a conclusão do Contencioso Administrativo Tributário da SEFAZ/CE, constituindo o valor principal do imposto devido no total de R$ 7.725,77, cabendo esclarecer que, para verificar a insignificância da conduta, o valor do crédito tributário objeto do crime tributário material é aquele apurado originalmente no procedimento de lançamento, não sendo possível o acréscimo de juros e correção monetária para aferição do valor. 5. Considerando que o valor está abarcado no limite estabelecido pela legislação estadual do Ceará, imperiosa a constatação de atipicidade da conduta, com a incidência do princípio da insignificância. Julgados nesse sentido. 6. Recurso em *habeas corpus* provido para determinar o trancamento do Inquérito Policial (Processo n. 0892114-89.2014.8.06.0001)" (STJ — RHC 106.210/CE, Rel. Min. Ribeiro Dantas, 5.ª Turma, julgado em 6.8.2019, *DJe* 13.8.2019).

A propósito deste entendimento do Superior Tribunal de Justiça, veja-se jurisprudência em teses, n. 174, item 10: "Não se estende aos demais entes federados (Estados, Municípios e Distrito Federal) o princípio da insignificância no patamar estabelecido pela União na Lei n. 10.522/2002 previsto para crimes tributários federais, o que somente ocorreria na existência de legislação local específica sobre o tema". Julgados: RHC 130853/SP, Rel. Min. Nefi Cordeiro, 6.ª Turma, julgado em 20.10.2020, *DJe* 26.10.2020; HC 535063/SP, Rel. Min. Sebastião Reis Júnior, Terceira Seção, julgado em 10.6.2020, *DJe* 25.8.2020; AgRg no HC 549428/PA, Rel. Min. Jorge Mussi, 5.ª Turma, julgado em 19.5.2020, *DJe* 29.5.2020; RHC 119172/PI, Rel. Min. Leopoldo de Arruda Raposo (Desembargador convocado do TJ/PE), 5.ª Turma, julgado em 17.12.2019, *DJe* 3.2.2020; RHC 106210/CE, Rel. Min. Ribeiro Dantas, 5.ª Turma, julgado em 6.8.2019, *DJe* 13.8.2019 HC 480916/SP, Rel. Min. Antonio Saldanha Palheiro, 6.ª Turma, julgado cm 11.6.2019, *DJe* 21.6.2019.

Na apuração do valor para a aplicação do princípio da insignificância, o Superior Tribunal de Justiça entende que deve ser considerado **apenas o valor principal**, sem acréscimo de juros, correção monetária e eventuais multas de ofício que incidem sobre o crédito tributário quando ele é cobrado em execução fiscal (STJ — 5.ª Turma. RHC 74.756/PR, Rel. Min. Ribeiro Dantas, julgado em 13.12.2016).

O Superior Tribunal de Justiça possui, ainda, entendimento no sentido de que a **reiteração criminosa** em torno da sonegação **obsta** a aplicação do princípio da insignificância, desde que tenha gerado **autuações distintas**:

"É certo que a reiteração criminosa obsta a aplicação do princípio da insignificância nos crimes tributários. Na hipótese, todavia, o entendimento adotado pela Corte de origem destoa da jurisprudência do Superior Tribunal de Justiça, fixada no sentido de que tal condição somente se caracteriza ante a multiplicidade de procedimentos administrativos, ações penais ou inquéritos policiais em curso. No caso, fora considerada apenas uma autuação fiscal. Portanto, não está demonstrada a habitualidade delitiva" (STJ — HC 564.208/SP, Rel. Min. Laurita Vaz, 6.ª Turma, julgado em 3.8.2021, *DJe* de 18.8.2021).

16.5. ABSORÇÃO

De acordo com o Superior Tribunal de Justiça os crimes de **falsidade documental** e **estelionato** ficam **absorvidos** pelo crime contra a ordem tributária quando cometidos exclusivamente com a finalidade de sonegar tributos. Nesse sentido veja-se jurisprudência em teses n. 99, item 2: "Aplica-se o princípio da consunção ou da absorção quando o delito de falso ou de estelionato (crime-meio) é praticado única e exclusivamente com a finalidade de sonegar tributo (crime-fim)". Julgados: AgRg no REsp 1313387/MT, Rel. Min. Ribeiro Dantas, 5.ª Turma, Julgado em 10.10.2017, *DJe* 18.10.2017 AgRg no AREsp 1072977/DF, Rel. Min. Reynaldo Soares da Fonseca, 5.ª Turma, julgado em 3.8.2017, *DJe* 16.8.2017 HC 296489/SP, Rel. Min. Nefi Cordeiro, julgado em 6.12.2016, *DJe* 16.12.2016 RHC 037268/RJ, Rel. Min. Felix Fischer, 5.ª Turma, julgado em 4.8.2016, *DJe* 17.8.2016 AgRg no REsp 1358520/DF, Rel. Min. Sebastião Reis Júnior, julgado em 4.8.2015, *DJe* 20.8.2015 RHC 035626/PR, Rel. Min. Ericson Maranho (Desembargador Convocado do TJ/SP), julgado em 5.2.2015, *DJe* 24.2.2015.

16.6. INEXIGIBILIDADE DE CONDUTA DIVERSA

Tem-se admitido referida excludente de culpabilidade quando a situação de extrema penúria financeira do contribuinte justifica a sonegação tributária.

16.7. DELAÇÃO PREMIADA

De acordo com o art. 16, parágrafo único, da Lei n. 8.137/90, nos crimes previstos na lei, cometidos em quadrilha ou coautoria, o coautor ou partícipe que por meio de confissão espontânea revelar à autoridade policial ou judicial toda a trama delituosa terá a sua pena reduzida de 1/3 a 2/3. Não é necessário que a delação tenha qualquer outra consequência (punição dos criminosos, recuperação dos valores etc.), pois, de acordo com o texto legal, basta para o reconhecimento do benefício que o sujeito revele à autoridade a **trama delituosa**.

Cuida-se de causa **obrigatória** de **diminuição** da pena.

Saliente-se que a Lei n. 12.850/2013 substituiu a denominação "quadrilha" por "associação criminosa" no art. 288 do CP, reduzindo para três o número mínimo de integrantes. De qualquer forma, como a delação premiada é norma **benéfica**, é possível a aplicação da analogia *in bonam partem* para a incidência do redutor de pena em estudo aos integrantes de associação criminosa que delatem a trama criminosa tributária às autoridades.

16.8. PAGAMENTO INTEGRAL DO TRIBUTO

O art. 34 da Lei n. 9.249/95 estabelece: "Extingue-se a punibilidade dos crimes definidos na Lei n. 8.137/90 e na Lei n. 4.729/65, quando o agente promover o pagamento do tributo ou contribuição social, inclusive acessórios, antes do recebimento da denúncia".

Ocorre que, posteriormente, o art. 9.º, § 2.º, da Lei n. 10.684/2003, passou a prever que "extingue-se a punibilidade dos crimes referidos neste artigo[1] quando a pessoa jurídica relacionada com o agente efetuar o pagamento integral dos débitos oriundos de tributos e contribuições sociais, inclusive acessórios". Semelhante regra existe no art. 69 da Lei n. 11.941/2009. Como referidas leis não restringiram o benefício àqueles que efetuarem o pagamento **antes** do recebimento da denúncia, entende-se que o pagamento efetuado em qualquer fase da persecução penal — antes ou durante o tramitar da ação penal — gera a extinção da punibilidade.

Entendemos, no entanto, que o pagamento efetuado **após a condenação definitiva** não deveria gerar a extinção da punibilidade ou da pena. Esse, entretanto, não é o entendimento de nossas Cortes Superiores, que têm admitido a extinção da pena pelo pagamento do tributo, **mesmo após o trânsito em julgado** da sentença condenatória:

"Com o advento da Lei n. 10.684/2003, no exercício da sua função constitucional e de acordo com a política criminal adotada, o legislador ordinário optou por retirar do ordenamento jurídico o marco temporal previsto para o adimplemento do débito tributário redundar na extinção da punibilidade do agente sonegador, nos termos do seu art. 9.º, § 2.º, sendo vedado ao Poder Judiciário estabelecer tal limite. 2. Não há como se interpretar o referido dispositivo legal de outro modo, senão considerando que o pagamento do tributo, a qualquer tempo, até mesmo após o advento do trânsito em julgado da sentença penal condenatória, é causa de extinção da punibilidade do acusado. 3. Como o édito condenatório foi alcançado pelo trânsito em julgado sem qualquer mácula, os efeitos do reconhecimento da extinção da punibilidade por causa que é superveniente ao aludido marco devem ser equiparados aos da prescrição da pretensão executória. 4. Habeas corpus não conhecido. Ordem concedida de ofício para declarar extinta a punibilidade do paciente, com fundamento no art. 9.º, § 2.º, da Lei n. 10.684/2003" (STJ — HC 362.478/SP, Rel. Min. Jorge Mussi, 5.ª Turma, julgado em 14.9.2017, *DJe* de 20.9.2017).

A 3.ª Seção do Superior Tribunal de Justiça, por sua vez, assim se manifestou:

"1. Conforme entendimento pacífico nesta Corte, o pagamento integral do tributo, a qualquer tempo, extingue a punibilidade quanto aos crimes contra a ordem tributária" (STJ — AgRg nos EDcl nos EAREsp 1.717.169/SC, Rel. Min. Ribeiro Dantas, Terceira Seção, julgado em 12.5.2021, *DJe* de 17.5.2021).

A Corte Suprema também se pronunciou sobre o tema:

"Tratando-se de apropriação indébita previdenciária (art. 168-A, § 1.º, I, CP), o pagamento integral do débito tributário, ainda que após o trânsito em julgado da condenação, é causa

---

[1] Arts. 1.º e 2.º da Lei n. 8.137/90 e 168-A e 337-A do Código Penal.

de extinção da punibilidade do agente, nos termos do art. 9.º, § 2.º, da Lei n. 10.684/03. Precedentes. 2. Na espécie, os documentos apresentados pelo recorrente ao juízo da execução criminal não permitem aferir, com a necessária segurança, se houve ou não quitação integral do débito. 3. Nesse diapasão, não há como, desde logo, se conceder o writ para extinguir sua punibilidade. 4. De toda sorte, afastado o óbice referente ao momento do pagamento, cumprirá ao juízo das execuções criminais declarar extinta a punibilidade do agente, caso demonstrada a quitação do débito, por certidão ou ofício do INSS. 5. Recurso parcialmente provido" (STF — RHC 128245, Rel. Dias Toffoli, 2.ª Turma, julgado em 23.8.2016, Processo Eletrônico *DJe* 225, Divulg. 20.10.2016, Public. 21.10.2016).

Apesar de este julgado referir-se ao delito de apropriação previdenciária, o raciocínio é o mesmo para os crimes contra a ordem tributária.

A regra vale para tributos devidos por pessoas jurídicas e pessoas físicas.

Para a extinção da punibilidade ou da pena, é necessário o pagamento **integral**, ou seja, do principal, acrescido de juros e correção monetária, além de eventuais multas.

16.9. PARCELAMENTO DO TRIBUTO

O art. 9.º da Lei n. 10.684/2003 estabeleceu que, nos crimes contra a ordem tributária, durante o período em que a pessoa jurídica relacionada com o agente estiver incluída no regime de **parcelamento**, ficará **suspensa** a pretensão **punitiva** estatal e a **prescrição**, sendo que o pagamento integral do tributo e acessórios acarretará a extinção da punibilidade. Posteriormente, o art. 6.º da Lei n. 12.382/2011, que alterou o art. 83 da Lei n. 9.430/96, restringiu o benefício estabelecendo que, a partir de sua entrada em vigor, essas regras referentes à suspensão da pretensão punitiva e da prescrição, bem como à extinção da punibilidade pelo pagamento do tributo e seus acessórios, só serão possíveis se o **pedido** de **parcelamento** tiver sido **formalizado antes do recebimento da denúncia criminal**.

Veja-se a redação do art. 83, § 2.º, da Lei n. 9.430/96: "é suspensa a pretensão punitiva do Estado referente aos crimes previstos no *caput*, durante o período em que a pessoa física ou a pessoa jurídica relacionada com o agente dos aludidos crimes estiver incluída no parcelamento, **desde que o pedido de parcelamento tenha sido formalizado antes do recebimento da denúncia criminal**".

O § 3.º, por seu turno, diz que a **prescrição** criminal **não corre** durante o período de suspensão da pretensão punitiva.

Por fim, o § 4.º prevê a extinção da punibilidade dos crimes quando a pessoa física ou a pessoa jurídica relacionada com o agente efetuar o pagamento integral dos débitos oriundos de tributos, inclusive acessórios, que tiverem sido objeto de concessão de parcelamento.

Caso o agente **deixe** de pagar os tributos parcelados, a persecução penal e o prazo prescricional **retomam** seu curso.

16.10. PENA DE MULTA

O art. 8.º da Lei n. 8.137/90 contém um sistema **próprio** quanto aos valores da pena de multa a ser aplicada às pessoas condenadas por crime contra a ordem tributária.

Ocorre que tais valores eram fixados em **BTNs** (Bônus do Tesouro Nacional) e não com base no salário mínimo como ocorre na legislação penal comum. De ver-se, todavia, que as BTNs foram extintas pelo art. 3.º, II, da Lei n. 8.177/91. Assim, atualmente, o critério quanto ao valor do dia-multa nos crimes contra a ordem tributária segue a regra do Código Penal, pois o seu art. 12 diz que "as regras gerais deste Código aplicam-se aos fatos incriminados por lei especial, se esta não dispuser de modo diverso".

De acordo com o art. 49, 1.º, do Código Penal, o valor do dia-multa será fixado pelo juiz, não podendo ser inferior a um trigésimo do maior salário mínimo mensal vigente ao tempo do fato, nem superior a cinco vezes esse salário. Além disso, o art. 10 da Lei n. 8.137/90 dispõe que, "caso o juiz, considerado o ganho ilícito e a situação econômica do réu, verifique a insuficiência ou excessiva onerosidade das penas pecuniárias previstas nesta lei, poderá **diminuí-las** até a décima parte ou **elevá-las** ao décuplo".

16.11. DOS CRIMES CONTRA A ORDEM TRIBUTÁRIA EM ESPÉCIE

16.11.1. Dos crimes praticados por particulares (Seção I)

Os crimes de natureza tributária praticados por particulares estão previstos nos arts. 1.º e 2.º da Seção I da Lei n. 8.137/90.

16 11.1.1. Omissão de informação ou prestação de declaração falsa às autoridades fazendárias

> Art. 1.º Constitui crime contra a ordem tributária suprimir ou reduzir tributo, ou contribuição social e qualquer acessório, mediante as seguintes condutas:
> I — omitir informação, ou prestar declaração falsa às autoridades fazendárias:
> Pena — reclusão de dois a cinco anos, e multa.

1. Objetividade jurídica

O erário, a ordem tributária, a regular arrecadação dos tributos e contribuições sociais.

2. Elementos do tipo

O delito em análise constitui modalidade de falsidade **ideológica** realizada com o intuito de **sonegar** (não informar rendimento tributável, por exemplo) ou **diminuir** (informar valor menor de rendimento tributável, por exemplo) **tributo** ou **contribuição social**. Nesse delito, o contribuinte faz declaração falsa em documento fiscal dirigido à autoridade fazendária (aquele competente para receber as declarações). O crime pode ser praticado de forma omissiva, quando o agente omite declaração que devia constar do documento, ou comissiva, quando presta declaração falsa.

De acordo com o art. 147 do Código Tributário Nacional, "o lançamento é efetuado com base na declaração do sujeito passivo ou de terceiro, quando um ou outro, na forma da legislação tributária, presta à autoridade administrativa informações sobre matéria de fato, indispensáveis à sua efetivação". Assim, comete o crime o contribuinte que omite informações em documento de natureza fiscal (p. ex.: omite rendimento em sua declaração de imposto de renda) ou nele insere declaração falsa (p. ex.: gastos médicos não realizados para abatimento no imposto de renda devido).

Segundo o Superior Tribunal de Justiça, a conduta de quem presta informação falsa na declaração de ajuste anual do Imposto de Renda para reduzir o tributo devido amolda-se ao crime de sonegação fiscal (art. 1.º, I, da Lei n. 8.137/90) e não ao de estelionato (art. 171, § 3.º, do CP), e se tal conduta gerou restituição indevida do imposto retido na fonte isso é apenas consequência do delito, desnecessária para a sua configuração.

É evidente que a punição do agente pressupõe a demonstração do **dolo** — intenção de falsear a verdade para sonegar tributo ou contribuição social. Para o Superior Tribunal de Justiça basta o dolo **genérico**:

> "Nos termos da jurisprudência desta Corte Superior, os crimes de sonegação fiscal e apropriação indébita previdenciária prescindem de dolo específico, sendo suficiente, para a sua caracterização, a presença do dolo genérico consistente na omissão voluntária do recolhimento, no prazo legal, dos valores devidos. Precedentes" (STJ — AgRg no AREsp 1.585.440/SP, Rel. Min. Reynaldo Soares da Fonseca, 5.ª Turma, julgado em 13.4.2020, *DJe* de 15.4.2020).

A definição de cada espécie de tributo e contribuição social é encontrada na legislação tributária (**norma penal em branco**).

Em relação às contribuições sociais **previdenciárias,** existe crime específico no art. 337-A do Código Penal (com a redação da Lei n. 9.983/2000).

3. Sujeito ativo

O contribuinte. A pessoa obrigada a pagar o tributo ou a contribuição social.

4. Sujeito passivo

O Estado representado pela pessoa jurídica de direito público responsável pela arrecadação.

5. Consumação

Após grande controvérsia, o Plenário do Supremo Tribunal Federal publicou a Súmula Vinculante 24, que consagra que "não se tipifica crime material contra a ordem tributária, previsto no art. 1.º, incisos I a IV, da Lei n. 8.137/90, antes do lançamento definitivo do tributo". Isso significa que, se o contribuinte for autuado pela fiscalização tributária e interpuser recurso administrativo questionando a exigibilidade ou o valor do tributo ou da contribuição social, não poderá ele ser acusado pelo crime em estudo antes do julgamento de todos os recursos interpostos. Somente após o trânsito em julgado na esfera administrativa é que poderá ser realizado o lançamento definitivo, e é com esse ato que se considera consumada a infração penal.

Lançamento é o ato administrativo emanado por agente fazendário diante da verificação do fato gerador de um tributo, que materializa o direito da Fazenda ao crédito.

Lembre-se de que, mesmo após o lançamento, o agente poderá quitar o valor devido e os acessórios perante o Fisco, hipótese em que estará extinta a punibilidade, caso o pagamento ocorra antes ou durante o tramitar da ação penal, ou até mesmo após o trânsito em julgado da condenação.

Considerando que o crime só se consuma com o lançamento definitivo, o prazo prescricional somente começa a correr a partir de tal ato.

O Superior Tribunal de Justiça firmou entendimento no sentido de que "o processo criminal não é a via adequada para a impugnação de eventuais nulidades ocorridas no procedimento administrativo-fiscal" (jurisprudência em teses, n. 99, item 4). Assim, após o trânsito em julgado do procedimento administrativo, não é cabível discutir no âmbito da ação penal proposta eventuais nulidades naquele procedimento. Nesse sentido: AgRg no AREsp 469137/RS, Rel. Min. Reynaldo Soares Da Fonseca, 5.ª Turma, julgado em 5.12.2017, *DJe* 13.12.2017; AgRg no AREsp 1058190/RJ, Rel. Min. Rogerio Schietti Cruz, julgado em 21.11.2017, *DJe* 28.11.2017; RHC 037028/SP, Rel. Min. Nefi Cordeiro, julgado em 9.8.2016, *DJe* 23.8.2016; EDcl no AREsp 771666/RJ, Rel. Ministra Maria Thereza de Assis Moura, julgado em 17.12.2015, *DJe* 2.2.2016; AgRg no REsp 1283767/SC, Rel. Min. Laurita Vaz, 5.ª Turma, julgado em 25.3.2014, *DJe* 31.3.2014; AgRg no AREsp 336549/SP, Rel. Min. Marco Aurélio Bellizze, 5.ª Turma, julgado em 13.8.2013, *DJe* 20.8.2013.

6. Tentativa
Possível apenas na modalidade comissiva.

7. Ação penal
Pública incondicionada (art. 15).

16.11.1.2. Fraude à fiscalização tributária mediante declaração falsa em documento ou livro exigido pela lei fiscal

> **Art. 1.º** Constitui crime contra a ordem tributária suprimir ou reduzir tributo, ou contribuição social e qualquer acessório, mediante as seguintes condutas:
> (...)
> II — fraudar a fiscalização tributária, inserindo elementos inexatos, ou omitindo operação de qualquer natureza, em documento ou livro exigido pela lei fiscal:
> Pena — reclusão de dois a cinco anos, e multa.

1. Objetividade jurídica
O erário, a ordem tributária, a regular arrecadação dos tributos e contribuições sociais.

2. Elementos do tipo
Tal como no delito anterior, a conduta típica pode ser **comissiva** (inserir elementos inexatos) ou **omissiva** (de operação de qualquer natureza com consequências tributárias).

É necessário que a conduta recaia em **documento** ou **livro** exigido pela **lei fiscal** (federal, estadual ou municipal). Cuida-se de **norma penal em branco homogênea**, já que depende de complemento encontrado em outra lei.

Na modalidade do inciso I, a omissão ou falsidade recai em declaração entregue pelo contribuinte à autoridade fiscal, ao passo que, neste inciso II, em documentos existentes na empresa (escrituração fiscal).

Constitui crime, por exemplo, a não inserção de vendas na escrituração da empresa ou a escrituração por valor menor a fim de fraudar a fiscalização e, com isso, deixar de pagar ou reduzir tributo.

3. Sujeito ativo

O contribuinte (em regra empresários).

4. Sujeito passivo

O Estado representado pela pessoa jurídica de direito público responsável pela arrecadação.

5. Consumação

De acordo com a Súmula Vinculante 24 do STF, o crime só se consuma no momento do lançamento definitivo (ver comentários ao art. 1.º, I).

6. Tentativa

Possível na modalidade comissiva.

7. Ação penal

Pública incondicionada (art. 15).

16.11.1.3. Falsidade material de documento relativo à operação tributável

> **Art. 1.º** Constitui crime contra a ordem tributária suprimir ou reduzir tributo, ou contribuição social e qualquer acessório, mediante as seguintes condutas:
> (...)
> III — falsificar ou alterar nota fiscal, fatura, duplicata, nota de venda, ou qualquer outro documento relativo à operação tributável;
> Pena — reclusão de dois a cinco anos, e multa.

1. Objetividade jurídica

O erário, a ordem tributária, a regular arrecadação dos tributos e contribuições sociais.

2. Elementos do tipo

Cuida-se de espécie de falsidade **material de documento (falso que recai nos elementos de formação)** realizada com o fito de suprimir ou reduzir tributo ou contribuição social. As condutas típicas são **falsificar** (criar documento falso no todo ou em parte) ou **alterar** (modificar documento fiscal verdadeiro preexistente).

É necessário que a conduta recaia sobre nota fiscal, fatura, duplicata, nota de venda ou qualquer outro documento relativo à operação tributável.

Se o próprio empresário emite **nota fiscal verdadeira** de sua loja com valor menor, sua falsidade configura o crime do art. 1.º, V. A mesma tipificação verifica-se quando ele deixa dolosamente de emiti-la.

Caso se trate de **duplicata** que não corresponda à venda ou ao serviço prestado, existe crime específico chamado **duplicada simulada** (art. 172 do CP). Reitere-se, pois, que a diferença em relação ao delito em questão (art. 1.º, III) é que, neste, a falsidade é **material**.

3. Sujeito ativo
O contribuinte (em regra empresários).

4. Sujeito passivo
O Estado, representado pela pessoa jurídica de direito público responsável pela arrecadação.

5. Consumação
De acordo com a Súmula Vinculante 24 do STF, o crime só se consuma no momento do lançamento definitivo (ver comentários ao art. 1.º, I).

6. Tentativa
É possível.

7. Ação penal
Pública incondicionada (art. 15).

16.11.1.4. *Elaboração, distribuição, fornecimento, emissão ou utilização de documento falso ou inexato*

> **Art. 1.º** Constitui crime contra a ordem tributária suprimir ou reduzir tributo, ou contribuição social e qualquer acessório, mediante as seguintes condutas:
> (...)
> IV — elaborar, distribuir, fornecer, emitir ou utilizar documento que saiba ou deva saber falso ou inexato;
> Pena — reclusão de dois a cinco anos, e multa.

1. Objetividade jurídica
O erário, a ordem tributária, a regular arrecadação dos tributos e contribuições sociais.

2. Elementos do tipo
Considerando que em dispositivos anteriores estão tipificadas condutas equivalentes à falsidade ideológica e material por parte do próprio contribuinte (visando à sonegação ou redução de tributo), conclui-se que, no crime em análise, o legislador visa punir outras pessoas (terceiros) que se dedicam ao comércio de notas "frias".

Os talonários dessas notas "frias", em regra, são confeccionados em gráficas clandestinas com informações falsas (CNPJ, endereço etc.) relacionadas a empresas inexistentes ou que estão em nome de "laranjas".

O crime ocorre quando o agente elabora, emite, distribui ou fornece um desses documentos. Como o *caput* do art. 1.º exige dolo de suprimir ou reduzir tributo, resta evidente que o sujeito ativo o faz com a intenção de comercializar referidas notas "frias" com empresários mal-intencionados que as utilizarão fraudulentamente (como se integrassem seus custos) para abater o valor em sua tributação. O contribuinte que atue dessa maneira cometerá também o delito, já que o tipo penal prevê a conduta "utilizar" qualquer desses documentos falsos ou inexatos.

A adoção do sistema de **notas fiscais eletrônicas** inibe consideravelmente essa espécie de conduta criminosa.

O elemento subjetivo é o dolo de sonegar ou reduzir tributo ou contribuição social (ou de colaborar para tanto). Por isso, o tipo penal exige que o agente saiba da falsidade ou da inexatidão do documento (dolo direto) ou que, ao menos, deva saber disso (dolo eventual).

3. Sujeito ativo

Pode ser qualquer pessoa.

4. Sujeito passivo

O Estado, representado pela pessoa jurídica de direito público responsável pela arrecadação.

5. Consumação

De acordo com a Súmula Vinculante 24 do STF, o crime só se consuma no momento do lançamento definitivo (ver comentários ao art. 1.º, I).

6. Tentativa

É possível.

7. Ação penal

Pública incondicionada (art. 15).

16.11.1.5. *Recusa ou omissão no fornecimento de nota fiscal ou documento equivalente*

> **Art. 1.º** Constitui crime contra a ordem tributária suprimir ou reduzir tributo, ou contribuição social e qualquer acessório, mediante as seguintes condutas:
> (...)
> V — negar ou deixar de fornecer, quando obrigatório, nota fiscal ou documento equivalente, relativa a venda de mercadoria ou prestação de serviço, efetivamente realizada, ou fornecê-la em desacordo com a legislação.
> Pena — reclusão de dois a cinco anos, e multa.

1. Objetividade jurídica

O erário, a ordem tributária, a regular arrecadação dos tributos e contribuições sociais.

2. Elementos do tipo

Na primeira modalidade criminosa, o agente expressamente nega-se a emitir a nota fiscal ou o documento equivalente relativo à venda de mercadoria ou prestação de consumo. Lembre-se de que é pela emissão da nota fiscal que a Fazenda consegue fiscalizar o pagamento de certos tributos, como o ICMS, de modo que a não emissão gera a sonegação.

A segunda conduta típica é omissiva, qual seja deixar de fornecer ao consumidor a nota fiscal ou o documento equivalente quando obrigado a fazê-lo.

Por fim, incrimina o legislador a conduta de emitir um desses documentos em desacordo com a legislação (norma penal em **branco**).

Lembre-se de que só existe o crime quando as condutas são realizadas com a específica **intenção** de sonegar ou reduzir tributo ou contribuição social. Assim, se o agente emite a nota, mas não a entrega ao consumidor, ou se simplesmente não a emite, porém lança a venda em sua escrituração e paga o imposto, não se configura a infração penal, que pressupõe a supressão ou redução do tributo.

3. Sujeito ativo

O vendedor ou prestador de serviço.

4. Sujeito passivo

O Estado e o comprador ou tomador do serviço.

5. Consumação

No momento da omissão. Saliente-se que a Súmula Vinculante 24 do Supremo Tribunal não se aplica a esta modalidade de crime tributário, já que referida súmula expressamente menciona sua aplicação apenas aos crimes dos incisos I a IV do art. 1.º da Lei n. 8.137/90. Nesse sentido o entendimento do Superior Tribunal de Justiça — jurisprudência em teses n. 90, item 10: "O delito do art. 1.º, inciso V, da Lei n. 8.137/90 é formal e prescinde do processo administrativo-fiscal para o desencadeamento da persecução penal, não se sujeitando aos termos da súmula vinculante n. 24 do STF". Julgados: RHC 76937/MG, Rel. Min. Reynaldo Soares da Fonseca, 5.ª Turma, julgado em 21.2.2017, *DJe* 24.2.2017; REsp 1377513/DF, Rel. Min. Rogerio Schietti Cruz, 6.ª Turma, julgado em 14.2.2017, *DJe* 23.2.2017; AgRg no REsp 1477691/DF, Rel. Min. Nefi Cordeiro, 6.ª Turma, julgado em 11.10.2016, *DJe* 28.10.2016; RHC 31062/DF, Rel. Min. Ribeiro Dantas, 5.ª Turma, julgado em 2.8.2016, *DJe* 12.8.2016; AgRg no REsp 1534688/SP, Rel. Min. Maria Thereza De Assis Moura, 6.ª Turma, julgado em 15.3.2016, *DJe* 28.3.2016; HC 232877/CE, Rel. Ministra Laurita Vaz, 5.ª Turma, julgado em 26.8.2014, *DJe* 2.9.2014.

6. Tentativa

Possível apenas na última figura.

7. Ação penal
Pública incondicionada (art. 15).

16.11.1.6. Desobediência à exigência de apresentação de documentos fiscais

> **Art. 1.º, parágrafo único** — A falta de atendimento da exigência da autoridade, no prazo de dez dias, que poderá ser convertido em horas em razão da maior ou menor complexidade da matéria ou da dificuldade quanto ao atendimento da exigência, caracteriza a infração prevista no inciso V.

1. Objetividade jurídica
O poder fiscalizatório dos agentes fazendários.

2. Elementos do tipo
A redação do dispositivo causa a errônea impressão de que a presente infração penal tem alguma relação com o delito do art. 1.º, V. A equiparação, entretanto, diz respeito somente ao montante da pena. O delito em questão é, em verdade, uma espécie autônoma do crime de **desobediência** consistente em não apresentar determinados documentos quando **exigidos** pela fiscalização fazendária.

Para que se possa cogitar do delito é necessário que a autoridade fazendária tenha expedido **notificação** ao contribuinte, estabelecendo prazo para a apresentação de documentos, livros, arquivos, papéis etc. Em regra, esse prazo é de **dez dias**, mas, dependendo da maior ou menor complexidade da matéria ou da dificuldade da exigência, poderá ser transformado em horas.

O ilícito penal é puramente **omissivo** e consiste em, dolosamente, não atender à exigência da autoridade na apresentação da documentação necessária à fiscalização.

Tendo em vista o que dispõe o *caput* do art. 1.º, é necessário que a finalidade do contribuinte seja a de sonegar ou reduzir tributo ou contribuição social.

Existe entendimento de que a punição da conduta em estudo fere o princípio do privilégio contra a autoincriminação, segundo a qual ninguém pode ser obrigado a fazer prova contra si mesmo. Caberá ao Supremo Tribunal Federal definir se há ou não inconstitucionalidade no dispositivo.

3. Sujeito ativo
O contribuinte notificado ao apresentar a documentação.

4. Sujeito passivo
O Estado, representado pela pessoa jurídica de direito público responsável pela arrecadação.

5. Consumação
No momento em que se encerra o prazo estabelecido, ainda que não haja prejuízo financeiro ao erário. Há, porém, entendimento no sentido de que o delito só se configura se, além da desobediência, ficar efetivamente demonstrada a sonegação (STJ, REsp

1.113.460, Rel. Min. Celso Limongi, 6.ª Turma, j. 24.11.2009, *DJe* 14.12.2009). Tal entendimento, todavia, não faz sentido, porque, caso tenha havido a sonegação dolosa, já estará tipificada uma das condutas descritas nos incisos do art. 1.º.

Saliente-se que a Súmula Vinculante 24 do Supremo Tribunal não se aplica a esta modalidade de crime tributário, já que referida súmula expressamente menciona sua aplicação apenas aos crimes dos incisos I a IV do art. 1.º da Lei n. 8.137/90.

6. Tentativa
Por se tratar de crime omissivo próprio, não admite a tentativa.

7. Ação penal
Pública incondicionada (art. 15).

16.11.1.7. Causas de aumento de pena
De acordo com o art. 12 da Lei n. 8.137/90, o juiz pode aumentar a pena de **1/3 até a metade** se o crime tributário:

I — **ocasionar o delito grave dano à coletividade**.

O dispositivo evidentemente refere-se às sonegações de valores elevados.

De acordo com o Superior Tribunal de Justiça (jurisprudência em teses n. 90, item 1), "expressivo valor do tributo sonegado pode ser considerado fundamento idôneo para amparar a majoração da pena prevista no inciso I do art.12 da Lei n. 8.137/90". Julgados: AgRg no AREsp 221023/RS, Rel. Min. Rogerio Schietti Cruz, julgado em 8.11.2016, *DJe* 21.11.2016AgRg nos EDcl no AREsp 465222/SC, Rel. Min. Reynaldo Soares da Fonseca, 5.ª Turma, julgado em 23.8.2016, *DJe* 29.8.2016 AgRg no REsp 1445217/PE, Rel. Min. Felix Fischer, 5.ª Turma, julgado em 17.11.2015, *DJe* 25.11.2015; AgRg no REsp 1274989/RS, Rel. Ministra Laurita Vaz, 5.ª Turma, julgado em 19.8.2014, *DJe* 28.8.2014 REsp 1325685/RS, Rel. Min. Maria Thereza de Assis Moura, julgado em 7.8.2014, *DJe* 21.8.2014AgRg no REsp 1169589/ES, Rel. Min. Marco Aurélio Bellizze, 5.ª Turma, julgado em 4.2.2014, *DJe* 10.2.2014.

Ainda segundo o Superior Tribunal de Justiça, o magistrado **poderá** aplicar a majorante mesmo que o Ministério Público não tenha mencionado na capitulação do crime o art. 12, I, da Lei n. 8.137/90, desde que conste da denúncia o elevado valor sonegado. Na hipótese, aplicável a regra do art. 383 do Código de Processo Penal. Nesse sentido, veja-se jurisprudência em teses do Superior Tribunal de Justiça, edição n. 90, item 2: "É possível que o magistrado, na sentença, proceda à *emendatio libelli*, majorando a pena em razão da causa de aumento prevista no art. 12, I, da Lei n. 8.137/90, quando houver na denúncia expressa indicação do montante do valor sonegado". Julgados: AgRg no HC 171371/MG, Rel. Min. Rogerio Schietti Cruz, julgado em 16.3.2017, *DJe* 23.3.2017; REsp 1498157/DF, Rel. Min. Sebastião Reis Júnior, Rel. p/ Acórdão Ministro Nefi Cordeiro, julgado em 9.12.2014, *DJe* 3.2.2015 AgRg no REsp 1368120/AL, Rel. Min. Moura Ribeiro, 5.ª Turma, julgado em 10.6.2014, *DJe* 17.6.2014; EDcl no AgRg no AREsp 101055/ES, Rel. Min. Laurita Vaz, 5.ª Turma, julgado em 18.2.2014, *DJe* 7.3.2014; HC 235487/SP, Rel. Min. Campos Marques (Desembargador Convocado do TJ/PR), 5.ª

Turma, julgado em 20.6.2013, *DJe* 28.6.2013, REsp 1050991/RS, Rel. Min. Felix Fischer, 5.ª Turma, julgado em 5.2.2009, *DJe* 23.3.2009.

II — **for cometido por servidor público no exercício de suas funções.**

Nesse ponto, o dispositivo não faz sentido, porque os crimes previstos no art. 1.º são praticados por particulares. O legislador provavelmente quis se referir ao funcionário público como partícipe da infração penal;

III — **for praticado em relação à prestação de serviços ou ao comércio de bens essenciais à vida ou à saúde.**

A pena pode ser majorada, por exemplo, quando o delito for relacionado a insumos hospitalares, ou medicamentos.

16.11.1.8. Concurso de crimes

O art. 1.º da Lei n. 8.137/90 contém diversas condutas fraudulentas enumeradas de forma **alternativa** (tipo misto alternativo). Assim, a realização de **uma** das condutas já é suficiente para a configuração da infração penal, mas a prática de mais de uma delas a fim de sonegar o mesmo tributo constitui crime único.

Ademais, se o agente realiza uma só conduta fraudulenta, mas com isso sonega mais de um tributo, haverá também crime único, e não concurso formal, de acordo com o entendimento do Superior Tribunal de Justiça:

> "1. No crime de sonegação fiscal o bem jurídico tutelado não é o patrimônio ou erário de cada pessoa jurídica de direito público titular de competência para instituir e arrecadar tributos — fiscais (entes federativos) ou parafiscais (entidades autárquicas) —, mas, sim, a ordem jurídica tributária como um todo. 2. A conduta consistente em praticar qualquer uma ou todas as modalidades descritas nos incisos I a V do art. 1.º da Lei n. 8.137/90 (crime misto alternativo) conduz à consumação de crime de sonegação fiscal quando houver supressão ou redução de tributo, pouco importando se atingidos um ou mais impostos ou contribuições sociais. 3. Não há concurso formal, mas crime único, na hipótese em que o contribuinte, numa única conduta, declara Imposto de Renda de Pessoa Jurídica com a inserção de dados falsos, ainda que tal conduta tenha obstado o lançamento de mais de um tributo ou contribuição. 4. Recurso improvido" (REsp 1.294.687/PE, Rel. Min. Maria Thereza de Assis Moura, 6.ª Turma, j. 15.10.2013, *DJe* 24.10.2013).

16.11.2. Crimes da mesma natureza (art. 2.º)

Os delitos previstos neste artigo são também cometidos por particulares, uma vez que o *caput* do art. 2.º (único dispositivo desta Seção) diz expressamente que os crimes aqui contidos possuem a mesma natureza daqueles descritos no dispositivo anterior.

16.11.2.1. Declaração falsa de renda ou omissão de declaração

> Art. 2.º Constitui crime da mesma natureza:
> I — fazer declaração falsa ou omitir declaração sobre rendas, bens ou fatos, ou empregar outra fraude, para eximir-se, total ou parcialmente, de pagamento de tributo;
> Pena — detenção, de seis meses a dois anos, e multa.

1. Objetividade jurídica

O erário público, a ordem tributária, a regular arrecadação dos tributos e contribuições sociais.

2. Elementos do tipo

O dispositivo em questão possui redação semelhante à do art. 1.º, I, da Lei n. 8.137/90. A diferença, de acordo com a jurisprudência, reside no fato de o crime em análise ser **formal**, dispensando a efetiva redução ou supressão do tributo visada pelo agente. Assim, quando ocorre o resultado, o crime é o do art. 1.º (que é mais grave), e, quando não ocorre, tipifica-se este do art. 2.º. Nesse sentido o entendimento do Superior Tribunal de Justiça:

> "A conduta típica albergada no inciso I do art. 2.º da Lei n. 8.137/90, consistente em fazer declaração falsa ou omitir declaração sobre rendas, para eximir-se, total ou parcialmente, do pagamento do tributo, trata-se de crime formal, vale dizer, independe de um resultado naturalístico para sua consumação, sendo que sua aplicabilidade se dá justamente naqueles casos em que a **apuração fiscal identificou a omissão ou a declaração falsa antes do dano**. A finalidade da conduta prevista no art. 2.º, inciso I, é eximir-se do pagamento (total ou parcialmente) do tributo devido, de modo que, caso haja a descoberta anterior à produção do resultado pretendido (delito-fim previsto no art. 1.º), pelos órgãos de fiscalização, estará configurado o delito do art. 2.º (delito-meio)" (REsp 1.177.354/MT, Rel. Min. Laurita Vaz, 5.ª Turma, j. 15.10.2013, *DJe* 25.10.2013).

3. Sujeito ativo

O contribuinte. A pessoa obrigada a pagar o tributo ou a contribuição social.

4. Sujeito passivo

O Estado representado pela pessoa jurídica de direito público responsável pela arrecadação.

5. Consumação

No momento da fraude. Por se tratar de crime **formal**, independe da obtenção do resultado almejado (a sonegação fiscal).

6. Tentativa

Possível na modalidade comissiva.

7. Ação penal

É pública incondicionada, de competência do Juizado Especial Criminal (pena máxima de dois anos).

16.11.2.2. *Omissão no recolhimento de tributo ou contribuição social descontados de terceiro*

> Art. 2.º Constitui crime da mesma natureza:
> (...)

> II — deixar de recolher, no prazo legal, valor de tributo ou de contribuição social, descontado ou cobrado, na qualidade de sujeito passivo de obrigação e que deveria recolher aos cofres públicos;
> Pena — detenção, de seis meses a dois anos, e multa.

1. Objetividade jurídica

O erário, a ordem tributária, a regular arrecadação dos tributos e contribuições sociais.

2. Elementos do tipo

Neste delito, o agente retém de terceiro o imposto que por este é devido e, tendo por obrigação repassá-lo aos cofres públicos, deixa de fazê-lo. Em suma, o substituto tributário, dolosamente (a fim de se locupletar), deixa de repassar os valores descontados de terceiro à Fazenda. Comete o crime, por exemplo, o empregador que desconta o imposto de renda do salário dos empregados e não o repassa à Fazenda. Em tal caso, o empregador é o responsável pelo recolhimento do tributo descontado do salário do empregado, contudo, **intencionalmente**, deixa de efetuar o repasse dentro do prazo.

O Supremo Tribunal Federal, no julgamento do tema 937, com repercussão geral reconhecida, aprovou a seguinte tese: "É constitucional o tipo penal previsto no art. 2.º, inc, II da Lei n. 8.137/1990, por não se configurar a conduta nele descrita como mero ilícito civil".

O Superior Tribunal de Justiça tinha interpretação no sentido de que, para a configuração do delito bastaria o dolo genérico:

> "Em crimes de sonegação fiscal e de apropriação indébita de contribuição previdenciária, este Superior Tribunal de Justiça pacificou a orientação no sentido de que sua comprovação prescinde de dolo específico sendo suficiente, para a sua caracterização, a presença do dolo genérico" (STJ — AgRg nos EDcl no HC 641.382/SC, Rel. Min. Olindo Menezes (Desembargador Convocado do TRF 1.ª Região), 6.ª Turma, julgado em 18.5.2021, *DJe* de 21.5.2021).

Ocorre que o Supremo Tribunal Federal, por seu Plenário, afirmou que "o contribuinte que deixa de recolher, de forma contumaz e com dolo de apropriação, o ICMS cobrado do adquirente da mercadoria ou serviço incide no tipo penal do art. 2.º, II, da Lei n. 8.137/1990" (STF — RHC 163.334/SC, Rel. Min. Roberto Barroso, Plenário, julgado em 18.12.2019).

Em razão disso, o Superior Tribunal de Justiça passou a entender ser necessário o dolo **específico**:

> "Consoante o entendimento do Supremo Tribunal Federal, 'o contribuinte que deixa de recolher, de forma contumaz e com dolo de apropriação, o ICMS cobrado do adquirente da mercadoria ou serviço incide no tipo penal do art. 2.º, II, da Lei n. 8.137/1990' (RHC 163.334/SC, Rel. Min. Roberto Barroso, Tribunal Pleno, julgado em 18.12.2019, *DJe* 12.11.2020). 3. Considerando que no acórdão recorrido apenas evidenciou o dolo genérico, sem, contudo, apontar o dolo de apropriação, deve ser reconhecida a absolvição (AgRg no REsp 1943290/SC, Rel. Min. Ribeiro Dantas, 5.ª Turma, julgado em 28.9.2021, *DJe* 4.10.2021) 4. Agravo regimental provido. Concessão do *habeas corpus*. Absolvição dos agravantes do crime previsto no art. 2.º, II, da Lei n. 8.137/1990 (art. 386, VII — CPP)" (STJ — AgRg no HC 675.289/SC, Rel. Min. Olindo Menezes (Desembargador Convocado do TRF 1.ª Região), 6.ª Turma, julgado em 16.11.2021, *DJe* de 19.11.2021).

Saliente-se que, caso se trate de contribuição **previdenciária** descontada pelo patrão do salário de seus empregados, a omissão no repasse configura o crime do art. 168-A do CP, com a redação dada pela Lei n. 9.983/2000 (apropriação indébita previdenciária).

3. Sujeito ativo

Somente aqueles que descontam ou cobram o tributo ou a contribuição social de terceiro (e não o repassam aos cofres públicos).

4. Sujeito passivo

O Estado, representado pela pessoa jurídica de direito público responsável pela arrecadação. Secundariamente, o contribuinte de quem os valores foram descontados.

5. Consumação

Com o término do prazo legal estipulado para o recolhimento.

Não é necessário aguardar o lançamento definitivo nas condutas previstas no art. 2.º da Lei n. 8.137/90. Nesse sentido:

"1. 'O crime do art. 2°, II, da Lei n. 8.137/1990 é de natureza formal e prescinde da constituição definitiva do crédito tributário para sua configuração. Não incidência da Súmula Vinculante n. 24 do STF. Precedente' (Agrg no Aresp 1121680/GO, Rel. Min. Rogério Schietti Cruz, 6.ª Turma, *DJe* 21.11.2018) 2. No caso, tratando-se de crime formal, a contagem do prazo prescricional é a data em que o último crime se consumou (art. 111, i, do Código Penal), ou seja, em 31.12.2013" (STJ — RHC N. 114.513/SP, Rel. Min. Ribeiro Dantas, 5.ª Turma, julgado em 27.8.2019, *DJe* de 2.9.2019).

6. Tentativa

Inviável, por se tratar de crime omissivo próprio.

7. Ação penal

É pública incondicionada, de competência do Juizado Especial Criminal (pena máxima de dois anos).

16.11.2.3. Exigência, pagamento ou recebimento de percentagem sobre incentivo fiscal

> Art. 2.º Constitui crime da mesma natureza:
> (...)
> III — exigir, pagar ou receber, para si ou para o contribuinte beneficiário, qualquer percentagem sobre a parcela dedutível ou deduzida de imposto ou de contribuição como incentivo fiscal;
> Pena — detenção, de seis meses a dois anos, e multa.

1. Objetividade jurídica

O erário, a ordem tributária, a regular arrecadação dos tributos e contribuições sociais.

2. Elementos do tipo

Incentivo fiscal é um mecanismo que visa custear projetos sociais, artísticos, esportivos ou o desenvolvimento de certas regiões ou áreas econômicas. Por meio dele, o governo permite que o contribuinte invista diretamente em atividades que geram algum tipo de ganho social, abatendo o valor de sua tributação.

O crime em análise constitui espécie de corrupção passiva ou concussão (praticadas, contudo, por particulares), em que o contribuinte beneficiário ou algum intermediário exige, paga ou recebe uma porcentagem sobre o valor deduzido ou dedutível do imposto ou contribuição social como incentivo fiscal.

3. Sujeito ativo

Qualquer das pessoas mencionadas no parágrafo anterior.

4. Sujeito passivo

O Estado e o particular a quem tenha sido exigida a percentagem.

5. Consumação

No momento da exigência, ainda que o agente nada receba. Nas modalidades "pagar" e "receber", consuma-se no momento em que realizada a conduta típica.

6. Tentativa

É inviável apenas na modalidade "exigir" quando feita verbalmente.

7. Ação penal

É pública incondicionada, de competência do Juizado Especial Criminal (pena máxima de dois anos).

16.11.2.4. Omissão ou aplicação indevida de incentivo fiscal

> Art. 2.º Constitui crime da mesma natureza:
> (...)
> IV — deixar de aplicar, ou aplicar em desacordo com o estatuído, incentivo fiscal ou parcelas de imposto liberadas por órgão ou entidade de desenvolvimento;
> Pena — detenção, de seis meses a dois anos, e multa.

1. Objetividade jurídica

O erário. A correta aplicação dos incentivos fiscais.

2. Elementos do tipo

Incentivo fiscal, conforme já mencionado, é um mecanismo que visa custear projetos sociais, artísticos, esportivos ou o desenvolvimento de certas regiões ou áreas econômicas. Por meio dele o governo permite que o contribuinte invista diretamente em atividades que geram algum tipo de ganho social, abatendo o valor de seu imposto.

O delito consiste em não aplicar os valores recebidos como incentivo fiscal ou aplicá-los em desacordo com o **texto legal** ou **contrato**. Também se materializa o delito quando a conduta recai em parcela de imposto liberada por órgão ou entidade de desenvolvimento. Ex.: Sudene.

Comete o delito, por exemplo, o empresário que recebe isenção para implantação de indústria em certa região do País e não o faz.

3. Sujeito ativo

O beneficiário do incentivo fiscal e os que seriam beneficiados com sua correta aplicação.

4. Sujeito passivo

O Estado.

5. Consumação

Na modalidade omissiva, com o término do prazo para a aplicação do incentivo. Na modalidade comissiva, quando o agente aplica o incentivo fiscal ou as parcelas de imposto liberadas por órgão ou entidade de desenvolvimento em desacordo com o estatuído por lei ou por contrato.

6. Tentativa

Possível somente na modalidade comissiva.

7. Ação penal

É pública incondicionada, de competência do Juizado Especial Criminal (pena máxima de dois anos).

16.11.2.5. *Contabilidade paralela mediante uso ou divulgação indevida de programação de processamento de dados*

> Art. 2.º Constitui crime da mesma natureza:
> (...)
> V — utilizar ou divulgar programa de processamento de dados que permita ao sujeito passivo da obrigação tributária possuir informação contábil diversa daquela que é, por lei, fornecida à Fazenda Pública.
> Pena — detenção, de seis meses a dois anos, e multa.

1. Objetividade jurídica

A veracidade das informações contábeis que devem ser prestadas à Fazenda Pública.

2. Elementos do tipo

Premissa do delito é a existência de **programa de processamento** de dados que permita ao contribuinte manter contabilidade paralela — diversa daquela fornecida ao Fisco. Referido programa, em suma, permite que o contribuinte mantenha informações não constantes de sua contabilidade oficial que, por lei, é fornecida à Fazenda.

O crime por parte do contribuinte consiste em usar tal programa a fim de reduzir ou sonegar tributo. Pune-se, também, a pessoa interessada na comercialização desses tipos de programas que divulga sua existência.

3. Sujeito ativo
O contribuinte e as outras pessoas que utilizem ou divulguem o programa de processamento de dados.

4. Sujeito passivo
O Estado.

5. Consumação.
Com a utilização ou divulgação do programa de processamento de dados, independentemente de qualquer resultado. Caso ocorra efetivamente a sonegação, o agente estará incurso no art. 1.º, que tem pena mais grave.

6. Tentativa
É possível.

7. Ação penal
É pública incondicionada, de competência do Juizado Especial Criminal (pena máxima de dois anos).

16.11.2.6. Causas de aumento de pena

De acordo com o art. 12 da Lei n. 8.137/90, pode agravar de 1/3 até a metade as penas previstas no art. 2.º o fato de:

I — **ocasionar o delito grave dano à coletividade**.
O dispositivo é aplicável em sonegações de grande valor.
II — **ser o crime cometido por servidor público no exercício de suas funções**.
Nesta parte o dispositivo não faz sentido porque os crimes previstos no art. 2.º são praticados por particulares. O legislador provavelmente quis se referir ao funcionário público como partícipe da infração penal;
III — **ser o crime praticado em relação à prestação de serviços ou ao comércio de bens essenciais à vida ou à saúde**.
A pena pode ser majorada, por exemplo, quando o delito for relacionado a insumos hospitalares, ou medicamentos.

16.11.3. Dos crimes praticados por funcionários públicos (Seção II)

16.11.3.1. Extravio, sonegação ou inutilização de livro, processo ou outro documento fiscal

> **Art. 3.º** Constitui crime funcional contra a ordem tributária, além dos previstos no Decreto-Lei n. 2.848, de 7 de dezembro de 1940 — Código Penal (Título XI, Capítulo I):
> I — extraviar livro oficial, processo fiscal ou qualquer documento, de que tenha a guarda em razão da função; sonegá-lo, ou inutilizá-lo, total ou parcialmente, acarretando pagamento indevido ou inexato de tributo ou contribuição social:

> Pena — reclusão, de três a oito anos, e multa.

1. Objetividade jurídica
A Administração Pública e a ordem tributária.

2. Elementos do tipo
São três as condutas típicas:

a) **extraviar**: fazer desaparecer, ocultar;

b) **sonegar**: sinônimo de não apresentar, não exibir quando alguém o solicita;

c) **inutilizar**: tornar imprestável.

É necessário que recaia sobre:

a) **livro oficial**;

b) **processo fiscal**;

c) **qualquer documento relativo a tributo**.

Nos termos da lei, o crime subsiste ainda que a conduta atinja **parcialmente** o livro, processo ou documento.

É também preciso que o **funcionário público** tenha a **guarda** de qualquer dos objetos materiais **em razão de sua função**.

Não há qualquer dúvida de que o delito em questão tem como premissa a específica **intenção** por parte do funcionário de extraviar, sonegar ou inutilizar o documento, livro etc. Não existe modalidade culposa.

O tipo penal exige, por fim, que, em **razão da conduta típica**, sobrevenha um dos seguintes resultados:

a) **pagamento indevido de tributo ou contribuição social**;

b) **pagamento inexato de tributo ou contribuição social**.

Note-se que existe a infração penal ainda que o contribuinte pague mais tributo do que devia.

3. Sujeito ativo
Trata-se de crime **próprio**, que só pode ser cometido pelo funcionário responsável pela guarda do livro ou documento.

4. Sujeito passivo
O Estado e, eventualmente, o contribuinte.

5. Consumação
O texto legal é expresso no sentido de que se trata de crime **material** que só se consuma com a superveniência concreta do resultado: pagamento indevido ou inexato de tributo ou contribuição social.

6. Tentativa
É possível.

7. Ação penal
Pública incondicionada.

16.11.3.2. Concussão e corrupção passiva tributárias

> **Art. 3.º** Constitui crime funcional contra a ordem tributária, além dos previstos no Decreto-Lei n. 2.848, de 7 de dezembro de 1940 — Código Penal (Título XI, Capítulo I):
> (...)
> II — exigir, solicitar ou receber, para si ou para outrem, direta ou indiretamente, ainda que fora da função ou antes de iniciar seu exercício, mas em razão dela, vantagem indevida; ou aceitar promessa de tal vantagem, para deixar de lançar ou cobrar tributo ou contribuição social, ou cobrá-los parcialmente.
> Pena — reclusão, de três a oito anos, e multa.

1. Objetividade Jurídica

A Administração Pública e a ordem tributária.

2. Elementos do tipo

Quando o agente **exige** a vantagem indevida incorre em crime de **concussão**.

Nas demais modalidades, a conduta é classificada como **corrupção passiva** (solicitar, receber ou aceitar promessa de vantagem indevida).

Na **concussão**, o funcionário público constrange, exige a vantagem indevida. A vítima, temendo alguma represália, cede à exigência. Ex.: ameaçar lavrar uma multa. Em tal caso, o **contribuinte** é também sujeito **passivo** do delito e, caso entregue a vantagem por se sentir ameaçado, **não** incorre em qualquer infração penal.

Na **corrupção passiva** (em sua primeira figura), há mero pedido, mera **solicitação**. Na corrupção passiva, a vantagem deve ser indevida porque tem a finalidade de fazer com que o funcionário público beneficie alguém em seu trabalho por meio de ações ou omissões (deixar de lançar tributo ou contribuição social ou lançá-los em valor menor). Ocorre uma espécie de troca entre a vantagem indevida visada pelo agente público e a ação ou omissão funcional que beneficiará o terceiro. Exs.: receber dinheiro para não autuar o autor de sonegação fiscal.

Receber, por sua vez, significa entrar na posse, e aceitar promessa é concordar com a proposta feita pelo contribuinte.

Na solicitação, a conduta inicial é do funcionário público. Ele é quem pede algo ao contribuinte.

No recebimento ou na aceitação de promessa, a conduta inicial é do contribuinte (particular). Nesses casos, o funcionário responderá por corrupção passiva e o particular por corrupção ativa (art. 333 do CP). Ex.: contribuinte oferece cem mil reais para o fiscal não lavrar uma autuação por sonegação de imposto e o fiscal aceita a proposta.

Para que exista o crime, é necessário que a vantagem seja **indevida**. Para Damásio de Jesus[2], Nélson Hungria[3] e Magalhães Noronha[4] esta deve ser vantagem **patrimonial**. Já para Júlio Fabbrini Mirabete[5] e Fernando Capez[6] ela pode ser de **qualquer espécie**, uma vez que a lei não faz distinção. Ex.: proveitos patrimoniais, sentimentais, de vaidade, sexuais etc.

---

[2] JESUS, Damásio de. *Direito penal*. 10. ed. São Paulo: Saraiva, 2000. v. 4.
[3] HUNGRIA, Nélson. *Comentários ao Código Penal*. 2. ed. Rio de Janeiro: Forense, 1959. v. IX.
[4] NORONHA, E. Magalhães. *Direito penal*. 20. ed. São Paulo: Saraiva, 1995. v. 4.
[5] MIRABETE, Julio Fabbrini. *Manual de direito penal*. 14. ed. São Paulo: Atlas, 2000. v. 3.
[6] CAPEZ, Fernando. *Curso de direito penal*. São Paulo: Saraiva, 2004. v. 3.

O agente deve visar ao proveito para ele próprio ou para terceira pessoa.

A exigência ou solicitação pode ser ainda:

a) **direta**: quando o funcionário público a formula na presença da vítima, sem deixar qualquer margem de dúvida de que está querendo uma vantagem indevida;

b) **indireta**: o funcionário se vale de uma terceira pessoa para que a exigência ou solicitação chegue ao conhecimento da vítima ou a faz de forma velada, capciosa, ou seja, o funcionário público não fala que quer a vantagem, mas deixa isso implícito.

3. Sujeito ativo

Trata-se de crime **próprio** que só pode ser cometido por funcionário público da área fazendária. Com efeito, para que exista o crime em questão é preciso que a conduta típica vise ao não lançamento de tributo ou contribuição social ou à cobrança menor de qualquer deles.

Não é necessário que o funcionário público esteja trabalhando no momento da conduta típica. O próprio tipo diz que ele pode estar **fora** da função (horário de descanso, férias, licença) ou, até mesmo, nem tê-la **assumido** (quando já passou no concurso, mas ainda não tomou posse, por exemplo).

4. Sujeito passivo

O Estado. No caso da concussão, também o contribuinte a quem foi feita a exigência.

5. Consumação

A concussão consuma-se no momento em que a exigência chega ao conhecimento da vítima, independentemente da efetiva obtenção da vantagem visada. Trata-se de crime **formal**. A obtenção da vantagem é mero **exaurimento**.

A corrupção passiva consuma-se no momento em que o funcionário solicita, recebe ou aceita a vantagem. Na modalidade solicitar, pouco importa se o funcionário público efetivamente obtém a vantagem visada. Nas demais, é irrelevante que pratique ou não algum ato em face dessa vantagem.

6. Tentativa

Na concussão é possível. Ex.: a) o funcionário pede para terceiro fazer a exigência à vítima, mas ele morre antes de encontrá-la; b) o funcionário remete uma carta contendo a exigência e esta se extravia.

A corrupção passiva é possível na modalidade solicitar (e quando feita por escrito).

7. Ação penal

Pública incondicionada. Deve ser adotado o rito para a apuração de crimes funcionais dos arts. 513 a 518 do Código de Processo Penal.

16.11.3.3. Advocacia administrativa perante a administração fazendária

> **Art. 3.º** Constitui crime funcional contra a ordem tributária, além dos previstos no Decreto-Lei n. 2.848, de 7 de dezembro de 1940 — Código Penal (Título XI, Capítulo I):
> (...)

> III — patrocinar, direta ou indiretamente, interesse privado perante a administração fazendária, valendo-se da qualidade de funcionário público.
> Pena — reclusão, de um a quatro anos, e multa.

1. Objetividade jurídica
A moralidade administrativa.

2. Elementos do tipo
A infração configura-se quando o funcionário público, **valendo-se de sua condição** (amizade, cargo elevado, prestígio junto a outros funcionários), defende interesse alheio, legítimo ou ilegítimo, perante a Administração Fazendária.

Cuida-se de crime similar àquele previsto no art. 321 do Código Penal, denominado **advocacia administrativa**. O crime em estudo, entretanto, é mais grave porque o agente patrocina interesse privado perante funcionários da Fazenda Pública federal, estadual ou municipal.

Neste crime, o agente pleiteia, advoga, junto a companheiros ou superiores, o interesse particular. É desnecessário que o fato ocorra na própria repartição em que trabalha, podendo ele valer-se de sua qualidade de funcionário para pleitear favores em qualquer esfera da Administração.

Para a configuração do delito, é indiferente que o funcionário tenha realizado a conduta pessoalmente ou por interposta pessoa, uma vez que a lei pune a advocacia administrativa efetivada **direta** ou **indiretamente**. Tampouco se exige que vise obter alguma vantagem pessoal ou econômica, requisitos que não constam do tipo penal.

3. Sujeito ativo
Deve ser funcionário público. Trata-se de crime **próprio**.

4. Sujeito passivo
O Estado.

5. Consumação
No momento em que o agente realiza o ato de patrocinar o interesse alheio, por escrito ou oralmente, ainda que não obtenha êxito em beneficiar o particular. Trata-se de crime **formal**.

6. Tentativa
É possível.

7. Ação penal
Pública incondicionada.

16.12. QUESTÕES

QUESTÕES DE CONCURSOS
http://uqr.to/1y3f2

REFERÊNCIAS

ANDREUCCI, Ricardo Antonio. *Legislação penal especial*. 3. ed. São Paulo: Saraiva, 2007.
BITENCOURT, Cezar Roberto. *Tratado de direito penal*. 11. ed. São Paulo: Saraiva, 2011. v. 2.
CANEDO, Carlos. *O genocídio como crime internacional*. Belo Horizonte: Del Rey, 1999.
CAPEZ, Fernando Capez. *Curso de direito penal*. São Paulo: Saraiva, 2004. v. 3.
CAPEZ, Fernando. *Curso de direito penal. Legislação penal especial*. 8. ed. São Paulo: Saraiva, 2013. v. 4.
CONSTANTINO, Carlos Ernani. *Delitos ecológicos*. São Paulo: Atlas, 2001.
DELMANTO, Celso; DELMANTO, Roberto; DELMANTO JÚNIOR, Roberto. Código Penal comentado. 6. ed. Rio de Janeiro: Renovar, 2002.
FARIA, Bento de. *Das contravenções penais*. Rio de Janeiro: Record, 1958.
FRAGOSO, Heleno Cláudio. *Lições de direito penal. Parte especial*. 9. ed. Rio de Janeiro: Forense, 1997. v. I.
_____. *Terrorismo e criminalidade política*. Rio de Janeiro: Forense, 1981.
FRANCO, Alberto Silva. *Crimes hediondos*. São Paulo: RT, 1991.
GOMES, Celeste Leite dos Santos Pereira; SANTOS, Maria Celeste Cordeiro Leite (coord.) *Crimes contra o meio ambiente:* responsabilidade e sanção penal. 2. ed. aum. e atual. São Paulo: Juarez de Oliveira, 1999. p. 144.
GRECO FILHO, Vicente. *Tóxicos*. 11. ed. São Paulo: Saraiva, 1996.
_____. *Tóxicos*. 6. ed. São Paulo: Saraiva, 1989.
HUNGRIA, Nélson. *Comentários ao Código Penal*. 2. ed. Rio de Janeiro: Forense, 1959. v. IX.
_____. *Comentários ao Código Penal*. 4. ed. Rio de Janeiro: Forense, 1958. v. 1, t. II.
HUNGRIA, Nélson. *Comentários ao Código Penal*. 3. ed. Rio de Janeiro: Forense, 1967. v. VII.
JESUS, Damásio de. *Código Penal anotado*. 15. ed. São Paulo: Saraiva, 2004.
_____. *Direito penal*. 23. ed. São Paulo: Saraiva, 2003. v. 1.
_____. *Direito penal*. 10. ed. São Paulo: Saraiva, 2000. v. 4.
_____. *Lei das contravenções penais anotada*. 8. ed. São Paulo: Saraiva, 2001.
LEITE, Manuel Carlos da Costa. *Lei das contravenções penais*. São Paulo: RT, 1976.
MACHADO, Paulo Affonso Leme. Da poluição e outros crimes ambientais na Lei n. 9.605/98. *Revista de Direito Ambiental*, n. 14, p. 9-19, abr./jun. 1999.
MIGLIARI JÚNIOR, Arthur. *Crimes de recuperação de empresas e de falências*. São Paulo: Quartier Latin, 2006.
MILARÉ, Édis. *Direito do ambiente*. Doutrina — Jurisprudência — Glossário. 3. ed. São Paulo: RT, 2004.
MIRABETE, Julio Fabbrini. *Manual de direito penal*. 14. ed. São Paulo: Atlas, 2000. v. 3.
NORONHA, Magalhães Edgar. *Direito penal*. 20. ed. São Paulo: Saraiva, 1995. v. 4.
TELES, Ney Moura. *Direito penal:* parte geral: art. 1.º a 120. São Paulo: Atlas, 2004. v. 1.
VIDAL, Hélio Simões. Os tipos penais na nova Lei de Falências e Recuperação Judicial. De Jure — *Revista do Ministério Público de Minas Gerais,* n. 6, p. 214216.